考前充分準備　臨場沉穩作答

注意！考科大變革

112年起

高普考等各類考試刪除列考公文

考試院院會於**110**年起陸續通過，高普考等各類考試國文**刪除列考公文**。**自112年考試開始適用**。

考試院說明，考量現行初任公務人員基礎訓練已有安排公文寫作課程，各機關實務訓練階段，亦會配合業務辦理公文實作訓練，故不再列考。

等別	類組	變動	新規定	原規定
高考三級、地方特考三等、司法等各類特考三等	各類組	科目刪減、配分修改	各類科普通科目均為：國文（作文與測驗）。其占分比重，分別為**作文占80%，測驗占20%**，考試時間二小時。	各類科普通科目均為：國文（作文、公文與測驗）。其占分比重，分別為作文占60%，公文20%，測驗占20%，考試時間二小時。
普考、地方特考四等、司法等各類特考四等				
初等考試、地方特考五等		科目刪減	各類科普通科目均為：**國文刪除公文格式用語**，考試時間一小時。	各類科普通科目均為：國文（包括公文格式用語），採測驗式試題，考試時間一小時。

參考資料來源：考選部

～以上資訊請以正式簡章公告為準～

學習方法 系列

如何有效率地準備並順利上榜，學習方法正是關鍵！

榮登新書快銷榜

連三金榜 黃禕

翻轉思考 破解道聽塗說	適合的最好 調整習慣來應考	一定學得會 萬用邏輯訓練

三次上榜的國考達人經驗分享！
運用邏輯記憶訓練，教你背得有效率！
記得快也記得牢，從方法變成心法！

作者線上分享

網路書店

作者在投入國考的初期也曾遭遇過書中所提到類似的問題，因此在第一次上榜後積極投入記憶術的研究，並自創一套完整且適用於國考的記憶術架構，此後憑藉這套記憶術架構，在不被看好的情況下先後考取司法特考監所管理員及移民特考三等，印證這套記憶術的實用性。期待透過此書，能幫助同樣面臨記憶困擾的國考生早日金榜題名。

最強校長 謝龍卿

榮登博客來暢銷榜

作者線上分享

經驗分享＋考題破解
帶你讀懂考題的know-how!

open your mind！
讓大腦全面啟動，做你的防彈少年！

108課綱是什麼？考題怎麼出？試要怎麼考？書中針對學測、統測、分科測驗做統整與歸納。並包括大學入學管道介紹、課內外學習資源應用、專題研究技巧、自主學習方法，以及學習歷程檔案製作等。書籍內容編寫的目的主要是幫助中學階段後期的學生與家長，涵蓋普高、技高、綜高與單高。也非常適合國中學生超前學習、五專學生自修之用，或是學校老師與社會賢達了解中學階段學習內容與政策變化的參考。

最狂校長帶你邁向金榜之路

15 招最狂國考攻略

謝龍卿 / 編著

獨創 15 招考試方法，以圖文傳授解題絕招，並有多張手稿筆記示範，讓考生可更直接明瞭高手做筆記的方式！

榮登博客來暢銷排行榜

贏在執行力！吳盼盼一年雙榜致勝關鍵

吳盼盼 / 著

一本充滿「希望感」的學習祕笈，重新詮釋讀書考試的意義，坦率且饒富趣味地直指大眾學習的盲點。

好評2刷！

金榜題名獨門絕活大公開

國考必勝的心智圖法

孫易新 / 著

全球第一位心智圖法華人講師，唯一針對國考編寫心智圖專書，公開國考準備心法！

熱銷2版！

江湖流傳已久的必勝寶典

國考聖經

王永彰 / 著

九個月就考取的驚人上榜歷程，及長達十餘年的輔考經驗，所有國考生的 Q&A，都收錄在這本！

熱銷3版！

雙榜狀元讀書秘訣無私公開

圖解 最省力的榜首讀書法

賴小節 / 編著

榜首五大讀書技巧不可錯過，圖解重點快速記憶，答題技巧無私傳授，規劃切實可行的讀書計畫！

國考網紅 Youtuber

請問，國考好考嗎？

開心公主 / 編著

開心公主以淺白的方式介紹國家考試與豐富的應試經驗，與你無私、毫無保留分享擬定考場戰略的秘訣，內容囊括申論題、選擇題的破解方法，以及獲取高分的小撇步等，讓你能比其他人掌握考場先機！

推薦學習方法 影音課程

每天 10 分鐘！斜槓考生養成計畫

立即試看

斜槓考生 / 必學的考試技巧 / 規劃高效益的職涯生涯

看完課程後，你可以學到

講師 / 謝龍卿

1. 找到適合自己的應考核心能力
2. 快速且有系統的學習
3. 解題技巧與判斷答案之能力

國考特訓班 心智圖筆記術

立即試看

筆記術 + 記憶法 / 學習地圖結構

本課程將與你分享

講師 / 孫易新

1. 心智圖法「筆記」實務演練
2. 強化「記憶力」的技巧
3. 國考心智圖「案例」分享

目次

應試對策

移民政策與法規其考試的內容範圍包括了國民入出國、外國人民以及大陸地區人民之入出境等相關規定。以考試方向來說，大抵不超出前述之範圍，準備之方式，仍是以相關之移民法規為主。另應注意近年考題多以案例題呈現，對法規的綜合掌握將是答題優勢。

本書特色

1. 本書之編寫目的是能在最短的時間內，完全貫通移民政策與法規該科。希望成為運用法律的高手，而非背誦法條的法匠。畢竟考上公職之後，所必須面對的是千變萬化的入出國與移民之問題，單單背誦法條是不足以面對考試，以及未來的工作壓力。透過研讀本書，能夠將移民法規相關規定，融會貫通，內化為自己的一部分，在考場上得利，並在未來的工作崗位上，發揮所長。
2. 本書分為五篇：一、移民政策概論；二、入出國及移民法；三、臺灣地區與大陸地區人民關係條例；四、移民法規相關法令彙編；五、近年試題及解析。
3. 第一篇在說明我國近年移民政策現況，以及當前與未來可能面對的問題，屬於理論政策面，在尚未進入第二篇與第三篇法規釋義前，能夠通盤的了解我國的移民政策現況。
4. 第二篇與第三篇，其主要內容為移民法規重點整理，本書與坊間僅臚列法條之參考用書不同，採逐條釋義的方式，並採系統化整理，以便於融會貫通，並輔以重要行政釋示函令、重要問題研討等，期盼能夠使你在研讀法規時，也能夠明白實務上法規之運用方式。
5. 第四篇為移民法規相關法令彙編，用意在節省你的時間，免卻查翻法條的困擾。此外，第五篇包含近年試題之詳細解析，鑑往知來，考場得利。

張瀚騰

落點分析

	入出國及移民法與相關法規	兩岸關係條例與相關法規	香港澳門關係條例與相關法規	護照條例與相關法規	外國護照簽證條例及相關法規
110地四	1, 2, 3, 4, 5, 6, 7, 8, 12, 13, 14, 15, 16, 17, 18, 35, 36, 45, 47, 50	9, 10, 11, 28, 37, 38, 39, 43, 48	19, 21, 23, 29, 41, 46, 49	22, 24, 27, 30, 32, 33, 34, 42, 44	20, 25, 26, 31, 40
合計	20	9	7	9	5
110普考	1, 2, 3, 4, 5, 6, 7, 8, 9, 10, 16, 25, 27, 28, 29, 30, 31, 32, 34, 38, 39, 40, 47, 48, 49, 50	11, 12, 13, 14, 15, 17, 18, 33, 36, 37, 41, 42, 43	19, 20, 26, 35, 44, 45	21, 22, 46	23, 24
合計	26	13	6	3	2
111普考	1, 2, 3, 4, 5, 6, 7, 8, 9, 26, 27, 28, 36, 37, 38, 39, 40, 41,	10, 11, 12, 13, 29, 30, 31, 32, 33, 34, 35, 42, 43, 45, 46	14, 15, 16, 44, 47, 48, 49	17, 18, 19, 20, 21, 50	22, 23, 24, 25
合計	18	15	7	6	4

第一篇　移民政策概論

Chapter 1 緒論

本章依據出題頻率區分，屬：C 頻率低

第一節　移民概論

課前叮嚀

勞動市場所帶來的衝擊，以及移民後可能引發一連串新的問題。

二十世紀後半期，許多國家人口問題隨著經濟開發程度越高而日益嚴重，尤其歐洲國家人口自然增加率停滯，甚至呈現衰退，以及高齡化現象普遍，造成人口扶養比失衡的現象，為維持既有的經濟成長，開始引進外籍移工，使得人口流通日趨頻繁。再者，世界各國為追求經濟高度發展，對專業人才及特殊工作類型勞工的需求也日益迫切，由於技術性人才短缺，且衛星通信設備與網路技術普及化，以及交通工具的改良等因素，使得跨國界的遷移行為更為便利，因此，專業人才更積極選擇最能發揮所長與獲得報酬最高的地區，進而造成人才眾多的國家更能吸引愈來愈多技術性人才的移入，在這樣的循環下，其餘國家將會面臨本國人才流失的窘境。

早期臺灣政治上受到兩岸關係的影響，人口外移比例較高，多數移往美國，且部分臺灣的美國留學生完成學業後，便直接申請移民，80年代以後，因臺灣經濟起飛及兩岸關係趨於穩定，開始出現移民回流現象；根據內政部警政署統計，臺閩地區外僑居留人數從80年的30,288人增加至99年8月的404,045人，換言之，臺灣在近二十年之時間內，外僑居留人數明顯快速增加十倍。

然臺灣並非傳統的移入國，面對外來移民快速的增加及全球化影響，所衍生許多重要議題，包括：大量外籍移工的管理與人權維護、違法停居留、假結婚來臺、移民生活適應輔導、難民庇護安置、外籍專業優秀人才的延攬、行政單位事權分散及資訊欠缺整合運用等，政府遲未研擬完整的移民政策及相關配套措施，亦無一套針對管理或融合外籍人士的政策，甚至缺乏統合協調之機制。行政院此次進行的移民制度總體檢，係促使行政機關正視在面對全球化挑戰下，臺灣應如何健全相關法令與制度，並參考其他國家政策與相關問題的解決方式，以吸引與留住更多人才，並協助移民人口迅速融入我國社會，提昇國家競爭力。

人口遷移之定義及國際間移民的種類

一、人口遷移（移民）

依學者之見解，人口遷移又稱移民，其定義可歸納如下：

(一) 遷移乃是一個人的住處從一個地區換到另外的地區。

(二) 遷移乃是指個人或團體從一個社會遷移到另一個社會，這種改變通常包括放棄舊的社會環境進到另一個社會環境。

(三) 遷移乃是指個人或家庭自願從一個國家移到另一個國家。

(四) 遷移乃是永久住處的改變。

(五) 遷移乃是人們在一特定時間內，遷移一定特定距離以改變其永久性之住處。

(六) 遷移乃是一個人為了改變住處從一個地方搬到另一個地方。

(七) 遷移乃是指一個人在某一段時間內，期初與期末有不同的住處（廖正宏，人口遷移，1985，頁2至3）。

二、國際移民之分類

根據移民的動機可以區分幾種國際移民的類型，不同的學者根據不同的理由將國際移民分類，有些以在國外停留的時間作分類，可分為短期、中、長期與永久性移民。學者Rosemary Rogers則以行政觀點將移民類型區分為六種：

(一) 合法定居者。

(二) 契約型的暫時性移民。

(三) 國際企業的輪調與留學生等。

(四) 非法移民。

(五) 尋求政治避難者。

(六) 難民。

三、移民者之分類

目前根據各國移民政策的申請項目作為分類依據，並將申請移民者區分為四種主要的類型：

(一) **依親（family union）**：主要是基於人道與人權因素的考量，這種移民的方式在於申請人在移入國有親人作為擔保，為親屬關係的考量，如父母、配偶及子女或未婚夫妻，讓移民申請人得以前往與親人團聚。而這是目前美國、歐盟、加拿大、澳洲等國家開放配額最多的移民申請種類。這個政策認為：家庭能在移民者與當地社會產生緩衝及媒介的作用，從而減輕移民在社會和心理方面的困擾，並有助於連結新的人際關係網絡。經由跨國婚姻的女性移民逐漸受到重視且成為持續快速成長的移民新趨勢，有關外籍新娘的研究成為東亞各國社會研究中的重要課題。然而這種方式的移民申請卻可能使有心人士以利用假結婚或偽造身分證件的方式，企圖闖關。為了保障家屬團聚，並杜絕不法，各國政府對於婚姻關係的真偽、婚姻持續時間、申請等待期的長短、與親等的限制等，皆有嚴格的限制。

(二) **菁英移民（elite）**：這是目前最受各國歡迎的移民類型。此類型往往帶動移入國家經濟發展的新契機，菁英移民的訴求是高技術性的知識人力或是相當程度的經濟能力，移民的申請主要可分為技術移民與商業投資移民兩種，為因應知識經濟的快速發展，技術移民的數量未來仍會不斷的增加，美國、香港、新加坡、德國、中國大陸等，皆已放寬科技人才申請工作簽證的限制與配額。而投資移民除了為移入國帶來一筆可觀的資金外，往往需有投資創業的經驗或預期在當地國的投資計畫書，以增加此地的就業機會並促進經濟成長。菁英移民成為各國積極招攬的對象。除此之外，為了落實世界貿易組織自由貿易的主張，強調促進全球生產與金融市場流通的理念，進一步增加此項移民的高度流通性。

(三) **勞工移民（labor migration）**：移民勞工的需求量與各國或區域的經濟發展程度密切相關。已開發國家生育率降低與人口高齡化的趨勢，造成青壯年勞動人口數量減少以及扶養與被扶養人口比例出現失衡的現象。為保持經濟持續穩定成長，以及勞力需求快速擴張，導致勞工供不應求。面對勞工短缺的現象，除了提高單位生產力、鼓勵女性投入就業市場、二度就業等，引進外籍移工也是紓解勞動人口不足的方式。勞工來源會受地緣關係和特殊的政治關係（如前殖民地與殖民母國，或雙邊勞工協議等）所影響。當本國勞動力不足時，政府主要引進為無技術性或低技術性的外國勞工，從事當地的勞力密集產業。

(四) **難民（refugee）**：難民長期以來都是人類歷史的一部分，由宗教、戰爭、政治到種族等原因而造成人民被迫遷移，難民的種類很多，除了自然因素形成的難民外，還包括尋求政治避難者及被放逐者。1950年聯合國難民署（UNHCR）基於難民數量龐大與問題的複雜性而成立，根據1951聯合國「難民地位公約」(Convention Relating to the Status of Refugee)及1967年「難民地位的議定書」(Protocol Relating to the Status of Refugee),難民是指「因有正當理由畏懼因種族、宗教、國籍、隸屬於特殊社會團體及政見不同的原因留在本國之外,並且由於此項畏懼而不能或不願受其原籍國的保護;或當事人無國籍且基於上述考量留在他以前經常居住國家以外而現在不能或不願返回原國籍的人」。「美國難民事務委員會」所公布的「2000年世界難民調查」報告顯示,至1999年底,全球難民人數在一年內增加百分之二十五,已達三千五百萬人。西歐國家因為地緣關係、強調人權的傳統與民主政體而成為世界各地難民主要的避難所之一。

四、非法移民

除了上述幾種透過合法管道申請的移民類型之外,世界各地普遍存在非法移民(illegal migration),由於無從取得非法移民精確的統計數據與入境後的生活狀況,各國政府無法對非法移民進行有效的管理與控制,但是非法移民造成的就業、教育、社會福利、逃稅、犯罪等問題,卻會對當地政府帶來直接而嚴重的衝擊。而非法移民最容易發生在國民所得與經濟差距較大的區域國家間,特別是美國與歐盟,由於與鄰國的國界漫長與易達性,造成美國境內嚴重的墨西哥非法移民問題,而歐洲國家因為講求自由與人權以及地理位置相鄰,有許多來自地中海國家、東歐及前蘇聯的非法移民,而土耳其更被視為非法進入歐洲的橋樑。近年來,歐洲地區爆發多次非法偷渡的悲劇事件,引起國際間的高度關切。幫助偷渡的人蛇集團也形成嚴重的跨國犯罪行為,非法移民不但缺乏合法居住權,也不受移入國的法律保障,是最弱勢的團體,雖然多數被查獲的非法移民仍會被遣返,但是,在人道因素以及移入國執政當局特殊因素的考量下,有些國家可能透過大赦的方式給予居住權或公民權,然而這樣的舉動卻可能引發社會各界對非法移民的爭議並湧入更多的非法移民。非法移民是所有移民研究中,不易進行觀察及研究統計的現象。

第二節　我國移民政策演變

課前叮嚀

我國最新之移民政策，可從內政部公布之「人口政策白皮書（102.7.12）」與「中華民國人口政策綱領（103.12.27）」等窺知一二，惟在制定前述政策綱領前，我國移民政策尚經歷兩個時期，以下就我國移民政策之演變做一歷史性的陳述。

早期移民政策發展之過程－移民政策綱領草案與移民政策白皮書

(一) 移民政策是解決移民問題的基本原則或方針，然而我國尚無所謂的全盤性的移民或謂人口移動政策，學者認為主要原因是38年之後，因政治局勢的影響，我國人口的移入、移出，都受到嚴格限制，幾乎成為封閉狀態；再加上政府認為臺灣地狹人稠，非為適合移民之國家，所以即使78年解除戒嚴，逐漸開放出入境的管制，然我國的移民政策仍以「移入從嚴、移出從寬」為原則，並以吸引專技人才居留為目標。

(二) 行政院於79年5月22日提出「我國現階段移民輔導措施」，惟該項措施之目的係為輔助有意移居國外發展之本國人，並協助移入國之開發，增進移入國政府與人民對我國的聯繫與瞭解，以開展國民外交，加強雙邊關係，然其輔導對象並未包括移入我國之人口。

(三) 行政院於92年9月召集研商內政部所報「中華民國移民政策綱領」草案相關事宜會議，決議由經建會負責研擬經濟性移民部分、陸委會負責大陸地區人民移民部分、內政部負責非經濟性移民部分；同年10月內政部彙整後，邀請國家安全局等機關成立專案小組及相關領域專家學者分別召開3次會議研商完竣「現階段移民政策綱領（草案）」，其內容分別為：前言、目標、策略、措施、附則，並訂定五大策略、十一項措施，以及建議成立移民專責機關以統合辦理入出國及移民業務。

(四) 內政部遂於93年草擬「現階段人口政策綱領」，其重要之論述與內容為，我國十幾年來「移入從嚴，移出從寬」之移民政策必須重新調整修正。當時之移民政策綱領草案中所載之五大策略則為：1.建立移入人口適量調節機制；2.創造包容多元文化社會機制；3.完善移入人口管理機制；4.建立婚姻媒合及強化移民業務機構管理機制；5.建立移出人民諮詢、協助與保護之輔助機制。

(五)同年（93年）內政部亦曾委請專家學者撰擬「移民政策白皮書」，分別對：1.臺灣與各國移民政策比較；2.多元種族社會；3.大陸配偶；4.外籍配偶；5.外籍移工；6.專業技術人才與投資移民；7.移民法制與行政等7項提出建議。並於同年12月14日公布該移民政策白皮書。因而亦有移民學者認為，移民政策白皮書作為「現階段移民政策綱領」的具體說明，白皮書屬於正式公文，其公布亦表示我國新移民政策之確立。

近期移民政策發展過程

(一)根據監察院於92年至93年進行之我國移民政策與制度總體檢之調查報告之針對未來移民政策與實務之發展上，羅列了12項改進之建議，包括：

1. 長期以來，由於行政院未能建立明確的移民政策及制度，導致我國移出與移入人口呈現兩極化發展，人口結構出現50年來未有之變化，影響國家發展，實有嚴重怠失。
2. 長期以來，由於行政院未能建立有效的獎勵機制，導致我國在技術與投資移民的移出和移入人口結構與數量，已呈現兩極化的發展，嚴重影響國家發展，顯有怠失。
3. 行政院事先未縝密規劃移入人口輔導方案，亦未曾謹慎考量我國移入人口總量管制問題，導致各項問題叢生，實有嚴重怠忽。
4. 入出國及移民法於88年5月21日公布後，至今已近5年，行政院仍未設置專責移民業務之主管機關，實有未當。（此項建議促成了內政部移民署的成立）
5. 行政院允宜盡速研議制定難民庇護法，以落實人權跨越國界之普世價值，並與國際人權接軌。
6. 行政院允應督促各部會正視外籍與大陸配偶來臺生活適應過程中所遭遇之種種問題與需求，並研擬具體解決方案。
7. 行政院未能統合移出及移入之移民統計資料，致無法獲得正確數據，以作為規劃與執行移民政策之參據，亟待檢討改進。

8. 內政部僅針對外籍與大陸配偶訂定相關輔導措施，對於其他非以婚姻移民方式來臺者，則未有相關具體輔導方案，實有不當。
9. 教育部迄今仍未能擬訂相關獎勵措施或法令制度，以吸引外來優秀留學生來臺，實應積極檢討改進。
10. 教育部在辦理外籍配偶家庭教育活動允應與內政部加強互動協調，以落實辦理外籍配偶及大陸配偶之家庭教育工作。
11. 勞委會辦理各項外籍移工管理輔導工作及加強雇主與外籍移工溝通能力，成效有限，允應積極檢討改進。
12. 衛生署允應正視我國人口結構之改變與大量婚姻移民人口移入之現象，積極倡導優生觀念，確實落實衛生管理，以提升我國人口素質。

(二) 以上這些檢討與建議，確實對於當時移民政策之規劃與應注意之人權關注措施，產生一定之影響與作用，同時對於爾後我國移民政策之規劃與改革亦產生正面的促進作用。其中，內政部入出國移民署於96年1月2日正式成立運作之後，在移民之輔導、照顧與協助等方面，確實在法制與措施作為方面有很大之革新改進，並且能整合各部會相關資源，來更有效的處理移民管理之相關事務。

近年移民政策之建構與未來之發展

(一) 行政院97年3月函頒「人口政策白皮書」，其中移民部分，依據現階段我國人口政策綱領之內涵，規劃「掌握移入發展趨勢」、「深化移民輔導」、「吸引專業及投資移民」、「建構多元文化社會」、「強化國境管理」及「防制非法移民」等6大對策32項重點措施，並持續滾動檢討修正。

(二) 後又於102年6月4日修正該「人口政策白皮書—少子女化、高齡化及移民」，其中計有18項對策，107項具體措施，232項績效指標。其內容包括人口變遷趨勢、問題分析、因應對策、期程分工、預期效益及願景等。該政策白皮書綜合考量我國經濟性與非經濟性移入人口分布現況，歸納其對我國社會、經濟與文化產生以下幾大面向之挑戰：1.經濟性移民誘因不足，2.社會調適與互動，3.整合就業條件與人力運用，4.新移民第二代養育與教育，5.非法停居留、工作及人口販運等等新議題與困境。可謂是我國總結此階段努力的最新之成果。

(三)鑑於移民政策涉及經濟發展、文化、教育、人力資源規劃、社福資源配置及國境安全等多重面向，攸關國家長遠發展，為強化執行及協調成效，爰於101年5月25日修正移民政策小組設置要點，將移民政策小組之層級由署提升至部，並由內政部長兼任召集人，次長兼任副召集人，移民署長兼任執行秘書，委員人數由13人增加至27人，包括機關代表17人及專家學者10人。

(四)內政部移民政策小組之任務則包括：

1. 移民政策及其執行策略之諮詢、推動方向或相關議題之擬議。
2. 提供專業諮詢意見，協助內政部進行移民政策之檢討、研議、撰擬、推動與遊說等政策制定相關作為。
3. 落實督導移民政策及各項具體措施。
4. 促進移民政策之研究與發展。

內政部移民政策小組於101年8月27日召開第一次會議，共同討論研訂「移民政策綱領」（草案），以作為未來執行移民政策之指導方針。

(五)行政院會最新於107年11月29日通過國家發展委員會擬具的「新經濟移民法」草案，並送請立法院審議。其主要是為因應人口結構變化、國內產業明顯短缺專業人才及技術人力的困境，在不影響國人就業機會及薪資水準前提下，延攬及補充外國優質人才與人力，強化產業升級，維持合理人口結構，以提升國家競爭力。

資料來源　陳明傳，〈我國移民管理之政策與未來之發展〉，《文官制度季刊》第6卷第2期，民103年4月，頁35-63。

實力進階

[人口遷移問題以及我國因應之道]

人口為國家基本要素之一，其組成、素質、分布、發展及遷徙均關係著國家之發展與社會之福祉。根據聯合國統計，全球的人口在20世紀初期時僅達16億人，西元1957年達到30億人，爾後人口即快速增加，至20世紀結束人口已超過60億人，2006年全世界的人口已達65億人，2012年全世界的人口到達70億人，人口的快速增加，已成為世界性、國家性、地區性、家庭性的問題。

聯合國人口基金會在「1999年世界人口狀況」報告中對世界人口成長進行了預測，認為到2050年，全球人口將從60億人增加到89億人，這一數字比1996年時預測的94億人低了很多，揆其原因，人口成長會受到出生、死亡、天災、戰爭、饑荒及傳播性疾病（如瘟疫、瘧疾、AIDS等）等影響而產生人口消長現象，惟生育率的高低，才是導致人口成長與否的最主要因素。

在20世紀前半葉，專家們一直擔心人口爆炸將給世界帶來災難。甚至預想到地球上將只剩下供人站立的空間噩夢般的景象，野生環境被毀壞，自然資源被耗盡。但是，隨著人口總生育率的減少、人口結構轉型，在先進國家也隨之產生了少子女化及人口高齡化等新的人口議題。世界各國為解決不同的人口問題，都會採取不同方針與對策以為因應。在未開發及開發中的國家以採取控制生育，減緩人口成長的速度為主。但在已開發國家，如歐洲及亞洲先進國家則是採取鼓勵生育的措施，以促使人口合理成長。如法國及荷蘭為改善其低生育率，爰採行鼓勵生育政策，總生育率分別從1994年的1.6人及1997年的1.5人，上升至2006年的1.9人及1.7人，就是鼓勵生育政策成功的例證。又20世紀末迄今方興未艾的人力資本跨國流動的全球化趨勢，對國家社會經濟發展也產生相當深遠的影響，此新一波的移民現象，先進國家如美國、加拿大、澳洲及紐西蘭等國家則係採行有條件性的移民政策，以適度吸納國外人才及資金，藉以促進經濟繁榮，進而增加就業機會。

我國於第二次世界大戰後，受戰後嬰兒潮及大量人口由中國大陸遷臺的影響，加上醫藥科技發達、衛生環境進步、國民營養改善與死亡率持續下降，促使人口快速成長，爰於民國57年及58年相繼訂頒「臺灣地區家庭計畫實施辦法」暨「中華民國人口政策綱領」，揭櫫提高人口素質、人口合理成長及均衡人口分布之人口政策目標，積極推行人口政策及家庭計畫。由於人口政策及家庭計畫的有效推展，使得人口成長率快速下降，由1951年每一婦女生育高達6名以上子女，至1984年降為每一婦女生育2名子女，達到人口替換水準。之後由於生育率大幅下降，至2017年總生育率降至1.13人，遠低於美國1.87人、瑞典1.88人、英國1.88人、法國1.99人、荷蘭1.77人；略低於德國1.45人、日本1.41人，在此一人口快速變遷下，未來人口將呈現負成長。此外，在老年人口方面，則是隨著老年人口數快速增長，至1993年65歲以上人口占總人口7%以上，正式進入高齡化社會，至2018年達14%，雖比美國14.64%、瑞典19.60%、英國18.12%、法國18.94%、德國21.12%、荷蘭17.92%、日本26.02%為低，但高齡化社會已是不可避免的趨勢。又近年來隨著政治民主、社會多元與經濟富裕，相繼從中國大陸及東南亞移入之外籍配偶人數，至2018年4月已達50萬9,676人，而成為新興的人口議題。

近年來我國生育率降低，造成少子女化及人口老化現象，未來勢將衍生勞動力減少、扶養負擔加重、家庭結構及照顧、長期照護與社會保險等諸多問題，對此政府自當採行具前瞻性的人口政策，無分年齡、性別、族群及對自然環境均應投注關懷，在作法上，針對少子女化衝擊勞動、經濟、教育及社會福利體系，應營造有利生育、養育之環境，推動嬰幼兒照顧及保護責任。面對人口急速老化及家庭照護功能式微，政府更需要扮演更積極的角色，以提供或協助家庭更具尊嚴及完整的照顧。針對婚姻、依親外來移入人口驟增，衍生外籍配偶及其子女生活適應及教育等相關問題，應吸引高級專業人才移入、開放投資移民，以開創經濟活力，創造和諧新社會力量。綜此，為因應少子女化、高齡化及移民等三大人口核心問題，現階段人口政策亟須廓然一新，行政院於民國103年12月27日函頒修正「中華民國人口政策綱領」，揭櫫八大基本理念，籌謀有效可行的對策，以資因應：

一、倡導適齡婚育，尊重生命價值，維繫家庭功能，維持合理人口結構。
二、強化國民生育保健與營養均衡、國民體能與身心健康、文化建設與教育，以提升人口素質。
三、提升就業能力，打造合宜勞動環境與條件，有效提高勞動參與，並保障勞動者就業安全與權益。
四、建立完整社會安全網，提供兒童、少年、婦女、高齡者、身心障礙者、原住民族及其他弱勢者之完善社會福利。
五、落實性別平等意識，建構具性別觀點的人口政策。
六、保障各族群基本人權，建構多元文化社會。
七、推動環境保護及永續發展，落實生活、生態、生產之平衡，並實施國土規劃，促進人口合理分布。
八、精進移民政策，保障移入人口基本權，營造友善外來人口之環境，並加強與海外國人及僑民鏈結，開創多元開放的新社會。

第三節　移民專責機關之成立

移民署的成立沿革

移民署自草創至設署，組織從入、出分管，軍、民分管，到統合「軍民入出境聯合審查處」，改為「入出境管理處」，再移隸「內政部警政署」；民國96年改制為「內政部入出國及移民署」，104年1月2日組織改造，更名「內政部移民署」，歷經五度變革。依隸屬機關及體系之不同，將移民署組織演變分為四個時期如下：

(一) **軍、民分管時期（民國38年2月至41年4月）**：民國38年政府遷臺，臺灣省警備總司令部會同臺灣省政府，於2月10日公布「臺灣省准許入境軍公人員及旅客暫行辦法」，實施入境管制，當時重點在防止匪諜滲透。又為防止臺灣地區人口流失，於同年5月28日公布「臺灣省出境軍公人員及旅客登記辦法」，並於6月1日實施出境管制；上述管制均依戒嚴法第11條第9款執行。

臺灣地區入出境管理制度創建於此時期，當時分為「公教人員及一般人民」與「軍人及軍眷」兩部分管理，並且依入境與出境訂定管理辦法，分別在臺灣省警務處及臺灣省警備總司令部兩地辦公。由於係採審核制，出境人數於民國38年只有三萬多人，次年降為九千八百餘人，40年降到四千餘人為最低點。

(二) **國防部軍事體系時期（民國41年4月至61年9月）**：民國41年4月16日，臺灣省保安司令部的「督察處」與臺灣省警務處的「旅行室」合併，成立「臺灣省保安司令部軍民出入境聯合審查處」，隸屬國防部，為首度整合。

民國46年3月，行政院頒布「動員戡亂時期臺灣地區入境出境管理辦法」，同時將臺灣省保安司令部之「軍民出入境聯合審查處」改稱為「入出境管理處」。

民國47年7月，臺灣警備總司令部成立，「入出境管理處」改隸警備總部，成為統合入出境管理事權之幕僚單位，並更名為「臺灣警備總司令部入出境管理處」。

這段時期，出境人數逐年增加，到民國56年突破十萬人次，民國60年達到二十萬人次。

(三) **內政部警政體系時期（民國61年9月至96年1月）**：民國61年9月，將原隸屬軍事體系之境管工作移轉警政體系，改隸內政部警政署，並更名為「內政部警政署入出境管理局」，以組織暫行條例運作，職司本國人民入出境有關事宜，設第一組至第七組、後勤組、行政室、保防室。

在此期間，由於國民所得增加，民國68年開放國民出國觀光，廢除出國僅有就學、探親、商務等事由限制，至70年出境人數已突破百萬人次。

又逢民國76年解除戒嚴，政府於年底開放國人赴大陸探親，以及許可大陸地區人民申請來臺，臺海兩岸開始民間往來互動。也因解嚴，大陸沿海漁民嚮往臺灣生活水準，開始有偷渡來臺謀生之事。在此時期，查獲大陸偷渡犯的收容與遣返工作，便成了國內治安單位新增的負擔，特別是兩岸沒有正式溝通管道，我國遣返偷渡來臺的大陸地區人民，大陸並沒有設立對應窗口。因此民國77年，「內政部警政署入出境管理局組織條例」草案曾報請行政院審議，由於當時初步開放兩岸人民往來，管理機關定位尚待研議，行政院函復：俟「臺灣地區與大陸地區人民關係條例」通過後再議。

直至民國88年5月21日，「入出國及移民法」公布，規定內政部設「入出國及移民署」以統一事權，同時研擬入出國及移民署組織法草案。至民國94年11月30日，由總統令制定公布「內政部入出國及移民署組織法」。

(四) **內政部文官體系時期（民國96年1月迄今）**：民國96年1月2日，「內政部入出國及移民署」成立，由原內政部警政署入出境管理局整合僑務委員會管轄的華僑證照服務、內政部戶政司的移民照顧輔導及機構管理等業務、警政署航空警察局及各港務警察局的證照查驗業務、警政署與各縣市警察局的外僑及大陸地區人民管理業務，並接收上述各機構的部分員額。

移民署之機關屬性，自此亦從警政機關轉為一般行政機關，並職司國境安全管理、移民照顧輔導、外來人口管理、人口販運防制、兩岸交流往來、國際交流合作、移民人權保障及移民政策推動等業務。移民署辦理入出國及移民業務之委任職以上人員，於執行非法入出國及移民犯罪調查職務時，視同刑事訴訟法規定之司法警察（官）。

而民國102年8月21日，總統令修正公布「內政部移民署組織法」。因此於民國104年1月2日依據上述組織法，更名為「內政部移民署」，將外籍及大陸配偶的家庭服務及防制人口販運工作納入法定職掌事項，對落實移民照顧輔導、提升保障移民人權、防止勞力剝削和性剝削，有重大歷史意義。

移民署之願景

移民署歷經多次的組織變革，從最初僅單純執行入出境管理業務，業務內容因應國內政經發展、國際局勢及兩岸關係變化，並隨著法規及組織功能之拓展，逐步納入並涵括外來人口管理、防制人口販運、移民照顧輔導、兩岸交流往來、國際交流合作、移民人權保障及移民政策推動等面向。

面對多元的業務屬性，移民署同仁應有共同的目標、使命及核心價值，朝以下四大願景努力不懈：(一)強化國境管理；(二)維護國家安全；(三)尊重多元文化；(四)保障移民人權。

(一) **強化國境管理**：因應全球化、反恐及兩岸開放互動交流趨勢，持續積極進行各項新高科技設備建置，提升人員素質，提高證照查驗辨識能力，落實人蛇查緝勤務，加強國際情資交換、經驗交流與業務合作，以強化國境安全及人流管理。

(二) **維護國家安全**：加強實施訪查（察）勤務，掌握外來人口動態資料，防杜逾期居（停）留、非法工作、虛偽結婚與人口販運等違法（規）行為；強化國境線上面談、境內訪談（查）工作技巧，並運用生物特徵辨識等科技提升查緝效能；透過與國安團隊緊密合作及兩岸共同打擊犯罪機制，積極查緝不法，有效維護國家安全。

(三) **尊重多元文化**：積極維護多元族群的語言及文化，營造多元文化社會，持續辦理各種多元文化宣導，鼓勵新住民保留其原生文化，加強民眾對新住民原生文化之尊重，體現多元文化的核心價值，使文化差異成為相互欣賞、學習、與創新的基礎。

(四) **保障移民人權**：持續檢討、修正各項移民權益相關法規及措施，營造更友善的移民環境，全方位推動移民輔導工作，協助新移民適應在地生活，保障新移民之權利與福利，逐步落實各項移民人權保障；同時加強照顧新移民家庭及其二代子女培育，同步提升新移民人力素質，強化國家發展競爭力。

實力進階

［關於移民署之職掌業務，內政部移民署組織法第2條規定］

本署掌理下列事項：

一、入出國、移民及人口販運防制政策、法規之擬（訂）定、協調及執行。

二、大陸地區人民、香港或澳門居民及臺灣地區無戶籍國民入國（境）之審理。

三、入出國（境）證照查驗、鑑識、許可及調查之處理。

四、停留、居留及定居之審理、許可。

五、違反入出國及移民相關規定之查察、收容、強制出國（境）及驅逐出國（境）。

六、促進與各國入出國及移民業務之合作聯繫。
七、移民輔導之協調、執行及移民人權之保障。
八、外籍及大陸配偶家庭服務之規劃、協調及督導。
九、難民之認定、庇護及安置管理。
十、入出國（境）安全與移民資料之蒐集及事證之調查。
十一、入出國（境）及移民業務資訊之整合規劃、管理。
十二、其他有關入出國（境）及移民事項。

前項第10款規定事項涉及國家安全情報事項者，應受國家安全局之指導、協調及支援。

移民署之移民相關業務及重大政策

一、外來人口停居留業務

(一) 移民署掌理外來人口入出國管理事項，在全國各直轄市、縣（市）設置服務站，辦理大陸地區人民、香港澳門居民及臺灣地區無戶籍國民申請入國（境）、停留、居留及定居，以及外國人停留延期、居留及永久居留等案件之收件、審核發證或核轉事項，推動友善、即時之在地服務。

(二) 為簡政便民及因應兩岸交流快速蓬勃發展，移民署陸續推動多項網路申辦服務，包含東南亞國家人民來臺觀光有條件免簽、港澳居民入臺證、大陸地區人民來臺從事觀光、醫美健檢、就學及專業、商務活動交流等，均可由網路申辦，經過審核後，在線上完成繳費即可直接列印許可證，省時便民。

(三) 104年1月1日起，開放小三通落地簽，同時在陸客來臺觀光部分，亦配合開辦速件申請。

(四) 106年4月20日起，外籍移工居留證（包括重入國許可）及外籍學生居留證陸續開放線上申辦，以網路替代馬路，省時省力、方便又迅速，造福更多移工及僑外生。

(五) 於107年元旦起，再推出小三通便利措施，提高行政效能，使兩岸往來更便捷。

(六) 109年因應特殊傳染性肺炎防疫期間，配合中央流行疫情指揮中心辦理外來人口入境及在臺停留延期等事宜。

二、移民照顧輔導

我國新住民人數已逾57萬人，為營造友善的移民環境，全方位推動移民輔導政策，協助新住民適應我國生活，保障新住民之權利與福利，並加強照顧新住民家庭及培育其子女，提升新住民人力素質，以強化國際競爭力，並達成維護移民人權的施政願景。

(一) 訂定「新住民照顧服務措施」

內政部於92年訂定「外籍與大陸配偶照顧輔導措施」（105年更名為新住民照顧服務措施）分為8大重點工作，包括生活適應輔導、醫療生育保健、保障就業權益、提升教育文化、協助子女教養、人身安全保護、健全法令制度及落實觀念宣導，由各部會及地方政府等相關機關依職權辦理，並定期召開會議滾動修正推動措施。

(二) 設置「新住民發展基金」

為協助新住民適應臺灣社會，持續落實照顧新住民措施，加強培力新住民及其子女發展成為國家新力量，增進社會多元文化交流，於94年設置「外籍配偶照顧輔導基金」（105年更名為「新住民發展基金」），每年編列約新臺幣3億元預算，以推動新住民及其子女之家庭照顧服務。

(三) 成立行政院新住民事務協調會報

為保障新住民相關權益，行政院於104年6月16日成立新住民事務協調會報，將相關新住民事務提升至行政院層級，由移民署擔任幕僚單位，以跨部會協調及統整資源，研擬並落實相關權益保障措施，建構友善多元文化社會。

(四) 辦理新住民生活適應輔導計畫

為提升新住民在臺生活適應能力，使其能及早順利適應我國生活環境，共創多元文化社會，補助全國22直轄市、縣（市）政府辦理生活適應輔導班、種籽研習營、生活適應宣導及推廣多元文化活動等。

(五) 設置「外來人士在臺生活諮詢服務熱線」（1990）

以國語、英語、日語、越南語、印尼語、泰語及柬埔寨語等7種語言，提供外籍人士及新住民在臺有生活需求及生活適應免費諮詢服務，包括簽證、居留、入出境、工作、稅務、健保、交通、社會福利、子女教育、醫療衛生及人身安全等。

(六) 建置「新住民培力發展資訊網」（http://ifi.immigration.gov.tw）

為整合各部會資源，以提供更完善權益保障，移民署建置7國語言版（中文、英文、越南文、泰文、印尼文、緬甸文、柬埔寨文）之「新住民培力發展資訊網」，並設立Line的官方帳號（ID為@ifitw），提供各部會、各直轄市、縣（市）政府相關新住民福利及權益資訊。

(七) 新住民數位應用資訊計畫

教育部以「服務多元族群，共享數位環境與資源，不因不同之性別、種族、族群、年齡、職業、出生地、社會階層而有所差異，人人享有數位平權」為願景，提出「邁向數位平權推動計畫」，由7個部會共同參與，跨部會合作進行資源整合與共享，移民署為提升新住民數位應用能力，推動「新住民數位應用資訊計畫」子計畫，讓新住民共享數位平權：

1. 製作多元的資訊課程

以創新及多樣主題製作數位課程，強化新住民資訊應用技能，提供資訊能力之低、中、高層次課程，以符合不同層次需求。

2. 辦理新住民免費資訊實體課程

透過實體課程及實作課程，動手實作，提升新住民及其子女學習興趣，強化新住民資訊技能，增進新住民基本數位應用能力，並以「行動學習車」深入新住民居住場域，配合新住民作息時間開設課程，提昇新住民參加意願。

3. 推動新住民數位學習

透過新住民數位資訊e網，提供線上學習、電子書以及各類的資訊蒐集，讓新住民可以透過網站學習並獲得相關資訊。新住民數位資訊e網並具備行動版及多國語言版本，降低新住民使用障礙，提供新住民便民服務。

4. 培訓新住民講師及助教

從學員培訓至助教，再進一步培訓成為講師，逐步提升新住民學員資訊能力，幫助周遭新住民朋友，擴大服務能量，以新住民服務新住民的教學模式，來解決新住民的學習困境，讓更多新住民參與計畫相關服務。

三、非法移民管理

(一) 全球經濟快速發展及地球村效應，跨國商務往來、旅遊、求學、工作及結婚絡繹不絕，在龐大的跨國性人口移動同時，也衍生不少外來人口在我國違法（規）的情事，因此，非法移民的管理工作日形重要。

(二)移民署目前設置北區、中區及南區3個事務大隊，下轄22個縣市專勤隊及4個大型收容所，掌理外來人口面（訪）談、訪查（察）、查緝、收容及遣送業務。平時由各縣（市）專勤隊編排勤務，針對外來人口在臺逾期停（居）留清冊進行實地查察，並列冊管控執行成效，若發現外來人口有涉嫌從事違法（規）活動情事，即依法偵辦。

(三)外來人口非法入境或在臺從事違法（規）活動，經移民署專勤隊及各司法警察單位查獲後，即由移民署辦理收容及遣送作業。

(四)為保障受收容人人權，移民署收容所定期舉行座談會、提供法律扶助、醫療服務及各種技藝學習。

(五)移民署亦積極加速遣送作業，使受收容人能盡速返回母國。

四、防制人口販運

(一)我國防制人口販運工作重點，可以區分為4P面向，包括追訴（Prosecution）、保護（Protection）、預防（Prevention）及夥伴（Partnership），從一開始的犯罪預防工作，進而強化對於犯罪被害人的妥適保護及加害人的追訴，乃至結合民間資源強化政府效能與加強國際交流與合作等，整體防制作為讓臺灣防制人口販運評比連續12年（110年7月2日美國國務院2021年全球防制人口販運評比獲列第1級國家）達到第一級的水準。

(二)施政措施之內容、策略、推動情形或成果：

1. 防制人口販運政策：

(1)行政院於95年11月頒布「防制人口販運行動計畫」，並於96年成立跨部會「防制人口販運協調會報」（109年5月8日更名為行政院防制人口販運及消除種族歧視協調會報）作為聯繫平台，由移民署負責整合各部會資源，全力執行防制工作。此外，我國「人口販運防制法」於98年1月23日經總統公布，並於同年6月1日施行，該法授權訂定之法規命令並配合於同日施行，其訂有對加害人從重求刑之刑事處罰規定及被害人安置保護措施，對於推動防制人口販運及保護被害人工作有重大助益。

(2)因國內外民間組織紛紛關切漁工權益保障，經行政院於111年5月20日核定「漁業與人權行動計畫」，請行政院農業委員會、勞動部、法務部、內政部及海洋委員會等相關部會，積極配合落實辦理，以提升我國漁業人權及勞動權益，維護我國際形象及產業發展。

2. 防制人口販運推動情形：110年持續獲得美國全球防制人口販運評比第1級國家，計召開2次協調會報，具體執行「2021-2022反剝削行動計畫」，本計畫包含25項方案及76項具體策略持續整合協調各部會力量，協力推動近2年的防制人口販運工作。

3. 防制人口販運成效：

(1) 加強追訴人口販運犯罪：111年1月起至5月止司法警察機關共計查獲人口販運案件42件，其中勞力剝削7件、性剝削35件；另各地方檢察署共計起訴人口販運相關案件33件，被告74人；經法院判決有罪確定人數為32人，其中勞力剝削7人，性剝削25人。

(2) 強化被害人保護：111年1月起至4月止移民署與勞動部結合民間團體合計新收安置30名外籍被害人，並於安置期間提供被害人生活照顧、心理輔導、通譯服務、法律協助、陪同偵訊及必要之醫療協助等相關保護服務。

(3) 擴大預防宣導及教育訓練：

A. 透過多元管道宣導，加強國人對於人口販運議題之瞭解，並強化外來人口對自身權益之認知，如移民署110年製作防制人口販運宣導海報（多語版）3款函知中央各部會及地方政府加強運用並將圖檔放置於移民署全球資訊網「人口販運防制專區」供各界下載。

B. 政府各部門亦分別於專業領域訓練中安排防制人口販運相關課程，如移民署每年針對公私部門至少辦理1場防制人口販運教育訓練研習，110年12月16日舉辦「防制人口販運暨數位/網路性別暴力防治教育訓練」，參訓人數計74人。

(4) 強化國際交流與合作：

A. 110年10月15日舉辦「2021年防制強迫勞動圓桌論壇—產業自律與公私協力」視訊兼實體之研討活動，邀請歐盟、美國講者共同就「產業杜絕供應鏈強迫勞動」及「海上漁工勞動權益」等議題進行討論，藉由公私協力的方式，一起打擊人口販運。

B. 100年起至111年6月止，共有22國與我政府完成簽署移民事務及防制人口販運合作瞭解備忘錄。

C. 藉由與各國外賓相互拜會參訪與研習等活動，對防制人口販運議題交流相關經驗與意見，並與各國建立合作機制。

五、落實推動消除一切形式種族歧視國際公約

(一)「聯合國消除一切形式種族歧視國際公約」(International Convention on the Elimination of All Forms of Racial Discrimination，以下簡稱ICERD)，於1965年12月21日由聯合國大會通過，並於1969年1月4日生效。我國則於1966年3月31日簽署，1970年11月14日批准，1970年12月10日存放，並自1971年1月9日起對我國生效。依據總統府人權諮詢委員會107年9月21日第33次委員會議決議，為落實ICERD精神，請本署規劃完成首次國家報告之研提及國際審查等相關事宜，並據以落實推動ICERD相關配套工作。

(二)推動情形：

1. 訂定「消除一切形式種族歧視國際公約推動計畫」：行政院於109年5月8日核定消除一切形式種族歧視國際公約推動計畫（下稱ICERD推動計畫），作為規劃辦理ICERD推動之依據。依據該計畫，首次國家報告訂於ICERD推動計畫實施日起3年內提出，其後國家報告之推動期程，訂定每4年提出1次國家報告，並辦理報告之國際審查會議，該計畫主要規劃推動面向如下:
   (1)法規檢視面向（法規檢視作業）。
   (2)教育訓練面向（種子人員培訓作業、訓練教材作業及機關講習作業）。
   (3)消除種族歧視報告面向(國家報告撰寫人員訓練作業、報告撰擬作業及國際審查作業）。
   (4)共同宣導面向（網頁專區建置作業、宣導作業）。
2. 設置「消除種族歧視推動小組」：
   (1)行政院於109年5月8日另核定「行政院防制人口販運及消除種族歧視協調會報設置要點」修正案，會報由行政院政務委員兼任召集人、內政部次長兼任副召集人，另由行政院就司法院代表、相關部會副首長，以及專家、學者代表等人員派（聘）兼任委員。
   (2)行政院防制人口販運及消除種族歧視協調會報下設置「消除種族歧視推動小組」，以作為ICERD相關執行措施之督導及協助，以及ICERD之研究、審議及諮詢等事項。
3. 目前辦理情形：
   (1)109年委外辦理法規檢視研究及初階教育訓練教材編纂，就中央、地方法規提出優先檢視清單初稿，臚列涉違反本公約之虞之法規。同年成立

法規檢視工作小組，自109年11月至110年4月計召開5場會議初步審查前揭優先檢視清單，另提報110年7月21日行政院協調會報報告，並將持續滾動檢討研議。

(2)110年辦理4場種子人員培訓作業，並後製成數位教材置於本署官網ICERD專區供各界參考使用；另蒐集他國報告參考、編製國家報告撰寫訓練教材並辦理2場教育訓練，另於訓後彙整各機關資料，完成首次國家報告初稿範本，作為後續正式撰寫參考。

(3)111年預計於7月至9月辦理審查會議，另於年底舉行首次國家報告發布活動。

試題演練

一、就學理而言，試述人口遷移之定義？

答 就學理而言，人口遷移之意義，大致可分為下：

(一) 遷移乃是一個人的住處從一個地區換到另外的地區。

(二) 遷移乃是指個人或團體從一個社會遷移到另一個社會，這種改變通常包括放棄舊的社會環境進到另一個社會環境。

(三) 遷移乃是指個人或家庭自願從一個國家移到另一個國家。

(四) 遷移乃是永久住處的改變。

(五) 遷移乃是人們在一特定時間內，遷移一定特定距離以改變其永久性之住處。

(六) 遷移乃是一個人為了改變住處從一個地方搬到另一個地方。

(七) 遷移乃是指一個人在某一段時間內，期初與期末有不同的住處。

二、就行政上之觀點而言，國際移民可以分為那幾類？

答 (一) 合法定居者。

(二) 契約型的暫時性移民。

(三) 國際企業的輪調與留學生等。

(四) 非法移民。

(五) 尋求政治避難者。

(六) 難民。

三、目前根據各國移民政策的申請項目作為分類依據，可將申請移民者區分為哪幾種主要的類型？並簡述其內涵？

答 (一) 依親（family union）：主要是基於人道與人權因素的考量，這種移民的方式在於申請人在移入國有親人作為擔保，為親屬關係的考量，如父母、配偶及子女或未婚夫妻，讓移民申請人得以前往與親人團聚。

(二) 菁英移民（elite）：此類型往往帶動移入國家經濟發展的新契機，菁英移民的訴求是高技術性的知識人力或是相當程度的經濟能力，移民的申請主要可分為技術移民與商業投資移民兩種。

(三) 勞工移民（labor migration）：移民勞工的需求量與各國或區域的經濟發展程度密切相關。已開發國家生育率降低與人口高齡化的趨勢，造成青壯年勞動人口數量減少以及扶養與被扶養人口比例出現失衡的現象。

(四) 難民（refugee）：難民長期以來都是人類歷史的一部分，由宗教、戰爭、政治到種族等原因而造成人民被迫遷移，難民的種類很多，除了自然因素形成的難民外，還包括尋求政治避難者及被放逐者。

四、民國103年12月27日函頒修正之「中華民國人口政策綱領」，其揭櫫八大基本理念為何？

答 中華民國人口政策綱領基本理念：

(一) 倡導適齡婚育，尊重生命價值，維繫家庭功能，維持合理人口結構。

(二) 強化國民生育保健與營養均衡、國民體能與身心健康、文化建設與教育，以提升人口素質。

(三) 提升就業能力，打造合宜勞動環境與條件，有效提高勞動參與，並保障勞動者就業安全與權益。

(四) 建立完整社會安全網，提供兒童、少年、婦女、高齡者、身心障礙者、原住民族及其他弱勢者之完善社會福利。

(五) 落實性別平等意識，建構具性別觀點的人口政策。

(六) 保障各族群基本人權，建構多元文化社會。

(七) 推動環境保護及永續發展，落實生活、生態、生產之平衡，並實施國土規劃，促進人口合理分布。

(八) 精進移民政策，保障移入人口基本權，營造友善外來人口之環境，並加強與海外國人及僑民鏈結，開創多元開放的新社會。

五、關於移民署之職掌業務，可分為哪幾項？

答 內政部移民署組織法第2條規定如下：

「本署掌理下列事項：

一、入出國、移民及人口販運防制政策、法規之擬（訂）定、協調及執行。

二、大陸地區人民、香港或澳門居民及臺灣地區無戶籍國民入國（境）之審理。

三、入出國（境）證照查驗、鑑識、許可及調查之處理。

四、停留、居留及定居之審理、許可。

五、違反入出國及移民相關規定之查察、收容、強制出國（境）及驅逐出國（境）。

六、促進與各國入出國及移民業務之合作聯繫。

七、移民輔導之協調、執行及移民人權之保障。

八、外籍及大陸配偶家庭服務之規劃、協調及督導。

九、難民之認定、庇護及安置管理。

十、入出國（境）安全與移民資料之蒐集及事證之調查。

十一、入出國（境）及移民業務資訊之整合規劃、管理。

十二、其他有關入出國（境）及移民事項。

前項第10款規定事項涉及國家安全情報事項者，應受國家安全局之指導、協調及支援。」

六、內政部推動移民政策實施許多具體措施，就你所知至少有哪些重要之作為？

答 依據內政部109年12月7日修正之「新住民照顧服務措施」內容可分為下列幾點：

(一) 生活適應輔導：其理念在協助解決新住民因文化差異所衍生之生活適應問題，俾使迅速適應我國社會。具體措施有：

1. 加強推廣生活適應輔導班及活動，充實輔導內容、教材與教學方法，加強種子教師跨文化培訓，鼓勵家屬陪同參與。

2. 提供新住民生活適應輔導相關諮詢資料服務窗口。
3. 強化新住民家庭服務中心及移民署各縣市服務站功能，成為資訊溝通與服務傳遞平台。
4. 加強移民照顧服務人員之訓練，提升對新住民服務之文化敏感度及品質。
5. 結合民間團體之資源，強化移民輔導網絡與溝通平台，發展地區性新住民服務措施，提供新住民社區化之服務據點及轉介服務，強化社區服務功能。
6. 提供民事刑事訴訟法律諮詢及通譯服務。
7. 加強聯繫促請相關國家駐華機構對外籍配偶之諮商、協助，並加強對外國提供國內相關資訊，提升我國國際形象。
8. 強化入國前輔導機制，與各該國政府或非政府組織合作提供來臺生活、風俗民情、移民法令、人身安全及相關權利義務資訊，妥善運用國內各機關（構）編製之文宣資料作為輔導教材，以期縮短外籍配偶來臺後之適應期。
9. 強化通譯人才培訓。
10. 對設籍前新住民提供遭逢特殊境遇相關福利及扶助服務。

(二) 醫療生育保健：其理念在規劃提供新住民相關醫療保健服務，維護健康品質。具體措施有：

1. 輔導新住民加入全民健康保險。
2. 提供周延之生育遺傳服務措施減免費用之補助。
3. 提供新住民孕婦一般性產前檢查服務及設籍前未納入健保者產前檢查之服務及補助。
4. 宣導國人及外籍配偶婚前進行健康檢查。
5. 辦理新住民健康照護管理，促進身心健康環境之建立，製作多國語版衛生教育宣導教材，規劃辦理醫療人員多元文化教育研習與活動。

(三) 保障就業權益：其理念在保障新住民工作權，以協助其經濟獨立、生活安定。

具體措施有：

1. 提供新住民就業服務，包含求職登記、就業諮詢、辦理就業促進研習及就業推介。
2. 提供職業訓練，協助新住民提升就業及創業。
3. 營造友善新住民職場環境以消除就業歧視。

(四) 提升教育文化：其理念在加強教育規劃，協助提昇新住民教養子女能力。
具體措施有：
1. 加強新住民及其子女教育規劃，培育多元文化課程師資。
2. 強化新住民家庭教育以提升其教育子女之知能，並將跨國婚姻、多元家庭及性別平等觀念納入家庭教育宣導。
3. 辦理新住民之成人基本教育研習班，以培養文化適應及生活所需之語文能力，並進一步作為進入各種學習管道，取得正式學歷之基礎。
4. 辦理新住民成人基本教育師資研習及補充教材研發，並將教材上網資源分享，以提升教學品質。
5. 補助地方政府成立新住民學習中心，辦理家庭教育活動或多元文化學習課程等相關學習課程，提供近便性學習。
6. 結合地方政府與學校特色，於寒暑假辦理東南亞語言樂學計畫，鼓勵學生學習及體驗東南亞語文。
7. 編製新住民語文學習內容教科書。
8. 對新住民及其子女頒發獎助學金，鼓勵積極努力向學。

(五) 協助子女教養：其理念在積極輔導協助新住民處理其子女之健康、教育及照顧工作，並對發展遲緩兒童提供早期療育服務。
具體措施有：
1. 將新住民子女全面納入嬰幼兒健康保障系統。
2. 加強辦理新住民子女之兒童發展篩檢工作。
3. 對有發展遲緩之新住民子女，提供早期療育服務。
4. 加強輔導新住民子女之語言及社會文化學習，提供其課後學習輔導，增加其適應環境與學習能力。
5. 繼續結合法人機構及團體，補助辦理外籍配偶弱勢兒童及少年社區照顧服務及親職教育研習活動。
6. 定期辦理教育方式研討會，與地方政府教育局及學校教師研討最適合新住民子女之教育方式，提供更適當之教育服務。
7. 辦理全國性多語多元文化繪本親子共讀心得感想甄選比賽，促進親子共學。
8. 提供兒少高關懷家庭家庭訪問及高風險家庭訪視服務。

(六) 人身安全保護：其理念在維護受暴新住民基本人權，提供相關保護扶助措施，保障人身安全。

具體措施有：

1. 整合相關服務資源，加強受暴新住民之保護扶助措施及通譯服務。
2. 參與保護性案件服務之相關人員，應加強並落實家庭暴力防治教育訓練。
3. 加強受暴新住民緊急救援措施，並積極協助其處理相關入出境、居停留延期等問題。
4. 加強新住民人身安全預防宣導。

(七) 健全法令制度：其理念在加強查處違法跨國（境）婚姻媒合之營利行為及廣告，並蒐集新住民相關研究統計資料。

具體措施有：

1. 加強查處違法跨國（境）婚姻媒合之營利行為及廣告。
2. 持續蒐集並建立相關統計資料，作為未來政府制定相關政策之依據。
3. 每半年檢討各機關辦理情形，並規劃辦理整體績效評估。

(八) 落實觀念宣導：其理念在加強宣導國人建立族群平等與相互尊重接納觀念，促進異國通婚家庭和諧關係，並建立必要之實質審查機制。

具體措施有：

1. 加強外籍配偶申請來臺審查機制，推動面談、追蹤、通報及家戶訪查機制，並提供及時服務資訊。
2. 加強大陸配偶申請來臺審查機制，除採形式審查外兼採實質審查，推動面談、追蹤、通報及家戶訪查機制，並提供及時服務資訊。
3. 運用各種行銷管道，協助宣導國人相互尊重、理解、欣賞、關懷、平等對待及肯定不同文化族群之正向積極態度，並鼓勵推廣多元文化及生活資訊。
4. 推動社區或民間團體舉辦多元文化相關活動，鼓勵學生與一般民眾參與，促使積極接納新住民，並使國人建立族群平等與相互尊重接納之觀念。
5. 推廣文化平權理念；補助民間辦理新住民相關計畫或活動。
6. 推廣新住民多元文化，辦理新住民相關文化活動，並推動與新住民母國之文化交流，增進國人對其文化的認識。

Chapter 2

我國移民問題與現行政策

本章依據出題頻率區分，屬：B 頻率中

第一節　移民問題

變遷趨勢

一、移出人口的趨勢

(一) **國人移居國外趨勢**：我國歷年移出人口的數量並不大，移出人口從民國79年的2萬6,224人，降至95年的1萬3,201人，似有趨緩之勢。96年移出人口增為1萬3,886人，97年人數持續增加，98年人數略減，但仍維持在1萬2千人左右（表1-1）。國民移出國家選擇，仍以美國與加拿大比例為高，在78年至100年間，我國國民移往美國者累計達22萬5,880人，約占總移出人數49.8%、移往加拿大者累計達11萬5,930人，約占總移出人數25.6%，二者即占所有移出人口之75.4%，其次則為紐西蘭（8.0%）及澳洲（6.5%）。

表1-1　我國移出人口的趨勢與地區別

單位：人

年別	美國	加拿大	澳洲	紐西蘭	新加坡	巴西	阿根廷	巴拉圭	南非	韓國	合計
78(1989)	13,974	3,370	－	－	166	4,440	－	33	460	－	22,443
79(1990)	15,151	3,725	2,988	2,118	184	111	446	119	1,382	－	26,224
80-84 (1991-1995)	63,356	37,080	8,385	26,762	720	694	4,270	1,682	5,247	－	148,196
85-89 (1996-2000)	43,414	42,755	7,133	2,952	711	2,656	1,813	1,102	1,107	－	103,643
90-94 (2001-2005)	48,260	13,235	5,187	3,844	106	665	284	262	731	11,003	83,577
95(2006)	8,545	2,820	752	190	150	45	77	22	－	600	13,201
96(2007)	9,053	2,780	1,165	170	148	109	－	45	－	416	13,886
97(2008)	9,237	2,970	1,173	152	152	151	2	62	20	669	14,588

年別	美國	加拿大	澳洲	紐西蘭	新加坡	巴西	阿根廷	巴拉圭	南非	韓國	合計
98(2009)	8,105	2,540	1,012	192	123	318	—	68	—	301	12,659
99(2010)	6,785	2,765	1,040	144	160	131	—	57	—	327	11,409
100(2011)	—	1,890	1,012	183	119	171	40	81	—	395	3,891
合　計	225,880	115,930	29,847	36,707	2,739	9,491	6,932	3,533	8,947	13,711	453,717

資料來源 內政部移民署　註：「—」表示尚無相關資料可稽

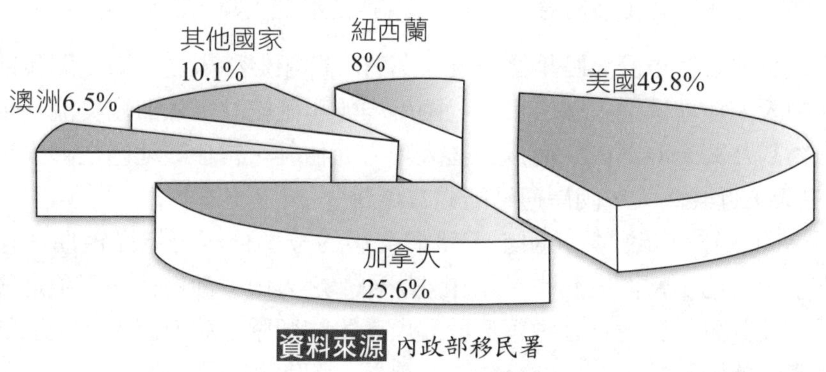

資料來源 內政部移民署

圖1-1　我國國民移出概況

(二) **國人移居國外輔導概況**：政府基於「憲法」第10條「人民有居住及遷徙的自由」之規定，尊重國民對於生活選擇的意願，訂定相關法規規範提供移民服務業者。依入出國及移民法第51條規定，政府對於移民應予保護、照顧、協助、規劃、輔導。主管機關得協調其他政府機關（構）或民間團體，對移民提供諮詢及講習、語言、技能訓練等服務。

現階段政府對於規劃移往國外國民之輔導，係以保障國民在接受移民服務過程中法律上的權益，並隨時蒐整、編印世界各主要國家移民資訊供國民參考，提供移民資訊以及對移民業務機構之管理與輔導，協助國人完成移往海外發展之規劃，保障其遷徙過程中應有權利，並盡速遷移住地安居，進而達成透過國民外交，以延伸我國國際友誼之目標。至已取得國外永久居留或國籍之國民，僑務委員會亦提供文化活動、國內發展及歸國投資各項訊息，以保持並強化海外僑民與國內之聯繫。

(三) **移民業務機構管理概況**：現行對移民業務機構之管理，係依「入出國及移民法」第57條及「移民業務機構及其從業人員輔導管理辦法」，辦理對移民業務機構之設立許可申請、解散、終止經營、撤銷或廢止設立許可，移民專業人員訓練及測驗，與其經營管理等業務。以2007年12月資料顯示，目前在我國登記有案之合法移民業務機構約維持在100至105家之間。為提升移民業務機構之服務素質，政府持續辦理多項講習與訓練，並定期與不定期進行移民業務機構考評作業，以確保國民能獲得必要之服務與協助。

(四) **國人長期居留中國大陸地區概況**：另有一群類似移出之人口，即長期居留在中國大陸地區之人數，目前，兩岸均無明確統計，依海峽交流基金會估計約為75萬至85萬人，而以中國大陸方面估計，常住該地區之國人（住滿183天）近40萬人，兩岸通婚則約27萬對。

兩岸間之往來統計數據顯示，這個群體的一部分有可能從短期「移地工作」的角色，轉而成為「長期在外居住」之人口，面對此一現象之後續發展，及其可能對我國社會經濟發展所產生的衝擊，政府將予以密切關注，並對於此一群體在未來可能發生之需要，適時的提供協助。

二、移入人口趨勢

(一) **經濟性移入**：所謂經濟性移民，以美國、加拿大、澳洲及紐西蘭等接受移民的國家為例，大致上以投資移民、專業技術等申請永久居留者為主要移入群體，至於短期或限制居留期間之工作者，是否成為移民政策考量之一環，世界各國依其發展需要，尚無一定作法。我國現階段對於外籍移工，在法律上規範有居留期限之限制，其以外籍移工身分居留在我國期間，不得計入申請永久居留之年資計算，故我國對於外籍移工，係非以移民來考量。

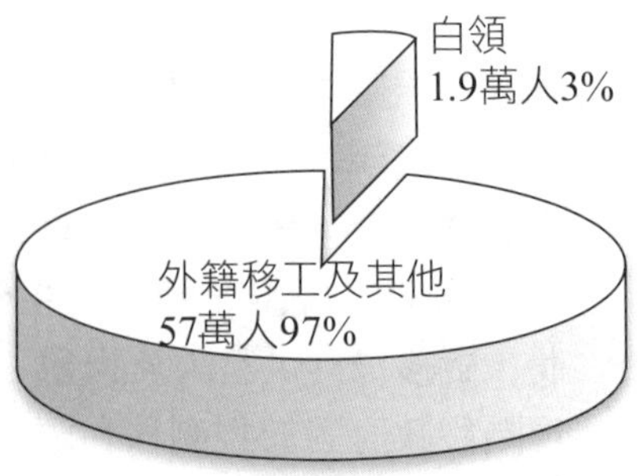

圖1-2 2014年6月合法居留外僑職業別統計

目前，因經濟因素居留我國外僑人數之現況，以103年6月底合法居留的「外僑」人數及職業別統計，當期合法居留外僑人數為59萬296人，其中白領工作者（公務、商務、工程師、會計師、律師、記者、教師及醫護工作者、傳教士及技工技匠等）人數計1萬9,241人，占所有合法居留我國外僑人口3%（見圖1-2）。

再依白領外籍居留人口的職業資料加以統計，以教師為多，占41%，而補習教育應是教師其最主要工作，其次為商務人員占29%，再次為工程師占15%與傳教士占10%（見圖1-3）。

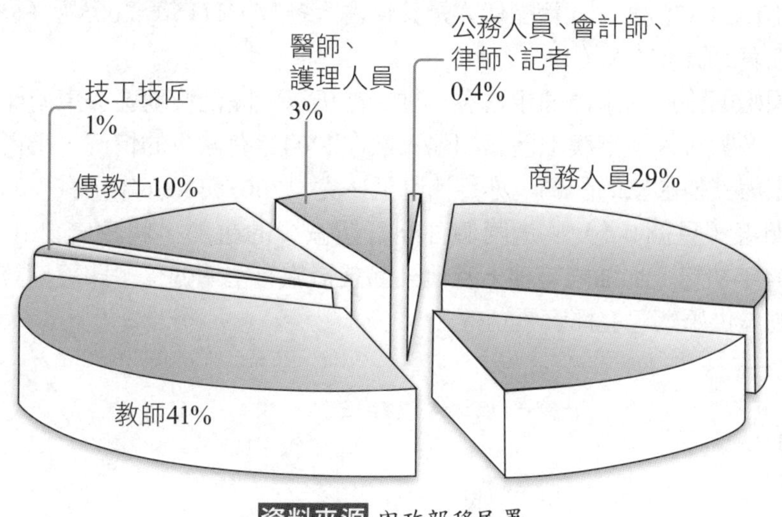

資料來源 內政部移民署

圖1-3　2014年6月外籍白領工作者職業分布統計

近期以來，工業化國家在接受移民時，均機動的以國家發展、政治與經濟之考量，對移民進行有規劃的篩選，以補足勞動力之缺口或支持特定產業之發展，政策之變革速度亦明顯的加速，以因應全球化經濟對國內產業及市場之衝擊。此透過明確之類別與數額規劃，以解決各該國內勞動力缺口及緩和移入人口對社會及文化衝擊，已成為美、加、澳、紐等主要移民國家移民政策選擇之趨勢。

(二)**非經濟性移入**：所謂非經濟性移入，係指非以應聘、受僱、投資而申請至我國居留或定居者，例如：婚姻、依親、就學、難民或對我國有特殊貢獻者等。目前我國非經濟性移入人口主要以結婚因素移入者為多數。依內政部自1987年起至2017年4月底的統計，外籍配偶人數共計53萬2,075人，其中為外國籍者為17萬9,880人（30.62%），大陸籍者為33萬9,140人（66.38%），港澳地區者為1萬6,088人（3%）。大陸籍配偶以女性為主，有31萬7,604人（95%），男性人數比例相對較低（5%），但亦有2萬1,536人；港澳地區配偶的性別比例較平均，女性有8,578人（53%），男性有7,510人（47%）；外籍配偶亦是女性占大多數，有15萬8,005人（88%），男性有2萬1,875人（12%）。

我國婚姻移民的來源國相當多，惟目前仍以大陸港澳地區與東南亞籍的配偶占多數。大陸港澳地區籍配偶人數在2004年有減少的情況，來自東南亞國家與其他國家的配偶，亦逐漸降低，尤以2005與2006年，減少的趨勢相當顯著（見圖1-4）。這兩個外配群體減少的趨勢，與政府自2003年底2004年初起，加強國境線上及境外面談措施有密切關係，印證面談機制對防制虛偽婚姻已發揮實質功效。

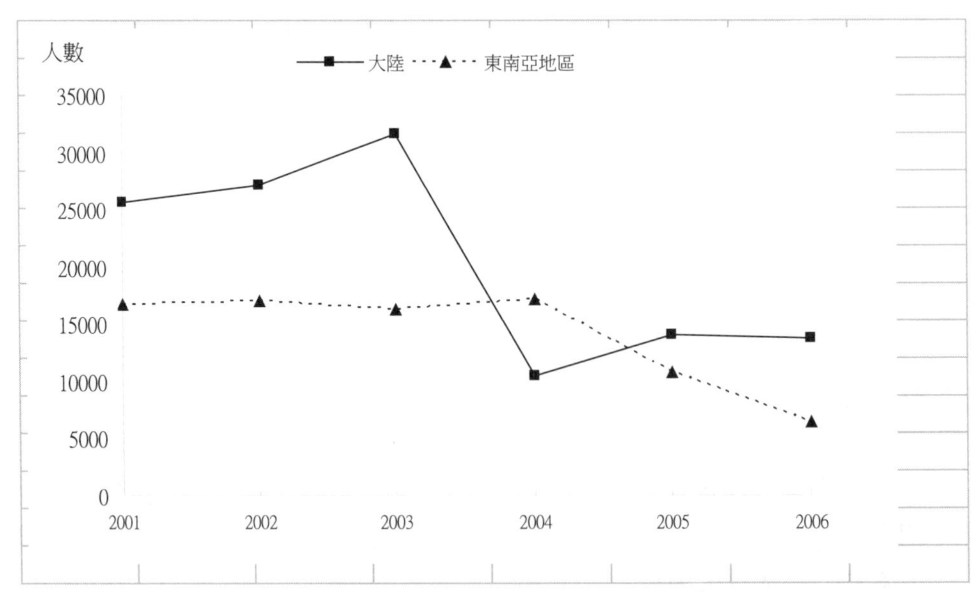

資料來源 內政部戶政司。

圖1-4　女性大陸與外籍配偶每年新增結婚登記人數

移民變遷趨勢之問題分析

根據2012年8月資料顯示，具永久居留身分在我國居住者，總數為52,558人，其中男性為12,590人，女性為39,968人，但以同期資料顯示，截至當年度歸化取得我國國籍者，總數為100,265人，其中男性為834人，女性高達99,431人，顯見長期居住於我國之移入人口中，男性與女性選擇長期居住在我國的身分別顯有差異，男性傾向於永久居留，至女性則傾向以取得我國國籍為主。

另外，再以移入人口的居留身分別資料進行觀察，主要可分為兩大群體：中產階級與外籍配偶。中產階級移入人口以專業技術人才為主，占移入人數比例偏低，且多具有較高的教育與技術，多為民間企業與科技發展機構主動召募而來，不僅就業條件上具有保障，且在生活適應各層面亦容易獲得雇主或召募單位之協助；其在臺生活容易遇到的問題偏重於語言與子女教育問題。

外籍配偶，其原籍以來自大陸地區與東南亞國家的女性配偶為主，此婚姻移入之外籍配偶，對於我國人力補充、家庭照顧、服務社會及出生嬰兒的增加等展現出實質的貢獻，已為社會所肯定，且移入人數較大量湧現之下，對我國現階段之社會經濟發展，也產生若干重大的影響與挑戰，亟待政府正面積極回應。

綜合考量我國經濟性與非經濟性移入人口分布現況，歸納其對我國社會、經濟與文化產生以下幾大面向之挑戰：

一、經濟性移民誘因不足問題

目前我國之移入趨勢明顯偏向非經濟性移民以及來源國較為單純之現象，該非經濟性之移民對我國社會、經濟與文化將產生重大、深遠的影響。揆諸世界各國對於全球人才之競爭，如何強化經濟性移民之誘因，以及讓移民來源國多元化，應為我國借鑑規劃移民措施之重要參據。

二、社會互動與整合之問題

語言在文化內涵中扮演重要角色，亦是在生活環境中與他人溝通、互動、尋求資源與支持的重要媒介，當移入人口在語言表達能力有限的情況下，其生活範圍、健康照護需要之滿足與社區之社交活動即容易受到限制，也易於擴張文化差異，對於本地民眾與移入人口間之互動與相互了解即可能形成阻礙與誤解。我國現階段移入人口中除大陸配偶具備語言溝通能力外，大多數外籍配偶在移入初期，常因語言障礙而造成溝通問題。故對於多元文化之接受與包容度，更需透過長時間之環境建構與社區互動；建構雙語、多語或通用環境，提升移入人口生活上之便利，降低溝通上之障礙，以強化整體社會互動與整合之取向，都是需要迫切去思考並採行積極作為。

三、整合就業條件與人力運用之問題

以經濟性移入人口而言，其主要是透過跨國企業之任用、調派，或是本國企業之海外召募，故多以具備就業機會為前提來臺赴職，因此稅賦、企業提列成本之計算方式、子女照護及教育環境、配偶之工作機會等便成為其是否長期居留或移入我國之重要因素。

對於非經濟性移入人口而言，依照我國就業服務法之規定，如為我國國民之外籍配偶，不需申請便可合法工作，大陸地區人民為我國國民配偶，在依親居留階段可透過申請核准合法工作，長期居留階段則不需申請；惟如何確實透過相關措施，使移入人口本身之教育與技術能力，除能與我國產業需求相結合之外，也能促進勞動參與，提升其職業成就，此涉及教育、勞動、移民及產業政策，已為政府持續關注之議題。

四、新生代教育與國際接軌之問題

經濟性及非經濟性移民的新一代之教育及成長照護，是政府、社會各界及移民者本身與其家庭所共同重視之議題。隨著全球化及跨國移動潮流之形成，如何讓新一代具有多元之文化觀點，提供國際接軌之教育內容，建立包容而創新之養成環境，是移民家庭與本地家庭共同面對的課題，也是社會、文化融合之重要基礎；是以，如何提供全球接軌之教育體制，以吸引專業人才長期居留，透過教育之涵養讓已在臺灣生根之移民家庭，承接我國文化傳統，吸納移民文化特質，融合發展，創造優質新生力，亦為政府整體所共同努力之方向。

五、非法停居留、工作及人口販運問題

為保障真實婚姻與合法入境者之權利，面對「假結婚、真賣淫、真打工」問題，杜絕人口販運及違法媒合，向為我國持續努力之目標。內政部於2003年底對於「外籍與大陸配偶生活狀況調查」資料顯示，在臺的外籍與大陸配偶有將近四分之一的人行方不明；非法居留、非法入境及行方不明等隱藏在社會各角落之流動人口，意味潛藏社會安全危機及其升高之可能。

因此，如何正視我國移入人口偏重非經濟性移入及其衍生問題與發展趨勢，將為現階段政府積極思考、規劃之方向與解決之重點。

試題演練

一、現行對移民業務機關之管理，其主要法規依據為何？

答 係依「入出國及移民法」第57條及「移民業務機構及其從業人員輔導管理辦法」辦理。

二、何謂經濟性移入與非經濟性移入，試解釋之？

答 (一) 所謂經濟性移民，以美國、加拿大、澳洲及紐西蘭等接受移民的國家為例，大致上以投資移民、專業技術等申請永久居留者為主要移入群體，至於短期或限制居留期間之工作者，是否成為移民政策考量之一環，世界各國依其發展需要，尚無一定作法。

(二) 所謂非經濟性移入，係指非以應聘、受僱、投資而申請至我國居留或定居者，例如婚姻、依親、就學、難民或對我國有特殊貢獻者等。目前我國非經濟性移入人口主要以結婚因素移入者為多數。

三、我國移入人口大致可分為哪兩種類型，其形成原因為何？

答 (一) 我國移入人口主要可分為兩大群體：中產階級與外籍配偶。

(二) 中產階級移入人口以專業技術人才為主，占移入人數比例偏低，且多具有較高的教育與技術，多為民間企業與科技發展機構主動召募而來，不僅就業條件上具有保障，且在生活適應各層面亦容易獲得雇主或召募單位之協助；其在臺生活容易遇到的問題偏重於語言與子女教育問題。

(三) 外籍配偶之移入，其原籍以來自大陸地區與東南亞國家的女性配偶為主，此婚姻移入之外籍配偶，對於我國人力補充、家庭照顧、服務社會及出生嬰兒的增加等展現出實質的貢獻，已為社會所肯定，且移入人數較大量湧現之下，對我國現階段之社會經濟發展，也產生若干重大的影響與挑戰，亟待政府正面積極回應。

四、綜合考量我國經濟性與非經濟性移入人口分布現況，其對我國社會、經濟與文化會衍生哪些問題，需待政府積極回應？

答 (一) 經濟性移民誘因不足問題：目前我國之移入趨勢明顯偏向非經濟性移民以及來源國較為單純之現象，該非經濟性之移民對我國社會、經濟與文化將產生重大、深遠的影響。揆諸世界各國對於全球人才之競爭，如何強化經濟性移民之誘因，以及讓移民來源國多元化，應為我國借鑑規劃移民措施之重要參據。

(二) 社會互動與整合之問題：我國現階段移入人口中除大陸配偶具備語言溝通能力外，大多數外籍配偶在移入初期，常因語言障礙而造成溝通問題。故對於多元文化之接受與包容度，更需透過長時間之環境建構與社區互動；建構雙語、多語或通用環境，提升移入人口生活上之便利，降低溝通上之障礙，以強化整體社會互動與整合之取向，都是需要迫切去思考並行積極作為。

(三) 整合就業條件與人力運用之問題：

1. 以經濟性移入人口而言，其主要是透過跨國企業之任用、調派，或是本國企業之海外召募，故多以具備就業機會為前提來臺赴職，因此稅賦、企業提列成本之計算方式、子女照護及教育環境、配偶之工作機會等便成為其是否長期居留或移入我國之重要因素。
2. 對於非經濟性移入人口而言，依照我國就業服務法之規定，如為我國國民之外籍配偶，不需申請便可合法工作，大陸地區人民為我國國民配偶，在依親居留階段可透過申請核准合法工作，長期居留階段則不需申請；惟如何確實透過相關措施，使移入人口本身之教育與技術能力，除能與我國產業需求相結合之外，也能促進勞動參與，提升其職業成就，此涉及教育、勞動、移民及產業政策，已為政府持續關注之議題。

(四) 新生代教育與國際接軌之問題：隨著全球化及跨國移動潮流之形成，如何讓新一代具有多元之文化觀點，提供國際接軌之教育內容，建立包容而創新之養成環境，是移民家庭與本地家庭共同面對的課題，也是社會、文化融合之重要基礎。

(五) 非法停居留、工作及人口販運問題：為保障真實婚姻與合法入境者之權利，面對「假結婚、真賣淫、真打工」問題，杜絕人口販運及違法媒合，向為我國持續努力之目標。內政部於2003年底對於「外籍與大陸配偶生活狀況調查」資料顯示，在臺的外籍與大陸配偶有將近四分之一的人行方不明；非法居留、非法入境及行方不明等隱藏在社會各角落之流動人口，意味潛藏社會安全危機及其升高之可能。

第二節　移民政策

我國目前有關外國人居留定居之一般規定，係規定於「入出國及移民法」；歸化國籍則規定於「國籍法」；至大陸地區人民之居留定居則規定於「臺灣地區與大陸地區人民關係條例」。以下針對我國經濟性移民及非經濟性移民政策現況分述如下。

經濟性移民政策

一、投資移民

目前，外國投資人對臺投資，係依據「外國人投資條例」、「土地法」、「礦業法」、「船舶法」及「公司法」等相關規定辦理。而外國人以投資人身分或因工作需要，擬在臺作6個月以上之居留者，則可依「外國投資人或外國法人投資人之代表人申辦居留簽證之作業規定」，經由經濟部核准後，由各該主管機關核發證明，函請外交部核發單次入境之居留簽證：

(一) 外國人來我國投資經核准後，於各該投資事業已實行股本投資達20萬美元以上者，得申請核發2人。

(二) 外國投資人實行投資達20萬美元以上者，每增加50萬美元，得申請增發1人，但以增發7人為限。

二、專業人才移民

在引進外國專業技術受僱者方面，自民國93年1月15日起，勞委會成為單一窗口，統一審核標準，不但便利申請人送件，縮短審核期程，且不斷改進書表，也關注引進外國專業技術受僱者對本地就業者的影響。在此之前，係由各中央目的事業主管機關根據24種許可及管理辦法負責審核外籍專業人員之聘僱。目前主要的法規除「就業服務法」（以下簡稱就服法）外，包括「雇主聘僱外國人許可及管理辦法」（以下簡稱「聘僱辦法」），以及「『外國人從事就業服務法』第46條第1項第1款至第6款工作資格及審查標準」（以下簡稱「審查標準」）。

根據「就服法」，可引進外國人從事工作類別有以下各款：

(一) 專門性或技術性之工作。

(二) 華僑或外國人經政府核准投資或設立事業之主管。

(三) 下列學校教師：

1. 公立或經立案之私立大專以上院校或外國僑民學校之教師。
2. 公立或已立案之私立高級中等以下學校之合格外國語文課程教師。
3. 公立或已立案私立實驗高級中等學校雙語部或雙語學校之學科教師。

(四) 依補習及進修教育法立案之短期補習班之專任教師。

(五) 運動教練及運動員。

(六) 宗教、藝術及演藝工作。

(七) 商船、工作船及其他經交通部特許船舶之船員。

(八) 海洋漁撈工作。

(九) 家庭幫傭及看護工作。

(十) 為因應國家重要建設工程或經濟社會發展需要，經中央主管機關指定之工作。

(十一) 其他因工作性質特殊，國內缺乏該項人才，在業務上確有聘僱外國人從事工作之必要，經中央主管機關專案核定者。

為防範「假白領、真藍領」的現象發生，也為了保障國人的就業機會，對於外國人受聘僱從事專門性技術性工作，現階段訂有其薪資不得低於中央主管機關公告之行職業別薪資調查最新一期之工業及服務業專技人員每人月平均薪資，該薪資標準係為國內專技人員月平均薪資，也就是雇主聘僱外國人，其薪資不得低於此標準（「審查標準」第8條規定）。

另外，依「大陸地區人民在臺灣地區依親居留長期居留或定居許可辦法」規定，在政治上、經濟上、教育上、科技上、文化上有貢獻的大陸地區人民，得申請在臺灣長期居留。此亦為世界各國共同的移民基調，即透過專業人才的引進，使本國較為弱勢之專業或文化領域，能有向上發展之競爭力。此外，政府為提升我國研究水準，創新技術，加速產業升級，並謀求國家發展，亦於「綱領」中列明，「規劃經濟性及專業人才之移入，以配合國內經濟、教育、科技及文化發展需要，開發新人力資源，並開創多元文化新社會」。

知識補給站

資料來源 外國專業人才延攬及僱用法專頁網站。

[外國專業人才延攬及僱用法]

為強化延攬外國專業人才，簡化申請工作、居留之程序，增加渠等長期留臺誘因，並完備其家庭團聚及社會保障需求，國發會協同相關部會推動「外國專業人才延攬及僱用法」（以下簡稱外國人才專法），該法於106年11月22日制定公布，自107年2月8日施行。為進一步強化攬才力道，國發會積極推動外國人才專法修法作業，並於立法院110年6月18日三讀修正通過、總統同年7月7日公布，行政院業核定自同年10月25日正式施行。

外國人才專法重點如下：

一、工作許可相關規定

(一) 外國專業人才：

1. 教育部核定招收「外國人才子女專班」得聘僱外籍學科教師。（第4條）
2. 將已開放之實驗教育工作者，納入本法適用對象。（第4條）
3. 短期補習班得聘僱外國語文教師及具專門知識或技術之教師。（第4條）
4. 學校教師及實驗教育工作者向教育部申請工作許可。（第5條）
5. 教育部公告世界頂尖大學之畢業生在我國從事專門性或技術性工作無須具備2年工作經驗。（第6條）
6. 外國自由藝術工作者得不經雇主申請，逕向勞動部申請許可。（第10條）
7. 針對擬來臺從事專業工作、須長期尋職之外國專業人才，核發「尋職簽證」，總停留期間最長6個月。（第11條）

(二) 外國特定專業人才：

1. 外國特定專業人才：指外國專業人才具有中央目的事業主管機關公告之我國所需科技、經濟、教育、文化藝術、體育、金融、法律、建築設

計、國防及其他領域之特殊專長，或經主管機關會商相關中央目的事業主管機關認定具有特殊專長者。（第4條）

2. 雇主聘僱外國特定專業人才從事專業工作，其工作許可期間最長為5年，期滿得申請延期。（第8條）

3. 外國特定專業人才得向內政部移民署申請核發具工作許可、居留簽證、外僑居留證及重入國許可四證合一之「就業金卡」（個人工作許可），有效期間為1至3年，提供自由尋職、就職及轉換工作之便利性。符合一定條件者，得於有效期間屆滿前得申請延期。（第9條）

(三) 外國專業人才、外國特定專業人才及外國高級專業人才之眷屬：

1. 外國專業人才、外國特定專業人才及外國高級專業人才，其本人、配偶、未成年子女及因身心障礙無法自理生活之成年子女，經許可永久居留者，無需申請工作許可。（第7條）

2. 取得永久居留之外國專業人才、外國特定專業人才及外國高級專業人才，其成年子女符合一定居留條件者，得申請個人工作許可。（第15條）

二、本人及其親屬之簽證與居留相關規定

1. 以免簽證或持停留簽證入國，經許可或免經許可在我國從事專業工作者，得免申請居留簽證，逕向內政部移民署申請居留證，其依親親屬亦同。（第12條）

2. 外國專業人才及外國特定專業人才於居留效期或就業金卡有效期間屆滿前，得申請延期居留6+6個月，其依親親屬亦同。（第13條）

3. 將外國特定專業人才申請永久居留之在臺連續居留期間由5年縮短為3年，且取得我國博士學位者，得再折抵1年。另外國專業人才申請永久居留，在臺連續居留期間維持5年，惟取得我國碩、博士學位者，則得分別折抵1、2年。（第14條）

4. 外國專業人才／外國特定專業人才取得永久居留後，其配偶、未成年子女及身心障礙無法自理生活之成年子女於合法連續居留5年／3年後，得申請永久居留，無須財力證明。（第16條）

5. 外國高級專業人才之依親親屬得隨同申請永久居留。（第17條）

6. 外國特定專業人才、高級專業人才及其配偶之直系尊親屬得申請探親停留簽證，總停留最長為1年。（第18條）

7. 經許可永久居留者，出國5年以上未曾入國，始註銷其外僑永久居留證。（第19條）

三、社會保障及租稅優惠措施

1. 外國特定專業人才首次核准來臺工作，且薪資所得超過300萬元起5年內，享有超過部分折半課稅，以及海外所得免計入基本所得額課徵基本稅額之優惠。（第20條）

2. 受聘僱從事專業工作之外國專業人才、屬雇主及自營業主身分之外國特定及高級專業人才，其本人及依親親屬可直接加入全民健保，不受健保6個月等待期限制。（第21條）
3. 外國專業人才及外國特定專業人才經許可永久居留者，適用勞退新制。（第22條）
4. 外國人擔任我國公立學校現職編制內專任合格有給之教師，及政府機關及其所屬學術研究機關（構）之研究人員，其退休事項準用公立學校教師之退休規定且經許可永久居留者，得擇一支領一次退休金或月退休金。（第23條）

四、其他
1. 香港或澳門居民在臺灣地區從事專業工作或尋職，準用本法部分條文。（第24條）
2. 歸化我國國籍者，其親屬得準用部分條文規定（包括申請永久居留、成年子女個人工作許可，以及尊親屬探親停留簽證等）。（第26條）

非經濟性移民

一、大陸配偶居留相關法規

在民國104年修正「臺灣地區與大陸地區人民關係條例」（以下簡稱「兩岸條例」）之後，目前大陸配偶移居臺灣到定居過程，已調整為團聚、依親居留、長期居留到定居等4階段規定。根據兩岸條例第17條規定，大陸地區人民為臺灣地區人民配偶，得依法令申請進入臺灣團聚，結婚已滿2年者或已生產子女者，得申請在臺灣依親居留。以下針對目前我國對於大陸地區配偶申請團聚、依親居留、長期居留與定居之規定說明如下：

(一) **團聚**：依照兩岸條例第17條及「大陸地區人民進入臺灣地區許可辦法」第25條規定，大陸地區人民為臺灣人民之配偶申請進入臺灣地區團聚，經審查後得核給1個月內停留期間之許可；通過面談後准予延期，得再核給5個月停留期間之許可。總停留期間為兩年，大陸配偶來臺團聚6個月以上者，依健保法應參加全民健康保險，確保其在臺期間仍能享有完整的健康照護。

(二) **依親居留與長期居留**：依照兩岸條例第17條及「大陸地區人民在臺灣地區依親居留長期居留或定居許可辦法」規定，結婚已滿2年或已生產子女的臺灣地區人民之大陸地區配偶可提出依親居留申請，依親居留滿4年，且每年在臺合法居留期間逾183日者，始得申請長期居留，惟每年在臺居留未逾183日者，當年不列入4年之計算。

(三) **定居**：經許可在臺灣地區長期居留滿2年，且每年在臺居留逾183日，同時符合一定條件者可申請定居。

(四) **數額**：國家為穩定社會發展動能，配合國土發展及國家發展方針，針對全部或特定群體移入加以適當之鼓勵或調整，調整數額為或可參採之作為。有關數額研訂，涉及外來人口問題，由於我國近年來外來人口移入數量成長相當迅速，我國人口密度高居世界第2位，爰需衡酌人口移入所衍生整體效應擬訂數額，希望藉以導引移入正常化。是以內政部於民國104年12月30日依兩岸條例第17條規定，修訂「大陸地區人民在臺灣地區依親居留長期居留及定居數額表」，以作為現階段規劃辦理各項中國大陸地區人民來臺服務措施之參考。

二、外籍婚姻移民移入相關法規

外國籍人士因結婚移入臺灣，相關規定說明如下：

(一) **居留**：當外籍人士與本國國民結婚之後，即可申請居留簽證入境。而依據「入出國及移民法」第25條規定，符合「外國人在我國合法連續居留5年，每年居住超過183日，或居住臺灣地區設有戶籍國民，其外國籍之配偶、子女在我國合法居留10年以上，其中有5年每年居留超過183日，並符合1.18歲以上；2.品行端正；3.有相當之財產或技能，足以自立；4.符合我國國家利益。」要件者，則得申請永久居留。

（應注意：111年12月31日前所適用之入出國及移民法第25條第1項第1款規定為：「一、二十歲以上。」）

(二) **歸化**：「國籍法」第3條規定：「外國人或無國籍人，現於中華民國領域內有住所，並具備下列各款要件者，得申請歸化：1.於中華民國領域內，每年合計有183日以上合法居留之事實繼續5年以上；2.依中華民國法律及其本國法均有行為能力；3.無不良素行，且無警察刑事紀錄證明之刑事案件紀錄；4.有相當之財產或專業技能，足以自立，或生活保障無虞；5.具備我國基本語言能力及國民權利義務基本常識。」但除具備第3條第1項第2款至第5款規定之要件外，如符合國籍法第4條第1項各款規定之情形，只要於中華民國領域內，每年合計有183日以上合法居留之事實繼續3年以上，即得申請歸化。另有國籍法第5條到第7條條規定情事者，亦得申請歸化或隨同歸化。

（應注意：111年12月31日前所適用之國籍法第3條第1項規定為：「外國人或無國籍人，現於中華民國領域內有住所，並具備下列各款要件者，得申請歸化：

一、於中華民國領域內，每年合計有一百八十三日以上合法居留之事實繼續五年以上。

二、年滿20歲並依中華民國法律及其本國法均有行為能力。

三、無不良素行，且無警察刑事紀錄證明之刑事案件紀錄。

四、有相當之財產或專業技能，足以自立，或生活保障無虞。

五、具備我國基本語言能力及國民權利義務基本常識。」）

(三) **定居**：外國人歸化取得中華民國國籍後，為我國無戶籍國民期間，應依「入出國及移民法」第9條規定申請居留，於居留滿一定期間後，得依「入出國及移民法」第10條規定，申請在臺灣地區定居。同條規定，如親屬關係因結婚發生者，婚姻關係應存續3年以上。但如果婚姻關係存續期間已生產子女者，則不在此限。而法規所定之「一定期間」，依同條第3項第1款規定，係指「連續居住1年，或居留滿2年且每年居住270日以上，或居留滿5年且每年居住183日以上。」者。

(四) **數額**：上揭修正公布之「入出國及移民法」第25條有關得對每年申請在我國居留及永久居留設立配額之規定，因考量數額之規劃、全球性經濟發展與各國政治發展情勢對我國之影響以及我國產業政策等因素，必須審慎評估，是以，是否對於外國人居留及永久居留設立數額，將持續依我國社會經濟發展需要機動研議，通盤考量之。

三、婚姻移民輔導相關措施

現階段政府為協助占移入人口較高比例之婚姻移民來臺後之生活適應，業於民國92年訂定「外籍與大陸配偶照顧輔導措施」，並於民國93年9月10日修正，其重點工作包含生活適應輔導、醫療優生保健、保障就業權益、提升教育文化、協助子女教養、人身安全保護、健全法令制度、落實觀念宣導等8大項目之重點工作；並訂定56項具體措施，分由內政部、教育部、外交部、法務部、交通部、財政部、行政院衛生署、新聞局、文化建設委員會、勞工委員會、大陸委員會、國軍退除役官兵輔導委員會及地方政府等相關機關積極辦理。另為整合婚姻移民照顧輔導服務及政府與民間之資源，於民國94年成立外籍配偶照顧輔導基金，每年籌募新臺幣3億元，分為10年，共籌募新臺幣30億元，作為我國推動婚姻移民輔導與照顧相關服務方案推動的基金。為期達到基金運用的有效性及全面照顧外籍配偶及其子女，另於民國95年5月訂定「外籍配偶生活輔導、語言學習及子女課後照顧實施計畫」，其中包括外籍配偶生活輔導班、外籍配偶語言學習輔導班及國小課後照顧班3類班別，於民國95年6月協調直轄市、縣（市）政府全面推動。

四、婚姻媒合業的管理概況

近年來，我國跨國婚姻比例逐漸攀升，引發跨國婚姻媒合業者各類不法惡性競爭，衍生諸多不當獲利、詐欺、散播物化女性之廣告及人口販運等違法事項，危害社會善良風俗至鉅。為此，行政院婦女權益促進委員會第24、25次委員會議作成決議：婚姻媒合本係美事一樁，不應成為一種行業；政府公權力運作應予引導，並維護社會之公平正義，以遏止現行婚姻媒合業物化及商品化女性之惡劣行徑與弊端。

為了確實管理這些不當之行徑，並避免跨國婚姻成為人口販運犯罪之管道，於民國93年8月1日成立「內政部婚姻媒合業管理審查小組」針對大陸婚姻媒合廣告進行調查與查處，復於民國95年9月成立「婚姻媒合管理聯繫會報」，以結合各部會力量，共同落實婚姻媒合管理，同期經濟部亦公告廢止「婚姻媒合業」營業項目，持續強化宣導、鼓勵婚姻媒合服務轉型為非營利性質，並積極推動建立婚姻媒合業管理法制，從根本做起，以杜絕婚姻商品化，防杜非法人口買賣之行為。

五、移民健康照護

我國針對移民的健康服務，相較於國人並無差別待遇，移入臺灣者只要合法居留6個月以上，即能參加全民健康保險，不過，合法的受僱者不受6個月之限制；且在6個月期滿前，針對婚姻移民婦女，尚有外籍配偶照顧輔導基金輔以設籍前醫療補助，以此觀之，我國的健康福利制度也將移民納入照顧範疇。

因應移民政策檢討之問題分析

一、現階段吸引經濟性移民之考量

(一) **確認我國所需之專業人才，白領與藍領間之平衡**：鑑於科技專業人才對於國家整體發展至為重要，而人才的規劃、吸引、運用、培育、訓練、資格認證等更是國家重要產業發展的關鍵基礎。21世紀的全球企業競爭已經由傳統的勞力與資金投入轉為科技導向的知識經濟競爭，經濟競爭力面臨著跳躍式突破的考驗，科技發展藍圖變得複雜與多元，產業與科技領域專長需求界線不再涇渭分明，創新研發及知識型服務遂成為競爭力要素，惟有掌握關鍵性科技者才能主導市場。

(二) **營造有利投資與生活環境**：現階段我國吸納的專業投資移民尚有很大的空間，積極營造有利於外國人來臺投資及工作的經濟與生活環境，是未來政策所需努力的方向。目前相關的政策措施，尚屬著重降低入境與居留的門檻，與相關手續（如通關等）的簡化，此便利、友善之措施，並不足以成為吸引移入我國或長期居留誘因，緣經濟性移民的增加終究仍需仰賴國家的經濟成長的潛力，企業本身的國際化，以及更優質的生活環境，惟有大環境條件成熟，方能吸引更多的經濟性移民。

二、非經濟性移民之輔導與服務

近年來非經濟性移民人口之大量移入，對我國經濟發展、勞動力投入、家務協助、生育子女、社會變遷與多元文化之促進，確有貢獻，政府應進一步協助其融入社會，使其安居、對國家社會投入更多的貢獻。

惟最近十年跨國婚姻陸續產生家庭、認同、社會衝突及人口販運犯罪等問題，有必要予以排解、消除。按現階段的移民政策，雖已針對移入後之生活輔導、文化融合、跨國婚姻家庭支持及虛偽結婚之查察等逐步落實。但對外籍配偶或依親來臺者所面對的家庭、社會適應等，仍需更多社會關注及實質的接納，及更多政策的投入、支持與鼓勵。因此，如何將跨國婚姻、多元家庭及性別平等等觀念納入宣導，增進整體社會對跨國及兩岸婚姻正確認識，強化本國籍配偶社會責任，並建立「入國前輔導」機制，使臺灣配偶與其家庭認識外籍配偶原生社會文化風俗，並提供來臺生活、風俗民情、移民法令及相關權利義務資訊，縮短中外聯姻適應期等。

為協助新住民適應我國生活，並善用其多元文化優勢提升我國競爭力，移民署透過跨部會合作推動「新住民照顧服務措施」，進行生活適應輔導、醫療生育保健、保障就業權益、提升教育文化、協助子女教養、人身安全保護、健全法令制度及落實觀念宣導8大重點工作。

同時並於中華民國106年2月9日以台內移字第1060950869號函修正新住民生活適應輔導補助要點，其重要內容如下：

(一)**目的**：為落實新住民照顧輔導措施，提升其在臺生活適應能力，使能順利適應我國生活環境，共創多元文化社會，與國人組成美滿家庭，避免因適應不良所衍生之各種家庭與社會問題。

(二)**服務對象**：包括臺灣地區人民之配偶為未入籍之外國人、無戶籍國民、無國籍人、大陸地區人民及香港澳門居民，或已入籍為我國國民而仍有照顧輔導需要者（以下簡稱新住民），並鼓勵其在臺共同生活親屬參與。

(三)**補助內容**：

1. 生活適應輔導班及活動：以提升新住民在臺生活適應能力為重點，施以生活適應、居留與定居、地方民俗風情、就業、衛生（含法定傳染疾病與愛滋病防治）、教育、子女教養、人身安全、基本權益、語言學習、性別平等與權益、有關生活適應輔導及活動等課程，並鼓勵其在臺共同生活親屬參與。
2. 種子研習班：培訓種子師資及志願服務者。
3. 推廣多元文化活動：以提升國人對新住民國家之多元文化認知為目的之教育、講座。
4. 生活適應宣導：設置新住民服務專區網頁、攝製宣導影片、印製多國語言生活相關資訊等資料。
5. 其他經內政部專案核備事項。

三、防制人口販運

我國由於兩岸關係複雜、地緣及社會結構因素，致相繼發生偷渡來臺、虛偽結婚、人蛇集團、人口販運等情事。其中以人口販運嚴重侵犯人權，已被視為當代奴役亂象，我國與世界各國均極為重視，並持續不斷推動相關防制工作，以期澈底杜絕人口販運案件發生。

我國於95年11月由行政院頒布「防制人口販運行動計畫」，並於96年成立「行政院防制人口販運協調會報」，由本署負責整合各部會資源，積極協調落實推動人口販運防制工作。98年1月「人口販運防制法」完成立法，同年6月施行，該法訂定對加害人從重處罰及提供被害人保護協助之規定，使我國防制人口販運工作獲得良好成效。自99年起已連續9年獲美國國務院人口販運問題報告評等為第1級國家，顯示我國在推動防制人口販運的整體作為持續獲得國際社會肯定。

我國人口販運防制工作重點與國際同步，目前採取4P面向，包括查緝起訴（Prosecution）、保護（Protection）、預防（Prevention）以及夥伴關係（Partnership）執行各項工作：

(一) **查緝起訴**：各檢察及司法警察機關指定專責單位負責統籌規劃查緝人口販運犯罪之相關業務，加強執行查緝起訴工作。

(二) **保護**：落實被害人保護，提供被害人適當安置處所、生活照顧、心理輔導、醫療協助、通譯服務、法律協助、陪同偵訊、提供被害人臨時停留許可與工作許可，以及安全送返原籍國等保護措施。

(三) **預防**：透過媒體及活動宣導等多元管道，以增進民眾對防制人口販運內涵及工作之瞭解；每年並持續辦理跨部會制人口販運通識教育訓練及防制人口販運研習營，以強化第一線實務工作人員之專業知能及辦案能力。

(四) **夥伴關係**：辦理「防制人口販運國際工作坊」，邀請各相關國家官方及國際非政府組織（NGO）專家學者共同與會，以汲取他國防制人口販運新知與訊息，並納入NGO力量，與國際社會接軌，同時與相關國家簽訂「移民事務與防制人口販運合作瞭解備忘錄（MOU）」，強化國際夥伴合作關係。

試題演練

一、試舉出我國現行經濟性移民有哪幾種？

答 (一) 投資移民：外國人以投資人身分或因工作需要，擬在臺作6個月以上之居留者，則可依「外國投資人或外國法人投資人之代表人申辦居留簽證之作業規定」，經由經濟部核准後，由各該主管機關核發證明，函請外交部核發單次入境之居留簽證。

(二) 專業人才移民：依就業服務法之規定，所引進之外國專業技術受雇者。

二、依現行法令規定，外國人以投資人身分或因工作需要，擬在臺作6個月以上之居留者，需投資達多少金額，方得函請外交部核發單次入境之居留簽證？

答 依「外國投資人或外國法人投資人之代表人申辦居留簽證之作業規定」：

(一) 外國人來我國投資經核准後，於各該投資事業已實行股本投資達20萬美元以上者，得申請核發2人。

(二) 外國投資人實行投資達20萬美元以上者，每增加50萬美元，得申請增發1人，但以增發7人為限。

三、目前大陸配偶移居臺灣到定居過程，可以分為哪幾個階段？

答 團聚、依親居留、長期居留到定居。

四、大陸配偶申請進入臺灣地區團聚，經審查後得核給多久時間停留？又通過面談准予延期後，得再核給多久停留期間之許可？

答 依照臺灣地區與大陸地區人民關係條例第17條第1項及「大陸地區人民進入臺灣地區許可辦法」第25條規定，大陸地區人民為臺灣人民之配偶申請進入臺灣地區團聚，經審查後得核給1個月內停留期間之許可；通過面談准予延期後，得再核給五個月停留期間之許可。

五、外國籍配偶申請永久居留需具備哪些要件？

答 依據「入出國及移民法」第25條規定，符合「外國人在我國合法連續居留5年，每年居住超過183日，或居住臺灣地區設有戶籍國民，其外國籍之配偶、子女在我國合法居留10年以上，其中有5年每年居留超過183日，並符合(1)18歲以上；(2)品行端正；(3)有相當之財產或技能，足以自立；(4)符合我國國家利益。」要件者，則得申請永久居留。

六、外國籍配偶申請歸化為我國民時，需具備哪些要件？

答 依國籍法第4條第1項第1款到第2款規定：「外國人或無國籍人，現於中華民國領域內有住所，具備前條第一項第二款至第五款要件，於中華民國領域內，每年合計有一百八十三日以上合法居留之事實繼續三年以上，並有下列各款情形之一者，亦得申請歸化：

一、為中華民國國民之配偶，不須符合前條第一項第四款。

二、為中華民國國民配偶，因受家庭暴力離婚且未再婚；或其配偶死亡後未再婚且有事實足認與其亡故配偶之親屬仍有往來，但與其亡故配偶婚姻關係已存續二年以上者，不受與親屬仍有往來之限制。」

而現行同法第3條第2款至第5款規定為：「外國人或無國籍人，現於中華民國領域內有住所，並具備下列各款要件者，得申請歸化：……

二、依中華民國法律及其本國法均有行為能力。

三、無不良素行，且無警察刑事紀錄證明之刑事案件紀錄。

四、有相當之財產或專業技能，足以自立，或生活保障無虞。

五、具備我國基本語言能力及國民權利義務基本常識。」

七、我國對於婚姻移民輔導有何相關措施？

答 (一)訂定「外籍與大陸配偶照顧輔導措施」，重點工作包含生活適應輔導、醫療優生保健、保障就業權益、提升教育文化、協助子女教養、人身安全保護、健全法令制度、落實觀念宣導等8大項目。

(二)為整合婚姻移民照顧輔導服務及政府與民間之資源，於民國94年成立外籍配偶照顧輔導基金，作為我國推動婚姻移民輔導與照顧相關服務方案推動的基金。

(三)訂定「外籍配偶生活輔導、語言學習及子女課後照顧實施計畫」，為期達到基金運用的有效性及全面照顧外籍配偶及其子女。

八、試討論我國移民政策應檢討之問題。

答 參照本書P.43因應移民政策檢討之問題分析。

Chapter 3 移民對策

本章依據出題頻率區分，屬：**B** 頻率中

在全球化及國際化衝擊下，跨國之人口遷移已成為普遍現象。近年來，我國隨著政治民主化、經濟自由化、社會多元化的持續改革與發展，經濟繁榮，民生富裕，復以兩岸交流互動頻繁，入出國境及外來移入人口逐年遞增；有必要衡酌我國國家安全、社會資源、人口結構、經濟發展、族群和諧及人權保障等因素，並善用國際人口遷移潮流所帶來之正面效益，結合國際區域合作，擴大國家發展利基，同時避免負面衝擊，因此，我國十幾年來「移入從嚴，移出從寬」之移民政策必須重新檢視調整，採取更多元包容之移民政策，於尊重人權，擴大吸引經濟性移民，融合多元文化等層面，規劃出完整的移民政策。再者，面對跨國人口遷移可能帶來的負面效應，在非法移民、人口販運犯罪及國境安全維護之挑戰等，亦有必要以嚴謹預防作為，落實查緝行動，周延救援與保護等面向，持續努力，以兼顧便民、安全與國家永續發展。

為落實上揭移民政策效益，爰依據現階段我國人口政策綱領之內涵，規劃掌握移入發展趨勢、深化移民輔導、吸引專業及投資移民、建構多元文化社會、強化國境管理及防制非法移民等各項對策，期建構一個兼容並蓄、多元繁榮之安定新社會。

各項政策的計畫目標如下圖1-5：

移民對策目標	共創豐富多元新社會。強化國境管理，兼顧人權與國境安全，深化支持新移民配合國內人口、經濟、社會發展趨勢，吸引國家所需人才，		
		掌握移入發展趨勢	確實掌握國家移入人口動態，建立長期性之觀察機制，充分了解移入人口需求，確保國家資源配置效能。
		深化移民輔導	持續強化入國前輔導以及移民業務機構管理，合理保障移入人口及國民移出各項權益。
		吸引專業及投資移民	建立完善專業和投資移民辦法，透過跨部會審查機制，爭取我國所需專業多元優秀國際人才。
		建構多元文化社會	建構多元文化學習環境，培養國人「多元尊重」價值觀，延續移民原生文化，豐富多元文化社會。
		強化國境管理	強化查核與面談機制，兼顧人權與安全，建構嚴密完整之國境內外管理機制。
		防制非法移民	擴大國際交流合作，共同打擊跨國人口販運集團，提供人口販運被害人完善之保護與安置，並強化非法入境及逾期居留之查緝、遣送效能。

圖1-5　移民對策總目標

第一節 掌握移入發展趨勢

政策目標

(一)確實掌握國家移出入人口數額及動態，建構完整統計管理機制。

(二)透過資料庫之定期更新及資料調查與分析，了解各類外來人口動態發展趨勢與需要，以明確政策規劃方向，確保國家資源有效配置。

基本理念

(一)人口全球移動趨勢之形成，對世界各國國境管理及國內社會、經濟及產業、生態及資源之運用，及我國與世界各國之間的互動等，均產生了重大的影響，故應即時建立長期性、規律性之觀察機制，以掌握我國及全球人流發展之趨勢。

(二)政策之規劃需有效之基礎與國民需求之充分表達；因此，透過大規模之調查，進行各項資料蒐集與分析，將可確保有限資源分配之有效性，解決即時而迫切之需要，並防範問題於未然。

重點措施

一、2008～2009年

完成辦理移入人口生活狀況調查，建構全國性資料庫：透過現階段內政部戶政、警政及出入境資訊系統整合完成後，所建立之移入人口資訊平台，作為調查進行之有效基礎。透過全面的調查及對新移民家庭的訪談等，切實掌握移入人口數量、生活狀況、分布狀態，建構完整之全國性資料庫。

二、2010～

(一)建立完整移入人口統計管理系統，強化移入人口行政管理及服務品質，經由全國性調查與各部會資料之定期聯繫提送，建置完整之統計管理系統，解決目前相關資料散見各部會之情形，發揮相關統計數據之運用效能，以提升移入人口行政管理及服務品質。

(二) 定期進行資料更新，辦理各項移民相關專題研究與分析依據我國人口政策綱領之內涵及國家發展方針，規劃推動、補助或辦理各項移民相關專題研究與分析，並透過資料庫之建置及定期更新、資料分析及研究，供作機動調整各項具體措施之參據。

第二節　深化移民輔導

政策目標

(一) 強化入國前輔導機制，讓有意移入我國者，在入境前增加對我國法令與風土民情之了解，協助其入境後快速融入我國社會。

(二) 強化移民業務機構管理，提供移民諮詢與服務，保障人民居住及遷徙的自由，持續提供移出人口所需海外協助。

(三) 透過對移民社會權、文化與教育權各項作為，協助移民本地生活之調適與融入，並促進移民家庭關係和諧。

(四) 透過對移民經濟權保障之各項作為，提升移民就業與自主能力，貢獻於我國經濟力。

(五) 透過對移民身心健康維護之各項作為，提升衛生保健系統之效能，保全我國國力與生產力。

基本理念

(一) 在2006年聯合國秘書長報告中指出，跨國遷移，在個人的面向上，會引發家庭的衝突及融合的困難，對於原籍國和移入國，則會帶來國家地貌、發展的衝擊與改變，社會關係的緊張，受到犯罪和恐怖行動之利用，均有待各項措施的調和與紓解。

(二) 透過對合法移入人口與社會融合的積極輔導，並保障其權益，將有助於個人生涯的發展、社會的安定、人力發展的促進與經濟的繁榮。

(三)服務提供之效能，攸關提供平台與管道之可近性與及時性，因此，結合相關民間團體之力量與經驗，切實了解移入人口生活需要，提供適切生活照顧輔導服務，將有助於協助生活障礙之排除與提高生活滿意度。

重點措施

一、2008～2009年

(一)**強化入國前輔導**：設立並強化入國前輔導機制，與各該國政府合作，透過課程設計、諮詢、會談的方式，協助有意移入我國者，在入國前多方了解我國法律、風土民情、特有傳統與文化等，以縮短中外聯姻適應期，協助其快速融入我國社會。

(二)**持續強化移民業務機構輔導及對移出人口之海外協助**：依我國憲法，人民有遷徙的自由，故對於我國國民之移出，政府並無加以鼓勵或限制，惟基於保護國民之立場，爰於「入出國及移民法」第51條、第55條及第56條中明定，政府對於移民應予保護、照顧、協助、規劃、輔導，並得協調其他機關（構）或民間團體，對移民提供諮詢及講習、語言、技能訓練等服務，並透過對移民業務機構之輔導與管理，以提供國民更完善之資訊與服務。

(三)**社會權之保障**

1. 強化家庭服務中心功能，成為各區資訊溝通與服務傳遞平台。
2. 通譯人才之培訓與通譯人才資料庫之建立。
3. 強化移民輔導網絡與溝通平臺，提供專業輔導諮詢與轉介服務。
4. 對婚姻移民加強各項社會服務資源與服務方案宣導工作。

(四)**文化與教育權之保障**

1. 持續辦理公私立幼托機構及中小學教師多元文化研習活動，培育多元文化教育師資。
2. 宣導補助學校、機關、機構及團體，規劃開辦多元學習時段，以利移民參與學習輔導。
3. 透過學校教育，建立接納、關懷及尊重不同族群人士的態度，積極營造良好的學習環境，以健全移入人口子女成長過程之身心發展。

(五) 經濟權之保障

1. 輔導移入人口發揮經濟潛力，培育我國經濟發展所需勞動力。
2. 重視婚姻移民工作媒合，擴大多元就業服務方案服務對象。
3. 依產業需求人力缺口，結合民間機構辦理移入人口職業訓練。
4. 研議放寬工作權及申請參加公辦職業訓練資格要件。

(六) 促進移民身心健康環境之建立

1. 製作多國語版衛生教育宣導教材，提供醫療院所及相關單位使用。
2. 規劃辦理醫療人員多元文化教育研習與活動，增進相關服務人員之移民身心照護知能。

二、2010～

(一) 強化移民社會權之保障

1. 加強移民與外籍人士生活便利措施。
2. 研議調整社會救助領取資格要件，檢討修正社會救助法等相關法規，以確保高風險移民家庭能獲得及時之支持與補助。

(二) 落實維護移民身心健康

1. 持續推動與世界各國衛生組織之交流，掌握各國發布國民健康狀況資訊。
2. 考量不同移民背景特殊需要，提供友善親切就醫環境，提升醫病關係與溝通效能。

第三節　吸引專業及投資移民

政策目標

(一) 競逐延攬國際專業人才，解決教育和產業之間的空缺問題，並使新興科技產業和傳統產業的需求均能得到滿足。

(二) 積極招收外國學生及僑生，延攬優秀畢業生，扶植成為本地優秀人力。

(三)建立完善的法規和移民投資辦法、提供經濟類簽證之協助及友善租稅措施、提供外籍人才的子女良好的教育環境，有效提高外國人對臺投資的誘因，吸引外籍人才的移入，促進臺灣的經濟發展。

(四)針對專業人才及投資移民者，透過跨部會審查機制，爭取多元優秀國際人才。

基本理念

(一)為因應日益加劇的全球經濟競爭、新興科技產業發展，以及確保國力持續提昇，世界各國家皆積極引進白領專業技術人才，我國當不能自外於競逐全球人才的世界潮流中。

(二)我國學術研究成果豐碩，惟研究與產業技術間，尚有時間與產出的斷層，產業面臨創新研發人力資源的缺口。

(三)依據聯合國報告指出，移民的流動仍以移入國的經濟實力為主要考量。而當前世界各地專業菁英流向世界經濟體系中心位置，諸如歐美國家，亦為必然之趨勢。值此，競逐世界菁英激烈之時際，我國必須積極投入建立友善移入環境，方能在全球人才競逐中，取得優勢地位，脫穎而出。

重點措施

一、2008～2009年

(一)競逐延攬國際專業人才

1. 積極延攬海外專業人才，鼓勵經濟性移民移入定居。
2. 積極招收外國學生及僑生，延攬優秀畢業生，於畢業後投入我國產業服務。
3. 修訂法規及建構有利延攬環境，吸引外籍專業人士及僑生來臺工作。

「競逐延攬國際專業人才」之目的，即在引導國家所需人才來臺服務，亦為我產業人力套案9項重點計畫之一，並已由各部會勠力執行中，在2009年前將完成各項工作。

(二)**研議我國所需專業人才及投資人士申請永久居留資格要件，透過跨部會審查簡化申辦作業與流程**：依「入出國及移民法」第25條第3項規定，外國人為我國所需之高級專業人才，在文化、藝術、科技、體育、產業等各專業領域，參加國際公認之比賽、競技、評鑑得有首獎者，得提出永久居留之申請，為切實反映我國產業發展現況以及未來國家重點發展產業之需要，透過跨部會協商，配合現行「內政部對具有特殊貢獻或高科技外國人申請永久居留案件審查委員會審查作業要點」，以明確我國所需高級專業人才之資格要件，並據以廣為宣導、延攬海外專業人才，更利於我國於全球人力市場之競逐。

二、2010～

持續因應我國產業及人才缺口需要，檢討修正相關法令，增訂吸引專業人才移入與投資移民誘因條款。

為吸引我國所需專業人才來臺定居，政府業已針對「入出國及移民法」第25條提出對於專業人才及投資移民，得直接申請永久居留之修正規定，至於其他相關法規之配合，將持續配合研議。

第四節　建構多元文化社會

政策目標

(一) 培養國人「多元尊重」的價值觀，肯定、欣賞不同文化對我國文化發揚、融和的正面效益，增進社會和諧。

(二) 建構多元化學習環境，培養學生多元發展的潛質，豐富多元文化社會，包容人類多樣價值。

(三) 加強宣導移民對臺灣的社會與經濟貢獻，目前以歧視與偏見的態度看待外籍配偶的各種傳播媒體，應加以規範、勸導。

(四) 整合政府與民間的資源，協助外籍配偶成立社會團體，以自主的方式發展、延續其原生的文化。

(五) 鼓勵公私部門舉辦各類新移民文化活動，增加社會成員與外籍配偶及其家庭與其他社會成員的互動交流。

基本理念

(一)保障移入人口及其子女權益，並以包容、接納、平等對待態度，正面肯定不同文化族群，並結合民間資源建構多元文化社區發展環境，消弭社會歧見。

(二)建立社會對兩性平權及婚姻價值的尊重，有助於跨國聯姻家庭內關係之祥和，提升社會成員對婚姻移入者之正向觀感與接納度。

(三)多元文化之融合與創新，為我國文化提升之重要管道，移民文化將成為我國當代文化新的生命力；因此，積極重視臺灣社會多元文化結構之變化，透過媒體與教育體系，增強多種語言之溝通，在社會面、生活面與教育面提供多元文化及生活資訊，全方位加強肯定不同文化對我國社會發展正向而積極的態度。

重點措施

一、2008～2009年

(一)加強國人對新移民原生文化之尊重及多元文化包容之宣導：透過多重管道，並鼓勵、補助各類尊重多元文化宣導活動，適時追蹤檢討「族群平等、相互尊重接納」觀念宣導成效。

(二)辦理各級政府實際從事外籍配偶照顧輔導措施工作之種籽人員跨文化訓練，持續提升第一線工作人員文化敏感度。

(三)補助、規劃辦理各類多元文化終身學習及宣導活動，吸引社會成員了解移民文化內容。

(四)針對移入人口集中區域，輔導及協助其語文與社會文化之學習，增加其適應環境與學習能力，解決生活及就學問題。

二、2010～

(一)**鼓勵並補助製播多國語言節目，縮短文化融合時程**：創造多國語文環境，降低文化融合之衝擊，並強化我國之國際化程度。

(二)**補助公私立機構辦理多元語言學習課程**：透過補助公私部門規劃辦理多國語言學習課程之機制，彰顯政府對多元文化之重視，鼓勵民眾接觸並學習多國語言，由語言之熟悉度進一步強化多國文化之接受與融合度。

(三) **規劃於中小學課程及鼓勵大專校院於通識課程中納入移民議題**：透過正式課程內容之規劃，從學程中增進國人對移民之瞭解，提升對差異文化之接受度，擴展全球視野。

第五節　強化國境管理

政策目標

(一) 建構嚴密完整之國境管理機制。

(二) 建構專業有效之面談人力機制與組織，兼顧人權與國境安全。

基本理念

(一) 高頻率之全球人口移動，國境審核即為國境安全的第一道防線，而入境後周延、謹慎的追蹤與查考，更成為社會秩序與人權維護之重要作為，唯有透過國境線之審核、入國後之追蹤與查考，方能將非法入境與人口販運防制於前。

(二) 國際間對於國境線之面談與辨識作業，現仍多有侵害人權之疑慮，是以，建構一套完整、有效而專業之審核、面談機制與專業人力結構，是為國境保安與人權兼顧之重要機制。

重點措施

一、2008～2009年

(一) **嚴密國境外入境申請審核與身分查核工作，防制意圖非法入境及媒合行為**：加強身分查核及面談審核作業，防範外國人以假結婚方式非法來臺，特別對於經由婚姻媒合業者申請案件加強審查是否涉及人口販運，同時要求外籍配偶輔導員宣導入境後應有之法定權益，避免合法權益受損。

(二) **強化國境線審核管理作為，兼顧便民與國境線保全**：確立各項審核標準作業，強化提升國境線審查人員敏感度，兼顧出入境便民與國境安全。

(三) **落實入境者追蹤，確實掌握移入人口狀態及動向**：強化面談機制作業，密集辦理入境後面談審查，以確認婚姻之真實性，並持續落實依法按捺指紋、入境追蹤查考工作，以掌握入境後之狀態與移動動向。

二、2010～

(一) **面談人力之組織建構與訓練，兼顧人權與國境保安**：建構完善面談人力架構與組織，透過各類課程與實境訓練，培訓專業面談人力，擔任審核與服務工作，顧全人權與國境保安。

(二) **建構生物特徵辨識系統，落實國境安全維護，兼顧便民與通關安全審查作業**：廣泛蒐集世界各國建構指紋辨識等生物特徵辨識系統之相關研究與做法，廣徵學術及民間團體對於生物特徵辨識系統之建議，以他山之石與我國國情作為基礎，兼顧人權、安全與便利，周延生物特徵辨識系統之建置及資料之管理與運用作業。

第六節 防制非法移民

政策目標

(一) 擴大國際合作，加強人口販運查緝工作及非法入境、居留之遣送作業。

(二) 整合政府各部會署與民間團體資源，結合社區與民眾力量，提供人口販運被害人完善的保護與安置，協助其恢復正常生活。

(三) 加強追蹤人口販運罪行之關係人及相關案件變化趨勢，以收追蹤、預防及嚇阻再度犯行之效。

基本理念

(一) 非法移民及人口販運犯罪，均為跨國性之犯罪議題，而其可能帶來對人權與國境安全之危害，更是難以估計。因此，擴大國際合作聯繫，整合各國政府與民間資源，結合入出境作業、落實各項查緝、保護與預防工作，協助保護人口販運被害人，建立非法移民持續追蹤之模型，成為全球非法移民防制網之一員，實為當務之急。

(二) 全球人口流動的過程中，國與國間及與非政府組織間之合作，將有效協助各該國人於移動的過程中，獲得正確的資訊與合法的管道，跨國性的合作，亦將有助於國際秩序的維護與降低跨國犯罪的可能性。

(三) 對於逾期、非法停居留我國，並從事各項犯罪、組織或參與跨國犯罪集團，破壞我國社會秩序者，掌握正確資訊，強化查緝及加速遣送速度，縮短收容時程，為維護社會秩序、國家安全之重要工作，亦為人權保護之重要作為。

重點措施

一、2008～2009年

(一) **設置人口販運被害人庇護中心，提供被害人保護、醫療與諮商服務**：政府為確保被害人之人身安全，責成各直轄市、縣（市）警察局及婦幼警察隊為各直轄市、縣（市）社政機（構）關處理對人口販運案件被害人安置工作之對口單位及主要聯繫窗口；其可視需要依危害程度向婦幼警察隊申請保護人口販運被害人安置處所與作證機制的安全維護。為強化安全庇護體系，規劃設置庇護中心，針對不同境遇的被害人給予適當的安置處所，並補助民間團體與社會福利機構協助設置與管理，以適時地提供被害人保護、醫療與諮商服務。

(二) **強化收容所軟硬體設施，提供收容人人性化管理服務，達成收容所人性、安全與秩序三大目標**：

1. 分區設立收容所，即時提供各區收容安置作業，避免收容人轉運之勞頓，並紓解現有收容所收容量不足與擁擠之困境。
2. 強化收容所管理設備，透過科技之協助，減輕現有收容所服務人力不足，所可能造成之安全維護與管理之死角。
3. 持續強化收容所人性化管理，提供收容人在收容所中規律、保健之生活模式，靜待遣返。

(三) **建構追蹤訪查及通報查處收容移送之網絡系統，強化查察非法停居留人士**：建構追蹤訪查及通報查處收容移送之網絡系統，持續查緝非法入境、居留及從事各項犯罪與破壞我國社會秩序行為；並依「兩岸條例」、「入出國及移民法」，及「社會秩序維護法」等相關法規，切實對於入境及入境後之各項非法行動，持續強化查緝作為，提升國際合作，加速遣送作業進行，以維護國境安全。

(四) **制定人口販運防制專法**：透過專法之制定，統整各部會人口販運防制資源，強化查緝效能，增列刑事處罰規定，建構被害人保護措施，加強大眾預防宣導教育，落實查緝、預防、保護三大面向之人口販運防制工作。

二、2010～

(一) **擴大國際交流合作，持續打擊人口販運，保護、協助人口販運被害人**：積極透過正式或其他非正式管道，與被害人主要來源國之政府或國際組織，簽訂有關被害人安全送返原籍國（地）及人口販運情報交流與共享之雙邊合作協議或機制，公開承諾我國願意落實聯合國2003年「預防、壓制及懲治人口販運（特別是婦女及兒童）議定書」之相關規定，並強化我國與他國有關人口販運情報之交流與共享，合作共同打擊跨國人口販運案件。

(二) **建構長期資料庫，追蹤相關案件變化趨勢，預防並減少國際犯罪**：定期彙整國內外查緝人口販運、性剝削與強迫勞動等相關案件之統計資訊與成果報告，有效掌握其犯罪類別與趨勢，以作為採取防制措施之依據，同時顯現防制與解決人口販運問題之努力。

第七節　預期達成效益

隨著以婚姻、依親方式移入我國人口大幅增加，一方面，政府固當本著以人為本的理念，積極維護其合法基本權益，使其得以順利在國內生存、發展外；另一方面，鑑於全球化時代來臨，國際人力資本快速流通，各國均在積極延攬外國優秀人才，以維持其國家社會經濟整體持續發展，及在國際間之競爭力，為因應國際發展新趨勢，我國移民對策亟須以革新的精神，朝興利除弊方向大步邁進，期能為我國的移民史揭開新的扉頁，爰以我國人口政策綱領為指導原則，擬訂移民相關因應對策及具體有效之措施，其預期達成之效益，略述如下：

(一) 增強移民社會、教育、文化、經濟及健康權利之保障，促進移民社會參與，以落實我國人權立國理念。

(二) 運用政府及民間資源，建構移民家庭與移民子女多元照顧輔導措施，減少移民在臺灣社會所面臨之文化衝擊，使其盡速適應我國生活環境，建立多元共榮社會。

(三) 強化移民就業能力，提高外籍移民勞動參與率；積極開發新人力資源，創造國家新生產力，促進經濟繁榮。

(四) 透過吸引專業技術移民、投資及提升外籍留學生畢業後留臺就業意願，強化整體勞動力及國際競爭力，以促進國家科技經濟發展。

(五) 透過強化多元教育之發展，倡導多元文化價值，促進族群和諧及社會祥和，使臺灣成為反歧視與多元文化的社會。

(六) 強化入出國境管理，提供便利與效率之通關措施及服務；加強查緝人口販運犯罪，落實販運被害人保護，以確保我國國境安全。

試題演練

一、試簡述我國移民政策目標。

答 依據現階段我國人口政策綱領之內涵，我國移民政策之計畫目標如下：

(一) 掌握移入發展趨勢：確實掌握國家移入人口動態，建立長期性之觀察機制，充分了解移入人口需求，確保國家資源配置效能。

(二) 深化移民輔導：持續強化入國前輔導以及移民業務機構管理，合理保障移入人口及國民移出各項權益。

(三) 吸引專業及投資移民：建立完善專業和投資移民辦法，透過跨部會審查機制，爭取我國所需專業多元優秀國際人才。

(四) 建構多元文化社會：建構多元文化學習環境，培養國人「多元尊重」價值觀，延續移民原生文化，豐富多元文化社會。

(五) 強化國境管理：強化查核與面談機制，兼顧人權與安全，建構嚴密完整之國境內外管理機制。

(六) 防制非法移民：擴大國際交流合作，共同打擊跨國人口販運集團，提供人口販運被害人完善之保護與安置，並強化非法入境及逾期居留之查緝、遣送效能。

二、我國移民政策計畫目標中之「掌握移入發展趨勢」，係透過確實掌握國家移出入人口數額及動態，建構完整統計管理機制，來達成外來人口動態發展趨勢，其詳細作法為何？

答 (一)完成辦理移入人口生活狀況調查，建構全國性資料庫：透過現階段內政部戶政、警政及出入境資訊系統整合完成後，所建立之移入人口資訊平台，作為調查進行之有效基礎。透過全面的調查及對新移民家庭的訪談等，切實掌握移入人口數量、生活狀況、分布狀態，建構完整之全國性資料庫。

(二)建立完整移入人口統計管理系統，強化移入人口行政管理及服務品質經由全國性調查與各部會資料之定期聯繫提送，建置完整之統計管理系統，解決目前相關資料散見各部會之情形，發揮相關統計數據之運用效能，以提升移入人口行政管理及服務品質。

(三)定期進行資料更新，辦理各項移民相關專題研究與分析依據我國人口政策綱領之內涵及國家發展方針，規劃推動、補助或辦理各項移民相關專題研究與分析，並透過資料庫之建置及定期更新、資料分析及研究，供作機動調整各項具體措施之參據。

三、對於「深化移民輔導」，我國有何重點措施？

答 參閱本篇課文重點措施。

四、我國對於吸引專業及投資移民之基本理念為何？

答 (一)為因應日益加劇的全球經濟競爭、新興科技產業發展，以及確保國力持續提昇，世界各國家皆積極引進白領專業技術人才，我國當不能自外於競逐全球人才的世界潮流中。

(二)我國學術研究成果豐碩，惟研究與產業技術間，尚有時間與產出的斷層，產業面臨創新研發人力資源的缺口。

(三)依據聯合國報告指出，移民的流動仍以移入國的經濟實力為主要考量。而當前世界各地專業菁英流向世界經濟體系中心位置，諸如歐美國家，亦為必然之趨勢。值此，競逐世界菁英激烈之時際，我國必須積極投入建立友善移入環境，方能在全球人才競逐中，取得優勢地位，脫穎而出。

五、移民社會必定存在著不同的母國文化，我國對於建構多元文化的社會，有何政策？

答 (一) 培養國人「多元尊重」的價值觀，肯定、欣賞不同文化對我國文化發揚、融和的正面效益，增進社會和諧。

(二) 建構多元化學習環境，培養學生多元發展的潛質，豐富多元文化社會，包容人類多樣價值。

(三) 加強宣導移民對臺灣的社會與經濟貢獻，目前以歧視與偏見的態度看待外籍配偶的各種傳播媒體，應加以規範、勸導。

(四) 整合政府與民間的資源，協助外籍配偶成立社會團體，以自主的方式發展、延續其原生的文化。

(五) 鼓勵公私部門舉辦各類新移民文化活動，增加社會成員與外籍配偶及其家庭與其他社會成員的互動交流。

六、對於強化國境管理，我國近程與遠程重點措施為何？

答 (一) 近程重點措施：

1. 嚴密國境外入境申請審核與身分查核工作，防制意圖非法入境及媒合行為：加強身分查核及面談審核作業，防範外國人以假結婚方式非法來臺，特別對於經由婚姻媒合業者申請案件加強審查是否涉及人口販運，同時要求外籍配偶輔導員宣導入境後應有之法定權益，避免合法權益受損。
2. 強化國境線審核管理作為，兼顧便民與國境線保全：確立各項審核標準作業，強化提升國境線審查人員敏感度，兼顧出入境便民與國境安全。
3. 落實入境者追蹤，確實掌握移入人口狀態及動向：強化面談機制作業，密集辦理入境後面談審查，以確認婚姻之真實性，並持續落實依法按捺指紋、入境追蹤查考工作，以掌握入境後之狀態與移動動向。

(二) 遠程重點措施：

1. 面談人力之組織建構與訓練，兼顧人權與國境保安：建構完善面談人力架構與組織，透過各類課程與實境訓練，培訓專業面談人力，擔任審核與服務工作，顧全人權與國境保安。
2. 建構生物特徵辨識系統，落實國境安全維護，兼顧便民與通關安全審查作業：廣泛蒐集世界各國建構指紋辨識等生物特徵辨識系統之相關研究與做法，廣徵學術及民間團體對於生物特徵辨識系統之建議，以他山之石與我國國情作為基礎，兼顧人權、安全與便利，周延生物特徵辨識系統之建置及資料之管理與運用作業。

七、防制非法移民一直是移入國重點實施的項目之一，就我國現行政策而言，對於防制非法移民有何政策目標，以及重點措施？

答 參照本書本篇第六節。

知識補給站

〔移民政策之執行期程與主協辦機關〕

為因應移民並配合人口政策綱領內涵，延攬人才保障人權之政策目標、推動策略及具體措施之優先順序排定如下表：

表1-2 移民六項政策相關措施的主協辦機關及實施期程

政策綱領內涵	推動策略	期程（年）	具體措施	辦理機關	
				主辦機關	協辦機關
落實移入人口照顧輔導及工作權保障，協助其語言訓練及生活適應	掌握移入發展趨勢	2008-2009	辦理移入人口生活狀況調查，建構全國性資料庫	內政部	陸委會 勞委會 衛生署 教育部
		2010-2015	建立完整移入人口統計管理系統，強化移入人口行政管理及服務品質	內政部	—
			定期進行資料更新，辦理各項移民相關專題研究與分析	內政部	—

<table>
<tr><th rowspan="2">政策綱領內涵</th><th rowspan="2">推動策略</th><th rowspan="2">期程（年）</th><th rowspan="2">具體措施</th><th colspan="2">辦理機關</th></tr>
<tr><th>主辦機關</th><th>協辦機關</th></tr>
<tr><td rowspan="8">落實移入人口照顧輔導及工作權保障，協助其語言訓練及生活適應</td><td rowspan="8">深化移民輔導</td><td rowspan="6">2008-2009</td><td>強化入國前輔導機制</td><td>外交部
內政部</td><td>—</td></tr>
<tr><td>持續強化移民業務機構輔導及對移出人口之海外協助</td><td>內政部</td><td>經濟部
消保會
僑委會</td></tr>
<tr><td>社會權之保障－強化移民輔導網絡與溝通平台，提供專業輔導與轉介服務</td><td>內政部</td><td>教育部
新聞局
交通部
直轄市、縣（市）政府</td></tr>
<tr><td>文化與教育權之保障－持續辦理多元文化研習活動，強化各項移入人口及其子女身心發展作為</td><td>教育部
內政部</td><td>—</td></tr>
<tr><td>經濟權之保障—結合民間機構辦理移入人口職業訓練，推動各項方案輔導移入人口發揮經濟潛力</td><td>勞委會</td><td>內政部
教育部
經濟部
陸委會</td></tr>
<tr><td>促進移民身心健康環境之建立</td><td>衛生署</td><td>內政部</td></tr>
<tr><td rowspan="2">2010-2015</td><td>修正相關法規，加強移民與外籍人士生活便利措施，強化移民社會權之保障</td><td>內政部</td><td>衛生福利部</td></tr>
<tr><td>落實維護移民身心健康</td><td>衛生福利部</td><td>內政部</td></tr>
<tr><td rowspan="3">規劃經濟性及專業人才之移入，以配合國內經濟、教育、科技及文化發展需要</td><td rowspan="3">吸引專業及投資移民</td><td rowspan="2">2008-2009</td><td>競逐延攬國際專業人才</td><td>經濟部
國科會
經建會
勞委會
教育部
僑委會</td><td>文建會
內政部
人事局
銓敘部</td></tr>
<tr><td>研議我國所需專業人才及投資人士申請永久居留資格要件，透過跨部會審查簡化申辦作業與流程</td><td>內政部</td><td rowspan="2">經濟部
國科會
勞委會
教育部
文化部
僑委會</td></tr>
<tr><td>2010-2015</td><td>持續因應我國產業及人才缺口需要，檢討修正相關法令，增訂吸引專業人才移入與投資移民誘因條款</td><td>內政部</td></tr>
</table>

<table>
<tr><th rowspan="2">政策綱領內涵</th><th rowspan="2">推動策略</th><th rowspan="2">期程（年）</th><th rowspan="2">具體措施</th><th colspan="2">辦理機關</th></tr>
<tr><th>主辦機關</th><th>協辦機關</th></tr>
<tr><td rowspan="19">尊重各族群之語言、文化，創造合理教育及工作環境，促進族群平等，開發新人力資源。強化協助移入人口融入本地社會機制，提升移入人口對國家社會之貢獻，並開創多元文化新社會</td><td rowspan="7">建構多元文化社會</td><td rowspan="4">2008-2009</td><td>加強國人對新移民原生文化之尊重及多元文化包容之宣導</td><td>內政部</td><td>教育部
文建會</td></tr>
<tr><td>辦理各級政府實際從事外籍配偶照顧輔導措施工作之種籽人員跨文化訓練，持續提升第一線工作人員文化敏感度</td><td>內政部</td><td>勞委會</td></tr>
<tr><td>補助、規劃辦理各類多元文化終身學習及宣導活動，吸引社會成員了解移民文化內容</td><td>教育部</td><td>內政部</td></tr>
<tr><td>針對移入人口集中區域，輔導協助其語文與社會文化之學習，增加其適應環境與學習能力，解決生活及就學問題</td><td>內政部
教育部</td><td>文建會</td></tr>
<tr><td rowspan="3">2010-2015</td><td>鼓勵並補助製播多國語言節目，縮短文化融合時程</td><td>內政部</td><td>教育部
文化部</td></tr>
<tr><td>補助公私立機構辦理多元語言學習課程</td><td>教育部</td><td>內政部</td></tr>
<tr><td>規劃於中小學課程及鼓勵大專校院於通識課程中納入移民議題</td><td>教育部</td><td>—</td></tr>
<tr><td rowspan="5">強化國境管理</td><td rowspan="3">2008-2009</td><td>嚴密國境外入境申請審核與身分查核工作，防制意圖非法入境及仲介行為</td><td>外交部</td><td>內政部</td></tr>
<tr><td>強化國境線審核管理作為，兼顧便民與國境線保全</td><td>內政部</td><td>—</td></tr>
<tr><td>落實入境者追蹤，確實掌握移入人口狀態及動向</td><td>內政部</td><td>—</td></tr>
<tr><td rowspan="2">2010-2015</td><td>面談人力之組織建構與訓練，兼顧人權與國境保安</td><td>內政部
外交部</td><td>—</td></tr>
<tr><td>建構生物特徵辨識系統，落實國境維安，兼顧便民與通關安全</td><td>內政部</td><td>—</td></tr>
<tr><td rowspan="6">防制非法移民</td><td rowspan="4">2008-2009</td><td>設置人口販運被害人庇護中心，提供被害人保護、醫療與諮商服務</td><td>內政部</td><td>衛生署</td></tr>
<tr><td>強化收容所軟硬體設施，提供收容人人性化管理服務，達成收容所人性、安全與秩序目標</td><td>內政部</td><td>—</td></tr>
<tr><td>建構追蹤訪查及通報查處收容移送之網絡系統，強化查察非法停居留人士</td><td>內政部</td><td>—</td></tr>
<tr><td>制定人口販運防制專法</td><td>內政部</td><td>—</td></tr>
<tr><td rowspan="2">2010-2015</td><td>擴大國際交流合作，持續打擊人口販運，保護、協助販運被害人</td><td>內政部</td><td>外交部</td></tr>
<tr><td>建構長期資料庫，追蹤相關案件變化趨勢，預防並減少跨國犯罪</td><td>內政部</td><td>外交部</td></tr>
</table>

知識補給站

〔2018年8月22日行政院提出「新經濟移民法」草案，其主要內容如下〕

一、前言

依照目前國內人口趨勢，今（107）年3月我國高齡人口占比已超過14%，開始邁入高齡社會；至114年總人口數將開始負成長，116年工作年齡人口占比低於66.7%，人口紅利將消失。另去（106）年8月我國總缺工21.8萬人（不含農林漁牧業），其中中階技術人力缺工12萬人，主要分布於製造業，並以電子零組件製造業職缺最多。

衡酌目前我國雖仍處於人口紅利階段，惟為因應高齡化及少子化所衍生的人才及人力雙重缺口，政府規劃了《新經濟移民法》專法，期能在不影響國內就業機會與薪資水準前提下，積極延攬國家發展所需的人才及人力，促進產業升級發展，並藉移民政策，改善我國人口結構，促進國家發展生生不息。

二、《新經濟移民法》和現行移民相關法規的不同？

(一) 立法目的不同：《入出國及移民法》於民國88年制定，立法目的在統籌入出國管理、規範移民事務，以確保國家安全、落實移民輔導，與現行各國移民法規強調吸引國際專業人才、充裕勞動力供應之規劃目標不同。

(二) 對象不同：依據現行移民相關法規，我國僅針對外國專業人才及基層外籍移工有相關規範，但針對外國中階技術人力之引進及留用並無相關機制。

(三) 符合當前政策需求：現行經濟移民規範散見於各移民法規，亦涉及不同主政機關，如外國人聘僱與管理規範於《就業服務法》；外國人入出國、停居留及永久居留則於《入出國及移民法》規範等。為提升行政效能與聚焦政策推動，實務上有其必要統整於一部專法，將各類外國人才引進之工作資格條件與機制、居留與永久居留、依親等均予以納入，並明確訂定相關規範，以強化延攬之力道。

三、《新經濟移民法》規劃重點

目的在補足產業所需之人才及人力，改善人口結構，而非取代本國勞工，主要有外國專業人才、外國中階技術人力及海外國人3大面向。

(一) 外國專業人才

1. 適用對象：

A. 外國專業人才：專門性或技術性工作者、僑外資主管（亦即外國人受聘僱於華僑外國人經政府核准投資設立之事業擔任主管）、學校教師（除語文教師外，本法放寬高級中學以下學校之學科教師）、補習班教師（語文教師、專業知識或技術教師）、運動教練及運動員、藝術及演藝工作者。

B. 外國特定專業人才：依《外國專業人才延攬及僱用法》第4條第2款所定之我國所需科技、經濟、教育、文化、藝術、體育及其他領域之特殊專長者。

C. 外國高級專業人才：依《入出國及移民法》所定為我國所需之高級專業人才。

2. 工作資格條件：放寬外國專業人才得從事技術性或專門性工作的行業、職類別限制、免除國家重點產業的雇主資本額新臺幣（下同）500萬元及營業額1,000萬元限制，以及針對受僱者資格條件，改採薪資、工作經驗、語言優勢、學歷、專業證照等多元評點制。

3. 永久居留條件

A. 外國專業人才：連續居留5年，平均每年183日（僑外在臺碩博畢業生可折抵1、2年）。

B. 外國特定專業人才：連續居留3年，平均每年183日（僑外在臺博士畢業生可折抵1年）。

C. 外國高級專業人才：立即得申請永久居留。

(二) 外國中階技術人力

1. 適用對象

A. 具中階技術工作能力的僑外生：取得我國高級中等以上學校畢業證書或僑委會海外青年技術訓練班（海青班）畢業證書之外國學生、僑生或其他華裔學生。

B. 具中階技術工作能力的基層外國人員：聘僱從事產業或社福之外籍移工，且累積6年以上工作年資者。

C. 具中階技術工作能力的外國人：直接引進具中階技術工作能力之外國人；受聘僱於海外臺商之外籍員工。由行政院衡酌前二類人員聘僱情形及產業發展需求，另訂定施行日期。

2. 工作資格條件

A. 薪資列為基本門檻，且具專業證照（明）：薪資門檻以最近一年度職類別薪資調查之總薪資第70分位數額加權平均計算。參考106年調查結果，產業人力中的「技術員、助理專業人員、技藝有關及機械設備操作人員」薪資須達4萬1,393元門檻；社福人力中的「健康照顧人員」則為3萬2,000元。

B. 採評點制，符合中階技術人力工作資格認定。

3. 配套措施：訂定總量管制及產業別配額。

4. 永久居留條件：連續居留7年，平均每年183日。

(三) 海外國人

1. 適用對象：僑居國外，並依《國籍法》具我國國籍並持我國護照入國之臺灣地區無戶籍國民。
2. 鬆綁來臺
   A. 免入國許可。
   B. 在我國從事專業工作或中階技術工作者，得申請居留。
3. 鬆綁定居規定：在我國從事專業工作或中階技術工作者，其定居條件鬆綁為居留1年335日、連續居留2年平均每年270日或連續居留3年平均每年183日。

四、結語

全球化時代，人才跨國移動已是常態，規劃《新經濟移民法》，將建構更友善移民環境，吸引更多國際人才來臺工作、就業、投資，以延攬及補充國家產業發展所需人才及人力，不僅有助於我國經濟發展與產業轉型，對改善人口結構，亦將有正面影響。

資料來源 行政院重要政策網站https：//www.ey.gov.tw/Page/5A8A0CB5B41DA11E/ea25bf0c-e114-42ba-87e3-b0f79595e6e2）

[先進國家移民政策]

一、美國

美國的移民政策主要是針對國內勞動力需求的反映。1990年，美國修正移民法案，主要的目的是增加技術移民，這類移民也以家庭團聚的方式將家人移到美國。同時，美國的農業與服務業大量勞動力的需求，也吸引許多移民前來。

對於大量非法移民湧入，美國在1986年起採用制裁雇主（employer sanction）的方式來降低雇用非法移工，但成效不大，一方面雇主需要較低廉的勞動力，另一方面非法移工提供假證件而使雇主不易查察。

在國境管理方面，移民簽證的要求遠比非移民簽證來得嚴格，但是一旦核准移民簽證，在移民取得永久居留美國的合法權利之後，面對的約束與限制就遠比非移民少了許多。取得永久居留移民可以自由更換工作，同時在居住年滿5年以上，就可以透過歸化程式取得美國公民身分（Wasem, 2004）。

根據INA（Immigration and Nationality Act，「移民與國籍法案」）的規定，每年核准合法永久居留的移民人數為67萬5千人，且為了讓美國保有多元文化的特殊性，每個國家的配額上限是該年的7%。基本上，移民局在核准每一年申請永久居留的過程，都會優先考量家庭團聚、移民是否具有美國所需的特殊技能及多樣化類別等因素。特別是對美國公民的配偶及未成年子女，則是不受各國配額最高上限7%規定的限制。根據INA的統計，核准永久居留的移民中，75%是核准給美國公民的配偶與未成年小孩，但是美國公民的手足卻需要等至少10年以上的時間才能取得永久居留權（Wasem, 2004）。

與大多數國家相同，美國對於移民在取得公民身分前，會要求移民必須具備某些條件始可申請歸化。美國要求所有移民在申請歸化之前，必須在美國居住至少5年以上，方可以提出歸化申請。除了居住期間之外，同時也要求移民必須具備基本的英語溝通能力、對美國歷史文化的瞭解、宣示效忠美國政府、放棄原國籍以及不能有被處以1年以上徒刑的犯罪紀錄（Aleinikoff & Klusmeyer, 2002）。

二、歐盟國家

歐盟會員國對於移民政策的規範較為嚴格，尤其是對來自非歐盟的第三國家之移民的規定更是嚴格，所以大多數歐盟會員國都被歸類為非移民類型的國家。

面對人口的老化與出生率降低，德國在1990年代更嘗試利用來自東歐的客工（guestworker）。歐洲各國因應出勞動力不足趨勢之措施有：簡化簽證流程、創造新名目的移民簽證、提供永久居留權以及減稅的措施。例如，德國政府在2000年時計劃發給2萬名來自非歐洲經濟體國家的電腦專業人員「綠卡」；英國提出企業家簽證（entrepreneur visa），特別發給能提出一套特殊的企業構想的外國人，並給予專業外國人減免個人所得稅（Mahroum, 2001）。法國提供科學家簽證（scientist visa），讓來自非歐盟國家的科學家與學者能快速取得簽證。

目前，在移民進入歐盟的法律程式上，多數歐盟國家都是採取三階段移民方式，也就是對移民先核准短期停留（temporary），在短期停留一定期間之後再核准永久居留（permanent resident），之後再依據歸化程式取得公民身分。通常對於來自非歐盟會員國的移民，在短期停留之後必須等至少4到5年才能取得長期居留簽證，而在永久居留居住滿5年以上始能申請歸化（如：英國、法國）；在德國須永久居留年滿8年以上方能提出歸化之申請，而奧地利則須在永久居留年滿10年到30年左右才能提出歸化之申請。除了永久居留期間的規定之外，大多數歐盟會員國都會要求移民在取得歸化時必須具備其他條件，例如：英國政府要求移民在申請歸化時必須具備基本英語溝通能力及不可以有觸犯刑法的紀錄，而法國與德國除了語言溝通能力與刑事紀錄之外，同時也要求必須具備一定程度的薪資水準，或甚至必須放棄原國籍。

整體而言，歐盟會員國對於移民（特別是來自非歐盟會員國第三國家的移民）的規範是較為嚴苛，但是歐盟會員國對於移民規範仍具有相當差異性。

英國與法國在二次大戰之前在亞洲與非洲都有許多殖民地，所以在二次世界大戰後，英國與法國政府開放許多優先權，讓前殖民國家的成員可以順利進入該國居住。但是英國在1960到1990年之間陸續通過了"The 1962 Commonwealth Immigrants Act"、"The 1971 Immigrant Act"及"The 1981 British Nationality Act"等三項法案，開始對勞工移民、家庭團聚與移民的公民權設下較多限制，這些限制也使得英國近年來經常必須面對勞工短缺的困境。在1990年之後，英國更進一步對尋求政治庇護的難民也給予嚴格管制，反而提供專業技術移民較多的協助措施與寬鬆規定。

德國雖曾有殖民地，但一戰之後被瓜分，沒有像法國與英國一樣的殖民地的優勢條件，為解決德國境內勞工短缺問題，長期以來由特定國家（如：土耳其）引進勞工（稱之為「客工」（guestworker）），並建立「客工模式」（guestworker model）讓這些外籍移工（客工）可以在德國境內獲得合法的暫時居留權。

三、新加坡

對於專業技術人員，新加坡的移民政策的基本原則是所謂的「自由化」——讓技術移民很容易的獲得永久居留權。相較於藍領外國勞工，技術或投資移民可以攜入家屬，更值得注意的是，僅有這類移民可以申請成為永久居留權或歸化為新加坡公民。具有永久居留身分者，權利與一般公民的大部分權利相同，包括有資格購買政府出資興建的住宅，但目前並無選舉權。

新加坡的全球投資者計畫：

新加坡能夠成功的吸引大量的專業技術移民與國際資本，「全球投資者計畫」扮演了重要的角色。「全球投資者計畫」（Global Investor Programme）讓外國投資者、企業家和商業執行員能更便利、更順利地在新加坡創業及經商。新加坡政府協助外國企業家和投資者與當地商業網絡接軌，從而開放更多商業合作的機會。在全球投資者計畫下，新加坡政府核發三類的簽證給予三種不同類型的投資者：

(一) 投資者永久居留權（Permanent Residence for Investors）。
(二) 企業家觀光證（Social Visit Pass for Entrepreneurs）。
(三) 商業入境證（EntrePass）。

茲分述如下：

(一) 投資者永久居留權（Permanent Residence for Investors）：

此項計畫規定，任何有興趣在新加坡開公司或者進行投資的外國人，都可為自己和親屬（包括伴侶和滿21歲或以下的未婚子女）申請永久居留權。而投資進行方式，有下列三種選擇：

1. 將至少100萬新元投資在全新的業務，或者在擴充現有業務上。
2. 將至少150萬新元投資在全新的業務、在擴充現有業務上、經核准的新加坡風險投資基金上或者專注於經濟發展的新加坡基金會或託管基金上。
3. 將至少200萬新元投資在全新的業務、在擴充現有業務上、經核准的新加坡風險投資基金上或者專注於經濟發展的新加坡基金會或託管基金上，或將高達50%的投資金額投資在私人房地產上。

(二) 觀光證（Social Visit Pass for Entrepreneurs）：

投資於新加坡者，亦允許可以擁有一種企業家觀光證，允許在新加坡居住長達6個月，並可以續簽1年，以便考察或完成商務。在有效期內，可多次入境。一旦商務計畫確定並準備開始發展事業（即所謂「起步公司」），亦可使用一般簽證。

(三) 商業入境證（Entre Pass）：

外國人準備在新加坡成立新公司，並將積極參與公司運作，可申請商業入境證。同時，亦可申請讓家人一同在新加坡居住。商業入境證有以下特點：

1. 有效期為兩年，只要有繼續經營或擴展商務活動，即可續簽。
2. 在有效期間內，可多次入境。

亞洲的新加坡，雖然以經濟成長的機會吸引為數極可觀的專業與投資移民，該國的文化背景、國際化與生活環境、官方語言的特性（英語）等，亦不能忽略。易言之，單純的在經濟政策上的支持，仍不一定吸引到上述的全球性人才。據統計，新加坡2006年有6萬多名外國學生就讀，占總學生人數的10%。新加坡具有國際化的教育環境，顯示了「非經濟環境」在吸引國際人才上的重要性。

第二篇　入出國及移民法

本篇架構圖

- 第一章　國民與外國人之入出國
  - 第一節　移民法之立法目的與通則規定　[總則（§1～4）]
  - 第二節　國民之入出國　[國民之入出國（§5～7）]
    [臺灣地區無戶籍國民停留、居留及定居（§8～17）]
  - 第三節　外國人之入出國　[外國人入出國（§18～21）]
    [外國人停留、居留及永久居留（§22～35）]
    [驅逐出國及收容（§36～39）]
- 第二章　人口販運防制及被害人保護
  - 第一節　跨國（境）人口販運防制及被害人保護（§40～46）
  - 第二節　當前臺灣人口販運問題現況
  - 第三節　我國防制人口販運之行動
- 第三章　移民管理與跨國婚姻媒合
  - 第一節　移民輔導及移民業務管理（§51～62）
  - 第二節　跨國婚姻媒合與反歧視條款
- 第四章　入出國之面談與查察（§63～72）
- 第五章　機、船長及運輸業者之責任與本法附則（§47～50、§73～97）

Chapter 1

國民與外國人之入出國

本章依據出題頻率區分，屬：A 頻率高

第一節　移民法之立法目的與通則規定

問題意識

一、請解釋以下名詞：(一)停留；(二)永久居留；(三)居住臺灣地區設有戶籍國民；(四)臺灣地區無戶籍國民。
二、試述我國入出境及移民法中之「跨國人口運販」之意義？
三、何謂「跨國（境）婚姻媒合」？
四、入出國及移民法規定，人民之入出國應經內政部移民署查驗，必要時移民署得使用何種措施以幫助查驗？

一、立法目的

依據入出國及移民法第1條規定（以下稱為本法）：「為統籌入出國管理，確保國家安全、保障人權；規範移民事務，落實移民輔導，特制定本法。」亦即本法所涵蓋範圍包括人民出入境、短期停留、長期居留、以及登記管理等各層面之相關事務；同時亦包括了移民事務管理等。而所謂的「入出國」係指「在國家統一前，入出臺灣地區。」（入出國及移民法施行細則第2條，以下稱為本細則）。

法規一點靈

入出國及移民法

二、主管機關

本法之主管機關為內政部（本法第2條）。

本條規定本法之主管機關為內政部，除主要業務機關入出境移民署外，尚有警政署等業務上協調事項之相關機關。此外，依照內政部移民署組織法第2條規定，移民署之所掌理業務範圍如下：

(一) 入出國、移民及人口販運防制政策、法規之擬（訂）定、協調及執行。
(二) 大陸地區人民、香港或澳門居民及臺灣地區無戶籍國民入國（境）之審理。
(三) 入出國（境）證照查驗、鑑識、許可及調查之處理。
(四) 停留、居留及定居之審理、許可。
(五) 違反入出國及移民相關規定之查察、收容、強制出國（境）及驅逐出國（境）。
(六) 促進與各國入出國及移民業務之合作聯繫。
(七) 移民輔導之協調、執行及移民人權之保障。
(八) 外籍及大陸配偶家庭服務之規劃、協調及督導。
(九) 難民之認定、庇護及安置管理。
(十) 入出國（境）安全與移民資料之蒐集及事證之調查。
(十一) 入出國（境）及移民業務資訊之整合規劃、管理。
(十二) 其他有關入出國（境）及移民事項。

三、名詞定義

有關於入出國及移民業務之相關名詞定義（亦即立法解釋），規定於本法第3條，茲臚列如下：

> **延伸思考**
>
> 有關名詞定義，為本法考試之重點，請多加費心。

(一) 國民：指具有中華民國國籍之居住臺灣地區設有戶籍國民或臺灣地區無戶籍國民。
(二) 機場、港口：指經行政院核定之入出國機場、港口。
(三) 臺灣地區：指臺灣、澎湖、金門、馬祖及政府統治權所及之其他地區。
(四) 居住臺灣地區設有戶籍國民：指在臺灣地區設有戶籍，現在或原在臺灣地區居住之國民，且未依臺灣地區與大陸地區人民關係條例喪失臺灣地區人民身分。
(五) 臺灣地區無戶籍國民：指未曾在臺灣地區設有戶籍之僑居國外國民及取得、回復我國國籍尚未在臺灣地區設有戶籍國民。
(六) 過境：指經由我國機場、港口進入其他國家、地區，所作之短暫停留。
(七) 停留：指在臺灣地區居住期間未逾六個月。
(八) 居留：指在臺灣地區居住期間超過六個月。
(九) 永久居留：指外國人在臺灣地區無限期居住。
(十) 定居：指在臺灣地區居住並設立戶籍。

(十一) 跨國（境）人口販運：指以買賣或質押人口、性剝削、勞力剝削或摘取器官等為目的，而以強暴、脅迫、恐嚇、監控、藥劑、催眠術、詐術、不當債務約束或其他強制方法，組織、招募、運送、轉運、藏匿、媒介、收容外國人、臺灣地區無戶籍國民、大陸地區人民、香港或澳門居民進入臺灣地區或使之隱蔽之行為。

(十二) 移民業務機構：指依本法許可代辦移民業務之公司。

(十三) 跨國（境）婚姻媒合：指就居住臺灣地區設有戶籍國民與外國人、臺灣地區無戶籍國民、大陸地區人民、香港或澳門居民間之居間報告結婚機會或介紹婚姻對象之行為。

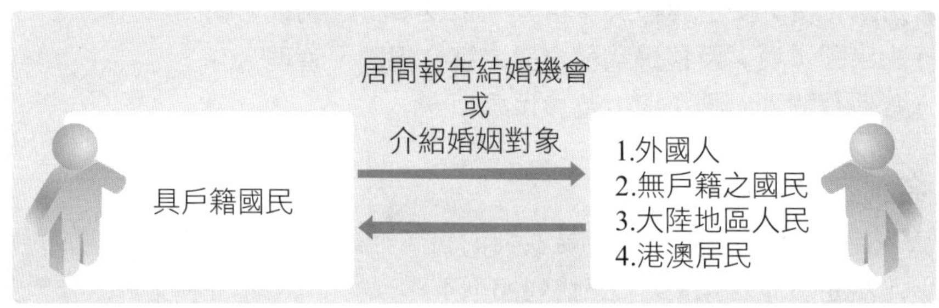

圖2-1　跨國（境）婚姻媒合示意圖

實力進階

本法第3條第1項之規定，係參照司法院釋字第558號解釋之意旨所修正（96.11.30），將國民重新定義區分為居住臺灣地區設有戶籍國民及臺灣地區無戶籍國民，僅臺灣地區無戶籍國民入國，需申請許可。

另外，本法第3條第7、8款所謂的「居住時間」係指「連續居住之期間」（本細則第3條第1項）；同條第8項所定之「在臺灣地區居住期間超過六個月」，並不包括本法第8條第1項但書及其他特殊事故延長停留之期間在內（本細則第3條第2項）。例如，因為罹患疾病住院或懷胎，出國有生命危險之虞，依本法第8條第1項之規定，移民署得酌予再延長其停留期間及次數，惟其停留時間並未列入居住期間之計算。

表2-1 重要名詞辨析一

居住臺灣地區設有戶籍國民	指在臺灣地區設有戶籍，現在或原在臺灣地區居住之國民，且未依臺灣地區與大陸地區人民關係條例喪失臺灣地區人民身分。
臺灣地區無戶籍國民	指未曾在臺灣地區設有戶籍之僑居國外國民及取得、回復我國國籍尚未在臺灣地區設有戶籍國民。

表2-2 重要名詞辨析二

過　境	指經由我國機場、港口進入其他國家、地區，所作之短暫停留。
停　留	指在臺灣地區居住期間未逾六個月。
居　留	指在臺灣地區居住期間超過六個月。
永久居留	指外國人在臺灣地區無限期居住。
定　居	指在臺灣地區居住並設立戶籍。

四、入出國之查驗及紀錄

由於內政部移民署之成立，有關入出國之查驗及相關業務應該由該署辦理，因此本法第4條第1項規定：「入出國者，應經內政部移民署（以下簡稱移民署）查驗；未經查驗者，不得入出國。」而其相關查驗方式規定於本法第63～72條，詳參於後述。入出國未經查驗者，處新臺幣1萬元以上5萬元以下罰鍰（本法第84條）。

此外，為因應防疫、反恐或其他公益事項，本法第4條第2項規定：「移民署於查驗時，得以電腦或其他科技設備，蒐集及利用入出國者之入出國紀錄。」此項規定係參酌個人資料保護法第15條[註]之規定意旨而來，對於收集人民個人資料必須有法律明確授權依據，方得為之。

對於人民之入出國之查驗及紀錄之收集，本質上屬於限制人民之權利或課以義

[註] 個人資料保護法第15條：公務機關對個人資料之蒐集或處理，除第6條第1項所規定資料外，應有特定目的，並符合下列情形之一者：一、執行法定職務必要範圍內。二、經當事人同意。三、對當事人權益無侵害。

務之規定。行政程序法有關於法律授權以法規命令限制人民之權利或課人民以義務或規定其他重要事項者，其授權之目的、內容及範圍應該具體明確。因此本法第4條第3項規定：「前二項查驗時，受查驗者應備文件、查驗程序、資料蒐集與利用應遵行事項之辦法，由主管機關定之。」

實力進階

〔大陸地區人民偷渡來臺，應適用之法律〕

（92年9月22日法檢字第0920804013號函）

依入出國及移民法第3條第1項第1款規定，國民：指居住臺灣地區設有戶籍之國民及僑居國外之國民。又該條立法理由謂，國民包括居住臺灣地區、大陸地區、僑居國外及居住港澳之國民；其中大陸地區之國民及居住香港之國民，依第1條末段規定，應適用臺灣地區與大陸地區人民關係條例及香港澳門關係條例等相關法規。由上可知，該法於立法時已排除「大陸地區人民」及「港澳地區人民」之適用，故有關大陸地區人民入出境之法律適用，於臺灣地區與大陸地區人民關係條例未規範時，應依國家安全法之相關規定辦理。

試題演練

選擇題

( ) **1** 入出境及移民法之主管機關為內政部，惟其相關業務尚可牽涉相關之各部會，下列哪個機關最不可能與入出國及移民業務相關？ (A)僑務委員會 (B)大陸委員會 (C)外交部 (D)國家發展委員會。

( ) **2** 關於入出國及移民業務之相關名詞定義，何者為非？ (A)臺灣地區：指臺灣、澎湖、金門、馬祖及政府統治權所及之其他地區 (B)停留：指在臺灣地區居住期間超過六個月 (C)永久居留：指外國人在臺灣地區無限期居住 (D)定居：指在臺灣地區居住並設立戶籍。

( ) **3** 在臺灣地區居住期間超過6個月，係指？ (A)過境 (B)停留 (C)居留 (D)定居。

( ) **4** 有關入出國及移民法所規定之「跨國（境）人口販運」，下列何者為非？ (A)其目的包括買賣或質押人口 (B)其目的包括性剝削與勞力剝削 (C)外國人之人口販運不在本法規範內 (D)組織、招募、運送、轉運等皆為人口販運的方法之一。

( ) **5** 在臺灣地區居住期間未逾6個月指的是？ (A)過境 (B)停留 (C)居留 (D)定居。

( ) **6** 入出境及移民法第3條所謂之「居住時間」，其定義為何？ (A)係指連續居住之期間 (B)係指一般居住時間 (C)中斷不連續居住之時間 (D)包含國外居住時間。

( ) **7** 於臺灣地區居住並設立戶籍，所指的是？ (A)過境 (B)停留 (C)居留 (D)定居。

解答及解析

1 (D)。國家發展委員會組織法第1條：行政院為辦理國家發展之規劃、協調、審議、資源分配業務，特設國家發展委員會。

2 (B)。本法第3條第7款規定：七、停留：指在臺灣地區居住期間未逾六個月。

3 (C)。本法第3條第7款規定：八、居留：指在臺灣地區居住期間超過六個月。

4 (C)。本法第3條第11款規定：跨國（境）人口販運：指以買賣或質押人口、性剝削、勞力剝削或摘取器官等為目的，而以強暴、脅迫、恐嚇、監控、藥劑、催眠術、詐術、不當債務約束或其他強制方法，組織、招募、運送、轉運、藏匿、媒介、收容外國人、臺灣地區無戶籍國民、大陸地區人民、香港或澳門居民進入臺灣地區或使之隱蔽之行為。

5 (B)。同第2題解說。

6 (A)。本法施行細則第3條：本法第3條第7款及第8款所稱居住期間，指連續居住之期間。

7 (D)。本法第3條第10款規定：十、定居：指在臺灣地區居住並設立戶籍。

申論題

一、請解釋以下名詞：(一)停留；(二)永久居留；(三)居住臺灣地區設有戶籍國民；(四)臺灣地區無戶籍國民。

答 (一) 停留：指在臺灣地區居住期間未逾六個月。

(二) 永久居留：指外國人在臺灣地區無限期居住。

(三) 居住臺灣地區設有戶籍國民：指在臺灣地區設有戶籍，現在或原在臺灣地區居住之國民，且未依臺灣地區與大陸地區人民關係條例喪失臺灣地區人民身分。

(四) 臺灣地區無戶籍國民：指未曾在臺灣地區設有戶籍之僑居國外國民及取得、回復我國國籍尚未在臺灣地區設有戶籍國民。

二、試述我國入出境及移民法中之「跨國人口運販」之意義？

答 指以買賣或質押人口、性剝削、勞力剝削或摘取器官等為目的，而以強暴、脅迫、恐嚇、監控、藥劑、催眠術、詐術、不當債務約束或其他強制方法，組織、招募、運送、轉運、藏匿、媒介、收容外國人、臺灣地區無戶籍國民、大陸地區人民、香港或澳門居民進入臺灣地區或使之隱蔽之行為。

三、何謂「跨國（境）婚姻媒合」？

答 指就居住臺灣地區設有戶籍國民與外國人、臺灣地區無戶籍國民、大陸地區人民、香港或澳門居民間之居間報告結婚機會或介紹婚姻對象之行為。

四、入出國及移民法規定，人民之入出國應經內政部移民署查驗，移民署得使用何種方式以幫助查驗？

答 入出國及移民法第4條第2項規定，移民署於查驗時，得以電腦或其他科技設備，蒐集及利用入出國者之入出國紀錄。

五、請依相關規定說明，何謂接近役齡男子？ 【96地特】

答 根據「接近役齡男子出境審查作業規定」，所稱接近役齡男子，係指年滿15歲之翌年1月1日起，至屆18歲之年12月31日止之男子。

第二節 國民之入出國

問題意識

一、關於國民之出國，入出國及移民法有何限制？
二、試述入出境及移民法規定有關國民禁止出國之情形？
三、依照入出國及移民法第8條第4項之規定，無戶籍國民在停留期間屆滿後，除依規定許可居留或定居者外，應即出國。試問在何種情況之下，得酌予再延長其停留期間及次數？
四、試列舉五項無戶籍國民申請居留之要件？
五、關於臺灣地區無戶籍國民每年申請在臺灣地區居留之配額，主管機關得衡酌國家利益，再報請行政院核定後公告之。請問有哪些情形，不受配額之限制？
六、根據入出國及移民法之規定，無戶籍國民申請定居之要件為何？
七、依照入出國及移民法之規定，在何種情況下，移民署得強制臺灣地區無戶籍國民出國？
八、泰國、緬甸或印尼地區無國籍人民已經取得居留者，在何種條件下，得申請定居？

國民入出國

一、入出國之許可

關於國民之入出國原則上無需申請，惟無戶籍之國民入國，才需移民署之許可。本法第5條第1項前段規定：「居住臺灣地區設有戶籍國民入出國，不須申請許可。」同條第2項規定：「臺灣地區無戶籍國民入國，應向移民署申請許可。」

此外，基於國家安全，本法亦規定限制相關人員之自由出國權利。本法第5條第1項但書：「但涉及國家安全之人員，應先經其服務機關核准，始得出國。」例如國安局之相關人員欲出國時，應經其服務機關國安局核准，才能出國。違反本項但書規定，未經核准而出國者，處新臺幣十萬元以上五十萬元以下罰鍰（本法第77條）。另外，關於此類限制之遵行辦法，同條第3項規定：「第1項但書所定人員之範圍、核准條件、程序及其他應遵行事項之辦法，分別由國家安全局、內政部、國防部、法務部、海洋委員會定之。」

二、國民禁止出國之情形

(一) 國民禁止出國之情形，本法採取列舉規定，有本法第6條第1項之情形者，移民署應禁止其出國，禁止之情形如下：

1. 經判處有期徒刑以上之刑確定，尚未執行或執行未畢。但經宣告六月以下有期徒刑或緩刑者，不在此限。
2. 通緝中。
3. 因案經司法或軍法機關限制出國。
4. 有事實足認有妨害國家安全或社會安定之重大嫌疑。
5. 涉及內亂罪、外患罪重大嫌疑。
6. 涉及重大經濟犯罪或重大刑事案件嫌疑。
7. 役男或尚未完成兵役義務者。但依法令得准其出國者，不在此限。
8. 護照、航員證、船員服務手冊或入國許可證件係不法取得、偽造、變造或冒用。
9. 護照、航員證、船員服務手冊或入國許可證件未依第4條規定查驗。
10. 依其他法律限制或禁止出國。

(二) 受保護管束人經指揮執行之少年法院法官或檢察署檢察官核准出國者，移民署得同意其出國。

(三) 依第1項第2款規定禁止出國者，移民署於查驗發現時應通知管轄司法警察機關處理，入國時查獲亦同；依第1項第8款規定禁止出國者，移民署於查驗發現時應立即逮捕，移送司法機關。

(四) 第1項第1款至第3款應禁止出國之情形，由司法、軍法機關通知移民署；第10款情形，由各權責機關通知移民署。

(五) 司法、軍法機關、法務部調查局或內政部警政署因偵辦第1項第4款至第6款案件，情況急迫，得通知移民署禁止出國，禁止出國之期間自通知時起算，不得逾24小時。

(六) 除依第1項第2款或第8款規定禁止出國者，無須通知當事人外，依第1款、第3款規定禁止出國者，移民署經各權責機關通知後，應以書面敘明理由通知當事人；依第10款規定限制或禁止出國者，由各權責機關通知當事人；依第7款、第9款、第10款及前項規定禁止出國者，移民署於查驗時，當場以書面敘明理由交付當事人，並禁止其出國。

三、國民不予許可或禁止入國之情形（107高考4）

(一) 臺灣地區無戶籍國民有下列情形之一者，移民署應不予許可或禁止入國：

1. 參加暴力或恐怖組織或其活動。
2. 涉及內亂罪、外患罪重大嫌疑。
3. 涉嫌重大犯罪或有犯罪習慣。本款之認定標準，由主管機關會同法務部定之。
4. 護照或入國許可證件係不法取得、偽造、變造或冒用。

(二) 臺灣地區無戶籍國民兼具有外國國籍，有以上各款或本法第18條第1項[註]各款規定情形之一者，移民署得不予許可或禁止入國。

(三) 前述所定重大犯罪或有犯罪習慣及本法第6條第1項第6款所定重大經濟犯罪或重大刑事案件之認定標準，由主管機關會同法務部定之（本法第7條第3項）。關於此項認定標準，內政部與法務部已於97年8月1日會銜發布「國民涉嫌重大經濟犯罪重大刑事案件或有犯罪習慣不予許可或禁止入出國認定標準」，作為認定之依據。

(四) 未經許可入國之處罰：未經許可入國或受禁止出國處分而出國者，處3年以下有期徒刑、拘役或科或併科新臺幣9萬元以下罰金（本法第74條前段）。

實力進階

［兼具有戶籍國民及香港或澳門居民身分者入出國之方式］

兼具居住臺灣地區設有戶籍國民（以下簡稱有戶籍國民）及香港或澳門居民身分者，申請入出國（境）之辦理方式如下：

一、以有戶籍國民身分入出國：依「入出國及移民法」第5條第1項但書規定，有戶籍國民入出國不需申請許可。

二、以香港或澳門居民身分申請入出境：依「香港澳門居民進入臺灣地區及居留定居許可辦法」（以下簡稱「港澳許可辦法」）第6條及第7條等相關規定，香港或澳門居民得申請進入臺灣地區。

[註] 本法第18條第1項各款規定，為外國人禁止入國之情形，共十五款。

試題演練

選擇題

( ) 1 我國設有戶籍之國民入出國係採何種制度？ (A)許可制 (B)審查制 (C)無需申請許可 (D)以上皆非。

( ) 2 依入出境及移民法之規定，下列何者非我國國民禁止入國之情形？ (A)加暴力或恐怖組織或其活動 (B)涉及內亂罪、外患罪重大嫌疑 (C)涉嫌重大犯罪或有犯罪習慣 (D)因欠稅而遭稅務機關催繳。

解答及解析

1 **(C)**。本法第5條：居住臺灣地區設有戶籍國民入出國，不須申請許可。但涉及國家安全之人員，應先經其服務機關核准，始得出國。

2 **(D)**。本法第7條：臺灣地區無戶籍國民有下列情形之一者，移民署應不予許可或禁止入國：一、參加暴力或恐怖組織或其活動。二、涉及內亂罪、外患罪重大嫌疑。三、涉嫌重大犯罪或有犯罪習慣。四、護照或入國許可證件係不法取得、偽造、變造或冒用。

申論題

一、關於國民之出國，入出國及移民法有何限制？

答 關於國民之入出國原則上無需申請，惟無戶籍之國民入國，才需移民署之許可。本法第5條第1項前段規定：「居住臺灣地區設有戶籍國民入出國，不須申請許可。」

惟基於國家安全，本法亦規定限制相關人員之自由出國權利。本法第5條第1項但書：「但涉及國家安全之人員，應先經其服務機關核准，始得出國。」例如國安局之相關人員欲出國時，應經其服務機關國安局核准，才能出國。違反本項但書規定，未經核准而出國者，處新臺幣十萬元以上五十萬元以下罰鍰（本法第77條）。

二、試述入出境及移民法規定有關國民禁止出國之情形？

答 國民禁止出國之情形，本法採取列舉規定，有本法第6條第1項之情形者，移民署應禁止其出國。禁止之情形如下：

(一) 經判處有期徒刑以上之刑確定，尚未執行或執行未畢。但經宣告六月以下有期徒刑或緩刑者，不在此限。

(二) 通緝中。

(三) 因案經司法或軍法機關限制出國。

(四) 有事實足認有妨害國家安全或社會安定之重大嫌疑。

(五) 涉及內亂罪、外患罪重大嫌疑。

(六) 涉及重大經濟犯罪或重大刑事案件嫌疑。

(七) 役男或尚未完成兵役義務者。但依法令得准其出國者，不在此限。

(八) 護照、航員證、船員服務手冊或入國許可證件係不法取得、偽造、變造或冒用。

(九) 護照、航員證、船員服務手冊或入國許可證件未依第4條規定查驗。

(十) 依其他法律限制或禁止出國。

無戶籍國民停留、居留及定居

一、申請停留

(一) 我國無戶籍國民欲在臺灣地區停留者，需向移民署申請。

1. **申請停留之期限**：臺灣地區無戶籍國民向移民署申請在臺灣地區停留者，其停留期間為3個月；必要時得延期一次，並自入國之翌日起，併計6個月為限（本法第8條第1項）。
2. **期滿出國**：無戶籍國民在停留期間屆滿後，除依規定許可居留或定居者外，應即出國（本法第8條第3項）。

(二) 但有下列情形之一並提出證明者，移民署得酌予再延長其停留期間及次數：（本法第8條第1項但書、第2項）

1. 懷胎7個月以上或生產、流產後2個月未滿。
2. 罹患疾病住院或懷胎，出國有生命危險之虞。

3. 在臺灣地區設有戶籍之配偶、直系血親、三親等內之旁系血親、二親等內之姻親在臺灣地區患重病或受重傷而住院或死亡。本款規定之延長停留時間自事由發生之日起不得逾2個月。
4. 遭遇天災或其他不可避免之事變。本款規定之延長停留時間不得逾1個月。
5. 人身自由依法受拘束。本款規定之延長停留期間，依事實需要核給。

表2-3　因特別情事申請延長居留期間（本法第8條第2項）

特別情事之類型	每次申請延長之期限
懷胎七個月以上或生產、流產後二個月未滿（懷胎事由）	每次不得逾二個月
罹患疾病住院或懷胎，出國有生命危險之虞（重大危險疾病）	每次不得逾二個月
臺灣地區設有戶籍之配偶、直系血親、三親等內之旁系血親、二親等內之姻親在臺灣地區患重病或受重傷而住院或死亡（親屬重病傷或死亡）	自事由發生之日起不得逾二個月
遭遇天災或其他不可避免之事變（不可抗力）	不得逾一個月
人身自由依法受拘束	依事實需要核給

二、申請居留

(一) 申請居留之要件

1. 我國無戶籍國民欲在我國申請居留者，與申請停留相同，皆需向移民署申請，惟需俱備本法第9條第1項各款之規定：
   (1) 有直系血親、配偶、兄弟姊妹或配偶之父母現在在臺灣地區設有戶籍。其親屬關係因收養發生者，被收養者年齡應在12歲以下，且與收養者在臺灣地區共同居住，並以2人為限。
   (2) 現任僑選立法委員。
   (3) 歸化取得我國國籍。
   (4) 居住臺灣地區設有戶籍國民在國外出生之成年子女。
   （應注意：111年12月31日前所適用之本法第9第1項第4款規定為：「四、居住臺灣地區設有戶籍國民在國外出生之子女，年齡在20歲以上。」）

(5) 持我國護照入國，在臺灣地區合法連續停留7年以上，且每年居住183日以上。
(6) 在臺灣地區有一定金額以上之投資，經中央目的事業主管機關核准或備查。所謂一定金額，依本細則第9條之規定為新臺幣1千萬元。
(7) 曾在臺灣地區居留之第12款僑生畢業後，返回僑居地服務滿2年。
(8) 對國家、社會有特殊貢獻，或為臺灣地區所需之高級專業人才。
(9) 具有特殊技術或專長，經中央目的事業主管機關延聘回國。
(10) 前款以外，經政府機關或公私立大專校院任用或聘僱。
(11) 經中央勞動主管機關或目的事業主管機關許可在臺灣地區從事就業服務法第46條第1項第1款至第7款或第11款工作。
(12) 經中央目的事業主管機關核准回國就學之僑生。
(13) 經中央目的事業主管機關核准回國接受職業技術訓練之學員生。
(14) 經中央目的事業主管機關核准回國從事研究實習之碩士、博士研究生。
(15) 經中央勞動主管機關許可在臺灣地區從事就業服務法第46條第1項第8款至第10款工作[註]。

2. 其中上述第1款、第2款、第4款至第11款規定，申請人之配偶及未成年子女得隨同申請；未隨同本人申請者，得於本人入國居留許可後定居許可前申請之。本人居留許可依本法第11條第2項規定，撤銷或廢止時，其配偶及未成年子女之居留許可併同撤銷或廢止之。（本法第9條第2項）

延伸思考

配合政府組織改造，「行政院勞工委員會」已於103年2月17日改制為「勞動部」，因此110年1月27日爰修正本法第9條第1項第11款及第15款涉及「中央勞動主管機關」名稱文字為「中央勞動主管機關」，上開修正規定於112年1月1日施行。

[註] 就業服務法第46條第1項第8款至第10款分次為：一、海洋漁撈工作。二、家庭幫傭及看護工作。三、為因應國家重要建設工程或經濟社會發展需要，經中央主管機關指定之工作。以上各款之工作，依照同條第3項之規定，雇主聘僱外國人，須訂立書面勞動契約，並以定期契約為限；其未定期限者，以聘僱許可之期限為勞動契約之期限。續約時，亦同。

實力進階

〔入出國及移民法第9條第1項第9款所稱之「特殊技術或專長」〕

所稱具有「特殊技術或專長」者，係指下列情形之一[註]：

(一) 在新興工業、關鍵技術、關鍵零組件及產品有專業技能。
(二) 在光電、通訊技術、工業自動化、材料應用、高級感測、生物技術、資源開發或能源節約等著有成績，而所學確為臺灣地區所亟需或短期內不易培育。
(三) 在公路、高速鐵路、捷運系統、電信、飛航、航運、深水建設、氣象或地震等領域有特殊成就，而所學確為臺灣地區所亟需或短期內不易培育。
(四) 其他經中央目的事業主管機關專案核定。

〔就業服務法第46條有關外國人於我國從事工作之限制〕

就業服務法第46條第1項規定，雇主聘僱外國人在中華民國境內從事之工作，除本法另有規定外，以下列各款為限：

(一) 專門性或技術性之工作。
(二) 華僑或外國人經政府核准投資或設立事業之主管。
(三) 下列學校教師：
  1. 公立或經立案之私立大專以上校院或外國僑民學校之教師。
  2. 公立或已立案之私立高級中等以下學校之合格外國語文課程教師。
  3. 公立或已立案私立實驗高級中等學校雙語部或雙語學校之學科教師。
(四) 依補習教育法立案之短期補習班之專任外國語文教師。
(五) 運動教練及運動員。
(六) 宗教、藝術及演藝工作。
(七) 商船、工作船及其他經交通部特許船舶之船員。
(八) 海洋漁撈工作。
(九) 家庭幫傭及看護工作。
(十) 為因應國家重要建設工程或經濟社會發展需要，經中央主管機關指定之工作。
(十一) 其他因工作性質特殊，國內缺乏該項人才，在業務上確有聘僱外國人從事工作之必要，經中央主管機關專案核定者。

[註] 參照入出國及移民法施行細則第10條。

表2-4 無戶籍國民申請居留之要件(本法第9條第1項各款)

親屬關係	一定親屬於臺灣設有戶籍。親屬關係因收養關係發生者,需符合一定要件(第1款)。 具戶籍國民海外出生之子女,20歲以上(第4款)。
民意代表身份	現任僑選立委(第2款)。
取得國籍	歸化取得我國國籍(第3款)。
投資居留	在臺投資金額達一千萬以上(第6款)。
特殊技術與專業人才	對國家、社會有特殊貢獻,或為臺灣地區所需之高級專業人才(第8款)。 具有特殊技術或專長,經中央目的事業主管機關延聘回國(第9款)。 前款以外,經政府機關或公私立大專校院任用或聘僱(第10款)。
技術訓練或學術研究	僑生(第12款)。 曾為僑生,畢業後返回僑居地服務滿二年(第7款)。 經中央目的事業主管機關核准回國接受職業技術訓練之學員生(第13款)。 經中央目的事業主管機關核准回國從事研究實習之碩士、博士研究生(第14款)。
從事就業服務法第46條第1項各款規定之工作	專業性質之工作(第11款)。 勞動性質之工作(第15款)。

(二) **居留證之時效**:依本法第9條第1項規定申請居留經許可者,移民署應發給臺灣地區居留證,其有效期間自入國之翌日起算,最長不得逾3年(本法第9條第3項)。

(三) **居留延期之申請**

1. **申請之機關**:臺灣地區無戶籍國民居留期限屆滿前,原申請居留原因仍繼續存在者,得向移民署申請延期(本法第9條第4項)。
2. **延期之期間**:依本法第9條第4項規定申請延期經許可者,其臺灣地區居留證之有效期間,應自原居留屆滿之翌日起延期,最長不得逾3年(本法第9條第5項)。

(四)廢止居留許可(本法第9條第6項)

1. 臺灣地區無戶籍國民於居留期間內，居留原因消失者，移民署應廢止其居留許可。
2. 但依前述第1款規定申請居留之直系血親、配偶、兄弟姊妹或配偶之父母死亡者，不在此限，並得申請延期，其申請延期，以一次為限，最長不得逾3年。

(五)變更居留資料之登記：臺灣地區無戶籍國民於居留期間，變更居留地址或服務處所時，應向移民署申請辦理變更登記（本法第9條第7項）。未辦理變更登記者，處新臺幣2千元以上1萬元以下罰鍰（本法第85條第3款）。

(六)居留配額之核定

1. 一般規定：主管機關得衡酌國家利益，依不同國家或地區擬訂臺灣地區無戶籍國民每年申請在臺灣地區居留之配額，報請行政院核定後公告之。但有未成年子女在臺灣地區設有戶籍，或結婚滿4年，其配偶在臺灣地區設有戶籍者，不受配額限制（本法第9條第8項）。
2. 居留配額之延後情形：臺灣地區無戶籍國民經許可入國，逾期停留未逾10日，其居留申請案依前項規定定有配額限制者，依規定核配時間每次延後1年許可。但有前條第1項各款情形之一者，不在此限（本法第9條第9項）。

三、申請定居【105地特3、108高考3】

(一)申請定居之條件

臺灣地區無戶籍國民有本法第10條各項之規定者，得向移民署申請在臺灣地區定居：

1. 定居申請人與眷屬在臺灣地區連續居留或居留滿一定期間者：
   (1)原則規定：依照本法第9條第1項第1款至第11款之申請人及其隨同申請之配偶及未成年子女，經依同條規定許可居留者，在臺灣地區連續居留或居留滿一定期間，仍具備原居留條件者，則可提出定居申請（本法第10條第1項第1款本文參照）。此外，依前述規定申請定居，其親屬關係因結婚發生者，應存續3年以上。但婚姻關係存續期間已生產子女者，不在此限（本法第10條第2項）。
   (2)例外規定：惟本款但書例外規定：依本法第9條第1項第2款或第8款規定許可居留者，不受連續居留或居留滿一定期間之限制。該二款規定分別係為現任僑選立法委員，以及對國家、社會有特殊貢獻或為臺灣地區所需之高級專業人才者（本法第10條第1項第1款但書參照）。

2. 居住臺灣地區設有戶籍國民在國外出生之未成年子女。（本法現行第10條第1項2款規定係為配合民法成年年齡下修為十八歲，而於110年1月27日修正、112年1月1日施行。111年12月31日前所適用之同款規定為：「二、居住臺灣地區設有戶籍國民在國外出生之子女，未滿20歲。」）

3. 為未成年子女最佳利益：臺灣地區無戶籍國民於居留期間依親對象死亡或與依親對象離婚，其有未成年子女在臺灣地區設有戶籍且得行使或負擔該子女之權利義務，並已連續居留或居留滿一定期間者，仍得向移民署申請定居，不受第1項第1款所定仍具備原居留條件之限制（本法第10條第5項）。

(二) 連續居留與居留滿一定期間之定義

所謂「連續居留或居留滿一定期間」，規定如下（本法第10條第3項）：

1. 依本法第9條第1項第1款至第9款規定申請者，為連續居住1年，或居留滿2年且每年居住270日以上，或居留滿5年且每年居住183日以上。
2. 依本法第9條第1項第10款或第11款規定申請者，為連續居住3年，或居留滿5年且每年居住270日以上，或居留滿7年且每年居住183日以上。

表2-5　申請定居之「連續居留」或「居留滿一定期間」

提出申請之理由	連續居住期間	居留期間與居住期間(一)	居留期間與居住期間(二)
依本法第9條第1項第1款至第9款	1年	居留滿2年，且每年居住270日以上	居留滿5年，且每年居住183日以上
依本法第9條第1項第10款或第11款	3年	居留滿5年，且每年居住270日以上	居留滿7年，且每年居住183日以上

(三) 不視為居住中斷之事由：臺灣地區無戶籍國民於前項居留期間出國，係經政府機關派遣或核准，附有證明文件者，不視為居住期間中斷，亦不予計入在臺灣地區居住期間（本法第10條第4項）。

(四) 申請定居之時效規定：申請定居，除本法第10條第1項第1款但書規定情形外，應於連續居留或居留滿一定期間後2年內申請之。申請人之配偶及未成年子女，得隨同申請，或於其定居許可後申請之（本法第10條第6項）。

(五) **相關程序規定**

1. 臺灣地區無戶籍國民經許可定居者，應於30日內向預定申報戶籍地之戶政事務所辦理戶籍登記，逾期未辦理者，移民署得廢止其定居許可。(本法第10條第7項)
2. 臺灣地區無戶籍國民申請入國、居留或定居之申請程序、應備文件、核發證件種類、效期及其他應遵行事項之辦法，由主管機關定之[註1]。(本法第10條第8項)

四、不予許可臺灣地區無戶籍國民居留或定居之情形

(一) **不予許可居留或定居之情形**

臺灣地區無戶籍國民申請在臺居留或定居，倘若有本法第11條第1項各款之情形者，移民署得不予許可。各款規定詳細如下：

1. 有事實足認有妨害國家安全或社會安定之重大嫌疑（國安理由）。
2. 曾受有期徒刑以上刑之宣告（徒刑宣告）。
3. 未經許可而入國（非許可入國）。
4. 冒用身分或以不法取得、偽造、變造之證件申請。（非法取得證件）
5. 曾經協助他人非法入出國或身分證件提供他人持以非法入出國（非法助他人入國）。
6. 有事實足認其係通謀而為虛偽之結婚（假結婚）。
7. 親屬關係因收養而發生，被收養者入國後與收養者無在臺灣地區共同居住之事實（偽共居）。
8. 中央衛生主管機關指定健康檢查項目不合格。但申請人未成年，不在此限（健康理由）。（為配合民法成年年齡下修為十八歲，以及因應未來發展需求，本款規定係於110年1月27日修正、112年1月1日施行。至111年12月31日前適用之同款規定為：「八、中央衛生主管機關指定健康檢查項目不合格。但申請人未滿20歲，不在此限。」）
9. 曾經從事與許可原因不符之活動或工作（入國目的不符）。
10. 曾經逾期停留（逾期停留）。
11. 經合法通知，無正當理由拒絕到場面談（拒絕面談）。
12. 無正當理由規避、妨礙或拒絕接受第70條之查察[註2]（規避查察）。
13. 其他經主管機關認定公告者（主管機關之公告理由）。

[註1] 臺灣地區無戶籍國民申請入國居留定居許可辦法。

[註2] 本項規定，於大陸地區人民、香港或澳門居民申請在臺灣地區居留或定居時，準用之（本法第11條第6項）。

(二) **居留或定居之撤銷**

1. **撤銷居留許可**：經許可居留後，有本法第11條第1項第1款至第8款情形之一，或發現申請當時所提供之資料係虛偽不實者，移民署得撤銷或廢止其居留許可（本法第11條第2項）。
2. **撤銷定居許可**：經許可定居後，有本法第11條第1項第4款或第6款情形之一（非法取得證件、假結婚），或發現申請當時所提供之資料係虛偽不實者，得撤銷或廢止其定居許可；已辦妥戶籍登記者，戶政機關並得撤銷或註銷其戶籍登記（本法第11條第3項）。
3. **時效規定**：依前二項規定撤銷或廢止居留、定居許可者，應自得撤銷或廢止之情形發生後5年內，或知有得撤銷或廢止之情形後2年內為之。但有第1項第4款或第6款規定情形者（非法取得證件、假結婚），不在此限（本法第11條第4項）。
4. **中央目的事業主管機關之通知義務**：移民署依本法第11條第2項、第3項撤銷或廢止無戶籍國民居留或定居許可時，應通知各該中央目的事業主管機關（本細則第13條）。

(三) **不予許可期間**：本法第11條第1項第9款（從事與目的不合之活動）及第10款（逾期停留）之不予許可期間，自其出國之翌日起算至少為1年，並不得逾3年（本法第11條第5項）。

(四) **陸港澳居民準用**：本法第11條第1項第12款規定，於大陸地區人民、香港或澳門居民申請在臺灣地區居留或定居時，準用之（本法第11條第6項）。

鑑往知來

何謂臺灣地區無戶籍國民？其申請在臺灣地區居留或定居，在何種條件下主管機關得不予許可？試敘述之。 【薦任升等戶政】

答 參閱上述重點整理作答即可。

五、臺灣地區無戶籍國民居留或定居之禁止

無戶籍國民持外國護照或無國籍旅行證件入國者，除了「歸化取得我國國籍之人」，以及屬於「居住臺灣地區設有戶籍國民在國外出生之未滿二十歲子女」

二種情形外，不得申請居留或定居。本法第12條規定：「臺灣地區無戶籍國民持憑外國護照或無國籍旅行證件入國者，除合於第9條第1項第3款或第10條第1項第2款情形者外，應持憑外國護照或無國籍旅行證件出國，不得申請居留或定居。」

六、廢止停留許可之情形（本法第13條）

臺灣地區無戶籍國民停留期間，有下列情形之一者，移民署得廢止其停留許可：

(一) 有事實足認有妨害國家安全或社會安定之虞。

(二) 受有期徒刑以上刑之宣告，於刑之執行完畢、假釋、赦免或緩刑。

七、違反規定之限令出國（本法第14條）

(一) 違反規定之限令出國

1. 臺灣地區無戶籍國民停留、居留、定居之許可經撤銷或廢止者，移民署應限令其出國。
2. 臺灣地區無戶籍國民應於接到前項限令出國通知後10日內出國。

(二) 當事人救濟程序

1. 臺灣地區無戶籍國民居留、定居之許可經撤銷或廢止，移民署為限令出國處分前，得召開審查會，並給予當事人陳述意見之機會。
2. 前項審查會之組成、審查要件、程序等事宜，由主管機關定之。

八、強制出國（本法第15條）

(一) 強制出國之情形

1. 臺灣地區無戶籍國民未經許可入國，或經許可入國已逾停留、居留或限令出國之期限者，移民署得逕行強制其出國，並得限制再入國（本法第15條第1項）。本項所定強制出國之處理方式、程序、管理及其他應遵行事項之辦法，由主管機關定之[註1]（本法第15條第5項）。
2. 臺灣地區無戶籍國民逾期居留未滿30日，且原申請居留原因仍繼續存在者，經依第85條第4款[註2]規定處罰後，得向移民署重新申請居留；其申請定居，核算在臺灣地區居留期間，應扣除1年（本法第15條第2項）。

[註1] 臺灣地區無戶籍國民強制出國處理辦法。

[註2] 依入出國及移民法第85條第4項之規定，臺灣地區無戶籍國民或外國人，逾期停留或居留，處新臺幣二千元以上一萬元以下罰鍰。

(二) 強制出國前之收容處置

受強制出國者於出國前，非予收容顯難強制出國者，移民署得暫予收容，期間自暫予收容時起最長不得逾15日。出國後，移民署得廢止其入國許可，並註銷其入國許可證件（本法第15條第3項）。

(三) 準用規定

1. 本法第15條前三項規定，於本法施行前入國者，亦適用之（本法第15條第4項）。
2. 本法第15條第1項之強制出國，準用第36條第3項、第4項及第38條之6規定；第3項之暫予收容及其後之續予收容、延長收容，準用第38條至第39條規定（本法第15條第6項）。

九、因僑居地區特殊狀況申請居留定居之條件（本法第16條）

(一) 特殊僑居地區申請居留定居： 臺灣地區無戶籍國民，因僑居地區之特殊狀況，必須在臺灣地區居留或定居者，由主管機關就特定國家、地區訂定居留或定居辦法，報請行政院核定，不受第9條及第10條規定之限制（本法第16條第1項）。

(二) 泰緬等地區申請居留定居

1. 資格：（本法第16條第2項至第4項）
   (1) 本法施行前已入國之泰國、緬甸或印尼地區無國籍人民及臺灣地區無戶籍國民未能強制其出國者，移民署應許可其居留。
   (2) 中華民國88年5月21日至97年12月31日入國之無國籍人民及臺灣地區無戶籍國民，係經教育部或僑務委員會核准自泰國、緬甸地區回國就學或接受技術訓練，未能強制其出國者，移民署應許可其居留。
   (3) 中華民國105年6月29日以前入國之印度或尼泊爾地區無國籍人民，未能強制其出國，且經蒙藏事務主管機關組成審查會認定其身分者，移民署應許可其居留。
2. 申請定居之條件：本法第16條第2項至第4項所定經許可居留之無國籍人民在國內取得國籍者及臺灣地區無戶籍國民，在臺灣地區連續居住3年，或居留滿5年且每年居住270日以上，或居留滿7年且每年居住183日以上，得向移民署申請在臺灣地區定居（本法第16條第5項）。

3. 不視為居住期間中斷事由：臺灣地區無戶籍國民於前項所定居留期間出國，係經政府機關派遣或核准，附有證明文件者，不視為居住期間中斷，亦不予計入在臺灣地區居住期間（本法第16條第6項）。

實力進階

［民國98年本法第16條增修：解決滯臺泰緬學生及藏族人士居留問題］

一、背景説明：

歷年來，教育部及僑務委員會為推行僑教政策，赴泰緬等國招收僑生或僑民回國就學或接受技術訓練，使其未來返回僑居地服務，以宣揚我國教育文化。部分人員來臺後，因逾期停留、居留未能強制驅逐出國而滯臺，並爭取以泰緬孤軍後裔身分，准許在臺合法申請居留或定居。 國內與海外藏族人士多年來在文化、宗教等方面交流頻繁，自本法施行後來臺逾期停留之藏族人士日增，渠等因無國籍，多以價購印度護照、尼泊爾護照及印度旅行證（IC）來臺，因無法強制遣返，衍生社會問題。

為解決上開泰緬孤軍後裔及藏族人士居留問題，基於歷史因素及人道考量，內政部爰擬定入出國及移民法第16條修正草案，報經98年1月8日行政院院會通過並經立法院朝野協商，同意修正為自中華民國88年5月21日入出國及移民法施行後，至97年12月31日止入國滯臺之泰緬孤軍後裔及藏族人士，符合所定條件者，應許可其居留；其條件限制為經教育部或僑務委員會核准回國就學或接受技術訓練者，或經蒙藏委員會認定其身分，且未能強制其出國者。

二、具體內容：

(一) 中華民國88年5月21日至97年12月31日入國之無國籍人民及臺灣地區無戶籍國民，係經教育部或僑務委員會核准自泰國、緬甸地區回國就學或接受技術訓練，未能強制其出國者，移民署應許可其居留（本法第16條第3項）。

(二) 中華民國88年5月21日至97年12月31日入國之印度或尼泊爾地區無國籍人民，未能強制其出國，且經蒙藏委員會認定其身分者，移民署應許可其居留（本法第16條第4項）。

十、隨身攜帶證明文件及出示義務（本法第17條）

(一) 14歲以上之臺灣地區無戶籍國民，進入臺灣地區停留或居留，應隨身攜帶護照、臺灣地區居留證、入國許可證件或其他身分證明文件。

(二) 移民署或其他依法令賦予權責之公務員，得於執行公務時，要求出示前項證件。其相關要件與程序，準用警察職權行使法第二章之規定。

實力進階

〔臺灣地區無戶籍國民申請在臺居留，具有我國國籍之認定方式〕

(一) 兼具外國國籍之在臺無戶籍國民，不得申請歸化我國國籍，應直接以無戶籍國民身分申請在臺居留。

(二) 依據內政部88年11月24日88戶司發字第8801964號函示，以在臺無戶籍國民身分申請在臺依親居留，若其依親對象係以歸化取得國籍在臺定居者，不得申請居留。

(三) 在臺無戶籍國民申請在臺居留，具有我國國籍之認定方式，依照「入出國及移民法」第9條、「國籍法」第2條、「護照條例」第9條、「華僑身分證明條例」第6條、「國籍法施行細則」第9條第2項及第3項規定辦理。

試題演練

選擇題

(　) **1** 依據入出境及移民法規定，無戶籍國民申請停留之期間下列何者正確？　(A)停留期間為三個月；必要時得延期一次，併計六個月為限　(B)停留期間為六個月；必要時得延期一次，併計十二個月為限　(C)停留期間為二個月；必要時得延期一次，併計四個月為限　(D)停留期間為六個月。

(　) **2** 無戶籍之我國國民經申請許可在臺停留時間，除有入出國及移民法第8條第2項之規定之情形外，最長為多久？　(A)二個月　(B)三個月　(C)四個月　(D)六個月。

(　) **3** 我國無戶籍國民欲在臺灣地區停留者，需向下列哪個單位申請許可？　(A)國家安全局　(B)內政部移民署　(C)法務部調查局　(D)內政部警政署。

(　　) **4** 下列何者並非無戶籍國民申請居留之要件？　(A)僑選立法委員　(B)歸化取得我國國籍　(C)經中央目的事業主管機關核准於臺灣地區投資達伍百萬元　(D)對國家、社會有特殊貢獻，或為臺灣地區所需之高級專業人才。

(　　) **5** 無戶籍國民以投資一定金額而申請居留者，其金額應達多少以上？　(A)由中央主管機關認定　(B)一千萬　(C)二千萬　(D)三千萬。

(　　) **6** 無戶籍國民於臺灣地區居留，移民署應發給臺灣地區居留證，其有效期間自入國之翌日起算，最長不得逾多久？　(A)一年　(B)二年　(C)三年　(D)四年。

(　　) **7** 臺灣地區無戶籍國民居留證，應自原居留屆滿之翌日起延期，最長不得逾多久？　(A)一年　(B)二年　(C)三年　(D)四年。

(　　) **8** 甲為僑居海外之我國無戶籍國民，屬於居留申請案之受有配額限制者，經許可入國後，逾期停留五日。當甲下次再提出居留申請時，核配時間將延後多久方得許可？　(A)一年　(B)二年　(C)三年　(D)四年。

(　　) **9** 臺灣地區無戶籍國民申請定居之要件，需定居申請人與眷屬在臺灣地區連續居留或居留滿一定期間，惟下列何種人士不受此限制？　(A)現任僑選立法委員　(B)對國家有特殊貢獻之人　(C)臺灣地區所需之高級專業人才　(D)以上皆是。

(　　) **10** 甲為無戶籍國民，乙為有戶籍國民，其結婚多久後，甲才得以親屬關係申請定居？　(A)一年　(B)二年　(C)三年　(D)四年。

(　　) **11** 甲原本為外國人，現歸化取得我國國籍，並欲申請定居。依據入出境及移民法之規定，甲必須在臺灣地區連續居留或居留滿一定期間，此期間為多久？　(A)連續居住1年，或居留滿2年且每年居住270日以上，或居留滿5年且每年居住183日以上　(B)連續居住2年，或居留滿4年且每年居住270日以上，或居留滿6年且每年居住183日以上　(C)連續居住3年，或居留滿5年且每年居住270日以上，或居留滿7年且每年居住183日以上 (D)連續居住4年，或居留滿6年且每年居住270日以上，或居留滿8年且每年居住183日以上。

( ) **12** 乙為旅居海外之無戶籍國民，因學術聲望卓越，受聘回國於中研院從事研究工作，之後發覺臺灣是個適合居住的好地方，欲申請定居，試問乙必須在臺灣地區連續居留或居留滿多久期間，才符合申請定居的要件？ (A)連續居住1年，或居留滿2年且每年居住270日以上，或居留滿5年且每年居住183日以上 (B)連續居住2年，或居留滿4年且每年居住270日以上，或居留滿6年且每年居住183日以上 (C)連續居住3年，或居留滿5年且每年居住270日以上，或居留滿7年且每年居住183日以上 (D)連續居住4年，或居留滿6年且每年居住270日以上，或居留滿8年且每年居住183日以上。

( ) **13** 無戶籍國民申請定居，於連續居留或居留滿一定期間後，應於幾年內申請之？ (A)一年 (B)二年 (C)三年 (D)四年。

( ) **14** 臺灣地區無戶籍國民申請在臺居留或定居，於何種情形下，移民署得不予許可？

a.有事實足認有妨害國家安全或社會安定之重大嫌疑

b.未經許可而入國

c.事實足認其係通謀而為虛偽之結婚

d.曾經逾期停留

e.受有期徒刑以上刑之宣告。

(A)abde (B)acde (C)bcde (D)abcde。

( ) **15** 移民署對於無戶籍國民之撤銷或廢止居留、定居許可，應自得撤銷或廢止之情形發生後幾年內為之？ (A)一年 (B)三年 (C)五年 (D)六年

( ) **16** 無戶籍國民逾期停留，經移民署不予許可居留或定居之期間為多久？ (A)至少為一年，並不得逾三年 (B)並未規定期限，應由主管機關認定 (C)至少為六個月，並不得逾二年 (D)不予許可居留或定居為侵犯人權之舉動，應不予禁止。

( ) **17** 無戶籍國民持外國護照或無國籍旅行證件入國者，於下列何種情況時，得申請居留或定居？ (A)歸化取得我國國籍之人 (B)以觀光為目的進入我國者 (C)欲投資國內產業者 (D)受聘於國內從事研究工作者。

( ) **18** 下列何者非移民署廢止臺灣地區無戶籍國民停留許可之情形？(A)有事實足認有妨害國家安全或社會安定之虞 (B)受有期徒刑以上刑之宣告，於刑之執行完畢 (C)受有期徒刑以上刑之宣告，緩刑中 (D)曾經逾期停留。

( ) **19** 臺灣地區無戶籍國民因違反規定，而接到限令出國通知後，應於幾日內出國？ (A)三日內 (B)五日內 (C)七日內 (D)十日內。

( ) **20** 無戶籍國民居留、定居之許可經撤銷或廢止，依入出國及移民法之規定，當事人之救濟方式，下列何者為非？ (A)得召開審查會 (B)給予當事人陳述意見之機會 (C)得直接提起行政訴訟 (D)應在移民署為限令出國處分前為之。

( ) **21** 強制無戶籍國民出國前，得為何種強制措施？ (A)管束 (B)收容 (C)拘提 (D)羈押。

( ) **22** 入出國及移民法施行前，已入國之泰國、緬甸或印尼地區無國籍人民及臺灣地區無戶籍國民未能強制其出國者，移民署應做如何處置？ (A)收容之 (B)許可其定居 (C)許可其居留 (D)促其歸化為我國籍。

( ) **23** 幾歲以上之臺灣地區無戶籍國民，進入臺灣地區停留或居留，應隨身攜帶護照、臺灣地區居留證、入國許可證件或其他身分證明文件？ (A)20歲 (B)18歲 (C)14歲 (D)7歲。

( ) **24** 移民署或其他依法令賦予權責之公務員，得於執行公務時，其相關要件與程序準用下列哪一項法規？ (A)行政程序法 (B)警察法 (C)警械使用條例 (D)警察職權行使法。

解答及解析

1 **(A)**。本法第8條第1項規定：臺灣地區無戶籍國民向移民署申請在臺灣地區停留者，其停留期間為三個月；必要時得延期一次，並自入國之翌日起，併計六個月為限。

2 **(D)**。本法第8條第1項規定：臺灣地區無戶籍國民向移民署申請在臺灣地區停留者，其停留期間為三個月；必要時得延期一次，並自入國之翌日起，併計六個月為限。

3 **(B)**。本法第8條第1項規定：臺灣地區無戶籍國民向移民署申請在臺灣地區停留者。

4 **(C)**。本法施行細則第10條規定：本法第9條第1項第6款所稱一定金額，指新臺幣一千萬元。

5 **(B)**。本法施行細則第10條規定：本法第9條第1項第6款所稱一定金額，指新臺幣一千萬元。

6 **(C)**。本法第9條第3項規定：申請居留經許可者，移民署應發給臺灣地區居留證，其有效期間自入國之翌日起算，最長不得逾三年

7 **(C)**。本法第9條第5項規定：申請延期經許可者，其臺灣地區居留證之有效期間，應自原居留屆滿之翌日起延期，最長不得逾三年。

8 **(A)**。本法第9條第9項規定：臺灣地區無戶籍國民經許可入國，逾期停留未逾十日，其居留申請案依前項規定定有配額限制者，依規定核配時間每次延後一年許可。

9 **(D)**。本法第10條第1項第1款規定：但依前條第1項第2款現任僑選立法委員，或前條第1項第8款對國家、社會有特殊貢獻，或為臺灣地區所需之高級專業人才規定許可居留者，不受連續居留或居留滿一定期間之限制。

10 **(C)**。本法第10條第2項規定：其親屬關係因結婚發生者，應存續三年以上。但婚姻關係存續期間已生產子女者，不在此限。

11 **(A)**。本法第10條第3項第1款規定：歸化取得我國國籍申請者，為連續居住一年，或居留滿二年且每年居住二百七十日以上，或居留滿五年且每年居住一百八十三日以上。

12 **(C)**。本法第9條第1項第9款規定：「臺灣地區無戶籍國民有下列情形之一者，得向移民署申請在臺灣地區居留：……九、具有特殊技術或專長，經中央目的事業主管機關延聘回國。」而本法第10條第1項第1款規定：「臺灣地區無戶籍國民有下列情形之一者，得向移民署申請在臺灣地區定居：一、前條第一項第一款至第十一款之申請人及其隨同申請之配偶及未成年子女，經依

前條規定許可居留者，在臺灣地區連續居留或居留滿一定期間，仍具備原居留條件。但依前條第一項第二款或第八款規定許可居留者，不受連續居留或居留滿一定期間之限制。」又同條第3項第2款規定：「第一項第一款所定連續居留或居留滿一定期間，規定如下：二、依前條第一項第十款或第十一款規定申請者，為連續居住三年，或居留滿五年且每年居住二百七十日以上，或居留滿七年且每年居住一百八十三日以上。」

13 (B)。 本法第10條第3項規定：第1項第1款所定連續居留或居留滿一定期間，規定如下：一、依前條第1項第1款至第9款規定申請者，為連續居住一年，或居留滿二年且每年居住二百七十日以上，或居留滿五年且每年居住一百八十三日以上。

14 (D)。 本法第11條第1項規定：臺灣地區無戶籍國民申請在臺灣地區居留或定居，有下列情形之一者，移民署得不予許可：一、有事實足認有妨害國家安全或社會安定之重大嫌疑。二、曾受有期徒刑以上刑之宣告。三、未經許可而入國。四、冒用身分或以不法取得、偽造、變造之證件申請。五、曾經協助他人非法入出國或身分證件提供他人持以非法入出國。六、有事實足認其係通謀而為虛偽之結婚。七、親屬關係因收養而發生，被收養者入國後與收養者無在臺灣地區共同居住之事實。八、中央衛生主管機關指定健康檢查項目不合格。但申請人未成年，不在此限。九、曾經從事與許可原因不符之活動或工作。十、曾經逾期停留。十一、經合法通知，無正當理由拒絕到場面談。十二、無正當理由規避、妨礙或拒絕接受第70條之查察。十三、其他經主管機關認定公告者。

15 (C)。 本法第11條第4項規定：依前二項規定撤銷或廢止居留、定居許可者，應自得撤銷或廢止之情形發生後五年內，或知有得撤銷或廢止之情形後二年內為之。但有第1項第4款或第6款規定情形者，不在此限。

16 (A)。 本法第11條第5項規定：不予許可期間，自其出國之翌日起算至少為一年，並不得逾三年。

17 (A)。 本法第9條第1項規定：臺灣地區無戶籍國民有下列情形之一者，得向移民署申請在臺灣地區居留：一、有直系血親、配偶、兄弟姊妹或配偶之父母現在在臺灣地區設有戶籍。其親屬關係因收養發生者，被收養者年齡應在十二歲以下，且與收養者在臺灣地區共同居住，並以二人為限。二、現任僑選立法委員。三、歸化取得我國國籍。四、居住臺灣地區設有戶籍國民在國外出生之成年子女。五、持我國護照入國，在臺灣地區合法連續停留七年以上,且每年居住一百八十三日以上。六、在臺灣地區有一定金額以上之投資,經中央目的事業主管機關核准或備查。七、曾在臺灣地區居留之第12款僑生畢業後,返回僑居地服務滿二年。八、對國家、社會有特殊貢獻,或為臺灣地區所需之高級專業人才。九、具有特殊技術或專長,經中央目的事業主管機關延聘回國。十、前款以外,經政府機關或公私立大專校院任用或聘僱。十一、經中央勞動主管機關或目的事業主管機關許可在臺灣地區從事就業服務法第46條第1項第1款至第7款或第11款工作。十二、經中央目的事業主管機關核准回國就學之僑生。十三、經中央目的事業主管機關核准回國接受職業技術訓練之學員生。十四、經中央目的事業主管機關核准回國從事研究實習之碩士、博士研究生。十五、經中央勞動主管機關許可在臺灣地區從事就業服務法第46條第1項第8款至第10款工作。

18 **(D)**。本法第13條規定:臺灣地區無戶籍國民停留期間,有下列情形之一者,移民署得廢止其停留許可:一、有事實足認有妨害國家安全或社會安定之虞。二、受有期徒刑以上刑之宣告,於刑之執行完畢、假釋、赦免或緩刑。

19 **(D)**。本法第14條第2項規定:臺灣地區無戶籍國民應於接到前項限令出國通知後十日內出國。

20 **(C)**。本法第14條規定:臺灣地區無戶籍國民停留、居留、定居之許可經撤銷或廢止者,移民署應限令其出國。臺灣地區無戶籍國民應於接到前項限令出國通知後十日內出國。臺灣地區無戶籍國民居留、定居之許可經撤銷或廢止,移民署為限令出國處分前,得召開審查會,並給予當事人陳述意見之機會。

21 **(B)**。本法第15條第3項規定:受強制出國者於出國前,非予收容顯難強制出國者,移民署得暫予收容,期間自暫予收容時起最長不得逾15日。出國後,移民署得廢止其入國許可,並註銷其入國許可證件。

22 **(C)**。本法第16條第2項規定:本法施行前已入國之泰國、緬甸或印尼地區無國籍人民及臺灣地區無戶籍國民未能強制其出國者,移民署應許可其居留。

23 **(C)**。本法第17條第1項規定:十四歲以上之臺灣地區無戶籍國民,進入臺灣地區停留或居留,應隨身攜帶護照、臺灣地區居留證、入國許可證件或其他身分證明文件。

24 **(D)**。本法第17條規定:移民署或其他依法令賦予權責之公務員,得於執行公務時,要求出示前項證件。其相關要件與程序,準用警察職權行使法第二章之規定。

申論題

一、依照入出國及移民法第8條第4項之規定，無戶籍國民在停留期間屆滿後，除依規定許可居留或定居者外，應即出國。試問在何種情況之下，得酌予再延長其停留期間及次數？

答 無戶籍國民在停留期間屆滿後，除依規定許可居留或定居者外，應即出國，但有下列情形之一並提出證明者，移民署得酌予再延長其停留期間及次數：（本法第8條第1項、第2項規定參照）

(一) 懷胎七個月以上或生產、流產後二個月未滿。
(二) 罹患疾病住院或懷胎，出國有生命危險之虞。
(三) 在臺灣地區設有戶籍之配偶、直系血親、三親等內之旁系血親、二親等內之姻親在臺灣地區患重病或受重傷而住院或死亡。本款自事由發生之日起不得逾二個月。
(四) 遭遇天災或其他不可避免之事變。本款不得逾一個月。
(五) 人身自由依法受拘束。本款規定之延長停留期間，依事實需要核給。

二、試列舉五項無戶籍國民申請居留之要件？

答 (一) 有直系血親、配偶、兄弟姊妹或配偶之父母現在在臺灣地區設有戶籍。其親屬關係因收養發生者，被收養者年齡應在十二歲以下，且與收養者在臺灣地區共同居住，並以二人為限。
(二) 現任僑選立法委員。
(三) 歸化取得我國國籍。
(四) 在臺灣地區有一定金額以上之投資，經中央目的事業主管機關核准或備查。所謂一定金額，指新臺幣一千萬元（本細則第10條）。
(五) 曾在臺灣地區居留之第12款僑生畢業後，返回僑居地服務滿二年（本法第9條第1項）。

三、關於臺灣地區無戶籍國民每年申請在臺灣地區居留之配額，主管機關得衡酌國家利益，再報請行政院核定後公告之。請問有哪些情形，不受配額之限制？

答 主管機關得衡酌國家利益，依不同國家或地區擬訂臺灣地區無戶籍國民每年申請在臺灣地區居留之配額，報請行政院核定後公告之。但有未成年子女在臺灣地區設有戶籍，或結婚滿四年，其配偶在臺灣地區設有戶籍者，不受配額限制（本法第9條第8項）。

四、根據入出國及移民法之規定，無戶籍國民申請定居之要件為何？

答 臺灣地區無戶籍國民有入出國及移民法（以下稱本法）第10條各項之規定者，得向移民署申請在臺灣地區定居：

(一) 定居申請人與眷屬在臺灣地區連續居留或居留滿一定期間者

1. 原則規定：依照本法第9條第1項第1款至第11款之申請人及其隨同申請之配偶及未成年子女，經依同條規定許可居留者，在臺灣地區連續居留或居留滿一定期間，仍具備原居留條件者，則可提出定居申請（本法第10條第1項第1款本文參照）。此外，其親屬關係因結婚發生者，應存續三年以上。但婚姻關係存續期間已生產子女者，不在此限（本法第10條第2項）。
2. 例外規定：惟本法特別例外規定下列類型之申請人，不受連續居留或居留滿一定期間之限制，分別為現任僑選立法委員，以及對國家、社會有特殊貢獻，或為臺灣地區所需之高級專業人才（本法第10條第1項第1款但書參照）。

(二) 居住臺灣地區設有戶籍國民在國外出生之子女，未滿二十歲。

(三) 為未成年子女最佳利益：臺灣地區無戶籍國民於居留期間依親對象死亡或與依親對象離婚，其有未成年子女在臺灣地區設有戶籍且得行使或負擔該子女之權利義務，並已連續居留或居留滿一定期間者，仍得向移民署申請定居，不受第1項第1款所定仍具備原居留條件之限制（本法第10條第5項）。

五、依照入出國及移民法之規定，在何種情況下，移民署得強制臺灣地區無戶籍國民出國？

答 臺灣地區無戶籍國民未經許可入國，或經許可入國已逾停留、居留或限令出國之期限者，移民署得逕行強制其出國，並得限制再入國（本法第15條）。

六、泰國、緬甸或印尼地區無國籍人民已經取得居留者，在何種條件下，得申請定居？

答 僑居泰緬地區之無戶籍國民申請定居之條件：(一)連續居住滿3年。(二)居留滿5年，每年居住270日以上。(三)居留滿7年，每年居住183日以上（本法第16條第5項）。

七、我國國民因違法而受限制出境的法律規定為何？(一)試舉三例就相關法律規定加以說明。(二)試舉一例說明限制出境的程序。

答 (一) 依據入出國及移民法第6條第1項規定，如有該項列舉之情事，移民署應禁止其出國。例如：1.經判處有期徒刑以上之刑確定，尚未執行或執行未畢；2.因案經司法或軍法機關限制出國；3.涉及重大經濟犯罪或重大刑事案件嫌疑。

(二) 例如：前述例子中，經判處有期徒刑以上之刑確定，尚未執行或執行未畢者，於入出國時，移民署經查驗發現時應通知管轄司法警察機關處理，入國時查獲亦同。

第三節　外國人入出國

問題意識

一、外國人禁止出國之情形為何，入出國及移民法有何規定？

二、Jack為合法居留之外國人，其參與某日在臺北舉行之同志遊行活動，試問有無違法？

三、試述外國人於居留期間內，因居留原因消失者，廢止其居留許可，仍得延期居留之規定？

四、持有效簽證入國申請外僑居留證之條件為何？

五、外國人申請永久居留，其要件之一需達到一定之居留時間，在何種情況下，外國人在我國居留（住）之期間是不予計入的？

六、外國人以特殊情況申請永久居留的情形為何？

七、移民署在何種情況下，得註銷永久外僑居留證？

八、收容之目的在能盡速將被收容之外國人順利遣送出國，是一暫時性措施，另為節省政府執行收容之行政成本支出，得令被收容人從事勞務。依入出境及移民法規定，外國人在何種情形下，移民署得暫予收容，並得令其從事勞務？

九、雇主所聘僱的外國人，經相關機關依規定遣送出國者，其遣送所需的旅費及收容期間的必要費用，應依順序由那些人負擔？

十、受聘僱的外國人有連續曠職幾日失去聯繫，雇主應以書面通知當地主管機關及警察機關？

十一、雇主聘僱就讀於公立大專院校之外國留學生，其工作時間除寒暑假外，每星期最長為幾個小時？

十二、內政部移民署專勤隊據報，在北市某一西餐廳查獲多位身上未帶任何證件的外籍女子，但她們宣稱係雇主扣留她們的護照及財物。請依相關法令，説明雇主不得為那些行為以及相關處罰規定？

外國人入出國

一、外國人禁止入國之情形

(一)外國人禁止入國之法定事由

根據本法第18條第1項各款之規定，外國人有下列情形之一者，移民署得禁止其入國：

1. 未帶護照或拒不繳驗。
2. 持用不法取得、偽造、變造之護照或簽證。
3. 冒用護照或持用冒領之護照。
4. 護照失效、應經簽證而未簽證或簽證失效。
5. 申請來我國之目的作虛偽之陳述或隱瞞重要事實。
6. 攜帶違禁物。
7. 在我國或外國有犯罪紀錄。
8. 患有足以妨害公共衛生或社會安寧之傳染病、精神疾病或其他疾病。
9. 有事實足認其在我國境內無力維持生活。但依親及已有擔保之情形，不在此限。
10. 持停留簽證而無回程或次一目的地之機票、船票，或未辦妥次一目的地之入國簽證。
11. 曾經被拒絕入國、限令出國或驅逐出國。
12. 曾經逾期停留、居留或非法工作。
13. 有危害我國利益、公共安全或公共秩序之虞。
14. 有妨害善良風俗之行為。
15. 有從事恐怖活動之虞[註]。

(二)**對等原則**：外國政府若以前述各款之規定以外之理由，禁止我國國民進入該國者，移民署經報請主管機關會商外交部後，得以同一理由，禁止該國國民入國（本法第18條第2項）。主管機關在禁止該外國人入國前，須先會商外交部，以免造成國際紛爭。

(三)**禁止入國之期間**：曾經逾期停留、居留或非法工作（前述(一)第12款）之禁止入國期間，自其出國之翌日起算至少為1年，並不得逾3年。（本法第18條第3項）

[註] 本款為96年修法時新增，目的在於維護國家安全，並配合國際間之反恐趨勢，明定外國人有從事恐怖活動之虞時，禁止其入國。

鑑往知來

依相關規定，攜帶違禁物之外國人，管制入國幾年？ 【96年地特】

答 自其出國之翌日起算至少為一年，並不得逾三年（入出國及移民法第18條第3項）。

二、因應緊急事故臨時入國之許可

(一) 臨時入國之情形

為因應緊急事故，而使外國人得臨時入國，本法第19條第1項規定，搭乘航空器、船舶或其他運輸工具之外國人，有下列情形之一者，移民署依機、船長、運輸業者、執行救護任務機關或施救之機、船長之申請，得許可其臨時入國：

1. 轉乘航空器、船舶或其他運輸工具。
2. 疾病、避難或其他特殊事故。
3. 意外迫降、緊急入港、遇難或災變。
4. 其他正當理由。

(二) **相關辦法之擬定**：前項所定臨時入國之申請程序、應備文件、核發證件、停留期間、地區、管理及其他應遵行事項之辦法，由主管機關定之[註]（本法第19條第2項）。

三、旅客過境住宿

入出國及移民業務由移民署辦理，有關機、船長或運輸業者申請許可過夜住宿，係屬執行事項，自應向移民署申請。本法第20條第1項、第2項分別規定：

(一) 航空器、船舶或其他運輸工具所搭載之乘客，因過境必須在我國過夜住宿者，得由機、船長或運輸業者向移民署申請許可。

(二) 前項乘客不得擅離過夜住宿之處所；其過夜住宿之申請程序、應備文件、住宿地點、管理及其他應遵行事項之辦法，由主管機關定之。

[註] 外國人臨時入國許可辦法（103.05.07）。

四、外國人禁止出國之情形【107高考4】

(一)有關於外國人禁止出國之情形，本法第21條第1項、第2項分別規定：

1. 外國人有下列情形之一者，移民署應禁止其出國：
   (1)經司法機關通知限制出國。
   (2)經財稅機關通知限制出國。
2. 外國人因其他案件在依法查證中，經有關機關請求限制出國者，移民署得禁止其出國。

(二)**通知義務**：禁止出國者，移民署應以書面敘明理由，通知當事人（本法第21條第3項）。

(三)**陸港澳居民準用**：前三項關於外國人禁止出國之規定，於大陸地區人民、香港或澳門居民準用之（本法第21條第4項）。

試題演練

選擇題

(　　) **1** 下列何者非禁止外國人入國之情形？　(A)未帶護照或拒不繳驗　(B)攜帶違禁物　(C)曾批判我國政府　(D)曾經被拒絕入國、限令出國或驅逐出國。

(　　) **2** 入出國及移民法第18條規定了數項外國人禁止入國之情形，下列何者為是？a.護照失效；b.持用不法取得之簽證；c.有妨害善良風俗之行為；d.有從事恐怖活動之虞。　(A)abc　(B)bcd　(C)acd　(D)abcd。

(　　) **3** 下列何種情況，外國人得申請臨時入國？a.轉乘航空器；b.緊急入港；c.避難；d.災變。　(A)abc　(B)acd　(C)bcd　(D)abcd。

(　　) **4** 搭乘航空器、船舶或其他運輸工具之外國人，在符合本法第19條各項之規定之情形之一者，得申請臨時入國。試問下列何者非申請人？　(A)乘客　(B)船長　(C)運輸業者　(D)執行救護任務機關。

( ) **5** 關於旅客過境住宿，下列敘述何者為非？ (A)應由船、機長向移民署申請 (B)可由運輸業者申請 (C)乘客得自由的於住宿之處所周邊活動 (D)乘客不得擅離過夜住宿之處所。

解答及解析

1 **(C)**。本法第18條規定：外國人有下列情形之一者，移民署得禁止其入國：一、未帶護照或拒不繳驗。二、持用不法取得、偽造、變造之護照或簽證。三、冒用護照或持用冒領之護照。四、護照失效、應經簽證而未簽證或簽證失效。五、申請來我國之目的作虛偽之陳述或隱瞞重要事實。六、攜帶違禁物。七、在我國或外國有犯罪紀錄。八、患有足以妨害公共衛生或社會安寧之傳染病、精神疾病或其他疾病。九、有事實足認其在我國境內無力維持生活。但依親及已有擔保之情形，不在此限。十、持停留簽證而無回程或次一目的地之機票、船票，或未辦妥次一目的地之入國簽證。十一、曾經被拒絕入國、限令出國或驅逐出國。十二、曾經逾期停留、居留或非法工作。十三、有危害我國利益、公共安全或公共秩序之虞。十四、有妨害善良風俗之行為。十五、有從事恐怖活動之虞。

2 **(D)**。同第1題解說。

3 **(D)**。本法第19條規定：搭乘航空器、船舶或其他運輸工具之外國人，有下列情形之一者，移民署依機、船長、運輸業者、執行救護任務機關或施救之機、船長之申請，得許可其臨時入國：一、轉乘航空器、船舶或其他運輸工具。二、疾病、避難或其他特殊事故。三、意外迫降、緊急入港、遇難或災變。四、其他正當理由。

4 **(A)**。同第3題解說。

5 **(C)**。本法第20條規定：航空器、船舶或其他運輸工具所搭載之乘客，因過境必須在我國過夜住宿者，得由機、船長或運輸業者向移民署申請許可。前項乘客不得擅離過夜住宿之處所；其過夜住宿之申請程序、應備文件、住宿地點、管理及其他應遵行事項之辦法，由主管機關定之。

申論題（以下的題號是為對照本節開頭的「問題意識」）

一、外國人禁止出國之情形為何，入出國及移民法有何規定？

答 有關於外國人禁止出國之情形，入出國及移民法第21條規定：

(一) 外國人有下列情形之一者，移民署應禁止其出國：

1. 經司法機關通知限制出國。
2. 經財稅機關通知限制出國。

(二) 外國人因其他案件在依法查證中，經有關機關請求限制出國者，移民署得禁止其出國。

(三) 禁止出國者，移民署應以書面敘明理由，通知當事人。

(四) 前三項禁止出國之規定，於大陸地區人民、香港或澳門居民準用之。

外國人停留、居留及永久居留【105高考3】

一、外國人之停留居留

(一) **證件之查驗：外國人持有效簽證或適用以免簽證方式入國之有效護照或旅行證件，經移民署查驗許可入國後，取得停留、居留許可**（本法第22條第1項）。

(二) **申請外僑居留證**

1. 依前項規定取得居留許可者，應於入國後15日內，向移民署申請外僑居留證（本法第22條第2項）。未依本項規定之期限內，申請外僑居留證者，處新臺幣2千元以上1萬元以下罰鍰（本法第85條第2款）。
2. 外僑居留證之有效期間，自許可之翌日起算，最長不得逾3年（本法第22條第3項）。

(三) **不得從事與停留居留原因不符之活動或工作**：外國人在我國停留、居留期間，不得從事與許可停留、居留原因不符之活動或工作。但合法居留者，其請願及合法集會遊行，不在此限（本法第29條）。

(四) 停留居留期間之延期

1. 延期之申請

(1) 外國人停留或居留期限屆滿前，有繼續停留或居留之必要時，應向移民署申請延期（本法第31條第1項）。

(2) 依前項規定申請居留延期經許可者，其外僑居留證之有效期間應自原居留屆滿之翌日起延期，最長不得逾3年（本法第31條第2項）。

(3) 外國人逾期居留未滿30日，原申請居留原因仍繼續存在者，經依第85條第4款[註]規定處罰後，得向移民署重新申請居留；其申請永久居留者，核算在臺灣地區居留期間，應扣除1年（本法第31條第3項）。

鑑往知來

外國人逾期居留未滿幾日，而原申請居留原因仍繼續存在者，經處罰後，得向內政部移民署重新申請居留？　【身障】

答 外國人逾期居留未滿30日，原申請居留原因仍繼續存在者，經依第85條第4款規定處罰後，得向移民署重新申請居留（入出國及移民法第31條第3項）。

2. 延期居留之除外規定

移民署對於外國人於居留期間內，居留原因消失者，廢止其居留許可，並註銷其外僑居留證。但有下列各款情形之一者，得准予繼續居留（本法第31條第4項）：

(1) 因依親對象死亡。

(2) 外國人為臺灣地區設有戶籍國民之配偶，其本人遭受配偶身體或精神虐待，經法院核發保護令。

(3) 外國人於離婚後取得在臺灣地區已設有戶籍未成年親生子女監護權。

(4) 因遭受家庭暴力經法院判決離婚，且有在臺灣地區設有戶籍之未成年親生子女。

[註] 依入出國及移民法第85條第4項之規定，臺灣地區無戶籍國民或外國人，逾期停留或居留，處新臺幣二千元以上一萬元以下罰鍰。

(5)因居留許可被廢止而遭強制出國，對在臺灣地區已設有戶籍未成年親生子女造成重大且難以回復損害之虞。

(6)外國人與本國雇主發生勞資爭議，正在進行爭訟程序。

3. 外國人於居留期間，變更居留住址或服務處所時，應向移民署申請辦理變更登記（本法第31條第5項）。未辦理變更登記者，處新臺幣二千元以上一萬元以下罰鍰（本法第85條第3款）。

4. 本法第31條第1項、第3項及第5項所定居留情形，並準用本法第22條第2項規定（本法第31條第6項）。

二、持有效簽證入國申請外僑居留證之條件

(一) **發給之條件**（本法第23條第1項）

持停留期限在60日以上，且未經簽證核發機關加註限制不准延期或其他限制之有效簽證入國之外國人，有下列情形之一者，得向移民署申請居留，經許可者，發給外僑居留證：

1. 配偶為現在在臺灣地區居住且設有戶籍或獲准居留之我國國民，或經核准居留或永久居留之外國人。但該核准居留之外國籍配偶係經中央勞動主管機關許可在我國從事就業服務法第46條第1項第8款至第10款工作者，不得申請。

2. 未滿18歲之外國人，其直系尊親屬為現在在臺灣地區設有戶籍或獲准居留之我國國民，或經核准居留或永久居留之外國人。其親屬關係因收養而發生者，被收養者應與收養者在臺灣地區共同居住。（配合民法成年年齡下修為十八歲，又因本條規範對象為外國人，為免誤解為依其本國法為未成年人，110年1月27日爰修正第1項第2款年齡為「未滿18歲」，修正規定訂於112年1月1日施行。至111年12月31日前所適用之規定為：「未滿20歲」。）

3. 經中央勞動主管機關或目的事業主管機關許可在我國從事就業服務法第46條第1項第1款至第7款或第11款工作。

4. 在我國有一定金額以上之投資，經中央目的事業主管機關核准或備查之投資人或外國法人投資人之代表人。

5. 外國公司在我國境內之負責人。（配合公司法業修正刪除外國公司認許制度之規定，110年1月27日爰修正第1項第5款「經依公司法認許之外國公司」為「外國公司」，修正規定訂於112年1月1日施行。）

6. 基於外交考量，經外交部專案核准在我國改換居留簽證。

(二) 當事人居留原因變更之處置方式

1. 外國人持居留簽證入國後，因居留原因變更，而有前項各款情形之一者，應向移民署申請變更居留原因。但有前項第1款但書規定者，不得申請（本法第23條第2項）。
2. 依前項規定申請變更居留原因，經移民署許可者，應重新發給外僑居留證，並核定其居留效期（本法第23條第3項）。

三、不予外國人申請居留或變更居留原因之情形（本法第24條）

(一) 外國人依前條規定申請居留或變更居留原因，有下列情形之一者，移民署得不予許可

1. 有危害我國利益、公共安全、公共秩序之虞。
2. 有從事恐怖活動之虞。
3. 曾有犯罪紀錄或曾遭拒絕入國、限令出國或驅逐出國。
4. 曾非法入國。
5. 冒用身分或以不法取得、偽造、變造之證件申請。
6. 曾經協助他人非法入出國或提供身分證件予他人持以非法入出國。
7. 有事實足認其係通謀而為虛偽之結婚或收養。
8. 中央衛生主管機關指定健康檢查項目不合格。
9. 所持護照失效或其外國人身分不為我國承認或接受。
10. 曾經逾期停留、逾期居留。
11. 曾經在我國從事與許可原因不符之活動或工作。
12. 妨害善良風俗之行為。
13. 經合法通知，無正當理由拒絕到場面談。
14. 無正當理由規避、妨礙或拒絕接受第70條之查察。
15. 曾為居住臺灣地區設有戶籍國民其戶籍未辦妥遷出登記，或年滿15歲之翌年1月1日起至屆滿36歲之年12月31日止，尚未履行兵役義務之接近役齡男子或役齡男子。
16. 其他經主管機關認定公告者。

(二) 對等條款：外國政府以前項各款以外之理由，不予許可我國國民在該國居留者，移民署經報請主管機關會商外交部後，得以同一理由，不予許可該國國民在我國居留（本法第24條第2項）。

(三) **不予許可期間**：本法第24條第1項第10款（逾期停居留）及第11款（從事與許可原因不符之活動）之不予許可期間，自其出國之翌日起算至少為1年，並不得逾3年（本法第24條第3項）。

四、外國人永久居留之條件【106高考1、108高考3】

外國人於我國申請永久居留之條件，依照本法第25條之規定，可分為以普通要件申請，即以一定之居留居住期間為要件申請，以及特殊要件申請，亦即以特殊貢獻與投資移民等要件而為申請。

(一) **普通要件申請**

1. **一定之居留與居住期間**

(1) 外國人在我國合法連續居留五年，每年居住超過183日，或居住臺灣地區設有戶籍國民，其外國籍之配偶、子女在我國合法居留10年以上，其中有5年每年居留超過183日，並符合本法第25條第1項各款要件者，得向移民署申請永久居留（本法第25條第1項前段）。

延伸思考

合法連續居留及合法居留，指持用外僑居留證之居住期間。其申請永久居留者，本法施行前居留期間，得合併計算。

(2) 中華民國91年5月31日前，外國人曾在我國合法居住20年以上，其中有10年每年居住超過183日，並符合本法第25條第1項各款要件者，得向移民署申請永久居留（民國91年入出國及移民法修正實施前之特別規定）（本法第25條第2項規定）。

(3) 但以就學或經中央勞動主管機關許可在我國從事就業服務法第46條第1項第8款至第10款[註]工作之原因許可居留者及以其為依親對象許可居留者，在我國居留（住）之期間，不予計入（本法第25條第1項但書）。

[註] 就業服務法第46條第1項第8款至第10款分別為：海洋漁撈工作、家庭幫傭及看護工作、因應國家建設與經社發展之工作。

表2-6 外國人申請永久居留之一定居留期間

對象	原則規定	91年修法前之適用情形
外國人	合法連續居留5年，每年居住超過183日	合法居住20年以上，其中有10年每年居住超過183日
國民之外國籍配偶或子女	合法居留10年以上，其中有5年每年居留超過183日	

2. **申請者之個人要件（本法第25條第1項各款規定）**

(1) 18歲以上（為配合民法成年年齡下修為十八歲，又因本條規範對象為外國人，為免誤解為依其本國法為（未）成年人，110年1月27日爰修正第1項第1款年齡為「十八歲以上」，修正規定訂於112年1月1日施行。至111年12月31日前所適用之同款規定為「20歲以上」）。

(2) 品行端正。

(3) 有相當之財產或技能，足以自立[註]。

(4) 符合我國國家利益。

3. **面談之必要**：申請外僑永久居留，經合法通知，無正當理由拒絕到場面談者，移民署得不予許可（本法第25條第6項）。

4. **申請之期間規定**：依本法第25條第1項或第2項規定申請永久居留者，應於居留及居住期間屆滿後二年內申請之（本法第25條第9項）。

(二) **特殊要件申請（本法第25條第3、4項）**

1. 外國人有下列情形之一者，雖不具第1項要件，亦得向移民署申請永久居留：

(1) 對我國有特殊貢獻。 (2) 為我國所需之高級專業人才。

[註] 入出國及移民法施行細則第15條：本法第二十五條第一項第三款所定有相當之財產或技能，足以自立，其規定如下：
一、以我國國民配偶之身分申請永久居留者，得檢具下列文件之一，由移民署認定之：
(一) 國內之收入、納稅、動產或不動產資料。
(二) 雇主開立之聘僱證明或申請人自行以書面敘明其工作內容及所得。
(三) 我國政府機關核發之專門職業及技術人員或技能檢定證明文件。
(四) 其他足資證明足以自立或生活保障無虞之資料。
二、以前款以外情形申請永久居留者，應具備下列情形之一：
(一) 最近一年於國內平均每月收入逾勞動部公告基本工資二倍。
(二) 國內之動產及不動產估價總值逾新臺幣五百萬元。
(三) 我國政府機關核發之專門職業及技術人員或技能檢定證明文件。
(四) 其他經移民署認定情形。

(3)在文化、藝術、科技、體育、產業等各專業領域，參加國際公認之比賽、競技、評鑑得有首獎者。

2. 投資移民：外國人得向移民署申請在我國投資移民，經審核許可且實行投資者，同意其永久居留。

(三)**其他規定**

1. **永久居留申請之禁止**：外國人兼具有我國國籍者，不得申請永久居留（本法第25條第5項）。
2. **永久居留證之發給**：經許可永久居留者，移民署應發給外僑永久居留證（本法第25條第7項）。
3. **居留之配額**：主管機關得衡酌國家利益，依不同國家或地區擬訂外國人每年申請在我國居留或永久居留之配額，報請行政院核定後公告之。但因投資、受聘僱工作、就學或為臺灣地區設有戶籍國民之配偶及未滿18歲子女而依親居留者，不在此限（本法第25條第8項配合民法成年年齡下修為十八歲，又因本條規範對象為外國人，為免誤解為依其本國法為（未）成年人，110年1月27日爰修正第8項年齡為「未滿十八歲」，修正規定訂於112年1月1日施行。至111年12月31日前所適用之同款規定為「未成年子女」）。此外，駐外館處也應於配額內核發居留簽證（本細則第16條）。

鑑往知來

一、外國人取得永久居留之要件為何？外國人欲申請歸化我國國籍，是否必先取得永久居留？
試就相關法條論述之，並探討現行制度之利弊。 【簡任升等戶政】

答 參考上述重點整理作答即可。

二、我國政府積極研議移民政策及訂定相關方案，以吸引來臺投資移民與專技移民，依據「入出國及移民法」及相關規定，對以「親屬移民」、「專技移民」與「投資移民」者，申請「永久居留」許可之規定各為何？請依法說明之。 【地特】

答 根據入出國及移民法第25條規定，關於外國人以「親屬移民」、「專技移民」與「投資移民」申請永久居留之要件，除必須俱備(1)二十歲以上，

(2)品行端正，(3)有相當之財產或技能，足以自立，(4)符合我國國家利益等共同要件外，其個別之規定如下：

(一)親屬移民：外國人在我國合法連續居留5年，每年居住超過183日，或居住臺灣地區設有戶籍國民，其外國籍之配偶、子女在我國合法居留10年以上，其中有5年每年居留超過183日，並符合一定之個人要件者，得向移民署申請永久居留（本法第25條第1項）。

(二)專技移民外國人有下列情形之一者，亦得向移民署申請永久居留：

1. 對我國有特殊貢獻。
2. 為我國所需之高級專業人才。
3. 在文化、藝術、科技、體育、產業等各專業領域，參加國際公認之比賽、競技、評鑑得有首獎者（本法第25條第3項）。

(三)投資移民：外國人得向移民署申請在我國投資移民，經審核許可且實行投資者，同意其永久居留（本法第25條第4項）。

三、外國人申請在我國投資移民，有那些情形之一者，內政部移民署得准予永久居留？ 【身障】

答 (一)入出國及移民法第25條第4項規定，外國人得向移民署申請在我國投資移民，經審核許可且實行投資者，同意其永久居留。

(二)有關准予投資移民永久居留，則規定於「外國人停留居留及永久居留辦法」。該辦法第12條規定，外國人申請在我國投資移民，有下列情形之一者，移民署得准予永久居留：

1. 投資金額新臺幣一千五百萬元以上之營利事業，並創造五人以上之本國人就業機會滿三年。
2. 投資中央政府公債面額新臺幣三千萬元以上滿三年。

五、外僑居留證之申請與免申請對象

外僑居留證之申請，除有本法第22條與23條之情況外，有以下之情況者，也需申請外僑居留證（本法第26條）。此外，駐我國之相關外交人員則無需申請外僑居留證（本法第27條）。

(一) 期限內申請外僑居留證（本法第26條）

1. 有下列情形之一者，應於事實發生之翌日起30日內，向移民署申請居留，經許可者，發給外僑居留證：
   (1) 喪失我國國籍，尚未取得外國國籍。
   (2) 喪失原國籍，尚未取得我國國籍。
   (3) 在我國出生之外國人，出生時其父或母持有外僑居留證或外僑永久居留證。
   (4) 依第23條第1項第6款規定改換居留簽證。
2. 未依上述規定之期限內，申請外僑居留證者，處新臺幣二千元以上一萬元以下罰鍰（本法第85條第2款）。

(二) 免申請外僑居留證之對象（本法第27條）

下列外國人得在我國居留，免申請外僑居留證：

1. 駐我國之外交人員及其眷屬、隨從人員。
   此處所稱「外交人員及其眷屬、隨從人員」，指經外交部發給外交官員證、使領館外籍隨從證之人員（施行細則第17條第1項）。
2. 駐我國之外國機構、國際機構執行公務者及其眷屬、隨從人員。
   此處所稱「外國機構、國際機構執行公務者及其眷屬、隨從人員」，指經外交部發給外國機構官員證、國際機構官員證、外國機構外籍隨從證、國際機構外籍隨從證之人員（本細則第17條第2項）。
3. 其他經外交部專案核發禮遇簽證者。
   前項人員，得由外交部列冊知會移民署。

六、外國人延期居留及居留原因消失之特許居留（本法第31條）【105地特4】

(一) 外國人停留或居留期限屆滿前，有繼續停留或居留之必要時，應向移民署申請延期。

(二) 依前項規定申請居留延期經許可者，其外僑居留證之有效期間應自原居留屆滿之翌日起延期，最長不得逾3年。

(三) 外國人逾期居留未滿30日，原申請居留原因仍繼續存在者，經依第85條第4款規定處罰後，得向移民署重新申請居留；其申請永久居留者，核算在臺灣地區居留期間，應扣除1年。

(四) 移民署對於外國人於居留期間內，居留原因消失者，廢止其居留許可，並註銷其外僑居留證。但有下列各款情形之一者，得准予繼續居留：

1. 因依親對象死亡。
2. 外國人為臺灣地區設有戶籍國民之配偶，其本人遭受配偶身體或精神虐待，經法院核發保護令。
3. 外國人於離婚後取得在臺灣地區已設有戶籍未成年親生子女監護權。
4. 因遭受家庭暴力經法院判決離婚，且有在臺灣地區設有戶籍之未成年親生子女。
5. 因居留許可被廢止而遭強制出國，對在臺灣地區已設有戶籍未成年親生子女造成重大且難以回復損害之虞。
6. 外國人與本國雇主發生勞資爭議，正在進行爭訟程序。

(五) 外國人於居留期間，變更居留住址或服務處所時，應向移民署申請辦理變更登記。

(六) 第1項、第3項及前項所定居留情形，並準用第22條第2項規定。

七、撤銷廢止居留許可並註銷外僑居留證【106高考3】

關於撤銷廢止居留許可後，並註銷外僑居留證之情形，依照入出國及移民法第32、33條之規定可分為二種，一、為撤銷廢止一般居留許可並註銷外僑居留證，二、為撤銷廢止永久居留許可並註銷永久外僑居留證。

(一) 撤銷廢止居留許可並註銷外僑居留證（本法第32條）

移民署對有下列情形之一者，撤銷或廢止其居留許可，並註銷其外僑居留證：

1. 申請資料虛偽或不實。
2. 持用不法取得、偽造或變造之證件。
3. 經判處1年有期徒刑以上之刑確定。但因過失犯罪者，不在此限。
4. 回復我國國籍。
5. 取得我國國籍。
6. 兼具我國國籍，以國民身分入出國、居留或定居。
7. 已取得外僑永久居留證。
8. 受驅逐出國。

(二) 撤銷廢止永久居留許可並註銷永久外僑居留證（本法第33條）

移民署對有下列情形之一者，撤銷或廢止其永久居留許可，並註銷其外僑永久居留證：

1. 申請資料虛偽或不實。
2. 持用不法取得、偽造或變造之證件。
3. 經判處1年有期徒刑以上之刑確定。但因過失犯罪者，不在此限。

4. 永久居留期間，每年居住未達183日。但因出國就學、就醫或其他特殊原因經移民署同意者，不在此限。
5. 回復我國國籍。
6. 取得我國國籍。
7. 兼具我國國籍。
8. 受驅逐出國。

鑑往知來

依入出國及移民法之規定，外國人取得居留許可，(一)應於入國後幾日內向內政部移民署申請外僑居留證？(二)申請外僑居留證之目的為何？(三)申請外僑居留證之對象有那些人士？ 【97年身障】

答 (一)外國人持有效簽證或適用以免簽證方式入國之有效護照或旅行證件，經移民署查驗許可入國後，取得停留、居留許可。依前項規定取得居留許可者，應於入國後十五日內，向移民署申請外僑居留證（入出國及移民法第22條）。

(二)外僑居留證為外僑於臺灣居留之身分證明，因此申請外僑居留證係以達到合法居留為目的。

(三)申請之對象

1. 外國人已取得居留者。
2. 喪失我國國籍，尚未取得外國國籍。
3. 喪失原國籍，尚未取得我國國籍。
4. 在我國出生之外國人，出生時其父或母持有外僑居留證或外僑永久居留證。

八、攜帶證明文件及出示義務（本法第28條）

(一) **攜帶證明文件之義務**：14歲以上之外國人，入國停留、居留或永久居留，應隨身攜帶護照、外僑居留證或外僑永久居留證。

(二) **要求出示證件之準用法規**：移民署或其他依法令賦予權責之公務員，得於執行公務時，要求出示前項證件。其相關要件與程序，準用警察職權行使法第二章之規定。

九、對外國人採取之特別限制措施之情狀

移民署在國家發生特殊狀況時，為維護公共秩序或重大利益，得對外國人依相關法令限制其住居所、活動或課以應行遵守之事項（本法第30條）。

十、重入國許可之申請

外國人在我國居留期間內，有出國後再入國之必要者，應於出國前向移民署申請重入國許可。但已獲得永久居留許可者，得憑外僑永久居留證再入國，不須申請重入國許可（本法第34條）。

試題演練

選擇題

( ) **1** 外國人依規定取得居留許可者，應於入國後幾日內，向移民署申請外僑居留證？ (A)3日內 (B)5日內 (C)10日內 (D)15日內。

( ) **2** 外僑居留證之有效期間，自許可之翌日起算，最長不得逾幾年？ (A)1年 (B)2年 (C)3年 (D)4年。

( ) **3** 下列何種情形，移民署不得外國人申請居留或變更居留原因？ (A)有從事恐怖活動之虞 (B)曾逾期停留 (C)無正當理由規避查察 (D)以上皆是。

( ) **4** 居住臺灣地區設有戶籍國民，其外籍配偶欲申請永久居留，應俱備一定之個人要件，且應在我國居住10年以上，其中需有幾年必須每年居留超過183日？ (A)3年 (B)5年 (C)10年 (D)15年。

( ) **5** 民國91年5月31日前，外國人曾在我國合法居住二十年以上，其中有幾年每年居住超過一百八十三日，並符合一定之個人要件者，得向移民署申請永久居留？ (A)3年 (B)5年 (C)10年 (D)15年。

( ) **6** 外國人申請於我國永久居留之各項要件中，有關於申請者之個人特質，依移民法規定，下列何者為非？ (A)需18歲以上 (B)品行端正 (C)有相當之財產或技能，足以自立 (D)需來自非共產主義國家。

( ) **7** 有關於外國人居留之配額，主管機關得衡酌國家利益，依不同國家或地區擬訂外國人每年申請在我國居留或永久居留之配額，報請行政院核定後公告之。惟在下列何種情況不在此限？a.投資；b.受聘僱工作；c.就學；d.依親居留 (A)abc (B)bcd (C)acd (D)abcd。

(　　) **8** 下列何者無需申請外僑居留證？　(A)邦交國駐我國大使　(B)國際機構執行公務者　(C)經核發禮遇簽證者　(D)以上皆是。

(　　) **9** 移民署在國家發生特殊狀況時，為維護公共秩序或重大利益，得對外國人依相關法令實施強制措施，下列何者不包括之？　(A)管束　(B)限制住居　(C)限制其活動　(D)課以應行遵守之事項。

解答及解析

1 (D)。本法第28條第2項規定：依規定取得居留許可者，應於入國後十五日內，向移民署申請外僑居留證。

2 (C)。本法第28條第3項規定：外僑居留證之有效期間，自許可之翌日起算，最長不得逾三年。

3 (D)。本法第24條規定：外國人依前條規定申請居留或變更居留原因，有下列情形之一者，移民署得不予許可：一、有危害我國利益、公共安全、公共秩序之虞。二、有從事恐怖活動之虞。三、曾有犯罪紀錄或曾遭拒絕入國、限令出國或驅逐出國。四、曾非法入國。五、冒用身分或以不法取得、偽造、變造之證件申請。六、曾經協助他人非法入出國或提供身分證件予他人持以非法入出國。七、有事實足認其係通謀而為虛偽之結婚或收養。八、中央衛生主管機關指定健康檢查項目不合格。九、所持護照失效或其外國人身分不為我國承認或接受。十、曾經逾期停留、逾期居留。十一、曾經在我國從事與許可原因不符之活動或工作。十二、妨害善良風俗之行為。十三、經合法通知，無正當理由拒絕到場面談。十四、無正當理由規避、妨礙或拒絕接受第70條之查察。十五、曾為居住臺灣地區設有戶籍國民其戶籍未辦妥遷出登記，或年滿十五歲之翌年一月一日起至屆滿三十六歲之年十二月三十一日止，尚未履行兵役義務之接近役齡男子或役齡男子。十六、其他經主管機關認定公告者。

4 (B)。本法第25條第1項規定：居住臺灣地區設有戶籍國民，其外國籍之配偶、子女在我國合法居留10年以上，其中有5年每年居留超過183日，並符合下列要件者，得向移民署申請永久居留。

5 (C)。本法第25條第2項規定：中華民國九十一年五月三十一日前，外國人曾在我國合法居住二十年以上，其中有十年每年居住超過一百八十三日，並符合前項各款要件者，得向移民署申請永久居留。

6 (D)。本法第25條第1項規定：外國人申請永久居留須符合如下：一、18歲以上。二、品行端正。三、有相當之財產或技能，足以自立。四、符合我國國家利益。

7 (D)。本法第25條第7項規定：主管機關得衡酌國家利益，依不同國家或地區擬訂外國人每年申請在我國居留或永久居留之配額，報請行政院核定後公告之。但因投資、受聘僱工作、就學或為臺灣地區設有戶籍國民之配偶及滿18歲子女而依親居留者，不在此限。

8 (D)。本法第27條規定：下列外國人得在我國居留，免申請外僑居留證：一、駐我國之外交人員及其眷屬、隨從人員。二、駐我國之外國機構、國際機構執行公務者及其眷屬、隨從人員。三、其他經外交部專案核發禮遇簽證者。前項人員，得由外交部列冊知會移民署。

9 (A)。非有必要，不應實行拘束人身自由較嚴重之管束。

申論題

二、Jack為合法居留之外國人，其參與某日在臺北舉行之同志遊行活動，試問有無違法？

答 外國人在我國停留、居留期間，不得從事與許可停留、居留原因不符之活動或工作。但合法居留者，其請願及合法集會遊行，不在此限（本法第29條）。

三、試述外國人於居留期間內，因居留原因消失者，廢止其居留許可，仍得延期居留之規定？

答 移民署對於外國人於居留期間內，居留原因消失者，廢止其居留許可，並註銷其外僑居留證。但有下列各款情形之一者，得准予繼續居留（本法第31條第4項）：

(一) 因依親對象死亡。

(二) 外國人為臺灣地區設有戶籍國民之配偶，其本人遭受配偶身體或精神虐待，經法院核發保護令。

(三) 外國人於離婚後取得在臺灣地區已設有戶籍未成年親生子女監護權。

(四) 因遭受家庭暴力經法院判決離婚，且有在臺灣地區設有戶籍之未成年親生子女。

(五) 因居留許可被廢止而遭強制出國，對在臺灣地區已設有戶籍未成年親生子女造成重大且難以回復損害之虞。

(六) 外國人與本國雇主發生勞資爭議，正在進行爭訟程序。

四、持有效簽證入國申請外僑居留證之條件為何？

答 參照本書第二篇第1章：二、持有效簽證入國申請外僑居留證之條件。

五、外國人申請永久居留，其要件之一需達到一定之居留時間，在何種情況下，外國人在我國居留（住）之期間是不予計入的？

答 但以就學或經中央勞動主管機關許可在我國從事就業服務法第46條第1項第8款至第10款工作之原因許可居留者及以其為依親對象許可居留者，在我國居留（住）之期間，不予計入（本法第25條第1項但書）。

六、外國人以特殊情況申請永久居留的情形為何？

答 外國人以特殊要件申請永久居留之情形如下（本法第25條第3、4項）：

(一) 外國人有下列情形之一者，雖不具第1項要件，亦得向移民署申請永久居留：

1. 對我國有特殊貢獻。
2. 為我國所需之高級專業人才。
3. 在文化、藝術、科技、體育、產業等各專業領域，參加國際公認之比賽、競技、評鑑得有首獎者。

(二) 投資移民：外國人得向移民署申請在我國投資移民，經審核許可且實行投資者，同意其永久居留。

七、移民署在何種情況下，得註銷永久外僑居留證？

答 依入出國及移民法第33條規定，移民署對有下列情形之一者，撤銷或廢止其永久居留許可，並註銷其外僑永久居留證：

(一) 申請資料虛偽或不實。

(二) 持用不法取得、偽造或變造之證件。

(三) 經判處一年有期徒刑以上之刑確定。但因過失犯罪者，不在此限。

(四) 永久居留期間，每年居住未達一百八十三日。但因出國就學、就醫或其他特殊原因經移民署同意者，不在此限。

(五) 回復我國國籍。

(六) 取得我國國籍。

(七) 兼具我國國籍。

(八) 受驅逐出國。

驅逐出國及收容【107地特4】

驅逐出國旨在維護國家安全與主權尊嚴，屬入出國管理上重要之環節，各國皆立法約制，我國移民法亦然。關於外國人驅逐出國之相關規定，係規定於本法第36條至第38條。

一、強制驅逐出國之情形（本法第36條）【107高考3】

(一) 外國人有下列情形之一者，移民署應強制驅逐出國：

1. 違反第4條第1項規定，未經查驗入國。
2. 違反第19條第1項規定，未經許可臨時入國。

(二) 外國人有下列情形之一者，移民署得強制驅逐出國，或限令其於10日內出國，逾限令出國期限仍未出國，移民署得強制驅逐出國：

1. 入國後，發現有第18條第1項及第2項禁止入國情形之一。
2. 違反依第19條第2項所定辦法中有關應備文件、證件、停留期間、地區之管理規定。

3. 違反第20條第2項規定，擅離過夜住宿之處所。
4. 違反第29條規定，從事與許可停留、居留原因不符之活動或工作。
5. 違反移民署依第30條所定限制住居所、活動或課以應行遵守之事項。
6. 違反第31條第1項規定，於停留或居留期限屆滿前，未申請停留、居留延期。但有第31條第3項情形者，不在此限。
7. 有第31條第4項規定情形，居留原因消失，經廢止居留許可，並註銷外僑居留證。
8. 有第32條第1款至第3款規定情形，經撤銷或廢止居留許可，並註銷外僑居留證。
9. 有第33條第1款至第3款規定情形，經撤銷或廢止永久居留許可，並註銷外僑永久居留證。

(三)移民署於知悉前2項外國人涉有刑事案件已進入司法程序者，於強制驅逐出國10日前，應通知司法機關。該等外國人除經依法羈押、拘提、管收或限制出國者外，移民署得強制驅逐出國或限令出國。

(四)移民署依規定強制驅逐外國人出國前，應給予當事人陳述意見之機會；強制驅逐已取得居留或永久居留許可之外國人出國前，並應召開審查會。但當事人有下列情形之一者，得不經審查會審查，逕行強制驅逐出國：
1. 以書面聲明放棄陳述意見或自願出國。
2 經法院於裁判時併宣告驅逐出境確定。
3. 依其他法律規定應限令出國。
4. 有危害我國利益、公共安全或從事恐怖活動之虞，且情況急迫應即時處分。

(五)第1項及第2項所定強制驅逐出國之處理方式、程序、管理及其他應遵行事項之辦法，由主管機關定之。

(六)第4項審查會由主管機關遴聘有關機關代表、社會公正人士及學者專家共同組成，其中單一性別不得少於3分之1，且社會公正人士及學者專家之人數不得少於2分之1。

表2-7 外國人強制出國之情形與救濟

強制驅除出國之事由	救濟方式：審查會之召開（限已取得居留、永久居留許可者）	強制驅逐出國前，限令其於十日內出國
未經查驗入國（第4條第1項）		
入國後，有第18條禁止入國情形	✔	✔
未經許可臨時入國（第19條第1項）		
未遵循許可臨時入國之相關規定（第19條第2項）		✔
過境時擅離過夜住宿之處所（第20條第2項）		
從事與申請停留、居留原因不符之活動或工作（第29條）	✔	
違反第30條所定限制住居所、活動或課以應行遵守之事項	✔	✔
於停留或居留期限屆滿前，未申請停留、居留延期（第31條第1項）		
經撤銷或廢止居留許可，並註銷外僑居留證（第32條第1款至第3款）	✔	✔
經撤銷或廢止永久居留許可，並註銷外僑永久居留證（第33條第1款至第3款）	✔	✔

鑑往知來

內政部移民署依規定強制驅逐外國人出國前，應給予當事人陳述意見之機會；原則上強制驅逐已取得居留或永久居留許可之外國人出國前，並應召開審查會。請說明審查會如何組成？又當事人有那些情形之一者，得不經審查會審查，逕行強制驅逐出國？

答 有關審查會之組成，請參見本法第36條第6項之規定。而得不經審查會審查而逕行強制驅逐出國之情形，請參見本法第36條第4項之規定。

二、驅逐出國之費用與監督

(一) 費用之負擔：

1. 依法強制驅逐外國人出國之機（船）票費，由其自行負擔；確無力支付者，由移民署編列預算支付。但其他法律另有規定者，從其規定（外國人強制驅逐出國處理辦法第9條）。
2. 依法強制出國之無戶籍國民出國之機（船）票費，由其自行負擔；確無力支付者，由移民署編列預算支付（臺灣地區無戶籍國民強制出國處理辦法第9條）。

(二) 主管機關之監督：

1. 移民署執行外國人之強制驅逐出國，應檢查受強制驅逐出國之外國人身體及攜帶之物及派員戒護至機場、港口，監視其出國，並將其證照或旅行文件交由機、船長或其授權人員保管。有抗拒出國或脫逃之虞者，移民署得派員護送至應遣送之國家或地區（外國人強制驅逐出國處理辦法第7條第1項）。
2. 移民署執行無戶籍國民之強制出國，應檢查受強制出國之無戶籍國民身體及攜帶之物及派員戒護至機場、港口，監視其出國，並將其證照或旅行文件交由機、船長或其授權人員保管。有抗拒出國或脫逃之虞者，移民署得派員護送至應遣送之國家或地區（臺灣地區無戶籍國民強制出國處理辦法第7條第1項）。

三、協助或提供調查資料

基於維護基本人權，驅逐出國需經調查審定程序後為之，本法第37條第1項規定：「移民署對臺灣地區無戶籍國民涉有第15條第1項或外國人涉有前條第1項、第2項各款情形之一者，為調查之需，得請求有關機關、團體協助或提供必要之資料。被請求之機關、團體非有正當理由，不得拒絕。」

對於需服刑、受保護處分或保安處分之臺灣地區無戶籍國民或外國人，依對象分別於監獄、技能訓練所、戒治所、少年輔育院及矯正學校執行，於執行完畢或其他理由釋放者，應通知移民署，俾利執行驅逐出國。本法第37條第2項規定：「監獄、技能訓練所、戒治所、少年輔育院及矯正學校，對於臺灣地區無戶籍國民或外國人，於執行完畢或其他理由釋放者，應通知移民署。」

四、外國人之收容處分【107地特1】

(一) **暫予收容及陳述意見之情形：**（本法第38條第1項）

外國人受強制驅逐出國處分，有下列情形之一，且非予收容顯難強制驅逐出國者，移民署得暫予收容，期間自暫予收容時起最長不得逾15日，且應於暫予收容處分作成前，給予當事人陳述意見機會：

1. 無相關旅行證件，不能依規定執行。
2. 有事實足認有行方不明、逃逸或不願自行出國之虞。
3. 受外國政府通緝。

(二) **保證金代替收容處分及應遵守事項：**（本法第38條第2項、第3項）

移民署經依前項規定給予當事人陳述意見機會後，認有前項各款情形之一，而以不暫予收容為宜，得命其覓尋居住臺灣地區設有戶籍國民、慈善團體、非政府組織或其本國駐華使領館、辦事處或授權機構之人員具保或指定繳納相當金額之保證金，並遵守下列事項之一部或全部等收容替代處分，以保全強制驅逐出國之執行：

1. 定期至移民署指定之專勤隊報告生活動態。
2. 限制居住於指定處所。
3. 定期於指定處所接受訪視。
4. 提供可隨時聯繫之聯絡方式、電話，於移民署人員聯繫時，應立即回覆。

依前項規定得不暫予收容之外國人，如違反收容替代處分者，移民署得沒入其依前項規定繳納之保證金。

(三) **不暫予收容情形：**（本法第38-1條）

外國人有下列情形之一者，得不暫予收容：

1. 精神障礙或罹患疾病，因收容將影響其治療或有危害生命之虞。
2. 懷胎5個月以上或生產、流產未滿2個月。
3. 未滿12歲之兒童。
4. 罹患傳染病防治法第3條所定傳染病。
5. 衰老或身心障礙致不能自理生活。
6. 經司法或其他機關通知限制出國。

移民署經依前項規定不暫予收容，或依第38-7條第1項廢止暫予收容處分或停止收容後，得依前條第2項規定為收容替代處分，並得通報相關立案社福機構提供社會福利、醫療資源以及處所。

(四) **收容異議：**（本法第38-2條）

1. 異議之人：受收容人或其配偶、直系親屬、法定代理人、兄弟姊妹，對第38條第1項暫予收容處分不服者，得於受收容人收受收容處分書後暫予收容期間內，以言詞或書面敘明理由，向移民署提出收容異議；其以言詞提出者，應由移民署作成書面紀錄。
2. 異議有無理由：移民署收受收容異議後，應依職權進行審查，其認異議有理由者，得撤銷或廢止原暫予收容處分；其認異議無理由者，應於受理異議時起24小時內，將受收容人連同收容異議書或異議紀錄、移民署意見書及相關卷宗資料移送法院。但法院認得依行政訴訟法相關規定為遠距審理者，於法院收受卷宗資料時，視為移民署已將受收容人移送法院。
3. 異議時點計算：第1項之人向法院或其他機關提出收容異議，法院或其他機關應即時轉送移民署，並應以該署收受之時，作為前項受理收容異議之起算時點。
4. 異議救濟程序專屬性及效力：對於暫予收容處分不服者，應依收容異議程序救濟，不適用其他撤銷訴訟或確認訴訟之相關救濟規定。暫予收容處分自收容異議經法院裁定釋放受收容人時起，失其效力。

(五) **異議無理由之24小時內移送法院計算：**（本法第38-3條）

前條第2項所定24小時，有下列情形之一者，其經過期間不予計入。但不得有不必要之遲延：

1. 因交通障礙或其他不可抗力事由所生不得已之遲滯。
2. 在途移送時間。
3. 因受收容人身體健康突發之事由，事實上不能詢問。
4. 依前條第1項提出異議之人不同意於夜間製作收容異議紀錄。
5. 受收容人表示已委任代理人，因等候其代理人到場致未予製作收容異議紀錄。但等候時間不得逾4小時。其因智能障礙無法為完全之陳述，因等候經通知陪同在場之人到場，致未予製作前條第1項之收容異議紀錄，亦同。
6. 受收容人須由通譯傳譯，因等候其通譯到場致未予製作前條第1項之收容異議紀錄。但等候時間不得逾6小時。
7. 因刑事案件經司法機關提訊之期間。

前項情形，移民署應於移送法院之意見書中釋明。

移民署未依第1項規定於24小時內移送者，應即廢止暫予收容處分，並釋放受收容人。

(六) **續予收容程序及期限：**（本法第38-4條）

1. 暫予收容期間屆滿前，移民署認有續予收容之必要者，應於期間屆滿5日前附具理由，向法院聲請裁定續予收容。
2. 續予收容期間屆滿前，因受收容人所持護照或旅行文件遺失或失效，尚未能換發、補發或延期，經移民署認有繼續收容之必要者，應於期間屆滿5日前附具理由，向法院聲請裁定延長收容。
3. 續予收容之期間，自暫予收容期間屆滿時起，最長不得逾45日；延長收容之期間，自續予收容期間屆滿時起，最長不得逾40日。

(七) **通知司法機關情形及過渡期間之因應：**（本法第38-5條）

1. 受收容人涉及刑事案件已進入司法程序者，移民署於知悉後執行強制驅逐出國10日前，應通知司法機關；除經司法機關認有羈押或限制出國之必要，而移由司法機關處理者外，移民署得執行強制驅逐受收容人出國。
2. 本法中華民國104年1月23日修正之條文施行前，有修正施行前第38條第1項各款情形之一之外國人，涉及刑事案件，經司法機關責付而收容，並經法院判決有罪確定者，其於修正施行前收容於第39條收容處所之日數，仍適用修正施行前折抵刑期或罰金數額之規定。
3. 本法中華民國100年11月23日修正公布，100年12月9日施行前，外國人涉嫌犯罪，經法院判決有罪確定，於修正施行後尚未執行完畢者，其於修正施行前收容於第39條收容處所之日數，仍適用修正施行前折抵之規定。
4. 本法中華民國104年1月23日修正之條文施行前，已經移民署收容之外國人，其於修正施行時收容期間未逾15日者，移民署應告知其得依第38-2條第1項規定提出收容異議，15日期間屆滿認有續予收容之必要，應於期間屆滿前附具理由，向法院聲請續予收容。
5. 前項受收容人之收容期間，於修正施行時已逾15日至60日或逾60日者，移民署如認有續予收容或延長收容之必要，應附具理由，於修正施行當日，向法院聲請續予收容或延長收容。
6. 前2項受收容人於本法中華民國104年1月23日修正之條文施行前後收容之期間合併計算，最長不得逾100日。

(八) **暫予收容處分之救濟教示記載：**（本法第38-6條）

移民署為暫予收容處分、收容替代處分及強制驅逐出國處分時，應以受處分人理解之語文作成書面通知，附記處分理由及不服處分提起救濟之方法、期間、受理機關等相關規定；並應聯繫當事人原籍國駐華使領館、授權機構或通知其在臺指定之親友，至遲不得逾24小時。

(九) **收容人釋放及沒入保證金情形：**（本法第38-7條）

1. 移民署作成暫予收容處分，或法院裁定准予續予收容或延長收容後，因收容原因消滅、無收容之必要或有得不予收容情形，移民署得依職權，廢止暫予收容處分或停止收容後，釋放受收容人。
2. 依第38-1條第1項不暫予收容之外國人或前項規定廢止暫予收容處分或停止收容之受收容人，違反第38-1條第2項之收容替代處分者，移民署得沒入其繳納之保證金。
3. 法院裁定准予續予收容或延長收容後，受收容人經強制驅逐出國或依第1項規定辦理者，移民署應即時通知原裁定法院。

(十) **再具續予收容及延長收容原因：**（本法第38-8條）

1. 外國人依第38-1條第1項不暫予收容或前條第1項廢止暫予收容處分或停止收容後，有下列情形之一，非予收容顯難強制驅逐出國者，移民署得再暫予收容，並得於期間屆滿前，向法院聲請裁定續予收容及延長收容：
   (1) 違反第38-1條第2項之收容替代處分。
   (2) 廢止暫予收容處分或停止收容之原因消滅。
2. 前項外國人再次收容之期間，應與其曾以同一事件收容之期間合併計算，且最長不得逾100日。

(十一) **遠距審理方式：**（本法第38-9條）

法院審理收容異議、續予收容及延長收容裁定事件時，得以遠距審理方式為之。移民署移送受收容人至法院及前項遠距審理之方式、程序及其他應遵行事項之辦法，由行政院會同司法院定之。

(十二) **收容管理事宜：**（本法第39條）

移民署對外國人之收容管理，應設置或指定適當處所為之；其收容程序、管理方式及其他應遵行事項之規則，由主管機關定之。

鑑往知來

一、請說明入出國及移民法中，有關對外國人「暫時收容」、「續予收容」及「延長收容」之規定差別何在？ 【107地三】

答 請參見入出國及移法第38條及第38-4條規定。

	暫予收容	續予收容	延長收容
主要規定	第38條	第38-4條	第38-4條
要件	外國人受強制驅逐出國處分，有下列情形之一，且非予收容顯難強制驅逐出國者，移民署得暫予收容： 一、無相關旅行證件，不能依規定執行。 二、有事實足認有行方不明、逃逸或不願自行出國之虞。 三、受外國政府通緝。	暫予收容期間屆滿前，移民署認有續予收容之必要者	續予收容期間屆滿前，因受收容人所持護照或旅行文件遺失或失效，尚未能換發、補發或延期，經移民署認有繼續收容之必要者
收容機關	移民署	管轄法院	管轄法院
聲請期限	——	暫予收容期間期滿前5日	續予收容期間期滿前5日
最長收容期間	15日	45日	40日

二、試問外國人強制收容要件與程序為何？該外國人涉及刑責時，應如何處理？檢察官可否責付？其責付對象為何？試敘述之。 【簡任升等戶政】

答 (一)外國人強制收容之要件與程序：依入出國及移民法第38條第1項規定，外國人受強制驅逐出國處分，有下列情形之一，且非予收容顯難強制驅逐出國者，移民署得暫予收容，期間自暫予收容時起最長不得逾15日，且應於暫予收容處分作成前，給予當事人陳述意見機會：1.無相關旅行證件，不能依規定執行。2.有事實足認有行方不明、逃逸或不願自行出國之虞。3.受外國政府通緝。

(二)外國人涉及刑責時之處置方式：依據「檢察機關辦理刑事訴訟案件應行注意事項」第39點之規定，檢察官對於因涉嫌犯罪在偵查中之外國人、大陸地區人民或香港及澳門居民，依刑事訴訟法第93條或第228條第4項規定實施訊問。

(三) 檢察官得以責付：經前述訊問後，檢察官認為有聲請羈押之必要者，應向法院聲請羈押，不宜命警察機關收容以代羈押，如無聲請羈押之必要，予以釋放或命具保、責付或限制住居（同上注意事項第39點）。

(四) 責付之對象為移民署：若命責付後，檢察官宜立即將上開處分內容通知移送機關，由移送機關轉知收容主管機關本其權責，根據客觀之事實及法律之規定，自行決定對該涉案之外國人、大陸地區人民或香港及澳門居民是否予以強制收容（同上注意事項第39點）。

試題演練

選擇題

( ) **1** 移民署強制驅逐外國人出國，於何種情形下，無需召開審查會，給予當事人陳述意見之機會？ (A)有禁止入國之情形者 (B)從事與申請居留原因不符之活動者 (C)經法院於裁判時併宣告驅逐出境 (D)廢止居留許可並註銷外僑居留證者。

( ) **2** 下列何種情形，非屬移民署得強制驅逐外國人出國之情形？ (A)居留期限屆滿前，未申請居留延期者 (B)違反限制住居所者 (C)未經查驗入國 (D)申請探親居留而有觀光之行為者。

( ) **3** 移民署依法得強制驅逐外國人出國，倘其違法情形較輕者，得於強制驅逐出國前先限令其出國。試問於何種情形得於強制驅逐出國前限令其出國？ (A)未經查驗入國 (B)未經許可臨時入國 (C)擅離住宿之處所 (D)廢止居留許可並註銷外僑居留證者。

( ) **4** 強制驅逐外國人出國之機（船）票費，原則上應由誰負擔？ (A)由其自行負擔 (B)我國移民署 (C)由其母國政府 (D)我國公益團體。

( ) 5 受強制出國者於出國前，非予收容顯難強制出國者，移民署得暫予收容，期間自暫予收容時起最長不得逾幾日？ (A)30日 (B)15日 (C)90日 (D)120日。

( ) 6 收容異議聲明之提出，不包括下列何者？ (A)受收容人本身 (B)受收容人之配偶 (C)受收容人之長官 (D)受收容人之直系親屬。

( ) 7 收容異議聲明，應由指定之人於暫予收容幾日內提出？ (A)三日 (B)五日 (C)十五日 (D)十日。

解答及解析

1 **(C)**。本法第36條第4項：當事人有下列情形之一者，得不經審查會審查，逕行強制驅逐出國：一、以書面聲明放棄陳述意見或自願出國。二、經法院於裁判時併宣告驅逐出境。三、依其他法律應限令出國。四、有危害我國利益、公共安全、公共秩序或從事恐怖活動之虞，且情況急迫應即時處分。

2 **(D)**。探親居留而觀光行為為合法。

3 **(D)**。依入出國及移民法第14條規定：臺灣地區無戶籍國民停留、居留、定居之許可經撤銷或廢止者，移民署應限令其出國。臺灣地區無戶籍國民應於接到前項限令出國通知後10日內出國。

4 **(A)**。外國人離境係可歸責於自己事由，應由自行負擔。

5 **(B)**。依入出國及移民法第38條第1項規定：移民署得暫予收容，期間自暫予收容時起最長不得逾15日。

6 **(C)**。依入出國及移民法第38-2條規定：受收容人或其配偶、直系親屬、法定代理人、兄弟姊妹，對第38條第1項暫予收容處分不服者，得於受收容人收受收容處分書後暫予收容期間內，以言詞或書面敘明理由，向移民署提出收容異議；其以言詞提出者，應由移民署作成書面紀錄。

7 **(C)**。暫予收容期間為15日，在該期間有異議權之人皆可提出異議。

申論題

八、收容之目的在能盡速將被收容之外國人順利遣送出國，是一暫時性措施，另為節省政府執行收容之行政成本支出，得令被收容人從事勞務。依入出境及移民法規定，外國人在何種情形下，移民署得暫予收容，並得令其從事勞務？

答 依入出國及移民法第38條第1項規定，外國人受強制驅逐出國處分，有下列情形之一，且非予收容顯難強制驅逐出國者，移民署得暫予收容，期間自暫予收容時起最長不得逾15日，且應於暫予收容處分作成前，給予當事人陳述意見機會：

(一) 無相關旅行證件，不能依規定執行。

(二) 有事實足認有行方不明、逃逸或不願自行出國之虞。

(三) 受外國政府通緝。

九、雇主所聘僱的外國人，經相關機關依規定遣送出國者，其遣送所需的旅費及收容期間的必要費用，應依順序由那些人負擔？

答 依就業服務法第60條規定，雇主所聘僱之外國人，經警察機關依規定遣送出國者，其遣送所需之旅費及收容期間之必要費用，應由下列順序之人負擔：

(一) 非法容留、聘僱或媒介外國人從事工作者。

(二) 遣送事由可歸責之雇主。

(三) 被遣送之外國人。

十、受聘僱的外國人有連續曠職幾日失去聯繫，雇主應以書面通知當地主管機關及警察機關？

答 受聘僱之外國人有連續曠職三日失去聯繫或聘僱關係終止之情事，經雇主依規定通知而廢止聘僱許可者，雇主無須再繳納就業安定費（就業服務法第55條）。

十一、雇主聘僱就讀於公立大專院校之外國留學生，其工作時間除寒暑假外，每星期最長為幾個小時？

答 就業服務法第50條規定，雇主聘僱下列學生從事工作，得不受第46條第1項規定之限制；其工作時間除寒暑假外，每星期最長為二十小時：一、就讀於公立或已立案私立大專校院之外國留學生。二、就讀於公立或已立案私立高級中等以上學校之僑生及其他華裔學生。

十二、內政部移民署專勤隊據報，在北市某一西餐廳查獲多位身上未帶任何證件的外籍女子，但她們宣稱係雇主扣留她們的護照及財物。請依相關法令，說明雇主不得為那些行為以及相關處罰規定？

答 依照就業服務法第57條及其罰則規定，雇主聘僱外國人不得有下列情事：

雇主聘僱外國人不得為之行為（就業服務法第57條）	處罰規定
聘僱未經許可、許可失效或他人所申請聘僱之外國人。	1. 處新臺幣十五萬元以上七十五萬元以下罰鍰（就業服務法第63條第1項）。 2. 法人之代表人、法人或自然人之代理人、受僱人或其他從業人員，除依規定處罰其行為人外，對該法人或自然人亦科處前項之罰鍰或罰金（就業服務法第63條第2項）。 3. 應廢止其招募許可及聘僱許可之一部或全部（就業服務法第72條）。
以本人名義聘僱外國人為他人工作。	應廢止其招募許可及聘僱許可之一部或全部（就業服務法第72條）。
指派所聘僱之外國人從事許可以外之工作。	處新臺幣三萬元以上十五萬元以下罰鍰（就業服務法第68條第1項）。
未經許可，指派所聘僱從事第46條第1項第8款至第10款規定工作之外國人變更工作場所。	處新臺幣三萬元以上十五萬元以下罰鍰（就業服務法第68條第1項）。

雇主聘僱外國人不得為之行為（就業服務法第57條）	處罰規定
未依規定安排所聘僱之外國人接受健康檢查或未依規定將健康檢查結果函報衛生主管機關。	處新臺幣六萬元以上三十萬元以下罰鍰（就業服務法第67條第1項）。
因聘僱外國人致生解僱或資遣本國勞工之結果。	1.按被解僱或資遣之人數，每人處新臺幣二萬元以上十萬元以下罰鍰（就業服務法第68條第2項）。 2.應廢止其招募許可及聘僱許可之一部或全部（就業服務法第72條）。
對所聘僱之外國人以強暴脅迫或其他非法之方法，強制其從事勞動。	應廢止其招募許可及聘僱許可之一部或全部（就業服務法第72條）。
非法扣留或侵占所聘僱外國人之護照、居留證件或財物。	處新臺幣六萬元以上三十萬元以下罰鍰（就業服務法第67條第1項）。
其他違反本法或依本法所發布之命令。	1.處新臺幣六萬元以上三十萬元以下罰鍰（就業服務法第67條第1項）。 2.應廢止其招募許可及聘僱許可之一部或全部（就業服務法第72條）。

Chapter 2 人口販運防制及被害人保護

本章依據出題頻率區分，屬：B 頻率中

第一節　跨國(境)人口販運防制及被害人保護

人口販運防制之原則規定

一、法律適用規定

有關跨國（境）人口販運防制及被害人保護，適用本章之規定，本章未規定者，適用其他法律之規定（入出國及移民法第40條，以下稱本法）。

二、跨國境事務之權責機關

我國關於防制跨國境人口販運，依據本法第41條規定，其權責機關為檢察機關與治安機關。

(一) 檢察及治安機關之權責劃分：為有效防制跨國（境）人口販運，各檢察機關應指派檢察官，負責指揮偵辦跨國（境）人口販運案件；各治安機關應指定防制跨國（境）人口販運單位，負責統籌規劃查緝跨國（境）人口販運犯罪之相關勤、業務及辨識被害人等事項。

(二) 定期專業訓練：各檢察及治安機關，應定期辦理負責查緝跨國（境）人口販運及辨識被害人之專業訓練。

(三) 被害人隱私權之保障：各檢察及治安機關應確保跨國（境）人口販運被害人之姓名與其可供辨識之資訊，不被公開揭露。

三、主管機關對於跨國(境)人口販運被害人應提供之協助(本法第42條)

對於跨國（境）人口販運被害人，主管機關應提供下列協助：

(一) 提供必須之生理、心理醫療及安置之協助。

(二) 適當之安置處所。

(三) 語文及法律諮詢。

(四) 提供被害人人身安全保護。

(五) 受害人為兒童或少年，其案件於警訊、偵查、審判期間，指派社工人員在場，並得陳述意見。

(六) 其他方面之協助。

四、跨國（境）人口販運被害人之保護措施（本法第43條）

(一) 檢察官偵查中或法院審理時到場作證，陳述自己見聞之犯罪事證，並依法接受對質及詰問之跨國（境）人口販運被害人，經檢察官或法官認定其作證有助於案件之偵查或審理者，得依證人保護法相關規定進行保護措施，不受該法第2條限制[註]。

(二) 前項之跨國（境）人口販運被害人，其因被販運而觸犯其他刑罰或行政罰規定者，得減輕或免除其責任。

實力進階

〔行政院為保障人口販運被害人之人權，有效防制人口販運犯罪，特設行政院防制人口販運及消除種族歧視協調會報，依據行政院防制人口販運及消除種族歧視協調會報設置要點第二點，其任務如下〕

(一) 防制人口販運事項：
1. 防制人口販運政策、法規措施之審議及協調。
2. 防制人口販運相關措施執行之督導及協調。
3. 防制人口販運人權理念及教育宣導之審議。
4. 防制人口販運相關政府與民間合作、國際交流之審議及協調。
5. 其他防制人口販運之相關事項。

(二) 消除種族歧視事項：
1. 消除一切形式種族歧視人權保障政策與重大措施之規劃及協調。
2. 消除一切形式種族歧視國際公約之研究、審議及諮詢。
3. 消除一切形式種族歧視國際公約相關執行措施之督導及協助。
4. 消除一切形式種族歧視國際公約教育政策之研議及種族人權保障觀念之宣導。
5. 其他消除種族歧視之相關事項。

[註] 證人保護法之立法目的，在於為保護刑事案件及檢肅流氓案件之證人，使其勇於出面作證，以利犯罪之偵查、審判，或流氓之認定、審理，並維護被告或被移送人之權益。該法第2條規定適用之刑事案件類型。

五、臨時停留許可及聘僱許可之核發（本法第44條）

(一) 依證人保護法給予保護之跨國(境)人口販運被害人,主管機關得視案件偵辦或審理情形,核發效期6個月以下之臨時停留許可,必要時得延長之。

(二) 中央勞動主管機關對前項跨國（境）人口販運被害人，得核發聘僱許可，不受就業服務法之限制。

(三) 主管機關應於第1項跨國（境）人口販運被害人案件結束後，盡速將其安全送返其原籍國（地）。

六、合作宣導、偵查、救援及遣返

由於人口販運往往涉及國界及國際合作之問題，我國政府應在偵查、救援及遣返等方面，加強與在杜絕人口販運上和我國密切相關之他國政府及國際非政府組織合作。本法第45條規定：「主管機關應在跨國（境）人口販運議題之宣導、偵查、救援及遣返等方面結合相關業務主管機關與民間團體，並與致力於杜絕人口販運之國家及國際非政府組織合作。」

七、跨國（境）人口販運防制、查緝及被害人保護措施之訂定

有關跨國(境)人口販運防制、查緝及被害人保護之具體措施、實施方式及其他應遵行事項,由主管機關會同法務部擬訂,報請行政院核定之(本法第46條)。

八、非法運送之處罰

在機場、港口以交換、交付證件或其他非法方法，利用航空器、船舶或其他運輸工具運送非運送契約應載之人至我國或他國者，處五年以下有期徒刑，得併科新臺幣二百萬元以下罰金。前項之未遂犯，罰之（本法第73條）。

人口販運防制法（105年5月25日修正公布）

(一) **本法立法目的與重點**：全球化人口移動潮流，所帶來之人口販運問題，是目前國際社會及各國政府難以忽視之重大挑戰。由於我國經濟繁榮，乃成為東南亞地區婚姻移民及勞動人口之輸入國。近年來不法人蛇集團進行非法偷渡或販運，從中牟利，嚴重傷害人權、影響治安，對我國國際形象影響甚鉅。

為加強保護被害人、預防人口販運案件之發生及針對加害人從重求刑，彰顯犯行之惡性，亟待制定法律，訂定特別刑事處罰規定，以補充現行相關刑事法律之不足，並建立被害人安全作證機制，結合檢察官、司法警察及社工人員建構被害人保護網絡及加強第一線實務工作人員之專業訓練，提升其專業知能，以具體落實被害人保護工作，爰依據95年11月8日行政院訂定之「防制人口販運行動計畫」所揭示「預防」、「查緝與起訴」及「保護」三大面向，擬具「人口販運防制法」草案，其要點如下：

1. 本法用詞之定義（人口販運防制法第2條，以下稱本法）。
2. 中央主管機關、地方主管機關及中央各目的事業主管機關為推動人口販運防制之分工及權責（本法第3條至第5條）。
3. 發現疑似人口販運被害人之通報程序及人口販運被害人之鑑別（本法第9條至第11條）。
4. 人口販運被害人相關安置保護措施，包括指定傳染病篩檢、提供相關協助、核發臨時停留許可、準用證人保護法規定、核發工作許可、刑罰或行政罰得減輕或免除、將被害人安全送返原籍國（地）等（本法第12條至第17條、第19條、第20條及第23條至第29條）。
5. 政府機關對於人口販運被害人身分資料應予保密；平面媒體、電子媒體或其他媒體不得報導人口販運被害人身分之相關資訊（本法第21條及第22條）。
6. 人口販運加害人刑事處罰規定、公務員包庇加重處罰、違反通報義務及違法揭露人口販運被害人身分相關資訊之處罰規定（本法第31條至第41條）。
7. 本法之規定，於軍事法院及軍事檢察官受理之人口販運案件準用之（第43條）。

(二) 重要法規內容輯要

第2條 （本法用詞定義）

本法用詞，定義如下：

一、人口販運：

(一) 指意圖使人從事性交易、勞動與報酬顯不相當之工作或摘取他人器官，而以強暴、脅迫、恐嚇、拘禁、監控、藥劑、催眠術、詐術、故意隱瞞重要資訊、不當債務約束、扣留重要文件、利用他人不能、不知或難以求助之處境，或其他違反本人意願之方法，從事招募、買賣、質押、運送、交付、收受、藏匿、隱避、媒介、容留國內外人口，或以前述方法使之從事性交易、勞動與報酬顯不相當之工作或摘取其器官。

(二) 指意圖使未滿十八歲之人從事性交易、勞動與報酬顯不相當之工作或摘取其器官，而招募、買賣、質押、運送、交付、收受、藏匿、隱避、媒介、容留未滿十八歲之人，或使未滿十八歲之人從事性交易、勞動與報酬顯不相當之工作或摘取其器官。

二、人口販運罪：指從事人口販運，而犯本法、刑法、勞動基準法、兒童及少年性剝削防制條例或其他相關之罪。

三、不當債務約束：指以內容或清償方式不確定或顯不合理之債務約束他人，使其從事性交易、提供勞務或摘取其器官，以履行或擔保債務之清償。

第3條 （中央主管機關）

本法所稱主管機關：在中央為內政部；在直轄市為直轄市政府；在縣（市）為縣（市）政府。

中央主管機關掌理下列事項：

一、人口販運防制政策、法規與方案之研究、規劃、訂定、宣導及執行。

二、對直轄市、縣（市）政府執行人口販運防制事項之協調及督導。

三、人口販運案件之查緝與犯罪案件之移送、人口販運被害人之鑑別、人口販運被害人人身安全之保護等之規劃、推動、督導及執行。

四、非持有事由為來臺工作之停留或居留簽證（以下簡稱工作簽證）之人口販運被害人權益保障、安置保護、資源整合與轉介、推動、督導及執行。

五、人口販運防制預防宣導與相關專業人員訓練之規劃、推動、督導及執行。

六、地方政府及各目的事業主管機關推動人口販運防制業務之輔導及協助。

七、人口販運案件資料之統整及公布。

八、國際人口販運防制業務之聯繫、交流及合作。

九、其他全國性人口販運防制有關事項之規劃、督導及執行。

第4條 （地方主管機關）

直轄市、縣（市）政府應定期召開防制人口販運協調聯繫會議，並指定專責機關或單位，整合所屬警政、衛政、社政、勞政與其他執行人口販運防制業務之機關、單位及人力，並協調內政部移民署所屬各專勤隊或服務站，辦理下列事項，必要時，並得請求司法機關協助：

一、中央人口販運防制政策、法規與方案之執行及相關資源之整合。

二、人口販運案件之查緝與犯罪案件之移送、人口販運被害人之鑑別及人身安全保護之執行。

三、人口販運被害人指定傳染病篩檢、就醫診療、驗傷與採證、心理諮商及心理治療之協助提供。

四、居住臺灣地區設有戶籍國民之人口販運被害人之權益保障、安置保護及安置機構之監督、輔導。

五、人口販運被害人就業服務、就業促進與保障、勞動權益、職場安全及其他相關權益之規劃、執行。

六、人口販運案件資料之統計。

七、其他與人口販運防制有關事項之執行。

第5條 （事業主管機關）

本法所定事項，涉及中央各目的事業主管機關職掌者，由中央各目的事業主管機關辦理；其權責劃分如下：

一、法務主管機關：人口販運被害人鑑別法制事項、人口販運罪之偵查與起訴之規劃、推動及督導。

二、衛生主管機關：人口販運被害人指定傳染病篩檢、就醫診療、驗傷與採證、心理諮商與心理治療之規劃、推動及督導。

三、勞工主管機關：人口販運被害人就業服務、就業促進與保障、勞動權益與職場安全衛生等政策、法規與方案之擬訂、修正、持有工作簽證人口販運被害人之安置保護、工作許可核發之規劃、推動、督導及執行。

四、海岸巡防主管機關：人口販運案件之查緝與犯罪案件之移送、人口販運被害人之鑑別、人口販運被害人人身安全保護之規劃、推動、督導及執行。

五、大陸事務主管機關：人口販運案件涉及大陸地區、香港或澳門及其相關事項之協調、聯繫及督導。

六、外交主管機關：人口販運案件與人口販運防制涉外事件之協調、聯繫、國際情報交流共享、雙邊國家與非政府組織合作之規劃、推動及督導。

七、其他人口販運防制措施，由各相關目的事業主管機關依職權規劃辦理。

第9條 （人口販運之通報）

警察人員、移民管理人員、勞政人員、社政人員、醫事人員、民政人員、戶政人員、教育人員、觀光業及移民業務機構從業人員或其他執行人口販運防制業務人員，在執行職務時，發現有疑似人口販運案件，應立即通報當地司法警察機關。司法警察機關接獲通報後，應即接辦處理及採取相關保護措施。

前項以外之人知悉有疑似人口販運案件時,得通報當地司法警察機關。

前二項通報人之姓名、住居所及其他足資識別其身分之資訊,除法律另有規定外,應予保密。

第14條 (安置保護與分別收容)

疑似人口販運被害人為臺灣地區無戶籍國民、外國人、無國籍人民、大陸地區人民、香港或澳門居民,有合法有效之停(居)留許可者,應依第17條規定提供安置保護。其無合法有效之停(居)留許可者,於依第11條規定完成鑑別前,應與違反入出國(境)管理法規受收容之人分別收容,並得依第17條規定提供協助。

第15條 (安置保護之優先適用)

依前條分別收容之疑似人口販運被害人,經鑑別為人口販運被害人者,應依第17條規定提供安置保護,不適用入出國及移民法第38條、臺灣地區與大陸地區人民關係條例第18條第2項及香港澳門關係條例第14條第2項有關收容之規定。

第17條 (安置保護之內容)

各級主管機關、勞工主管機關對於安置保護之人口販運被害人及疑似人口販運被害人,應自行或委託民間團體,提供下列協助:

一、人身安全保護。

二、必要之醫療協助。

三、通譯服務。

四、法律協助。

五、心理輔導及諮詢服務。

六、於案件偵查或審理中陪同接受詢(訊)問。

七、必要之經濟補助。

八、其他必要之協助。

各級主管機關、勞工主管機關為安置保護人口販運被害人及疑似人口販運被害人,應設置或指定適當處所為之;其安置保護程序、管理方式及其他應遵行事項之規則,由中央主管機關會商中央勞動主管機關定之。

第20條 (兒童及少年性剝削防制條例之適用)

為疑似人口販運被害人或人口販運被害人之兒童或少年,有下列情形之一者,優先適用兒童及少年性剝削防制條例予以安置保護;該條例未規定者,適用本法之規定:

一、經查獲疑似從事性交易。

二、有前款所定情形,經法院依兒童及少年性剝削防制條例審理認有從事性交易。

第28條 (延長居留)

人口販運被害人為臺灣地區無戶籍國民、外國人、無國籍人民、大陸地區人民、香港或澳門居民,無合法有效之停(居)留許可,經核發六個月以下效期之臨時停留許可者，中央主管機關得視案件偵辦或審理情形，延長其臨時停（居）留許可。

前項人口販運被害人持有合法有效之停（居）留許可者，中央主管機關得視案件偵辦或審理情形，延長其停（居）留許可。

人口販運被害人因協助偵查或審判而於送返原籍國（地）後人身安全有危險之虞者，中央主管機關得專案許可人口販運被害人停留、居留。其在我國合法連續居留五年，每年居住超過二百七十日者，得申請永久居留。專案許可人口販運被害人停留、居留及申請永久居留之程序、應備文件、資格條件、核發證件種類、撤銷或廢止許可及其他應遵行事項之辦法，由中央主管機關定之。

第1項及第2項人口販運被害人得逕向中央勞動主管機關申請工作許可，不受就業服務法及臺灣地區與大陸地區人民關係條例第11條規定之限制，其許可工作期間，不得逾停（居）留許可期間。

前項申請許可、撤銷或廢止許可、管理及其他應遵行事項之辦法，由中央勞動主管機關定之。

試題演練

選擇題

( ) **1** 有關於跨國境事務，負責統籌規劃查緝跨國（境）人口販運犯罪，為哪一個單位負責？ (A)檢察機關 (B)治安機關 (C)戶政機關 (D)財政機關。

( ) **2** 檢察官偵查中或法院審理時到場作證，陳述自己見聞之犯罪事證，並依法接受對質及詰問之跨國（境）人口販運被害人，經檢察官或法官認定其作證有助於案件之偵查或審理者，得依下列何種法律之規定進行保護措施？ (A)證人保護法 (B)家庭暴力防治法 (C)性別工作平等法 (D)刑事訴訟法。

( ) **3** 跨國（境）人口販運被害人，其因被販運而觸犯其他刑罰或行政罰規定者，應如何處置？ (A)必減輕其責任 (B)免除其責任 (C)得減輕或免除其責任 (D)無減免之規定。

(　　) **4** 依證人保護法給予保護之跨國（境）人口販運被害人，主管機關得視案件偵辦或審理情形，原則上可以核發效期幾個月以下之臨時停留許可？　(A)三個月　(B)六個月　(C)九個月　(D)二個月。

解答及解析

1 (B)。本法第41條規定：為有效防制跨國（境）人口販運，各檢察機關應指派檢察官，負責指揮偵辦跨國（境）人口販運案件；各治安機關應指定防制跨國（境）人口販運單位，負責統籌規劃查緝跨國（境）人口販運犯罪之相關勤、業務及辨識被害人等事項。

2 (A)。本法第43條第1項規定：檢察官偵查中或法院審理時到場作證，陳述自己見聞之犯罪事證，並依法接受對質及詰問之跨國（境）人口販運被害人，經檢察官或法官認定其作證有助於案件之偵查或審理者，得依證人保護法相關規定進行保護措施。

3 (C)。本法第43條第2項規定：跨國（境）人口販運被害人，其因被販運而觸犯其他刑罰或行政罰規定者，得減輕或免除其責任。

4 (B)。本法第44條規定：依證人保護法給予保護之跨國（境）人口販運被害人，主管機關得視案件偵辦或審理情形，核發效期六個月以下之臨時停留許可，必要時得延長之。

申論題

一、根據入出境及移民法規定，防制跨國境人口販運之權責機關為何？

答 我國關於防制跨國境人口販運，依據入出國及移民法第41條規定，其權責機關為檢察機關與治安機關。

(一) 為有效防制跨國（境）人口販運，各檢察機關應指派檢察官，負責指揮偵辦跨國（境）人口販運案件。

(二) 治安機關應指定防制跨國（境）人口販運單位，負責統籌規劃查緝跨國（境）人口販運犯罪之相關勤、業務及辨識被害人等事項。

二、「行政院防制人口販運協調會報」之任務有哪些，試簡述之？

答 行政院為保障人口販運被害人之人權，有效防制人口販運犯罪，特設行政院防制人口販運協調會報，其任務如下：

(一) 防制人口販運政策、法規措施之審議及協調事項。

(二) 防制人口販運行動計畫（以下簡稱行動計畫）執行之督導及管考事項。

(三) 防制人口販運人權理念及教育宣導之審議事項。

(四) 防制人口販運相關政府與民間合作及國際交流之審議及協調事項。

(五) 其他防制人口販運之相關事項。

三、根據入出國及移民法，人口販運被害人在何種情況下才能於我國臨時停留並工作？

答 (一) 依證人保護法給予保護之跨國（境）人口販運被害人，主管機關得視案件偵辦或審理情形，核發效期六個月以下之臨時停留許可，必要時得延長之。

(二) 中央勞動主管機關對前項跨國（境）人口販運被害人，得核發聘僱許可，不受就業服務法之限制。

(三) 主管機關應於第1項跨國（境）人口販運被害人案件結束後，盡速將其安全送返其原籍國（地）（本法第44條）。

四、「跨國境人口販運防制及被害人保護辦法」所定跨國（境）人口販運防制、查緝及被害人保護，包括哪些事項？

答 依據跨國境人口販運防制及被害人保護辦法第2條之規定，跨國（境）人口販運防制、查緝及被害人保護之內容包括下列事項：

(一) 跨國（境）人口販運防制政策、法規與方案之研究及訂定。

(二) 跨國（境）人口販運犯罪之偵查及起訴。

(三) 跨國（境）人口販運案件與跨國（境）人口販運防制涉外事件之協調聯繫、國際情報交流、雙邊國家及非政府組織合作。

(四) 跨國（境）人口販運被害人（以下簡稱被害人）就業服務政策、法規與方案之擬訂及修正。

(五) 跨國(境)人口販運案件涉及大陸地區、香港或澳門事宜之協調聯繫。

(六) 被害人之就醫診療、驗傷與採證、心理諮商、治療及輔導。

(七) 跨國（境）人口販運案件之查緝與犯罪之移送、被害人之鑑別及人身安全之保護。

(八) 被害人之安置保護、資源整合與轉介及安置機構之監督與輔導。

(九) 跨國（境）人口販運防制、預防之宣導及相關專業人員之訓練。

(十) 跨國（境）人口販運案件各項資料之彙整、統計及管理。

(十一)其他與跨國（境）人口販運防制有關之事項。

五、何謂人口販運？

答 人口販運：指以買賣或質押人口、性剝削、勞力剝削或摘取器官等為目的，而以強暴、脅迫、恐嚇、監控、藥劑、催眠術、詐術、不當債務約束或其他強制方法，組織、招募、運送、轉運、藏匿、媒介、收容外國人、臺灣地區無戶籍國民、大陸地區人民、香港或澳門居民進入臺灣地區或使之隱蔽之行為。

第二節　當前臺灣人口販運問題現況[註]

課前叮嚀

全球化人口移動潮流所帶來的「人口販運」問題，是目前國際社會和各國政府難以忽視的重大挑戰。臺灣由於經濟繁榮且海島地理情形特殊，乃成為東南亞地區婚姻移民和勞動人口的輸入國。近年來不法人蛇集團進行非法偷渡或販運，從中牟利，嚴重傷害人權、影響治安，對我國國際形象之影響極為重大。為了展現政府積極打擊人口販運犯罪案件的決心，行政院於2006年11月8日頒布「防制人口販運行動計畫」，包含「預防」、「查緝起訴」及「保護」三大面向及25項具體指標，並動員各部會力量全力執行。

[註] 整理自「我國2007年人口販運防制成效報告」（2008，3月）；以及謝立功，「全球化下的臺灣人口販運問題現況」，法律扶助基金會會訊第23期專題報導。

為具體落實防制人口販運執行工作，行政院成立防制人口販運協調會報，由政務委員主持，每2個月召開1次，以確實追蹤管考政府部門對於防制人口販運行動計畫相關措施之辦理情形。協調會報已於96年於3月7日、5月10日、7月18日、9月17日、11月20日及97年1月22日、3月20日共召開7次會議。透過協調會報管考機制，各部會執行情形獲得良好成效。

當前我國推動本項工作，係以保障被害人之人權為重，並輔以強化預防及查緝等措施，除結合非政府組織外，並加強國際合作，以建全人口販運防制工作。為達成各項執行目標，行政院2007年7月4日核定「防制人口販運執行計畫（2008-2010年）」，主要辦理事項為：設置人口販運被害人庇護安置處所、新設中部及南部收容所、修繕現有收容所、規劃社工人員加入被害人保護機制、透過多元管道加強預防宣導、辦理跨部會教育訓練及積極加強國際交流與合作等。

有鑑於人口販運議題錯綜複雜，非單一部會權責，其防制工作亦需跨部會合作，行政院除成立跨部會「防制人口販運協調會報」外，並建立政府部門及相關非政府組織聯繫窗口（包括保護安置、查緝、起訴及通譯人員等），以強化各部會與民間組織縱向與橫向的聯繫協調功能。經由協調統合各部會資源及與非政府組織之密切配合、全力投入下，2007年我國對於防制人口販運作為，落實人權保障，已逐漸展現成效。

臺灣人口販運問題現況

臺灣為民主自由與開放的國家，無法免於國際人口移動潮流之外。美國針對人口販運、人權等相關報告指出，由於來自對岸與東南亞國家的婦女，透過虛偽婚姻、虛假工作機會與偷渡的方式被販運來臺，以進行商業性剝削及勞力剝削，因此認定臺灣是人口販運主要目的國，但同時又稱臺灣也是人口販運至美、加、日、英等國的輸出國。我國雖已在2006年訂定涵蓋各種人口販運的「行政院防制人口販運行動計畫」，成立跨部會的行政院防制人口販運協調會報，並結合非政府組織以落實該計畫，但仍遭質疑尚無制定人口販運的綜合性法律，並指出臺灣需要展現更大的政治意志力。

近年之執行成效

一、加強保護人口販運被害人

(一) 主動積極鑑別。

(二) 提供適當安置。

(三) 提供保護服務：

1. 支持性服務活動。
2. 必要之經濟補助。
3. 提供涉訟外勞相關訴訟費用補助。

(四) 落實偵審保護：

1. 建立陪同偵訊實施機制。
2. 建立被害人安全作證機制。
3. 建立通譯人員資源網絡。

(五) 規劃安全送返機制。

二、預防人口販運案件發生

(一) 加強對國人宣導

1. 透過教育體系進行人權、性別平等與法治教育，教導學生認識人口販運議題。
2. 透過多元管道進行預防宣導，使國人認識人口販運，避免誤入陷阱成為被害人，並協助發現被害人。
3. 透過多元管道進行兒童及少年性交易防制宣導，以避免兒少淪為人口販運被害人。
4. 為加強地方政府勞政單位人員對人口販運案件之了解與辨識，主動移送疑似人口販運案件送司法機關偵查。

(二) 強化對外籍人士宣導

1. 內政部印製中、英、越、菲、泰及柬埔寨等6國語言之救援卡。
2. 為使外籍大陸配偶了解其在臺相關權益及照顧輔導措施，以預防人口販運案件發生，經由報紙及雜誌刊登宣導廣告、電視台跑馬燈、廣播及電視台託播廣告。另有外籍配偶諮詢專線0800-088-885：以中、英、越、泰、印及柬埔寨等6國語言，提供生活適應、教育文化、就業服務、醫療衛生、人身安全、居留定居及法令等相關說明及照顧輔導服務。
3. 勞委會為對外勞宣導保障在臺權益採行之措施。
4. 我國駐泰國、印尼、菲律賓、越南等代表處及辦事處積極辦理外籍配偶入國前輔導講習。

(三) **辦理教育訓練**

1. 內政部研訂「推動防制人口販運預防宣導與教育訓練實施計畫」，分行相關機關據以辦理。
2. 內政部結合各地方政府及非政府組織於全國辦理社政人員人口販運被害人保護實務工作坊，邀請國內外專家學者分享相關案例、被害人安置保護實務經驗。
3. 為加強一般民眾、雇主、仲介及外勞對人口販運之認知，勞委會補助地方政府辦理法令宣導活動。另委託非政府組織辦理「外勞諮詢服務暨外勞業務檢查人員研習會」。
4. 為加強性剝削被害人保護服務措施，衛生署針對婦產科、急診科醫師、急診護理等醫事人員，辦理「性侵害防治網絡醫事人員採證、驗傷、通報專業訓練」研討會。
5. 為加強防制觀光性販運，交通部於領隊導遊、旅館基層人員、中階經理人員相關研習訓練，增加防制性交易及認識人口販運議題之課程。
6. 為提升通譯人員服務品質，內政部委託非政府組織分北、中、南、東四區計辦理「人口販運被害人保護服務通譯人員認知提升訓練」。

(四) **檢討外勞政策**

1. 建立私立就業服務機構評鑑及獎優汰劣機制法制化。
2. 成立「直接聘僱聯合服務中心」。
3. 縮短外勞等待轉換雇主空窗期及提高轉換成功率。
4. 為避免非法媒介行為造成外籍勞工行蹤不明情形加劇，加重非法媒介及超收費用停業處分，修正發布「私立就業服務機構及就業服務專業人員違反就業服務法停業及廢止案件處理程序及裁量基準」。
5. 修正就業服務法有關外勞權益之規定，適度放寬外籍看護工行蹤不明不可歸責之雇主得申請遞補，為鼓勵優良外籍勞工繼續來臺工作，放寬外籍勞工在臺工作期間累計不得逾9年規定（原規定為累計不得逾6年）。

(五) **結合民間力量**

各部會結合希望職工中心、終止童妓協會、犯罪被害人保護協會、中華人權協會、婦女救援基金會、婦女新知基金會、賽珍珠基金會、勵馨社會福利金基金會、現代婦女基金會等非政府組織，提供被害人庇護安置、陪同偵訊、協助通譯等相關服務，並協助政府提供各項教育訓練講習師資講座、辦理相關研習會、出席參與國際非政府組織、進行國際交流及協助政府制定防制人口販運議題宣導資料等。

三、積極查緝人口販運犯罪

(一)加強查緝疑似案件

1. 為展現我國打擊人口販運犯罪之決心，訂定「加強查處人口販運及仲介集團專案實施計畫」（反奴專案）及「查緝人口販運仲介集團工作執行計畫」（靖蛇專案），以查緝非法仲介、外來人口及成員達3人以上之人口販運集團為主軸，動員全體司法警察力量加強查緝。
2. 各地方法院檢察署指定專責檢察官有效統合、指揮移民、警察、海巡機關，並適時結合民間團體、外國使館或代表處，以有效查緝人口販運案件。另為督導各檢察署有關人口販運案件之辦理，提升辦案效能，並加強各相關機關間之聯繫，臺灣高等法院檢察署亦成立督導小組，檢討人口販運案件業務之執行情形。
3. 核定「人口販運案件處理流程」之作業內容包括：發現疑似案件、主動積極鑑別被害人、被害人安置保護、被害人深入清詢、被害人安全送返原籍國（地）等，相關政府部會已將此標準作業流程轉知所屬聯繫窗口，納入常年教育訓練課程，據以辦理人口販運案件。
4. 為促進各查緝機關於認定人口販運案件時有一致標準，核定「人口販運案件檢查表」及「人口販運案件類型及適用法條表」，並分行查緝機關辦理。
5. 為杜絕犯罪集團假非法名義招收被害人，特加強查緝非法入境、大陸偷渡犯、行蹤不明外勞等，以預防人口販運案件發生，相關辦理情形如下：
   (1) 針對大陸籍配偶以及東南亞國家持短期簽證者予以嚴格審查，屬於偽變造簽證，均於機場直接遣返，減少非法入境，防杜人口販運案件發生。
   (2) 宜蘭、臺北、新竹及馬祖收容所，係依入出國及移民法第38條、臺灣地區與大陸地區人民關係條例第18條等規定辦理收容業務，收容對象為大陸偷渡犯、非法入境外國人及逃逸外勞等。

(二)起訴、判決及處分情形

1. 有423人因與人口販運有關之犯罪而被起訴，其中74人已判決有罪。74人之判處情形為：

(1) 16人係因對兒童少年性剝削被判決有罪，其中3人被判7至10年，4人被判3至5年，9人被判不滿1年。

(2) 53人因為性剝削被判決有罪，其中2人被判7至10年，7人被判1至3年，44人被判不到1年。

(3) 5人因為勞力剝削被判決有罪，均判處不到1年。

2. 勞動部對剝削外籍勞工之雇主與仲介之查處，包括對雇主與仲介之罰鍰、停業、廢止許可等行政查處；對非法僱用移送司法偵查；移送司法偵查人口販運等。

3. 勞動部並指導地方政府對雇主及仲介違規行為從重裁罰。

(三) **提升實務辦案能力**

1. 為提升查緝人員發現疑似人口販運案件之敏感度，避免將人口販運案件視為一般案件偵辦，錯失深入追查之機會，辦理「反奴專案」、第一線移民官員、海巡人員等各種防制人口販運之專業訓練。

2. 為加強檢察官對於人口販運案件偵辦之專業能力，舉辦人口販運案件司法實務研習會。且於全國檢察長會議，法務部均將加強人口販運案件之偵查及加強被害人保護，列為討論議題，促請檢察長督導此業務，務必對於人口販運案件之被告盡速偵結，從重求刑，並重視對於被害人之保護，適時運用不起訴及緩起訴處分。

3. 臺灣高等法院檢察署為加深檢察官對人口販運案件之認識，完成人口販運案例彙編。

4. 與美國在臺協會共同主辦「人口販運案例討論會」，邀請美國司法部人口販運問題資深特別顧問主持並引導案例模擬練習，參加人員為與推動防制人口販運工作相關之政府機關及非政府組織人員，就各種不同人口販運案例進行分組討論，以培養辨別被害人的能力和建立解決人口販運問題所需要的策略和協調機制。

5. 辦理「人蛇查緝及證照辨識研討會」，計有內政部移民署國境事務大隊及國際事務組、內政部警政署航空警察局、外交部領事事務局臺灣桃園國際機場辦事處、交通部民用航空局桃園國際航空站、財政部關稅總局臺北關稅局，以及美、加、英、日、澳等國駐華人員、各航空公司代表及劃位人員與會。

6. 委託天主教善牧基金會辦理「加強人口販運被害人鑑別座談會」。

防制人口販運面臨之難題

一、認定困難問題

人口販運定義未臻明確，造成被害人認定上之困難，又人口販運態樣繁複，被害人同時可能亦為涉案人，因此人口販運被害人通常非第一時間可立即鑑別。雖已訂定「人口販運被害人鑑別原則」，惟因人口販運犯罪中所稱之「性剝削」、「勞力剝削」、「不當債務約束」等，均非我國現行法律概念，又無明確定義，且「剝削」一詞又欠缺客觀標準，造成人口販運被害人認定上之困難。

二、拒絕協助偵審問題

人口販運被害人若無被害意識，縱使遭受到剝削而不自知，影響後續處置作為，或被害人慮及家人親友安危而不願接受安置，並拒絕協助偵查，對於偵辦人口販運集團犯罪行為難以定罪。

三、安置處所及保護機制問題

現有庇護安置處所與相關保護機制仍未臻完善，仍需加強規劃其庇護安置、短期工作權、居留權等相關保護措施，以保障人口販運被害人相關權益。

四、宣導及認知仍不足問題

人口販運與人口走私、販賣、偷渡及販毒走私等組織犯罪交相瓜葛，致人口販運問題錯綜複雜，一般民眾對人口販運議題仍不熟稔，且實際需求之族群無法獲得相關權益保護資訊，甚至遭人口販運集團隱瞞或欺騙，仍待加強建立有效宣導管道。

五、國際合作問題

防制人口販運極需輸入國與輸出國共同努力打擊不法，惟目前各來源國對於防止不法販運作為積極度不同，亦缺乏合作管道，難以國際合作方式杜絕不法行為。

策勵未來

由於人口販運係一嚴重侵害人權之犯罪行為，引起國際社會的高度關注。聯合國與美國、日本等國家紛紛制定相關法規範加以防範，臺灣在美國國務院每年公布之人口販運報告（Trafficking in Persons Report）的排名，以往曾為第一級，其後亦曾降至第二級，甚至第二級觀察名單，顯示過去我國在打擊人口販運工作上有值得檢討之處。2007、2008 年排名雖回復到第二級水準，但仍應持續加強，目標為朝向第一級而努力。該報告評價某一個國家等級之判斷標準，主要是從三個面向加以切入，第一是保護（Protection），第二是預防（Prevention），第三是起訴（Prosecution），即所謂之打擊人口販運3P對策，我國亦應朝此方向檢討修正並強化。

一、保護

(一) 檢討修正「被害人鑑別原則」、「人口販運案件檢查表」及「人口販運案件類型及適用法條表」等，以使「人口販運案件」與「人口販運被害人」之認定標準趨於一致；並將加強執法人員對於人口販運被害人動態性鑑別之認識，隨時視案件之進展持續進行被害人之鑑別，並即時採取必要之安置保護措施。另研議引入社工或勞政單位及民間團體，協助鑑別被害人之可行性及相關配套機制。

(二)「目前全臺共有22處人口販運被害人庇護安置處所，其中內政部移民署所屬之庇護所共有3處，是專為人口販運被害人所設置。」期能藉由引進專業團隊提供服務，俾符合被害人之實際需求，亦可提升其配合偵審意願，協助案件偵審。另配合新修正之「入出國及移民法」實施期程，適時研擬給予人口販運被害人短期工作權，以促進被害人留置在臺協助司法偵查之意願。

二、預防

(一)「行政院防制人口販運行動計畫」之執行，短期內必須再檢討修正，未來若能更有效整合各部會力量與結合非政府組織資源，將是落實防制人口販運與否之關鍵。

(二) 加強預防宣導：落實推動行政院各部會推動防制人口販運預防宣導及教育訓練實施計畫，加強運用多媒體等各種宣導管道，強化民眾對人口販運本質及態樣之認識與了解，共同防止人口販運犯罪事件之發生。另亦積極參與國際交流與合作，俾國際社會了解我國對此議題之重視。

(三) 檢討外勞政策：

1. 強化「直接聘僱聯合服務中心」功能，除目前優先以重新招募同一家庭看護工之雇主為主要推廣對象，並加強漸進擴及其他工作類別。
2. 加強推動劣質仲介業者退場機制：修正發布「私立就業服務機構許可及管理辦法」，規定評鑑C級之仲介公司，經限期改善屆期不改善或改善後仍未達B級者，不予核可其重新設立許可之申請，將加強推動本項私立就業服務機構評鑑及獎優汰劣機制。

三、查緝

(一) 對於入出國境之監控機制，將持續加強面談工作、嚴格證照查驗及積極查緝走私偷渡等勤業務作為機制。

(二) 為使人口販運防制工作更為具體且更具全面性，將持續研議「人口販運防制法草案」[註]，納入刑事處罰規定，以補現行刑法規定之不足，以周延相關法制，遏阻人口販運犯罪之發生。

以上策勵未來之作法其實皆涉及制定人口販運防制專法議題，我國若期待能同時兼顧偵查、制裁人口販運者，與保護、協助人口販運被害人，以及研擬全面預防人口販運之對策，使相關執法人員有明確法源可資遵循，顯有制定專法之必要。藉由專法更將建立跨部會、結合中央與地方、整合政府與非政府組織，甚至臺灣與國際間合作之機制，進而彰顯臺灣在防制人口販運之決心與前瞻性。

試題演練

一、行政院2007年7月4日核定「防制人口販運執行計畫（2008～2010年）」，主要辦理事項為何？

答 設置人口販運被害人庇護安置處所、新設中部及南部收容所、修繕現有收容所、規劃社工人員加入被害人保護機制、透過多元管道加強預防宣導、辦理跨部會教育訓練及積極加強國際交流與合作等。

[註] 人口販運防制法已於2009年1月23日公布。

二、試述我國對於防制人口販運所面臨之難題？

答 (一)認定困難問題：人口販運定義未臻明確，造成被害人認定上之困難，又人口販運態樣繁複，被害人同時可能亦為涉案人，因此人口販運被害人通常非第一時間可立即鑑別。雖已訂定「人口販運被害人鑑別原則」，惟因人口販運犯罪中所稱之「性剝削」、「勞力剝削」、「不當債務約束」等，均非我國現行法律概念，又無明確定義，且「剝削」一詞又欠缺客觀標準，造成人口販運被害人認定上之困難。

(二)拒絕協助偵審問題：人口販運被害人若無被害意識，縱使遭受到剝削而不自知，影響後續處置作為，或被害人慮及家人親友安危而不願接受安置，並拒絕協助偵查，對於偵辦人口販運集團犯罪行為難以定罪。

(三)安置處所及保護機制問題：現有庇護安置處所與相關保護機制仍未臻完善，仍需加強規劃其庇護安置、短期工作權、居留權等相關保護措施，以保障人口販運被害人相關權益。

(四)宣導及認知仍不足問題：人口販運與人口走私、販賣、偷渡及販毒走私等組織犯罪交相瓜葛，致人口販運問題錯綜複雜，一般民眾對人口販運議題仍不熟稔，且實際需求之族群無法獲得相關權益保護資訊，甚至遭人口販運集團隱瞞或欺騙，仍待加強建立有效宣導管道。

(五)國際合作問題：防制人口販運極需輸入國與輸出國共同努力打擊不法，惟目前各來源國對於防止不法販運作為積極度不同，亦缺乏合作管道，難以國際合作方式杜絕不法行為。

三、對於防制人口販運，未來我國應朝哪個方何規劃？

答 主要是從三個面向加以切入，第一是保護（Protection），第二是預防（Prevention），第三是起訴（Prosecution），即所謂之打擊人口販運3P對策，我國亦應朝此方向檢討修正並強化。

(一)保護

1.檢討修正「被害人鑑別原則」、「人口販運案件檢查表」及「人口販運案件類型及適用法條表」等，以使「人口販運案件」與「人口販運被害人」之認定標準趨於一致。

2. 目前全臺共有22處人口販運被害人庇護安置處所，其中內政部移民署所屬之庇護所共有3處，是專為人口販運被害人所設置，並以公開委託非政府組織方式辦理安置服務業務，期能藉由引進專業團隊提供服務，俾符合被害人之實際需求，亦可提升其配合偵審意願，協助案件偵審。

(二) 預防

1. 「行政院防制人口販運行動計畫」之執行，短期內必須再檢討修正，未來若能更有效整合各部會力量與結合非政府組織資源，將是落實防制人口販運與否之關鍵。
2. 加強預防宣導。
3. 檢討外勞政策：
   (1) 強化「直接聘僱聯合服務中心」功能，除目前優先以重新招募同一家庭看護工之雇主為主要推廣對象，並加強漸進擴及其他工作類別。
   (2) 加強推動劣質仲介業者退場機制。

(三) 查緝

1. 對於入出國境之監控機制，將持續加強面談工作、嚴格證照查驗及積極查緝走私偷渡等勤、業務作為機制。
2. 為使人口販運防制工作更為具體且更具全面性，將持續研議「人口販運防制法草案」，納入刑事處罰規定，以補現行刑法規定之不足，以周延相關法制，遏阻人口販運犯罪之發生。

第三節　我國防制人口販運之行動

我國為防制人口販運，行政院於95年11月8日頒布「行政院防制人口販運行動計畫」，包含「預防」、「查緝起訴」及「保護」三大面向及53項具體措施，詳細內容如下：[註]

[註] 內容整理自「行政院防制人口販運行動計畫」，95年11月。

目的

為尊重人口販運被害人之個人尊嚴，保障其人身與財產安全，給予人道待遇，並有效防制人口販運犯罪，依聯合國2003年「預防、壓制及懲治販運人口（特別是婦女及兒童）議定書（The Protocol to Prevent, Suppress and Punish Trafficking in Persons, especially Women and Children）」之精神，檢討我國現行相關法制，整合各部會力量，落實保護（Protection）、預防（Prevention）及起訴（Prosecution）之整體防制策略，特訂定本計畫。

名詞定義

一、人口販運

本計畫所稱「人口販運」，係指：以買賣或質押人口、性剝削、勞力剝削或摘取器官等為目的，而以強暴、脅迫、恐嚇、監控、藥劑、催眠術、詐術、不當債務約束或其他強制方法，組織、招募、運送、轉運、藏匿、媒介、收容國內外人口或使之隱蔽之行為。

二、人口販運被害人

本計畫所稱「人口販運被害人」（以下簡稱被害人），係指：

(一) 遭他人以買賣或質押人口、性剝削、勞力剝削或摘取器官等為目的，而被強暴、脅迫、恐嚇、監控，或被施以藥劑、眠術、詐術、不當債務約束或其他強制方法，並被組織、招募、運送、轉運、藏匿、媒介、收容於國內外或使之隱蔽之人。

(二) 未滿18歲從事性交易者，無論其是否出於自願，均視為被害人。

防制策略

人口販運防制工作包括「保護」、「預防」及「起訴」等3個面向，當前政府推動本工作，應以保障被害人之人權為重，並輔以強化預防、查緝。其策略分述如下：

一、加強保護被害人

(一) **主動積極鑑別被害人**：治安機關查獲各類違法、違規案件時，應主動積極進行被害人鑑別程序，以確認當事人是否為被害人；治安機關接獲民間團體通報或當事人自請協助者亦同。

(二) **確保被害人之人身安全**：治安機關針對被害人所採取之各項作為，應以確保被害人之人身安全為首要考量，避免其遭受加害人或其同夥之威脅、恐嚇或報復；檢察官應適時運用證人保護法之規定，核發保護書。被害人及其家人之姓名與其他可供辨識之資訊，應予以保密，不得公開揭露。

(三) **被害人之行政罰免責**：被害人因被販運所直接造成之違規行為，例如逾期停留或非法工作等，主管機關應考慮予以免除行政罰。

(四) **被害人之刑罰免責**：被害人因被販運所直接造成的違法行為，例如使用假證件或非法入境等，檢察機關應考慮予以職權不起訴或緩起訴處分。

(五) **提供適當之安置處所**：在不危及被害人安全之前提下，應優先考量將被害人安置於警政、社政、勞政機關或其委託民間團體設置之庇護處所，前揭庇護處所負有保密義務。

(六) **提供相關協助**

經安置之被害人，相關機關（構）應適時提供下列協助：

1. 醫療照護及心理諮商輔導。
2. 以被害人能瞭解之語言，提供其法律上權利義務之相關資訊。
3. 必要之經濟補助。
4. 其他之必要協助。

(七) **被害人於偵查及審判程序中之保護措施**：考量被害人擔心遭威脅、恐嚇或報復之心理，並防止其遭受二度傷害，被害人於偵查及審判程序中之訊問、對質或詰問時，應由社政、勞政主管機關指派社工員及通譯等相關專業人員在場，並得陳述意見；其訊問、對質或詰問，得利用聲音、影像傳送之科技設備或其他適當隔離方式為之。

(八) **擴大被害人保護範圍**：被害人為外國人、大陸地區人民、香港澳門居民或在臺無戶籍國民者，經法院、檢察機關或治安機關認有繼續協助審判、追訴或查緝人口販運案件之必要者，配合案件偵審情況，給予被害人合法停、居留資格。

(九) **將被害人安全送返原籍國（地）**：被害人為外國人、大陸地區人民、香港澳門居民或在臺無戶籍國民者，於完成必要程序後，移民署應洽商外交部、行政院大陸委員會等相關機關積極聯繫被害人原籍國（地）之政府機關或非政府組織，盡速將被害人安全送返原籍國（地）。

(十) **被害人違反相關規定時之處置**：被害人為外國人、大陸地區人民、香港澳門居民或在臺無戶籍國民者，其經安置保護後，如有無故擅離安置處所或其他違反法律規定等情事，治安機關得逕行取消其相關保護措施，並依法將其收容及強制出境。

(十一) **本國籍被害人返國後之相關保護措施**：遭販運至外國、大陸地區或港澳地區之國民，其於返國後，亦適用前述對被害人之相關保護措施。

二、預防人口販運案件之發生

(一) **加強國民對人口販運議題之認識與瞭解**：人口販運是嚴重的犯罪行為，加強國民對此議題之認識與瞭解，除可避免國民誤蹈法網外，亦有助於發現潛在案件。

(二) **強化外來人口對其權益之認識**：針對外來人口，提供完整資訊，使其瞭解我國及其母國駐臺機構可提供之相關協助，避免其來臺後遭到販運。

(三) **提升面談人員發覺潛在人口販運案件之能力**：為防止外來人口被販運來臺，應訂定境外面談審查之標準或規範，加強面談人員之教育訓練，以提升其發覺潛在人口販運案件之能力，對於可疑申請案多方查證，嚴格審查，阻絕不法於境外。

(四) **檢討現行外籍勞工政策與制度**：修正「藍領外籍勞工轉換雇主之政策」、「私立就業服務機構之管理並簡化作業推動外籍勞工直接聘僱」等勞工政策與制度，杜絕剝削之可能誘因。

(五) **加強國際合作**：積極透過正式或其他非正式管道，與被害人主要來源國之政府或國際組織，簽訂有關被害人安全送返原籍國（地）及人口販運情報交流與共享之雙邊合作協議或機制，公開承諾我國願意落實聯合國2003年「預防、壓制及懲治販運人口（特別是婦女及兒童）議定書」之相關規定，並強化我國與他國有關人口販運情報之交流與共享，合作共同打擊跨國人口販運案件。

(六) **協助非政府組織進行國際交流**：支持並資助國內非政府組織，與國際組織或人口販運來源（目的）國之相關機關、組織進行交流，提升雙方人民對彼此社會、經濟、文化及法令層面之認識，避免人口販運案件之發生。

三、積極查緝人口販運犯罪

(一) **持續查察可疑場所，中止剝削行為**：人口販運以剝削他人而獲取暴利為目的，各治安機關應會同各目的事業主管機關人員，針對可能發生剝削行為之可疑場所，如特定營業場所、工廠、建築工地等，持續進行查察作為，藉以發現不法並擴大偵辦幕後犯罪集團。

(二) **指定專責單位，負責辦理人口販運案件**：人口販運是複合性的犯罪活動，為有效防制人口販運，各檢察機關應指派專責檢察官，負責指揮偵辦人口販運案件；各治安機關應指定防制人口販運之專責單位，負責統籌規劃查緝人口販運犯罪之相關勤、業務，以深入追查、正本清源為目標，澈底瓦解人口販運集團。

(三) **建立協調聯繫機制，發揮整體力量**：檢察機關、治安機關與縣市政府社政、勞政機關及民間非政府組織，應建立平時及緊急之協調聯繫機制，除遇有人口販運案件，得以相互配合支援外，亦可交換彼此處理類似案件之經驗與心得，提高整體查緝力量。

(四) **強化專業訓練，提升辦案能力**：各檢察機關及治安機關，應定期舉辦專業訓練，強化所屬人員對人口販運案件之認識，提升其發現類似案件之敏感度，避免其將人口販運案件視為一般案件偵辦，而錯失深入追查的機會。

(五) **結合非政府組織（NGO）力量，建立夥伴關係**：鑑於人口販運案件之被害人，可能對官方人員懷有不信任感，進而對相關案情有所保留，不利擴大追查幕後犯罪集團。是以治安機關應與非政府組織建立夥伴關係，適時透過非政府組織之協助，共同查緝人口販運犯罪。

(六) **鼓勵民眾檢舉，全民防制犯罪**：治安機關人力有限，應設置檢舉專線，鼓勵民眾主動檢舉人口販運案件，結合民眾力量，共同打擊犯罪。

(七) **針對加害人從重求刑，彰顯犯行之惡性**：檢察官應針對人口販運案件之加害者，依法向法院從重具體求刑，遏止人口販運犯罪。

(八) **強化偵辦跨國洗錢之機制，降低人口販運誘因**：人口販運集團多利用國際金融管制之漏洞，以地下通匯、國際貿易、海外置產、空殼公司等各種途徑，從事洗錢行為。為有效嚇阻跨國犯罪，並降低人口販運之經濟誘因，應持續推動與各國交換洗錢犯罪之情資，並積極與各國合作調查人口販運集團及查扣洗錢犯罪所得，以強化偵辦跨國犯罪之國際合作機制。

知識補給站

〔美國2022年度人口販運報告〕

臺灣防治成效連續13年被評最高級，但遠洋漁船移工權益待改善

在美國國務院公布的2022年度人口販運報告中，檢視全球188國家與地區對抗人口販運所做出的努力。臺灣連續第13年被評為最高的第一級，與加拿大、立陶宛、澳洲、美、法、英、新加坡在內共30國同列第一級。

人口販運報告分為起訴、保護措施、預防措施、人口販運概況數段來討論，以可量化的指標——更多人口販子定罪、更多受害者轉介至保護機構，以及制度檢視——改進受害者收容程序、加強管理流程，全面性檢討各國在人口販運上的積極與消極作為。

※臺灣人口販運概況

報告指出，臺灣出現的人口販運狀況，受害對象大多來自印尼、菲律賓、泰國、越南等東南亞國家的工人，少部分來自中國、柬埔寨、斯里蘭卡等國，受害者有分為強迫勞動與性交易兩大項。

在這些外籍移工經由仲介來到臺灣後，通常因為過高的仲介費而身揹鉅額債務，仲介或雇主則據此作為脅迫工具，以獲取或留住他們的勞動力。且在扣除仲介費與保證金後，每月薪資往往低於最低基本工資，若再遭遇雇主的強迫勞動或不合理對待，逃離原雇主的機率便會大增，報告中揭露此人數經常性達5萬5000人以上。

然而逃離雇主並未使移工獲得更多保障，他們同時失去移工身分與在符合法規的就業機會，反而是暴露在販運的風險當中。報告中寫出了在臺外籍移工所面臨的人道危機。

另外，臺灣也出現營利性大學積極招收外國學生，隨後以教育機會為幌子將他們置於剝削性勞動條件下。以中州科大的強迫勞動事件為例，這些學生在到達之前往往不知道工作內容，據報導，他們經歷了合約轉換、工作時間過長和生活條件惡劣的情況，這與他們原先來臺的協議背道而馳。

在此段落的最後，也提到近年因為臺灣「新南向政策」放寬了簽證要求，有人口販子趁機引誘東南亞學生和遊客到臺灣，強迫他們從事強迫勞動和性交易，報告指稱，這些都是待改善的人口販運危機。

※起訴作為

報告中指出，臺灣當局加大了執法力度，包含制定《人口販運防治法》。此法規將一切形式的人口販賣定為刑事犯罪，並規定最高7年有期徒刑和最高新臺幣500萬新臺幣的罰款；但執行力上卻略有不足，並未展現主動發現、調查或起訴近海或遠洋漁業中的強迫勞動犯罪。

臺灣在2021年啟動了99起新的刑事販運調查，涉及229名涉嫌犯罪者，其中包括62名涉嫌勞工販運犯罪者和167名涉嫌性交易犯罪者。

相比之下，2020年總共有159起調查涉及458名涉嫌犯罪者，官員們將這一減少歸因於執法人員減少、嚴格的邊境控制，以及在疫情大流行期間為健康預防，而將促進商業性行為的商家長期關閉。

報告也對法官判罰刑度給出讚賞。過去，臺灣政府將法院輕判的傾向，歸咎於臺灣的司法評估和晉升制度，據報導，如果法院批准被定罪的個人上訴推翻或減刑，就會對法官進行處罰。如今，大多數被定罪的販運者，被判處的刑期至少超過一年。

※受害者保護及預防措施

在受害者保護與申訴上，報告稱臺灣的警政署與移民署各有自己的熱線電話，後者24小時營業，提供中文和英語服務。

勞動部也設立了一個單獨的24小時外來務工人員熱線，在2021年，該熱線處理了來自外籍漁工的51起勞工權利相關投訴。當局解決了其中22起案件，並追回了新臺幣87萬5900元薪資。

但觀察員指出，由於外籍漁工對勞動部熱線存在的認識有限，且偏遠海域缺乏網際網路，以及船上幹部對其通訊的限制，遠洋漁船上的船員可能難以利用到勞動部提供的申訴熱線。

而為了應對遭虐待而逃離原雇主的外籍移工，移民署與勞動部也同步資助民間組織營運庇護所，依照《人口販運防治法》的規定為販運受害者提供保護服務。勞動部將其用於受害者保護的年度預算維持在1000萬新臺幣上下，移民署則撥款約1300萬臺幣。

2021年共有230名受害者從政府或政府支持的非政府組織，獲得某種形式的保護服務，其中包括174名性交易受害者和56名強迫勞動受害者。庇護所為男性和女性人口販運受害者提供醫療和心理服務、法律諮詢、陪同面談、職業培訓、小額津貼、語言翻譯和遣返援助。

※總結

考量COVID-19（嚴重特殊傳染性肺炎、新冠肺炎、武漢肺炎）疫情對臺灣打擊販運能力的影響，臺灣仍持續認真努力面對打擊人口販運問題，與2020年相比，對人口仲介的處分數量顯著增加，因此將臺灣持續列為第一級。

不過，報告也指出，和前一年相比，臺灣在調查和起訴涉嫌販運者，以及潛在受害者的數量減少，一些有官方色彩的組織持續採取不同且成效不彰的受害者鑑識程序，使部分受害者訴諸法律和保護變得複雜。

此外，臺灣因為配備不足與檢查程序不全影響，也阻礙對遠洋漁船強迫勞動情況的鑑識、調查與起訴。臺灣也缺乏保障權益的特定具體勞動法規，使數以千計的外籍看護身處強迫勞動的剝削可能中。

報告也提出建議，包括呼籲臺灣加強對遠洋漁船的檢查，起訴涉嫌強迫勞動的臺資、懸掛臺灣旗幟的漁船與臺資外籍漁船的高階船員與船東，擴大港口人員職權並加強培訓。同時也建議臺灣，應繼續擴大對弱勢群體的人口販運調查，包括大學招收外國學生在內；立法解決家庭看護與家政工的基本勞動保護等。（資料來源：https://www.thenewslens.com/article/170190）

知識補給站

〔重大政策—防制人口販運〕

（資料來源：內政部移民署：重大政策-防制人口販運網頁 https://www.immigration.gov.tw/5385/5388/7178/225325/cp_news）

一、前言：

我國防制人口販運工作重點，可以區分為4P面向，包括追訴（Prosecution）、保護（Protection）、預防（Prevention）及夥伴（Partnership），從一開始的犯罪預防工作，進而強化對於犯罪被害人的妥適保護及加害人的追訴，乃至結合民間資源強化政府效能與加強國際交流與合作等，整體防制作為讓臺灣防制人口販運評比連續13年（111年7月19日美國國務院2022年全球防制人口販運評比獲列第1級國家）達到第一級的水準。

二、施政措施之內容、策略、推動情形或成果：

(一) 防制人口販運政策：

1. 行政院於95年11月頒布「防制人口販運行動計畫」，並於96年成立跨部會「防制人口販運協調會報」（109年5月8日更名為行政院防制人口販運及消除種族歧視協調會報）作為聯繫平台，由本署負責整合各部會資源，全力執行防制工作。此外，我國「人口販運防制法」於98年1月23日經總統公布，並於同年6月1日施行，該法授權訂定之法規命令並配合於同日施行，其訂有對加害人從重求刑之刑事處罰規定及被害人安置保護措施，對於推動防制人口販運及保護被害人工作有重大助益。
2. 因國內外民間組織紛紛關切漁工權益保障，經行政院於111年5月20日核定「漁業與人權行動計畫」，請行政院農業委員會、勞動部、法務部、內政部及海洋委員會等相關部會，積極配合落實辦理，以提升我國漁業人權及勞動權益，維護我國際形象及產業發展。

(二) 防制人口販運推動情形：

111年持續獲得美國全球防制人口販運評比第1級國家，目前已召開3次協調會報，包含落實「2021-2022反剝削行動計畫」，本計畫包含25項方案及76項具體策略，並通過行政院農業委員會提報「漁業與人權行動計畫」，並已納入內政部訂定「強化打擊海上人口販運案件合作機制」，將持續整合協調各部會力量，協力推動近2年的防制人口販運工作。

(三) 防制人口販運成效：

1. 加強追訴人口販運犯罪：

111年1月起至6月止司法警察機關共計查獲人口販運案件43件，其中勞力剝削7件、性剝削36件；另各地方檢察署共計起訴人口販運相關案件36件，被告80人；經法院判決有罪確定人數為39人，其中勞力剝削7人，性剝削32人。

2. 強化被害人保護：

111年1月起至6月止本署與勞動部結合民間團體合計新收安置36名外籍被害人，並於安置期間提供被害人生活照顧、心理輔導、通譯服務、法律協助、陪同偵訊及必要之醫療協助等相關保護服務。

3. 擴大預防宣導及教育訓練：

(1) 透過多元管道宣導，加強國人對於人口販運議題之瞭解，並強化外來人口對自身權益之認知，如本署110年製作防制人口販運宣導海報（多語版）3款函知中央各部會及地方政府加強運用並將圖檔放置於本署全球資訊網「人口販運防制專區」供各界下載。

(2) 政府各部門亦分別於專業領域訓練中安排防制人口販運相關課程，如本署每年針對公私部門至少辦理1場防制人口販運教育訓練研習，111年7月29日舉辦「防制勞力剝削暨數位/網路性別暴力防治教育訓練」，參訓人數計142人。

4. 強化國際交流與合作：

(1) 111年8月23日至24日舉辦「2022防制人口販運國際工作坊」視訊兼實體之研討活動，邀請美國、英國、比利時、澳洲、韓國及印尼講者共同就「疫情下人口販運之新趨勢及新興防制對策」「數位科技在人口販運上所扮演之角色」及「對於人口販運犯罪所得之扣押及沒收」等議題進行討論，藉由公私協力的方式，一起打擊人口販運。

(2) 100年起至111年7月止，共有22國與我政府完成簽署移民事務及防制人口販運合作瞭解備忘錄。

(3) 藉由與各國外賓相互拜會參訪與研習等活動，對防制人口販運議題交流相關經驗與意見，並與各國建立合作機制。

三、結語：

人口販運防制不應單靠政府，也需要民間企業、國人一同協助，政府將持續結合公部門及民間資源，賡續落實人口販運防制法，共同推動防制工作，以遏止人口販運犯罪之發生，體現我國人權治國之精神，維護我國國際形象。

試題演練

一、人口販運防制工作中的「保護」面向，其主要內涵為何？

答 (一) 主動積極鑑別被害人。
(二) 確保被害人之人身安全。
(三) 被害人之行政罰免責。
(四) 被害人之刑罰免責。
(五) 提供適當之安置處所。
(六) 提供相關協助。
(七) 被害人於偵查及審判程序中之保護措施。
(八) 擴大被害人保護範圍。
(九) 將被害人安全送返原籍國（地）。
(十) 被害人違反相關規定時之處置。
(十一) 本國籍被害人返國後之相關保護措施。

二、人口販運防制工作中的「預防」面向，其主要內涵為何？

答 (一) 加強國民對人口販運議題之認識與瞭解。
(二) 強化外來人口對其權益之認識。
(三) 提升面談人員發覺潛在人口販運案件之能力。
(四) 檢討現行外籍勞工政策與制度。
(五) 加強國際合作。
(六) 協助非政府組織進行國際交流。

三、人口販運防制工作中的「查緝」面向，其主要內涵為何？

答 (一) 持續查察可疑場所，中止剝削行為。
(二) 指定專責單位，負責辦理人口販運案件。
(三) 建立協調聯繫機制，發揮整體力量。
(四) 強化專業訓練，提升辦案能力。
(五) 結合非政府組織（NGO）力量，建立夥伴關係。
(六) 鼓勵民眾檢舉，全民防制犯罪。
(七) 針對加害人從重求刑，彰顯犯行之惡性。
(八) 強化偵辦跨國洗錢之機制，降低人口販運誘因。

知識補給站

〔人口販運被害人鑑別原則（法務部）〕

一、為明確鑑別人口販運被害人，以有效追查人口販運集團案件，並提供被害人合適之保護措施，爰制定本原則。

二、本原則所稱之人口販運被害人，係指：

(一) 遭他人以買賣或質押人口、性剝削、勞力剝削或摘取器官等為目的，而被強暴、脅迫、恐嚇、監控，或被施以藥劑、催眠術、詐術、不當債務約束或其他強制方法，並被組織、招募、運送、轉運、藏匿、媒介、收容於國內外或使之隱蔽之人。

(二) 未滿18歲從事性交易者，無論其是否出於自願，均視為被害人。

三、司法警察機關於查獲疑似人口販運案件時，對於涉案之人員，應注意下列情形，綜合判斷是否為人口販運之被害人：

(一) 未滿18歲之兒童及少年。

(二) 非出於自願被運送或轉運。

(三) 運送或轉運之過程，其行動自由受限制，或受強暴、脅迫、恐嚇、傷害、性侵害等之虐待，或無法任意與他人通訊。

(四) 運送或轉運至目的地後，其行動自由受限制、或受強暴、脅迫、恐嚇、傷害、性侵害等之虐待，或無法任意與他人通訊。

(五) 其證明身分之文件遭扣留。

(六) 運送或轉運至目的地後，從事工作所得遭剋扣，或其所得顯不相當。

(七) 運送或轉運至目的地後，從事工作項目與之前所知悉之工作項目明顯不符，或未經其同意任意更換工作項目。

(八) 其他情事足認其為人口販運之被害人。

（說明：司法警察機關於查獲疑似人口販運案件之第一時間，對於涉案之人員，即應注意是否有本點各款所列情形，並綜合判斷個案是否為被害人。）

四、司法警察人員於詢問時，態度應懇切，必要時應有通譯人員、社工人員與勞政人員在場協助。

（說明：由於司法警察人員針對查獲之人口販運案件涉案人為詢問時，該涉案人可能為被害人，且身心可能受有嚴重創傷，故於詢問時態度應懇切，如有外籍人士或被詢問人身心狀況不穩定時，應請通譯人員或社工人員在場協助。）

五、司法警察人員為第二點之判斷，如有疑義者，應與檢察官研商。

六、經司法警察人員判斷為人口販運被害人者，如因被販運另涉刑事案件，應於移送時明確記載其為人口販運被害人，如為現行犯而須隨案移送時，應注意於移送過程與其他共犯區隔，確保其人身安全。

（說明：由於經判斷為被害人者，可能亦涉有其他刑事責任，例如偽造文書、非法入境等，而有移送檢察機關之必要，司法警察機關於移送時，應明確記載，以使承辦檢察官知悉，以便得適時運用免責規定，如緩起訴或職權不起訴處分。如因現行犯而有移送必要，因集團其他共犯亦一併移送，應注意與之區隔。）

七、經司法警察人員判斷為人口販運被害人後，司法警察機關應立即聯繫社政、勞政或衛政機關，以便安排合適之安置處所，必要時應請社工人員到場協助。

（說明：因人口販運被害人鑑別之目的，係為提供其合適之保護措施，以促其協助司法調查，故司法警察機關為判斷後，應立即與社政、勞政或衛政機關聯繫以安排其安置處所。）

八、經司法警察人員判斷為人口販運被害人者，司法警察人員應告知其得受保護之措施及應配合司法調查，以利人口販運案件之追查。

（說明：因人口販運被害人鑑別之目的，係為提供其合適之保護措施，以促其協助司法調查，追查幕後集團犯罪，故司法警察人員應明白告知並使其明瞭應配合後續之司法調查，包括作證等程序。）

九、經司法警察機關判斷為人口販運被害人者，檢察官於偵查過程中，認其非屬被害人者，檢察官應即通知原移送機關，將其由原安置處所轉換至收容處所。經司法警察機關判斷非屬於人口販運之被害人而經收容於收容處所者，經檢察官偵查認其應為被害人時，應即通知移送機關將其於收容處所移至合適之安置處所，並提供必要之協助。

（說明：檢察官偵查時如認原經判斷為被害人者，事實上應屬被告，應立即通知原移送之司法警察機關為合適之身分轉換處理，包含安置處所之移轉等。反之如原經認非屬被害人，惟檢察官經偵查後認其應為被害人時，亦應即時轉換安置處所，並為必要之協助。）

Chapter 3

移民管理與跨國婚姻媒合

本章依據出題頻率區分，屬：C 頻率低

第一節　移民輔導及移民業務管理【107高考2】

問題意識

一、依入出國及移民法第51條規定，試述政府對於移民輔導之責任。
二、入出國及移民法第53條規定，集體移民得由民間團體辦理，此處民間團體係指為何？
三、移民機構得經營之業務為何？
四、試依相關法令解釋下列名詞：(一)移民基金；(二)移民團體。
五、移民業務機構申請設立許可之要件為何？

一、政府對移民事務之責任

(一) 移民輔導、保護及協助

移民包括移出人民及移入人民，本法第51條規定：「政府對於移民應予保護、照顧、協助、規劃、輔導。主管機關得協調其他政府機關（構）或民間團體，對移民提供諮詢及講習、語言、技能訓練等服務。」此外，本法施行細則第26條詳細規定政府對於移民輔導所應該實踐之責任，內容如下：

1. 主管機關應蒐集、編印包括移居國或地區之地理環境、社會背景、政治、法律、經濟、文教、人力需求及移民資格條件等資訊，提供有意移民者參考。
2. 主管機關得委託有關機構、學校或團體辦理移民之規劃、諮詢、講習或提供語文及技能訓練，以利有意移民者適應移居國或地區生活環境及順利就業。

(二) 勸阻移民：政府對於計劃移居發生戰亂、瘟疫或排斥我國國民之國家或地區者，得勸阻之（本法第52條）。另政府需提供有關國外發生戰亂、瘟疫或排斥我國國民之國家等資訊，本法施行細則第27條規定：「主管機關應蒐集有關國外戰亂、瘟疫或排斥我國國民之國家或地區之訊息，並適時發布，提供有意移民者參考。移民業務機構代辦國民計劃移居發生戰亂、瘟疫或排斥我國國民之國家或地區者，應事先勸告當事人。」

(三) **集體移民**

1. **原則規定**：集體移民，得由民間團體辦理，或由主管機關了解、協調、輔導，以國際經濟合作投資、獎勵海外投資、農業技術合作或其他方式辦理（本法第53條）。

2. **民間團體之定義**：民間團體，指財團法人、移民團體或依本法核准設立之移民業務機構（本細則第28條第1項）。

3. **與移居國會商之方式**

   (1) 民間團體辦理集體移民，應先與移居國進行協商，並由主管機關協調外交部代表政府與移居國政府簽署集體移民協定（本細則第28條第2項）。

   (2) 主管機關得會同外交部、財政部、經濟部、教育部、僑務委員會、行政院農業委員會、勞動部等有關機關，派員前往移居國或地區瞭解集體移民之可行性（本細則第28條第3項）。

   (3) 主管機關對於歡迎我國移民之國家或地區，基於雙方互惠原則，得以國際經濟合作投資、獎勵海外投資、農業技術合作或其他方式，簽署集體移民合作協定，或協調外交部代表政府與移居國政府為之（本細則第29條第1項）。

4. **委託辦理**：集體移民之規劃、遴選、訓練及移居後之輔導、協助、照護等事宜，主管機關得委託有關機構或團體辦理（本細則第29條第2項）。

(四) **僑民學校及本國銀行分支機構之設立**：主管機關得協調有關機關，依據移民之實際需要及當地法令，協助設立僑民學校或鼓勵本國銀行設立海外分支機構（本法第54條）。

二、移民業務機構

(一) **移民業務機構之經營登記及處分**

1. **成立移民業務機構之程序**：經營移民業務者，以公司組織為限，應先向移民署申請設立許可，並依法辦理公司登記後，再向移民署領取註冊登記證，始得營業。但依律師法第47-7條規定者，得不以公司為限，其他條件準用我國移民業務機構公司之規定（本法第55條第1項）。

鑑往知來

一、依規定設立移民業務機構者，應檢附相關文件向何機關申請設立許可？【地特】

答 參照上述重點整理即可。

二、「移民業務機構及其從業人員輔導管理辦法」第8條規定，年滿幾歲者，得參加移民專業人員訓練？其訓練時，至少需幾小時？【地特】

答 依照該辦法規定，年滿二十歲者，得參加移民專業人員訓練。其訓練時數，至少四十小時。

2. **外國移民業務機構設立之程序**：外國移民業務機構在我國設立分公司，應先向移民署申請設立許可，並依公司法辦理認許[註]後，再向移民署領取註冊登記證，始得營業（本法第55條第2項）。
3. **變更註冊登記事項之期限規定**：前二項之移民業務機構變更註冊登記事項，應於事實發生之翌日起15日內，向移民署申請許可或備查，並於辦妥公司變更登記後1個月內，向移民署申請換發註冊登記證（本法第55條第3項）。未依規定向移民署申請換發註冊登記證者，處新臺幣3萬元以上15萬元以下罰鍰，並令其限期改善；屆期仍不改善者，勒令歇業（本法第79條第1項第1款）。
4. **跨國人力代辦居留業務**：經中央勞動主管機關依就業服務法規定許可從事跨國人力仲介業務之私立就業服務機構，代其所仲介之外國人辦理居留業務為其仲介服務之一環，該等機構既經中央勞動主管機關許可，應毋須再經移民業務主管機關許可，以符合簡政便民，並減輕外國人來臺工作之費用。本法第55條第4項：「經中央勞動主管機關許可從事跨國人力仲介業務之私立就業服務機構，得代其所仲介之外國人辦理居留業務。」

   另，私立就業服務機構，毋須向主管機關申請移民業務機構設立許可並領取註冊登記證，即得代其所仲介之外國人辦理居留業務。惟如該等私立就業服務機構兼營其他移民業務，則應依本法規定申請許可；未申請許可並領有註

[註] 公司法第375條：「外國公司經認許後，其法律上權利義務及主管機關之管轄，除法律另有規定外，與中華民國公司同。」

冊登記證者，非屬移民業務機構，不能將移民業務廣告送請審閱確認，不得刊登移民業務廣告，且因未置有移民專業人員，故毋須接受在職訓練。倘其違法經營移民業務、刊登移民業務廣告等，即依本法規定處罰。

5. **罰則（本法第87條）**

移民業務機構有下列情形之一者，應廢止其許可，註銷註冊登記證及公告之，並通知公司登記主管機關廢止其公司登記或部分登記事項：

(1) 受託代辦移民業務時，協助當事人填寫、繳交不實證件，經司法機關判決確定。

(2) 受託代辦移民業務，詐騙當事人。

(3) 註冊登記證借與他人營業使用。

(4) 經勒令歇業。

(5) 因情事變更致不符第57條第1項各款所定設立許可要件，經通知限期補正，屆期未補正。

(二) **移民業務機構之業務範圍**【108高考2】

1. **移民業務機構得經營下列各款移民業務：**（本法第56條第1項）

(1) 代辦居留、定居、永久居留或歸化業務。

(2) 代辦非觀光旅遊之停留簽證業務。

(3) 與投資移民有關之移民基金諮詢、仲介業務，並以保護移民者權益所必須者為限。

(4) 其他與移民有關之諮詢業務。

(5) 罰則：未依本法規定申請設立許可，並領取註冊登記證，或經撤銷、廢止許可而經營以上各款移民業務者，處新臺幣20萬元以上100萬元以下罰鍰，並得按次連續處罰（本法第75條）。

2. **移民基金業務應受主管機關許可：**移民業務機構辦理前項第3款所定國外移民基金諮詢、仲介業務，應逐案申請移民署許可；其屬證券交易法所定有價證券者，移民署應會商證券主管機關同意後許可之（本法第56條第2項）。諮詢、仲介移民基金，未逐案經移民署許可者，處新臺幣3萬元以上15萬元以下罰鍰，並令其限期改善；屆期仍不改善者，勒令歇業（本法第79條第1項第2款）。

延伸思考

移民基金：指移居國針對以投資方式而取得該國之居留資格者所定之投資計畫、方案或基金（施行細則第30條）。

3. **收受移民基金款項之禁止**：經營第1項第3款之業務者，不得收受投資移民基金相關款項（本法第56條第3項）。違反規定而收受移民基金相關款項者，處新臺幣3萬元以上15萬元以下罰鍰，並令其限期改善；屆期仍不改善者，勒令歇業（本法第79條第1項第3款）。

4. **移民廣告之核定**

   (1) 移民業務機構對第1項各款業務之廣告，其內容應經移民署指定之移民團體審閱確認，並賦予審閱確認字號，始得散布、播送或刊登（本法第56條第4項本文）。散布、播送或刊登未經審閱確認或核定之移民業務廣告者，處新臺幣3萬元以上15萬元以下罰鍰，並令其限期改善；屆期仍不改善者，勒令歇業（本法第79條第1項第4款）。

   (2) 但國外移民基金諮詢、仲介之廣告，得逐案送移民公會團體審閱確認，再轉報移民署核定後，始得為之；其屬證券交易法所定有價證券者，移民署應會商證券主管機關同意後核定之[註]（本法第56條第4項但書）。

   (3) 未核定不得放送：廣告物、出版品、廣播、電視、電子訊號、電腦網路或其他媒體業者不得散布、播送或刊登未賦予審閱確認字號或核定字號之移民業務廣告（本法第56條第5項）。違反本項規定者，處新臺幣3萬元以上15萬元以下罰鍰，並令其停止散布、播送或刊登；未停止散布、播送或刊登者，處新臺幣6萬元以上30萬元以下罰鍰，並得按次連續處罰（本法第79條第2項）。

   (4) 移民業務機構散布、播送或刊登經審閱確認之移民業務廣告，而未載明註冊登記證字號及移民廣告審閱確認字號或核定字號者，移民署應予警告並限期改善；屆期仍不改善者，勒令歇業（本法第86條）。

5. **陳報與檢查之義務**：移民業務機構應每年陳報營業狀況，並保存相關資料5年，對於移民署之檢查，不得規避、妨礙或拒絕（本法第56條第6項）。未每年陳報營業狀況、陳報不實、未依規定保存相關資料或規避、妨礙、拒絕檢查者，處新臺幣3萬元以上15萬元以下罰鍰，並令其限期改善；屆期仍不改善者，勒令歇業（本法第79條第1項第5款）。

[註] 有關移民基金之廣告，依財政部92年7月17日台財證四字第0920130182號函示略以，移民基金若被判定為證券交易法之有價證券，其勸誘及廣告已屬募集之行為，應視其是否踐行募集與發行有價證券之相關程序，若已達資訊充分公開之情形，則應可從事廣告，惟仍應採逐案審核方式，有關移民基金之廣告，須經移民團體審閱確認，再由移民團體轉報主管機關核定或會商證券主管機關同意後，再由移民團體轉報主管機關核定或會商證券主管機關同意後，由主管機關核定，始得散布、播送或刊登。

6. **與委託人簽約之義務**：移民業務機構受託辦理第1項各款業務時，應與委託人簽訂書面契約，相關收費數額表由移民署參考市場價格擬定後公告之（本法第56條第7項）。未與委託人簽訂書面契約者，處新臺幣3萬元以上15萬元以下罰鍰，並令其限期改善；屆期仍不改善者，勒令歇業（本法第79條第1項第6款）。

實力進階

［投資移民基金］

按投資移民基金，係以投資一定金額作為許可移民條件之資金，其內容依各移入國之規定而有不同之型態，有些國家同意海外移民申請人單純以存款、借貸或投資某一方案等方式辦理投資移民（如美國、加拿大及紐西蘭等），有些國家要求海外申請人需購買公債、基金等辦理投資移民；其態樣不一，有涉及證券交易法者，亦有不涉及證券交易法者。

有關涉及證券交易法者，依財政部92年7月17日台財證四字第0920130182號函，有關證券交易法第1條所稱保障投資之「投資」，是否包括第1項第3款所定「與投資移民有關之移民基金」部分釋示：為維護證券投資及移民證券交易之公平與公正進行，證券交易法第1條所稱「保障投資」之「投資」僅限同法第6條之標的，且投資人投資之目的係為賺取報酬；然本法現行條文第47條第1項第3款所定「與投資移民有關之移民基金」之「投資」目的係為取得他國永久居留權，如投資所賺取之報酬僅歸屬於他國政府等機構而與移民申請人無涉，則該等移民基金之投資，應不屬證券交易法第1條所稱之「投資」；反之，如移民申請人尚有分享投資所賺取報酬，則該等移民基金之投資，則有證券交易法第1條所稱「投資」之適用。

又不論移入國要求移民基金購買之標的為何，在判斷該種投資移民之投資是否屬證券交易法第1條所規範之「投資」時，首要考量因素在於移民申請人得否因該投資而可分享所賺取之報酬，若無，則非屬證券交法第1條所規範之投資，該種型態由移民主管機關主政即可，毋需會商該部同意。反之，則該種型態之移民基金應可認定為76年10月30日(76)台財證(二)第6934號函及83年5月18日以(83)台財證(四)第17813號函所稱之投資契約而屬證券交易法所規範之有價證券，則該種投資應有證券交易法之適用。

(三)移民業務機構申請設立許可之要件

依入出國及移民法第57條之規定，移民業務機構申請設立許可之要件如下：

1. 移民業務機構申請設立許可，應具備下列要件：
   (1)一定金額以上之實收資本額。
   (2)置有符合規定資格及數額之專任專業人員。
   (3)在金融機構提存一定金額之保證金。
   (4)其他經主管機關指定應具備之要件。
2. 移民業務機構申請設立許可之程序、應備文件、實收資本額、負責人資格、專業人員資格、數額、訓練、測驗、輔導管理、保證金數額、廢止許可、註冊登記證之核發、換發、註銷、繳回、申請許可辦理移民基金案之應備文件、移民業務廣告審閱確認及其他應遵行事項之辦法，由主管機關定之。

鑑往知來

一、訂定「移民業務機構及其從業人員輔導管理辦法」所依據之法規為何？【地特】

答 本辦法依入出國及移民法第57條第2項規定訂定之。

二、試依入出國及移民法及其相關命令之規定，說明：
(一)何謂移民基金？
(二)移民業務機構辦理移民基金諮詢、仲介業務須符合之法律要件。【108高考】

答 所謂移民基金，依入出國及移民法施行細則第30條規定：「本法第56條、第57條及第79條所稱移民基金，指移居國針對以投資方式而取得該國之居留資格者所定之投資計畫、方案或基金。」至法律要件請參見本法第56條、第57條及第79條規定。

試題演練

一、依入出國及移民法第51條規定，試述政府對於移民輔導之責任。

答 (一) 本法第51條規定：「政府對於移民應予保護、照顧、協助、規劃、輔導。主管機關得協調其他政府機關（構）或民間團體，對移民提供諮詢及講習、語言、技能訓練等服務。」

(二) 本法施行細則第26條詳細規定政府對於移民輔導所應該實踐之責任，內容如下：

1. 主管機關應蒐集、編印包括移居國或地區之地理環境、社會背景、政治、法律、經濟、文教、人力需求及移民資格條件等資訊，提供有意移民者參考。
2. 主管機關得委託有關機構、學校或團體辦理移民之規劃、諮詢、講習或提供語文及技能訓練，以利有意移民者適應移居國或地區生活環境及順利就業。

二、入出國及移民法第53條規定，集體移民得由民間團體辦理，此處民間團體係指為何？

答 民間團體：指財團法人、移民團體或依本法核准設立之移民業務機構（入出國及移民法施行細則第28條第1項）。

三、移民機構得經營之業務為何？

答 依入出國及移民法第56條第1項規定，移民業務機構得經營下列各款移民業務：

(一) 代辦居留、定居、永久居留或歸化業務。

(二) 代辦非觀光旅遊之停留簽證業務。

(三) 與投資移民有關之移民基金諮詢、仲介業務，並以保護移民者權益所必須者為限。

(四) 其他與移民有關之諮詢業務。

四、試依相關法令解釋下列名詞：(一)移民基金；(二)移民團體。

答 (一)移民基金：指移居國針對以投資方式而取得該國之居留資格者所定之投資計畫、方案或基金（入出國及移民法施行細則第30條）。

(二)移民團體：指從事移民會務，並依商業團體法或人民團體法規定核准成立之團體（入出國及移民法施行細則第31條）。

五、移民業務機構申請設立許可之要件為何？

答 依入出國及移民法第57條之規定，移民業務機構申請設立許可之要件如下：

(一)一定金額以上之實收資本額。

(二)置有符合規定資格及數額之專任專業人員。

(三)在金融機構提存一定金額之保證金。

(四)其他經主管機關指定應具備之要件。

第二節　跨國婚姻媒合與反歧視條款【108高考1】

問題意識

試依入出國及移民法之規定，說明跨國婚姻媒合所禁止之行為？

一、跨國婚姻媒合

(一)**跨國（境）婚姻媒合**：婚姻本質上不宜作為商業交易標的。民法第573條亦規定「因婚姻居間而約定報酬者，就其報酬無請求權。」顯已將婚姻媒合之商業契約視為類似違背公序良俗之法律行為。且當前婚姻仲介在商業機制下，已產生類似販賣人口之惡劣行徑，更有污名化婚姻移民之潛在效果。故應予全面禁止。

職是之故，本法第58條第1、2項規定：「跨國（境）婚姻媒合不得為營業項目。跨國（境）婚姻媒合不得要求或期約報酬。」違反者將處新臺幣20萬元以上100萬元以下罰鍰，並得按次連續處罰（本法第76條）。

另同條第3項亦禁止婚姻媒合之廣告：「任何人不得於廣告物、出版品、廣播、電視、電子訊號、電腦網路或以其他使公眾得知之方法，散布、播送或刊登跨國（境）婚姻媒合廣告。」違反者將處新臺幣10萬元以上50萬元以下罰鍰，並得按次連續處罰（本法第78條第1項第1款）。上開條文所稱之「報酬」，指因居間報告結婚機會或介紹婚姻對象之行為，而向受媒合當事人約定或請求給付之對價。

(二) 定期陳報媒合業務狀況

1. 財團法人及非以營利為目的之社團法人從事跨國（境）婚姻媒合者，應經移民署許可，並定期陳報媒合業務狀況（本法第59條第1項）。
   (1) 罰則一：未經許可或許可經撤銷、廢止而從事跨國（境）婚姻媒合者，處新臺幣10萬元以上50萬元以下罰鍰，並得按次連續處罰（本法第78條第2款）。
   (2) 罰則二：未依規定陳報業務狀況者，處新臺幣3萬元以上15萬元以下罰鍰，並得按次連續處罰（本法第80條第1款）。
2. 前項法人應保存媒合業務資料5年，對於移民署之檢查，不得規避、妨礙或拒絕（本法第59條第2項）。未依本項規定，保存媒合業務資料或規避、妨礙或拒絕檢查者，處新臺幣3萬元以上15萬元以下罰鍰，並得按次連續處罰（本法第80條第2款）。
3. 第1項許可之申請要件、程序、審核期限、撤銷與廢止許可、業務檢查、督導管理及其他應遵行事項之辦法，由主管機關定之（本法第59條第3項）。

(三) 查證及保密之義務

1. 從事跨國（境）婚姻媒合者，對於受媒合雙方當事人所提供之個人資料，應善盡查證及保密之義務，並於經雙方當事人書面同意後，完整且對等提供對方（本法第60條第1項）。違反查證及保密義務，有下列情形之一者，處新臺幣3萬元以上15萬元以下罰鍰，並得按次連續處罰：（本法第80條）
   (1) 對於受媒合雙方當事人所提供之個人資料，未善盡查證或保密義務。
   (2) 未經受媒合當事人之書面同意，而提供個人資料或故意隱匿應提供之個人資料。
2. 前項所稱書面，應以受媒合當事人居住國之官方語言作成（本法第60條第2項）。

(四) **本法修正前設立有婚姻媒合業登記之公司或商號營業期限**：中華民國95年9月26日前合法設立且營業項目有婚姻媒合業登記之公司或商號，自中華民國96年11月30日修正之條文施行屆滿一年之日起，不得再從事跨國（境）婚姻媒合（本法第61條）。

知識補給站

［司法院釋字第802號］

跨國（境）婚姻媒合不得要求或期約報酬案

※解釋文

入出國及移民法第58條第2項規定：「跨國（境）婚姻媒合不得要求或期約報酬。」與憲法第15條保障人民工作權、第22條契約自由及第7條平等權之意旨尚無違背。

入出國及移民法第76條第2款規定：「有下列情形之一者，處新臺幣20萬元以上100萬元以下罰鍰，並得按次連續處罰：……二、從事跨國（境）婚姻媒合而要求或期約報酬。」與憲法第15條保障人民財產權之意旨尚無違背。

※解釋理由書：……

一、系爭規定一與憲法保障人民工作權及契約自由之意旨尚無違背

憲法第15條規定之工作權，旨在保障人民自主選擇職業及從事相關業務行為之自由。國家為維護他人權益、健全交易秩序、防範違法之逐利行為等公益，仍得以法律對之有所限制。法律對於工作權之限制，因其內容之差異，在憲法上本有寬嚴不同之容許標準。關於從事工作之方法、時間、地點、內容等執行職業自由，如其限制目的係為追求正當之公共利益，且其限制手段與目的之達成間有合理關聯，即非憲法所不許（本院釋字第778號解釋參照）。又契約自由為個人自主發展與實現自我之重要機制，並為私法自治之基礎，除依契約之具體內容受憲法各相關基本權利規定保障外，亦屬憲法第22條所保障其他自由權利之一種。惟國家為維護正當公益，尚非不得以法律對之為合理之限制（本院釋字第576號解釋參照）。

系爭規定一明定：「跨國（境）婚姻媒合不得要求或期約報酬。」**就以婚姻媒合為其業務內容之個人或團體，係對其從事業務行為得否主動要求或期約報酬之干預，而屬對工作權之限制；就僅偶然從事婚姻媒合，而非以之為業者，則係對其與他人締約內容之干預，而屬對契約自由之限制**。

跨國（境）婚姻媒合所媒介之雙方當事人，其語言、經濟條件、文化多半有所差異，且涉及移民事宜，如跨國（境）婚姻媒合得請求報酬，可能會為求報償，而利用資訊不對稱，勉強撮合或矇騙雙方，或假借婚姻媒合而為移民，甚至販運人口。再者，在實務上，跨國（境）婚姻媒合如許其要求或期約報酬，可能會將受媒合之婚姻商品化，亦有物化女性之疑慮。查立法者制定系爭規定一之目的，即係為健全跨國（境）婚姻媒合環境，以保障結婚當事人權益、防杜人口販運及避免物化女性、商品化婚姻等（內政部中華民國104年4月20日台內移字第1040023250號函復本院參照）。**是系爭規定一禁止跨國（境）婚姻媒合要求或期約報酬，自係為追求正當之公共利益，目的洵屬合憲**。

就限制手段言，系爭規定一係禁止跨國（境）媒合者主動要求或與受媒合者約定婚姻媒合之報酬，並未全面禁止跨國（境）婚姻媒合之工作或業務行為，亦未以此限制從事媒合工作或業務者之資格條件，不涉及職業選擇自由之限制，且仍容許非營利法人從事不具商業目的之跨國（境）婚姻媒合（入出國及移民法第59條參照）。如受媒合者於媒合成功後主動致贈金錢或財產上利益予媒合者，即非系爭規定一所禁止。**是系爭規定一之上開限制，僅係對於從事跨國（境）婚姻媒合者職業執行內容，以及偶然從事婚姻媒合者與他人締約內容之干預，不僅有助於跨國（境）婚姻媒合之去商業化，從而健全跨國（境）婚姻媒合環境，亦可減少假婚姻媒合而行人口販運之不法情事，及避免物化女性、商品化婚姻等流弊。因此，系爭規定一禁止跨國（境）婚姻媒合要求或期約報酬之限制手段，與其目的之達成間有合理關聯**。

綜上，系爭規定一之上開限制，與憲法保障人民工作權及契約自由之意旨尚無違背。

二、系爭規定一與憲法保障人民平等權之意旨尚無違背

憲法第7條保障人民之平等權，並不當然禁止國家為差別待遇。法規範所為差別待遇，是否符合平等保障之要求，應視該差別待遇之目的是否合憲，及其所採取之分類與規範目的之達成間，是否存有一定程度之關聯性而定。法規範所採取之分類如未涉及可疑分類，且其差別待遇並不涉及攸關個人人格發展及人性尊嚴之重要基本權利，本院自得採寬鬆標準予以審查（本院釋字第768號及第794號解釋參照）。如其立法目的係為追求正當公共利益，且其分類與目的之達成間有合理關聯，即與憲法第7條平等權保障無違。

系爭規定一限制跨國（境）婚姻媒合不得要求或期約報酬，違反者並得依系爭規定二處以罰鍰。至於非跨國（境）婚姻媒合，則不在限制之列，亦無科處罰鍰之規定。可見系爭規定一係以媒合是否涉及跨國（境）婚姻為分類，而對跨國（境）婚姻媒合給予相對不利之上述差別待遇。此項分類未涉及可疑分類，其差別待遇則涉及營利性之業務或契約事項，亦非上開重要基本權利，本院爰採寬鬆審查。

查立法者考量跨國（境）婚姻雙方當事人間之可能差異、其等與媒合者間之資訊不對稱、甚至人口販運等問題，相較於非跨國（境）婚姻媒合，往往更為明顯，也更可能發生；又跨國（境）婚姻更涉及跨國（境）人口移動與移民，致為結婚而離開本國之一方常會因身處異國而遭受更大之壓力，甚至是不當壓迫，此則為非跨國（境）婚姻媒合所無之情形，乃制定系爭規定一，針對跨國（境）婚姻媒合之要求或期約報酬予以相對不利之差別待遇，以防免媒合者為營利而忽略上述問題或致該等問題更為嚴重。**核其目的係為健全跨國（境）婚姻媒合環境，以保障結婚當事人權益、防杜人口販運及避免物化女性、商品化婚姻等（上開內政部函參照）。上開目的所追求之公共利益，洵屬正當**；其所採取之分類及差別待遇亦有助於上開目的之達成，而有合理關聯。是系爭規定一與憲法保障人民平等權之意旨尚無違背。

三、系爭規定二與憲法保障人民財產權之意旨尚無違背

對人民違反行政法上義務之行為處以罰鍰，涉及對人民財產權之限制，其處罰固應視違規情節之輕重程度為之，俾符合憲法責罰相當原則。惟立法者針對違反行政法上義務行為給予處罰，如已預留視違規情節輕重而予處罰之範圍，對於個案處罰顯然過苛之情形，並有適當調整機制者，應認係屬立法形成自由範疇，本院原則上應予尊重（本院釋字第786號解釋參照）。

系爭規定二明定：「有下列情形之一者，處新臺幣20萬元以上100萬元以下罰鍰，並得按次連續處罰：……二、從事跨國（境）婚姻媒合而要求或期約報酬。」**就從事跨國（境）婚姻媒合而要求或期約報酬者，處新臺幣20萬元以上100萬元以下罰鍰，已授予主管機關得依違規情節之輕重而予處罰之裁量權。次就其處罰下限部分言，因於個案中仍有行政罰法第8條及第18條等有關減輕處罰規定之適用，而得以避免個案處罰顯然過苛而有情輕法重之情形**。是系爭規定二與憲法第15條保障人民財產權之意旨尚無違背。

鑑往知來

我國人外籍配偶A，在網路上刊登代辦結婚廣告「一手包辦受理您的文件並保證價格合理，可分期付款」。B認識在臺逃逸外勞C，因C遭遣返出境，B為使C可順利來臺生活，乃和A約定以25萬元5期付款委託代辦結婚及居留證申請。惟B繳付2期10萬元後，A遂因C無法來臺而中止辦理。試依入出國及移民法之規定分析A之行為如何處斷？【108高考】

答 請參見跨國（境）婚姻媒合部分有關不得廣告部分之規定（本法第58條、第59條及第78條）。

四、反歧視條款

1. 任何人不得以國籍、種族、膚色、階級、出生地等因素，對居住於臺灣地區之人民為歧視之行為。
2. 因前項歧視致權利受不法侵害者，除其他法律另有規定者外，得依其受侵害情況，向主管機關申訴。
3. 前項申訴之要件、程序及審議小組之組成等事項，由主管機關定之[註]（本法第62條）。
4. 主管機關受理第62條之申訴，認定具有違反該條規定情事時，除其他法律另有規定者外，應立即通知違規行為人限期改善；屆期未改善者，處新臺幣5000元以上3萬元以下罰鍰（本法第81條）。

試題演練

試依入出國及移民法之規定，說明跨國婚姻媒合所禁止之行為？

答 (一) 入出國及移民法第58條第1、2項規定：「跨國（境）婚姻媒合不得為營業項目。跨國（境）婚姻媒合不得要求或期約報酬。」違反者將處新臺幣二十萬元以上一百萬元以下罰鍰，並得按次連續處罰（本法第76條）。

(二) 另同條第3項亦禁止婚姻媒合之廣告：「任何人不得於廣告物、出版品、廣播、電視、電子訊號、電腦網路或以其他使公眾得知之方法，散布、播送或刊登跨國（境）婚姻媒合廣告。」違反者將處新臺幣十萬元以上五十萬元以下罰鍰，並得按次連續處罰（本法第78條第1項第1款）。

[註] 居住臺灣地區之人民受歧視申訴辦法（97.06.04）。

Chapter 4 入出國之面談與查察

本章依據出題頻率區分，屬：**A** 頻率高

問題意識

一、依入出國及移民法第63條規定，移民署執行職務人員其職權得否及於大陸地區人民？

二、試依相關規定，說明移民署人員執行職務方式？

三、在何種情形下，移民署得對申請案件實施面談？

四、移民署人員發動查察之目的為何？

五、移民署人員於執行查察逾期停留、居留、非法入出國等工作具有危險性，且有實施強制力令他人為一定行為或不作為之必要，故有配帶及使用武器及戒具之需求，惟使用武器及戒具過當時，應如何處置？

一、職權之行使

(一)**職權行使之法源依據**：按辦理入出國查驗、調查依本法受理之申請案件，並查察逾期停、居留、從事與許可原因不符之活動或工作、強制驅逐出國、非法入出國案件係日後移民署之工作重點，為利於各項業務之執行，本章所定之相關職權，為日後執法之依據。本法第63條第1項：「移民署執行職務人員為辦理入出國查驗，調查受理之申請案件，並查察非法入出國、逾期停留、居留，從事與許可原因不符之活動或工作及強制驅逐出國案件，得行使本章所定之職權。」

(二)**職權行使範圍包含大陸及港澳居民**：有關大陸地區人民及港澳居民進入臺灣地區等事宜，係臺灣地區與大陸地區人民關係條例、香港澳門關係條例及相關許可辦法，而本法適用上尚不及於大陸地區人民及港澳居民；惟有關為辦理入出國查驗，調查受理之申請案件，並查察非法入出國、逾期停留、居留，從事與許可原因不符之活動或工作及強制驅逐出國等職權行使事項，於大陸地區人民及港澳居民亦有為相同管制措施之必要性，本法第63條第2項：「前項職權行使之對象，包含大陸地區人民、香港或澳門居民。」

(三)**職權行使之方式**

1. 通知關係人陳述意見：移民署基於調查事實及證據之必要，得以通知書通知關係人陳述意見（施行細則第34條）。

2. 要求提供必要資料：移民署基於調查事實及證據之必要，得要求當事人或第三人提供必要之文書、資料或物品（施行細則第35條）。
3. 鑑定：移民署得選定適當之人、機關或機構為鑑定（施行細則第36條）。
4. 實施勘驗：移民署為瞭解事實真相，得實施勘驗（施行細則第37條）。

二、暫時留置

(一) 暫時留置之情形

按國境線上之查驗工作，係以國家安全為主要考量；賦予第一線執行查驗工作人員，於發現可疑之情事時，具有「暫時留置」之權限，以增進查驗品質及維護國家主權。本法第64條第1項規定，移民署執行職務人員於入出國查驗時，有事實足認當事人有下列情形之一者，得暫時將其留置於勤務處所，進行調查：

1. 所持護照或其他入出國證件顯係無效、偽造或變造。
2. 拒絕接受查驗或嚴重妨礙查驗秩序。
3. 有第73條（非法運送）或第74條（未經許可入出國）所定行為之虞。
4. 符合本法所定得禁止入出國之情形。
5. 因案經司法或軍法機關通知留置。
6. 其他依法得暫時留置。

(二) **留置時間**：為保障人身自由，避免不當侵害人權，另於修正條文第2項規定所實施之暫時留置，應於目的達成或已無必要時，立即停止；另依實務運作而言，若需留置國民進行調查，因其相關資料之取得及查證較外國人、大陸地區人民、香港或澳門居民容易，故對國民實施暫時留置之時間，亦應較對外國人等實施留置之時間為短。本法第64條第2項規定：「依前項規定對當事人實施之暫時留置，應於目的達成或已無必要時，立即停止。實施暫時留置時間，對國民不得逾二小時，對外國人、大陸地區人民、香港或澳門居民不得逾六小時。」

(三) **留置之實施程序與遵行事項之辦法**：暫時留置之實施程序及其他應遵行事項之辦法，由主管機關定之[註]。

[註] 內政部移民署實施暫時留置辦法（97.08.01）。

三、實施面談

依照本法第65條之規定，實施面談之情形如下：

> **延伸思考**
>
> 「中華民國領域內有住所」：指以久住之意思，住於我國領域內，且持有有效之外僑居留證或外僑永久居留證者（國籍法施行細則第4條）。

(一) 移民署受理下列申請案件時，得於受理申請當時或擇期與申請人面談。必要時，得委由有關機關（構）辦理：

1. 外國人在臺灣地區申請停留、居留或永久居留。
2. 臺灣地區無戶籍國民、大陸地區人民、香港或澳門居民申請在臺灣地區停留、居留或定居。

(二) 前項接受面談之申請人未滿14歲者，應與其法定代理人同時面談。

(三) 第1項所定面談之實施方式、作業程序、應備文件及其他應遵行事項之辦法，由主管機關定之[註]。

四、接受詢問

(一) **接受詢問發動要件及程序**：移民署為調查當事人違反本法之事實及證據，得以書面通知相關之人至指定處所接受詢問。通知書應記載詢問目的、時間、地點、負責詢問之人員姓名、得否委託他人到場及不到場所生之效果（本法第66條第1項）。此處所定詢問，準用依本法第65條第3項所定辦法[註]之規定（本法第66條第3項）。

(二) **強制到場規定**：為落實前項職權之執行，及強化受通知人之到場義務，本法第66條第2項規定：「依前項規定受通知之人，無正當理由不得拒絕到場。」違反本項規定，拒絕到場接受詢問者，處新臺幣2千元以上1萬元以下罰鍰（本法第85條第5款）。

五、查證

(一) **實施查證**

本法第67條第1項規定，移民署執行職務人員於執行查察職務時，得進入相關之營業處所、交通工具或公共場所，並得對下列各款之人查證其身分：

1. 有事實足認其係逾期停留、居留或得強制出國。
2. 有相當理由足認有第73條或第74條所定行為，或有該行為之虞。

[註] 內政部移民署實施面談辦法（97.08.01）。

3. 有事實足認從事與許可原因不符之活動或工作。
4. 有相當理由足認係非法入出國。
5. 有相當理由足認使他人非法入出國。

(二) **營業處所查證時間**：本法第67條第2項：「依前項規定進入營業處所實施查證，應於其營業時間內為之。」本項之立法意旨，係依照司法院釋字第535號解釋而來。實施臨檢，應盡量避免干擾人民正當營業及生活作息，因此明定移民署執行職務人員進入營業處所實施檢查之時間限制規定。此處所稱「營業時間」，係指該場所實際從事營業之時間，不以其標示之營業時間為限。

(三) **強制查證規定**：移民署執行職務人員進入營業場所實施檢查之目的，在於查察不法，以維護公益，課予營業場所之負責人或管理人配合查證之義務。本法第67條第3項規定：「第1項所定營業處所之負責人或管理人，對於依前項規定實施之查證，無正當理由，不得規避、妨礙或拒絕。」違反本項規定，規避、妨礙或拒絕查證者，處新臺幣2千元以上1萬元以下罰鍰（本法第85條第6款）。

(四) **營業處所之範圍**：為保障人權，避免干擾人民正當營業，本法第67條第4項規定：「第1項所定營業處所之範圍，由主管機關定之，並刊登政府公報。」

實力進階

一、本法第67條第1項所稱「得進入交通工具」：所稱「進入交通工具」，原則上係指移民署執行職務人員，為查察偷渡、非法入出國及強制出國等案件，而進入停泊於入出國機場、港口之船舶、航空器，或查察對象所乘坐之車輛、大眾運輸系統等交通工具之行為而言。至於該署人員為查察逾期停留、居留或從事與許可原因不符之活動或工作等案件，雖非不得依本項之規定進入交通工具實施查證，但應以有急迫情形，且無其他適當方式以遂行其查察目的時，始得為之。是以該項規定並無授權該署人員於執行職務時，得不顧時間、地點及對象，任意或隨機進入交通工具實施查證之職權。

二、本法第67條第1項第2款、第4款及第5款所稱「有相當理由足認」：此處所稱「有相當理由足認」，係指依據客觀事實及其專業經驗，所作合理判斷，認為行為人之行為有發生該款情形之相當可能性。此種相當可能性，雖不要求達到充分可信或確定之程度，惟須不違反一般經驗及論理法則之判斷。

(五) 查證身分之必要措施

本法第68條規定，移民署執行職務人員依前條規定查證身分，得採行下列必要措施：

1. 攔停人、車、船或其他交通工具。
2. 詢問姓名、出生年月日、國籍、入出國資料、住（居）所、在臺灣地區停留或居留期限及相關身分證件編號。
3. 令出示身分證明文件。
4. 有事實足認受查證人攜帶足以傷害執行職務人員或受查證人生命、身體之物者，得檢查其身體及攜帶之物；必要時，並得將所攜帶之物扣留之。
5. 經合法檢查，拒絕出示護照、臺灣地區居留證、外僑居留證、外僑永久居留證、入國許可證件或其他身分證明文件者，處新臺幣2千元以上1萬元以下罰鍰（本法第85條第1款）。

實力進階

［本法第68條第1項所指之「攔停」、「詢問」、「令其出示身分證明文件」］

攔停：係指將行進中之人、車、船或其他交通工具加以攔阻，使其停止行進，或使非行進中之人，停止其動作而言。

詢問：係指以口頭問明受查證人身分等相關資料。

令其出示身分證明文件：係指要求受查證人出示足資證明身分之文件，以供查證。

(六) 將受查證人帶往勤務處所之情形（本法第69條）

1. 移民署執行職務人員依第67條規定實施查證，應於現場為之。但經受查證人同意，或於現場為之有下列情形之一者，得將其帶往勤務處所：
   (1) 無從確定身分。
   (2) 對受查證人將有不利影響。
   (3) 妨礙交通、安寧。
   (4) 所持護照或其他入出國證件顯係無效、偽造或變造。
   (5) 拒絕接受查驗。
   (6) 有第73條或第74條所定之行為。
   (7) 符合本法所定得禁止入出國之情形。
   (8) 因案經司法或軍法機關通知留置。

2. 依前項規定將受查證人帶往勤務處所時，非遇抗拒不得使用強制力，且其時間自攔停起，不得逾三小時，並應即通知其指定之親友或律師。

六、查察

(一)查察之發動與程序

1. **查察之目的**：為防止不法分子以虛偽結婚或收養之親屬關係，申請在臺灣地區停留、居留、永久居留或定居，並保障以正當合法之婚姻或收養之親屬關係申請者之權益，本法第70條第1項規定：「移民署受理因婚姻或收養關係，而申請在臺灣地區停留、居留、永久居留或定居之案件，於必要時，得派員至申請人在臺灣地區之住（居）所，進行查察。」
2. **強制查察規定**：前項所定查察，應於執行前告知受查察人。受查察人無正當理由，不得規避、妨礙或拒絕（本法第70條第2項）。
3. **夜間查察之禁止與例外**

   前項所定查察，不得於夜間行之。但有下列情形之一者，不在此限：

   (1)經該受查察人、住（居）所之住居人或可為其代表之人承諾。

   (2)日間已開始查察者，經受查察人同意，得繼續至夜間（本法第70條第3項）。

(二)查察登記

1. 移民署對在我國停留期間逾3個月、居留或永久居留之臺灣地區無戶籍國民、外國人、大陸地區人民、香港及澳門居民應進行查察登記（本法第71條第1項）。
2. 臺灣地區無戶籍國民、外國人、大陸地區人民、香港及澳門居民對前項所定查察登記，不得規避、妨礙或拒絕（本法第71條第2項）。違反本項規定，規避、妨礙或拒絕查證者，處新臺幣2千元以上1萬元以下罰鍰（本法第85條第6款）。
3. 依第1項及前條第1項規定進行查察之程序、登記事項、處理方式及其他應遵行事項之辦法，由主管機關定之（本法第71條第3項）。

七、戒具武器之使用及致人傷亡之賠償

(一)**配帶戒具武器**：按執行查察逾期停留、居留、非法入出國等工作具有危險性，且有實施強制力令他人為一定行為或不作為之必要，故有配帶及使用武器及戒具之需求，本法第72條第1項規定：「移民署執行查察逾期停留、居留、非法入出國、收容或遣送職務之人員，得配帶戒具或武器。」

(二) **使用武器與戒具之情形**：移民署人員執行職務時，依法使用武器及戒具，將對人民之生命、身體、自由、財產，產生重大之限制及侵害，故使用武器及戒具之時機、要件應於法律中明定，始符法律保留原則。

1. 使用戒具之時機

本法第72條第2項規定：「前項所定人員執行職務時，遇有下列情形之一者，得使用戒具：

(1) 有抗拒之行為。

(2) 攻擊執行人員或他人，毀損執行人員或他人物品，或有攻擊、毀損行為之虞。

(3) 逃亡或有逃亡之虞。

(4) 自殺、自傷或有自殺、自傷之虞。」

2. 使用武器之時機

本法第72條第3項規定：「第1項所定人員執行職務時，遇有下列情形之一者，得使用武器：

(1) 執行職務人員之生命、身體、自由、裝備遭受危害或脅迫，或有事實足認為有受危害之虞。

(2) 人民之生命、身體、自由、財產遭受危害或脅迫，或有事實足認為有受危害之虞。

(3) 所防衛之土地、建築物、工作物、車、船遭受危害。

(4) 持有兇器且有滋事之虞者，經告誡拋棄，仍不聽從時。

(5) 對逾期停留、居留、非法入出國或違反其他法律之人員或其所使用之運輸工具，依法執行搜索、扣押或逮捕，其抗不遵照或脫逃。他人助其為該行為者，亦同。

(6) 有前項第1款至第3款之情形，非使用武器不足以強制或制止。」

(三) **致人傷亡之賠償**：執行職務人員使用武器及戒具，往往造成他人包括生命、身體、自由或財產等權益之損失或損害，為保障受損失或損害者之權益，準此，本法第72條第4項規定：「第1項所定人員使用戒具或武器致人受傷、死亡或財產損失者，其補償及賠償，準用警械使用條例第11條規定，由移民署支付；其係出於故意者，該署得對之求償。」

(四) **其他規定：**

1. 本法第72條第1項所定戒具及武器之種類、規格、注意事項及其他應遵行事項之辦法，由主管機關定之（本法第72條第5項）。
2. 本法第72條第1項所定戒具及武器，非經警察機關許可，不得定製、售賣或持有；違反者，準用警械使用條例第14條規定處理（本法第72條第6項）。

試題演練

一、依入出國及移民法第63條規定，移民署執行職務人員其職權得否及於大陸地區人民？

答 (一) 入出國及移民法第63條第1項：「移民署執行職務人員為辦理入出國查驗，調查受理之申請案件，並查察非法入出國、逾期停留、居留，從事與許可原因不符之活動或工作及強制驅逐出國案件，得行使本章所定之職權。」

(二) 同法第63條第2項：「前項職權行使之對象，包含大陸地區人民、香港或澳門居民。」

二、試依相關規定，說明移民署人員執行職務方式？

答 移民署人員執行職務方式如下：

(一) 通知關係人陳述意見：移民署基於調查事實及證據之必要，得以通知書通知關係人陳述意見（施行細則第32條）。

(二) 要求提供必要資料：移民署基於調查事實及證據之必要，得要求當事人或第三人提供必要之文書、資料或物品（施行細則第33條）。

(三) 鑑定：移民署得選定適當之人、機關或機構為鑑定（施行細則第34條）。

(四) 實施勘驗：移民署為瞭解事實真相，得實施勘驗（施行細則第35條）。

三、在何種情形下，移民署得對申請案件實施面談？

答 依照入出國及移民法第65條之規定，實施面談之情形如下：

(一) 移民署受理下列申請案件時，得於受理申請當時或擇期與申請人面談。必要時，得委由有關機關（構）辦理：

1. 外國人在臺灣地區申請停留、居留或永久居留。
2. 臺灣地區無戶籍國民、大陸地區人民、香港或澳門居民申請在臺灣地區停留、居留或定居。

(二) 前項接受面談之申請人未滿十四歲者，應與其法定代理人同時面談。

四、移民署人員發動查察之目的為何？

答 查察之目的係在於防止不法分子以虛偽結婚或收養之親屬關係，申請在臺灣地區停留、居留、永久居留或定居，並保障以正當合法之婚姻或收養之親屬關係申請者之權益，本法第70條第1項規定：「移民署受理因婚姻或收養關係，而申請在臺灣地區停留、居留、永久居留或定居之案件，於必要時，得派員至申請人在臺灣地區之住（居）所，進行查察。」

五、移民署人員於執行查察逾期停留、居留、非法入出國等工作具有危險性，且有實施強制力令他人為一定行為或不作為之必要，故有配帶及使用武器及戒具之需求，惟使用武器及戒具過當時，應如何處置？

答 執行職務人員使用武器及戒具，往往造成他人包括生命、身體、自由或財產等權益之損失或損害，為保障受損失或損害者之權益，準此，本法第72條第4項規定：「第1項所定人員使用戒具或武器致人受傷、死亡或財產損失者，其補償及賠償，準用警械使用條例第11條規定，由移民署支付；其係出於故意者，該署得對之求償。」

Chapter 5 機、船長及運輸業者之責任與本法附則

本章依據出題頻率區分，屬：B 頻率中

機、船長及運輸業者之責任

一、協助移民署相關人員執行職務

(一) 航空器、船舶或其他運輸工具，其機、船長或運輸業者，對移民署相關人員依據本法及相關法令執行職務時，應予協助（本法第47條第1項）。無正當理由違反本項規定者，處新臺幣2萬元以上10萬元以下罰鍰（本法第83條）。

(二) 前項機、船長或運輸業者，不得以其航空器、船舶或其他運輸工具搭載未具入國許可證件之乘客。但為外交部同意抵達我國時申請簽證或免簽證適用國家國民，不在此限（本法第47條第2項）。

(三) 罰則：違反第47條第2項規定，以航空器、船舶或其他運輸工具搭載未具入國許可證件之乘客者，每搭載1人，處新臺幣2萬元以上10萬元以下罰鍰。幫助他人為前項之違反行為者，亦同（本法第82條）。

二、通報入出國時間及機船員乘客之名冊

航空器、船舶或其他運輸工具入出機場、港口前，其機、船長或運輸業者，應於起飛（航）前向移民署通報預定入出國時間及機、船員、乘客之名冊或其他有關事項。乘客之名冊，必要時，應區分為入、出國及過境[註]（本法第48條）。無正當理由違反本條規定者，處新臺幣2萬元以上10萬元以下罰鍰（本法第83條）。

延伸思考

機船長或運輸業者應通報乘客名冊之情況：
1.起飛（航）前。
2.有不法事項時。
3.臨時入國停留時。

[註] 本條之立法理由：將機、船員、入出國及過境乘客之名冊於其抵達前傳知目的國乃世界趨勢，如現行美國API系統、澳洲APP系統等，均要求欲飛航該國之航空公司將報到櫃檯所蒐集之旅客資料（以MRP讀碼機讀取），於班機起飛後傳送該國相關單位作事先審查，以利對國際恐怖份子、人蛇偷渡集團、走私違禁物品案件之查察，俾有助於整體國家安全。另在偵辦人蛇偷渡案件時，往往需透過航空公司提供之入出國及過境乘客名冊（包括原機過境、轉機過境旅客名冊）作查察，亦有必要課予航空公司提供該等名冊之義務。是以，為達成上述目的，並考量相關系統建置及航空業者之執行成本，爰增列「乘客之名冊，必要時，應區分為入、出國及過境」等文字。

三、通報不法或臨時入國停留之機、船員或乘客之名冊

(一) 前條機、船長或運輸業者，對無護照、航員證或船員服務手冊及因故被他國遣返、拒絕入國或偷渡等不法事項之機、船員、乘客，亦應通報移民署。（本法第49條第1項）

(二) 航空器、船舶或其他運輸工具離開我國時，其機、船長或運輸業者應向移民署通報臨時入國停留之機、船員、乘客之名冊（本法第49條第2項）。

(三) 無正當理由違反本條規定者，處新臺幣2萬元以上10萬元以下罰鍰（本法第83條）。

四、機、船長或運輸業者應負責遣送出國之情形

(一) 航空器、船舶或其他運輸工具搭載之乘客、機、船員，有下列情形之一者，機、船長或運輸業者，應負責安排當日或最近班次運輸工具，將機、船員、乘客遣送出國（本法第50條第1項）：

1. 第7條或第18條第1項各款規定，禁止入國。
2. 依第19條第1項規定，臨時入國。
3. 依第20條第1項規定，過夜住宿。
4. 第47條第2項規定，未具入國許可證件。
5. 罰則：無正當理由違反本項規定者，處新臺幣二萬元以上十萬元以下罰鍰（本法第83條）。

(二) 相關費用之負擔：前項各款所列之人員待遣送出國期間，由移民署指定照護處所，或負責照護。除第1款情形外，運輸業者並應負擔相關費用（本法第50條第2項）。此處所稱「運輸業者應負擔之相關費用」，包括住宿、生活、醫療及主管機關派員照護之費用（施行細則第25條）。

本法附則

一、特殊情況之審核

以下規定之情形：

(一) 第9條第1項第8款（臺灣地區無戶籍國民係對國家、社會有特殊貢獻，或為臺灣地區所需之高級專業人才，而得向移民署申請在臺灣地區居留者）。

(二) 第11條第1項第1款（臺灣地區無戶籍國民因有事實足認有妨害國家安全或社會安定之重大嫌疑，而申請在臺灣地區居留或定居時，移民署得不予許可者）。

(三) 第18條第1項第13款、第15款（外國人因有危害我國利益、公共安全或公共秩序之虞，或有從事恐怖活動之虞，移民署得禁止其入國者）。

(四) 第24條第1項第1款、第2款（外國人因有危害我國利益、公共安全、公共秩序之虞，或有從事恐怖活動之虞，而依規定申請居留或變更居留時，移民署得不予許可者）。

(五) 第25條第3項（外國人雖不具第25條第1項之要件，但有特殊要件得向移民署申永久居留者）。

主管機關應聘請社會公正人士及邀集相關機關共同審核，經審核通過者，移民署應同意或許可其入國、出國、居留、變更居留原因、永久居留或定居（本法第88條）。

二、移民業務機構人員之資格

移民署所屬辦理入出國及移民業務之薦任職或相當薦任職以上人員，於執行非法入出國及移民犯罪調查職務時，分別視同刑事訴訟法第229條、第230條之司法警察官。其委任職或相當委任職人員，視同刑事訴訟法第231條之司法警察（本法第89條）。

延伸思考

移民機構人員於執行非法入出國及移民犯罪調查時之身份
1. 薦任職或相當薦任職以上人員→視同司法警察官。
2. 委任職或相當委任職人員→視同司法警察。

三、穿著制服及出示證件

移民署人員於執行職務時，應著制服或出示證件表明身分；其服制及其他應遵行事項之辦法，由主管機關定之（本法第90條）。

四、個人生物特徵識別資料蒐集錄存【105高考2】

(一) 外國人、臺灣地區無戶籍國民、大陸地區人民、香港及澳門居民於入國（境）接受證照查驗或申請居留、永久居留時，移民署得運用生物特徵辨識科技，蒐集個人識別資料後錄存（本法第91條）。

(二) 前項規定，有下列情形之一者，不適用之：

1. 未滿14歲。
2. 依第27條第1項規定免申請外僑居留證。
3. 其他經移民署專案同意。

(三) 未依第1項規定接受生物特徵辨識者，移民署得不予許可其入國（境）、居留或永久居留。

(四) 有關個人生物特徵識別資料蒐集之對象、內容、方式、管理、運用及其他應遵行事項之辦法，由主管機關定之。

鑑往知來

一、出入國旅客之顏面，那一部分是作為證照查驗辨識身分的利器？【96年地特】

答 外國人、臺灣地區無戶籍國民、大陸地區人民、香港及澳門居民於入國（境）接受證照查驗或申請居留、永久居留時，移民署得運用生物特徵辨識科技，蒐集個人識別資料後錄存（入出國及移民法第91條第1項）。
所謂個人生物特徵識別資料，係指具個人專屬性而足以辨識個別身分之指紋及臉部特徵資料（個人生物特徵識別資料蒐集管理及運用辦法第2條）。

二、試問具何種身分之人，於入境接受護照查驗或申請居留、永久居留時，內政部移民署得運用生物特徵辨識科技蒐集錄存個人識別資料？具有前揭身分者是否有例外不適用情形？若拒絕配合個人生物特徵辨識資料採集時，法律效果為何？請依入出國及移民法相關規定分別闡述之。【110地三】

答 參見本法第91條、第27條之規定回答。

五、舉發違法之獎勵

舉發違反本法規定之事實，經查證屬實者，得由移民署對舉發人獎勵之；其獎勵範圍、程序、金額、核給方式及其他應遵行事項之辦法，由主管機關定之（本法第92條）。

六、法規之準用

本法關於外國人之規定，於國民取得外國國籍而持外國護照入國者及無國籍人民，準用之（本法第93條）。

七、協調聯繫作業機制之建立

移民署與海岸巡防、警察、調查及其他相關機關應密切協調聯繫，並會同各該機關建立協調聯繫作業機制（本法第94條）。

八、免收規費之情形

依本法規定核發之證件，應收取規費。但下列證件免收規費：（本法第95條）

(一) 發給臺灣地區無戶籍國民，黏貼於我國護照之入國許可。

(二) 臨時停留許可證件。

(三) 僑務委員或僑務榮譽職人員因公返國申請之單次入國許可證件。

(四) 臺灣地區無戶籍國民每年自9月1日起至10月10日止，申請返國參加慶典之單次入國許可證件。

(五) 外國人重入國許可。

(六) 外國人入國後停留延期許可。

(七) 依第25條第3項規定許可之外僑永久居留證。

(八) 基於條約協定或經外交部認定有互惠原則之特定國家人民申請之外僑居留證或外僑永久居留證。

九、施行細則和施行日期

(一) 本法施行細則，由主管機關定之（本法第96條）。

(二) 本法施行日期，由行政院定之（本法第97條）。

試題演練

選擇題

( ) 入出國及移民法規定，機船長或運輸業者，應向移民署通報入出國時間及機船員乘客之名冊，其通報時間下列何者為非？ (A)起飛（航）前 (B)有不法事項時 (C)臨時入國停留時 (D)離境時。

解答及解析

(D)。

申論題

在何種情況下，機、船長或運輸業者應負責遣送搭載之乘客、機、船員出國？違反者有何處罰？

答 (一) 根據入出國及移民法第50條第1項之規定，航空器、船舶或其他運輸工具搭載之乘客、機、船員，有下列情形之一者，機、船長或運輸業者，應負責安排當日或最近班次運輸工具，將機、船員、乘客遣送出國：

1. 有第7條或第18條第1項各款規定，禁止入國。
2. 依第19條第1項規定，臨時入國。
3. 依第20條第1項規定，過夜住宿。
4. 第47條第2項規定，未具入國許可證件。

(二) 罰則：無正當理由違反本項規定者，處新臺幣二萬元以上十萬元以下罰鍰（本法第83條）。

Chapter 6 國籍法、護照條例及外國護照簽證條例

本章依據出題頻率區分，屬：**B** 頻率中

第一節　國籍法

問題意識

一、甲為外國人，在臺灣合法居留之事實連續5年以上，且每年有183日以上合法居留之事實，依現行法規，其在何種情況下，得申請歸化？
二、依據國籍法規定，如何申請喪失中華民國國籍？惟在哪些情況下，內政部不得為喪失國籍之許可？
三、我國國民兼具外國國籍者，能否擔任我國公職之規定為何？有無例外？
四、依據國籍法第10條規定，外國人歸化為中華民國國籍10年內，不得擔任特定公職。依據臺灣地區與大陸地區人民關係條例第21條規定，大陸地區人民經許可進入臺灣地區者，非在臺灣地區設有戶籍滿10年，不得擔任特定公職。兩者有何異同？
五、外國人士如何申請歸化我國國籍及申請國民身分證？
六、外籍人士（包含外籍配偶）申請歸化我國國籍時，為何應具備我國基本語言能力及國民權利義務基本常識之要件？如何取得該項證明文件？

一、中華民國國籍之生來取得（國籍法第2條，以下稱本法）

法規一點靈

國籍法

有下列各款情形之一者，屬中華民國國籍：
(一)出生時父或母為中華民國國民。
(二)出生於父或母死亡後，其父或母死亡時為中華民國國民。
(三)出生於中華民國領域內，父母均無可考，或均無國籍者。
(四)歸化者。

前項第1款及第2款之規定，於本法中華民國89年2月9日修正施行時未滿20歲之人，亦適用之。

（應注意：為配合民法成年年齡修正為18歲，並保障本法89年2月9日修正施行時，18歲以上未滿20歲之人，得因母為中華民國國民而認定具有中華民國國籍之權益，110年1月27日爰修正第2項之「於本法修正公布時之未成年人」為

「於本法中華民國89年2月9日修正施行時未滿20歲之人」，以資明確。修正規定訂於112年1月1日施行）。

實力進階

［「無國籍人」之定義］

依國籍法施行細則（以下稱為施行細則）第3條規定：「無國籍人，指任何國家依該國法律，認定不屬於該國國民者。

有下列各款情形之一，得認定為無國籍人：
一、持外國政府核發載明無國籍之旅行身分證件者。
二、符合入出國及移民法第16條第2項至第4項規定之泰國、緬甸、印尼、印度或尼泊爾地區無國籍人民，持有載明無國籍之外僑居留證者。
三、其他經內政部認定。」

二、歸化

(一) 一般歸化（本法第3條）

外國人或無國籍人，現於中華民國領域內有住所，並具備下列各款要件者，得申請歸化：

1. 於中華民國領域內，每年合計有183日以上合法居留之事實繼續5年以上[註]。
2. 依中華民國法律及其本國法均有行為能力。
（應注意：為配合民法成年年齡修正為十八歲，110年1月27日修正公布時，爰刪除第一項第二款原有之「年滿二十歲並」之文字。修正規定訂於112年1月1日施行。）
3. 無不良素行，且無警察刑事紀錄證明之刑事案件紀錄。
4. 有相當之財產或專業技能，足以自立，或生活保障無虞。
5. 具備我國基本語言能力及國民權利義務基本常識。

前項第3款所定無不良素行，其認定、邀集專家學者及社會公正人士研議程序、定期檢討機制及其他應遵行事項之辦法，由內政部定之。

[註] 以久住之意思，住於我國領域內，且持有有效之外僑居留證或外僑永久居留證者。（國籍法施行細則第4條）

第1項第5款所定我國基本語言能力及國民權利義務基本常識，其認定、測試、免試、收費及其他應遵行事項之標準，由內政部定之。

(二) 特殊歸化

1. 需具備一定合法居留時間之情形（本法第4條）

外國人或無國籍人，現於中華民國領域內有住所，具備前條第1項第2款至第5款要件，於中華民國領域內，每年合計有183日以上合法居留之事實繼續3年以上，並有下列各款情形之一者，亦得申請歸化：

(1) 為中華民國國民之配偶，不須符合前條第1項第4款。

(2) 為中華民國國民配偶，因受家庭暴力離婚且未再婚；或其配偶死亡後未再婚且有事實足認與其亡故配偶之親屬仍有往來，但與其亡故配偶婚姻關係已存續2年以上者，不受與親屬仍有往來之限制。

(3) 對無行為能力、或限制行為能力之中華民國國籍子女，有扶養事實、行使負擔權利義務或會面交往。

(4) 父或母現為或曾為中華民國國民。

(5) 為中華民國國民之養子女。

(6) 出生於中華民國領域內。

(7) 為中華民國國民之監護人或輔助人。

未婚未成年之外國人或無國籍人，其父、母、養父或養母現為中華民國國民者，在中華民國領域內合法居留雖未滿3年且未具備前條第1項第2款、第4款及第5款要件，亦得申請歸化。

2. 毋需具備一定合法居留時間之情形（本法第5條、第6條）

(1) 外國人或無國籍人，現於中華民國領域內有住所，具備第3條第1項第2款至第5款要件，並具有下列各款情形之一者，亦得申請歸化：

A. 出生於中華民國領域內，其父或母亦出生於中華民國領域內。

B. 曾在中華民國領域內合法居留繼續10年以上。

(2) 殊勳於我國者：外國人或無國籍人，有殊勳於中華民國者，雖不具備第3條第1項各款要件，亦得申請歸化。

內政部為前項歸化之許可，應經行政院核准。

(三) 歸化效力及於子女：（本法第7條）

歸化人之未婚未成年子女，得申請隨同歸化。

(四) 歸化者應提出喪失原國籍證明：（本法第9條）

1. 外國人申請歸化，應於許可歸化之日起，或依原屬國法令須滿一定年齡始得喪失原有國籍者自滿一定年齡之日起，1年內提出喪失原有國籍證明。
2. 屆期未提出者，除經外交部查證因原屬國法律或行政程序限制屬實，致使不能於期限內提出喪失國籍證明者，得申請展延時限外，應撤銷其歸化許可。
3. 未依前2項規定提出喪失原有國籍證明前，應不予許可其定居。
4. 外國人符合下列情形之一者，免提出喪失原有國籍證明：
   (1) 依第6條規定申請歸化。
   (2) 由中央目的事業主管機關推薦科技、經濟、教育、文化、藝術、體育及其他領域之高級專業人才，有助中華民國利益，並經內政部邀請社會公正人士及相關機關共同審核通過。
   (3) 因非可歸責於當事人之事由，致無法取得喪失原有國籍證明。
5. 前項第2款所定高級專業人才之認定標準，由內政部定之（本法第9條）。

(五) 申請機關及生效日：（本法第8條）

外國人或無國籍人依第3條至第7條申請歸化者，應向內政部為之，並自許可之日起取得中華民國國籍。

(六) 歸化人任公職之限制：（本法第10條）

1. 外國人或無國籍人歸化者，不得擔任下列各款公職：
   (1) 總統、副總統。
   (2) 立法委員。
   (3) 行政院院長、副院長、政務委員；司法院院長、副院長、大法官；考試院院長、副院長、考試委員；監察院院長、副院長、監察委員、審計長。
   (4) 特任、特派之人員。
   (5) 各部政務次長。
   (6) 特命全權大使、特命全權公使。
   (7) 僑務委員會副委員長。
   (8) 其他比照簡任第十三職等以上職務之人員。
   (9) 陸海空軍將官。
   (10) 民選地方公職人員。
2. 前項限制，自歸化日起滿10年後解除之。但其他法律另有規定者，從其規定。

實力進階

〔辦理國籍之歸化程序〕

國籍法施行細則第2條第1項規定：「申請歸化、喪失、回復國籍或撤銷國籍之喪失者，由本人或其法定代理人親自申請。」又同條第2項：「申請歸化、喪失、回復國籍或撤銷國籍之喪失，向國內住所地戶政事務所為之，層轉直轄市、縣（市）政府轉內政部許可。」

三、國籍之喪失

(一) **喪失國籍之情形**：（本法第11條）

中華民國國民有下列各款情形之一者，經內政部許可，喪失中華民國國籍：

1. 由外國籍父、母、養父或養母行使負擔權利義務或監護之無行為能力人或限制行為能力人，為取得同一國籍且隨同至中華民國領域外生活。
2. 為外國人之配偶。
3. 依中華民國法律有行為能力，自願取得外國國籍。但受輔助宣告者，應得其輔助人之同意。

依前項規定喪失中華民國國籍者，其未成年子女，經內政部許可，隨同喪失中華民國國籍。

前項未成年子女，於本法中華民國109年12月29日修正之條文施行前結婚，修正施行後未滿18歲者，於滿18歲前仍適用修正施行前之規定。

（應注意：110年1月27日修正公布、112年1月1日施行之修正規定其修正理由如下：

1. 配合民法成年年齡及男女最低結婚年齡均修正為十八歲，爰刪除第2項「未婚」之文字。即第2項修正前之規定為：「依前項規定喪失中華民國國籍者，其未婚未成年子女，經內政部許可，隨同喪失中華民國國籍。」
2. 另審酌本法本次修正施行前已結婚之未成年人申請喪失國籍係適用第1項規定，為使其權益不受本次修法影響，爰增訂第3項明定其於滿十八歲前仍適用修正施行前之規定。）

(二) **不得喪失國籍之情形：**（本法第12條）

依前條規定申請喪失國籍者，有下列各款情形之一，內政部不得為喪失國籍之許可：

1. 男子年滿15歲之翌年1月1日起，未免除服兵役義務，尚未服兵役者。但僑居國外國民，在國外出生且於國內無戶籍者或在年滿15歲當年12月31日以前遷出國外者，不在此限。
2. 現役軍人。
3. 現任中華民國公職者。

(三) **喪失國籍之例外：**（本法第13條）

有下列各款情形之一者，雖合於第11條之規定，仍不喪失國籍：

1. 為偵查或審判中之刑事被告。
2. 受有期徒刑以上刑之宣告，尚未執行完畢者。
3. 為民事被告。
4. 受強制執行，未終結者。
5. 受破產之宣告，未復權者。
6. 有滯納租稅或受租稅處分罰鍰未繳清者。

(四) **撤銷喪失國籍：**（本法第14條）

依第11條規定喪失中華民國國籍者，未取得外國國籍時，得經內政部之許可，撤銷其國籍之喪失。

四、國籍之回復

(一) **喪失國籍之回復：**（本法第15條）

依第11條規定喪失中華民國國籍者，現於中華民國領域內有住所，並具備第3條第1項第3款、第4款要件，得申請回復中華民國國籍。歸化人及隨同歸化之子女喪失國籍者，不適用前項規定。

(二) **未成年子女之回復國籍：**（本法第16條）

回復中華民國國籍者之未成年子女，得申請隨同回復中華民國國籍。

(三) **回復國籍之申請機關及生效日：**（本法第17條）

依第15條及第16條申請回復中華民國國籍者，應向內政部為之，並自許可之日起回復中華民國國籍。

(四) **回復國籍人任公職權利之限制：**（本法第18條）

回復中華民國國籍者，自回復國籍日起3年內，不得任第10條第1項各款公職。但其他法律另有規定者，從其規定。

(五) **取得、回復、喪失國籍之許可撤銷：**（本法第19條）

1. 歸化、喪失或回復中華民國國籍後，除依第9條第1項規定應撤銷其歸化許可外，內政部知有與本法之規定不合情形之日起2年得予撤銷。但自歸化、喪失或回復中華民國國籍之日起逾5年，不得撤銷。
2. 經法院確定判決認其係通謀為虛偽結婚或收養而歸化取得中華民國國籍，不受前項撤銷權行使期間之限制。
3. 撤銷歸化、喪失或回復國籍處分前，內政部應召開審查會，並給予當事人陳述意見之機會。但有下列情形之一者，撤銷其歸化許可，不在此限：
   (1) 依第2條規定認定具有中華民國國籍。
   (2) 經法院確定判決，係通謀為虛偽結婚或收養而歸化取得中華民國國籍。
4. 前項審查會由內政部遴聘有關機關代表、社會公正人士及學者專家共同組成，其中任一性別不得少於三分之一，且社會公正人士及學者專家之人數不得少於二分之一。
5. 第3項審查會之組成、審查要件、程序等事宜，由內政部定之。

五、取得外國國籍公職人員之免職及例外（本法第20條）

(一) 中華民國國民取得外國國籍者，不得擔任中華民國公職；其已擔任者，除立法委員由立法院；直轄市、縣（市）、鄉（鎮、市）民選公職人員，分別由行政院、內政部、縣政府；村（里）長由鄉（鎮、市、區）公所解除其公職外，由各該機關免除其公職。但下列各款經該管主管機關核准者，不在此限：

1. 公立大學校長、公立各級學校教師兼任行政主管人員與研究機關（構）首長、副首長、研究人員（含兼任學術研究主管人員）及經各級主管教育行政或文化機關核准設立之社會教育或文化機構首長、副首長、聘任之專業人員（含兼任主管人員）。
2. 公營事業中對經營政策負有主要決策責任以外之人員。
3. 各機關專司技術研究設計工作而以契約定期聘用之非主管職務。
4. 僑務主管機關依組織法遴聘僅供諮詢之無給職委員。
5. 其他法律另有規定者。

(二) 前項第1款至第3款人員，以具有專長或特殊技能而在我國不易覓得之人才且不涉及國家機密之職務者為限。

(三) 第1項之公職，不包括公立各級學校未兼任行政主管之教師、講座、研究人員、專業技術人員。

(四) 中華民國國民兼具外國國籍者，擬任本條所定應受國籍限制之公職時，應於就（到）職前辦理放棄外國國籍，並於就（到）職之日起1年內，完成喪失該國國籍及取得證明文件。但其他法律另有規定者，從其規定。

表2-8　免除雙重國籍公職人員身份之各專責機關

公職人員之身份	免除公職之機關
立法委員	立法院
直轄市民選公職人員	行政院
縣(市)民選公職人員	內政部
鄉(鎮、市)民選公職人員	縣政府
村(里)長	鄉(鎮、市、區)公所
其他公職人員	由各該機關負責

第二節　護照條例與外國護照簽證條例

問題意識

一、請解釋護照之定義及護照的功能？
二、試解釋外國護照之意義？
三、試述簽證之意義，並就現行法規說明簽證之種類？

護照條例

一、主管機關（護照條例第2條、第3條，以下稱本條例）

本條例之主管機關為外交部。

護照由主管機關製定。

二、用詞定義（本條例第4條）

本條例用詞，定義如下：

(一)**護照**：指由主管機關或駐外使領館、代表處、辦事處（以下簡稱駐外館處）發給我國國民之國際旅行文件及國籍證明。

(二)**眷屬**：指配偶、父母、未成年未婚子女、已成年而尚在就學或已成年而身心障礙且無謀生能力之未婚子女。

（應注意：為配合民法成年年齡及結婚年齡均修正為18歲，110年1月20日修正公布時，爰刪除第2款「未成年未婚子女」之「未婚」二字。然修正規定之施行日期未定。）

三、持照人之注意事項及資格

(一)**注意事項**：（本條例第5條）

持照人應妥善保管及合法使用護照；不得變造護照、將護照出售他人，或為質借提供擔保、抵充債務或供他人冒名使用而將護照交付他人。

護照除持照人依指示於填寫欄填寫相關資料及簽名外，非權責機關不得擅自增刪塗改或加蓋圖戳。

(二)**持照人資格**：（本條例第6條）

護照之適用對象為具有我國國籍者。但具有大陸地區人民、香港居民、澳門居民身分者，在其身分轉換為臺灣地區人民前，非經主管機關許可，不適用之。

四、護照種類（本條例第7條）

護照分外交護照、公務護照及普通護照。

五、簽發機關（本條例第8條）

外交護照及公務護照，由主管機關核發；普通護照，由主管機關或駐外館處核發。

六、特殊護照之適用對象

(一) 外交護照（本條例第9條）

外交護照之適用對象如下：

1. 總統、副總統及其眷屬。
2. 外交、領事人員與其眷屬及駐外館處、代表團館長之隨從。
3. 中央政府派往國外負有外交性質任務之人員與其眷屬及經核准之隨從。
4. 外交公文專差。
5. 其他經主管機關核准者。

(二) 公務護照（本條例第10條）

公務護照之適用對象如下：

1. 各級政府機關因公派駐國外之人員及其眷屬。
2. 各級政府機關因公出國之人員及其同行之配偶。
3. 政府間國際組織之我國籍職員及其眷屬。
4. 經主管機關核准，受政府委託辦理公務之法人、團體派駐國外人員及其眷屬；或受政府委託從事國際交流或活動之法人、團體派赴國外人員及其同行之配偶。

七、護照之有效期限（本條例第11條）

外交護照及公務護照之效期以5年為限，普通護照以10年為限。但未滿14歲者之普通護照以5年為限。

前項護照效期，主管機關得於其限度內酌定之。

護照效期屆滿，不得延期。

八、護照之申請

(一) **申請規定**：（本條例第15條）

護照之申請，得由本人親自或委任代理人辦理。但有下列情形之一者，依其規定辦理：

1. 在國內首次申請普通護照，應由本人親自至主管機關辦理，或親自至主管機關委辦之戶政事務所辦理人別確認後，再委任代理人辦理。
2. 在大陸地區、香港或澳門申請、換發或補發普通護照，應由本人親自至行政院設立或指定之機構或委託之民間團體辦理。

前項但書所定情形，如有特殊原因無法由本人親自辦理者，得經主管機關同意後，委任代理人為之。

護照申請、換發、補發之條件、方式、程序、應備文件及其他應遵行事項之辦法，由主管機關定之。

(二) **未成年人申請護照：**（本條例第16條）

7歲以上之未成年人申請護照，應經其法定代理人書面同意。但已結婚或18歲以上者，不在此限。

未滿7歲之未成年人或受監護宣告之人申請護照，應由其法定代理人申請。

前二項之法定代理人有2人以上者，得由其中1人為之。

（應注意：原第1項但書立法意旨係考量行政程序法第22條第1項第1款規定，依民法規定有行為能力之自然人，有行政程序之行為能力，爰未成年人已結婚者，有行政程序之行為能力；另同項第5款規定，依其他法律規定者，亦有行政程序之行為能力。鑑於申辦護照為國人之基本權利，核發護照係授予利益處分，18歲以上之未成年人若未受監護宣告，其智慮已近成熟，為簡政便民，宜賦予其具有申請護照之行政程序行為能力，而得自行申請護照。茲為配合民法成年年齡及結婚年齡均修正為18歲，因此110年1月20日修正公布時，爰刪除上開但書規定。然修正規定之施行日期未定。）

(三) **加簽：**（本條例第17條）

護照記載事項除資料頁外，於必要時，得依規定申請加簽。

(四) **申請及持用之限制：**（本條例第18條）

護照申請人不得與他人申請合領一本護照；非因特殊理由，並經主管機關核准，持照人不得同時持用超過一本之護照。

九、護照之換發（本條例第19條）【107地特3】

(一) **應申請換發之情形：**

有下列情形之一者，應申請換發護照：

1. 護照污損不堪使用。
2. 持照人之相貌變更，與護照照片不符。
3. 護照資料頁記載事項變更。
4. 持照人取得國民身分證統一編號。
5. 護照製作有瑕疵。
6. 護照內植晶片無法讀取。

(二) 得申請換發之情形：

有下列情形之一者，得申請換發護照：

1. 護照所餘效期不足1年。
2. 所持護照非屬現行最新式樣。
3. 持照人認有必要，並經主管機關同意。

十、護照之補發（本條例第20條）

持照人護照遺失或滅失者，得申請補發，其效期為5年。但有下列情形之一者，依其規定：

(一) 因天災、事變或其他特殊情形致護照滅失，經主管機關或駐外館處查明屬實者，其效期依第11條第1項規定辦理。

(二) 護照申報遺失後於補發前尋獲，原護照所餘效期逾5年者，得依原效期補發。

(三) 符合第21條第3項規定。

十一、護照申請之限期補正或到場說明（本條例第21條）

主管機關或駐外館處受理護照申請，有下列情形之一者，得通知申請人限期補正或到場說明：

(一) 未依規定程序辦理或應備文件不全。

(二) 申請資料或照片與所繳身分證明文件或檔存護照資料有相當差異。

(三) 對重要事項提供不正確資料或為不完全陳述。

(四) 於護照增刪塗改或加蓋圖戳。

(五) 最近10年內以護照遺失、滅失為由申請護照，達2次以上。

(六) 污損或毀損護照。

(七) 將護照出售他人，或為質借提供擔保、抵充債務而交付他人。

有前項各款情形之一者，主管機關或駐外館處得就其法定處理期間延長至2個月；必要時，得延長至6個月。

有第1項第4款至第7款情形之一者，主管機關或駐外館處得縮短其護照效期為1年6個月以上3年以下。

十二、護照之繳回（本條例第22條）

外交或公務護照之持照人於該護照效期內持用事由消滅後，除經主管機關核准得繼續持用者外，應依主管機關通知期限繳回護照。

前項護照持照人未依期限繳回者，主管機關應廢止原核發護照之處分，並註銷該護照。

十三、不予核發護照之情形（本條例第23條）

護照申請人有下列情形之一者，主管機關或駐外館處應不予核發護照：

(一) 冒用身分、申請資料虛偽不實或以不法取得、偽造、變造之證件申請。

(二) 經司法或軍法機關通知主管機關。

(三) 經內政部移民署（以下簡稱移民署）依法律限制或禁止申請人出國並通知主管機關。

(四) 未依第21條第1項規定期限補正或到場說明。

司法或軍法機關、移民署依前項第2款、第4款規定通知主管機關時，應以書面或電腦連線傳輸方式敘明當事人之姓名、出生日期、國民身分證統一編號、依法律限制或禁止出國之事由；其為司法或軍法機關通知者，另應敘明管制期限。

十四、護照之扣留、註銷與廢止

(一) **護照之扣留**：（本條例第24條）

護照非依法律，不得扣留。

持照人向主管機關或駐外館處出示護照時，有下列情形之一者，主管機關或駐外館處應扣留其護照：

1. 護照係偽造或變造、冒用身分、申請資料虛偽不實或以不法取得、偽造、變造之證件申請。

   持照人在外國、大陸地區、香港或澳門，經查有前條第1項第2款或第3款情形。

2. 偽造護照，不問何人所有者，均應予以沒入。

(二) **護照之註銷與廢止**：（本條例第25條）【106地特4】

持照人有前條第2項第1款情形者，除所持護照係偽造外，主管機關或駐外館處應撤銷原核發其護照之處分，並註銷該護照。

持照人有下列情形之一者，主管機關或駐外館處應廢止原核發護照之處分，並註銷該護照：

1. 有前條第2項第二款規定情形。
2. 於護照增刪塗改或加蓋圖戳。
3. 依規定應繳交之護照有事實證據足認已無法繳交。
4. 身分轉換為大陸地區人民。
5. 喪失我國國籍。
6. 護照已申報遺失或申請換發、補發。
7. 護照自核發之日起3個月未經領取。

持照人死亡或受死亡宣告者，主管機關或駐外館處應註銷其護照。

十五、入國證明書之發給（本條例第26條）

已出國之在臺設有戶籍國民，有第23條第1項第2款或第3款規定情形，經駐外館處不予核發護照或扣留護照者，駐外館處得發給專供返國使用之1年以下效期護照或入國證明書。

已出國之在臺設有戶籍國民，其護照逾期、遺失或滅失而不及等候換發或補發者，駐外館處得發給入國證明書。

十六、書面處分之必要（本條例第27條）

主管機關或駐外館處依第22條至第25條規定為處分時，除有第25條第2項第3款、第5款或第6款規定情形外，應以書面為之。

十七、罰則

條號	違反之態樣	罰則
第29條	有下列情形之一，足以生損害於公眾或他人者： 1.買賣護照。 2.以護照抵充債務或債權。 3.偽造或變造護照。 4.行使前款偽造或變造護照。	處1年以上7年以下有期徒刑，得併科新臺幣70萬元以下罰金
第30條	1.意圖供冒用身分申請護照使用，偽造、變造或冒領國民身分證、戶籍謄本、戶口名簿、國籍證明書、華僑身分證明書、父母一方具有我國國籍證明、本人出生證明或其他我國國籍證明文件，足以生損害於公眾或他人。 2.行使前款偽造、變造或冒領之我國國籍證明文件而提出護照申請。	處7年以下有期徒刑，得併科新臺幣70萬元以下罰金

條號	違反之態樣	罰則
第30條	3.意圖供冒用身分申請護照使用，將第1款所定我國國籍證明文件交付他人或謊報遺失。 4.冒用身分而提出護照申請。	處7年以下有期徒刑，得併科新臺幣70萬元以下罰金
第31條	1.將護照交付他人或謊報遺失以供他人冒名使用。 2.冒名使用他人護照。	處5年以下有期徒刑、拘役或科或併科新臺幣50萬元以下罰金
第32條	非法扣留他人護照、以護照作為債務或債權擔保，足以生損害於公眾或他人者	處3年以下有期徒刑、拘役或科或併科新臺幣30萬元以下罰金
第33條	在我國領域外犯第29條至前條之罪者，不問犯罪地之法律有無處罰規定，均依本條例處罰。	

十八、附則

(一) **其他機構或民間團體辦理護照業務之準用**：行政院設立或指定之機構或委託之民間團體辦理護照業務，準用本條例之規定（本條例第34條）。

(二) **相關機關應提供資料**：主管機關為辦理護照核發、補發、換發及管理作業，得向相關機關取得國籍變更、戶籍、兵役、入出國日期、依法律限制或禁止出國、通緝、保護管束及國軍人員等資料，各相關機關不得拒絕提供（本條例第35條）。

(三) **過渡條款**：考量本條例110年1月20日之修正之條文施行前已結婚之未成年人，其已取得之行為能力，不因民法將成年年齡修正為18歲而受影響，爰增訂第35-1條為過渡規定，以保障其權益。本條例第35-1條規定為：「本條例中華民國109年12月29日修正之條文施行前結婚，修正施行後未滿18歲者，於滿18歲前仍適用修正施行前之規定。」然此項新增規定之施行日期未定。

(四) 本條例施行細則，由主管機關定之（本條例第36條）。

(五) 本條例施行日期，由行政院定之（本條例第37條）。

鑑往知來

一、我國核發之護照類型有那些？公務護照之適用對象為何？公務護照效期為何？效期屆滿後可否申請延長？請依現行法規分別說明之。【108地三】

答 請參照本條例第7條、第10條和第11條規定回答。

二、請分別說明護照之種類及護照之「應」與「得」申請換發情形各為何？【107地三】

答 請參照本條例第19條及施行細則第17條第1項規定回答。

外國護照簽證條例

法規一點靈

外國護照簽證條例

一、外國護照（外國護照簽證條例第3條，以下稱本條例）

本條例所稱外國護照，指由外國政府、政府間國際組織或自治政府核發，且為中華民國承認或接受之有效旅行身分證件。

二、簽證（本條例第4條）

本條例所稱簽證，指外交部或駐外使領館、代表處、辦事處、其他外交部授權機構（以下簡稱駐外館處）核發外國護照以憑前來我國之許可。

三、主管機關（本條例第5條）

本條例之主管機關為外交部。

外國護照簽證之核發，由外交部或駐外館處辦理。但駐外館處受理居留簽證之申請，非經主管機關核准，不得核發。

四、簽證之法律效力（本條例第6條）

持外國護照者，應持憑有效之簽證來我國。但外交部對特定國家國民，或因特殊需要，得給予免簽證待遇或准予抵我國時申請簽證。

前項免簽證及准予抵我國時申請簽證之適用對象、條件及其他相關事項，由外交部會商相關機關定之。

五、簽證之種類【108高考4】

外國護照之簽證，其種類如下：

（本條例第7條第1項）

延伸思考

持外交簽證及禮遇簽證之人士其效期最長不得超過五年，入境次數及停留期限，依申請人需要及來我國目的核定之。

(一)**外交簽證：**（本條例第8條）

外交簽證適用於持外交護照或元首通行狀之下列人士：

1. 外國元首、副元首、總理、副總理、外交部長及其眷屬。
2. 外國政府派駐我國之人員及其眷屬、隨從。
3. 外國政府派遣來我國執行短期外交任務之官員及其眷屬。
4. 政府間國際組織之外國籍行政首長、副首長等高級職員因公來我國者及其眷屬。
5. 外國政府所派之外交信差。

(二)**禮遇簽證：**（本條例第9條）

禮遇簽證適用於下列人士：

1. 外國卸任元首、副元首、總理、副總理、外交部長及其眷屬。
2. 外國政府派遣來我國執行公務之人員及其眷屬、隨從。
3. 前條第4款所定高級職員以外之其他外國籍職員因公來我國者及其眷屬。
4. 政府間國際組織之外國籍職員應我國政府邀請來訪者及其眷屬。
5. 應我國政府邀請或對我國有貢獻之外國人士及其眷屬。

(三)**停留簽證**

1. **定義：**（本條例第10條）

   停留簽證適用於持外國護照，而擬在我國境內作短期停留之人士。

2. **效期：**（本條例施行細則第9條）

   本條例第10條所稱短期停留，指擬在我國境內每次作不超過6個月之停留者。

   停留簽證之效期、入境次數及停留期限，依申請人國籍、來我國目的、所持護照種類及效期等核定之。

   停留簽證之效期最長不得超過5年，入境次數分為單次及多次。

3. **停留目的之符合：**（本條例施行細則第10條）

   申請停留簽證目的，包括過境、觀光、探親、訪問、考察、參加國際會議、商務、研習、聘僱、傳教弘法及其他經外交部核准之活動。

以在我國境內從事須經許可、營利或勞務活動為目的，申請前項所定簽證者，應檢附中央目的事業主管機關或其授權機關核發之許可從事簽證目的活動之文件。

(四) **居留簽證**

1. **定義**：（本條例第11條）

   居留簽證適用於持外國護照，而擬在我國境內作長期居留之人士。

2. **效期**：（本條例施行細則第11條）

   本條例第11條所稱長期居留，指擬在我國境內作超過6個月之居留者。

   駐外館處簽發之居留簽證一律為單次入境，其簽證效期不得超過6個月；持證人入境後，應依法申請外僑居留證。

   在我國境內核發之居留簽證，僅供持憑申請外僑居留證，不得持憑入境。

3. **特殊居留簽證**：（本條例施行細則第12條）

   對於駐我國之特定政府間國際組織、外國機構執行公務者及其眷屬、隨從人員，得核發效期不超過5年、單次或多次入境之居留簽證。

   前項人員未持有外交部核發之政府間國際組織、外國機構、官員證、職員證或外籍隨從證者，應申請外僑居留證。

4. **居留目的之許可**：（本條例施行細則第13條）

   申請居留簽證目的，包括依親、就學、應聘、受僱、投資、傳教弘法、執行公務、國際交流及經外交部核准或其他相關中央目的事業主管機關許可之活動。

   申請前項所定簽證，應檢附中央目的事業主管機關或其授權機關核發之許可從事簽證目的活動之文件。但不須經許可者，不在此限。

六、拒發簽證之情形（本條例第12條）

(一) 外交部及駐外館處受理簽證申請時，應衡酌國家利益、申請人個別情形及其國家與我國關係決定准駁；其有下列各款情形之一，外交部或駐外館處得拒發簽證：

1. 在我國境內或境外有犯罪紀錄或曾遭拒絕入境、限令出境或驅逐出境者。
2. 曾非法入境我國者。
3. 患有足以妨害公共衛生或社會安寧之傳染病、精神病或其他疾病者。
4. 對申請來我國之目的作虛偽之陳述或隱瞞者。

5. 曾在我國境內逾期停留、逾期居留或非法工作者。
6. 在我國境內無力維持生活，或有非法工作之虞者。
7. 所持護照或其外國人身分不為我國承認或接受者。
8. 所持外國護照逾期或遺失後，將無法獲得換發、延期或補發者。
9. 所持外國護照係不法取得、偽造或經變造者。
10. 有事實足認意圖規避法令，以達來我國目的者。
11. 有從事恐怖活動之虞者。
12. 其他有危害我國利益、公共安全、公共秩序或善良風俗之虞者。

(二) 依前項規定拒發簽證時，得不附理由。

七、撤銷或廢止簽證之情形（本條例第13條）

(一) 簽證持有人有下列各款情形之一，外交部或駐外館處得撤銷或廢止其簽證：
1. 有前條第1項各款情形之一者。
2. 在我國境內從事與簽證目的不符之活動者。
3. 在我國境內或境外從事詐欺、販毒、顛覆、暴力或其他危害我國利益、公務執行、善良風俗或社會安寧等活動者。
4. 原申請簽證原因消失者。

(二) 前項撤銷或廢止簽證，外交部得委託其他機關辦理。

鑑往知來

試依相關法規分析停留簽證與居留簽證之區別，並分析於那些情形，主管機關得撤銷或廢止其簽證？

答 有關停留簽證，參見本條例第10條、施行細則第9條及第10條規定。
有關居留簽證，則見本條例第11條、施行細則第11條及第13條規定。
有關主管機關得撤銷或廢止簽證之規定，則參見本條例第12條及第13條規定。

試題演練

選擇題

( ) 1 下列何種情況，非屬我國國籍？
(A)出生時父或母為中華民國國民
(B)出生於父或母死亡後，其父或母死亡時為中華民國國民
(C)出生於中華民國領域內，父母均無可考，或均無國籍者
(D)出生於中華民國領域，父母為外國人。

( ) 2 國籍法第3條規定，外國人或無國籍人欲歸化為我國國民，需具備之要件，下列何者為非？ (A)於中華民國領域內，每年合計有183日以上合法居留之事實繼續五年以上 (B)於中華民國領域內，每年合計有270日以上合法居留之事實繼續三年以上 (C)依中華民國法律及其本國法均有行為能力 (D)品行端正，無犯罪紀錄。

( ) 3 甲女為越南人，在臺有住所，且先生為中華民國國民。倘若其欲成為我國國民，其應於我國境內合法居留多少時間，方得申請歸化？
(A)每年合計有183日以上合法居留之事實繼續五年以上
(B)每年合計有270日以上合法居留之事實繼續三年以上
(C)每年合計有183日以上合法居留之事實繼續三年以上
(D)每年合計有270日以上合法居留之事實繼續五年以上。

( ) 4 乙為無國籍人，在中華民國領域內有住所，並且合法居留已達每年合計有183日以上合法居留之事實繼續三年以上，試問下列何種情況，乙得申請歸化？ (A)為中華民國國民之養子女 (B)年滿二十歲並依中華民國法律及其本國法均有行為能力 (C)具備我國基本語言能力及國民權利義務基本常識 (D)有相當之財產或專業技能，足以自立，或生活保障無虞。

( ) 5 丙為外國人或無國籍人，在中華民國領域內有住所，且具備國籍法第3條第1項第2款至第5款要件，試問於下列何種情況，亦得申請歸化？
(A)合法居留已達每年合計有183日以上合法居留之事實繼續三年以上
(B)出生於中華民國領域內，其父或母亦出生於中華民國領域內

(C)有相當之財產或專業技能，足以自立，或生活保障無虞
(D)為中華民國國民之養子女。

( ) **6** 依據國籍法規定，下列何種人士，得直接申請歸化，而無需居留一定期間，或透過一定親屬關係申請？
(A)科學家 (B)政治家 (C)律師 (D)殊勳於中華民國者。

( ) **7** 外國人或無國籍人歸化者，不得擔任之公職，不包括下列何者？
(A)行政院長 (B)法務部政務次長 (C)士兵 (D)民選地方公職人員。

( ) **8** 某甲為日本人，其歸化為中華民國國民後，依國籍法第10條之規定不得擔任之公職，不包括下列何者？ (A)簡任十二職等以下職務之人員 (B)駐日代表 (C)陸海空軍將官 (D)立法委員。

( ) **9** 依據國籍法第10條之規定，外國人或無國籍人歸化者，限制不得擔任某些公職，其限制期限，自歸化日起滿幾年，始得解除？
(A)3年 (B)5年 (C)8年 (D)10年。

( ) **10** 某甲前因身為外國人之配偶而經內政部許可喪失我國國籍，在臺有住所，父無可考，母為外國人，在下列何種情況下，得申請回復中華民國國籍？a.品行端正，無犯罪紀錄；b.有相當之財產或專業技能，足以自立，或生活保障無虞；c.合法居留已達每年合計有183日以上合法居留之事實繼續三年以上；d.具備我國基本語言能力及國民權利義務基本常識 (A)ab (B)cd (C)ad (D)bc。

( ) **11** 回復我國國籍者，限制其擔任國籍法第10條第1項各款公職之期限為多久？ (A)1年 (B)2年 (C)3年 (D)5年。

( ) **12** 中華民國國民兼具外國國籍者，擬任國籍法第20條所定應受國籍限制之公職時，應於何時辦理放棄外國國籍，並於就（到）職之日起一年內，完成喪失該國國籍及取得證明文件？ (A)就職前 (B)就職後 (C)就職後三個月內 (D)就職後六個月內。

( ) **13** 有關護照之分類，下列何者為非？
(A)外交護照 (B)公務護照 (C)普通護照 (D)特許護照。

( ) **14** 普通護照之效期為幾年？
(A)1年 (B)3年 (C)7年 (D)10年。

( ) **15** 持用停留簽證之外國人，其短期停留之期間為多久？ (A)不超過六個月 (B)超過六個月 (C)不超過一年 (D)超過一年。

解答及解析

1 (D)。國籍法第2條規定：有下列各款情形之一者，屬中華民國國籍：一、出生時父或母為中華民國國民。二、出生於父或母死亡後，其父或母死亡時為中華民國國民。三、出生於中華民國領域內，父母均無可考，或均無國籍者。四、歸化者。
前項第一款及第二款規定，於本法中華民國八十九年二月九日修正施行時未滿二十歲之人，亦適用之。

2 (B)。國籍法第3條第1項規定：外國人或無國籍人，現於中華民國領域內有住所，並具備下列各款要件者，得申請歸化：一、於中華民國領域內，每年合計有一百八十三日以上合法居留之事實繼續五年以上。二、依中華民國法律及其本國法均有行為能力。三、品行端正，無犯罪紀錄。四、有相當之財產或專業技能，足以自立，或生活保障無虞。五、具備我國基本語言能力及國民權利義務基本常識。

3 (C)。國籍法第4條規定：外國人或無國籍人，現於中華民國領域內有住所，具備前條第1項第2款至第5款要件，於中華民國領域內，每年合計有183日以上合法居留之事實繼續3年以上，並有下列各款情形之一者，亦得申請歸化：一、為中華民國國民之配偶，不須符合前條第一項第四款。二、為中華民國國民配偶，因受家庭暴力離婚且未再婚；或其配偶死亡後未再婚且有事實足認與其亡故配偶之親屬仍有往來，但與其亡故配偶婚姻關係已存續二年以上者，不受與親屬仍有往來之限制。三、對無行為能力、或限制行為能力之中華民國國籍子女，有扶養事實、行使負擔權利義務或會面交往。四、父或母現為或曾為中華民國國民。五、為中華民國國民之養子女。六、出生於中華民國領域內。七、為中華民國國民之監護人或輔助人。未婚未成年之外國人或無國籍人，其父、母或養父母現為中華民國國民者，在中華民國領域內合法居留雖未滿3年且未具備前條第1項第2款、第4款及第5款要件，亦得申請歸化。

4 (A)。同第3題解說。

5 **(B)**。國籍法第5條第1款規定:外國人或無國籍人,現於中華民國領域內有住所,具備第三條第一項第二款至第五款要件,並具有下列各款情形之一者,亦得申請歸化:
一、出生於中華民國領域內,其父或母亦出生於中華民國領域內。

6 **(D)**。國籍法第6條規定:外國人或無國籍人,有殊勳於中華民國者,雖不具備第3條第1項各款要件,亦得申請歸化。

7 **(C)**。國籍法第10條第1項規定:外國人或無國籍人歸化者,不得擔任下列各款公職:一、總統、副總統。二、立法委員。三、行政院院長、副院長、政務委員;司法院院長、副院長、大法官;考試院院長、副院長、考試委員;監察院院長、副院長、監察委員、審計長。四、特任、特派之人員。五、各部政務次長。六、特命全權大使、特命全權公使。七、僑務委員會副委員長。八、其他比照簡任第十三職等以上職務之人員。九、陸海空軍將官。十、民選地方公職人員。

8 **(A)**。同第7題解說。

9 **(D)**。國籍法第10條第2項規定:前項限制,自歸化日起滿十年後解除之。但其他法律另有規定者,從其規定。

10 **(A)**。本法第15條規定:依第11條規定喪失中華民國國籍者,現於中華民國領域內有住所,並具備第3條第1項第3款、第4款要件,得申請回復中華民國國籍。本法第11條第1項第2款規定:中華民國國民有下列各款情形之一者,經內政部許可,喪失中華民國國籍:二、為外國人之配偶。本法第3條第1項第3款、第4款規定:三、品行端正,無犯罪紀錄。四、有相當之財產或專業技能,足以自立,或生活保障無虞。

11 **(C)**。國籍法第18條規定:回復中華民國國籍者,自回復國籍日起三年內,不得任第10條第1項各款公職。但其他法律另有規定者,從其規定。

12 **(A)**。國籍法第20條第4項規定:中華民國國民兼具外國國籍者,擬任本條所定應受國籍限制之公職時,應於就(到)職前辦理放棄外國國籍,並於就(到)職之日起1年內,完成喪失該國國籍及取得證明文件。但其他法律另有規定者,從其規定。

13 **(D)**。護照條例第5條規定:護照分外交護照、公務護照及普通護照。

14 **(D)**。護照條例第11條規定:外交護照及公務護照之效期以五年為限,普通護照以10年為限。但未滿14歲者之普通護照以五年為限。

15 **(A)**。本條例施行細則第9條規定:短期停留,指擬在我國境內每次作不超過六個月之停留者。

申論題

一、甲為外國人，在臺灣合法居留之事實連續5年以上，且每年有183日以上合法居留之事實，依現行法規，其在何種情況下，得申請歸化？

答 依國籍法第3條之規定，外國人或無國籍人，現於中華民國領域內有住所，並具備下列各款要件者，得申請歸化：

(一) 於中華民國領域內，每年合計有183日以上合法居留之事實繼續五年以上。

(二) 依中華民國法律及其本國法均有行為能力。

(三) 品行端正，無犯罪紀錄。

(四) 有相當之財產或專業技能，足以自立，或生活保障無虞。

(五) 具備我國基本語言能力及國民權利義務基本常識。

（應注意：110年1月27日修正、112年1月1日施行之國籍法第3條第1項第2款規定為：「二、依中華民國法律及其本國法均有行為能力。」）

二、依據國籍法規定，如何申請喪失中華民國國籍？惟在哪些情況下，內政部不得為喪失國籍之許可？

答 (一) 申請喪失我國國籍之要件（國籍法第11條至第13條）：

1. 符合本法第11條規定者，得申請喪失中華民國國籍。
2. 具有我國國籍之證明（如戶籍謄本、國民身分證、戶口名簿、護照等相關證明文件）。
3. 警察刑事紀錄證明（申請人免附，由戶政機關代查）（未曾於國內設有戶籍者，免附）。
4. 無欠繳稅捐及租稅罰鍰之證明。
5. 役齡男子附繳退伍、除役、退役或免服兵役證明。
6. 男子依本法申請喪失國籍而有第12條第1款但書規定之僑居國外國民應檢附：

   (1) 我國護照已加簽為僑居身分或取得僑居國外身分證明或役政用華僑身分證明書。

   (2) 已載明遷出國外日期之戶籍謄本。

   (3) 入出國日期證明書（申請人免附，由戶政機關代查）。

(二) 申請喪失我國國籍之程序：

1. 居住國內者，由本人親自向住所地戶政事務所申請，層轉直轄市、縣（市）政府轉內政部許可；居住國外者，由本人親自向駐外館處申請，由駐外館處送外交部轉內政部許可。內政部許可喪失我國國籍後，將函請戶籍所在地縣、市政府依戶籍法第26條及戶籍法施行細則第23條第4項規定辦理註銷戶籍登記並繳還國民身分證。
2. 有本法第12條第1款但書規定者，應向駐外館處為之，由駐外館處送外交部轉內部許可。

(三) 有下列各項情形之一，內政部不得為喪失國籍之許可（國籍法第12條及第13條規定）：

1. 男子年滿15歲之翌年1月1日起，未免除服兵役義務，尚未服兵役者（但僑居國外國民，在國外出生且於國內無戶籍者或在年滿15歲當年12月31日以前遷出國外者，不在此限）。
2. 現役軍人。
3. 現任中華民國公職者。
4. 為偵查或審判中之刑事被告。
5. 受有期徒刑以上刑之宣告，尚未執行完畢者。
6. 為民事被告。
7. 受強制執行，未終結者。
8. 受破產之宣告，未復權者。
9. 有滯納租稅或受租稅處分罰鍰未繳清者。

三、 我國國民兼具外國國籍者，能否擔任我國公職之規定為何？有無例外？【警特】

答 根據國籍法第20條之規定，我國國民兼具外國國籍者擔任公職之規定如下：

(一) 雙重國籍者，原則不得擔任我國公職

中華民國國民取得外國國籍者，不得擔任中華民國公職；其已擔任者，除立法委員由立法院；直轄市、縣（市）、鄉（鎮、市）民選公職人員，分別由行政院、內政部、縣政府；村（里）長由鄉（鎮、市、區）公所解除其公職外，由各該機關免除其公職。

(二) 但下列各款經該管主管機關核准者，不在此限：

1. 公立大學校長、公立各級學校教師兼任行政主管人員與研究機關（構）首長、副首長、研究人員（含兼任學術研究主管人員）及經各級主管教育行政或文化機關核准設立之社會教育或文化機構首長、副首長、聘任之專業人員（含兼任主管人員）。
2. 公營事業中對經營政策負有主要決策責任以外之人員。
3. 各機關專司技術研究設計工作而以契約定期聘用之非主管職務。
4. 僑務主管機關依組織法遴聘僅供諮詢之無給職委員。
5. 其他法律另有規定者。

(三) 前項第1款至第3款人員，以具有專長或特殊技能而在我國不易覓得之人才且不涉及國家機密之職務者為限。

(四) 第1項之公職，不包括公立各級學校未兼任行政主管之教師、講座、研究人員、專業技術人員。

四、依據國籍法第10條規定，外國人歸化為中華民國國籍10年內，不得擔任特定公職。依據臺灣地區與大陸地區人民關係條例第21條規定，大陸地區人民經許可進入臺灣地區者，非在臺灣地區設有戶籍滿10年，不得擔任特定公職。兩者有何異同？ 【警特】

答 (一) 國籍法第10條規定：

1. 外國人或無國籍人歸化者，不得擔任下列各款公職：
   (1) 總統、副總統。
   (2) 立法委員。
   (3) 行政院院長、副院長、政務委員；司法院院長、副院長、大法官；考試院院長、副院長、考試委員；監察院院長、副院長、監察委員、審計長。
   (4) 特任、特派之人員。
   (5) 各部政務次長。
   (6) 特命全權大使、特命全權公使。
   (7) 僑務委員會副委員長。
   (8) 其他比照簡任第十三職等以上職務之人員。

(9) 陸海空軍將官。

(10)民選地方公職人員。

2. 限制之期限：前項限制，自歸化日起滿十年後解除之。但其他法律另有規定者，從其規定。

(二) 臺灣地區與大陸地區人民關係條例第21條第1項：「大陸地區人民經許可進入臺灣地區者，除法律另有規定外，非在臺灣地區設有戶籍滿十年，不得登記為公職候選人、擔任公教或公營事業機關（構）人員及組織政黨；非在臺灣地區設有戶籍滿二十年，不得擔任情報機關（構）人員，或國防機關（構）之下列人員：(1)志願役軍官、士官及士兵。(2)義務役軍官及士官。(3)文職、教職及國軍聘雇人員。」

(三) 異同點：

1. 限制時間相同：兩法所限定不得為特定公職之期間相同，皆為10年。

2. 規範主體不同：國籍法規範外國人或無國籍人之歸化（取得我國國籍），臺灣地區與大陸地區人民關係條例則規範大陸地區人民取得臺灣地區之戶籍。

3. 特定公職之任職限制不同：國籍法以列舉式限制歸化者不得任特定公職，未列舉者則不受10年期限之限制；但臺灣地區與大陸地區人民關係條例以概括之方式，規定「不得登記為公職候選人、擔任公教或公營事業機關（構）人員及組織政黨」，其限制之範圍較國籍法來的廣。

五、外國人士如何申請歸化我國國籍及申請國民身分證？

答 (一) 外國人申請歸化我國國籍之要件（國籍法第3條至第9條）：

1. 有效之外僑居留證或外僑永久居留證（須依外國護照簽證條例規定向我國駐外館處申請居留簽證，持居留簽證入境後15日內，向住所地之內政部移民署服務站申請外僑居留證）（持外僑永久居留證須依入出國及移民法相關規定向內政部移民署申請）。

2. 外國人居留證明書（須符合國籍法每年合計有183日以上合法居留之事實連續且不中斷一定期間以上，經行政院勞工委員會許可從事就業服務法第46條第1項第8款至第10款規定之工作者及學生就學期間或以前二者為依親對象之居留期間不列入計算）。

3. 依中華民國法律及其本國法均有行為能力。
4. 品行端正、無犯罪紀錄。
5. 有相當之財產或專業技能，足以自立，或生活保障無虞之證明。
6. 具有我國基本語言能力及國民權利義務基本常識等條件。
7. 喪失其原屬國國籍者。

(二) 取得國籍後，欲請領國民身分證，尚須辦理下列事項：

1. 依入出國及移民法及其施行細則等相關規定，向移民署辦理申請臺灣地區居留、定居事宜。
2. 經核准取得臺灣地區定居證時，即可向住所地戶政事務所辦理初設戶籍登記，同時請領國民身分證。

六、外籍人士(包含外籍配偶)申請歸化我國國籍時，為何應具備我國基本語言能力及國民權利義務基本常識之要件？如何取得該項證明文件？

答 (一) 外籍人士申請歸化我國國籍時，應具備我國基本語言能力及國民權利義務基本常識之必要性：

1. 加強外籍人士學習我國語言之動機，以解決因語言溝通或權利義務觀念認知差異所衍生之相關社會問題，使其早日適應國內生活環境。
2. 鼓勵外籍配偶參加政府開設之成人基本教育研習班、補習或進修學校，以協助提升其教養子女之能力。
3. 協助外籍人士及外籍配偶瞭解我國國民可享有之權利及應負擔之義務，以保障其自身權益。
4. 世界各國（如美國、加拿大、德國、紐西蘭、韓國、印尼、越南、菲律賓、新加坡、馬來西亞、柬埔寨、泰國等國）對於外籍人士（包含外籍配偶）申請歸化該國國籍時，均訂有須具備基本語言能力及國民權利義務基本常識之規定，主要係為協助外籍人士適應國內生活環境，以創造多元文化社會。
5. 外籍人士欲申請歸化我國國籍時，即表示對我國有基本之認同，且於我國至少居住3年以上，應略具我國基本語言溝通能力及國民權利義務觀念。

(二) 只要具備以下各種證明文件之一，就可以認定具有我國基本語言能力及國民權利義務基本常識：

1. 曾就讀國內公私立各級各類學校1年以上者。
2. 曾經參加國內政府機關所開設之課程（包括各機關自行、委託或補助機構、團體、學校辦理之各種課程）之上課時數證明：一、一般歸化者：上課總時數達200小時以上。二、特殊歸化者（如為我國國民之配偶或年滿65歲者）：上課總時數達72小時以上。三、其他特殊歸化者（如為我國國民之養子女者）：上課總時數達100小時以上。
3. 參加歸化取得我國國籍者基本語言能力及國民權利義務基本常識測試（以下簡稱歸化測試）合格證明（歸化測試分口試及筆試，均為20題，歸化測試每題5分，總分100分）：
   (1) 一般歸化者：總分70分以上。
   (2) 特殊歸化者（如為我國國民之配偶或我國國民之養子女者）：總分60分以上。
   (3) 其他特殊歸化者（如為65歲以上者）：總分50分以上。

Note

第三篇　臺灣地區與大陸地區人民關係條例

Chapter 1 總 論

本章依據出題頻率區分，屬：**B** 頻率中

問題意識

一、何謂臺灣地區，以及大陸地區，我國法令有何規定？又有關大陸事務之主管機關為何？
二、有關臺灣地區人民與大陸地區人民的民事與刑事事件適用之準則為何？

一、立法目的與適用範圍

(一)立法目的

法規一點靈

臺灣地區與大陸地區人民關係條例

1. 國家統一前，為確保臺灣地區安全與民眾福祉，規範臺灣地區與大陸地區人民之往來，並處理衍生之法律事件，特制定本條例。本條例未規定者，適用其他有關法令之規定（臺灣地區與大陸地區人民關係條例第1條，以下稱本條例）。
2. 本條例第1條、第4條、第6條（以上為三條為總則性規範，泛指兩岸事務涵蓋範圍）、第41條（兩岸民事事件之準據法）、第62條（大陸地區人民捐助行為之準據法）、第63條（本條例施行前兩岸民事事件之準據法）、第79條之1及第95條之3（以上二條亦泛指兩岸事務之涵蓋範圍）所稱人民，指自然人、法人、團體及其他機構。另本條例第78條（有關大陸地區人民著作權利受侵害之訴訟權）所稱人民，指自然人及法人（臺灣地區與大陸地區人民關係施行細則第2條，以下稱本細則）。

(二)用詞定義

本條例用詞，定義如下（本條例第2條）

1. 臺灣地區：指臺灣、澎湖、金門、馬祖及政府統治權所及之其他地區。
2. 大陸地區：指臺灣地區以外之中華民國領土。而本款之施行區域，指中共控制之地區（本細則第3條）。

延伸思考

臺灣地區人民與大陸地區人民之界定，為臺灣地區與大陸地區人民關係條例在適用上最重要之準據，為考試重點，應該熟記！

3. 臺灣地區人民：

臺灣地區人民係指在臺灣地區設有戶籍之人民，包括以下：

(1) 曾在臺灣地區設有戶籍，中華民國90年2月19日以前轉換身分為大陸地區人民，依施行細則第6條[註]規定回復臺灣地區人民身分者。

(2) 在臺灣地區出生，其父母均為臺灣地區人民，或一方為臺灣地區人民，一方為大陸地區人民者。

(3) 在大陸地區出生，其父母均為臺灣地區人民，未在大陸地區設有戶籍或領用大陸地區護照者。

(4) 在大陸地區出生，其父母一方為臺灣地區人民，一方為大陸地區人民，未在大陸地區設有戶籍或領用大陸地區護照，並於出生後一年內在臺灣地區設有戶籍者。

(5) 依本條例第9-2條第1項規定，經內政部許可回復臺灣地區人民身分，並返回臺灣地區定居者。

(6) 大陸地區人民經許可進入臺灣地區定居，並設有戶籍者，為臺灣地區人民（本細則第4條）。

4. 大陸地區人民：

大陸地區人民係指在大陸地區設有戶籍之人民，包括以下：

(1) 在臺灣地區或大陸地區出生，其父母均為大陸地區人民者。

(2) 在大陸地區出生，其父母一方為臺灣地區人民，一方為大陸地區人民，在大陸地區設有戶籍、領用大陸地區護照或未依前條第一項第四款規定在臺灣地區設有戶籍者。

(3) 在臺灣地區設有戶籍，中華民國90年2月19日以前轉換身分為大陸地區人民，未依施行細則第6條規定回復臺灣地區人民身分者。

(4) 依本條例第9-1條第2項規定在大陸地區設有戶籍或領用大陸地區護照，而喪失臺灣地區人民身分者（本細則第5條）。

[註] 臺灣地區與大陸地區人民關係條例施行細則第6條：「中華民國七十六年十一月二日起迄中華民國九十年二月十九日間前往大陸地區繼續居住逾四年致轉換身分為大陸地區人民，其在臺灣地區原設有戶籍，且未在大陸地區設有戶籍或領用大陸地區護照者，得申請回復臺灣地區人民身分，並返臺定居。前項申請回復臺灣地區人民身分有下列情形之一者，主管機關得不予許可其申請：一、現（曾）擔任大陸地區黨務、軍事、行政或具政治性機關（構）、團體之職務或為其成員。二、有事實足認有危害國家安全、社會安定之虞。依第1項規定申請回復臺灣地區人民身分，並返臺定居之程序及審查基準，由主管機關另定之。」

(三) **適用範圍**

1. 本條例關於大陸地區人民之規定，於大陸地區人民旅居國外者，適用之（本條例第3條）。
2. 所謂大陸地區人民旅居國外者，包括在國外出生，領用大陸地區護照者。但不含旅居國外四年以上之下列人民在內：
   (1) 取得當地國籍者。
   (2) 取得當地永久居留權並領有我國有效護照者（本細則第7條第1項）。
3. 所稱旅居國外4年之計算，指自抵達國外翌日起，4年間返回大陸地區之期間，每次未逾30日而言；其有逾30日者，當年不列入4年之計算。但返回大陸地區有下列情形之一者，不在此限：
   (1) 懷胎7月以上或生產、流產，且自事由發生之日起未逾2個月。
   (2) 罹患疾病而離開大陸地區有生命危險之虞，且自事由發生之日起未逾2個月。
   (3) 大陸地區之二親等內之血親、繼父母、配偶之父母、配偶或子女之配偶在大陸地區死亡，且自事由發生之日起未逾2個月。
   (4) 遇天災或其他不可避免之事變，且自事由發生之日起未逾1個月（本細則第7條第2項）。

延伸思考

陸委會與海基會之關係：海基會的成立，係以協調處理兩岸人民往來有關事務，謀求保障兩地人民權益為宗旨的財團法人，並在陸委會委託契約授權的範圍內，與中國大陸方面相關單位或團體進行功能性與事務性的聯繫協商。

二、處理兩岸事務之機構與相關規定

(一) **主管機關**

行政院大陸委員會統籌處理有關大陸事務，為本條例之主管機關（本條例第3-1條）。

鑑往知來

我國由何機關統籌處理有關大陸事務，為「臺灣地區與大陸地區人民關係條例」之主管機關？ 【地特】

答 行政院大陸委員會統籌處理有關大陸事務，為本條例之主管機關（本條例第3-1條）。

(二) 處理兩岸事務之機構與設立方式

1. 行政院得設立或指定機構，處理臺灣地區與大陸地區人民往來有關之事務（本條例第4條第1項）。
2. 為處理臺灣地區與大陸地區人民往來有關之事務，行政院得依對等原則，許可大陸地區之法人、團體或其他機構在臺灣地區設立分支機構（本條例第6條第1項）。

(三) 委託機構成立要件

行政院大陸委員會處理臺灣地區與大陸地區人民往來有關事務，得委託前項之機構或符合下列要件之民間團體為之：

1. 設立時，政府捐助財產總額逾二分之一。
2. 設立目的為處理臺灣地區與大陸地區人民往來有關事務，並以行政院大陸委員會為中央主管機關或目的事業主管機關（本條例第4條第2項）。

(四) 委託與複委託其他公益機構

1. 行政院大陸委員會或第4-2條第1項經行政院同意之各該主管機關，得依所處理事務之性質及需要，逐案委託前二項規定以外，具有公信力、專業能力及經驗之其他具公益性質之法人，協助處理臺灣地區與大陸地區人民往來有關之事務；必要時，並得委託其代為簽署協議（本條例第4條第3項）。
2. 第1項及第2項之機構或民間團體，經委託機關同意，得複委託前項之其他具公益性質之法人，協助處理臺灣地區與大陸地區人民往來有關之事務（本條例第4條第4項）。
3. 依第4條第3項、第4項，第4-2條第2項規定，委託、複委託處理事務或協商簽署協議，及監督受委託機構、民間團體或其他具公益性質之法人之相關辦法，由行政院大陸委員會擬訂，報請行政院核定之（本條例第5-2條）。

(五) 公務員轉任之保障

1. 公務員轉任前條之機構或民間團體者，其回任公職之權益應予保障，在該機構或團體服務之年資，於回任公職時，得予採計為公務員年資；本條例施行或修正前已轉任者，亦同（本條例第4-1條第1項）。
2. 公務員轉任前條之機構或民間團體未回任者，於該機構或民間團體辦理退休、資遣或撫卹時，其於公務員退撫新制施行前、後任公務員年資之退離給與，由行政院大陸委員會編列預算，比照其轉任前原適用之公務員退撫相關法令所定一次給與標準，予以給付（本條例第4-1條第2項）。

3. 公務員轉任前條之機構或民間團體回任公職，或於該機構或民間團體辦理退休、資遣或撫卹時，已依相關規定請領退離給與之年資，不得再予併計（本條例第4-1條第3項）。
4. 第一項之轉任方式、回任、年資採計方式、職等核敘及其他應遵行事項之辦法，由考試院會同行政院定之（本條例第4-1條第4項）。
5. 第二項之比照方式、計算標準及經費編列等事項之辦法，由行政院定之（本條例第4-1條第5項）。

(六) 統籌辦理兩岸訂定協議事項機關及程序

1. 陸委會之權責與行政院各部會協辦：行政院大陸委員會統籌辦理臺灣地區與大陸地區訂定協議事項；協議內容具有專門性、技術性，以各該主管機關訂定為宜者，得經行政院同意，由其會同行政院大陸委員會辦理（本條例第4-2條第1項）。
2. 授權協商簽署協議：行政院大陸委員會或前項經行政院同意之各該主管機關，得委託第4條所定機構或民間團體，以受託人自己之名義，與大陸地區相關機關或經其授權之法人、團體或其他機構協商簽署協議（本條例第4-2條第2項）。
3. 協議之定義：本條例所稱協議，係指臺灣地區與大陸地區間就涉及行使公權力或政治議題事項所簽署之文書；協議之附加議定書、附加條款、簽字議定書、同意紀錄、附錄及其他附加文件，均屬構成協議之一部分（本條例第4-2條第3項）。

(七) **受託法人應受之指揮監督**：第4條第3項之其他具公益性質之法人，於受委託協助處理事務或簽署協議，應受委託機關、第4條第1項或第2項所定機構或民間團體之指揮監督（本條例第4-3條）。

(八) 受託法人、機構或民間團體應遵守之規定（本條例第4-4條）

依第4條第1項或第2項規定受委託之機構或民間團體，應遵守下列規定；第4條第3項其他具公益性質之法人於受託期間，亦同：

1. 派員赴大陸地區或其他地區處理受託事務或相關重要業務，應報請委託機關、第4條第1項或第2項所定之機構或民間團體同意，及接受其指揮，並隨時報告處理情形；因其他事務須派員赴大陸地區者，應先通知委託機關、第4條第1項或第2項所定之機構或民間團體。

2. 其代表人及處理受託事務之人員，負有與公務員相同之保密義務；離職後，亦同。
3. 其代表人及處理受託事務之人員，於受託處理事務時，負有與公務員相同之利益迴避義務。
4. 其代表人及處理受託事務之人員，未經委託機關同意，不得與大陸地區相關機關或經其授權之法人、團體或其他機構協商簽署協議。

(九) **簽署協議之程序及協議生效要件**

1. 依第4條第3項或第4-2條第2項，受委託簽署協議之機構、民間團體或其他具公益性質之法人，應將協議草案報經委託機關陳報行政院同意，始得簽署（本條例第5條第1項）。
2. 協議之內容涉及法律之修正或應以法律定之者，協議辦理機關應於協議簽署後30日內報請行政院核轉立法院審議；其內容未涉及法律之修正或無須另以法律定之者，協議辦理機關應於協議簽署後30日內報請行政院核定，並送立法院備查，其程序，必要時以機密方式處理（本條例第5條第2項）。
3. 臺灣地區各級地方政府機關（構），非經行政院大陸委員會授權，不得與大陸地區人民、法人、團體或其他機關（構），以任何形式協商簽署協議。臺灣地區之公務人員、各級公職人員或各級地方民意代表機關，亦同（本條例第5-1條第1項）。
4. 臺灣地區人民、法人、團體或其他機構，除依本條例規定，經行政院大陸委員會或各該主管機關授權，不得與大陸地區人民、法人、團體或其他機關（構）簽署涉及臺灣地區公權力或政治議題之協議（本條例第5-1條第2項）。

(十) **涉及政治之協議之締結前程序（本條例第5-3條）**

1. 涉及政治議題之協議，行政院應於協商開始90日前，向立法院提出協議締結計畫及憲政或重大政治衝擊影響評估報告。締結計畫經全體立法委員四分之三之出席，及出席委員四分之三之同意，始得開啟簽署協議之協商。
2. 前項涉及政治議題之協議，係指具憲政或重大政治影響性之協議。
3. 負責協議之機關應依締結計畫進行談判協商，並適時向立法院報告；立法院或相關委員會亦得邀請負責協議之機關進行報告。
4. 立法院依據前項報告判斷雙方談判協商已無法依照締結計畫進行時，得經全體立法委員二分之一以上之決議，要求負責協議之機關終止協商；行政院判斷雙方談判協商已無法依照締結計畫進行時，應終止協商，並向立法院報告。

5. 負責協議之機關依締結計畫完成協議草案之談判後，應於15日內經行政院院會決議報請總統核定。總統核定後15日內，行政院應主動公開協議草案之完整內容，函送立法院審議，並向立法院報告協議過程及憲政或重大政治衝擊影響評估。
6. 立法院全院委員會應於院會審查前，就協議草案內容及憲政或重大政治衝擊影響評估舉行聽證。
7. 立法院院會審查協議草案經全體立法委員四分之三之出席，及出席委員四分之三之同意，再由行政院將協議草案，連同公民投票主文、理由書交由中央選舉委員會辦理全國性公民投票，其獲有效同意票超過投票權人總額之半數者，即為協議草案通過，經負責協議之機關簽署及換文後，呈請總統公布生效。
8. 關於政治議題協議之公民投票，不適用公民投票法第9條至第16條、第17條第1項關於期間與同條項第3款、第19條、第23條及第26條至第29條之規定。其餘公民投票事項，本條例未規定者，適用公民投票法之規定。
9. 主權國家地位與自由民主憲政秩序之毀棄或變更，不得作為政治議題談判及協議之項目。
10. 違反本條規定所為之政治議題協商或約定，無效。

三、文書驗證與司法文書送達

(一) 文書驗證

1. 文書驗證之程序：（本細則第8條）

本條例第4條第1項所定機構或第2項所定受委託之民間團體，於驗證大陸地區製作之文書時，應比對正、副本或其製作名義人簽字及鈐印之真正，或為查證。

文書驗證之申請，有下列各款情形之一者，前項之機構或民間團體應不予受理。但其情形得補正者，應先定期令其補正：

(1) 申請事項不屬文書驗證之範圍。
(2) 申請目的或文書內容明顯違反法令、國家利益，或有背於公共秩序、善良風俗或有其他不當情形。
(3) 提出之文書明顯為偽造或變造。
(4) 提出之文書未經大陸地區公證。

(5)未提出大陸地區公證書正本。

(6)申請人與申請之文書無利害關係。

(7)未繳納費用、未提出身分證明文件或其他相關文件。

(8)文書內容明顯有矛盾、錯誤、不實或有足以影響同一性之瑕疵。

(9)申請不合程式或不備其他要件。

申請驗證之文書，經驗證屬實者，應驗發文件證明，並得於必要時為適當之註記；經驗證有不實者，應駁回其申請。

2. 文書驗證的推定效力：

(1)在大陸地區製作之文書，經行政院設立或指定之機構或委託之民間團體驗證者，推定為真正（本條例第7條）。

(2)推定效力之說明：（本細則第9條）

依本條例第7條規定推定為真正之文書，其實質上證據力，由法院或有關主管機關認定。

文書內容與待證事實有關，且屬可信者，有實質上證據力。

推定為真正之文書，有反證事實證明其為不實者，不適用推定。

(二) **司法文書送達**：應於大陸地區送達司法文書或為必要之調查者，司法機關得囑託或委託第4條之機構或民間團體為之（本條例第8條）。

四、民事事件適用之準則

(一) 民事事件適用法律（本條例第41條）

1. 臺灣地區人民與大陸地區人民間之民事事件，除本條例另有規定外，適用臺灣地區之法律。
2. 大陸地區人民相互間及其與外國人間之民事事件，除本條例另有規定外，適用大陸地區之規定。
3. 本章所稱行為地、訂約地、發生地、履行地、所在地、訴訟地或仲裁地，指在臺灣地區或大陸地區。

(二) 大陸地區各地方規定不同依當事人戶籍地（本條例第42條）

依本條例規定應適用大陸地區之規定時，如該地區內各地方有不同規定者，依當事人戶籍地之規定。

(三) **適用法律**

1. 依本條例規定應適用大陸地區之規定時，如大陸地區就該法律關係無明文規定或依其規定應適用臺灣地區之法律者，適用臺灣地區之法律（本條例第43條）。
2. 依本條例規定應適用大陸地區之規定時，如其規定有背於臺灣地區之公共秩序或善良風俗者，適用臺灣地區之法律（本條例第44條）。
3. 民事法律關係之行為地或事實發生地跨連臺灣地區與大陸地區者，以臺灣地區為行為地或事實發生地（本條例第45條）。

(四) **行為能力之準據法（本條例第46條）**

1. 大陸地區人民之行為能力，依該地區之規定。但未成年人已結婚者，就其在臺灣地區之法律行為，視為有行為能力。
2. 大陸地區之法人、團體或其他機構，其權利能力及行為能力，依該地區之規定。

(五) **法律行為方式之準據法（本條例第47條）**

1. 法律行為之方式，依該行為所應適用之規定。但依行為地之規定所定之方式者，亦為有效。
2. 物權之法律行為，其方式依物之所在地之規定。
3. 行使或保全票據上權利之法律行為，其方式依行為地之規定。

(六) **債之準據法（本條例第48條）**

債之契約依訂約地之規定。但當事人另有約定者，從其約定。前項訂約地不明而當事人又無約定者，依履行地之規定，履行地不明者，依訴訟地或仲裁地之規定。

(七) **因法律事實所生之債之準據法（本條例第49條）**

關於在大陸地區由無因管理、不當得利或其他法律事實而生之債，依大陸地區之規定。

(八) **侵權行為之準據法（本條例第50條）**

侵權行為依損害發生地之規定。但臺灣地區之法律不認其為侵權行為者，不適用之。

(九)物權之準據法(本條例第51條)

1. 物權依物之所在地之規定。
2. 關於以權利為標的之物權，依權利成立地之規定。
3. 物之所在地如有變更，其物權之得喪，依其原因事實完成時之所在地之規定。
4. 船舶之物權，依船籍登記地之規定；航空器之物權，依航空器登記地之規定。

(十)婚姻成立要件之準據法(本條例第52條)

結婚或兩願離婚之方式及其他要件，依行為地之規定。判決離婚之事由，依臺灣地區之法律。

(十一)婚姻效力之準據法(本條例第53條)

夫妻之一方為臺灣地區人民，一方為大陸地區人民者，其結婚或離婚之效力，依臺灣地區之法律。

(十二)夫妻財產制之準據法(本條例第54條)

臺灣地區人民與大陸地區人民在大陸地區結婚，其夫妻財產制，依該地區之規定。但在臺灣地區之財產，適用臺灣地區之法律。

(十三)非婚生子女認領之準據法(本條例第55條)

非婚生子女認領之成立要件，依各該認領人被認領人認領時設籍地區之規定。認領之效力，依認領人設籍地區之規定。

(十四)收養之準據法(本條例第56條)

收養之成立及終止，依各該收養者被收養者設籍地區之規定。收養之效力，依收養者設籍地區之規定。

(十五)父母子女法律關係之準據法(本條例第57條)

父母之一方為臺灣地區人民，一方為大陸地區人民者，其與子女間之法律關係，依子女設籍地區之規定。

(十六)監護之準據法(本條例第58條)

受監護人為大陸地區人民者，關於監護，依該地區之規定。但受監護人在臺灣地區有居所者，依臺灣地區之法律。

(十七)扶養之準據法(本條例第59條)

扶養之義務，依扶養義務人設籍地區之規定。

(十八) 繼承之準據法（本條例第60條）

被繼承人為大陸地區人民者，關於繼承，依該地區之規定。但在臺灣地區之遺產，適用臺灣地區之法律。

(十九) 遺囑之準據法（本條例第61條）

大陸地區人民之遺囑，其成立或撤回之要件及效力，依該地區之規定。但以遺囑就其在臺灣地區之財產為贈與者，適用臺灣地區之法律。

(二十) 捐助之準據法（本條例第62條）

大陸地區人民之捐助行為，其成立或撤回之要件及效力，依該地區之規定。但捐助財產在臺灣地區者，適用臺灣地區之法律。

(二一) 大陸地區權利之行使或移轉（本條例第63條）

1. 本條例施行前，臺灣地區人民與大陸地區人民間、大陸地區人民相互間及其與外國人間，在大陸地區成立之民事法律關係及因此取得之權利、負擔之義務，以不違背臺灣地區公共秩序或善良風俗者為限，承認其效力。
2. 前項規定，於本條例施行前已另有法令限制其權利之行使或移轉者，不適用之。
3. 國家統一前，下列債務不予處理：
   (1) 民國38年以前在大陸發行尚未清償之外幣債券及民國38年黃金短期公債。
   (2) 國家行局及收受存款之金融機構在大陸撤退前所有各項債務。

(二二) 限制撤銷權及後婚之效（本條例第64條）

1. 夫妻因一方在臺灣地區，一方在大陸地區，不能同居，而一方於民國74年6月4日以前重婚者，利害關係人不得聲請撤銷；其於74年6月5日以後76年11月1日以前重婚者，該後婚視為有效。
2. 前項情形，如夫妻雙方均重婚者，於後婚者重婚之日起，原婚姻關係消滅。

(二三) 收養之方法（本條例第65條）

臺灣地區人民收養大陸地區人民為養子女，除依民法第1079條第5項規定外，有下列情形之一者，法院亦應不予認可：

1. 已有子女或養子女者。
2. 同時收養2人以上為養子女者。
3. 未經行政院設立或指定之機構或委託之民間團體驗證收養之事實。

(二四) 繼承權之拋棄（本條例第66條）

1. 大陸地區人民繼承臺灣地區人民之遺產，應於繼承開始起3年內以書面向被繼承人住所地之法院為繼承之表示；逾期視為拋棄其繼承權。
2. 大陸地區人民繼承本條例施行前已由主管機關處理，且在臺灣地區無繼承人之現役軍人或退除役官兵遺產者，前項繼承表示之期間為四年。
3. 繼承在本條例施行前開始者，前二項期間自本條例施行之日起算。

(二五) 遺產繼承總額之規定及限制（本條例第67條）【107高考1】

1. 被繼承人在臺灣地區之遺產，由大陸地區人民依法繼承者，其所得財產總額，每人不得逾新臺幣2百萬元。超過部分，歸屬臺灣地區同為繼承之人；臺灣地區無同為繼承之人者，歸屬臺灣地區後順序之繼承人；臺灣地區無繼承人者，歸屬國庫。
2. 前項遺產，在本條例施行前已依法歸屬國庫者，不適用本條例之規定。其依法令以保管款專戶暫為存儲者，仍依本條例之規定辦理。
3. 遺囑人以其在臺灣地區之財產遺贈大陸地區人民、法人、團體或其他機構者，其總額不得逾新臺幣2百萬元。
4. 第1項遺產中，有以不動產為標的者，應將大陸地區繼承人之繼承權利折算為價額。但其為臺灣地區繼承人賴以居住之不動產者，大陸地區繼承人不得繼承之，於定大陸地區繼承人應得部分時，其價額不計入遺產總額。
5. 大陸地區人民為臺灣地區人民配偶，其繼承在臺灣地區之遺產或受遺贈者，依下列規定辦理：
   (1) 不適用第1項及第3項總額不得逾新臺幣2百萬元之限制規定。
   (2) 其經許可長期居留者，得繼承以不動產為標的之遺產，不適用前項有關繼承權利應折算為價額之規定。但不動產為臺灣地區繼承人賴以居住者，不得繼承之，於定大陸地區繼承人應得部分時，其價額不計入遺產總額。
   (3) 前款繼承之不動產，如為土地法第17條第1項各款所列土地，準用同條第2項但書規定辦理。

(二六) 遺產管理辦法（本條例第67-1條）

1. 前條第1項之遺產事件，其繼承人全部為大陸地區人民者，除應適用第68條之情形者外，由繼承人、利害關係人或檢察官聲請法院指定財政部國有財產局為遺產管理人，管理其遺產。

2. 被繼承人之遺產依法應登記者，遺產管理人應向該管登記機關登記。
3. 第1項遺產管理辦法，由財政部擬訂，報請行政院核定之。

(二七) **現役軍人或退除役官兵遺產之管理（本條例第68條）**

1. 現役軍人或退除役官兵死亡而無繼承人、繼承人之有無不明或繼承人因故不能管理遺產者，由主管機關管理其遺產。
2. 前項遺產事件，在本條例施行前，已由主管機關處理者，依其處理。
3. 第1項遺產管理辦法，由國防部及行政院國軍退除役官兵輔導委員會分別擬訂，報請行政院核定之。
4. 本條例中華民國85年9月18日修正生效前，大陸地區人民未於第66條所定期限內完成繼承之第1項及第2項遺產，由主管機關逕行捐助設置財團法人榮民榮眷基金會，辦理下列業務，不受第67條第1項歸屬國庫規定之限制：
   (1) 亡故現役軍人或退除役官兵在大陸地區繼承人申請遺產之核發事項。
   (2) 榮民重大災害救助事項。
   (3) 清寒榮民子女教育獎助學金及教育補助事項。
   (4) 其他有關榮民、榮眷福利及服務事項。
5. 依前項第1款申請遺產核發者，以其亡故現役軍人或退除役官兵遺產，已納入財團法人榮民榮眷基金會者為限。
6. 財團法人榮民榮眷基金會章程，由行政院國軍退除役官兵輔導委員會擬訂，報請行政院核定之。

(二八) **不得取得、設定或移轉不動產物權與不得取得、設定或承租之土地（本條例第69條）**

1. 大陸地區人民、法人、團體或其他機構，或其於第三地區投資之公司，非經主管機關許可，不得在臺灣地區取得、設定或移轉不動產物權。但土地法第17條第1項所列各款土地，不得取得、設定負擔或承租。
2. 前項申請人資格、許可條件及用途、申請程序、申報事項、應備文件、審核方式、未依許可用途使用之處理及其他應遵行事項之辦法，由主管機關擬訂，報請行政院核定之。

(二九) **為法律行為之連帶責任（本條例第71條）**

未經許可之大陸地區法人、團體或其他機構，以其名義在臺灣地區與他人為法律行為者，其行為人就該法律行為，應與該大陸地區法人、團體或其他機構，負連帶責任。

(三十) **大陸地區人民法人團體等在臺任職之許可（本條例第72條）**

1. 大陸地區人民、法人、團體或其他機構，非經主管機關許可，不得為臺灣地區法人、團體或其他機構之成員或擔任其任何職務。
2. 前項許可辦法，由有關主管機關擬訂，報請行政院核定之。

(三一) **大陸地區人民法人團體等在臺從事投資之許可（本條例第73條）**

1. 大陸地區人民、法人、團體、其他機構或其於第三地區投資之公司，非經主管機關許可，不得在臺灣地區從事投資行為。
2. 依前項規定投資之事業依公司法設立公司者，投資人不受同法第216條第1項關於國內住所之限制。
3. 第1項所定投資人之資格、許可條件、程序、投資之方式、業別項目與限額、投資比率、結匯、審定、轉投資、申報事項與程序、申請書格式及其他應遵行事項之辦法，由有關主管機關擬訂，報請行政院核定之。
4. 依第1項規定投資之事業，應依前項所定辦法規定或主管機關命令申報財務報表、股東持股變化或其他指定之資料；主管機關得派員前往檢查，投資事業不得規避、妨礙或拒絕。
5. 投資人轉讓其投資時，轉讓人及受讓人應會同向主管機關申請許可。

(三二) **法院裁定認可（本條例第74條）**

1. 在大陸地區作成之民事確定裁判、民事仲裁判斷，不違背臺灣地區公共秩序或善良風俗者，得聲請法院裁定認可。
2. 前項經法院裁定認可之裁判或判斷，以給付為內容者，得為執行名義。
3. 前二項規定，以在臺灣地區作成之民事確定裁判、民事仲裁判斷，得聲請大陸地區法院裁定認可或為執行名義者，始適用之。

五、刑事事件適用之方式

(一) 在大陸地區或在大陸船艦、航空器內犯罪，雖在大陸地區曾受處罰，仍得依法處斷。但得免其刑之全部或一部之執行（本條例第75條）。

(二) 大陸地區人民於犯罪後出境，致不能到庭者，法院得於其能到庭以前停止審判。但顯有應諭知無罪或免刑判決之情形者，得不待其到庭，逕行判決（本條例第75-1條）。

(三)配偶之一方在臺灣地區，一方在大陸地區，而於民國76年11月1日以前重為婚姻或與非配偶以共同生活為目的而同居者，免予追訴、處罰；其相婚或與同居者，亦同（本條例第76條）。

(四)大陸地區人民在臺灣地區以外之地區，犯內亂罪、外患罪，經許可進入臺灣地區，而於申請時據實申報者，免予追訴、處罰；其進入臺灣地區參加主管機關核准舉辦之會議或活動，經專案許可免予申報者，亦同（本條例第77條）。

(五)大陸地區人民之著作權或其他權利在臺灣地區受侵害者，其告訴或自訴之權利，以臺灣地區人民得在大陸地區享有同等訴訟權利者為限（本條例第78條）。

鑑往知來

被繼承人在臺灣地區之遺產，由大陸地區人民依法繼承者，其所得財產總額，不得逾新臺幣多少？ 【身障】

答 被繼承人在臺灣地區之遺產，由大陸地區人民依法繼承者，其所得財產總額，每人不得逾新臺幣二百萬元。超過部分，歸屬臺灣地區同為繼承之人；臺灣地區無同為繼承之人者，歸屬臺灣地區後順序之繼承人；臺灣地區無繼承人者，歸屬國庫（本條例第67條）。

試題演練

選擇題

( ) 1 臺灣人民在大陸地區的犯罪行為，經大陸地區法院審判並執行後臺灣地區法院： (A)不得以相同理由審判之 (B)得審判但必須為無罪之判決 (C)得依法處斷，但得免除其刑之全部或一部之執行 (D)視同國外犯罪，應視其罪名及其本刑而定。

( ) **2** 大陸工作委員會與海峽兩岸交流基金會之間的關係為？ (A)委任 (B)行政委託 (C)職務協助 (D)委辦。

( ) **3** 依臺灣地區與大陸地區人民關係條例，關於在大陸地區作成之民事確定裁判在臺灣地區之效力，以下何者錯誤？ (A)須再行起訴，其確定裁判效力不及於我國 (B)須不違背臺灣地區公共秩序或善良風俗 (C)欲取得在臺灣地區之效力，得聲請法院裁定認可 (D)承認大陸地區民事確定裁判之前提須符合互惠原則。

( ) **4** 臺灣地區與大陸地區人民關係條例對「大陸地區人民」之定義，下列何者正確？ (A)指在大陸地區出生，其父母均為臺灣地區人民，未在大陸地區設有戶籍者 (B)指在大陸地區設有戶籍之人民 (C)指在大陸地區設有戶籍或臺灣地區人民前往大陸地區居住逾四年之人民 (D)指在大陸地區設有戶籍或臺灣地區人民前往大陸地區居住逾三年之人民。

( ) **5** 臺灣地區人民在大陸地區犯殺人罪，並在大陸地區接受刑事追訴及處罰後回到臺灣地區，對其殺人行為如何處理？ (A)於中華民國領域外犯罪，我國無審判權，不得追訴、處罰 (B)得依法處斷，但得免其刑之全部或一部之執行 (C)得依法處斷，且不得免其刑之全部或一部之執行 (D)非屬萬國公罪，不必處罰。

( ) **6** 行政院大陸委員會與海峽交流基金會之法律關係為？ (A)行政協助 (B)行政委任 (C)行政委託 (D)行政委辦。

( ) **7** 下列何者非臺灣地區與大陸地區人民關係條例第2條所定臺灣地區人民？ (A)在臺灣地區出生，其父母均為臺灣地區人民，或一方為臺灣地區人民，一方為大陸地區人民者 (B)在大陸地區出生，其父母均為臺灣地區人民，未在大陸地區設有戶籍或領用大陸地區護照者 (C)大陸地區人民經許可進入臺灣地區定居，並設有戶籍者 (D)在大陸地區出生，在大陸地區設有戶籍或領用大陸地區護照，卻常年於國外定居者。

(　　) **8** 依臺灣地區與大陸地區人民關係條例第9條規定，政務人員及直轄市長退離職未滿幾年而前往大陸地區，仍應經過內政部會同國家安全局、法務部及行政院大陸委員會組成之審查會審查許可？ (A)1年　(B)2年　(C)3年　(D)4年。

(　　) **9** 關於兩岸人民相關事務處理，政府得委託相關機構處理，下列何者不正確？　(A)受委託對象如為民間團體則其應符合特別條件　(B)受委託對象包括具公信力之公益性質法人　(C)受委託之民間團體必要時得經委託機關同意，複委託具公益性質之法人　(D)簽署協議應由大陸委員會進行不得委託或複委託，以示謹慎。

(　　) **10** 依臺灣地區與大陸地區人民關係條例第4條第3項或第4-2條第2項規定，受委託簽署協議之機構、民間團體或其他具公益性之法人，應將協議草案報經委託機關陳報何政府機關同意，始得簽署？ (A)總統府　(B)立法院　(C)行政院　(D)行政院大陸委員會。

(　　) **11** 自臺灣地區與大陸地區間的私運、攜帶物品以進口、出口論，試問下列何種法律予以條文明定之？　A.懲治走私條例、B.海關緝私條例、C.臺灣地區與大陸地區人民關係條例、D.中華民國領海及鄰接區法　(A)A.　(B)A.B.　(C)A.C.　(D)A.B.C.D.。

(　　) **12** 大陸地區人民違反臺灣地區與大陸地區人民關係條例規定，而應受罰鍰之處罰，該處罰應由下列何機關辦理？　(A)大陸委員會　(B)內政部　(C)海巡署　(D)目的事業主管機關。

(　　) **13** 依臺灣地區與大陸地區人民關係條例規定，處理兩岸人民往來事務與行政程序法之關係，下列何者正確？　(A)均應適用行政程序法之規定　(B)均不適用行政程序法之規定　(C)應以侵害人權之程度而論是否適用，重者即應適用，輕者不適用之　(D)應以事件影響國家安全程度而論，輕者適用之，重者不適用之。

(　　) **14** 依臺灣地區與大陸地區人民關係條例第44條規定，依本條例規定應適用大陸地區之規定時，如其規定有背於臺灣地區之公共秩序或善良風俗者，應適用何地區之法律？　(A)大陸地區　(B)臺灣地區　(C)兩地區皆可　(D)第三地地區。

( ) **15** 臺灣地區與大陸地區間簽署協議之內容未涉及法律之修正者，協議辦理機關應於協議簽署後30日內如何處理？ (A)報請行政院大陸委員會核定，並送行政院備查 (B)報請行政院核定，並送立法院審議 (C)報請行政院核定，並送立法院備查 (D)報請行政院核定，並送國家安全會議備查。

解答及解析

1 (C)。臺灣地區與大陸地區人民關係條例第75條規定：在大陸地區或在大陸船艦、航空器內犯罪，雖在大陸地區曾受處罰，仍得依法處斷。但得免其刑之全部或一部之執行。

2 (B)。臺灣地區與大陸地區人民關係條例第4條規定：行政院得設立或指定機構，處理臺灣地區與大陸地區人民往來有關之事務。行政院大陸委員會處理臺灣地區與大陸地區人民往來有關事務，得委託前項之機構或符合下列要件之民間團體為之：一、設立時，政府捐助財產總額逾二分之一。二、設立目的為處理臺灣地區與大陸地區人民往來有關事務，並以行政院大陸委員會為中央主管機關或目的事業主管機關。

3 (A)。臺灣地區與大陸地區人民關係條例第74條規定：在大陸地區作成之民事確定裁判、民事仲裁判斷，不違背臺灣地區公共秩序或善良風俗者，得聲請法院裁定認可。前項經法院裁定認可之裁判或判斷，以給付為內容者，得為執行名義。前2項規定，以在臺灣地區作成之民事確定裁判、民事仲裁判斷，得聲請大陸地區法院裁定認可或為執行名義者，始適用之。

4 (B)。臺灣地區與大陸地區人民關係條例第2條第4款規定：四、大陸地區人民：指在大陸地區設有戶籍之人民。

5 (B)。臺灣地區與大陸地區人民關係條例第75條規定：在大陸地區或在大陸船艦、航空器內犯罪，雖在大陸地區曾受處罰，仍得依法處斷。但得免其刑之全部或一部之執行。

6 (C)。臺灣地區與大陸地區人民關係條例第4條規定：行政院得設立或指定機構，處理臺灣地區與大陸地區人民往來有關之事務。行政院大陸委員會處理臺灣地區與大陸地區人民往來有關事務，得委託前項之機構或符合下列要件之民間團體為之：一、設立時，政府捐助財產總額逾二分之一。二、設立目的為處理臺灣地區與大陸地區人民往來有關事務，並以行政院大陸委員會為中央主管機關或目的事業主管機關。

7 **(D)**。臺灣地區與大陸地區人民關係條例施行細則第4條規定：本條例第2條第3款所定臺灣地區人民，包括下列人民：一、曾在臺灣地區設有戶籍，中華民國90年2月19日以前轉換身分為大陸地區人民，依第6條規定回復臺灣地區人民身分者。二、在臺灣地區出生，其父母均為臺灣地區人民，或一方為臺灣地區人民，一方為大陸地區人民者。三、在大陸地區出生，其父母均為臺灣地區人民，未在大陸地區設有戶籍或領用大陸地區護照者。四、依本條例第9-1條第1項規定，經內政部許可回復臺灣地區人民身分，並返回臺灣地區定居者。大陸地區人民經許可進入臺灣地區定居，並設有戶籍者，為臺灣地區人民。

8 **(C)**。臺灣地區人民具有下列身分者，進入大陸地區應經申請，並經內政部會同國家安全局、法務部、大陸委員會及相關機關組成之審查會審查許可：一、政務人員、直轄市長。二、於國防、外交、科技、情報、大陸事務或其他相關機關從事涉及國家安全、利益或機密業務之人員。三、受前款機關委託從事涉及國家安全、利益或機密公務之個人或法人、團體、其他機構之成員。四、前三款退離職或受委託終止未滿三年之人員。五、縣（市）長。六、受政府機關（構）委託、補助或出資達一定基準從事涉及國家核心關鍵技術業務之個人或法人、團體、其他機構之成員；受委託、補助、出資終止或離職未滿三年者，亦同。

9 **(D)**。臺灣地區與大陸地區人民關係條例第4條規定：行政院得設立或指定機構，處理臺灣地區與大陸地區人民往來有關之事務。行政院大陸委員會處理臺灣地區與大陸地區人民往來有關事務，得委託前項之機構或符合下列要件之民間團體為之：一、設立時，政府捐助財產總額逾二分之一。二、設立目的為處理臺灣地區與大陸地區人民往來有關事務，並以行政院大陸委員會為中央主管機關或目的事業主管機關。行政院大陸委員會或第4-2條第1項經行政院同意之各該主管機關，得依所處理事務之性質及需要，逐案委託前2項規定以外，具有公信力、專業能力及經驗之其他具公益性質之法人，協助處理臺灣地區與大陸地區人民往來有關之事務；必要時，並得委託其代為簽署協議。第1項及第2項之機構或民間團體，經委託機關同意，得複委託前項之其他具公益性質之法人，協助處理臺灣地區與大陸地區人民往來有關之事務。

10 **(C)**。臺灣地區與大陸地區人民關係條例第4條第3項規定：行政院大陸委員會或第4-2條第1項經行政院同意之各該主管機關，得依所處理事務之性質及需要，逐案委託前二項規定以外，具有公信力、專業能力及經驗之其他具公益性質之法人，協助處理臺灣地區與大陸地區人民往來有關之事務；必要時，並得委託其代為簽署協議。第4-2條第2項規定：行政院大陸委員會或前項經行政院同意之各該主管機關，得委託第4條所定機構或民間團體，以受託人自己之名義，與大陸地區相關機關或經其授權之法人、團體或其他機構協商簽署協議。

11 **(C)**。臺灣地區與大陸地區人民關係條例第28-1條規定：中華民國船舶、航空器及其他運輸工具，不得私行運送大陸地區人民前往臺灣地區及大陸地區以外之國家或地區。臺灣地區人民不得利用非中華民國船舶、航空器或其他運輸工具，私行運送大陸地區人民前往臺灣地區及大陸地區以外之國家或地區。懲治走私條例第12條規定：自大陸地區私運物品進入臺灣地區，或自臺灣地區私運物品前往大陸地區者，以私運物品進口、出口論，適用本條例規定處斷。

12 **(A)**。臺灣地區與大陸地區人民關係條例第3-1條規定：行政院大陸委員會統籌處理有關大陸事務，為本條例之主管機關。第94條規定：本條例所定之罰鍰，由主管機關處罰；依本條例所處之罰鍰，經限期繳納，屆期不繳納者，依法移送強制執行。

13 **(B)**。臺灣地區與大陸地區人民關係條例第95-3條規定：依本條例處理臺灣地區與大陸地區人民往來有關之事務，不適用行政程序法之規定。

14 **(B)**。臺灣地區與大陸地區人民關係條例第44條規定：依本條例規定應適用大陸地區之規定時，如其規定有背於臺灣地區之公共秩序或善良風俗者，適用臺灣地區之法律。

15 **(C)**。臺灣地區與大陸地區人民關係條例第5條第2項規定：協議之內容涉及法律之修正或應以法律定之者，協議辦理機關應於協議簽署後30日內報請行政院核轉立法院審議；其內容未涉及法律之修正或無須另以法律定之者，協議辦理機關應於協議簽署後30日內報請行政院核定，並送立法院備查，其程序，必要時以機密方式處理。

Chapter 2 臺灣地區人民進入大陸地區

本章依據出題頻率區分，屬：**B** 頻率中

問題意識

一、根據臺灣地區與大陸地區人民關係條例規定，公務員與特定身分人員進入大陸地區有其限制，試述限制為何？

二、臺灣地區涉及國家安全機密人員，在何種情況下，得申請進入大陸地區？

三、根據「臺灣地區公務員及特定身分人員進入大陸地區許可辦法」之規定，從事有關1.國防或機密科技研究者，2.中央各機關所派駐外人員，及任職國家安全局、國防部、法務部調查局及其所屬各級機關人員等此類特定身分人員，於何種情形下，得申請進入大陸地區？

四、「臺灣地區公務員及特定身分人員進入大陸地區許可辦法」所稱之公務員與特定身分人員為何？

一、一般臺灣地區人民申請要件

(一) 申請程序

1. 臺灣地區人民進入大陸地區，應經一般出境查驗程序（本條例第9條第1項）。
2. 主管機關得要求航空公司或旅行相關業者辦理前項出境申報程序（本條例第9條第2項）。本項之申報程序，由內政部擬訂，報請行政院核定之（本條例現行第9條第11項，111年6月8日修正時移至同條第12項，然施行日期未定）。

(二) **管制進入大陸地區之程序規定**：遇有重大突發事件、影響臺灣地區重大利益或於兩岸互動有重大危害情形者，得經立法院議決由行政院公告於一定期間內，對臺灣地區人民進入大陸地區，採行禁止、限制或其他必要之處置，立法院如於會期內1個月未為決議，視為同意；但情況急迫者，得於事後追認之（本條例第9條第9項）。

(三) **活動之禁止**：臺灣地區人民進入大陸地區者，不得從事妨害國家安全或利益之活動（本條例第9條第10項）。

二、公務員身分申請要件（相關辦法：臺灣地區公務員及特定身分人員進入大陸地區許可辦法，下稱許可辦法）

(一) **應申報之公務員種類**：臺灣地區公務員，國家安全局、國防部、法務部調查局及其所屬各級機關未具公務員身分之人員，應向內政部申請許可，始得進入大陸地區。但簡任第十職等及警監四階以下未涉及國家安全、利益或機密之公務員及警察人員赴大陸地區，不在此限；其作業要點，於本法修正後3個月內，由內政部會同相關機關擬訂，報請行政院核定之（本條例第9條第3項）。本項之許可辦法，由內政部擬訂，報請行政院核定之（本條例現行第9條第11項，111年6月8日修正時移至同條第12項，然施行日期未定）。

(二) **公務員之定義**

1. 所稱公務員，指公務員服務法第24條規定之人員（許可辦法第3條第1項）。
2. 所稱簡任或相當簡任第11職等以上公務員及警監3階以上警察人員，指所任職務之職務列等或職務等級跨列簡任或相當簡任第11職等以上及警監3階以上者（許可辦法第3條第2項）。

(三) **應受審查之特定身分人員種類（本條例第9條第4項）**

臺灣地區人民具有下列身分者，進入大陸地區應經申請，並經內政部會同國家安全局、法務部及大陸委員會組成之審查會審查許可：

1. 政務人員、直轄市長。
2. 於國防、外交、科技、情報、大陸事務或其他相關機關從事涉及國家安全、利益或機密業務之人員。
3. 受前款機關委託從事涉及國家安全、利益或機密公務之個人或民間團體、機構成員。
4. 前3款退離職未滿3年之人員。
5. 縣（市）長。

（應注意：111年6月8日修正、施行日期未定之第9條第4項中，第1、2、5款未予修正，而修正第3款、第4款規定為：「三、受前款機關委託從事涉及國家安全、利益或機密公務之個人或法人、團體、其他機構之成員。四、前三款退離職或受委託終止未滿三年之人員。」

另新增第6款規定為：「六、受政府機關（構）委託、補助或出資達一定基準從事涉及國家核心關鍵技術業務之個人或法人、團體、其他機構之成員；受委託、補助、出資終止或離職未滿三年者，亦同。」為此同時新增

第9條第11項和第13項規定為：「本條例所稱國家核心關鍵技術，指國家安全法第三條第三項所定之國家核心關鍵技術。」、「第四項第六款所定受委託、補助或出資之一定基準及其他應遵行事項之辦法，由國家科學及技術委員會會商有關機關定之。」）

本項之許可辦法，由內政部擬訂，報請行政院核定之（本條例現行第9條第11項，111年6月8日修正時移至同條第12項，然施行日期未定）。

(四) **通報義務**：前二項所列人員，進入大陸地區返臺後，應向（原）服務機關或委託機關通報。但直轄市長應向行政院、縣（市）長應向內政部、其餘機關首長應向上一級機關通報（本條例第9條第5項）（111年6月8日修正、施行日期未定之第9條第5項規定為：「前二項所列人員，進入大陸地區返臺後，應向（原）服務機關、委託、補助或出資機關（構）通報。但直轄市長應向行政院、縣（市）長應向內政部、其餘機關首長應向上一級機關通報。」）。

(五) **國家機密之認定**：第4項第2款至第4款所列人員，其涉及國家安全、利益或機密之認定，由（原）服務機關、委託機關或受託團體、機構依相關規定及業務性質辦理（本條例第9條第6項）。

（111年6月8日修正、施行日期未定之第9條第6項規定為:「第四項第二款至第四款及第六款所列人員,其涉及國家安全、利益、機密或國家核心關鍵技術之認定,由(原)服務機關、委託、補助、出資機關(構),或受委託、補助、出資之法人、團體、其他機構依相關規定及業務性質辦理。」)

(六) **退職人員進入大陸地區之時間**：第4項第4款所定退離職人員退離職後，應經審查會審查許可，始得進入大陸地區之期間，原服務機關、委託機關或受託團體、機構得依其所涉及國家安全、利益、機密及業務性質增加之（本條例第9條第7項）。

（111年6月8日修正、施行日期未定之第9條第7項規定為：「第4項第4款所定退離職人員退離職或受委託終止後，應經審查會審查許可，始得進入大陸地區之期間，原服務機關、委託機關或受委託法人、團體、其他機構得依其所涉及國家安全、利益、機密及業務性質增加之。」）

(七) **涉及重要國家安全等之人員返臺之申報**：曾任第4項第2款人員從事涉及重要國家安全、利益或機密業務者，於前項應經審查會審查許可之期間屆滿後，（原）服務機關得限其在進入大陸地區前及返臺後，仍應向（原）服務機關申報（本條例第9條第8項）。本項申報對象、期間、程序及其他應遵行事項之辦法，由內政部定之（本條例現行第9條第12項，111年6月8日修正時移至同條第14項，然施行日期未定）。

(八) **禁止之活動**

1. 臺灣地區公務員及特定身分人員進入大陸地區，不得有下列情事：（許可辦法第10條第1項）
   (1) 從事妨害國家安全或利益之活動。
   (2) 違反本條例第5條之1或第33條之1第1項規定，擅自與大陸地區人民、法人、團體或其他機關（構），簽署協議或為其他任何形式之合作行為。
   (3) 洩漏或交付法令規定應保守秘密之文書、圖畫、消息、物品或資訊。
   (4) 從事其他法令所禁止或應經業務主管機關許可而未經許可之事項。
2. 前項人員在大陸地區受強暴、脅迫、利誘或其他手段，致有違反前項規定或相關法令之虞，應一併於前條第1項通報表載明；必要時，各機關（構）得請法務部調查局協助處理（許可辦法第11條第2項）。
3. 依本辦法申請進入大陸地區之現職人員，不得從事入學進修、選修學分、專題研究等各種型態之進修活動（許可辦法第11條第3項）。
4. 曾任國防、外交、大陸事務或與國家安全相關機關之政務副首長或少將以上人員，或情報機關首長，不得參與大陸地區黨務、軍事、行政或具政治性機關（構）、團體所舉辦之慶典或活動，而有妨害國家尊嚴之行為（本條例第9-3條第1項）。

   前項妨害國家尊嚴之行為，指向象徵大陸地區政權之旗、徽、歌等行禮、唱頌或其他類似之行為（本條例第9-3條第2項）。

(九) **其他**：本條例第9條第3項、第4項許可辦法及第5項通報程序，由內政部擬訂，報請行政院核定之。

三、大陸地區設籍與領用其護照之禁止【107地特2】

(一) 臺灣地區人民不得在大陸地區設有戶籍或領用大陸地區護照（本條例第9-1條第1項）。

(二) 違反前項規定在大陸地區設有戶籍或領用大陸地區護照者，除經有關機關認有特殊考量必要外，喪失臺灣地區人民身分及其在臺灣地區選舉、罷免、創制、複決、擔任軍職、公職及其他以在臺灣地區設有戶籍所衍生相關權利，並由戶政機關註銷其臺灣地區之戶籍登記；但其因臺灣地區人民身分所負之責任及義務，不因而喪失或免除（本條例第9-1條第2項）。

(三) 本條例修正施行前，臺灣地區人民已在大陸地區設籍或領用大陸地區護照者，其在本條例修正施行之日起六個月內，註銷大陸地區戶籍或放棄領用大陸地區護照並向內政部提出相關證明者，不喪失臺灣地區人民身分（本條例第9-1條第3項）。

鑑往知來

依據「臺灣地區與大陸地區人民關係條例」，臺灣地區人民不得在大陸地區設籍或領用其護照。對違反該法律規定者，有何處分規定及例外情形？ 【107地三】

答 請依本條例第9-1條規定回答。

四、回復臺灣地區人民身分之規定【105高考4】

(一) 喪失臺灣地區人民身分者，嗣後註銷大陸地區戶籍或放棄持用大陸地區護照，得向內政部申請許可回復臺灣地區人民身分，並返回臺灣地區定居（本條例第9-2條第1項）。

(二) 前項許可條件、程序、方式、限制、撤銷或廢止許可及其他應遵行事項之辦法[註]，由內政部擬訂，報請行政院核定之（本條例第9-2條第2項）。

實力進階

一、 政務人員及直轄市長、縣（市）長得申請進入大陸地區之情形：
臺灣地區公務員及特定身分人員進入大陸地區許可辦法第6條規定，擔任行政職務之政務人員及直轄市長、縣（市）長，符合下列各款情形之一者，得申請進入大陸地區：

(一) 在大陸地區有設戶籍之配偶或四親等內之親屬。

[註] 即在臺原有戶籍大陸地區人民申請回復臺灣地區人民身分許可辦法。

(二) 配偶或四親等內親屬在大陸地區罹患傷病或有其他危害生命之虞等特殊情事需探視，或處理其死亡未滿一年之事宜。
(三) 進入大陸地區從事與業務相關之交流活動或會議。
(四) 經所屬機關遴派或同意出席專案活動或會議。
(五) 轉乘經由大陸地區機場、港口之航空器、船舶或其他運輸工具至其他國家或地區。

二、臺灣地區與大陸地區人民關係條例第9-2條第1項關於回復臺灣地區人民身分適用之對象依據「在臺原有戶籍大陸地區人民申請回復臺灣地區人民身分許可辦法」第2條之規定，適用對象為：
(一) 指在臺灣地區原設有戶籍人民於大陸地區設有戶籍或領用大陸地區護照，致喪失臺灣地區人民身分者。
(二) 不包括大陸地區人民取得臺灣地區人民身分後，再次轉換為大陸地區人民者。

試題演練

選擇題

( ) **1** 臺灣地區人民進入大陸地區許可辦法由下列何者訂定？ (A)大陸工作委員會擬訂，行政院核定後發布之 (B)由內政部擬訂，行政院核定後發布之 (C)入出境管理局擬訂，內政部核定後發布之 (D)警政署擬訂，內政部核定後發布之。

( ) **2** 依臺灣地區與大陸地區人民關係條例規定，臺灣地區人民進入大陸地區係採下列何種制度管理之？ (A)僅公務員及特定身分人員許可制 (B)報備制 (C)許可制為原則，報備制為例外 (D)為保障人民遷徙自由，在大陸地區設有戶籍者無須經過管制即得以自由進出。

( ) **3** 以下關於臺灣地區與大陸地區人民關係條例所定兩岸人民交流之敘述，何者正確？ (A)大陸地區人民不須經主管機關許可，即得進入臺灣地區 (B)大陸地區人民申請進入臺灣地區團聚者，不須按捺指紋 (C)臺灣地區人民進入大陸地區，應經一般出境查驗程序 (D)僱用大陸地區人民在臺灣地區工作，不須向主管機關申請許可。

( ) **4** 原臺灣地區人民在大陸設有戶籍或領有護照者，其在臺灣地區所享有、負擔之下列權利、義務變動情形何者為非？ (A)喪失中央民代選舉之選舉權 (B)其在臺灣地區之戶籍登記應予註銷 (C)喪失服公職之權利 (D)喪失應考試之權利或通過考試之資格。

( ) **5** 臺北市政府工友欲前往大陸觀光，應經下列何種程序？ (A)向內政部申請許可 (B)應申請後由內政部會同國家安全會議、法務部、陸委會聯合組成之委員會審查許可 (C)應申請後由內政部會同國家安全局、法務部、陸委會組成聯合委員會審查許可 (D)由航空公司申報出境即可。

( ) **6** 金門縣長欲前往大陸地區訪問，試問其申請應受到下列何機關之審查？ (A)其申請審查與一般人民相同，無須加以特別審查 (B)其申請審查僅由內政部審查即可 (C)其申請審查程序，由內政部會同國家安全局、法務部及大陸委員會審查之 (D)其申請之審查程序，由大陸委員會會同國家安全會議、法務部及內政部審查之。

( ) **7** 臺灣地區人民不得在大陸地區設有戶籍或領用大陸地區護照，違反者： (A)註銷大陸地區戶籍 (B)喪失臺灣地區人民身分 (C)不得前往大陸地區設立工廠及經商 (D)沒收在臺灣地區之財產。

( ) **8** 依臺灣地區與大陸地區人民關係條例第10條授權所訂定之「大陸地區人民進入臺灣地區許可辦法」第2條規定，大陸地區人民進入臺灣地區許可之主管機關為何？ (A)行政院大陸委員會 (B)內政部 (C)行政院海洋委員會海巡署 (D)國家安全局。

( ) **9** 臺灣地區人民違反規定在大陸地區設有戶籍者，除經有關機關認有特殊考量必要外，其權利義務得喪失或變更情形為何？ (A)喪失臺灣地區人民身分 (B)免除納稅義務 (C)喪失人身自由權 (D)免除司法管轄權。

解答及解析

1 (B)。 大陸地區人民進入臺灣地區許可辦法第2條規定：本辦法之主管機關為內政部。

2 (A)。 第9條第1項規定：「臺灣地區人民進入大陸地區，應經一般出境查驗程序。」而同條第3項、第4項規定：「臺灣地區公務員，國家安全局、國防部、法務部調查局及其所屬各級機關未具公務員身分之人員，應向內政部申請許可，始得進入大陸地區。……臺灣地區人民具有下列身分者，進入大陸地區應經申請，並經內政部會同國家安全局、法務部及大陸委員會組成之審查會審查許可：一、政務人員、直轄市長。二、於國防、外交、科技、情報、大陸事務或其他相關機關從事涉及國家安全、利益或機密業務之人員。三、受前款機關委託從事涉及國家安全、利益或機密公務之個人或民間團體、機構成員。四、前三款退離職未滿三年之人員。五、縣（市）長。」（應注意：111年6月8日修正之臺灣地區與大陸地區人民關係條例第9條第4項規定為：「臺灣地區人民具有下列身分者，進入大陸地區應經申請，並經內政部會同國家安全局、法務部、大陸委員會及相關機關組成之審查會審查許可：一、政務人員、直轄市長。二、於國防、外交、科技、情報、大陸事務或其他相關機關從事涉及國家安全、利益或機密業務之人員。三、受前款機關委託從事涉及國家安全、利益或機密公務之個人或法人、團體、其他機構之成員。四、前三款退離職或受委託終止未滿三年之人員。五、縣（市）長。六、受政府機關（構）委託、補助或出資達一定基準從事涉及國家核心關鍵技術業務之個人或法人、團體、其他機構之成員；受委託、補助、出資終止或離職未滿三年者，亦同。」然施行日期未定。）

3 (C)。 第9條第1項規定：臺灣地區人民進入大陸地區，應經一般出境查驗程序。第10條第1項規定：大陸地區人民非經主管機關許可，不得進入臺灣地區。第10-1條規定：大陸地區人民申請進入臺灣地區團聚、居留或定居者，應接受面談、按捺指紋並建檔管理之；未接受面談、按捺指紋者，不予許可其團聚、居留或定居之申請。其管理辦法，由主管機關定之。第11條規定：僱用大陸地區人民在臺灣地區工作，應向主管機關申請許可。

4 (D)。 第9-1條第1、2項規定：臺灣地區人民不得在大陸地區設有戶籍或領用大陸地區護照。違反前項規定在大陸地區設有戶籍或領用大陸地區護照者，除經有關機關認有特殊考量必要外，喪失臺灣地區人民身分及其在臺灣地區選舉、罷免、創制、複決、擔任軍職、公職及其他以在臺灣地區設有戶籍所衍生相關權利,並由戶政機關註銷其臺灣地區之戶籍登記;但其因臺灣地區人民身分所負之責任及義務,不因而喪失或免除。

5 **(D)**。第9條第1項規定:臺灣地區人民進入大陸地區,應經一般出境查驗程序。

6 **(C)**。第9條第4項規定:臺灣地區人民具有下列身分者,進入大陸地區應經申請,並經內政部會同國家安全局、法務部及行政院大陸委員會組成之審查會審查許可:一、政務人員、直轄市長。二、於國防、外交、科技、情治、大陸事務或其他經核定與國家安全相關機關從事涉及國家機密業務之人員。三、受前款機關委託從事涉及國家機密公務之個人或民間團體、機構成員。四、前三款退離職未滿三年之人員。五、縣(市)長。(應注意:111年6月8日修正之臺灣地區與大陸地區人民關係條例第9條第4項規定為:「臺灣地區人民具有下列身分者,進入大陸地區應經申請,並經內政部會同國家安全局、法務部、大陸委員會及相關機關組成之審查會審查許可:一、政務人員、直轄市長。二、於國防、外交、科技、情報、大陸事務或其他相關機關從事涉及國家安全、利益或機密業務之人員。三、受前款機關委託從事涉及國家安全、利益或機密公務之個人或法人、團體、其他機構之成員。四、前三款退離職或受委託終止未滿三年之人員。五、縣(市)長。六、受政府機關(構)委託、補助或出資達一定基準從事涉及國家核心關鍵技術業務之個人或法人、團體、其他機構之成員;受委託、補助、出資終止或離職未滿三年者,亦同。」然施行日期未定。)

7 **(B)**。臺灣地區與大陸地區人民關係條例第9-1條規定:臺灣地區人民不得在大陸地區設有戶籍或領用大陸地區護照。違反前項規定在大陸地區設有戶籍或領用大陸地區護照者,除經有關機關認有特殊考量必要外,喪失臺灣地區人民身分及其在臺灣地區選舉、罷免、創制、複決、擔任軍職、公職及其他以在臺灣地區設有戶籍所衍生相關權利,並由戶政機關註銷其臺灣地區之戶籍登記;但其因臺灣地區人民身分所負之責任及義務,不因而喪失或免除。本條例修正施行前,臺灣地區人民已在大陸地區設籍或領用大陸地區護照者,其在本條例修正施行之日起6個月內,註銷大陸地區戶籍或放棄領用大陸地區護照並向內政部提出相關證明者,不喪失臺灣地區人民身分。

8 **(B)**。大陸地區人民進入臺灣地區許可辦法第2條規定:本辦法之主管機關為內政部。

9 **(A)**。臺灣地區與大陸地區人民關係條例第9-1條規定：臺灣地區人民不得在大陸地區設有戶籍或領用大陸地區護照。違反前項規定在大陸地區設有戶籍或領用大陸地區護照者，除經有關機關認有特殊考量必要外，喪失臺灣地區人民身分及其在臺灣地區選舉、罷免、創制、複決、擔任軍職、公職及其他以在臺灣地區設有戶籍所衍生相關權利，並由戶政機關註銷其臺灣地區之戶籍登記；但其因臺灣地區人民身分所負之責任及義務，不因而喪失或免除。本條例修正施行前，臺灣地區人民已在大陸地區設籍或領用大陸地區護照者，其在本條例修正施行之日起6個月內，註銷大陸地區戶籍或放棄領用大陸地區護照並向內政部提出相關證明者，不喪失臺灣地區人民身分。

申論題

一、根據臺灣地區與大陸地區人民關係條例規定，公務員與特定身分人員進入大陸地區有其限制，試述限制為何？

答 (一)臺灣地區公務員，國家安全局、國防部、法務部調查局及其所屬各級機關未具公務員身分之人員，應向內政部申請許可，始得進入大陸地區。但簡任第十職等及警監四階以下未涉及國家安全機密之公務員及警察人員赴大陸地區，不在此限（本條例第9條第3項）。

(二) 以下特殊身分人員，進入大陸地區應經申請，並經內政部會同國家安全局、法務部及行政院大陸委員會組成之審查會審查許可：

1. 政務人員、直轄市長。
2. 於國防、外交、科技、情治、大陸事務或其他經核定與國家安全相關機關從事涉及國家機密業務之人員。
3. 受前款機關委託從事涉及國家機密公務之個人或民間團體、機構成員。
4. 前三款退離職未滿三年之人員。
5. 縣（市）長（本條例第9條第4項）。

（應注意：111年6月8日修正之臺灣地區與大陸地區人民關係條例第9條第4項規定為：「臺灣地區人民具有下列身分者，進入大陸地區應經申請，並經內政部會同國家安全局、法務部、大陸委員會及相關機關組成之審查會審查許可：

一、政務人員、直轄市長。二、於國防、外交、科技、情報、大陸事務或其他相關機關從事涉及國家安全、利益或機密業務之人員。三、受前款機關委託從事涉及國家安全、利益或機密公務之個人或法人、團體、其他機構之成員。四、前三款退離職或受委託終止未滿三年之人員。五、縣(市)長。六、受政府機關(構)委託、補助或出資達一定基準從事涉及國家核心關鍵技術業務之個人或法人、團體、其他機構之成員；受委託、補助、出資終止或離職未滿三年者，亦同。」然施行日期未定。)

二、臺灣地區涉及國家安全機密人員，在何種情況下，得申請進入大陸地區？

答 (一) 在大陸地區有設戶籍之配偶或四親等內之親屬。

(二) 配偶或四親等內親屬在大陸地區罹患傷病或有其他危害生命之虞等特殊情事需探視，或處理其死亡未滿一年之事宜。

(三) 進入大陸地區從事與業務相關之交流活動或會議。

(四) 經所屬機關遴派或同意出席專案活動或會議。

(五) 轉乘經由大陸地區機場、港口之航空器、船舶或其他運輸工具至其他國家或地區。

(臺灣地區公務員及特定身分人員進入大陸地區許可辦法第6條第1項參照)

三、根據「臺灣地區公務員及特定身分人員進入大陸地區許可辦法」之規定，從事有關1.國防或機密科技研究者，2.中央各機關所派駐外人員，及任職國家安全局、國防部、法務部調查局及其所屬各級機關人員等此類特定身分人員，於何種情形下，得申請進入大陸地區？

答 (一) 在大陸地區有設戶籍之配偶或四親等內之親屬。

(二) 配偶或四親等內親屬在大陸地區罹患傷病或有其他危害生命之虞等特殊情事需探視，或處理其死亡未滿一年之事宜。

(三) 進入大陸地區從事與業務相關之交流活動或會議。

(四) 經所屬機關遴派或同意出席專案活動或會議。

(五) 轉乘經由大陸地區機場、港口之航空器、船舶或其他運輸工具至其他國家或地區。

(臺灣地區公務員及特定身分人員進入大陸地區許可辦法第6條第1項參照)

四、「臺灣地區公務員及特定身分人員進入大陸地區許可辦法」所稱之公務員與特定身分人員為何？

答 (一) 本辦法所稱公務員，指公務員服務法第24條規定之人員。

(二) 本辦法所稱簡任或相當簡任第十一職等以上公務員及警監三階以上警察人員，指所任職務之職務列等或職務等級跨列簡任或相當簡任第十一職等以上及警監三階以上者。

(三) 本辦法所稱特定身分人員，指下列各款人員：

1. 本條例第9條第3項所定國家安全局、國防部、法務部調查局及其所屬各級機關未具公務員身分之人員。
2. 本條例第9條第4項第2款所定未具公務員身分之人員。
3. 本條例第9條第4項第3款及第4款所定人員。

(四) 本辦法所稱涉及國家安全、利益或機密人員，指本條例第9條第4項第2款及第3款所定人員。

（臺灣地區公務員及特定身分人員進入大陸地區許可辦法第3條參照）

Chapter 3 大陸地區人民進入臺灣地區

本章依據出題頻率區分，屬：A頻率高

問題意識

一、試述大陸地區人民如何申請來臺探親？
二、若大陸地區人民因為商務理由欲進入臺灣地區，應如何辦理？
三、依相關規定，大陸地區人民有何種情形之一者，申請在臺灣地區長期居留者，主管機關基於教育之考量，得予專案許可之？
四、有關僱用大陸地區人民在臺工作，臺灣地區與大陸地區人民關係條例有何規定？
五、大陸人民如何申請來臺定居？
六、有關大陸地區人民進入臺灣地區強制出境之事由與障礙為何？
七、依據「臺灣地區與大陸地區人民關係條例」第21條規定，大陸地區人民在臺灣地區擔任公務人員有何限制？其限制是否合憲？請依據司法院大法官釋字第618號解釋意旨並試提己見分析說明之。

大陸地區人民來臺停留

大陸地區人民來臺停留，係指團聚、探親、奔喪等，除本條例作原則性規定外，詳細另規定於「大陸地區人民進入臺灣地區許可辦法」。

一、一般大陸地區人民申請要件

(一) **申請進入臺灣地區採許可制**：大陸地區人民非經主管機關許可，不得進入臺灣地區。經許可進入臺灣地區之大陸地區人民，不得從事與許可目的不符之活動（本條例第10條第1項與第2項）。

鑑往知來

臺灣地區與大陸地區人民關係條例制定的法源依據為何？大陸地區人民進入臺灣地區許可辦法的法律性質為何？其限制大陸地區人民進入臺灣地區的規定，是否違憲？試敘述之。 【簡任升等】

答 (一)臺灣地區與大陸地區人民關係條例之法源依據為憲法：憲法增修條文第11條規定，自由地區與大陸地區間人民權利義務關係及其他事務之處理，得以法律為特別之規定。

(二)大陸地區人民進入臺灣地區許可辦法之性質為法規命令

1. 所謂法規命令，係指行政機關基於法律授權，對多數不特定人民就一般事項所作抽象之對外發生法律效果之規定（行政程序法第150條第1項）。
2. 依據本辦法第1條規定，本辦法係依臺灣地區與大陸地區人民關係條例第10條第3項規定訂定之。亦即行政院基於臺灣地區與大陸地區人民關係條例之授權所制定而成，係屬法規命令之一種。

(三)限制大陸地區人民進入臺灣地區的規定並未違憲（釋字497號解釋）：中華民國81年7月31日公布之臺灣地區與大陸地區人民關係條例係依據80年5月1日公布之憲法增修條文第10條（現行增修條文改列為第11條）「自由地區與大陸地區間人民權利義務關係及其他事務之處理，得以法律為特別之規定」所制定，為國家統一前規範臺灣地區與大陸地區間人民權利義務之特別立法。內政部依該條例第10條及第17條之授權分別訂定「大陸地區人民進入臺灣地區許可辦法」及「大陸地區人民在臺灣地區定居或居留許可辦法」，明文規定大陸地區人民進入臺灣地區之資格要件、許可程序及停留期限，係在確保臺灣地區安全與民眾福祉，符合該條例之立法意旨，尚未逾越母法之授權範圍，為維持社會秩序或增進公共利益所必要，與上揭憲法增修條文無違，於憲法第23條之規定亦無牴觸。

(二)**申請團聚、居留或定居者，應接受面談、按捺指紋**【106高考4】

1. 大陸地區人民申請進入臺灣地區團聚、居留或定居者，應接受面談、按捺指紋並建檔管理之；未接受面談、按捺指紋者，不予許可其團聚、居留或定居之申請（本條例第10-1條）。
2. 依照「大陸地區人民按捺指紋及建檔管理辦法」第3條第2項，大陸地區人民按捺指紋程序如下：

(1) 申請人在大陸地區者，應於向本條例第4條第1項所定之機構或第2項所定受委託民間團體在大陸地區之分支機構申請時按捺指紋。未設立分支機構前或分支機構無按捺指紋設備者，得先予許可其申請，並於許可文件上註明須於入境查驗前補行按捺指紋；拒絕補行按捺者，廢止其許可，並拒絕其入境。

(2) 申請人在第三地區者，應於向我駐外使領館、代表處、辦事處或其他經政府授權或設立之機構（以下簡稱駐外館處）申請時按捺指紋。駐外館處無按捺指紋設備者，得先予許可其申請，並於許可文件上註明須於入境查驗前補行按捺指紋；拒絕補行按捺者，廢止其許可，並拒絕其入境。

鑑往知來

大陸或外國人成為臺灣配偶以後要申請來臺，其受理面談的機關為何？其程序有何差異？試敘述之。　【薦任升等】

答 (一) 大陸配偶與外國人配偶之受理面談機關同為內政部移民署（內政部入出國及移民署實施面談辦法第2條、大陸地區人民申請進入臺灣地區面談管理辦法第3條）。

(二) 程序之差異

1. 內政部移民署受理大陸地區人民申請進入臺灣地區團聚、居留或定居案件時，應依本辦法對申請人實施面談；申請人如有臺灣地區配偶或親屬者；必要時，其臺灣地區配偶或親屬亦應接受訪談。

2. 入出國及移民署受理大陸地區人民申請進入臺灣地區團聚、居留或定居案件時，應於受理申請後一個月內，訪查申請人之臺灣地區配偶或親屬之家庭、身心、經濟等狀況，供作為審核申請案之依據。申請人之臺灣地區配偶或親屬在臺灣地區者，經審認有進行訪談之必要時，入出國及移民署應以書面通知其臺灣地區配偶或親屬接受訪談。

二、大陸配偶申請來臺團聚

(一) 適用對象（大陸地區人民進入臺灣地區許可辦法第25條）

1. 大陸地區人民為臺灣人民之配偶，申請進入臺灣地區團聚，主管機關經審查後得核給1個月內停留期間之許可；通過面談後准予延期，期間為5個月。

2. 前款通過面談之大陸地區人民申請再次入境，或依大陸地區人民進入臺灣地區許可辦法（下稱本辦法）第四條第二項規定，以陸生就學身分在臺灣地區申請轉換為國人配偶身分並通過面談，經主管機關認為無婚姻異常之虞，且無依法不予許可之情形者，得核給團聚許可，其期間不得逾6個月。

(二) 申請次數及注意事項

（參見移民署「大陸地區人民申請進入臺灣地區團聚送件須知」中「二、申請次數及注意事項」）

1. 來臺團聚者，停留期間不得逾6個月（或實際核予停留期間）。但所持大陸地區旅行證件（但不包含港澳通行證）所餘效期未滿7個月者，僅得延期至該證照效期屆滿前1個月。
2. 在臺期間如有逾期停留或從事與許可目的不符之活動或工作者，應於出境之日起，不予許可期間屆滿後，始得再申請來臺團聚，但奔喪不受此限。
3. 在臺期間如有逾期停留情形者，不予許可。（逾期4日以上未滿1個月者，其不予許可期間為3個月；逾期1個月以上未滿3個月者，其不予許可期間為6個月；逾期3個月以上未滿1年者，其不予許可期間為1年至2年；逾期1年以上未滿3年者，其不予許可期間為3年至5年；逾期3年以上者，其不予許可期間為5年。大陸配偶，其在臺灣地區未育有已設有戶籍之未成年親生子女者，不予許可期間得減為二分之一；其在臺灣地區育有已設有戶籍之未成年親生子女或離婚仍行使、負擔對於該子女之權利義務、對其有扶養事實或會面交往者，不受不予許可期間之限制）。
4. 大陸地區配偶未曾接受面談或通過面談前，初次或再次申請來臺，應備有回程機、船票。
5. 大陸地區人民申請進入臺灣地區，所檢附大陸地區製作之文書，應經行政院設立或指定之機構或委託之民間團體（財團法人海峽交流基金會）查證、驗證；依規定應檢附之文件係在外國或香港、澳門製作者，主管機關或中央目的事業主管機關得要求先送經駐外使領館、代表處、辦事處或其他外交部授權機構（以下簡稱駐外機構）或行政院於香港、澳門設立或指定之機構驗證；其在臺灣地區由外國駐我國使領館或授權機構製作者，亦得要求先送經外交部複驗；前開文件為外文者，主管機關或中央目的事業主管機關得要求申請人檢附經駐外機構、行政院於香港、澳門設立或指定之機構驗證或臺灣地區公證人認證之中文譯本。

6. 大陸地區配偶已在臺辦理結婚登記，經申請許可再次來臺者，得申請發給一年逐次加簽入出境許可證，在有效期間辦理加簽後，即可入出境；其加簽效期，自加簽之翌日起六個月。但不得逾逐次加簽入出境許可證之有效期間。

三、大陸地區人民申請隨行團聚

(一) 適用對象

大陸地區人民符合下列情形之一者，得申請進入臺灣地區隨行團聚：（大陸地區人民進入臺灣地區許可辦法第26條第1項）

1. 為取得居留許可且在臺灣地區居住之無戶籍國民之配偶或未成年子女。
2. 為取得永久居留許可且在臺灣地區居住之外國人之配偶、未成年子女或身心障礙且無法自理生活之已成年未婚子女。
3. 為外國官方或半官方機構派駐在臺灣地區者之配偶、未成年子女或身心障礙且無法自理生活之已成年未婚子女。
4. 為經行政院許可香港或澳門政府派駐在臺灣地區者之配偶、未成年子女或身心障礙且無法自理生活之已成年未婚子女。
5. 為受聘僱在臺灣地區從事就業服務法第46條第1項第1款至第6款、第48條第1項第1款、第3款、第49條工作、依外國專業人才延攬及僱用法第8條第1項取得就業金卡或從事該法第10條第1項工作之外國人、香港或澳門居民之配偶、未成年子女或身心障礙且無法自理生活之已成年未婚子女。

(二) 申請次數及注意事項

（參見移民署「大陸地區人民申請進入臺灣地區隨行團聚送件須知」中「二、申請次數」及「五、注意事項」）

1. 第1點第1款之無戶籍國民之大陸地區配偶或子女，其在臺停留期間得與該無戶籍國民在臺灣地區居留期間相同。
2. 第1點第2款取得永久居留許可且在臺灣地區居住之外國人之配偶或子女，其在臺停留期間，不得逾3年，必要時得延長期間及次數〔不得逾大陸地區旅行證件（不含港澳通行證）之效期〕。
3. 第1點第3款人員之身分，得由外交部認定之；第1點第4款人員之身分，得由大陸委員會認定之。其在臺停留期間，不得逾1年，必要時得延長期間及次數。

4. 第1點第5款之外國人、香港或澳門居民之大陸地區配偶及其同行子女在臺總停留期間不得逾其外籍配偶工作許可之效期，得核發與外籍配偶外僑居留證效期相同之多次入出境許可證〔不得逾大陸地區旅行證件（不含港澳通行證）之效期〕。
5. 大陸地區人民申請進入臺灣地區，所檢附大陸地區製作之文書，應經行政院設立或指定機構或委託之民間團體（財團法人海峽交流基金會）查證、驗證；依規定應檢附之文件係在外國或香港、澳門製作者，主管機關或中央目的事業主管機關得要求先送經駐外使領館、代表處、辦事處或其他外交部授權機構（以下簡稱駐外機構）或行政院於香港、澳門設立或指定之機構驗證；其在臺灣地區由外國駐我國使領館或授權機構製作者，亦得要求先送經外交部複驗；前開文件為外文者，主管機關或中央目的事業主管機關得要求申請人檢附經駐外機構、行政院於香港、澳門設立或指定之機構驗證或臺灣地區公證人認證之中文譯本。
6. 依第1點申請者，應依下列順序尋覓臺灣地區人民1人為保證人，該保證人應符合行政程序法第22條第1項第1款規定，並負大陸地區人民進入臺灣地區許可辦法第7條之保證責任：
(1) 臺灣地區配偶或直系血親。
(2) 有能力保證之臺灣地區三親等內親屬。
(3) 有正當職業之臺灣地區公民，其每年保證不得超過5人。
7. 依第1點第3款申請者，得覓其配偶派駐在臺灣地區之外國官方或半官方機構之外國人為保證人；依第1點第4款申請者，得覓其配偶派駐在臺灣地區之香港或澳門政府機構之香港或澳門居民為保證人；依第1點第5款申請者，得尋覓外籍專業人士任職臺灣地區公司之負責人或主管為保證人。負責人或主管，得為外國人。
8. 無前二款規定之保證人、申請人有特殊情形或不宜由前二款人員或法人擔任保證人且有正當理由者，經主管機關同意，得變更保證人順序、改覓其他機關（構）、人員擔任保證人。
9. 大陸地區人民申請進入臺灣地區檢附之文件不符或欠缺者，本署應通知申請人於2個月內補正；屆期不補正或補正不全者，駁回其申請；不能補正或不符申請程序者，逕駁回其申請。但申請人有正當事由未能於規定期限內補正者，得申請展延一次，以2個月為限。

鑑往知來

依規定未滿幾歲之大陸地區人民，申請進入臺灣地區團聚、居留或定居者，不予按捺指紋？ 【身障】

答 未滿六歲之大陸地區人民申請進入臺灣地區團聚、居留或定居者，不予按捺指紋，俟年滿六歲後，於辦理團聚、居留或定居之相關申請手續時按捺指紋；未按捺者，不予許可其申請（大陸地區人民按捺指紋及建檔管理辦法第3條第4項）。

四、大陸地區人民申請進入臺灣地區—探親、延期照料

（參見移民署「大陸地區人民申請進入臺灣地區送件須知—探親、延期照料」中「一、適用對象」到「三、申請次數注意事項」）

(一) 適用對象

1. 為臺灣地區人民之三親等內血親。
2. 為經許可團聚並懷孕7個月以上或生產、流產後2個月未滿、依親居留或長期居留者之父母。
3. 依兩岸條例第16條第2項規定得申請在臺灣地區定居。
4. 為臺灣地區設有戶籍人民之大陸地區配偶之父母或大陸地區子女之配偶。
5. 為經許可在臺灣地區依親居留、長期居留之大陸地區人民之年齡逾16歲之未成年親生子女。
6. 為經「大陸地區人民在臺灣地區依親居留長期居留或定居許可辦法」第18條至第23條申請在臺灣地區長期居留，並予專案許可者之父母或子女。
7. 其子女取得外國國籍或為香港澳門關係條例所定之香港、澳門居民，並不具大陸地區人民身分，且為臺灣地區人民之配偶或受聘僱在臺灣地區從事就業服務法第46條第1項第1款至第6款、第48條第1項第1款或第3款工作，許可期間逾6個月。
8. 依「大陸地區人民進入臺灣地區許可辦法」第26條規定許可在臺灣地區隨行團聚者之父母、配偶、子女或配偶之父母。
9. 依「大陸地區人民進入臺灣地區許可辦法」第38條附表三申請許可進入臺灣地區從事專業交流，並經許可停留期間逾6個月者之父母、配偶、子女或配偶之父母。

10. 依「大陸地區人民進入臺灣地區許可辦法」第46條附表四申請許可進入臺灣地區從事商務活動交流，並經許可停留期間逾六個月者之父母、配偶、子女或配偶之父母。
11. 依「大陸地區人民來臺就讀專科以上學校辦法」經許可在臺停留之學生（陸生）之二親等直系血親或配偶。
12. 依「大陸地區人民進入臺灣地區許可辦法」第38條附表三許可在臺灣地區停留之研修生之父母。
13. 適用對象第1款至第12款之申請人，年滿60歲行動不便或因健康因素須專人照料，得同時申請其配偶或18歲以上二親等內血親1人同行照料。
14. 臺灣地區人民之未成年子女。
15. 為經許可在臺灣地區依親居留、長期居留之大陸地區人民之未成年親生子女，其年齡在16歲以下者，或曾在16歲以前申請來臺探親，其年齡逾16歲且在20歲以下者。

(二) **延期照料**：第1點第1款至第12款申請人，因探親對象年逾60歲，在臺灣地區無子女，且傷病未癒或行動困難乏人照料者，其具有照料能力者1人，得申請延期在臺灣地區照料。但探親對象之配偶已依規定申請進入臺灣地區團聚者，主管機關得不予許可。

(三) **申請次數及注意事項**

1. 第1點第1款及第2款規定申請短期探親，每年合計以2次為限，每次停留期間為3個月，並不得辦理延期。但有下列情形之一者，不在此限：
   (1) 申請人為臺灣地區人民之父母，得核給1至3個月停留期間並得申請延期，每次延期不得逾3個月，每年在臺總停留期間不得逾6個月。
   (2) 其子女有懷孕7個月以上或生產、流產後2個月未滿，得申請延期1次，核給延長期間不得逾3個月，每年在臺總停留期間不得逾6個月。
2. 依第1點第3款規定申請短期探親，得申請延期1次，核給延長期間不得逾3個月；其申請來臺及延期次數，每年合計以2次為限。
3. 依第1點第4款至第10款規定申請短期探親，停留期間不得逾2個月，不得申請延期，每年申請來臺次數不得逾3次。
4. 依第1點第11款及第12款規定申請短期探親，停留期間不得逾1個月，不得申請延期，每年申請來臺次數不得逾2次。但被探對象在臺期間，因疾病或意外傷害住院時，不受申請次數之限制，並得申請延期，每次延期期間為1個月。

5. 依第1點第13款規定申請同行照料者，停留期間與申請人相同，應與申請人同一航（船）班入出臺灣地區，並不得申請延期。但有下列情形之一，經主管機關核准者，不在此限：
   (1) 因工作或其他特殊情形須先出境。
   (2) 罹患疾病或受重傷須延後出境。
6. 依第1點第14款至第15款規定申請長期探親，停留期間不得逾6個月，必要時，得申請延期，核給延長期間不得逾6個月。申請人停留至滿20歲時，仍在臺灣地區就讀高級中等學校具有學籍者，得申請延期至其高級中等學校畢業當年度8月21日為止，每次延期不得逾6個月。有休學、退學、變更或喪失高級中等學校學籍之情事者，應於事實發生之翌日起算10日內離境。其於該年度再申請來臺探親，依「大陸地區人民進入臺灣地區許可辦法」第23條規定之停留期間及來臺次數，重新計算，不受影響。
7. 經許可延期照料，每次延期不得逾6個月。但所持大陸地區旅行證件（但不包含港澳通行證）所餘效期未滿7個月者，僅得延期至該證照效期屆滿前一個月，每次來臺總停留期間不得逾1年。
8. 以上所稱停留期間，一律自入境之翌日起算。例如許可停留期間為2個月，申請人於6月15日入境，其停留期間自6月16日起算，故應於8月15日離境。
9. 大陸地區人民申請進入臺灣地區，所檢附大陸地區製作之文書，應經財團法人海峽交流基金會之驗（查）證。
10. 在臺期間如有逾期停留或從事與探親目的不符之活動，應於出境之日起，不予許可期間屆滿後再申請來臺短期停留。但奔喪不受此限。

鑑往知來

請說明大陸地區人民經許可進入臺灣地區後，得向主管機關申請延長在臺停留期間之情形為何？何種申請延長在臺灣停留期間之情形為視事實需要核給者？請依現行法規分別說明之。 【108地三】

答 請參見大陸地區人民進入臺灣地區許可辦法第19條之規定。

五、大陸地區人民申請進入臺灣地區奔喪、運回遺骸、骨灰送件須知

（參見移民署「大陸地區人民申請進入臺灣地區奔喪、運回遺骸、骨灰送件須知」中「一、適用對象」及「二、申請次數及注意事項」）

(一) 適用對象

1. 大陸地區人民為死亡未滿6個月臺灣地區人民之配偶、配偶之父母、三親等內血親或其配偶，得申請來臺奔喪。
2. 大陸地區人民、香港澳門居民或外國人，經許可進入臺灣地區且死亡未滿6個月，其在大陸地區之配偶或二親等內血親，得申請進入臺灣地區奔喪，並以2人為限。
3. 大陸地區人民，其在臺灣地區之配偶、二親等內血親、配偶之父母或子女之配偶，於民國81年12月31日以前死亡者，得申請進入臺灣地區運回遺骸、骨灰。但以1次為限。
4. 依規定申請進入臺灣地區奔喪、運回遺骸、骨灰之大陸地區人民年滿60歲行動不便或健康因素須專人照料，得同時申請其配偶或18歲以上二親等內血親1人同行照料。

(二) 申請次數及注意事項

1. 申請奔喪、運回遺骸、骨灰之次數以1次為限，每次停留期間不得逾1個月，不得延期。
2. 在臺期間如有逾期停留或從事與許可目的不符之活動，應於出境之日起，不予許可期間屆滿後再申請來臺短期停留。但奔喪不受此限。
3. 大陸地區人民申請進入臺灣地區，所檢附大陸地區製作之文書，應經行政院設立或指定機構或委託之民間團體（財團法人海峽交流基金會）查證、驗證；其在國外製作之文書，須翻譯成中文並經我駐外機構驗證，如駐外機構僅驗該原文，應將中文譯本，至我國法院公證處或民間公證人公證。
4. 依第1點第4款申請同行照料者，停留期間與申請人相同，應與申請人同一航（船）班入出臺灣地區，並不得申請延期。但有下列情形之一，經主管機關核准者，不在此限：

   (1) 因工作或其他特殊情形須先出境。

   (2) 罹患疾病或受重傷須延後出境。

六、大陸地區人民申請進入臺灣地區探視或進行其他社會交流活動（申請保險死亡給付、一次撫卹金、餘額退伍金、一次撫慰金、領取遺產或進行民（刑）事訴訟、人道探視或取得不動產）

（參見移民署「大陸地區人民申請進入臺灣地區探視或進行其他社會交流活動送件須知中「二、適用對象」及「三、申請次數及注意事項」）

(一) 適用對象

1. 臺灣地區軍公教及公營事業機（構）人員，在任職（服役）期間死亡，或支領月退休（職、伍）給與人員，在支領期間死亡，而在臺灣地區無遺族或法定受益人者，其居住大陸地區之遺族或法定受益人，經主管機關核定發放者。
2. 臺灣地區與大陸地區人民關係條例修正施行（86年7月1日）前，依法核定保留保險死亡給付、1次撫恤金、餘額退伍金或1次撫慰金者，其居住在大陸地區之遺族或法定受益人，經主管機關核定發放者。
3. 依戒嚴時期不當叛亂暨匪諜審判案件補償條例核定給予補償者。
4. 被繼承人在臺灣地區之遺產，經財政部國有財產局、國防部或行政院國軍退除役官兵輔導委員會等機關管理者。
5. 大陸地區人民因刑事案件經司法機關傳喚，須進入臺灣地區進行訴訟。
6. 大陸地區人民因民事訴訟經司法機關傳喚，須進入臺灣地區進行訴訟。
7. 其親屬為大陸地區人民、香港澳門居民或外國人在臺灣地區經司法機關羈押或執行徒刑，而所犯為死刑、無期徒刑或最輕本刑為5年以上有期徒刑之罪。其申請案，每年1次並以2人為限。經主管機關同意，得不受每次2人或親屬關係之限制。
8. 其親屬為大陸地區人民、香港澳門居民或外國人在臺灣地區遭遇不可抗拒之重大災變致死亡或重傷，或因重大疾病住院。其申請案，每次以2人為限。經主管機關同意，得不受每次2人或親屬關係之限制。
9. 大陸地區人民已取得臺灣地區不動產所有權。
10. 大陸地區相關機關（構）人員，為協助第7款及第8款之大陸地區人民進入臺灣地區處理相關事務，並符合平等互惠原則，得申請進入臺灣地區陪同探視。

(二) **申請次數及注意事項**

1. 申請保險死亡給付、一次撫恤金、餘額退伍金、一次撫慰金或領取遺產以1次為限。在臺停留期間不得逾1個月。
2. 申請人應先以書面並檢附相關文件向死亡人員最後服務機關（構）、學校申請，經初核後函轉主管（辦）機關核定，再由死亡人員最後服務機關（構）、學校通知申請人，據以申請進入臺灣地區領受各該給付。但軍職人員由國防部核轉通知。
3. 遺產依臺灣地區與大陸地區人民關係條例規定，先聲請裁定准予繼承後，向遺產管理機關申請。
4. 申請日期不得逾相關機關（構）許可請領文件所載之領取截止期限。
5. 大陸地區人民因民事訴訟經司法機關通知，須進入臺灣地區進行訴訟。但經主管機關認定有從事與許可目的不符之虞者，得不予許可。
6. 來臺灣進行刑事案件或民事訴訟，核給停留期間十五天，必要時，得申請延期，每次來臺停留期間不得逾二個月。
7. 來臺進行第1點第7款司法人道探視或第1點第8款親屬死亡、重傷或重大疾病住院人道探視者，核給停留期間1個月。必要時，得予縮短停留期間，並不得申請延期。
8. 大陸地區人民已取得臺灣地區不動產所有權者，依活動行程核定停留期間，最長不得逾4個月，得申請延期，每年總停留期間不得逾4個月。

鑑往知來

一、大陸地區人民進入臺灣地區辦理延期之方式有1.入境效期延期、2.停留期限延期、3.再入境加簽，試解釋之。

答 (一) 入境效期延期：經許可入境，未能依限入境，其符合申請延期規定且來臺事由仍繼續存在者，應於入出境許可證之效期屆滿前或屆滿後1個月內備齊下列文件，逕向入出國及移民署各縣市服務站申請入境延期，但以1次為限。

(二) 停留期限延期：在臺停留期限屆滿，得申請延期停留或符合大陸地區人民進入臺灣地區許可辦法第19條第1項各款規定者，應於在臺停留期限屆滿前1個月內備齊下列文件，逕向入出國及移民署各縣市服務站申請停留延期。

(三)再入境加簽：申請再入境加簽，應於出境前1個月內或出境後，備齊下列文件，逕向入出國及移民署各縣市服務站辦理，憑以於加簽日起6個月內（不得逾該證使用期限）再次入境。

二、大陸地區人民為臺灣地區人民配偶，得依法令申請進入臺灣地區團聚，並得取得定居資格。請依法令明其團聚、居留、長期居留及定居之條件規定為何？【地特】

答 參照上述重點整理回答即可，由於此處涉及細節繁多，在解答本題時，掌握各項要件回答即可，切莫長篇大論影響其他答題時間。

三、大陸地區人民申請進入臺灣地區，除其他法令另有規定外：(一)應依何種順序覓妥臺灣地區人民一人為保證人？(二)保證人之責任及其保證內容為何？【身障】

答 (一)大陸地區人民申請進入臺灣地區，應依下列順序尋覓一人為保證人：

1. 由本人申請或臺灣地區親屬代申請者：
   (1) 臺灣地區配偶或直系血親。
   (2)有能力保證之臺灣地區三親等內親屬。
   (3)有正當職業之臺灣地區公民，其每年保證不得超過五人。
2. 由邀請單位代申請者：
   (1) 負責人或臺灣地區代理人；邀請單位為法人者，法人應連帶擔任保證人。
   (2) 業務主管。

(二)保證人之責任及其保證內容如下

1. 保證被保證人確係本人及與被保證人之關係屬實，無虛偽不實情事。
2. 負責被保證人入境後之生活及其在臺行程告知。
3. 被保證人有依法須強制出境情事，應協助有關機關將其強制出境，並負擔交通及其他有關強制出境所需費用。

僱用大陸地區人民在臺工作

(一) **僱用採申請許可制**

1. 僱用大陸地區人民在臺灣地區工作，應向主管機關申請許可（本條例第11條第1項）。
2. 僱用大陸地區人民工作時，其勞動契約應以定期契約為之（本條例第11條第5項）。
3. 第1項許可及其管理辦法，由行政院勞工委員會會同有關機關擬訂，報請行政院核定之（本條例第11條第6項）。

(二) **受傭期間與轉換僱主之禁止**：經許可受僱在臺灣地區工作之大陸地區人民，其受僱期間不得逾1年，並不得轉換雇主及工作。但因雇主關廠、歇業或其他特殊事故，致僱用關係無法繼續時，經主管機關許可者，得轉換雇主及工作（本條例第11條第2項）。

(三) **轉換工作後之受僱期間計算**：大陸地區人民因前項但書情形轉換雇主及工作時，其轉換後之受僱期間，與原受僱期間併計（本條例第11條第3項）。

(四) **招募大陸勞工前，應先行於臺灣地區辦理公開招募**：雇主向行政院勞工委員會申請僱用大陸地區人民工作，應先以合理勞動條件在臺灣地區辦理公開招募，並向公立就業服務機構申請求才登記，無法滿足其需要時，始得就該不足人數提出申請。但應於招募時，將招募內容全文通知其事業單位之工會或勞工，並於大陸地區人民預定工作場所公告之（本條例第11條第4項）。

(五) **國際企業僱用大陸地區人民之例外規定**：依國際協定開放服務業項目所衍生僱用需求，及跨國企業、在臺營業達一定規模之臺灣地區企業，得經主管機關許可，僱用大陸地區人民，不受前6項及第95條相關規定之限制；其許可、管理、企業營業規模、僱用條件及其他應遵行事項之辦法，由行政院勞工委員會會同有關機關擬訂，報請行政院核定之（本條例第11條第7項）。

(六) **就業安定費（本條例第13條）**

偏用大陸地區人民者，應向行政院勞工委員會所設專戶繳納就業安定費。

前項收費標準及管理運用辦法，由行政院勞工委員會（現已改制為勞動部）會同財政部擬訂，報請行政院核定之。

(七) 限期離境與強制出境（本條例第14條）

1. 經許可受僱在臺灣地區工作之大陸地區人民，違反本條例或其他法令之規定者，主管機關得撤銷或廢止其許可。
2. 前項經撤銷或廢止許可之大陸地區人民，應限期離境，逾期不離境者，依第18條規定強制其出境。
3. 前項規定，於中止或終止勞動契約時，適用之。

(八) 禁止行為（本條例第15條）

下列行為不得為之：

1. 使大陸地區人民非法進入臺灣地區。
   本款所定非法進入臺灣地區，包括持偽造、變造、冒用或持冒用身分申請之護照、旅行證或其他相類之證書、有事實足認係通謀虛偽結婚、偷渡或以其他非法之方法入境在內（本細則第15條第1項）。
2. 明知臺灣地區人民未經許可，而招攬使之進入大陸地區。
3. 使大陸地區人民在臺灣地區從事未經許可或與許可目的不符之活動。
4. 僱用或留用大陸地區人民在臺灣地區從事未經許可或與許可範圍不符之工作。
5. 居間介紹他人為前款之行為。

商務與觀光之申請

大陸地區人民得申請來臺從事商務或觀光活動，其辦法，由主管機關定之（本條例第16條第1項）。因兩岸交流愈趨頻繁，大陸地區人民來臺從事商務或觀光活動之人數增多，其細部之規定，散布於相關之法規命令，詳細內容如下：

大陸地區人民來臺觀光

(一) 依據：大陸地區人民來臺從事觀光活動許可辦法（以下簡稱本辦法）。

(二) 申請對象：

1. 大陸地區人民符合下列情形之一者，得申請許可來臺從事觀光活動：（本辦法第3條）
   (1) 在大陸地區有固定正當職業或學生。
   (2) 有等值新臺幣10萬元以上之存款，並備有大陸地區金融機構出具之證明者；或持有經主管機關公告之其他國家有效簽證。

(3) 赴國外留學、旅居國外取得當地永久居留權、旅居國外取得當地依親居留權並有等值新臺幣10萬元以上存款且備有金融機構出具之證明或旅居國外1年以上且領有工作證明者及其隨行之旅居國外配偶或二親等內血親。

(4) 赴香港、澳門留學、旅居香港、澳門取得當地永久居留權、旅居香港、澳門取得當地依親居留權並有等值新臺幣10萬元以上存款且備有金融機構出具之證明或旅居香港、澳門1年以上且領有工作證明者及其隨行之旅居香港、澳門配偶或二親等內血親。

(5) 其他經大陸地區機關出具之證明文件者。

2. 大陸地區人民設籍於主管機關公告指定之區域，符合下列情形之一者，得申請許可來臺從事個人旅遊觀光活動（以下簡稱個人旅遊）：（本辦法第3-1條）

(1) 年滿20歲，且有相當新臺幣10萬元以上存款或持有銀行核發金卡或年工資所得相當新臺幣50萬元以上，或持有經主管機關公告之其他國家有效簽證。

本款申請人之直系血親及配偶，得隨同本人申請來臺。

(2) 年滿18歲以上在學學生。

3. 大陸地區人民經許可來臺從事觀光活動之停留期間，因疾病住院、災變或其他特殊事故，未能依限出境者（即本辦法第9條第2項規定之情形），其配偶、親友、大陸地區組團旅行社從業人員或在大陸地區公務機關（構）任職涉及旅遊業務者，必須臨時入境協助，由旅行業向交通部觀光局通報後，代向移民署申請許可（本辦法第9條第4項前段）。

(三) 申請限制：

1. 數額限制：（本辦法第4條）

(1) 大陸地區人民來臺從事觀光活動，其數額得予限制，並由主管機關公告之。

(2) 前項公告之數額，由內政部移民署（以下簡稱移民署）依申請案次，依序核發予經交通部觀光局核准且已依第11條第1項規定繳納保證金之旅行業。

(3) 旅行業辦理大陸地區人民來臺從事觀光活動業務，經交通部觀光局會商移民署專案核准之團體，不受第1項公告數額之限制。

2. 團體旅遊人數限制：（本辦法第5條）

(1) 大陸地區人民來臺從事觀光活動，除個人旅遊外，應由旅行業組團辦理，並以團進團出方式為之，每團人數限5人以上40人以下。

(2) 經國外轉來臺灣地區觀光之大陸地區人民，每團人數限5人以上。但符合第3條第3款或第4款規定之大陸地區人民，來臺從事觀光活動，得不以組團方式為之，其以組團方式為之者，得分批入出境。

3. 個人旅遊限制：（本辦法第5-1條）

(1) 旅行業辦理接待大陸地區人民來臺從事個人旅遊，不得接待由香港、澳門或大陸地區旅行業、其他機構或個人組成之個人旅遊旅客團體。

(2) 前項所稱個人旅遊旅客團體，指全團均由來臺從事個人旅遊之旅客所組成，或由來臺從事個人旅遊之旅客與來臺從事觀光活動以外目的之大陸地區人民所組成。

(3) 個人旅遊旅客團體，由大陸地區人民、香港或澳門居民隨團執行領隊人員業務者，推定係由香港、澳門或大陸地區旅行業、其他機構或個人組成。

(四) **入境停留日數及活動範圍**

1. 大陸地區人民經許可來臺從事觀光活動之停留期間，自入境之次日起，不得逾15日；除大陸地區帶團領隊外，每年總停留期間不得逾120日（本辦法第9條第1項）。

2. 大陸地區人民來臺從事觀光活動，應依臺灣地區旅行社安排之行程旅遊，不得擅自脫團。但因緊急事故或符合交通部觀光局所定之事由、人數或天數需離團者，應向隨團導遊人員陳述原因，填妥拜訪人姓名、單位、地址、歸團時間等資料申報書，由導遊人員向交通部觀光局通報（本辦法第19條第1項）。

3. 違反前項規定者，治安機關得依法逕行強制出境（本辦法第19條第2項）。

(五) **提前出境**：入境觀光之大陸地區人民，因故不再繼續原定之行程者，應依規定填具申報書立即向觀光局通報，並由送機人員送至觀光局機場旅客服務中心再轉交移民署國境事務大隊人員引導出境（大陸地區人民申請來臺從事觀光活動作業規定第15點）。

(六) **特殊事故延期停留**：第9條第1項大陸地區人民，因疾病住院、災變或其他特殊事故，未能依限出境者，應於停留期間屆滿前，由代申請之旅行業或申請人向移民署申請延期，每次不得逾七日（本辦法第9條第2項）。

鑑往知來

大陸地區人民來臺從事觀光活動，應由旅行業組團辦理，人數及出入方式為何？ 【身障】

答 大陸地區人民來臺從事觀光活動許可辦法第5條規定：

(一)大陸地區人民來臺從事觀光活動，除個人旅遊外，應由旅行業組團辦理，並以團進團出方式為之，每團人數限五人以上四十人以下。

(二)經國外轉來臺灣地區觀光之大陸地區人民，每團人數限五人以上。但符合第3條第3款或第4款規定之大陸地區人民，來臺從事觀光活動，得不以組團方式為之，其以組團方式為之者，得分批入出境。

申請定居、居留與長期居留

一、申請定居

(一)大陸地區人民得申請定居之情形

1. 大陸地區人民有下列情形之一者，得申請在臺灣地區定居（本條例第16條第2項）
   (1)臺灣地區人民之直系血親及配偶，年齡在七十歲以上、十二歲以下者。
   (2)其臺灣地區之配偶死亡，須在臺灣地區照顧未成年之親生子女者。
   (3)民國34年後，因兵役關係滯留大陸地區之臺籍軍人及其配偶。
   (4)民國38年政府遷臺後，因作戰或執行特種任務被俘之前國軍官兵及其配偶。
   (5)民國38年政府遷臺前，以公費派赴大陸地區求學人員及其配偶。
   (6)民國76年11月1日前，因船舶故障、海難或其他不可抗力之事由滯留大陸地區，且在臺灣地區原有戶籍之漁民或船員。
2. 上述所稱「民國34年後，因兵役關係滯留大陸地區之臺籍軍人」，指臺灣地區直轄市、縣（市）政府出具名冊，層轉國防部核認之人員（施行細則第13條第1項）。
3. 上述所稱「民國38年政府遷臺後，因作戰或執行特種任務被俘之前國軍官兵」，指隨政府遷臺後，復奉派赴大陸地區有案之人員（施行細則第13條第2項）。
4. 前項所定人員，由其在臺親屬或原派遣單位提出來臺定居申請，經國防部核認者，其本人及配偶，得准予入境（施行細則第13條第3項）。

(二) **定居數額之限制**：大陸地區人民依前項第1款規定，每年申請在臺灣地區定居之數額，得予限制[註]（本條例第16條第3項）。

(三) **定居申請人之配偶之申請方式**：依第2項第3款至第6款規定申請者，其大陸地區配偶得隨同本人申請在臺灣地區定居；未隨同申請者，得由本人在臺灣地區定居後代為申請（本條例第16條第4項）。

二、申請居留【105高考3】

(一) **依親居留**

1. 大陸地區人民為臺灣地區人民配偶，得依法令申請進入臺灣地區團聚，經許可入境後，得申請在臺灣地區依親居留。（本條例第17條第1項）
2. 依本條例第17條第1項規定經許可依親居留、長期居留或許可定居，有事實足認係通謀而為虛偽結婚者，撤銷其依親居留、長期居留、定居許可及戶籍登記，並強制出境（本條例第17條第7項）。
3. 經本條例第17條第1項規定許可在臺灣地區依親居留或長期居留者，居留期間得在臺灣地區工作（本條例第17-1條）。

(二) **商務或工作居留**

本條例第17條第1項以外之大陸地區人民，得依法令申請在臺灣地區停留；有下列情形之一者，得申請在臺灣地區商務或工作居留，居留期間最長為三年，期滿得申請延期（本條例第17條第2項）

1. 符合第11條受僱在臺灣地區工作之大陸地區人民。
2. 符合第10條或第16條第1項來臺從事商務相關活動之大陸地區人民。

(三) **長期居留之要件（經居留滿一定期間而取得長期居留之要件）**

經依本條例第17條第1項規定許可在臺灣地區依親居留滿四年，且每年在臺灣地區合法居留期間逾183日者，得申請長期居留（本條例第17條第3項）。依本條例第17條第3項規定經許可在臺灣地區依親居留或長期居留者，居留期間得在臺灣地區工作（本條例第17-1條）。

(四) **專案許可對象之長期居留**：內政部得基於政治、經濟、社會、教育、科技或文化之考量，專案許可大陸地區人民在臺灣地區長期居留，申請居留之

[註] 關於定居數額之限制，係規定於「大陸地區人民在臺灣地區依親居留長期居留及定居數額表(101.11.23)」，可參閱本書之法規輯要。

類別及數額，得予限制；其類別及數額，由內政部擬訂，報請行政院核定後公告之（本條例第17條第4項）。依本條例第17條第4項規定經許可在臺長期居留者，居留期間得在臺灣地區工作（本條例第17-1條第3項）。

鑑往知來

依相關規定，大陸地區人民有何種情形之一者，申請在臺灣地區長期居留者，主管機關基於教育之考量，得予專案許可之？ 【地特】

答 依臺灣地區與大陸地區人民關係條例第17條第4項與「大陸地區人民在臺灣地區依親居留長期居留或定居許可辦法」第20條規定，大陸地區人民有下列情形之一，申請長期居留者，主管機關基於教育之考量，得予專案許可：

(一)曾獲諾貝爾獎。【105地特2】

(二)曾獲國際學術獎，在學術專業領域具有崇高地位與傑出成就，並為臺灣地區迫切需要，受聘在臺灣地區大專校院或學術研究機構擔任教學研究。

(三)曾參加國際藝術展演，在專業領域具有創新表現，其特殊才能為臺灣地區少有。

(四)曾獲優秀專業獎，並對其專業領域具有研究創新，而為臺灣地區迫切需要，且受聘在臺灣地區大專校院或學術研究機構擔任教學研究。

(五)曾獲得奧林匹克運動會前三名或亞洲運動會第一名成績，且來臺灣地區居留後有助於提昇我國家運動代表隊實力。

(六)曾擔任大陸代表隊教練，經其訓練之選手獲得奧林匹克運動會前五名或亞洲運動會前三名成績，並經中央目的事業主管機關核定受聘擔任我國家運動代表隊之培訓教練。

(五)**因長期居留而取得定居資格之要件**【105地特2】

經依前二項規定許可在臺灣地區長期居留者，居留期間無限制；長期居留符合下列規定者，得申請在臺灣地區定居（本條例第17條第5項）

1. 在臺灣地區合法居留連續2年且每年居住逾183日。
2. 品行端正，無犯罪紀錄。
3. 提出喪失原籍證明。
4. 符合國家利益。

(六) **居留與定居之數額限制**：內政部得訂定依親居留、長期居留及定居之數額及類別，報請行政院核定後公告之（本條例第17條第6項）。

(七) **逾期停留、居留或非合法入境者不適用有關於定居與居留之規定**：大陸地區人民在臺灣地區逾期停留、居留或未經許可入境者，在臺灣地區停留、居留期間，不適用前條及第1項至第4項之規定（本條例第17條第8項）。

(八) **相關辦法之制定**：前條及第1項至第5項有關居留、長期居留、或定居條件、程序、方式、限制、撤銷或廢止許可及其他應遵行事項之辦法，由內政部會同有關機關擬訂，報請行政院核定之（本條例第17條第9項）。

(九) **因應民國98年修法之規定（本條例第17條第10項）**：本條例中華民國98年6月9日修正之條文施行前，經許可在臺團聚者，其每年在臺合法團聚期間逾183日者，得轉換為依親居留期間；其已在臺依親居留或長期居留者，每年在臺合法團聚期間逾183日者，其團聚期間得分別轉換併計為依親居留或長期居留期間；經轉換併計後，在臺依親居留滿4年，符合第三項規定，得申請轉換為長期居留期間；經轉換併計後，在臺連續長期居留滿2年，並符合第5項規定，得申請定居。

三、強制出境事由【105地特1】

(一) 強制出境之事由及陳述意見程序

1. 強制出境之事由

進入臺灣地區之大陸地區人民，有下列情形之一者，治安機關得逕行強制出境。但其所涉案件已進入司法程序者，應先經司法機關之同意（本條例第18條第1項）

(1) 未經許可入境者。

所定「未經許可入境者」，包括持偽造、變造之護照、旅行證或其他相類之證書、有事實足認係通謀虛偽結婚經撤銷或廢止其許可或以其他非法之方法入境者在內（施行細則第15條第2項）。

(2) 經許可入境，已逾停留、居留期限者。

(3) 從事與許可目的不符之活動或工作者。

(4)有事實足認為有犯罪行為者（施行細則第16條）。

所定「有事實足認為有犯罪行為者」，指涉及刑事案件，經治安機關依下列事證之一查證屬實者：

A.檢舉書、自白書或鑑定書。

B.照片、錄音或錄影。

C.警察或治安人員職務上製作之筆錄或查證報告。

D.檢察官之起訴書、處分書或審判機關之裁判書。

E.其他具體事證。

(5)有事實足認為有危害國家安全或社會安定之虞者（施行細則第17條）。

所定「有事實足認為有危害國家安全或社會安定之虞者」，得逕行強制其出境之情形如下：

A.曾參加或資助內亂、外患團體或其活動而隱瞞不報。

B.曾參加或資助恐怖或暴力非法組織或其活動而隱瞞不報。

C.在臺灣地區外涉嫌犯罪或有犯罪習慣。

D.在臺灣地區有其他危害國家安全或社會安定之行為，並經有關機關裁處。

2. 內政部移民署於知悉前項大陸地區人民涉有刑事案件已進入司法程序者，於強制出境10日前，應通知司法機關。該等大陸地區人民除經依法羈押、拘提、管收或限制出境者外，內政部移民署得強制出境或限令出境。（本條例第18條第2項）

3. 內政部移民署於強制大陸地區人民出境前，應給予陳述意見之機會；強制已取得居留或定居許可之大陸地區人民出境前，並應召開審查會。但當事人有下列情形之一者，得不經審查會審查，逕行強制出境（本條例第18條第3項）

(1)以書面聲明放棄陳述意見或自願出境。

(2)依其他法律規定限令出境。

(3)有危害國家利益、公共安全、公共秩序或從事恐怖活動之虞，且情況急迫應即時處分。

4. 第1項所定強制出境之處理方式、程序、管理及其他應遵行事項之辦法，由內政部定之（本條例第18條第4項）。

5. 第3項審查會由內政部遴聘有關機關代表、社會公正人士及學者專家共同組成，其中單一性別不得少於三分之一，且社會公正人士及學者專家之人數不得少於二分之一（本條例第18條第5項）。

(二) 暫予收容之程序（本條例第18-1條）

1. 前條第1項受強制出境處分者，有下列情形之一，且非予收容顯難強制出境，內政部移民署得暫予收容，期間自暫予收容時起最長不得逾15日，且應於暫予收容處分作成前，給予當事人陳述意見機會：
   (1) 無相關旅行證件，或其旅行證件仍待查核，不能依規定執行。
   (2) 有事實足認有行方不明、逃逸或不願自行出境之虞。
   (3) 於境外遭通緝。
2. 暫予收容期間屆滿前，內政部移民署認有續予收容之必要者，應於期間屆滿5日前附具理由，向法院聲請裁定續予收容。續予收容之期間，自暫予收容期間屆滿時起，最長不得逾45日。
3. 續予收容期間屆滿前，有第1項各款情形之一，內政部移民署認有延長收容之必要者，應於期間屆滿5日前附具理由，向法院聲請裁定延長收容。延長收容之期間，自續予收容期間屆滿時起，最長不得逾40日。
4. 前項收容期間屆滿前，有第1項各款情形之一，內政部移民署認有延長收容之必要者，應於期間屆滿5日前附具理由，再向法院聲請延長收容1次。延長收容之期間，自前次延長收容期間屆滿時起，最長不得逾50日。
5. 受收容人有得不暫予收容之情形、收容原因消滅，或無收容之必要，內政部移民署得依職權，視其情形分別為廢止暫予收容處分、停止收容，或為收容替代處分後，釋放受收容人。如於法院裁定准予續予收容或延長收容後，內政部移民署停止收容時，應即時通知原裁定法院。
6. 受收容人涉及刑事案件已進入司法程序者，內政部移民署於知悉後執行強制出境10日前，應通知司法機關；如經司法機關認為有羈押或限制出境之必要，而移由其處理者，不得執行強制出境。
7. 本條例中華民國104年6月2日修正之條文施行前，大陸地區人民如經司法機關責付而收容，並經法院判決有罪確定者，其於修正施行前之收容日數，仍適用修正施行前折抵刑期或罰金數額之規定。
8. 本條例中華民國104年6月2日修正之條文施行前，已經收容之大陸地區人民，其於修正施行時收容期間未逾15日者，內政部移民署應告知其得提出收容異議，15日期間屆滿認有續予收容之必要，應於期間屆滿前附具理由，向法院聲請續予收容；已逾15日至60日或逾60日者，內政部移民署如認有續予收容或延長收容之必要，應附具理由，於修正施行當日，向法院聲請續予收容或延長收容。

9. 同一事件之收容期間應合併計算，且最長不得逾150日；本條例中華民國104年6月2日修正之條文施行前後收容之期間合併計算，最長不得逾150日。
10. 受收容人之收容替代處分、得不暫予收容之事由、異議程序、法定障礙事由、暫予收容處分、收容替代處分與強制出境處分之作成方式、廢（停）止收容之程序、再暫予收容之規定、遠距審理及其他應遵行事項，準用入出國及移民法第38條第2項、第3項、第38條之1至第38條之3、第38條之6、第38條之7第2項、第38條之8第1項及第38條之9規定辦理。
11. 有關收容處理方式、程序、管理及其他應遵行事項之辦法，由內政部定之。
12. 前條及前11項規定，於本條例施行前進入臺灣地區之大陸地區人民，適用之。

(三) **逾期居留之特別規定（本條例第18-2條）**

1. 大陸地區人民逾期居留未滿30日，原申請居留原因仍繼續存在者，經依第87條之1規定處罰後，得向內政部移民署重新申請居留，不適用第17條第八項規定。
2. 前項大陸地區人民申請長期居留或定居者，核算在臺灣地區居留期間，應扣除1年。

鑑往知來

對於外國人、大陸人士逾期停留，對其之處罰，相關法令規定有何異同？試分析之。 【薦任升等】

答 (一)外國人逾期停留之處罰

1. 入出國及移民署得禁止其入國（入出國及移民法第18條第1項）。
2. 入出國及移民署得不予許可外國人申請居留或變更居留原因（入出國及移民法第24條第1項）。
3. 強制驅逐出國（入出國及移民法第36條第1項）。
4. 入出國及移民署得暫予收容（入出國及移民法第38條第1項）。

(二)大陸人士逾期停留之處罰

1. 治安機關得逕行強制出境（臺灣地區與大陸地區人民關係條例第18條第1項）。
2. 若其為臺灣地區人民之配偶，無法適用依親居留及長期居留之規定（臺灣地區與大陸地區人民關係條例第17條第8項）。

3. 經許可受僱在臺灣地區工作之大陸地區人民，違反本條例或其他法令之規定者，主管機關得撤銷或廢止其許可。經撤銷或廢止許可，應限期離境，逾期不離境者，依第18條規定強制其出境（臺灣地區與大陸地區人民關係條例第14條第2項）。

(四) 強制出境之費用支出

1. 入境保證人之責任：臺灣地區人民依規定保證大陸地區人民入境者，於被保證人屆期不離境時，應協助有關機關強制其出境，並負擔因強制出境所支出之費用。

   前項費用，得由強制出境機關檢具單據影本及計算書，通知保證人限期繳納，屆期不繳納者，依法移送強制執行（本條例第19條）。

2. 負擔人之責任（本條例第20條）

   (1) 臺灣地區人民有下列情形之一者，應負擔強制出境所需之費用：

      A. 使大陸地區人民非法入境者。

      B. 非法僱用大陸地區人民工作者。

      C. 僱用之大陸地區人民依第14條第2項或第3項規定強制出境者。

   (2) 前項費用有數人應負擔者，應負連帶責任。

   (3) 第1項費用，由強制出境機關檢具單據影本及計算書，通知應負擔人限期繳納；屆期不繳納者，依法移送強制執行。

3. 強制出境費用負擔之範圍：所定應負擔強制出境所需之費用，包括強制出境前於收容期間所支出之必要費用（施行細則第19條）。

四、公權之取得

(一) 公權取得之限制（本條例第21條第1項）

大陸地區人民經許可進入臺灣地區者，除法律另有規定外，非在臺灣地區設有戶籍滿十年，不得登記為公職候選人、擔任公教或公營事業機關（構）人員及組織政黨；非在臺灣地區設有戶籍滿20年，不得擔任情報機關（構）人員，或國防機關（構）之下列人員：

1. 志願役軍官、士官及士兵。
2. 義務役軍官及士官。
3. 文職、教職及國軍聘雇人員。

(二)「公教或公營事業機關（構）人員」定義（施行細則第20條第1、3項）

所定公教或公營事業機關（構）人員，不包括下列人員：

1. 經中央目的事業主管機關核可受聘擔任學術研究機構、專科以上學校及戲劇藝術學校等不涉及國家安全或機密科技研究職務之研究員、副研究員、助理研究員、博士後研究、研究講座、客座教授、客座副教授、客座助理教授、客座專家、客座教師。
2. 經濟部及交通部所屬國營事業機關（構），不涉及國家安全或機密科技研究職務之約僱人員。

(三)情報機關(構)之定義：所稱情報機關（構），指國家安全局組織法第2條第1項所定之機關(構)；所稱國防機關（構），指國防部及其所屬機關（構）、部隊（施行細則第20條第2項）。

(四)大陸地區人民經許可進入臺灣地區設有戶籍者，得依法令規定擔任大學教職、學術研究機構研究人員或社會教育機構專業人員，不受前項在臺灣地區設有戶籍滿10年之限制。（本條例第21條第2項）前項人員，不得擔任涉及國家安全或機密科技研究之職務（本條例第21條第3項）。

鑑往知來

一、釋字第618號解釋：臺灣地區與大陸地區人民關係條例第21條第1項前段規定違憲？

答 臺灣地區與大陸地區人民關係條例第21條第1項前段規定，大陸地區人民經許可進入臺灣地區者，非在臺灣地區設有戶籍滿10年，不得擔任公務人員部分，是否違憲，大法官會議於釋字第618號解釋作出以下之意見：

(一)係屬維護自由民主之憲政秩序，所為之特別規定：89年12月20日修正公布之臺灣地區與大陸地區人民關係條例第21條第1項前段規定，大陸地區人民經許可進入臺灣地區者，非在臺灣地區設有戶籍滿10年，不得擔任公務人員部分，乃係基於公務人員經國家任用後，即與國家發生公法上職務關係及忠誠義務，其職務之行使，涉及國家之公權力，不僅應遵守法令，更應積極考量國家整體利益，採取一切有利於國家之行為與決策；並鑒於兩岸目前仍處於分治與對立之狀態，且政治、經濟與社會等體制具有重大之本質差異，為確保臺灣地區安全、民眾福祉暨維護自由民主之憲政秩序，所為之特別規定，其目的洵屬合理正當。

(二)大陸地區人民對自由民主憲政體制認識與其他臺灣地區人民容有差異：基於原設籍大陸地區人民設籍臺灣地區未滿10年者，對自由民主憲政體制認識與其他臺灣地區人民容有差異，故對其擔任公務人員之資格與其他臺灣地區人民予以區別對待，亦屬合理，與憲法第7條之平等原則及憲法增修條文第11條之意旨尚無違背。

(三)該限制之手段仍在必要及合理之範圍內：又系爭規定限制原設籍大陸地區人民，須在臺灣地區設有戶籍滿十年，作為擔任公務人員之要件，實乃考量原設籍大陸地區人民對自由民主憲政體制認識之差異，及融入臺灣社會需經過適應期間，且為使原設籍大陸地區人民於擔任公務人員時普遍獲得人民對其所行使公權力之信賴，尤需有長時間之培養，系爭規定以10年為期，其手段仍在必要及合理之範圍內，立法者就此所為之斟酌判斷，尚無明顯而重大之瑕疵，難謂違反憲法第23條規定之比例原則。

(四)小結：依大法官之意見，臺灣地區與大陸地區人民關係條例第21條第1項前段規定並非違憲，而為保障國家利益與自由民主憲政秩序之手段，惟該手段仍在必要及合理之範圍內。

二、依據「臺灣地區與大陸地區人民關係條例」第21條規定，大陸地區人民在臺灣地區擔任公務人員有何限制？其限制是否合憲？請依據司法院大法官釋字第618號解釋意旨並試提己見分析說明之。 【地特】

答 (一)臺灣地區與大陸地區人民關係條例第21條關於大陸地區人民於臺灣地區公權之取得限制，規定如下：

1. 公權取得之限制：大陸地區人民經許可進入臺灣地區者，除法律另有規定外，非在臺灣地區設有戶籍滿十年，不得登記為公職候選人、擔任公教或公營事業機關（構）人員及組織政黨；非在臺灣地區設有戶籍滿二十年，不得擔任情報機關（構）人員，或國防機關（構）之下列人員：
   (1) 志願役軍官、士官及士兵。
   (2) 義務役軍官及士官。
   (3) 文職、教職及國軍聘雇人員（本條例第21條第1項）。
2. 大陸地區人民經許可進入臺灣地區設有戶籍者，得依法令規定擔任大學教職、學術研究機構研究人員或社會教育機構專業人員，不受前項在臺灣地區設有戶籍滿十年之限制。本項人員，不得擔任涉及國家安全或機密科技研究之職務（本條例第21條第2、3項）。

(二)本小題參考上述作答即可。

三、請說明大陸地區人民得向主管機關申請在臺灣地區定居情形為何？何種申請不受配額限制，其理由為何？請依現行法規分別詳述之。 【109高考】

答 請參見本條例第16條之規定。

試題演練

選擇題

( ) **1** 大陸地區人民在臺灣地區因涉案進入司法程序之處理方式為下列何者？ (A)應一律不待司法審判程序進行，即予以遣返 (B)視案情而定，如輕微者警察得逕予遣返，嚴重者應由司法機關決定之 (C)仍得遣返之，但必須經司法機關之同意 (D)為免收容之問題，三年未結案者一律遣返之。

( ) **2** 大陸人民非法進入臺灣地區予以遣返之程序，係在下列何一協議中所決定？ (A)馬祖協議 (B)金門協議 (C)新加坡協議 (D)臺北協議。

( ) **3** 大陸人民非法進入臺灣地區予以遣返作業與程序，係委託下列何一單位辦理？ (A)慈濟功德會 (B)紅十字會 (C)世界展望會 (D)海協會。

( ) **4** 查獲香港居民非法進入臺灣地區，要將之強制出境，應依下列何一法令處理？ (A)臺灣地區與大陸地區人民關係條例 (B)大陸地區人民及香港澳門居民強制出境處理辦法 (C)香港澳門居民強制出境處理辦法 (D)大陸地區人民強制出境處理辦法。

( ) **5** 對於旅居國外之大陸地區人民而言，臺灣地區與大陸地區人民關係條例之規定，對其是否適用？ (A)適用 (B)不適用 (C)部分適用 (D)以不適用為原則，但有特別規定者，從其規定。

( ) **6** 依臺灣地區與大陸地區人民關係條例規定，經許可受僱在臺灣地區工作之大陸地區人民，其受僱期間為何？ (A)一年 (B)二年 (C)六個月 (D)三個月。

( ) **7** 依法強制大陸地區人民出境前，該人民有下列何種情事者，於其原因消失後強制出境？ (A)懷胎三月者 (B)生產、流產後三月者 (C)罹患疾病而強制其出境有生命危險之虞者 (D)與臺灣地區人民結婚未滿一月者。

( ) **8** 大陸地區人民進入臺灣地區應持何種證件？ (A)中華民國護照 (B)中華人民共和國護照 (C)臺胞證 (D)大陸地區核發尚餘效期六個月以上之護（證）照。

( ) **9** 依臺灣地區與大陸地區人民關係條例規定，在下列何種情形中，進入臺灣地區後，治安機關不得逕行遣返： (A)未經許可入境者 (B)經許可入境，已逾停留期限 (C)有事實足認為有犯罪之行為 (D)該犯罪之行為業已進入司法程序。

( ) **10** 對於臺灣地區與大陸地區人民非法入境遣返之相關作業規定，下列所述何者正確？ (A)依兩岸紅十字會訂定之「金門協議」辦理 (B)依海協會與海基會所訂定之「金門協議」辦理 (C)依兩岸紅十字會訂定之「馬祖協議」辦理 (D)依海協會與海基會所訂定之「馬祖協議」辦理。

( ) **11** 臺灣籍船長運送大陸地區人民偷渡到美國，在距岸二浬處被美方人員查獲，該行為依我國規定，該行為之處罰下列何者正確？ (A)依國家安全法處罰之 (B)依入出國及移民法處罰之 (C)依中華民國刑法處罰之 (D)依臺灣地區與大陸地區人民關係條例處罰，惟不受我國刑法第7條規定之限制。

( ) **12** 依臺灣地區與大陸地區人民關係條例第16條規定，以下何者得逕行申請在臺灣定居？ (A)臺灣地區人民之親生兄弟姊妹，年齡在70歲以上、12歲以下者 (B)民國38年政府遷臺後，因叛逃前往大陸地區之前國軍官兵及其配偶 (C)因船舶故障、海難或其他不可抗力之事由滯留臺灣地區，且在大陸地區原有戶籍之漁民或船員

(D)大陸地區人士於臺灣地區之配偶死亡，須在臺灣地區照顧未成年之親生子女者。

( ) **13** 下列有關大陸地區人民在臺灣地區依親居留長期居留或定居許可辦法之敘述，何者正確？ (A)係大陸委員會依其職權所訂定之行政規則 (B)係內政部依其職權所訂定之行政規則 (C)該辦法是依據臺灣地區與大陸地區人民關係條例授權訂定之法規命令 (D)該辦法之適用包括香港地區居民。

( ) **14** 關於金門協議之敘述下列何者不正確？ (A)僅適用大陸地區人民未經許可進入臺灣地區者 (B)係依據臺灣地區與大陸地區人民關係條例授權訂定 (C)遣返地點以馬尾與馬祖間為原則，廈門與金門間為例外 (D)該協議係由海基會與海協會訂定。

( ) **15** 大陸地區人民申請進入臺灣地區團聚、居留或定居者，是否應接受面談、按捺指紋並建檔管理之？ (A)不必接受面談、按捺指紋 (B)接受面談，但不必按捺指紋 (C)不必接受面談，但須按捺指紋 (D)應接受面談、按捺指紋。

( ) **16** 依臺灣地區與大陸地區人民關係條例規定，大陸地區人民未經許可進入臺灣地區強制出境處理辦法，係由下列何一方式訂定？
(A)大陸委員會擬訂，報請行政院核定 (B)內政部擬訂，報請行政院核定 (C)海巡機關擬訂，報請行政院核定 (D)警政署擬訂，報請大陸委員會核定。

( ) **17** 大陸地區人民未經許可進入臺灣地區之遣返及收容規定，下列何者正確？ (A)臺灣地區與大陸地區人民關係條例明文規定以金門協議方式遣返之 (B)遣返前得暫予收容，收容期間應令其從事勞務，以抵作食宿費用 (C)如無法從事勞務者，應繳清收容期間食宿費用 (D)如涉及刑事案件，經法官責付收容處所，收容日數以一日抵有期徒刑或拘役一日。

( ) **18** 大陸地區人民未經許可進入臺灣地區，應依下列何種規定論罪？
(A)國家安全法第6條第1項 (B)入出國及移民法第54條 (C)臺灣地

區與大陸地區人民關係條例第79條第1項 (D)中華民國領海及鄰接區法第11條。

( ) **19** 依臺灣地區與大陸地區人民關係條例之規定，僱用大陸地區人民在臺灣地區工作之情形，下列敘述何者為正確？ (A)受僱期間不得超過一年，並不得轉換雇主及工作 (B)雇主應向行政院大陸委員會繳納就業安定費 (C)不需訂立勞動契約 (D)應向內政部申請許可。

( ) **20** 依臺灣地區與大陸地區人民關係條例規定，下列何種違法行為應處以罰鍰？ (A)使大陸地區人民非法進入臺灣地區 (B)明知臺灣地區人民未經許可，而招攬使之進入大陸地區 (C)使大陸地區人民在臺灣地區從事未經許可或與許可目的不符之活動 (D)僱用或留用大陸地區人民在臺灣地區從事未經許可或與許可範圍不符之工作。

( ) **21** 處理大陸地區人民違法事件，下列敘述何者不正確？ (A)在執行驅離大陸漁船時，應依行政程序法規定讓大陸漁民有陳述意見的機會 (B)行為同時涉行政與刑事不法時，應依行政罰法「先刑事、後行政」之程序 (C)如有受處罰鍰不繳，應以行政執行法移由行政執行機關執行 (D)大陸人民如對行政機關之沒入處分有意見，應依訴願法提起行政救濟。

( ) **22** 關於香港居民非法進入臺灣地區之處理，應與下列何種身分之非法入境者適用相同規定處理？ (A)因香港業已回歸中國大陸，故應與大陸地區人民相同規定處理 (B)因香港曾屬英國，故應與外國人民相同規定處理 (C)因香港與澳門具同樣背景，故兩地居民非法入境之處理應以相同規定處理 (D)因同屬大中國一部分，故應與我國籍人民相同規定處理。

( ) **23** 依規定進入臺灣地區探親之大陸地區人民被查獲為營利從事與人姦宿之違序行為，試問處理之程序，下列何者正確？ (A)應先移由法院針對非法入境行為訴追後，再予以遣返 (B)應先移由行政法院針對違序行為處罰後，再行遣返 (C)應先移由簡易法庭針對違序行為處罰後，再行遣返 (D)移民署得逕行強制出境。

( ) **24** 大陸地區人民申請進入臺灣地區團聚、居留或定居者，應接受何種管理措施？ (A)隔離收容、面談 (B)面談、按捺指紋 (C)隔離收容、筆試 (D)筆試、按捺指紋。

( ) **25** 經許可受僱在臺灣地區工作之大陸地區人民，其受僱期間不得逾幾年？ (A)1年 (B)2年 (C)3年 (D)4年。

( ) **26** 大陸地區人民在臺灣地區從事與許可目的不符之活動或工作，致違反社會秩序維護法而未涉有其他犯罪情事者，如何處理？
(A)應移送簡易法庭裁定後，由治安機關強制出境 (B)調查後得免移送簡易法庭裁定，由治安機關逕行強制出境 (C)簡易法庭調查後得免裁定，由法院逕行強制出境 (D)移送簡易庭裁定後，由法院強制出境。

解答及解析

1 (C)。臺灣地區與大陸地區人民關係條例第18條規定：進入臺灣地區之大陸地區人民，治安機關得逕行強制出境。但其所涉案件已進入司法程序者，應先經司法機關之同意。

2 (B)。海峽兩岸紅十字組織代表1990年9月11日至12日進行兩日工作商談，就雙方參與見證其主管部門執行海上遣返事宜，達成關於遣返對象：(一)違反有關規定進入對方地區的居民（但因捕魚作業遭遇緊急避風等不可抗力因素必須暫入對方地區者，不在此列）。(二)刑事嫌疑犯或刑事犯。

3 (B)。海峽兩岸紅十字組織代表1990年9月11日至12日簽訂金門協議。

4 (B)。大陸地區人民及香港澳門居民強制出境處理辦法第2條規定：在臺灣地區限制或禁止水域內，查獲未經許可入境之大陸地區人民、香港或澳門居民，治安機關得逕行強制驅離。

5 (A)。臺灣地區與大陸地區人民關係條例第3條規定：本條例關於大陸地區人民之規定，於大陸地區人民旅居國外者，適用之。

6 (A)。臺灣地區與大陸地區人民關係條例第11條規定：僱用大陸地區人民在臺灣地區工作，應向主管機關申請許可。經許可受僱在臺灣地區工作之大陸地區人民，其受僱期間不得逾一年，並不得轉換雇主及工作。但因雇主關廠、歇業或其他特殊事故，致僱用關係無法繼續時，經主管機關許可者，得轉換雇主及工作。

7 **(C)**。大陸地區人民及香港澳門居民強制出境處理辦法第4條規定：大陸地區人民、香港或澳門居民，有下列各款情事之一者，得由其本人及在臺灣地區設有戶籍之親屬共立切結書，並檢具公立醫院診斷證明書，向入出國及移民署申請暫緩強制出境，於其原因消失後，由入出國及移民署執行強制出境：一、懷胎五個月以上或生產、流產後二個月未滿。二、罹患疾病而強制其出境有生命危險之虞。

8 **(D)**。大陸地區人民進入臺灣地區許可辦法第13條：大陸地區人民經許可進入臺灣地區停留或活動者，入境時應備下列有效文件經查驗後入境：一、臺灣地區入出境許可證。二、大陸地區核發尚餘效期六個月以上之護（證）照或香港、澳門政府核發之非永久性居民旅行證件。三、由國外地區進入者，應另檢附國外地區再入境簽證或居留證。四、回程或前往第三地之機（船）票。但經許可停留期間六個月以上者，免備之。

9 **(D)**。臺灣地區與大陸地區人民關係條例第18條規定：進入臺灣地區之大陸地區人民，有下列情形之一者，治安機關得逕行強制出境。但其所涉案件已進入司法程序者，應先經司法機關之同意：一、未經許可入境。二、經許可入境，已逾停留、居留期限。三、從事與許可目的不符之活動或工作。四、有事實足認為有犯罪行為。五、有事實足認為有危害國家安全或社會安定之虞。

10 **(A)**。海峽兩岸紅十字組織代表1990年9月11日至12日進行兩日工作商談，就雙方參與見證其主管部門執行海上遣返事宜，達成以下協議：一、遣返原則：應確保遣返作業符合人道精神與安全便利的原則。二、遣返對象：(一)違反有關規定進入對方地區的居民（但因捕魚作業遭遇緊急避風等不可抗力因素必須暫入對方地區者，不在此列）。(二)刑事嫌疑犯或刑事犯。三、遣返交接地點：雙方商定為馬尾馬祖，但依被遣返人員的原居地分佈情況及氣候、海象等因素，雙方得協議另擇廈門金門。四、遣返程序：(一)一方應將被遣返人員的有關資料通知於對方，對方應於二十日內核查答復，並按商定時間、地點遣返交接，如核查對象有疑問者，亦應通知對方，以便複查。(二)遣返交接雙方均用紅十字專用船，並由民用船隻在約定地點引導，遣返船、引道船均懸掛白底紅十字旗（不掛其它旗幟，不使用其它的標誌）。(三)遣返交接時，應由雙方事先約定的代表二人，簽署交接見證書（格式如附件）。五、其他：本協議書簽署後，雙方應儘速解決有關技術問題，以期在最短期間內付諸實施，如有未盡事宜，雙方得另行商定。本協議書於金門簽字，各存一份。

11 (D)。臺灣地區與大陸地區人民關係條例第80條規定：中華民國船舶、航空器或其他運輸工具所有人、營運人或船長、機長、其他運輸工具駕駛人違反第28條規定或違反第28-1條第1項規定或臺灣地區人民違反第28-1條第2項規定者，處3年以下有期徒刑、拘役或科或併科新臺幣一百萬元以上一千五百萬元以下罰金。但行為係出於中華民國船舶、航空器或其他運輸工具之船長或機長或駕駛人自行決定者，處罰船長或機長或駕駛人。前項中華民國船舶、航空器或其他運輸工具之所有人或營運人為法人者，除處罰行為人外，對該法人並科以前項所定之罰金。但法人之代表人對於違反之發生，已盡力為防止之行為者，不在此限。刑法第7條之規定，對於第一項臺灣地區人民在中華民國領域外私行運送大陸地區人民前往臺灣地區及大陸地區以外之國家或地區者，不適用之。第1項情形，主管機關得處該中華民國船舶、航空器或其他運輸工具一定期間之停航，或廢止其有關證照，並得停止或廢止該船長、機長或駕駛人之執業證照或資格。

12 (D)。臺灣地區與大陸地區人民關係條例第16條規定：大陸地區人民有下列情形之一者，得申請在臺灣地區定居：一、臺灣地區人民之直系血親及配偶，年齡在七十歲以上、十二歲以下者。二、其臺灣地區之配偶死亡，須在臺灣地區照顧未成年之親生子女者。三、民國三十四年後，因兵役關係滯留大陸地區之臺籍軍人及其配偶。四、民國三十八年政府遷臺後，因作戰或執行特種任務被俘之前國軍官兵及其配偶。五、民國三十八年政府遷臺前，以公費派赴大陸地區求學人員及其配偶。六、民國七十六年十一月一日前，因船舶故障、海難或其他不可抗力之事由滯留大陸地區，且在臺灣地區原有戶籍之漁民或船員。大陸地區人民依前項第1款規定，每年申請在臺灣地區定居之數額，得予限制。依第2項第3款至第6款規定申請者，其大陸地區配偶得隨同本人申請在臺灣地區定居；未隨同申請者，得由本人在臺灣地區定居後代為申請。

13 (C)。大陸地區人民在臺灣地區依親居留長期居留或定居許可辦法第1條規定：本辦法依臺灣地區與大陸地區人民關係條例（以下簡稱本條例）第17條第9項規定訂定之。

14 (D)。同第10題解說。

15 (D)。臺灣地區與大陸地區人民關係條例第10-1條規定：大陸地區人民申請進入臺灣地區團聚、居留或定居者，應接受面談、按捺指紋並建檔管理之；未接受面談、按捺指紋者，不予許可其團聚、居留或定居之申請。其管理辦法，由主管機關定之。

16 (B)。臺灣地區與大陸地區人民關係條例第10條規定：大陸地區人民非經主管機關許可，不得進入臺灣地區。經許可進入臺灣地區之大陸地區人民，不得從事與許可目的不符之活動。前2項許可辦法，由有關主管機關擬訂，報請行政院核定之。

17 (D)。臺灣地區與大陸地區人民關係條例第18條規定：進入臺灣地區之大陸地區人民，有下列情形之一者，治安機關得逕行強制出境。但其所涉案件已進入司法程序者，應先經司法機關之同意：一、未經許可入境。二、經許可入境，已逾停留、居留期限。三、從事與許可目的不符之活動或工作。四、有事實足認為有犯罪行為。五、有事實足認為有危害國家安全或社會安定之虞。進入臺灣地區之大陸地區人民已取得居留許可而有前項第3款至第5款情形之一者，內政部移民署於強制其出境前，得召開審查會，並給予當事人陳述意見之機會。第1項大陸地區人民，於強制出境前，得暫予收容，並得令其從事勞務。第1項大陸地區人民有第1項第3款從事與許可目的不符之活動或工作之情事，致違反社會秩序維護法而未涉有其他犯罪情事者，於調查後得免移送簡易庭裁定。進入臺灣地區之大陸地區人民，涉及刑事案件，經法官或檢察官責付而收容於第3項之收容處所，並經法院判決有罪確定者，其收容之日數，以一日抵有期徒刑或拘役一日或刑法第42條第3項、第6項裁判所定之罰金額數。前5項規定，於本條例施行前進入臺灣地區之大陸地區人民，適用之。第1項之強制出境處理辦法及第3項收容處所之設置及管理辦法，由內政部擬訂，報請行政院核定之。第2項審查會之組成、審查要件、程序等事宜，由內政部定之。

18 (C)。大陸地區人民未經合法進入臺灣地區，係屬臺灣地區與大陸地區人民關係條例第15條所規定之非法行為，違反者應依同法第79條第1項處罰。

19 (A)。經許可受僱在臺灣地區工作之大陸地區人民，其受僱期間不得逾一年，並不得轉換雇主及工作（臺灣地區與大陸地區人民關係條例第11條第2項）。

20 (C)。臺灣地區與大陸地區人民關係條例第15條規定：下列行為不得為之：一、使大陸地區人民非法進入臺灣地區。二、明知臺灣地區人民未經許可，而招攬使之進入大陸地區。三、使大陸地區人民在臺灣地區從事未經許可或與許可目的不符之活動。四、僱用或留用大陸地區人民在臺灣地區從事未經許可或與許可範圍不符之工作。五、居間介紹他人為前款之行為。

21 (A)。行政程序法並未作此規定。

22 (C)。香港澳門關係條例第1條規定：為規範及促進與香港及澳門之經貿、文化及其他關係，特制定本條例。本條例未規定者，適用其他有關法令之規定。但臺灣地區與大陸地區人民關係條例，除本條例有明文規定者外，不適用之。

23 (D)。臺灣地區與大陸地區人民關係條例第18條第1項第3款規定：進入臺灣地區之大陸地區人民，有下列情形之一者，內政部移民署得逕行強制出境，或限令其於十日內出境，逾限令出境期限仍未出境，內政部移民署得強制出境：……三、從事與許可目的不符之活動或工作。

24 (B)。大陸地區人民申請進入臺灣地區團聚、居留或定居者，應按捺指紋；未按捺指紋者，不予許可其團聚、居留或定居之申請（大陸地區人民按捺指紋及建檔管理辦法第3條）。

25 (A)。臺灣地區與大陸地區人民關係條例第11條第2項規定：經許可受僱在臺灣地區工作之大陸地區人民，其受僱期間不得逾一年，並不得轉換雇主及工作。但因雇主關廠、歇業或其他特殊事故，致僱用關係無法繼續時，經主管機關許可者，得轉換雇主及工作。

26 (B)。臺灣地區與大陸地區人民關係條例第18條第4項規定：第1項大陸地區人民有第1項第3款從事與許可目的不符之活動或工作之情事，致違反社會秩序維護法而未涉有其他犯罪情事者，於調查後得免移送簡易庭裁定。

申論題

一、大陸地區人民在何種情況下，得進入臺灣地區探親？

答 (一)大陸地區人民符合下列情形之一者，得申請進入臺灣地區短期探親：

1. 為臺灣地區設有戶籍人民之三親等內血親。
2. 為經許可團聚並懷孕七個月以上或生產、流產後二個月未滿、依親居留或長期居留者之父母。
3. 依本條例第16條第2項規定得申請在臺灣地區定居。
4. 為臺灣地區設有戶籍人民之大陸地區配偶之父母或大陸地區子女之配偶。
5. 為經許可在臺灣地區依親居留、長期居留之大陸地區人民之年齡逾十六歲之未成年親生子女，或經許可專案長期居留者之父母或子女。

6. 其子女取得外國國籍或為香港澳門關係條例所定之香港、澳門居民，並不具大陸地區人民身分，且為臺灣地區人民之配偶或受聘僱在臺灣地區從事就業服務法第46條第1項第1款至第6款、第48條第1項第1款或第3款工作，許可期間逾六個月。
7. 為依本辦法經許可在臺灣地區停留期間逾六個月者之父母、配偶、子女或配偶之父母。
8. 為依大陸地區人民來臺就讀專科以上學校辦法經許可在臺停留者之二親等直系血親或配偶。
9. 其子女為依第38條附表三許可在臺灣地區停留之研修生。

（參照大陸地區人民進入臺灣地區許可辦法第23條）

(二) 大陸地區人民符合下列情形之一者，得申請進入臺灣地區長期探親：

1. 為臺灣地區人民之未成年子女。
2. 為經許可在臺灣地區依親居留、長期居留之大陸地區人民之未成年親生子女，年齡在十四歲以下或曾在十四歲以前申請進入臺灣地區者。

（參照大陸地區人民進入臺灣地區許可辦法第24條）

二、大陸地區人民在何種情況下，進入臺灣地區探親得申請其配偶或子女一人同行？

答 依大陸地區人民進入臺灣地區許可辦法第30條規定：

(一) 依第23條及第28條申請進入臺灣地區之大陸地區人民，有年滿60歲行動不便或健康因素須專人照料，得同時申請其配偶或18歲以上二親等內血親一人同行照料。

(二) 前項同行照料之配偶或親屬，停留期間與申請人相同，應與申請人同一航（船）班入出臺灣地區，並不得申請延期。但有下列情形之一，經主管機關核准者，不在此限：

1. 因工作或其他特殊情形須先出境。
2. 罹患重病或受重傷須延後出境。

(三) 同行照料之配偶或親屬經依前項但書第1款規定核准先出境者，得再申請入境；其再入境者，除有前項但書所定情形之一者外，應與申請人同時出境。

三、大陸地區人民為臺灣地區人民之配偶，申請進入臺灣地區團聚之停留期間為多久？

答 (一)大陸地區人民為臺灣地區人民之配偶，申請進入臺灣地區團聚，主管機關經審查後得核給一個月停留期間之許可；通過面談准予延期後，得再核給五個月停留期間之許可。

(二)前項通過面談之大陸地區人民申請再次入境，經主管機關認為無婚姻異常之虞，且無依法不予許可之情形者，得核給團聚許可，其期間不得逾六個月。

（大陸地區人民進入臺灣地區許可辦法第25條參照）

四、大陸地區人民在何種情況下，得申請進入臺灣地區探病或奔喪？

答 (一)大陸地區人民符合下列情形之一者，得申請進入臺灣地區探視或進行其他相關活動：二、其親屬為大陸地區人民、香港澳門居民或外國人在臺灣地區遭遇不可抗拒之重大災變致死亡或重傷，或因重大疾病住院。其申請案，每次以二人為限。

（大陸地區人民進入臺灣地區許可辦法第29條第1項第2款參照）

(二)大陸地區人民符合下列情形之一者，得申請進入臺灣地區奔喪，並以一次為限：

1. 其在臺灣地區設有戶籍之三親等內血親、配偶之父母、配偶或子女之配偶死亡未滿六個月。
2. 與經許可進入臺灣地區且死亡未滿六個月之大陸地區人民、香港澳門居民或外國人，具有配偶或二親等內血親關係。但以二人為限。

（大陸地區人民進入臺灣地區許可辦法第28條參照）

Chapter 4 兩岸往來行政上之規定

本章依據出題頻率區分，屬：**C** 頻率低

問題意識

本節之內容，為兩岸往來行政上之規定，部份內容與入出國及移民業務相關程度不高，但依照歷年的考題分布，仍會出現一二，必須留心。

一、教育

(一) 學歷檢覈及採認（本條例第22條）

1. 在大陸地區接受教育之學歷，除屬醫療法所稱醫事人員相關之高等學校學歷外，得予採認；其適用對象、採認原則、認定程序及其他應遵行事項之辦法，由教育部擬訂，報請行政院核定之。
2. 大陸地區人民非經許可在臺灣地區設有戶籍者，不得參加公務人員考試、專門職業及技術人員考試之資格。
3. 大陸地區人民經許可得來臺就學，其適用對象、申請程序、許可條件、停留期間及其他應遵行事項之辦法，由教育部擬訂，報請行政院核定之。

(二) **招生或居間介紹之許可**：臺灣地區、大陸地區及其他地區人民、法人、團體或其他機構，經許可得為大陸地區之教育機構在臺灣地區辦理招生事宜或從事居間介紹之行為。其許可辦法由教育部擬訂，報請行政院核定之（本條例第23條）。

二、稅務

(一) 課徵所得稅－臺灣地區人民有大陸地區來源所得者（本條例第24條）

1. 臺灣地區人民、法人、團體或其他機構有大陸地區來源所得者，應併同臺灣地區來源所得課徵所得稅。但其在大陸地區已繳納之稅額，得自應納稅額中扣抵。
2. 臺灣地區法人、團體或其他機構，依第35條規定經主管機關許可，經由其在第三地區投資設立之公司或事業在大陸地區從事投資者，於依所得稅法規定列報第三地區公司或事業之投資收益時，其屬源自轉投資大陸地區公司或事業分配之投資收益部分，視為大陸地區來源所得，依前項規定課徵

所得稅。但該部分大陸地區投資收益在大陸地區及第三地區已繳納之所得稅，得自應納稅額中扣抵。

3. 前二項扣抵數額之合計數，不得超過因加計其大陸地區來源所得，而依臺灣地區適用稅率計算增加之應納稅額。

(二)課徵所得稅－大陸地區人民有臺灣地區來源所得者（本條例第25條）

1. 大陸地區人民、法人、團體或其他機構有臺灣地區來源所得者，應就其臺灣地區來源所得，課徵所得稅。
2. 大陸地區人民於一課稅年度內在臺灣地區居留、停留合計滿183日者，應就其臺灣地區來源所得，準用臺灣地區人民適用之課稅規定，課徵綜合所得稅。
3. 大陸地區法人、團體或其他機構在臺灣地區有固定營業場所或營業代理人者，應就其臺灣地區來源所得，準用臺灣地區營利事業適用之課稅規定，課徵營利事業所得稅；其在臺灣地區無固定營業場所而有營業代理人者，其應納之營利事業所得稅，應由營業代理人負責，向該管稽徵機關申報納稅。但大陸地區法人、團體或其他機構在臺灣地區因從事投資，所獲配之股利淨額或盈餘淨額，應由扣繳義務人於給付時，按規定之扣繳率扣繳，不計入營利事業所得額。
4. 大陸地區人民於一課稅年度內在臺灣地區居留、停留合計未滿183日者，及大陸地區法人、團體或其他機構在臺灣地區無固定營業場所及營業代理人者，其臺灣地區來源所得之應納稅額，應由扣繳義務人於給付時，按規定之扣繳率扣繳，免辦理結算申報；如有非屬扣繳範圍之所得，應由納稅義務人依規定稅率申報納稅，其無法自行辦理申報者，應委託臺灣地區人民或在臺灣地區有固定營業場所之營利事業為代理人，負責代理申報納稅。
5. 前二項之扣繳事項，適用所得稅法之相關規定。
6. 大陸地區人民、法人、團體或其他機構取得臺灣地區來源所得應適用之扣繳率，其標準由財政部擬訂，報請行政院核定之。

(三)課徵所得稅－大陸地區人民於第三地投資之公司而在臺灣地區投資者（本條例第25-1條）

1. 大陸地區人民、法人、團體、其他機構或其於第三地區投資之公司，依第73條規定申請在臺灣地區投資經許可者，其取得臺灣地區之公司所分配股利或合夥人應分配盈餘應納之所得稅，由所得稅法規定之扣繳義務人於給付時，按給付額或應分配額扣繳百分之二十，不適用所得稅法結算申報之規定。但大陸地區人民於一課稅年度內在臺灣地區居留、停留合計滿183日者，應依前條第2項規定課徵綜合所得稅。

2. 依第73條規定申請在臺灣地區投資經許可之法人、團體或其他機構，其董事、經理人及所派之技術人員，因辦理投資、建廠或從事市場調查等臨時性工作，於一課稅年度內在臺灣地區居留、停留期間合計不超過183日者，其由該法人、團體或其他機構非在臺灣地區給與之薪資所得，不視為臺灣地區來源所得。

三、退休金之領取

(一) 長期居住大陸地區者退休給與之領取（本條例第26條、施行細則第26條）

1. 支領各種月退休（職、伍）給與之退休（職、伍）軍公教及公營事業機關（構）人員擬赴大陸地區長期居住者，應向主管機關申請改領一次退休（職、伍）給與，並由主管機關就其原核定退休（職、伍）年資及其申領當月同職等或同官階之現職人員月俸額，計算其應領之一次退休（職、伍）給與為標準，扣除已領之月退休（職、伍）給與，一次發給其餘額；無餘額或餘額未達其應領之一次退休（職、伍）給與半數者，一律發給其應領一次退休（職、伍）給與之半數。
2. 前項人員在臺灣地區有受其扶養之人者，申請前應經該受扶養人同意。
3. 第1項人員未依規定申請辦理改領一次退休（職、伍）給與，而在大陸地區設有戶籍或領用大陸地區護照者，停止領受退休（職、伍）給與之權利，俟其經依第9-2條規定許可回復臺灣地區人民身分後恢復。
4. 第1項人員如有以詐術或其他不正當方法領取一次退休（職、伍）給與，由原退休（職、伍）機關追回其所領金額，如涉及刑事責任者，移送司法機關辦理。
5. 第1項改領及第3項停止領受及恢復退休（職、伍）給與相關事項之辦法，由各主管機關定之。
6. 「赴大陸地區長期居住」之定義赴大陸地區長期居住，指赴大陸地區居、停留，一年內合計逾183日。但有下列情形之一並提出證明者，得不計入期間之計算：（施行細則第26條）

   (1) 受拘禁或留置。

   (2) 懷胎7月以上或生產、流產，且自事由發生之日起未逾2個月。

(3)配偶、二親等內之血親、繼父母、配偶之父母、或子女之配偶在大陸地區死亡，且自事由發生之日起未逾2個月。
(4)遇天災或其他不可避免之事變，且自事由發生之日起未逾1個月。
(5)其他經主管機關審酌認定之特殊情事。

鑑往知來

依相關規定所稱，臺灣地區人民赴大陸地區長期居住，係指多久時間？【地特】

答 臺灣地區與大陸地區人民關係條例施行細則第26條規定，赴大陸地區長期居住，指赴大陸地區居、停留，一年內合計逾183日。

(二)保險死亡給付、一次撫卹、撫慰金、餘額退伍金之辦理申領（本條例第26-1條）

1. 軍公教及公營事業機關（構）人員，在任職（服役）期間死亡，或支領月退休（職、伍）給與人員，在支領期間死亡，而在臺灣地區無遺族或法定受益人者，其居住大陸地區之遺族或法定受益人，得於各該支領給付人死亡之日起五年內，經許可進入臺灣地區，以書面向主管機關申請領受公務人員或軍人保險死亡給付、一次撫卹金、餘額退伍金或一次撫慰金，不得請領年撫卹金或月撫慰金。逾期未申請領受者，喪失其權利。
2. 前項保險死亡給付、一次撫卹金、餘額退伍金或一次撫慰金總額，不得逾新臺幣二百萬元。
3. 本條例中華民國86年7月1日修正生效前，依法核定保留保險死亡給付、一次撫卹金、餘額退伍金或一次撫慰金者，其居住大陸地區之遺族或法定受益人，應於中華民國86年7月1日起五年內，依第1項規定辦理申領，逾期喪失其權利。
4. 申請領受第1項或前項規定之給付者，有因受傷或疾病致行動困難或領受之給付與來臺旅費顯不相當等特殊情事，經主管機關核定者，得免進入臺灣地區。
5. 民國38年以前在大陸地區依法令核定應發給之各項公法給付，其權利人尚未領受或領受中斷者，於國家統一前，不予處理。

(三) **定居大陸地區榮民就養給付之發給（本條例第27條）**

1. 行政院國軍退除役官兵輔導委員會安置就養之榮民經核准赴大陸地區長期居住者，其原有之就養給付及傷殘撫卹金，仍應發給；本條中華民國93年3月1日修正生效前經許可赴大陸地區定居者，亦同。
2. 就養榮民未依前項規定經核准，而在大陸地區設有戶籍或領用大陸地區護照者，停止領受就養給付及傷殘撫卹金之權利，俟其經依第9-2條規定許可回復臺灣地區人民身分後恢復。
3. 前二項所定就養給付及傷殘撫卹金之發給、停止領受及恢復給付相關事項之辦法，由行政院國軍退除役官兵輔導委員會擬訂，報請行政院核定之。

四、運輸工具之限制

(一) **航行大陸地區之許可**：中華民國船舶、航空器及其他運輸工具，經主管機關許可，得航行至大陸地區。其許可及管理辦法，於本條例修正通過後18個月內，由交通部會同有關機關擬訂，報請行政院核定之；於必要時，經向立法院報告備查後，得延長之（本條例第28條）。

(二) **船舶、航空器及其他運輸工具不得私運大陸地區人民（本條例第28-1條）**

1. 中華民國船舶、航空器及其他運輸工具，不得私行運送大陸地區人民前往臺灣地區及大陸地區以外之國家或地區。
2. 臺灣地區人民不得利用非中華民國船舶、航空器或其他運輸工具，私行運送大陸地區人民前往臺灣地區及大陸地區以外之國家或地區。

(三) **限制區域（本條例第29條）**

1. 大陸船舶、民用航空器及其他運輸工具，非經主管機關許可，不得進入臺灣地區限制或禁止水域、臺北飛航情報區限制區域。
2. 前項限制或禁止水域及限制區域，由國防部公告之。
3. 第1項許可辦法，由交通部會同有關機關擬訂，報請行政院核定之。

(四) **營業稅及所得稅之減免（本條例第29-1條）**

1. 臺灣地區及大陸地區之海運、空運公司，參與兩岸船舶運輸及航空運輸，在對方取得之運輸收入，得依第4-2條規定訂定之臺灣地區與大陸地區協議事項，於互惠原則下，相互減免應納之營業稅及所得稅。
2. 前項減免稅捐之範圍、方式、適用程序及其他相關事項之辦法，由財政部擬訂，報請行政院核定。

(五)外國運輸工具禁止直航（本條例第30條）

1. 外國船舶、民用航空器及其他運輸工具，不得直接航行於臺灣地區與大陸地區港口、機場間；亦不得利用外國船舶、民用航空器及其他運輸工具，經營經第三地區航行於包括臺灣地區與大陸地區港口、機場間之定期航線業務。
2. 前項船舶、民用航空器及其他運輸工具為大陸地區人民、法人、團體或其他機構所租用、投資或經營者，交通部得限制或禁止其進入臺灣地區港口、機場。
3. 第1項之禁止規定，交通部於必要時得報經行政院核定為全部或一部之解除。其解除後之管理、運輸作業及其他應遵行事項，準用現行航政法規辦理，並得視需要由交通部會商有關機關訂定管理辦法。

(六)防衛處置：大陸民用航空器未經許可進入臺北飛航情報區限制進入之區域，執行空防任務機關得警告飛離或採必要之防衛處置（本條例第31條）。

(七)船舶物品之扣留及處分（本條例第32條）【106高考2】

1. 大陸船舶未經許可進入臺灣地區限制或禁止水域，主管機關得逕行驅離或扣留其船舶、物品，留置其人員或為必要之防衛處置。
2. 前項扣留之船舶、物品，或留置之人員，主管機關應於3個月內為下列之處分：
   (1)扣留之船舶、物品未涉及違法情事，得發還；若違法情節重大者，得沒入。
   (2)留置之人員經調查後移送有關機關依本條例第18條收容遣返或強制其出境。

   本條例實施前，扣留之大陸船舶、物品及留置之人員，已由主管機關處理者，依其處理。

五、任職許可與禁止行為

(一)任職之許可（本條例第33條）

1. 臺灣地區人民、法人、團體或其他機構，除法律另有規定外，得擔任大陸地區法人、團體或其他機構之職務或為其成員。
2. 臺灣地區人民、法人、團體或其他機構，不得擔任經行政院大陸委員會會商各該主管機關公告禁止之大陸地區黨務、軍事、行政或具政治性機關（構）、團體之職務或為其成員。
3. 臺灣地區人民、法人、團體或其他機構，擔任大陸地區之職務或為其成員，有下列情形之一者，應經許可：

(1)所擔任大陸地區黨務、軍事、行政或具政治性機關（構）、團體之職務或為成員，未經依前項規定公告禁止者。

(2)有影響國家安全、利益之虞或基於政策需要，經各該主管機關會商行政院大陸委員會公告者。

4. 臺灣地區人民擔任大陸地區法人、團體或其他機構之職務或為其成員，不得從事妨害國家安全或利益之行為。

5. 第2項及第3項職務或成員之認定，由各該主管機關為之；如有疑義，得由行政院大陸委員會會同相關機關及學者專家組成審議委員會審議決定。

6. 第2項及第3項之公告事項、許可條件、申請程序、審查方式、管理及其他應遵行事項之辦法，由行政院大陸委員會會商各該主管機關擬訂，報請行政院核定之。

7. 本條例修正施行前，已擔任大陸地區法人、團體或其他機構之職務或為其成員者，應自前項辦法施行之日起6個月內向主管機關申請許可；屆期未申請或申請未核准者，以未經許可論。

(二)臺灣地區人民、法人、團體機構禁止行為（本條例第33-1條）

1. 臺灣地區人民、法人、團體或其他機構，非經各該主管機關許可，不得為下列行為：

(1)與大陸地區黨務、軍事、行政、具政治性機關（構）、團體或涉及對臺政治工作、影響國家安全或利益之機關（構）、團體為任何形式之合作行為。

(2)與大陸地區人民、法人、團體或其他機構，為涉及政治性內容之合作行為。

(3)與大陸地區人民、法人、團體或其他機構聯合設立政治性法人、團體或其他機構。

2. 臺灣地區非營利法人、團體或其他機構，與大陸地區人民、法人、團體或其他機構之合作行為，不得違反法令規定或涉有政治性內容；如依其他法令規定，應將預算、決算報告報主管機關者，並應同時將其合作行為向主管機關申報。

3. 本條例修正施行前，已從事第1項所定之行為，且於本條例修正施行後仍持續進行者，應自本條例修正施行之日起3個月內向主管機關申請許可；已從事第2項所定之行為者，應自本條例修正施行之日起1年內申報；屆期未申請許可、申報或申請未經許可者，以未經許可或申報論。

六、締結同盟

(一) 締結聯盟之同意（本條例第33-2條）

1. 臺灣地區各級地方政府機關（構）或各級地方立法機關，非經內政部會商行政院大陸委員會報請行政院同意，不得與大陸地區地方機關締結聯盟。
2. 本條例修正施行前，已從事前項之行為，且於本條例修正施行後仍持續進行者，應自本條例修正施行之日起3個月內報請行政院同意；屆期未報請同意或行政院不同意者，以未報請同意論。

(二) 締結聯盟或書面約定合作之申報（本條例第33-3條）

1. 臺灣地區各級學校與大陸地區學校締結聯盟或為書面約定之合作行為，應先向教育部申報，於教育部受理其提出完整申報之日起30日內，不得為該締結聯盟或書面約定之合作行為；教育部未於30日內決定者，視為同意。
2. 前項締結聯盟或書面約定之合作內容，不得違反法令規定或涉有政治性內容。
3. 本條例修正施行前，已從事第1項之行為，且於本條例修正施行後仍持續進行者，應自本條例修正施行之日起3個月內向主管機關申報；屆期未申報或申報未經同意者，以未經申報論。

七、商業與文化交流之規範

(一) 大陸地區物品勞務在臺廣告之許可及禁止行為（本條例第34條）

1. 依本條例許可之大陸地區物品、勞務、服務或其他事項，得在臺灣地區從事廣告之播映、刊登或其他促銷推廣活動。
2. 前項廣告活動內容，不得有下列情形：
   (1) 為中共從事具有任何政治性目的之宣傳。
   (2) 違背現行大陸政策或政府法令。
   (3) 妨害公共秩序或善良風俗。
3. 第1項廣告活動及前項廣告活動內容，由各有關機關認定處理，如有疑義，得由行政院大陸委員會會同相關機關及學者專家組成審議委員會審議決定。
4. 第1項廣告活動之管理，除依其他廣告相關法令規定辦理外，得由行政院大陸委員會會商有關機關擬訂管理辦法，報請行政院核定之。

(二) 投資技術合作等之許可（本條例第35條）

1. 臺灣地區人民、法人、團體或其他機構，經經濟部許可，得在大陸地區從事投資或技術合作；其投資或技術合作之產品或經營項目，依據國家安全及產業發展之考慮，區分為禁止類及一般類，由經濟部會商有關機關訂定項目清單及個案審查原則，並公告之。但一定金額以下之投資，得以申報方式為之；其限額由經濟部以命令公告之。

2. 臺灣地區人民、法人、團體或其他機構，得與大陸地區人民、法人、團體或其他機構從事商業行為。但由經濟部會商有關機關公告應經許可或禁止之項目，應依規定辦理。
3. 臺灣地區人民、法人、團體或其他機構，經主管機關許可，得從事臺灣地區與大陸地區間貿易；其許可、輸出入物品項目與規定、開放條件與程序、停止輸出入之規定及其他輸出入管理應遵行事項之辦法，由有關主管機關擬訂，報請行政院核定之。
4. 第1項及第2項之許可條件、程序、方式、限制及其他應遵行事項之辦法，由有關主管機關擬訂，報請行政院核定之。
5. 本條例中華民國91年7月1日修正生效前，未經核准從事第1項之投資或技術合作者，應自中華民國91年7月1日起6個月內向經濟部申請許可；屆期未申請或申請未核准者，以未經許可論。

(三) **金融保險業務往來之許可（本條例第36條）**

1. 臺灣地區金融保險證券期貨機構及其在臺灣地區以外之國家或地區設立之分支機構，經財政部許可，得與大陸地區人民、法人、團體、其他機構或其在大陸地區以外國家或地區設立之分支機構有業務上之直接往來。
2. 臺灣地區金融保險證券期貨機構在大陸地區設立分支機構，應報經財政部許可；其相關投資事項，應依前條規定辦理。
3. 前二項之許可條件、業務範圍、程序、管理、限制及其他應遵行事項之辦法，由財政部擬訂，報請行政院核定之。
4. 為維持金融市場穩定，必要時，財政部得報請行政院核定後，限制或禁止第1項所定業務之直接往來。

(四) **大陸地區資金進出臺灣地區之管理及處罰**：大陸地區資金進出臺灣地區之管理及處罰，準用管理外匯條例第6-1條、第20條、第22條、第24條及第26條規定；對於臺灣地區之金融市場或外匯市場有重大影響情事時，並得由中央銀行會同有關機關予以其他必要之限制或禁止（本條例第36-1條）。

(五) **出版品電影片等進口發行製作播映之許可**：大陸地區出版品、電影片、錄影節目及廣播電視節目，經主管機關許可，得進入臺灣地區，或在臺灣地區發行、銷售、製作、播映、展覽或觀摩。 前項許可辦法，由行政院新聞局擬訂，報請行政院核定之（本條例第37條）。

(六)幣券攜帶之許可（本條例第38條）

1. 大陸地區發行之幣券，除其數額在行政院金融監督管理委員會所定限額以下外，不得進出入臺灣地區。但其數額逾所定限額部分，旅客應主動向海關申報，並由旅客自行封存於海關，出境時准予攜出。
2. 行政院金融監督管理委員會得會同中央銀行訂定辦法，許可大陸地區發行之幣券，進出入臺灣地區。
3. 大陸地區發行之幣券，於臺灣地區與大陸地區簽訂雙邊貨幣清算協定或建立雙邊貨幣清算機制後，其在臺灣地區之管理，準用管理外匯條例有關之規定。
4. 前項雙邊貨幣清算協定簽訂或機制建立前，大陸地區發行之幣券，在臺灣地區之管理及貨幣清算，由中央銀行會同行政院金融監督管理委員會訂定辦法。
5. 第1項限額，由行政院金融監督管理委員會以命令定之。

(七)中華古物及藝術品等陳列展覽之許可（本條例第39條）

1. 大陸地區之中華古物，經主管機關許可運入臺灣地區公開陳列、展覽者，得予運出。
2. 前項以外之大陸地區文物、藝術品，違反法令、妨害公共秩序或善良風俗者，主管機關得限制或禁止其在臺灣地區公開陳列、展覽。
3. 第1項許可辦法，由有關主管機關擬訂，報請行政院核定之。

(八)進出口物品之檢疫管理稅捐徵收（本條例第40條）

1. 輸入或攜帶進入臺灣地區之大陸地區物品，以進口論；其檢驗、檢疫、管理、關稅等稅捐之徵收及處理等，依輸入物品有關法令之規定辦理。
2. 輸往或攜帶進入大陸地區之物品，以出口論；其檢驗、檢疫、管理、通關及處理，依輸出物品有關法令之規定辦理。

(九)大陸地區營利事業在臺從事業務活動之許可（本條例第40-1條）

1. 大陸地區之營利事業，非經主管機關許可，並在臺灣地區設立分公司或辦事處，不得在臺從事業務活動；其分公司在臺營業，準用公司法第9條、第10條、第12條至第25條、第28-1條、第388條、第391條至第393條、第397條、第438條及第448條規定。
2. 前項業務活動範圍、許可條件、申請程序、申報事項、應備文件、撤回、撤銷或廢止許可及其他應遵行事項之辦法，由經濟部擬訂，報請行政院核定之。

(十) 大陸地區非營利法人、團體或機構，在臺從事業務活動之許可（本條例第40-2條）

1. 大陸地區之非營利法人、團體或其他機構，非經各該主管機關許可，不得在臺灣地區設立辦事處或分支機構，從事業務活動。
2. 經許可在臺從事業務活動之大陸地區非營利法人、團體或其他機構，不得從事與許可範圍不符之活動。
3. 第1項之許可範圍、許可條件、申請程序、申報事項、應備文件、審核方式、管理事項、限制及其他應遵行事項之辦法，由各該主管機關擬訂，報請行政院核定之。

試題演練

( ) **1** 臺灣籍漁船在大陸地區接送大陸地區人民偷渡美國，查獲後我國對於臺灣籍船長應如何處理之？ (A)依中國民國刑法處罰之 (B)依臺灣地區與大陸地區人民關係條例處罰之 (C)依入出國及移民法處罰之 (D)不得處罰之。

( ) **2** 臺灣地區漁船船主僱用之大陸漁工，應持有大陸相關單位核發之：(A)護照 (B)身分證 (C)勞務證 (D)旅行證 始准其漁船船主於十二浬以內接駁。

( ) **3** 對大陸船舶未經許可進入臺灣地區限制或禁止水域者，扣留其船舶、物品後之處理，下列何者為非？ (A)應視違法情節而定之 (B)未涉及違法情事者得發還之 (C)若違法情節重大者得沒入之 (D)若違法情節輕微者，亦得沒入之。

( ) **4** 大陸民用航空器非法進入臺北飛航情報區限制區域，係指距臺灣、澎湖海岸線： (A)二十四浬 (B)三十浬 (C)四十浬 (D)五十浬之區域而言。

( ) **5** 對大陸船舶未經許可進入臺灣地區限制或禁止水域者，經驅離無效之處理，下列何者為非？ (A)逕予扣留其船舶 (B)逕予沒入其船舶 (C)逕予留置其人員 (D)逕予扣留其物品。

( ) **6** 大陸船舶未經許可進入禁止水域，經主管機關扣留後，應於多少時限內作出處分？ (A)一個月 (B)二個月 (C)三個月 (D)五個月。

( ) **7** 依臺灣地區與大陸地區人民關係條例規定，主管機關公告澎湖之「限制水域」範圍為： (A)離岸十二浬 (B)離岸二十四浬 (C)離岸二百浬 (D)應視與大陸地區之距離而定。

( ) **8** 在禁止水域查獲大陸漁船以電魚方式捕魚，應以下列何一法律處罰之？ (A)中華民國刑法 (B)入出國及移民法 (C)臺灣地區與大陸地區人民關係條例 (D)國家安全法。

( ) **9** 對於大陸船舶進入離臺灣海岸十浬之處，從事漁撈行為而拒絕停船受檢者，主管機關得對之採取之行為，下列何者為非？ (A)予以警告射擊 (B)予以射擊警告無效後，得直接射擊船體強制停航 (C)經對空射擊警告無效者，仍不得直接射擊船體強制停航 (D)有敵對行為者，得予以擊燬。

( ) **10** 臺灣地區與大陸地區人民關係條例所規定限制水域與禁止水域之範圍，係由下列何機關公告？ (A)行政院 (B)內政部 (C)交通部 (D)國防部。

( ) **11** 大陸船舶未經許可進入臺灣地區限制或禁止水域，經扣留其船舶或物品者，主管機關應於何期間內決定為發還或沒入之處分？ (A)十日內 (B)一個月內 (C)二個月內 (D)三個月內。

( ) **12** 臺灣籍船長載大陸地區人民偷渡到臺灣應受之處罰，下列所述何者正確？ (A)得處新臺幣十萬元以下罰鍰 (B)針對常業犯予以較重處罰 (C)未遂犯並不處罰之 (D)得處六年以下有期徒刑。

( ) **13** 大陸船舶未經許可進入臺灣地區限制或禁止水域，下列何機關得扣留其船舶或物品？ (A)外交部 (B)交通部 (C)行政院大陸委員會 (D)海巡署。

( ) **14** 依臺灣地區與大陸地區人民關係條例規定，臺灣籍船長招攬臺灣地區人民未經許可之「廈門三日遊」活動，該行為之處罰，下列何者正確？ (A)該行為之未遂犯罰之 (B)明定常業犯之行為加重處罰之 (C)得處新臺幣十萬元之罰金 (D)得處一年以下之有期徒刑。

( ) **15** 公教人員在任職期間死亡，而在臺灣地區無遺族或法定受益人者，其居住大陸地區之遺族或法定受益人，得於該公教人員死亡之日起幾年內，經許可進入臺灣地區，向主管機關申請領受其保險死亡給付及撫卹金？ (A)一年 (B)三年 (C)五年 (D)七年。

( ) **16** 依臺灣地區與大陸地區人民關係條例第29條第2項授權國防部公告之限制及禁止水域，國防部第一批公告海域為： (A)臺澎地區與金門地區限制及禁止海域 (B)臺澎地區與馬祖地區限制及禁止海域 (C)金門地區與馬祖地區限制及禁止海域 (D)東沙地區與南沙地區限制及禁止海域。

( ) **17** 下列有關「領海」之敘述，何者錯誤？ (A)只有沿海國才具有領海 (B)緊鄰海岸或內水的海域 (C)沿海國得行使完全的管轄權，不受任何限制 (D)依聯合國海洋法公約，沿海國在十二海浬範圍內得自行訂定其寬度。

( ) **18** 大陸船舶未經許可進入臺灣地區限制或禁止水域，主管機關得使用武器之規定，下列何者正確？ (A)進入限制水域者，應即予警告射擊 (B)進入禁止水域者，即予擊燬 (C)有拒絕停船或抗拒扣留之行為者，得予警告射擊 (D)經警告射擊無效者，擊燬之。

( ) **19** 依臺灣地區與大陸地區人民關係條例規定，大陸地區船舶進入禁止水域時，應如何處置？ (A)容忍其通航 (B)強制驅離 (C)事後予以同意 (D)通知大陸主管機關予以處理。

( ) **20** 臺灣地區與大陸地區間的禁止水域與限制水域，係由下列何一機關公告之？ (A)行政院 (B)國防部 (C)內政部 (D)海巡署。

( ) **21** 臺灣地區與大陸地區人民關係條例所定限制或禁止水域，應由下列何者公告？ (A)內政部 (B)海巡署 (C)國防部 (D)行政院大陸委員會。

( ) **22** 依臺灣地區與大陸地區人民關係條例規定，公布禁止水域與限制水域，係由下列何一機關公告之？ (A)交通部 (B)內政部 (C)海巡署 (D)國防部。

( ) **23** 臺灣地區與大陸地區人民關係條例中所指稱之「限制或禁止水域」之地理範圍由何機關公告？ (A)海巡署 (B)行政院大陸委員會 (C)國防部 (D)內政部移民署。

( ) **24** 大陸船舶非經主管機關許可，不得進入臺灣地區限制或禁止水域，該二水域之公告應由何機關為之？ (A)內政部 (B)交通部 (C)漁業署 (D)國防部。

( ) **25** 依臺灣地區與大陸地區人民關係條例規定，所謂「大陸船舶」係指下列何者？ (A)大陸地區人民所有之船舶 (B)在大陸地區登記之船舶 (C)往返於大陸地區之船舶 (D)大陸地區航業公司所有之船舶。

( ) **26** 臺灣地區船舶可否進入大陸地區之管理法規，係由下列何一機關訂定？ (A)由內政部與相關機關擬定後，報請行政院核定後發布之 (B)由內政部與相關機關擬定後，報請行政院大陸委員會核定後發布之 (C)由交通部與相關機關擬定後，報請行政院核定後發布之 (D)由海巡署與相關機關擬訂後，報請行政院核定後發布之。

( ) **27** 依據臺灣地區與大陸地區人民關係條例之規定，下列有關船舶航行之敘述，何者為誤？ (A)中華民國船舶經許可，得航行至大陸地區 (B)中華民國船舶不得私行運送大陸地區人民至臺灣地區 (C)臺灣地區人民不得利用非中華民國船舶私行運送大陸地區人民前往臺灣地區 (D)外國船舶得直接航行於臺灣地區與大陸地區港口。

( ) **28** 行政院許可大陸地區之法人、團體在臺灣地區設立分支機構，得依下列那一原則為之？ (A)對等原則 (B)互惠原則 (C)主權原則 (D)誠信原則。

( ) **29** 大陸地區船舶未經許可進入臺灣地區之限制水域，應採取何種措施？ (A)監控，不必採取進一步之強制措施 (B)驅離 (C)立即予以擊沈，不必採取任何其他措施 (D)保護其在限制水域中之航行。

(　　) **30** 何謂大陸船舶？ (A)在臺灣地區登記但來往於臺灣地區與大陸地區之船舶 (B)在大陸地區登記之船舶 (C)在第三國登記但航行於臺灣地區與大陸地區之間之船舶 (D)不論登記於何處，實際上往返於臺灣地區與大陸地區間之船舶。

(　　) **31** 臺灣地區船舶航行至大陸地區之許可及管理辦法，是由下列何種方式訂定？ (A)內政部會同有關機關擬訂，報請行政院核定之 (B)交通部會同有關機關擬訂，報請行政院核定之 (C)大陸委員會會同有關機關擬訂，報請行政院核定之 (D)經建會會同有關機關擬訂，報請大陸委員會核定之。

(　　) **32** 大陸船舶未經許可進入臺灣地區，海岸巡防機關得採取的作為下列何者正確？ (A)大陸船舶未經許可進入臺灣地區禁止水域或限制水域均應予以強制驅離 (B)大陸船舶未經許可進入臺灣地區禁止水域或限制水域採取相同作為予以驅離 (C)大陸船舶未經許可進入臺灣地區禁止水域或限制水域，可疑者，命令停船，實施檢查 (D)大陸船舶未經許可進入臺灣地區僅在禁止水域時發現可疑者，才可命令停船，實施檢查。

(　　) **33** 下列對於大陸船舶未經許可進入臺灣地區禁止水域，且經驅離無效後之處置，何者正確？ (A)有拒絕停船者，應予警告射擊 (B)有抗拒扣留行為者，得實施警告射擊 (C)經警告射擊無效者，應直接射擊船體強制停航 (D)凡有敵對行為者，應予以擊燬。

(　　) **34** 大陸船舶未經許可進入臺灣地區限制水域，海巡機關應視何種情節得為沒入該船舶之處置？ (A)拒絕依命令停船 (B)發生碰撞事故 (C)對臺灣地區有走私行為 (D)進行水文測量。

(　　) **35** 依臺灣地區與大陸地區人民關係條例規定，大陸船舶未經許可進入臺灣地區禁止、限制水域時，可選擇之作為包括：
A.逕行驅離、B.扣留船舶、C.留置人員、D.為必要之防衛處置
(A)A.B. (B)B.C. (C)A.B.D. (D)A.B.C.D.。

解答及解析

1 **(B)**。臺灣地區與大陸地區人民關係條例第15條第1款規定：下列行為不得為之：一、使大陸地區人民非法進入臺灣地區。第79條規定：違反第15條第1款規定者，處一年以上七年以下有期徒刑，得併科新臺幣一百萬元以下罰金。意圖營利而犯前項之罪者，處三年以上十年以下有期徒刑，得併科新臺幣五百萬元以下罰金。前2項之首謀者，處五年以上有期徒刑，得併科新臺幣一千萬元以下罰金。前3項之未遂犯罰之。

2 **(C)**。臺灣地區漁船船主接駁受僱大陸地區船員許可辦法第4條規定：受僱之大陸船員，應符合下列條件，始准漁船船主於十二浬以內海域接駁：一、持有大陸相關單位核發之勞務證。二、經漁會向直轄市、縣(市)主管機關報備僱用有案者。三、原船於下一航次繼續僱用，且僱傭契約有效期限尚未屆滿者。

3 **(D)**。臺灣地區與大陸地區人民關係條例第32條規定：大陸船舶未經許可進入臺灣地區限制或禁止水域，主管機關得逕行驅離或扣留其船舶、物品，留置其人員或為必要之防衛處置。前項扣留之船舶、物品，或留置之人員，主管機關應於三個月內為下列之處分：一、扣留之船舶、物品未涉及違法情事，得發還；若違法情節重大者，得沒入。二、留置之人員經調查後移送有關機關依本條例第18條收容遣返或強制其出境。本條例實施前，扣留之大陸船舶、物品及留置之人員，已由主管機關處理者，依其處理。

4 **(B)**。臺灣地區與大陸地區人民關係條例施行細則第41條規定：大陸民用航空器未經許可進入臺北飛航情報區限制區域者，執行空防任務機關依下列規定處置：一、進入限制區域內，距臺灣、澎湖海岸線三十浬以外之區域，實施攔截及辨證後，驅離或引導降落。二、進入限制區域內，距臺灣、澎湖海岸線未滿三十浬至十二浬以外之區域，實施攔截及辨證後，開槍示警、強制驅離或引導降落，並對該航空器嚴密監視戒備。三、進入限制區域內，距臺灣、澎湖海岸線未滿十二浬之區域，實施攔截及辨證後，開槍示警、強制驅離或逼其降落或引導降落。四、進入金門、馬祖、東引、烏坵等外島限制區域內，對該航空器實施辨證，並嚴密監視戒備。必要時，應予示警、強制驅離或逼其降落。

5 **(B)**。臺灣地區與大陸地區人民關係條例施行細則第42條規定：大陸船舶未經許可進入臺灣地區限制或禁止水域，主管機關依下列規定處置：一、進入限制水域者，予以驅離；可疑者，命令停船，實施檢查。

驅離無效或涉及走私者，扣留其船舶、物品及留置其人員。二、進入禁止水域者，強制驅離；可疑者，命令停船，實施檢查。驅離無效、涉及走私或從事非法漁業行為者，扣留其船舶、物品及留置其人員。三、進入限制、禁止水域從事漁撈或其他違法行為者，得扣留其船舶、物品及留置其人員。四、前3款之大陸船舶有拒絕停船或抗拒扣留之行為者，得予警告射擊；經警告無效者，得直接射擊船體強制停航；有敵對之行為者，得予以擊燬。

6 **(C)**。臺灣地區與大陸地區人民關係條例第32條規定：扣留之船舶、物品，或留置之人員，主管機關應於三個月內為處分。

7 **(B)**。中華民國領海及鄰接區法第14條規定：中華民國鄰接區為鄰接其領海外側至距離基線二十四浬間之海域；其外界線由行政院訂定，並得分批公告之。所謂限制水域接近一國領海範圍。

8 **(C)**。臺灣地區與大陸地區人民關係條例第32條規定：大陸船舶未經許可進入臺灣地區限制或禁止水域，主管機關得逕行驅離或扣留其船舶、物品，留置其人員或為必要之防衛處置。前項扣留之船舶、物品，或留置之人員，主管機關應於三個月內為下列之處分：一、扣留之船舶、物品未涉及違法情事，得發還；若違法情節重大者，得沒入。二、留置之人員經調查後移送有關機關依本條例第18條收容遣返或強制其出境。本條例實施前，扣留之大陸船舶、物品及留置之人員，已由主管機關處理者，依其處理。

9 **(C)**。臺灣地區與大陸地區人民關係條例施行細則第42條規定：大陸船舶未經許可進入臺灣地區限制或禁止水域，主管機關依下列規定處置：一、進入限制水域者，予以驅離；可疑者，命令停船，實施檢查。驅離無效或涉及走私者，扣留其船舶、物品及留置其人員。二、進入禁止水域者，強制驅離；可疑者，命令停船，實施檢查。驅離無效、涉及走私或從事非法漁業行為者，扣留其船舶、物品及留置其人員。三、進入限制、禁止水域從事漁撈或其他違法行為者，得扣留其船舶、物品及留置其人員。四、前3款之大陸船舶有拒絕停船或抗拒扣留之行為者，得予警告射擊；經警告無效者，得直接射擊船體強制停航；有敵對之行為者，得予以擊燬。

10 **(D)**。臺灣地區與大陸地區人民關係條例第29條規定：大陸船舶、民用航空器及其他運輸工具，非經主管機關許可，不得進入臺灣地區限制或禁止水域、臺北飛航情報區限制區域。前項限制或禁止水域及限制區域，由國防部公告之。第1項許可辦法，由交通部會同有關機關擬訂，報請行政院核定之。

11 **(D)**。臺灣地區與大陸地區人民關係條例第32條規定：大陸船舶未經許可進入臺灣地區限制或禁止水域，主管機關得逕行驅離或扣留其船舶、物品，留置其人員或為必要之防衛處置。前項扣留之船舶、物品，或留置之人員，主管機關應於三個月內為下列之處分：一、扣留之船舶、物品未涉及違法情事，得發還；若違法情節重大者，得沒入。二、留置之人員經調查後移送有關機關依本條例第十八條收容遣返或強制其出境。

12 **(B)**。臺灣地區與大陸地區人民關係條例第15條第1款規定：下列行為不得為之：一、使大陸地區人民非法進入臺灣地區。第79條規定：違反第15條第1款規定者，處一年以上七年以下有期徒刑，得併科新臺幣一百萬元以下罰金。意圖營利而犯前項之罪者，處三年以上十年以下有期徒刑，得併科新臺幣五百萬元以下罰金。前2項之首謀者，處五年以上有期徒刑，得併科新臺幣一千萬元以下罰金。前3項之未遂犯罰之。

13 **(D)**。臺灣地區與大陸地區人民關係條例施行細則第44條規定：本條例第32條第1項所稱主管機關，指實際在我水域執行安全維護、緝私及防衛任務之機關。本條例第32條第2項所稱主管機關，指海岸巡防機關及其他執行緝私任務之機關。

14 **(C)**。臺灣地區與大陸地區人民關係條例第15條第2款規定：下列行為不得為之：二、明知臺灣地區人民未經許可，而招攬使之進入大陸地區。第84條規定：違反第15條第2款規定者，處六月以下有期徒刑、拘役或科或併科新臺幣十萬元以下罰金。

15 **(C)**。臺灣地區與大陸地區人民關係條例第26-1規定：軍公教及公營事業機關（構）人員，在任職（服役）期間死亡，或支領月退休（職、伍）給與人員，在支領期間死亡，而在臺灣地區無遺族或法定受益人者，其居住大陸地區之遺族或法定受益人，得於各該支領給付人死亡之日起五年內，經許可進入臺灣地區，以書面向主管機關申請領受公務人員或軍人保險死亡給付、一次撫卹金、餘額退伍金或一次撫慰金，不得請領年撫卹金或月撫慰金。逾期未申請領受者，喪失其權利。

16 **(A)**。臺灣地區與大陸地區人民關係條例施行細則第41條規定：大陸民用航空器未經許可進入臺北飛航情報區限制區域者，執行空防任務機關依下列規定處置：一、進入限制區域內，距臺灣、澎湖海岸線三十浬以外之區域，實施攔截及辨證後，驅離或引導降落。二、進入限制區域內，距臺灣、澎湖海岸線未滿三十浬至十二浬以外之區域，實施攔截及辨證後，開槍示警、強制驅離或引導降落，並對該航空器嚴密監視戒備。三、進入限制區域內，距臺灣、澎湖海岸線未滿十二浬之區域，實施攔截及辨證後，開槍示警、強制驅離或逼其降落或引導降落。四、進入金門、馬祖、東引、烏坵等外島限制區域內，對該航空器實施辨證，並嚴密監視戒備。必要時，應予示警、強制驅離或逼其降落。主要為臺澎地區與金門海域範圍。

17 (C)。民用船舶在不損害沿海國之和平、良好秩序與安全，並基於互惠原則下，得以連續不停迅速進行且符合本法及其他國際法規則之方式無害通過領海。

18 (C)。臺灣地區與大陸地區人民關係條例施行細則第42條規定：大陸船舶未經許可進入臺灣地區限制或禁止水域，主管機關依下列規定處置：一、進入限制水域者，予以驅離；可疑者，命令停船，實施檢查。驅離無效或涉及走私者，扣留其船舶、物品及留置其人員。二、進入禁止水域者，強制驅離；可疑者，命令停船，實施檢查。驅離無效、涉及走私或從事非法漁業行為者，扣留其船舶、物品及留置其人員。三、進入限制、禁止水域從事漁撈或其他違法行為者，得扣留其船舶、物品及留置其人員。四、前3款之大陸船舶有拒絕停船或抗拒扣留之行為者，得予警告射擊；經警告無效者，得直接射擊船體強制停航；有敵對之行為者，得予以擊燬。

19 (B)。臺灣地區與大陸地區人民關係條例施行細則第42條規定：大陸船舶未經許可進入臺灣地區限制或禁止水域，主管機關依下列規定處置：二、進入禁止水域者，強制驅離；可疑者，命令停船，實施檢查。驅離無效、涉及走私或從事非法漁業行為者，扣留其船舶、物品及留置其人員。

20 (B)。臺灣地區與大陸地區人民關係條例第29條規定：大陸船舶、民用航空器及其他運輸工具，非經主管機關許可，不得進入臺灣地區限制或禁止水域、臺北飛航情報區限制區域。前項限制或禁止水域及限制區域，由國防部公告之。第1項許可辦法，由交通部會同有關機關擬訂，報請行政院核定之。

21 (C)。同20題解說。

22 (D)。同20題解說。

23 (C)。同20題解說。

24 (D)。同20題解說。

25 (B)。臺灣地區與大陸地區人民關係條例施行細則第40條第2項規定：本條例第29條第1項所稱大陸船舶、民用航空器，指在大陸地區登記之船舶、航空器，但不包括軍用船舶、航空器；所稱臺北飛航情報區，指國際民航組織所劃定，由臺灣地區負責提供飛航情報服務及執行守助業務之空域。

26 **(C)**。臺灣地區與大陸地區人民關係條例第28條規定：中華民國船舶、航空器及其他運輸工具，經主管機關許可，得航行至大陸地區。其許可及管理辦法，於本條例修正通過後十八個月內，由交通部會同有關機關擬訂，報請行政院核定之；於必要時，經向立法院報告備查後，得延長之。

27 **(D)**。臺灣地區與大陸地區人民關係條例第30條規定：外國船舶、民用航空器及其他運輸工具，不得直接航行於臺灣地區與大陸地區港口、機場間；亦不得利用外國船舶、民用航空器及其他運輸工具，經營經第三地區航行於包括臺灣地區與大陸地區港口、機場間之定期航線業務。

28 **(A)**。臺灣地區與大陸地區人民關係條例第6條規定：為處理臺灣地區與大陸地區人民往來有關之事務，行政院得依對等原則，許可大陸地區之法人、團體或其他機構在臺灣地區設立分支機構。

29 **(B)**。臺灣地區與大陸地區人民關係條例施行細則第42條規定：大陸船舶未經許可進入臺灣地區限制或禁止水域，主管機關依下列規定處置：一、進入限制水域者，予以驅離；可疑者，命令停船，實施檢查。驅離無效或涉及走私者，扣留其船舶、物品及留置其人員。

30 **(B)**。臺灣地區與大陸地區人民關係條例施行細則第40條第2項規定：本條例第29條第1項所稱大陸船舶、民用航空器，指在大陸地區登記之船舶、航空器，但不包括軍用船舶、航空器；所稱臺北飛航情報區，指國際民航組織所劃定，由臺灣地區負責提供飛航情報服務及執行守助業務之空域。

31 **(B)**。臺灣地區與大陸地區人民關係條例第28條規定：中華民國船舶、航空器及其他運輸工具，經主管機關許可，得航行至大陸地區。其許可及管理辦法，於本條例修正通過後十八個月內，由交通部會同有關機關擬訂，報請行政院核定之；於必要時，經向立法院報告備查後，得延長之。

32 **(C)**。臺灣地區與大陸地區人民關係條例施行細則第42條規定：大陸船舶未經許可進入臺灣地區限制或禁止水域，主管機關依下列規定處置：一、進入限制水域者，予以驅離；可疑者，命令停船，實施檢查。驅離無效或涉及走私者，扣留其船舶、物品及留置其人員。二、進入禁止水域者，強制驅離；可疑者，命令停船，實施檢查。驅離無效、涉及走私或從事非法漁業行為者，扣留其船舶、物品及留置其人員。三、進入限制、禁止水域從事漁撈或其他違法行為者，得扣留其船舶、物品及留置其人員。四、前3款之大陸船舶有拒絕停船或抗拒扣留之行為者，得予警告射擊；經警告無效者，得直接射擊船體強制停航；有敵對之行為者，得予以擊燬。

33 (B)。大陸船舶有拒絕停船或抗拒扣留之行為者，得予警告射擊；經警告無效者，得直接射擊船體強制停航；有敵對之行為者，得予以擊燬（臺灣地區與大陸地區人民關係條例施行細則第42條）。

34 (C)。臺灣地區與大陸地區人民關係條例第32條規定：大陸船舶未經許可進入臺灣地區限制或禁止水域，主管機關得逕行驅離或扣留其船舶、物品，留置其人員或為必要之防衛處置。前項扣留之船舶、物品，或留置之人員，主管機關應於三個月內為下列之處分：一、扣留之船舶、物品未涉及違法情事，得發還；若違法情節重大者，得沒入。

35 (D)。大陸船舶未經許可進入臺灣地區限制或禁止水域，主管機關得逕行驅離或扣留其船舶、物品，留置其人員或為必要之防衛處置（臺灣地區與大陸地區人民關係條例第32條第1項參照）。

Chapter 5

香港澳門關係條例

本章依據出題頻率區分，屬：C 頻率低

一、總則與附則規定

(一) 立法目的及適用範圍：（香港澳門關係條例第1條，以下稱為本條例）

1. 為規範及促進與香港及澳門之經貿、文化及其他關係，特制定本條例。
2. 本條例未規定者，適用其他有關法令之規定。但臺灣地區與大陸地區人民關係條例，除本條例有明文規定者外，不適用之。

法規一點靈

香港澳門關係條例

(二) 香港、澳門之定義（本條例第2條）

1. 本條例所稱香港，指原由英國治理之香港島、九龍半島、新界及其附屬部分。
2. 本條例所稱澳門，指原由葡萄牙治理之澳門半島、「氹」仔島、路環島及其附屬部分。

(三) 臺灣地區及臺灣地區人民之定義：本條例所稱臺灣地區及臺灣地區人民，依臺灣地區與大陸地區人民關係條例之規定（本條例第3條）。

(四) 香港居民、澳門居民之定義（本條例第4條）

1. 本條例所稱香港居民，指具有香港永久居留資格，且未持有英國國民（海外）護照或香港護照以外之旅行證照者。
2. 本條例所稱澳門居民，指具有澳門永久居留資格，且未持有澳門護照以外之旅行證照或雖持有葡萄牙護照但係於葡萄牙結束治理前於澳門取得者。
3. 前二項香港或澳門居民，如於香港或澳門分別於英國及葡萄牙結束其治理前，取得華僑身分者及其符合中華民國國籍取得要件之配偶及子女，在本條例施行前之既有權益，應予以維護。

(五) 主管機關：本條例所稱主管機關為行政院大陸委員會（本條例第5條）。

(六) 互惠原則：臺灣地區與香港或澳門司法之相互協助，得依互惠原則處理（本條例第56條）。

(七) 兩岸三通前，得視港澳為第三地：臺灣地區與大陸地區直接通信、通航或通商前，得視香港或澳門為第三地（本條例第57條）。

(八) **撤銷許可或變更內容之要件**：香港或澳門居民，就入境及其他依法律規定應經許可事項，於本條例施行前已取得許可者，本條例施行後，除該許可所依據之法規或事實發生變更或其他依法應撤銷者外，許可機關不得撤銷其許可或變更許可內容（本條例第58條）。

(九) **收取規費**：各有關機關及第6條所規定之機構或民間團體，依本條例規定受理申請許可、核發證照時，得收取審查費、證照費；其收費標準由各有關機關定之（本條例第59條）。

(十) **總統緊急命令權（本條例第60條）**

1. 本條例施行後，香港或澳門情況發生變化，致本條例之施行有危害臺灣地區安全之虞時，行政院得報請總統依憲法增修條文第2條第4項之規定，停止本條例一部或全部之適用，並應即將其決定附具理由於十日內送請立法院追認，如立法院二分之一不同意或不為審議時，該決定立即失效。恢復一部或全部適用時，亦同。
2. 本條例停止適用之部分，如未另定法律規範，與香港或澳門之關係，適用臺灣地區與大陸地區人民關係條例相關規定。

(十一) **施行細則與施行日（本條例第61條、第62條）**

1. 本條例施行細則，由行政院定之。
2. 本條例施行日期，由行政院定之。但行政院得分別情形定其一部或全部之施行日期。
3. 本條例中華民國九十五年五月五日修正之條文，自中華民國九十五年七月一日施行。

二、民事與刑事規定

(一) **涉港澳民事事件處理之法源**：民事事件，涉及香港或澳門者，類推適用涉外民事法律適用法。涉外民事法律適用法未規定者，適用與民事法律關係最重要牽連關係地法律（本條例第38條）。

(二) **港澳法人等在臺為法律行為之情形**

1. 未經許可之香港或澳門法人、團體或其他機構，不得在臺灣地區為法律行為（本條例第39條）。

2. 未經許可之香港或澳門法人、團體或其他機構以其名義在臺灣地區與他人為法律行為者，其行為人就該法律行為，應與該香港或澳門法人、團體或其他機構，負連帶責任（本條例第40條）。

(三) 港澳公司在臺營業者，準用公司法有關外國公司之規定

1. 香港或澳門之公司，在臺灣地區營業，準用公司法有關外國公司之規定（本條例第41條）。
2. 大陸地區人民、法人、團體或其他機構於香港或澳門投資之公司，有臺灣地區與大陸地區人民關係條例第73條所定情形者，得適用同條例關於在臺投資及稅捐之相關規定（本條例第41-1條）。

(四) 民事裁判（本條例第42條）

1. 在香港或澳門作成之民事確定裁判，其效力、管轄及得為強制執行之要件，準用民事訴訟法第402條及強制執行法第4-1條之規定。
2. 在香港或澳門作成之民事仲裁判斷，其效力、聲請法院承認及停止執行，準用商務仲裁條例第30條至第34條之規定。

(五) 域外犯罪之處理（本條例第43條）

1. 在香港或澳門或在其船艦、航空器內，犯下列之罪者，適用刑法之規定：
   (1) 刑法第5條各款所列之罪。
   (2) 臺灣地區公務員犯刑法第6條各款所列之罪者。
   (3) 臺灣地區人民或對於臺灣地區人民，犯前二款以外之罪，而其最輕本刑為3年以上有期徒刑者。但依香港或澳門之法律不罰者，不在此限。
2. 香港或澳門居民在外國地區犯刑法第5條各款所列之罪者；或對於臺灣地區人民犯前項第1款、第2款以外之罪，而其最輕本刑為3年以上有期徒刑，且非該外國地區法律所不罰者，亦同。

(六) **免刑**：同一行為在香港或澳門已經裁判確定者，仍得依法處斷。但在香港或澳門已受刑之全部或一部執行者，得免其刑之全部或一部之執行（本條例第44條）。

(七) **犯罪申報**：香港或澳門居民在臺灣地區以外之地區，犯內亂罪、外患罪，經許可進入臺灣地區，而於申請時據實申報者，免予追訴、處罰；其進入臺灣地區參加中央機關核准舉辦之會議或活動，經主管機關專案許可免予申報者，亦同（本條例第45條）。

(八) 港澳地區法人、團體現行之待遇（本條例第46條）

1. 香港或澳門居民及經許可或認許之法人，其權利在臺灣地區受侵害者，享有告訴或自訴之權利。
2. 未經許可或認許之香港或澳門法人，就前項權利之享有，以臺灣地區法人在香港或澳門享有同等權利者為限。
3. 依臺灣地區法律關於未經認許之外國法人、團體或其他機構得為告訴或自訴之規定，於香港或澳門之法人、團體或其他機構準用之。

三、往來交流

(一) 政府得於港澳設立辦事機構

1. 行政院得於香港或澳門設立或指定機構或委託民間團體，處理臺灣地區與香港或澳門往來有關事務。受託民間團體之組織與監督，以法律定之（本條例第6條第1項、第3項）。
2. 主管機關應定期向立法院提出前項機構或民間團體之會務報告（本條例第6條第2項）。
3. 依前條設立或指定之機構或受託之民間團體，非經主管機關授權，不得與香港或澳門政府或其授權之民間團體訂定任何形式之協議（本條例第7條）。

(二) 港澳駐臺機構之人員：行政院得許可香港或澳門政府或其授權之民間團體在臺灣地區設立機構並派駐代表，處理臺灣地區與香港或澳門之交流事務。前項機構之人員，須為香港或澳門居民（本條例第8條）。

(三) 文書驗證：在香港或澳門製作之文書，行政院得授權第6條所規定之機構或民間團體辦理驗證。前項文書之實質內容有爭議時，由有關機關或法院認定（本條例第9條）。

(四) 港澳居民來臺就學辦法之訂定程序：香港或澳門居民來臺灣地區就學，其辦法由教育部擬訂，報請行政院核定後發布之（本條例第19條）。

(五) 港澳學歷檢覈及採認辦法之訂定程序（本條例第20條）

1. 香港或澳門學歷之檢覈及採認辦法，由教育部擬訂，報請行政院核定後發布之。
2. 前項學歷，於英國及葡萄牙分別結束其治理前取得者，按本條例施行前之有關規定辦理。

(六) **港澳居民應專技人員考試辦法**：香港或澳門居民得應專門職業及技術人員考試，其考試辦法準用外國人應專門職業及技術人員考試條例之規定（本條例第21條）。

(七) **港澳專技人員執業資格之檢覈及承認、比照外國**：香港或澳門專門職業及技術人員執業資格之檢覈及承認，準用外國政府專門職業及技術人員執業證書認可之相關規定辦理（本條例第22條）。

(八) **港澳出版品、電影片、錄影節目等，在臺發行、製作、播映等辦法**：香港或澳門出版品、電影片、錄影節目及廣播電視節目經許可者，得進入臺灣地區或在臺灣地區發行、製作、播映；其辦法由文化部擬訂，報請行政院核定後發布之（本條例第23條）。

四、入出境管理

(一) **臺灣人民進入港澳及大陸之適用規定**：臺灣地區人民進入香港或澳門，依一般之出境規定辦理；其經由香港或澳門進入大陸地區者，適用臺灣地區與大陸地區人民關係條例相關之規定（本條例第10條）。

(二) **港澳居民入境許可辦法之訂定程序**：香港或澳門居民，經許可得進入臺灣地區。前項許可辦法，由內政部擬訂，報請行政院核定後發布之（本條例第11條）。

(三) **港澳居民申請在臺居留或定居辦法之訂定程序**：香港或澳門居民得申請在臺灣地區居留或定居；其辦法由內政部擬訂，報請行政院核定後發布之。每年核准居留或定居，必要時得酌定配額（本條例第12條）。

(四) **港澳居民在臺工作之適用法規（本條例第13條）**

1. 香港或澳門居民受聘僱在臺灣地區工作，準用就業服務法第五章至第七章有關外國人聘僱、管理及處罰之規定。
2. 第4條第3項之香港或澳門居民受聘僱在臺灣地區工作，得予特別規定；其辦法由勞動部會同有關機關擬訂，報請行政院核定後發布之。

(五) **強制出境處理辦法及收容所設置管理辦法（本條例第14條）**【106地特2】

1. 進入臺灣地區之香港或澳門居民，有下列情形之一者，內政部移民署得逕行強制出境，或限令其於10日內出境，逾限令出境期限仍未出境，內政部移民署得強制出境：

(1) 未經許可入境。

(2) 經許可入境，已逾停留、居留期限，或經撤銷、廢止停留、居留、定居許可。

2. 內政部移民署於知悉前項香港或澳門居民涉有刑事案件已進入司法程序者，於強制出境10日前，應通知司法機關。該等香港或澳門居民除經依法羈押、拘提、管收或限制出境者外，內政部移民署得強制出境或限令出境。

3. 內政部移民署於強制香港或澳門居民出境前，應給予陳述意見之機會；強制已取得居留或定居許可之香港或澳門居民出境前，並應召開審查會。但當事人有下列情形之一者，得不經審查會審查，逕行強制出境：

(1) 以書面聲明放棄陳述意見或自願出境。

(2) 依其他法律規定限令出境。

(3) 有危害國家利益、公共安全、公共秩序或從事恐怖活動之虞，且情況急迫應即時處分。

4. 第1項所定強制出境之處理方式、程序、管理及其他應遵行事項之辦法，由內政部定之。

5. 第3項審查會由內政部遴聘有關機關代表、社會公正人士及學者專家共同組成，其中單一性別不得少於三分之一，且社會公正人士及學者專家之人數不得少於二分之一。

(六) 暫予收容之程序（本條例第14-1條）

1. 前述所稱受強制出境處分者，有下列情形之一，且非予收容顯難強制出境，內政部移民署得暫予收容，期間自暫予收容時起最長不得逾15日，且應於暫予收容處分作成前，給予當事人陳述意見機會：

(1) 無相關旅行證件，不能依規定執行。

(2) 有事實足認有行方不明、逃逸或不願自行出境之虞。

(3) 於境外遭通緝。

2. 暫予收容期間屆滿前，內政部移民署認有續予收容之必要者，應於期間屆滿5日前附具理由，向法院聲請裁定續予收容。續予收容之期間，自暫予收容期間屆滿時起，最長不得逾45日。

3. 續予收容期間屆滿前，有第1項各款情形之一，內政部移民署認有延長收容之必要者，應於期間屆滿5日前附具理由，向法院聲請裁定延長收容。延長收容之期間，自續予收容期間屆滿時起，最長不得逾40日。

4. 受收容人有得不暫予收容之情形、收容原因消滅，或無收容之必要，內政部移民署得依職權，視其情形分別為廢止暫予收容處分、停止收容，或為收容替代處分後，釋放受收容人。如於法院裁定准予續予收容或延長收容後，內政部移民署停止收容時，應即時通知原裁定法院。
5. 受收容人涉及刑事案件已進入司法程序者，內政部移民署於知悉後執行強制出境10日前，應通知司法機關；如經司法機關認為有羈押或限制出境之必要，而移由其處理者，不得執行強制出境。
6. 本條例中華民國104年6月2日修正之條文施行前，已經收容之香港或澳門居民，其於修正施行時收容期間未逾15日者，內政部移民署應告知其得提出收容異議，15日期間屆滿認有續予收容之必要，應於期間屆滿前附具理由，向法院聲請續予收容；已逾15日至60日或逾60日者，內政部移民署如認有續予收容或延長收容之必要，並應附具理由，於修正施行當日，向法院聲請續予收容或延長收容。
7. 同一事件之收容期間應合併計算，且最長不得逾100日；本條例中華民國104年6月2日修正之條文施行前後收容之期間合併計算，最長不得逾100日。
8. 受收容人之收容替代處分、得不暫予收容之事由、異議程序、法定障礙事由、暫予收容處分、收容替代處分與強制出境處分之作成方式、廢（停）止收容之程序、再暫予收容之規定、遠距審理及其他應遵行事項，準用入出國及移民法第38條第2項、第3項、第38-1條至38-3條、第38-6條、第38-7條第2項、第38-8條第1項及第38-9條規定辦理。
9. 有關收容處理方式、程序、管理及其他應遵行事項之辦法，由內政部定之。
10. 前條及前9項規定，於本條例施行前進入臺灣地區之香港或澳門居民，適用之。

(七) **逾期居留之特別規定**：香港或澳門居民逾期居留未滿30日，原申請居留原因仍繼續存在者，經依第47條之1規定處罰後，得向內政部移民署重新申請居留；其申請定居者，核算在臺灣地區居留期間，應扣除1年（本條例第14-2條）。

(八) **強制出境及收容管理費用之負擔人（本條例第15條）**【106地特3】

1. 臺灣地區人民有下列情形之一者，應負擔強制出境及收容管理之費用：

   (1) 使香港或澳門居民非法進入臺灣地區者。

   (2) 非法僱用香港或澳門居民工作者。

2. 前項費用，有數人應負擔者，應負連帶責任。
3. 第1項費用，由強制出境機關檢具單據及計算書，通知應負擔人限期繳納；逾期未繳納者，移送法院強制執行。

(九) 港澳居民進入臺灣登記為公職候選人、擔任軍職及組織政黨之條件（本條例第16條）

1. 香港及澳門居民經許可進入臺灣地區者，非在臺灣地區設有戶籍滿10年，不得登記為公職候選人、擔任軍職及組織政黨。
2. 第4條第3項之香港及澳門居民經許可進入臺灣地區者，非在臺灣地區設有戶籍滿1年，不得登記為公職候選人、擔任軍職及組織政黨。

(十) 駐港澳機構聘僱人員、期間認定辦法之訂定程序（本條例第17條）

1. 駐香港或澳門機構在當地聘僱之人員，受聘僱達相當期間者，其入境、居留、就業之規定，均比照臺灣地區人民辦理；其父母、配偶、未成年子女與配偶之父母隨同申請來臺時，亦同。
2. 前項機構、聘僱人員及聘僱期間之認定辦法，由主管機關擬訂，報請行政院核定後發布之。

(十一) **提供緊急危害之援助**：對於因政治因素而致安全及自由受有緊急危害之香港或澳門居民，得提供必要之援助（本條例第18條）。

五、交通運輸

(一) 船舶航行予以限制或禁止之情形（本條例第24條）

1. 中華民國船舶得依法令規定航行至香港或澳門。但有危害臺灣地區之安全、公共秩序或利益之虞者，交通部或有關機關得予以必要之限制或禁止。
2. 香港或澳門船舶得依法令規定航行至臺灣地區。但有下列情形之一者，交通部或有關機關得予以必要之限制或禁止：
   (1) 有危害臺灣地區之安全、公共秩序或利益之虞。
   (2) 香港或澳門對中華民國船舶採取不利措施。
   (3) 經查明船舶為非經中華民國政府准許航行於臺港或臺澳之大陸地區航運公司所有。
3. 香港或澳門船舶入出臺灣地區港口及在港口停泊期間應予規範之相關事宜，得由交通部或有關機關另定之，不受商港法第25條規定之限制。

(二) **外國船舶航行之規定（本條例第25條）**：外國船舶得依法令規定航行於臺灣地區與香港或澳門間。但交通部於必要時得依航業法有關規定予以限制或禁止運送客貨。

(三) **民用航空器違規採取之措施（本條例第26條）**

1. 在中華民國、香港或澳門登記之民用航空器，經交通部許可，得於臺灣地區與香港或澳門間飛航。但基於情勢變更，有危及臺灣地區安全之虞或其他重大原因，交通部得予以必要之限制或禁止。
2. 在香港或澳門登記之民用航空器違反法令規定進入臺北飛航情報區限制進入之區域，執行空防任務機關得警告驅離、強制降落或採取其他必要措施。

(四) **外國民用航空器違規採取之措施（本條例第27條）**

1. 在外國登記之民用航空器，得依交換航權並參照國際公約於臺灣地區與香港或澳門間飛航。
2. 前項民用航空器違反法令規定進入臺北飛航情報區限制進入之區域，執行空防任務機關得警告驅離、強制降落或採取其他必要措施。

六、經貿交流

(一) **臺灣人民、法人、團體其港澳所得之課稅（本條例第28條）**

1. 臺灣地區人民有香港或澳門來源所得者，其香港或澳門來源所得，免納所得稅。
2. 臺灣地區法人、團體或其他機構有香港或澳門來源所得者，應併同臺灣地區來源所得課徵所得稅。但其在香港或澳門已繳納之稅額，得併同其國外所得依所得來源國稅法已繳納之所得稅額，自其全部應納稅額中扣抵。
3. 前項扣抵之數據，不得超過因加計其香港或澳門所得及其國外所得，而依其適用稅率計算增加之應納稅額。

(二) **港澳居民、法人、團體在臺所得之課稅（本條例第29條）**

1. 香港或澳門居民有臺灣地區來源所得者，應就其臺灣地區來源所得，依所得稅法規定課徵所得稅。
2. 香港或澳門法人、團體或其他機構有臺灣地區來源所得者，應就其臺灣地區來源所得比照總機構在中華民國境外之營利事業，依所得稅法規定課徵所得稅。

(三) 臺灣地區海運、空運事業在香港或澳門運輸所得之課稅（本條例第29-1條）

1. 臺灣地區海運、空運事業在香港或澳門取得之運輸收入或所得，及香港或澳門海運、空運事業在臺灣地區取得之運輸收入或所得，得於互惠原則下，相互減免應納之營業稅及所得稅。
2. 前項減免稅捐之範圍、方法、適用程序及其他相關事項之辦法，由財政部依臺灣地區與香港或澳門協議事項擬訂，報請行政院核定。

(四) **臺灣人民、法人、團體在臺所得之課稅**：臺灣地區人民、法人、團體或其他機構在香港或澳門從事投資或技術合作，應向經濟部或有關機關申請許可或備查；其辦法由經濟部會同有關機關擬訂，報請行政院核定後發布之（本條例第30條）。

(五) **港澳居民、法人、團體機構在臺從事投資之待遇**：香港或澳門居民、法人、團體或其他機構在臺灣地區之投資，準用外國人投資及結匯相關規定；第4條第3項之香港或澳門居民在臺灣地區之投資，準用華僑回國投資及結匯相關規定（本條例第31條）。

(六) **金融保險機構經許可得在港澳設立分支機構或子公司**：臺灣地區金融保險機構，經許可者，得在香港或澳門設立分支機構或子公司；其辦法由財政部擬訂，報請行政院核定後發布之（本條例第32條）。

(七) 港澳幣券之管理（本條例第33條）

1. 香港或澳門發行幣券在臺灣地區之管理，得於其維持十足發行準備及自由兌換之條件下，準用管理外匯條例之有關規定。
2. 香港或澳門幣券不符合前項條件，或有其他重大情事，足認對於臺灣地區之金融穩定或其他金融政策有重大影響之虞者，得由中央銀行會同財政部限制或禁止其進出臺灣地區及在臺灣地區買賣、兌換及其他交易行為。但於進入臺灣地區時自動向海關申報者，准予攜出。

(八) **港澳資金流入及流出之管制**：香港或澳門資金之進出臺灣地區，於維持金融市場或外匯市場穩定之必要時，得訂定辦法管理、限制或禁止之；其辦法由中央銀行會同其他有關機關擬訂，報請行政院核定後發布之（本條例第34條）。

(九) 臺灣與港澳貿易採直接往來方式，進出口依相關規定辦理（本條例第35條）

1. 臺灣地區與香港或澳門貿易，得以直接方式為之。但因情勢變更致影響臺灣地區重大利益時，得由經濟部會同有關機關予以必要之限制。
2. 輸入或攜帶進入臺灣地區之香港或澳門物品，以進口論；其檢驗、檢疫、管理、關稅等稅捐之徵收及處理等，依輸入物品有關法令之規定辦理。
3. 輸往香港或澳門之物品，以出口論；依輸出物品有關法令之規定辦理。

(十) 港澳人民或法人享有著作權之條件（本條例第36條）

香港或澳門居民或法人之著作，合於下列情形之一者，在臺灣地區得依著作權法享有著作權：

1. 於臺灣地區首次發行，或於臺灣地區外首次發行後30日內在臺灣地區發行者。但以香港或澳門對臺灣地區人民或法人之著作，在相同情形下，亦予保護且經查證屬實者為限。
2. 依條約、協定、協議或香港、澳門之法令或慣例，臺灣地區人民或法人之著作得在香港或澳門享有著作權者。

(十一) 港澳人民、法人、團體機構享有專利、商標或其他工業財產權之條件（本條例第37條）

1. 香港或澳門居民、法人、團體或其他機構在臺灣地區申請專利、商標或其他工業財產之註冊或相關程序時，有下列情形之一者，應予受理：
   (1) 香港或澳門與臺灣地區共同參加保護專利、商標或其他工業財產權之國際條約或協定。
   (2) 香港或澳門與臺灣地區簽訂雙邊相互保護專利、商標或其他工業財產權之協議或由團體、機構互訂經主管機關核准之保護專利、商標或其他工業財產權之協議。
   (3) 香港或澳門對臺灣地區人民、法人、團體或其他機構申請專利、商標或其他工業財產權之註冊或相關程序予以受理時。
2. 香港或澳門對臺灣地區人民、法人、團體或其他機構之專利、商標或其他工業財產權之註冊申請承認優先權時，香港或澳門居民、法人、團體或其他機構於香港或澳門為首次申請之翌日起12個月內向經濟部申請者，得主張優先權。
3. 前項所定期間，於新式樣專利案或商標註冊案為6個月。

鑑往知來

一、請說明港澳地區人民申請在臺灣地區居留，主管機關得依申請人現有或曾有之何種情形時，不予許可。請依現行法規相關規定分析說明之。　【108地三】

答 請參見香港澳門居民進入臺灣地區及居留定居許可辦法第22條之規定。

二、請依現行法規相關規定，說明香港居民以投資方式申請定居之申請人資格、條件與相關申請程序分別為何？　【109高考】

答 (一)香港澳門居民進入臺灣地區及居留定居許可辦法第16條第5款規定：「香港或澳門居民有下列情形之一者，得申請在臺灣地區居留：……五、在臺灣地區有新臺幣600萬元以上之投資，經中央目的事業主管機關審查通過；或在臺灣地區以創新創業事由經中央目的事業主管機關審查通過。」

(二)同辦法第29條第1項第1款、第2項及第3項規定：「香港或澳門居民有下列情形之一者，得申請在臺灣地區定居：

一、依第十六條第一項第一款至第六款、第七款後段、第九款至第十二款規定之申請人與其隨同申請之配偶及未成年子女，經許可居留，在臺灣地區居留一定期間，仍具備原申請在臺灣地區居留之條件。但依同條項第一款規定申請者，其直系血親或配偶死亡者，仍得申請定居。……

前項第一款所稱一定期間，指自申請日往前推算連續居留滿一年，或連續居留滿二年且每年在臺灣地區居住二百七十日以上。但依第十六條第一項第五款後段規定許可居留者，指連續居留滿五年，且每年在臺灣地區居住一百八十三日以上。

依第一項第一款規定申請在臺灣地區定居，其親屬關係因結婚或收養發生者，應存續三年以上。但婚姻關係存續期間已生產子女者，不在此限。第二項之連續居留期間，一年內得出境三十日；其出境次數不予限制，出境日數自出境之翌日起算，當日出入境者，以一日計算；其出境係經政府機關派遣或核准，附有證明文件者，不予累計出境期間，亦不予核算在臺灣地區居留期間。」

三、香港及澳門居民受強制出境處分者，內政部移民署得暫予收容之情形為何？　【110高考】

答 請參見本條例第14條、第14-1條第1項、第2項之規定回答。

第四篇　移民法規相關法令彙編

Chapter 1 入出國及移民法及其附屬法規

一、入出國及移民法

（民國111年1月12日修正）

第一章　總則

第1條　為**統籌入出國管理，確保國家安全、保障人權；規範移民事務，落實移民輔導**，特制定本法。

第2條　本法之主管機關為內政部。

第3條　本法用詞定義如下：

一、國民：指具有中華民國（以下簡稱我國）國籍之居住臺灣地區設有戶籍國民或臺灣地區無戶籍國民。

二、機場、港口：指經行政院核定之入出國機場、港口。

三、臺灣地區：指臺灣、澎湖、金門、馬祖及政府統治權所及之其他地區。

四、居住臺灣地區設有戶籍國民：指在臺灣地區設有戶籍，現在或原在臺灣地區居住之國民，且未依臺灣地區與大陸地區人民關係條例喪失臺灣地區人民身分。

五、**臺灣地區無戶籍國民**：指未曾在臺灣地區設有戶籍之僑居國外國民及取得、回復我國國籍尚未在臺灣地區設有戶籍國民。

六、過境：指經由我國機場、港口進入其他國家、地區，所作之短暫停留。

七、停留：指在臺灣地區居住期間未逾六個月。

八、居留：指在臺灣地區居住期間超過六個月。

九、永久居留：指外國人在臺灣地區無限期居住。

十、定居：指在臺灣地區居住並設立戶籍。

十一、**跨國（境）人口販運**：指以買賣或質押人口、性剝削、勞力剝削或摘取器官等為目的，而以強暴、脅迫、恐嚇、監控、藥劑、催眠術、詐術、不當債務約束或其他強制方法，組織、招募、運送、轉運、藏匿、媒介、收容外國人、臺灣地區無戶籍國民、大陸地區人民、香港或澳門居民進入臺灣地區或使之隱蔽之行為。

十二、移民業務機構：指依本法許可代辦移民業務之公司。

十三、**跨國（境）婚姻媒合**：指就居住臺灣地區設有戶籍國民與外國人、臺灣地區無戶籍國民、大陸地區人民、香港或澳門居民間之居間報告結婚機會或介紹婚姻對象之行為。

第4條　**入出國者，應經內政部移民署（以下簡稱移民署）查驗；未經查驗者，不得入出國**。

移民署於查驗時，**得以電腦或其他科技設備，蒐集及利用入出國者之入出國紀錄**。

前二項查驗時，受查驗者應備文件、查驗程序、資料蒐集與利用應遵行事項之辦法，由主管機關定之。

第二章　國民入出國

第5條　**居住臺灣地區設有戶籍國民入出國，不須申請許可**。但涉及國家安全之人員，應先經其服務機關核准，始得出國。

臺灣地區無戶籍國民入國，應向移民署申請許可。

第一項但書所定人員之範圍、核准條件、程序及其他應遵行事項之辦法，分別由國家安全局、內政部、國防部、法務部、海洋委員會定之。

第6條　**國民**有下列情形之一者，移民署**應禁止其出國**：

一、經判處有期徒刑以上之刑確定，尚未執行或執行未畢。但經宣告六月以下有期徒刑或緩刑者，不在此限。

二、通緝中。

三、因案經司法或軍法機關限制出國。

四、有事實足認有妨害國家安全或社會安定之重大嫌疑。

五、涉及內亂罪、外患罪重大嫌疑。

六、涉及重大經濟犯罪或重大刑事案件嫌疑。

七、役男或尚未完成兵役義務者。但依法令得准其出國者，不在此限。

八、護照、航員證、船員服務手冊或入國許可證件係不法取得、偽造、變造或冒用。

九、護照、航員證、船員服務手冊或入國許可證件未依第四條規定查驗。

十、依其他法律限制或禁止出國。

受保護管束人經指揮執行之少年法院法官或檢察署檢察官核准出國者，移民署得同意其出國。

依第一項第二款規定禁止出國者，移民署於查驗發現時應通知管轄司法警察機關處理，入國時查獲亦同；依第一項第八款規定禁止出國者，移民署於查驗發現時應立即逮捕，移送司法機關。

第一項第一款至第三款應禁止出國之情形，由司法、軍法機關通知移民署；第十款情形，由各權責機關通知移民署。

司法、軍法機關、法務部調查局或內政部警政署因偵辦第一項第四款至第六款案件，情況急迫，得通知移民署禁止出國，禁止出國之期間自通知時起算，不得逾二十四小時。

除依第一項第二款或第八款規定禁止出國者，無須通知當事人外，依第一款、第三款規定禁止出國者，移民署經各權責機關通知後，應以書面敘明理由通知當事人；依第十款規定限制或禁止出國者，由各權責機關通知當事人；依第七款、第九款、第十款及前項規定禁止出國者，移民署於查驗時，當場以書面敘明理由交付當事人，並禁止其出國。

第7條　**臺灣地區無戶籍國民**有下列情形之一者，移民署**應不予許可或禁止入國**：

一、參加暴力或恐怖組織或其活動。
二、涉及內亂罪、外患罪重大嫌疑。
三、涉嫌重大犯罪或有犯罪習慣。
四、護照或入國許可證件係不法取得、偽造、變造或冒用。

臺灣地區無戶籍國民兼具有外國國籍，有前項各款或第十八條第一項各款規定情形之一者，移民署得不予許可或禁止入國。

第一項第三款所定重大犯罪或有犯罪習慣及前條第一項第六款所定重大經濟犯罪或重大刑事案件之認定標準，由主管機關會同法務部定之。

第三章　臺灣地區無戶籍國民停留、居留及定居

第**8**條　**臺灣地區無戶籍國民**向移民署**申請在臺灣地區停留**者，**其停留期間為三個月；必要時得延期一次，並自入國之翌日起，併計六個月為限**。但有下列情形之一並提出證明者，移民署**得酌予再延長**其停留期間及次數：

一、懷胎七個月以上或生產、流產後二個月未滿。
二、罹患疾病住院或懷胎，出國有生命危險之虞。
三、在臺灣地區設有戶籍之配偶、直系血親、三親等內之旁系血親、二親等內之姻親在臺灣地區患重病或受重傷而住院或死亡。
四、遭遇天災或其他不可避免之事變。
五、人身自由依法受拘束。

依前項第一款或第二款規定之延長停留期間，每次不得逾二個月；第三款規定之延長停留期間，自事由發生之日起不得逾二個月；第四款規定之延長停留期間，不得逾一個月；第五款規定之延長停留期間，依事實需要核給。

前二項停留期間屆滿，除依規定許可居留或定居者外，應即出國。

第**9**條　**修正前條文：**

臺灣地區無戶籍國民有下列情形之一者，得向入出國及移民署**申請在臺灣地區居留**：

一、有直系血親、配偶、兄弟姊妹或配偶之父母現在在臺灣地區設有戶籍。其親屬關係因收養發生者，被收養者年齡應在十二歲以下，且與收養者在臺灣地區共同居住，並以二人為限。
二、現任僑選立法委員。
三、歸化取得我國國籍。
四、**居住臺灣地區設有戶籍國民在國外出生之子女，年齡在二十歲以上**。
五、持我國護照入國，在臺灣地區合法連續停留七年以上，且每年居住一百八十三日以上。
六、在臺灣地區有一定金額以上之投資，經中央目的事業主管機關核准或備查。
七、曾在臺灣地區居留之第十二款僑生畢業後，返回僑居地服務滿二年。
八、對國家、社會有特殊貢獻，或為臺灣地區所需之高級專業人才。
九、具有特殊技術或專長，經中央目的事業主管機關延聘回國。
十、前款以外，經政府機關或公私立大專校院任用或聘僱。
十一、經中央勞工主管機關或目的事業主管機關許可在臺灣地區從事就業服務法第四十六條第一項第一款至第七款或第十一款工作。

十二、經中央目的事業主管機關核准回國就學之僑生。

十三、經中央目的事業主管機關核准回國接受職業技術訓練之學員生。

十四、經中央目的事業主管機關核准回國從事研究實習之碩士、博士研究生。

十五、經中央勞工主管機關許可在臺灣地區從事就業服務法第四十六條第一項第八款至第十款工作。

前項第一款、第二款、第四款至第十一款規定，**申請人之配偶及未成年子女得隨同申請**；未隨同本人申請者，得於本人入國居留許可後定居許可前申請之。本人居留許可依第十一條第二項規定，撤銷或廢止時，其配偶及未成年子女之居留許可併同撤銷或廢止之。

依第一項規定申請居留經許可者，入出國及移民署應發給臺灣地區居留證，其有效期間自入國之翌日起算，最長不得逾三年。

臺灣地區無戶籍國民居留期限屆滿前，**原申請居留原因仍繼續存在者，得向入出國及移民署申請延期**。

依前項規定申請延期經許可者，其臺灣地區居留證之有效期間，應自原居留屆滿之翌日起延期，最長不得逾三年。

臺灣地區無戶籍國民於居留期間內，居留原因消失者，入出國及移民署應廢止其居留許可。但依第一項第一款規定申請居留之直系血親、配偶、兄弟姊妹或配偶之父母死亡者，不在此限，並得申請延期，其申請延期，以一次為限，最長不得逾三年。

臺灣地區無戶籍國民於居留期間，變更居留地址或服務處所時，應向入出國及移民署申請辦理變更登記。

主管機關得衡酌國家利益，依不同國家或地區擬訂臺灣地區無戶籍國民每年申請在臺灣地區居留之配額，報請行政院核定後公告之。但有未成年子女在臺灣地區設有戶籍，或結婚滿四年，其配偶在臺灣地區設有戶籍者，不受配額限制。

臺灣地區無戶籍國民經許可入國，逾期停留未逾十日，其居留申請案依前項規定定有配額限制者，依規定核配時間每次延後一年許可。但有前條第一項各款情形之一者，不在此限。

修正後條文（中華民國112年1月1日施行）

臺灣地區無戶籍國民有下列情形之一者，得向移民署**申請在臺灣地區居留**：

一、有直系血親、配偶、兄弟姊妹或配偶之父母現在在臺灣地區設有戶籍。其親屬關係因收養發生者，被收養者年齡應在十二歲以下，且與收養者在臺灣地區共同居住，並以二人為限。

二、現任僑選立法委員。

三、歸化取得我國國籍。

四、**居住臺灣地區設有戶籍國民在國外出生之成年子女**。

五、持我國護照入國，在臺灣地區合法連續停留七年以上，且每年居住一百八十三日以上。

六、在臺灣地區有一定金額以上之投資，經中央目的事業主管機關核准或備查。

七、曾在臺灣地區居留之第十二款僑生畢業後，返回僑居地服務滿二年。

八、對國家、社會有特殊貢獻，或為臺灣地區所需之高級專業人才。

九、具有特殊技術或專長，經中央目的事業主管機關延聘回國。

十、前款以外，經政府機關或公私立大專校院任用或聘僱。

十一、經**中央勞動主管機關**或目的事業主管機關許可在臺灣地區從事就業服務法第四十六條第一項第一款至第七款或第十一款工作。

十二、經中央目的事業主管機關核准回國就學之僑生。

十三、經中央目的事業主管機關核准回國接受職業技術訓練之學員生。

十四、經中央目的事業主管機關核准回國從事研究實習之碩士、博士研究生。

十五、經**中央勞動主管機關**許可在臺灣地區從事就業服務法第四十六條第一項第八款至第十款工作。

前項第一款、第二款、第四款至第十一款規定，**申請人之配偶及未成年子女得隨同申請**；未隨同本人申請者，得於本人入國居留許可後定居許可前申請之。本人居留許可依第十一條第二項規定，撤銷或廢止時，其配偶及未成年子女之居留許可併同撤銷或廢止之。

依第一項規定申請居留經許可者，移民署應發給臺灣地區居留證，其有效期間自入國之翌日起算，最長不得逾三年。

臺灣地區無戶籍國民居留期限屆滿前，**原申請居留原因仍繼續存在者，得向移民署申請延期**。

依前項規定申請延期經許可者，其臺灣地區居留證之有效期間，應自原居留屆滿之翌日起延期，最長不得逾三年。

臺灣地區無戶籍國民於居留期間內，居留原因消失者，移民署應廢止其居留許可。但依第一項第一款規定申請居留之直系血親、配偶、兄弟姊妹或配偶之父母死亡者，不在此限，並得申請延期，其申請延期，以一次為限，最長不得逾三年。

臺灣地區無戶籍國民於居留期間，變更居留地址或服務處所時，應向移民署申請辦理變更登記。

主管機關得衡酌國家利益，依不同國家或地區擬訂臺灣地區無戶籍國民每年申請在臺灣地區居留之配額，報請行政院核定後公告之。但有未成年子女在臺灣地區設有戶籍，或結婚滿四年，其配偶在臺灣地區設有戶籍者，不受配額限制。

臺灣地區無戶籍國民經許可入國，逾期停留未逾十日，其居留申請案依前項規定定有配額限制者，依規定核配時間每次延後一年許可。但有前條第一項各款情形之一者，不在此限。

第10條 修正前條文：

臺灣地區無戶籍國民有下列情形之一者，得向入出國及移民署**申請在臺灣地區定居**：

一、前條第一項第一款至第十一款之申請人及其隨同申請之配偶及未成年子女，經依前條規定許可居留者，在臺灣地區連續居留或居留滿一定期間，仍具備原居留條件。但依前條第一項第二款或第八款規定許可居留者，不受連續居留或居留滿一定期間之限制。

二、**居住臺灣地區設有戶籍國民在國外出生之子女，未滿二十歲**。

依前項第一款規定申請定居，其親屬關係因結婚發生者，應存續三年以上。但婚姻關係存續期間已生產子女者，不在此限。

第一項第一款所定連續居留或居留滿一定期間，規定如下：

一、依前條第一項第一款至第九款規定申請者，為連續居住一年，或居留滿二年且每年居住二百七十日以上，或居留滿五年且每年居住一百八十三日以上。

二、依前條第一項第十款或第十一款規定申請者，為連續居住三年，或居留滿五年且每年居住二百七十日以上，或居留滿七年且每年居住一百八十三日以上。

臺灣地區無戶籍國民於前項居留期間出國，係經政府機關派遣或核准，附有證明文件者，**不視為居住期間中斷**，亦不予計入在臺灣地區居住期間。

臺灣地區無戶籍國民於居留期間依親對象死亡或與依親對象離婚，其有未成年子女在臺灣地區設有戶籍且得行使或負擔該子女之權利義務，並已連續居留或居留滿一定期間者，仍得向入出國及移民署申請定居，不受第一項第一款所定仍具備原居留條件之限制。

申請定居，除第一項第一款但書規定情形外，應於連續居留或居留滿一定期間後二年內申請之。申請人之配偶及未成年子女，得隨同申請，或於其定居許可後申請之。

臺灣地區無戶籍國民經許可定居者，應於三十日內向預定申報戶籍地之戶政事務所辦理戶籍登記，逾期未辦理者，入出國及移民署得廢止其定居許可。

臺灣地區無戶籍國民申請入國、居留或定居之申請程序、應備文件、核發證件種類、效期及其他應遵行事項之辦法，由主管機關定之。

修正後條文（中華民國112年1月1日施行）

臺灣地區無戶籍國民有下列情形之一者，得向移民署**申請在臺灣地區定居**：

一、前條第一項第一款至第十一款之申請人及其隨同申請之配偶及未成年子女，經依前條規定許可居留者，在臺灣地區連續居留或居留滿一定期間，仍具備原居留條件。但依前條第一項第二款或第八款規定許可居留者，不受連續居留或居留滿一定期間之限制。

二、**居住臺灣地區設有戶籍國民在國外出生之未成年子女**。

依前項第一款規定申請定居，其親屬關係因結婚發生者，應存續三年以上。但婚姻關係存續期間已生產子女者，不在此限。

第一項第一款所定連續居留或居留滿一定期間，規定如下：

一、依前條第一項第一款至第九款規定申請者，為連續居住一年，或居留滿二年且每年居住二百七十日以上，或居留滿五年且每年居住一百八十三日以上。

二、依前條第一項第十款或第十一款規定申請者，為連續居住三年，或居留滿五年且每年居住二百七十日以上，或居留滿七年且每年居住一百八十三日以上。

臺灣地區無戶籍國民於前項居留期間出國，係經政府機關派遣或核准，附有證明文件者，不視為居住期間中斷，亦不予計入在臺灣地區居住期間。

臺灣地區無戶籍國民於居留期間依親對象死亡或與依親對象離婚，其有未成年子女在臺灣地區設有戶籍且得行使或負擔該子女之權利義務，並已連續居留或居留滿一定期間者，仍得向移民署申請定居，不受第一項第一款所定仍具備原居留條件之限制。

申請定居，除第一項第一款但書規定情形外，應於連續居留或居留滿一定期間後二年內申請之。申請人之配偶及未成年子女，得隨同申請，或於其定居許可後申請之。

臺灣地區無戶籍國民經許可定居者，應於三十日內向預定申報戶籍地之戶政事務所辦理戶籍登記，逾期未辦理者，移民署得廢止其定居許可。

臺灣地區無戶籍國民申請入國、居留或定居之申請程序、應備文件、核發證件種類、效期及其他應遵行事項之辦法，由主管機關定之。

第11條 修正前條文：

臺灣地區無戶籍國民申請在臺灣地區居留或定居，有下列情形之一者，入出國及移民署得**不予許可**：

一、有事實足認有妨害國家安全或社會安定之重大嫌疑。
二、曾受有期徒刑以上刑之宣告。
三、未經許可而入國。
四、冒用身分或以不法取得、偽造、變造之證件申請。
五、曾經協助他人非法入出國或身分證件提供他人持以非法入出國。
六、有事實足認其係通謀而為虛偽之結婚。
七、親屬關係因收養而發生，被收養者入國後與收養者無在臺灣地區共同居住之事實。
八、中央衛生主管機關指定健康檢查項目不合格。**但申請人未滿二十歲，不在此限**。
九、曾經從事與許可原因不符之活動或工作。
十、曾經逾期停留。
十一、經合法通知，無正當理由拒絕到場面談。
十二、無正當理由規避、妨礙或拒絕接受第七十條之查察。
十三、其他經主管機關認定公告者。

經許可居留後，有前項第一款至第八款情形之一，或發現申請當時所提供之資料係虛偽不實者，入出國及移民署得撤銷或廢止其居留許可。

經許可定居後，有第一項第四款或第六款情形之一，或發現申請當時所提供之資料係虛偽不實者，得撤銷或廢止其定居許可；已辦妥戶籍登記者，戶政機關並得撤銷或註銷其戶籍登記。

依前二項規定撤銷或廢止居留、定居許可者，應自得撤銷或廢止之情形發生後五年內，或知有得撤銷或廢止之情形後二年內為之。但有第一項第四款或第六款規定情形者，不在此限。

第一項第九款及第十款之不予許可期間，自其出國之翌日起算至少為一年，並不得逾三年。

第一項第十二款規定，於大陸地區人民、香港或澳門居民申請在臺灣地區居留或定居時，準用之。

修正後條文（中華民國112年1月1日施行）

臺灣地區無戶籍國民申請在臺灣地區居留或定居，有下列情形之一者，移民署**得不予許可**：

一、有事實足認有妨害國家安全或社會安定之重大嫌疑。
二、曾受有期徒刑以上刑之宣告。
三、未經許可而入國。
四、冒用身分或以不法取得、偽造、變造之證件申請。
五、曾經協助他人非法入出國或身分證件提供他人持以非法入出國。
六、有事實足認其係通謀而為虛偽之結婚。

七、親屬關係因收養而發生，被收養者入國後與收養者無在臺灣地區共同居住之事實。

八、中央衛生主管機關指定健康檢查項目不合格。**但申請人未成年，不在此限**。

九、曾經從事與許可原因不符之活動或工作。

十、曾經逾期停留。

十一、經合法通知，無正當理由拒絕到場面談。

十二、無正當理由規避、妨礙或拒絕接受第七十條之查察。

十三、其他經主管機關認定公告者。

經許可居留後，有前項第一款至第八款情形之一，或發現申請當時所提供之資料係虛偽不實者，移民署得撤銷或廢止其居留許可。

經許可定居後，有第一項第四款或第六款情形之一，或發現申請當時所提供之資料係虛偽不實者，得撤銷或廢止其定居許可；已辦妥戶籍登記者，戶政機關並得撤銷或註銷其戶籍登記。

依前二項規定撤銷或廢止居留、定居許可者，應自得撤銷或廢止之情形發生後五年內，或知有得撤銷或廢止之情形後二年內為之。但有第一項第四款或第六款規定情形者，不在此限。

第一項第九款及第十款之不予許可期間，自其出國之翌日起算至少為一年，並不得逾三年。

第一項第十二款規定，於大陸地區人民、香港或澳門居民申請在臺灣地區居留或定居時，準用之。

第12條 **臺灣地區無戶籍國民持憑外國護照或無國籍旅行證件入國者**，除合於第九條第一項第三款或第十條第一項第二款情形者外，應持憑外國護照或無國籍旅行證件出國，**不得申請居留或定居**。

第13條 **臺灣地區無戶籍國民停留期間**，有下列情形之一者，移民署**得廢止其停留許可**：

一、有事實足認有妨害國家安全或社會安定之虞。

二、受有期徒刑以上刑之宣告，於刑之執行完畢、假釋、赦免或緩刑。

第14條 臺灣地區無戶籍國民停留、居留、定居之**許可經撤銷或廢止者**，移民署**應限令其出國**。

臺灣地區無戶籍國民應於接到前項限令出國**通知後十日內**出國。

臺灣地區無戶籍國民居留、定居之許可經撤銷或廢止，移民署為限令出國處分前，得召開審查會，並給予當事人陳述意見之機會。

前項審查會之組成、審查要件、程序等事宜，由主管機關定之。

第15條 臺灣地區無戶籍國民未經許可入國，或經許可入國**已逾停留、居留或限令出國之期限者，移民署得逕行強制其出國，並得限制再入國**。

臺灣地區無戶籍國民逾期居留未滿三十日，且原申請居留原因仍繼續存在者，經依第八十五條第四款規定處罰後，得向移民署重新申請居留；其申請定居，核算在臺灣地區居留期間，應扣除一年。

第一項受強制出國者於出國前，非予收容顯難強制出國者，移民署得暫予收容，期間自暫予收容時起最長不得逾十五日。出國後，移民署得廢止其入國許可，並註銷其入國許可證件。

前三項規定，於本法施行前入國者，亦適用之。

第一項所定強制出國之處理方式、程序、管理及其他應遵行事項之辦法，由主管機關定之。

第一項之強制出國，準用第三十六條第三項、第四項及第三十八條之六規定；第三項之暫予收容及其後之續予收容、延長收容，準用第三十八條至第三十九條規定。

第16條 臺灣地區無戶籍國民，**因僑居地區之特殊狀況，必須在臺灣地區居留或定居者**，由主管機關就特定國家、地區訂定居留或定居辦法，**報請行政院核定**，不受第九條及第十條規定之限制。

本法施行前已入國之泰國、緬甸或印尼地區無國籍人民及臺灣地區無戶籍國民未能強制其出國者，移民署應許可其居留。

中華民國八十八年五月二十一日至九十七年十二月三十一日入國之無國籍人民及臺灣地區無戶籍國民，係經教育部或僑務委員會核准自泰國、緬甸地區回國就學或接受技術訓練，未能強制其出國者，移民署應許可其居留。

中華民國一百零五年六月二十九日以前入國之印度或尼泊爾地區無國籍人民，未能強制其出國，且經蒙藏事務主管機關組成審查會認定其身分者，移民署應許可其居留。

前三項所定經許可居留之無國籍人民在國內取得國籍者及臺灣地區無戶籍國民，在臺灣地區連續居住三年，或居留滿五年且每年居住二百七十日以上，或居留滿七年且每年居住一百八十三日以上，得向移民署申請在臺灣地區定居。

臺灣地區無戶籍國民於前項所定居留期間出國，係經政府機關派遣或核准，附有證明文件者，不視為居住期間中斷，亦不予計入在臺灣地區居住期間。

第17條 **十四歲以上之臺灣地區無戶籍國民**，進入臺灣地區停留或居留，**應隨身攜帶**護照、臺灣地區居留證、入國許可證件或其他身分證明文件。

移民署或其他依法令賦予權責之公務員，得於執行公務時，要求出示前項證件。其相關要件與程序，準用警察職權行使法第二章之規定。

第四章 外國人入出國

第18條 **外國人**有下列情形之一者，移民署**得禁止其入國**：

一、未帶護照或拒不繳驗。

二、持用不法取得、偽造、變造之護照或簽證。

三、冒用護照或持用冒領之護照。

四、護照失效、應經簽證而未簽證或簽證失效。

五、申請來我國之目的作虛偽之陳述或隱瞞重要事實。

六、攜帶違禁物。

七、在我國或外國有犯罪紀錄。

八、患有足以妨害公共衛生或社會安寧之傳染病、精神疾病或其他疾病。

九、有事實足認其在我國境內無力維持生活。但依親及已有擔保之情形，不在此限。

十、持停留簽證而無回程或次一目的地之機票、船票，或未辦妥次一目的地之入國簽證。

十一、曾經被拒絕入國、限令出國或驅逐出國。

十二、曾經逾期停留、居留或非法工作。

十三、有危害我國利益、公共安全或公共秩序之虞。

十四、有妨害善良風俗之行為。

十五、有從事恐怖活動之虞。

外國政府以前項各款以外之理由，禁止我國國民進入該國者，移民署經報請主管機關會商外交部後，得以同一理由，禁止該國國民入國。

第一項第十二款之禁止入國期間，自其出國之翌日起算至少為一年，並不得逾三年。

第19條 **搭乘航空器、船舶或其他運輸工具之外國人**，有下列情形之一者，移民署依機、船長、運輸業者、執行救護任務機關或施救之機、船長之申請，**得許可其臨時入國**：

一、轉乘航空器、船舶或其他運輸工具。

二、疾病、避難或其他特殊事故。

三、意外迫降、緊急入港、遇難或災變。

四、其他正當理由。

前項所定臨時入國之申請程序、應備文件、核發證件、停留期間、地區、管理及其他應遵行事項之辦法，由主管機關定之。

第20條 航空器、船舶或其他運輸工具所搭載之乘客，**因過境必須在我國過夜住宿者**，得由機、船長或運輸業者向移民署**申請許可**。

前項乘客不得擅離過夜住宿之處所；其過夜住宿之申請程序、應備文件、住宿地點、管理及其他應遵行事項之辦法，由主管機關定之。

第21條 **外國人**有下列情形之一者，移民署**應禁止其出國**：

一、經司法機關通知限制出國。

二、經財稅機關通知限制出國。

外國人因其他案件在依法查證中，經有關機關請求限制出國者，移民署**得禁止其出國**。

禁止出國者，移民署**應以書面敘明理由**，通知當事人。

前三項禁止出國之規定，於大陸地區人民、香港或澳門居民準用之。

第五章 外國人停留、居留及永久居留

第22條 外國人持有效簽證或適用以免簽證方式入國之有效護照或旅行證件，經移民署查驗許可入國後，取得停留、居留許可。

依前項規定取得居留許可者，應於入國後十五日內，向移民署申請外僑居留證。

外僑居留證之有效期間，自許可之翌日起算，最長不得逾三年。

第23條 **修正前條文**：

持停留期限在六十日以上，且未經簽證核發機關加註限制不准延期或其他限制之**有效簽證入國之外國人**，有下列情形之一者，**得向入出國及移民署申請居留，經許可者，發給外僑居留證**：

一、配偶為現在在臺灣地區居住且設有戶籍或獲准居留之我國國民，或經核准居留或永久居留之外國人。但該核准居留之外國籍配偶係經**中央勞工主管機關**許可在我國從事就業服務法第四十六條第一項第八款至第十款工作者，不得申請。

二、**未滿二十歲之外國人**，其直系尊親屬為現在在臺灣地區設有戶籍或獲准

居留之我國國民，或經核准居留或永久居留之外國人。其親屬關係因收養而發生者，被收養者應與收養者在臺灣地區共同居住。

三、經**中央勞工主管機關**或目的事業主管機關許可在我國從事就業服務法第四十六條第一項第一款至第七款或第十一款工作。

四、在我國有一定金額以上之投資，經中央目的事業主管機關核准或備查之投資人或外國法人投資人之代表人。

五、**經依公司法認許之外國公司**在我國境內之負責人。

六、基於外交考量，經外交部專案核准在我國改換居留簽證。

外國人持居留簽證入國後，因居留原因變更，而有前項各款情形之一者，應向入出國及移民署申請變更居留原因。但有前項第一款但書規定者，不得申請。

依前項規定申請變更居留原因，經入出國及移民署許可者，應重新發給外僑居留證，並核定其居留效期。

修正後條文（中華民國112年1月1日施行）

持停留期限在六十日以上，且未經簽證核發機關加註限制不准延期或其他限制之**有效簽證入國之外國人**，有下列情形之一者，**得向移民署申請居留，經許可者，發給外僑居留證**：

一、配偶為現在在臺灣地區居住且設有戶籍或獲准居留之我國國民，或經核准居留或永久居留之外國人。但該核准居留之外國籍配偶係經**中央勞動主管機關**許可在我國從事就業服務法第四十六條第一項第八款至第十款工作者，不得申請。

二、**未滿十八歲之外國人**，其直系尊親屬為現在在臺灣地區設有戶籍或獲准居留之我國國民，或經核准居留或永久居留之外國人。其親屬關係因收養而發生者，被收養者應與收養者在臺灣地區共同居住。

三、經**中央勞動主管機關**或目的事業主管機關許可在我國從事就業服務法第四十六條第一項第一款至第七款或第十一款工作。

四、在我國有一定金額以上之投資，經中央目的事業主管機關核准或備查之投資人或外國法人投資人之代表人。

五、**外國公司**在我國境內之負責人。

六、基於外交考量，經外交部專案核准在我國改換居留簽證。

外國人持居留簽證入國後，因居留原因變更，而有前項各款情形之一者，應向移民署申請變更居留原因。但有前項第一款但書規定者，不得申請。

依前項規定申請變更居留原因，經移民署許可者，應重新發給外僑居留證，並核定其居留效期。

第24條 外國人**依前條規定申請居留或變更居留原因**，有下列情形之一者，移民署**得不予許可**：

一、有危害我國利益、公共安全、公共秩序之虞。

二、有從事恐怖活動之虞。

三、曾有犯罪紀錄或曾遭拒絕入國、限令出國或驅逐出國。

四、曾非法入國。

五、冒用身分或以不法取得、偽造、變造之證件申請。

六、曾經協助他人非法入出國或提供身分證件予他人持以非法入出國。
七、有事實足認其係通謀而為虛偽之結婚或收養。
八、中央衛生主管機關指定健康檢查項目不合格。
九、所持護照失效或其外國人身分不為我國承認或接受。
十、曾經逾期停留、逾期居留。
十一、曾經在我國從事與許可原因不符之活動或工作。
十二、妨害善良風俗之行為。
十三、經合法通知，無正當理由拒絕到場面談。
十四、無正當理由規避、妨礙或拒絕接受第七十條之查察。
十五、曾為居住臺灣地區設有戶籍國民其戶籍未辦妥遷出登記，或年滿十五歲之翌年一月一日起至屆滿三十六歲之年十二月三十一日止，尚未履行兵役義務之接近役齡男子或役齡男子。
十六、其他經主管機關認定公告者。

外國政府以前項各款以外之理由，不予許可我國國民在該國居留者，移民署經報請主管機關會商外交部後，得以同一理由，不予許可該國國民在我國居留。

第一項第十款及第十一款之不予許可期間，自其出國之翌日起算至少為一年，並不得逾三年。

第25條　修正前條文：

外國人在我國合法連續居留五年，每年居住超過一百八十三日，或居住臺灣地區設有戶籍國民，其外國籍之配偶、子女在我國合法居留十年以上，其中有五年每年居留超過一百八十三日，並符合下列要件者，**得向入出國及移民署申請永久居留**。但以就學或經中**央勞工主管機關**許可在我國從事就業服務法第四十六條第一項第八款至第十款工作之原因許可居留者及以其為依親對象許可居留者，在我國居留（住）之期間，不予計入：

一、**二十歲以上**。
二、品行端正。
三、有相當之財產或技能，足以自立。
四、符合我國國家利益。

中華民國九十一年五月三十一日前，外國人曾在我國合法居住二十年以上，其中有十年每年居住超過一百八十三日，**並符合前項第一款至第三款及第五款要件**者，得向入出國及移民署申請永久居留。

外國人有下列情形之一者，**雖不具第一項要件，亦得向入出國及移民署申請永久居留**：

一、對我國有特殊貢獻。
二、為我國所需之高級專業人才。
三、在文化、藝術、科技、體育、產業等各專業領域，參加國際公認之比賽、競技、評鑑得有首獎者。

外國人得向入出國及移民署申請在我國投資移民，經審核許可且實行投資者，同意其永久居留。

外國人兼具有我國國籍者，不得申請永久居留。

依第一項或第二項規定申請外僑永久居留，經合法通知，無正當理由拒絕到場面談者，入出國及移民署得不予許可。

經許可永久居留者，入出國及移民署應發給外僑永久居留證。

主管機關得衡酌國家利益，依不同國家或地區擬訂外國人每年申請在我國居留或永久居留之配額，報請行政院核定後公告之。但因投資、受聘僱工作、就學或為臺灣地區設有戶籍國民之配偶及未成年子女而依親居留者，不在此限。

依第一項或第二項規定申請永久居留者，應於居留及居住期間屆滿後二年內申請之。

修正後條文（中華民國112年1月1日施行）

外國人在我國合法連續居留五年，每年居住超過一百八十三日，或居住臺灣地區設有戶籍國民，其外國籍之配偶、子女在我國合法居留十年以上，其中有五年每年居留超過一百八十三日，並符合下列要件者，**得向移民署申請永久居留**。但以就學或經**中央勞動主管機關**許可在我國從事就業服務法第四十六條第一項第八款至第十款工作之原因許可居留者及以其為依親對象許可居留者，在我國居留（住）之期間，不予計入：

一、**十八歲以上**。

二、品行端正。

三、有相當之財產或技能，足以自立。

四、符合我國國家利益。

中華民國九十一年五月三十一日前，外國人曾在我國合法居住二十年以上，其中有十年每年居住超過一百八十三日，**並符合前項各款要件**者，得向移民署申請永久居留。

外國人有下列情形之一者，**雖不具第一項要件，亦得向移民署申請永久居留**：

一、對我國有特殊貢獻。

二、為我國所需之高級專業人才。

三、在文化、藝術、科技、體育、產業等各專業領域，參加國際公認之比賽、競技、評鑑得有首獎者。

外國人得向移民署申請在我國投資移民，經審核許可且實行投資者，同意其永久居留。

外國人兼具有我國國籍者，不得申請永久居留。

依第一項或第二項規定申請外僑永久居留，經合法通知，無正當理由拒絕到場面談者，移民署得不予許可。

經許可永久居留者，移民署應發給外僑永久居留證。

主管機關得衡酌國家利益，依不同國家或地區擬訂外國人每年申請在我國居留或永久居留之配額，報請行政院核定後公告之。但因投資、受聘僱工作、就學或為臺灣地區設有戶籍國民之配偶及**未滿十八歲子女**而依親居留者，不在此限。

依第一項或第二項規定申請永久居留者，應於居留及居住期間屆滿後二年內申請之。

第26條 有下列情形之一者，**應於事實發生之翌日起三十日內**，向移民署**申請居留**，經許可者，發給外僑居留證：

一、喪失我國國籍，尚未取得外國國籍。

二、喪失原國籍，尚未取得我國國籍。

三、在我國出生之外國人，出生時其父或母持有外僑居留證或外僑永久居留證。

四、依第二十三條第一項第六款規定改換居留簽證。

第27條 下列外國人得在我國居留，**免申請外僑居留證**：

一、駐我國之外交人員及其眷屬、隨從人員。

二、駐我國之外國機構、國際機構執行公務者及其眷屬、隨從人員。

三、其他經外交部專案核發禮遇簽證者。

前項人員，得由外交部列冊知會移民署。

第28條 十四歲以上之外國人，入國停留、居留或永久居留，應隨身攜帶護照、外僑居留證或外僑永久居留證。

移民署或其他依法令賦予權責之公務員，得於執行公務時，要求出示前項證件。其相關要件與程序，準用警察職權行使法第二章之規定。

第29條 外國人在我國停留、居留期間，**不得從事與許可停留、居留原因不符之活動或工作**。但合法居留者，其請願及合法集會遊行，不在此限。

第30條 移民署在國家發生特殊狀況時，為維護公共秩序或重大利益，得對外國人依相關法令限制其住居所、活動或課以應行遵守之事項。

第31條 外國人停留或居留**期限屆滿前**，有繼續停留或居留之必要時，應向移民署**申請延期**。

依前項規定申請居留延期經許可者，其外僑居留證之有效期間應自原居留屆滿之翌日起延期，最長不得逾三年。

外國人逾期居留未滿三十日，原申請居留原因仍繼續存在者，經依第八十五條第四款規定處罰後，得向移民署重新申請居留；其申請永久居留者，核算在臺灣地區居留期間，應扣除一年。

移民署對於外國人於居留期間內，**居留原因消失者，廢止其居留許可，並註銷其外僑居留證**。但有下列各款情形之一者，**得准予繼續居留**：

一、因依親對象死亡。

二、外國人為臺灣地區設有戶籍國民之配偶，其本人遭受配偶身體或精神虐待，經法院核發保護令。

三、外國人於離婚後取得在臺灣地區已設有戶籍未成年親生子女監護權。

四、因遭受家庭暴力經法院判決離婚，且有在臺灣地區設有戶籍之未成年親生子女。

五、因居留許可被廢止而遭強制出國，對在臺灣地區已設有戶籍未成年親生子女造成重大且難以回復損害之虞。

六、外國人與本國雇主發生勞資爭議，正在進行爭訟程序。

外國人於居留期間，變更居留住址或服務處所時，應向移民署申請辦理變更登記。

第一項、第三項及前項所定居留情形，並準用第二十二條第二項規定。

第32條 移民署對有下列情形之一者，**撤銷或廢止其居留許可，並註銷其外僑居留證**：

一、申請資料虛偽或不實。

二、持用不法取得、偽造或變造之證件。

三、經判處一年有期徒刑以上之刑確定。但因過失犯罪者，不在此限。

四、回復我國國籍。

五、取得我國國籍。

六、兼具我國國籍，以國民身分入出國、居留或定居。

七、已取得外僑永久居留證。

八、受驅逐出國。

第33條 移民署對有下列情形之一者，**撤銷或廢止其永久居留許可，並註銷其外僑永久居留證**：

一、申請資料虛偽或不實。

二、持用不法取得、偽造或變造之證件。

三、經判處一年有期徒刑以上之刑確定。但因過失犯罪者，不在此限。

四、永久居留期間，每年居住未達一百八十三日。但因出國就學、就醫或其他特殊原因經移民署同意者，不在此限。
五、回復我國國籍。
六、取得我國國籍。
七、兼具我國國籍。
八、受驅逐出國。

第34條　外國人在我國居留期間內，有出國後再入國之必要者，應於出國前向移民署**申請重入國許可**。但已獲得永久居留許可者，得憑外僑永久居留證再入國，不須申請重入國許可。

第35條　外國人停留、居留及永久居留之申請程序、應備文件、資格條件、核發證件種類、效期、投資標的、資金管理運用及其他應遵行事項之辦法，由主管機關定之。

第六章　驅逐出國及收容

第36條　**外國人**有下列情形之一者，移民署**應強制驅逐出國**：
一、違反第四條第一項規定，未經查驗入國。
二、違反第十九條第一項規定，未經許可臨時入國。

外國人有下列情形之一者，移民署**得強制驅逐出國**，或限令其於十日內出國，逾限令出國期限仍未出國，移民署得強制驅逐出國：
一、入國後，發現有第十八條第一項及第二項禁止入國情形之一。
二、違反依第十九條第二項所定辦法中有關應備文件、證件、停留期間、地區之管理規定。
三、違反第二十條第二項規定，擅離過夜住宿之處所。
四、違反第二十九條規定，從事與許可停留、居留原因不符之活動或工作。
五、違反移民署依第三十條所定限制住居所、活動或課以應行遵守之事項。
六、違反第三十一條第一項規定，於停留或居留期限屆滿前，未申請停留、居留延期。但有第三十一條第三項情形者，不在此限。
七、有第三十一條第四項規定情形，居留原因消失，經廢止居留許可，並註銷外僑居留證。
八、有第三十二條第一款至第三款規定情形，經撤銷或廢止居留許可，並註銷外僑居留證。
九、有第三十三條第一款至第三款規定情形，經撤銷或廢止永久居留許可，並註銷外僑永久居留證。

移民署於知悉前二項外國人**涉有刑事案件已進入司法程序者，於強制驅逐出國十日前，應通知司法機關**。該等外國人除經依法羈押、拘提、管收或限制出國者外，移民署得強制驅逐出國或限令出國。

移民署依規定強制驅逐外國人出國前，**應給予當事人陳述意見之機會**；強制驅逐已取得居留或永久居留許可之外國人出國前，**並應召開審查會**。但當事人有下列情形之一者，**得不經審查會審查，逕行強制驅逐出國**：
一、以書面聲明放棄陳述意見或自願出國。
二、經法院於裁判時併宣告驅逐出境確定。
三、依其他法律規定應限令出國。
四、有危害我國利益、公共安全或從事恐怖活動之虞，且情況急迫應即時處分。

第一項及第二項所定強制驅逐出國之處理方式、程序、管理及其他應遵行事項之辦法，由主管機關定之。

第四項審查會由主管機關遴聘有關機關代表、社會公正人士及學者專家共同組成，其中單一性別不得少於三分之一，且社會公正人士及學者專家之人數不得少於二分之一。

第37條 移民署對臺灣地區無戶籍國民涉有第十五條第一項或外國人涉有前條第一項、第二項各款情形之一者，**為調查之需，得請求有關機關、團體協助或提供必要之資料**。被請求之機關、團體非有正當理由，不得拒絕。

監獄、技能訓練所、戒治所、少年輔育院及矯正學校，對於臺灣地區無戶籍國民或外國人，於執行完畢或其他理由釋放者，應通知移民署。

第38條 外國人受強制驅逐出國處分，有下列情形之一，且非予收容顯難強制驅逐出國者，移民署**得暫予收容，期間自暫予收容時起最長不得逾十五日**，且應於暫予收容處分作成前，**給予當事人陳述意見機會**：

一、無相關旅行證件，不能依規定執行。

二、有事實足認有行方不明、逃逸或不願自行出國之虞。

三、受外國政府通緝。

移民署經依前項規定給予當事人陳述意見機會後，認有前項各款情形之一，而以不暫予收容為宜，得命其覓尋居住臺灣地區設有戶籍國民、慈善團體、非政府組織或其本國駐華使領館、辦事處或授權機構之人員具保或指定繳納相當金額之保證金，並遵守下列事項之一部或全部等收容替代處分，以保全強制驅逐出國之執行：

一、定期至移民署指定之專勤隊報告生活動態。

二、限制居住於指定處所。

三、定期於指定處所接受訪視。

四、提供可隨時聯繫之聯絡方式、電話，於移民署人員聯繫時，應立即回覆。

依前項規定得不暫予收容之外國人，如違反收容替代處分者，移民署得沒入其依前項規定繳納之保證金。

第38-1條 外國人有下列情形之一者，**得不暫予收容**：

一、精神障礙或罹患疾病，因收容將影響其治療或有危害生命之虞。

二、懷胎五個月以上或生產、流產未滿二個月。

三、未滿十二歲之兒童。

四、罹患傳染病防治法第三條所定傳染病。

五、衰老或身心障礙致不能自理生活。

六、經司法或其他機關通知限制出國。

移民署經依前項規定不暫予收容，或依第三十八條之七第一項廢止暫予收容處分或停止收容後，得依前條第二項規定為收容替代處分，並得通報相關立案社福機構提供社會福利、醫療資源以及處所。

第38-2條 **受收容人或其配偶、直系親屬、法定代理人、兄弟姊妹**，對第三十八條第一項暫予收容處分不服者，得於受收容人收受收容處分書後暫予收容期間內，**以言詞或書面敘明理由，向移民署提出收容異議**；其以言詞提出者，應由移民署作成書面紀錄。

移民署收受收容異議後，應依職權進行審查，其認異議有理由者，得撤銷或廢止原暫予收容處分；其認異議無理由者，**應於受理異議時起二十四小時內**，將受收容人連同收容異議書或異議紀錄、移民署意見書及相關卷宗資料**移送法院**。但法院認得依行政訴訟法相關規定為遠距審理者，於法院收受卷宗資料時，視為移民署已將受收容人移送法院。

第一項之人向法院或其他機關提出收容異議，法院或其他機關應即時轉送移民署，並應以該署收受之時，作為前項受理收容異議之起算時點。

對於暫予收容處分不服者，應依收容異議程序救濟，不適用其他撤銷訴訟或確認訴訟之相關救濟規定。

暫予收容處分自收容異議經法院裁定釋放受收容人時起，失其效力。

第38-3條 前條第二項所定二十四小時，有下列情形之一者，**其經過期間不予計入。但不得有不必要之遲延**：

一、因交通障礙或其他不可抗力事由所生不得已之遲滯。

二、在途移送時間。

三、因受收容人身體健康突發之事由，事實上不能詢問。

四、依前條第一項提出異議之人不同意於夜間製作收容異議紀錄。

五、受收容人表示已委任代理人，因等候其代理人到場致未予製作收容異議紀錄。但等候時間不得逾四小時。其因智能障礙無法為完全之陳述，因等候經通知陪同在場之人到場，致未予製作前條第一項之收容異議紀錄，亦同。

六、受收容人須由通譯傳譯，因等候其通譯到場致未予製作前條第一項之收容異議紀錄。但等候時間不得逾六小時。

七、因刑事案件經司法機關提訊之期間。

前項情形，移民署應於移送法院之意見書中釋明。

移民署未依第一項規定於二十四小時內移送者，應即廢止暫予收容處分，並釋放受收容人。

第38-4條 暫予收容期間屆滿前，移民署**認有續予收容之必要者**，應於期間屆滿五日前附具理由，**向法院聲請裁定續予收容**。

續予收容期間屆滿前，**因受收容人所持護照或旅行文件遺失或失效，尚未能換發、補發或延期，經移民署認有繼續收容之必要者**，應於期間屆滿五日前附具理由，向法院**聲請裁定延長收容**。

續予收容之期間，自暫予收容期間屆滿時起，最長不得逾四十五日；延長收容之期間，自續予收容期間屆滿時起，最長不得逾四十日。

第38-5條 **受收容人涉及刑事案件已進入司法程序者，移民署於知悉後執行強制驅逐出國十日前，應通知司法機關**；除經司法機關認有羈押或限制出國之必要，而移由司法機關處理者外，移民署得執行強制驅逐受收容人出國。

本法中華民國一百零四年一月二十三日修正之條文施行前，有修正施行前第三十八條第一項各款情形之一之外國人，涉及刑事案件，經司法機關責付而收容，並經法院判決有罪確定者，其於修正施行前收容於第三十九條收容處所之日數，仍適用修正施行前折抵刑期或罰金數額之規定。

本法中華民國一百年十一月二十三日修正公布，一百年十二月九日施行前，外國人涉嫌犯罪，經法院判決有罪確定，於修正施行後尚未執行完畢者，其於修正施行前收容於第三十九條收容處所之日數，仍適用修正施行前折抵之規定。

本法中華民國一百零四年一月二十三日修正之條文施行前，已經移民署收容之外國人，其於修正施行時收容期間未逾十五日者，移民署應告知其得依第三十八條之二第一項規定提出收容異議，十五日期間屆滿認有續予收容之必要，應於期間屆滿前附具理由，向法院聲請續予收容。

前項受收容人之收容期間，於修正施行時已逾十五日至六十日或逾六十日者，移民署如認有續予收容或延長收容之必要，應附具理由，於修正施行當日，向法院聲請續予收容或延長收容。

前二項受收容人於本法中華民國一百零四年一月二十三日修正之條文施行前後收容之期間合併計算，最長不得逾一百日。

第38-6條 移民署為暫予收容處分、收容替代處分及強制驅逐出國處分時，**應以受處分人理解之語文作成書面通知**，附記處分理由及不服處分提起救濟之方法、期間、受理機關等相關規定；並應聯繫當事人原籍國駐華使領館、授權機構或通知其在臺指定之親友，**至遲不得逾二十四小時**。

第38-7條 移民署作成暫予收容處分，或法院裁定准予續予收容或延長收容後，因收容原因消滅、無收容之必要或有得不予收容情形，移民署得依職權，廢止暫予收容處分或停止收容後，釋放受收容人。

依第三十八條之一第一項不暫予收容之外國人或前項規定廢止暫予收容處分或停止收容之受收容人，違反第三十八條之一第二項之收容替代處分者，移民署得沒入其繳納之保證金。

法院裁定准予續予收容或延長收容後，受收容人經強制驅逐出國或依第一項規定辦理者，移民署應即時通知原裁定法院。

第38-8條 外國人依第三十八條之一第一項不暫予收容或前條第一項廢止暫予收容處分或停止收容後，有下列情形之一，非予收容顯難強制驅逐出國者，移民署得再暫予收容，並得於期間屆滿前，向法院聲請裁定續予收容及延長收容：

一、違反第三十八條之一第二項之收容替代處分。

二、廢止暫予收容處分或停止收容之原因消滅。

前項外國人再次收容之期間，應與其曾以同一事件收容之期間合併計算，且最長不得逾一百日。

第38-9條 法院審理收容異議、續予收容及延長收容裁定事件時，得以遠距審理方式為之。

移民署移送受收容人至法院及前項遠距審理之方式、程序及其他應遵行事項之辦法，由行政院會同司法院定之。

第39條 移民署對外國人之收容管理，應設置或指定適當處所為之；其收容程序、管理方式及其他應遵行事項之規則，由主管機關定之。

第七章 跨國（境）人口販運防制及被害人保護

第40條 有關跨國（境）人口販運防制及被害人保護，適用本章之規定，本章未規定者，適用其他法律之規定。

第41條 為有效防制跨國（境）人口販運，各檢察機關應指派檢察官，負責指揮偵辦跨國（境）人口販運案件；各治安機關應指定防制跨國（境）人口販運單位，負責統籌規劃查緝跨國（境）人口販運犯罪之相關勤、業務及辨識被害人等事項。

各檢察及治安機關，應定期辦理負責查緝跨國（境）人口販運及辨識被害人之專業訓練。

各檢察及治安機關應確保跨國（境）人口販運被害人之姓名與其可供辨識之資訊，不被公開揭露。

第42條 **對於跨國（境）人口販運被害人，主管機關應提供下列協助**：

一、提供必須之生理、心理醫療及安置之協助。

二、適當之安置處所。

三、語文及法律諮詢。

四、提供被害人人身安全保護。

五、受害人為兒童或少年，其案件於警訊、偵查、審判期間，指派社工人員在場，並得陳述意見。

六、其他方面之協助。

第43條 檢察官偵查中或法院審理時到場作證，陳述自己見聞之犯罪事證，並依法接受對質及詰問之跨國（境）人口販運被害人，經檢察官或法官認定其作證有助於案件之偵查或審理者，得依證人保護法相關規定進行保護措施，不受該法第二條限制。

前項之跨國（境）人口販運被害人，其因被販運而觸犯其他刑罰或行政罰規定者，得減輕或免除其責任。

第44條 **依證人保護法給予保護之跨國（境）人口販運被害人，主管機關得視案件偵辦或審理情形，核發效期六個月以下之臨時停留許可，必要時得延長之**。

中央勞工主管機關對前項跨國（境）人口販運被害人，得核發聘僱許可，不受就業服務法之限制。

主管機關應於第一項跨國（境）人口販運被害人案件結束後，儘速將其安全送返其原籍國（地）。

第45條 主管機關應在跨國（境）人口販運議題之宣導、偵查、救援及遣返等方面結合相關業務主管機關與民間團體，並與致力於杜絕人口販運之國家及國際非政府組織合作。

第46條 有關跨國（境）人口販運防制、查緝及被害人保護之具體措施、實施方式及其他應遵行事項，由主管機關會同法務部擬訂，報請行政院核定之。

第八章 機、船長及運輸業者之責任

第47條 航空器、船舶或其他運輸工具，其機、船長或運輸業者，對移民署相關人員依據本法及相關法令執行職務時，應予協助。

前項機、船長或運輸業者，不得以其航空器、船舶或其他運輸工具搭載未具入國許可證件之乘客。但為外交部同意抵達我國時申請簽證或免簽證適用國家國民，不在此限。

第48條 航空器、船舶或其他運輸工具入出機場、港口前，其機、船長或運輸業者，應於起飛（航）前向移民署通報預定入出國時間及機、船員、乘客之名冊或其他有關事項。乘客之名冊，必要時，應區分為入、出國及過境。

第49條 前條機、船長或運輸業者，對無護照、航員證或船員服務手冊及因故被他國遣返、拒絕入國或偷渡等不法事項之機、船員、乘客，亦應通報移民署。

航空器、船舶或其他運輸工具離開我國時，其機、船長或運輸業者應向移民署通報臨時入國停留之機、船員、乘客之名冊。

第50條 航空器、船舶或其他運輸工具搭載之乘客、機、船員，有下列情形之一者，機、船長或運輸業者，應負責安排當日或最近班次運輸工具，將機、船員、乘客遣送出國：

一、第七條或第十八條第一項各款規定，禁止入國。

二、依第十九條第一項規定，臨時入國。

三、依第二十條第一項規定，過夜住宿。

四、第四十七條第二項規定，未具入國許可證件。

前項各款所列之人員待遣送出國期間，由移民署指定照護處所，或負責照護。除第一款情形外，運輸業者並應負擔相關費用。

第九章 移民輔導及移民業務管理

第51條 **政府對於移民應予保護、照顧、協助、規劃、輔導**。

主管機關得協調其他政府機關（構）或民間團體，對移民提供諮詢及講習、語言、技能訓練等服務。

第52條 政府對於計劃移居發生戰亂、瘟疫或排斥我國國民之國家或地區者，得勸阻之。

第53條 集體移民，得由民間團體辦理，或由主管機關了解、協調、輔導，以國際經濟合作投資、獎勵海外投資、農業技術合作或其他方式辦理。

第54條 主管機關得協調有關機關，依據移民之實際需要及當地法令，協助設立僑民學校或鼓勵本國銀行設立海外分支機構。

第55條 **經營移民業務者，以公司組織為限，應先向移民署申請設立許可，並依法辦理公司登記後，再向移民署領取註冊登記證，始得營業**。但依律師法第四十七條之七規定者，得不以公司為限，其他條件準用我國移民業務機構公司之規定。

外國移民業務機構在我國設立分公司，應先向移民署申請設立許可，並依公司法辦理認許後，再向移民署領取註冊登記證，始得營業。

前二項之移民業務機構變更註冊登記事項，應於事實發生之翌日起十五日內，向移民署申請許可或備查，並於辦妥公司變更登記後一個月內，向移民署申請換發註冊登記證。

經中央勞動主管機關許可從事跨國人力仲介業務之私立就業服務機構，得代其所仲介之外國人辦理居留業務。

第56條 **移民業務機構得經營下列各款移民業務**：

一、代辦居留、定居、永久居留或歸化業務。

二、代辦非觀光旅遊之停留簽證業務。

三、與投資移民有關之移民基金諮詢、仲介業務，並以保護移民者權益所必須者為限。

四、其他與移民有關之諮詢業務。

移民業務機構辦理前項第三款所定國外移民基金諮詢、仲介業務，應逐案申請移民署許可；其屬證券交易法所定有價證券者，移民署應會商證券主管機關同意後許可之。

經營第一項第三款之業務者，不得收受投資移民基金相關款項。

移民業務機構對第一項各款業務之廣告，其內容應經移民署指定之移民團體審閱確認，並賦予審閱確認字號，始得散布、播送或刊登。但國外移民基金諮詢、仲介之廣告，得逐案送移民公會團體審閱確認，再轉報移民署核定後，始得為之；其屬證券交易法所定有價證券者，移民署應會商證券主管機關同意後核定之。

廣告物、出版品、廣播、電視、電子訊號、電腦網路或其他媒體業者不得散布、播送或刊登未賦予審閱確認字號或核定字號之移民業務廣告。

移民業務機構應每年陳報營業狀況，並保存相關資料五年，對於移民署之檢查，不得規避、妨礙或拒絕。

移民業務機構受託辦理第一項各款業務時，應與委託人簽訂書面契約，相關收費數額表由移民署參考市場價格擬定後公告之。

第57條　移民業務機構申請設立許可，應具備下列要件：

一、一定金額以上之實收資本額。

二、置有符合規定資格及數額之專任專業人員。

三、在金融機構提存一定金額之保證金。

四、其他經主管機關指定應具備之要件。

移民業務機構申請設立許可之程序、應備文件、實收資本額、負責人資格、專業人員資格、數額、訓練、測驗、輔導管理、保證金數額、廢止許可、註冊登記證之核發、換發、註銷、繳回、申請許可辦理移民基金案之應備文件、移民業務廣告審閱確認及其他應遵行事項之辦法，由主管機關定之。

第58條　**跨國（境）婚姻媒合不得為營業項目**。

跨國（境）婚姻媒合不得要求或期約報酬。

任何人不得於廣告物、出版品、廣播、電視、電子訊號、電腦網路或以其他使公眾得知之方法，散布、播送或刊登跨國（境）婚姻媒合廣告。

第59條　**財團法人及非以營利為目的之社團法人從事跨國（境）婚姻媒合者，應經移民署許可，並定期陳報媒合業務狀況**。

前項法人應保存媒合業務資料五年，對於移民署之檢查，不得規避、妨礙或拒絕。

第一項許可之申請要件、程序、審核期限、撤銷與廢止許可、業務檢查、督導管理及其他應遵行事項之辦法，由主管機關定之。

第60條　從事跨國（境）婚姻媒合者，對於受媒合雙方當事人所提供之個人資料，應善盡查證及保密之義務，並於經雙方當事人書面同意後，完整且對等提供對方。

前項所稱書面，應以受媒合當事人居住國之官方語言作成。

第61條　中華民國九十五年九月二十六日前合法設立且營業項目有婚姻媒合業登記之公司或商號，自中華民國九十六年十一月三十日修正之條文施行屆滿一年之日起，不得再從事跨國（境）婚姻媒合。

第62條　任何人不得以國籍、種族、膚色、階級、出生地等因素，對居住於臺灣地區之人民為歧視之行為。

因前項歧視致權利受不法侵害者，除其他法律另有規定者外，得依其受侵害情況，向主管機關申訴。

前項申訴之要件、程序及審議小組之組成等事項，由主管機關定之。

第十章 面談及查察

第63條 移民署執行職務人員為辦理入出國查驗，調查受理之申請案件，並查察非法入出國、逾期停留、居留，從事與許可原因不符之活動或工作及強制驅逐出國案件，得行使本章所定之職權。

前項職權行使之對象，包含大陸地區人民、香港或澳門居民。

第64條 移民署執行職務人員**於入出國查驗時**，有事實足認當事人有下列情形之一者，**得暫時將其留置於勤務處所，進行調查**：

一、所持護照或其他入出國證件顯係無效、偽造或變造。

二、拒絕接受查驗或嚴重妨礙查驗秩序。

三、有第七十三條或第七十四條所定行為之虞。

四、符合本法所定得禁止入出國之情形。

五、因案經司法或軍法機關通知留置。

六、其他依法得暫時留置。

依前項規定對當事人實施之暫時留置，應於目的達成或已無必要時，立即停止。實施暫時留置時間，對國民不得逾二小時，對外國人、大陸地區人民、香港或澳門居民不得逾六小時。

第一項所定暫時留置之實施程序及其他應遵行事項之辦法，由主管機關定之。

第65條 移民署受理下列申請案件時，得於受理申請當時或擇期與申請人面談。必要時，得委由有關機關（構）辦理：

一、外國人在臺灣地區申請停留、居留或永久居留。

二、臺灣地區無戶籍國民、大陸地區人民、香港或澳門居民申請在臺灣地區停留、居留或定居。

前項接受面談之申請人未滿十四歲者，應與其法定代理人同時面談。

第一項所定面談之實施方式、作業程序、應備文件及其他應遵行事項之辦法，由主管機關定之。

第66條 移民署為調查當事人違反本法之事實及證據，得以書面通知相關之人至指定處所接受詢問。通知書應記載詢問目的、時間、地點、負責詢問之人員姓名、得否委託他人到場及不到場所生之效果。

依前項規定受通知之人，無正當理由不得拒絕到場。

第一項所定詢問，準用依前條第三項所定辦法之規定。

第67條 移民署執行職務人員**於執行查察職務時，得進入相關之營業處所、交通工具或公共場所，並得對下列各款之人查證其身分**：

一、有事實足認其係逾期停留、居留或得強制出國。

二、有相當理由足認有第七十三條或第七十四條所定行為，或有該行為之虞。

三、有事實足認從事與許可原因不符之活動或工作。

四、有相當理由足認係非法入出國。

五、有相當理由足認使他人非法入出國。

依前項規定進入營業處所實施查證，應於其營業時間內為之。

第一項所定營業處所之負責人或管理人，對於依前項規定實施之查證，無正當理由，不得規避、妨礙或拒絕。

第一項所定營業處所之範圍，由主管機關定之，並刊登政府公報。

第68條 移民署執行職務人員依前條規定**查證身分，得採行下列必要措施**：

一、攔停人、車、船或其他交通工具。
二、詢問姓名、出生年月日、國籍、入出國資料、住（居）所、在臺灣地區停留或居留期限及相關身分證件編號。
三、令出示身分證明文件。
四、有事實足認受查證人攜帶足以傷害執行職務人員或受查證人生命、身體之物者，得檢查其身體及攜帶之物；必要時，並得將所攜帶之物扣留之。

第69條　移民署執行職務人員**依第六十七條規定實施查證，應於現場為之。但經受查證人同意，或於現場為之有下列情形之一者，得將其帶往勤務處所**：
一、無從確定身分。
二、對受查證人將有不利影響。
三、妨礙交通、安寧。
四、所持護照或其他入出國證件顯係無效、偽造或變造。
五、拒絕接受查驗。
六、有第七十三條或第七十四條所定之行為。
七、符合本法所定得禁止入出國之情形。
八、因案經司法或軍法機關通知留置。
依前項規定將受查證人帶往勤務處所時，非遇抗拒不得使用強制力，且其時間自攔停起，不得逾三小時，並應即通知其指定之親友或律師。

第70條　移民署受理因婚姻或收養關係，而申請在臺灣地區停留、居留、永久居留或定居之案件，於必要時，得派員至申請人在臺灣地區之住（居）所，進行查察。
前項所定查察，應於執行前告知受查察人。受查察人無正當理由，不得規避、妨礙或拒絕。
前項所定查察，不得於夜間行之。但有下列情形之一者，不在此限：
一、經該受查察人、住（居）所之住居人或可為其代表之人承諾。
二、日間已開始查察者，經受查察人同意，得繼續至夜間。

第71條　移民署對在我國停留期間逾三個月、居留或永久居留之臺灣地區無戶籍國民、外國人、大陸地區人民、香港及澳門居民應進行查察登記。
臺灣地區無戶籍國民、外國人、大陸地區人民、香港及澳門居民對前項所定查察登記，不得規避、妨礙或拒絕。
依第一項及前條第一項規定進行查察之程序、登記事項、處理方式及其他應遵行事項之辦法，由主管機關定之。

第72條　移民署執行查察逾期停留、居留、非法入出國、收容或遣送職務之人員，**得配帶戒具或武器**。
前項所定人員執行職務時，遇有下列情形之一者，**得使用戒具**：
一、有抗拒之行為。
二、攻擊執行人員或他人，毀損執行人員或他人物品，或有攻擊、毀損行為之虞。
三、逃亡或有逃亡之虞。
四、自殺、自傷或有自殺、自傷之虞。
第一項所定人員執行職務時，遇有下列情形之一者，得使用武器：
一、執行職務人員之生命、身體、自由、裝備遭受危害或脅迫，或有事實足認為有受危害之虞。
二、人民之生命、身體、自由、財產遭受危害或脅迫，或有事實足認為有受危害之虞。

三、所防衛之土地、建築物、工作物、車、船遭受危害。

四、持有兇器且有滋事之虞者，經告誡拋棄，仍不聽從時。

五、對逾期停留、居留、非法入出國或違反其他法律之人員或其所使用之運輸工具，依法執行搜索、扣押或逮捕，其抗不遵照或脫逃。他人助其為該行為者，亦同。

六、有前項第一款至第三款之情形，非使用武器不足以強制或制止。

第一項所定人員使用戒具或武器致人受傷、死亡或財產損失者，其補償及賠償，準用警械使用條例第十一條規定，由移民署支付；其係出於故意者，該署得對之求償。

第一項所定戒具及武器之種類、規格、注意事項及其他應遵行事項之辦法，由主管機關定之。

第一項所定戒具及武器，非經警察機關許可，不得定製、售賣或持有；違反者，準用警械使用條例第十四條規定處理。

第十一章　罰則

第73條 在機場、港口以交換、交付證件或其他非法方法，利用航空器、船舶或其他運輸工具運送非運送契約應載之人至我國或他國者，**處五年以下有期徒刑，得併科新臺幣二百萬元以下罰金**。

前項之未遂犯，罰之。

第74條 違反本法未經許可入國或受禁止出國處分而出國者，**處三年以下有期徒刑、拘役或科或併科新臺幣九萬元以下罰金**。違反臺灣地區與大陸地區人民關係條例第十條第一項或香港澳門關係條例第十一條第一項規定，未經許可進入臺灣地區者，亦同。

第75條 未依本法規定申請設立許可，並領取註冊登記證，或經撤銷、廢止許可而經營第五十六條第一項各款移民業務者，**處新臺幣二十萬元以上一百萬元以下罰鍰，並得按次連續處罰**。

第76條 有下列情形之一者，**處新臺幣二十萬元以上一百萬元以下罰鍰，並得按次連續處罰**：

一、公司或商號從事跨國（境）婚姻媒合。

二、從事跨國（境）婚姻媒合而要求或期約報酬。

第77條 違反第五條第一項但書規定，未經核准而出國者，**處新臺幣十萬元以上五十萬元以下罰鍰**。

第78條 有下列情形之一者，**處新臺幣十萬元以上五十萬元以下罰鍰，並得按次連續處罰**：

一、違反第五十八條第三項規定，委託、受託或自行散布、播送或刊登跨國（境）婚姻媒合廣告。

二、違反第五十九條第一項規定，未經許可或許可經撤銷、廢止而從事跨國（境）婚姻媒合。

第79條 移民業務機構有下列情形之一者，**處新臺幣三萬元以上十五萬元以下罰鍰，並令其限期改善；屆期仍不改善者，勒令歇業**：

一、未依第五十五條第三項規定，向移民署申請換發註冊登記證。

二、違反第五十六條第二項規定，諮詢、仲介移民基金，未逐案經移民署許可。

三、違反第五十六條第三項規定，收受投資移民基金相關款項。

四、違反第五十六條第四項規定，散布、播送或刊登未經審閱確認或核定之移民業務廣告。

五、違反第五十六條第六項規定，未每年陳報營業狀況、陳報不實、未依規定保存相關資料或規避、妨礙、拒絕檢查。

六、違反第五十六條第七項規定，未與委託人簽訂書面契約。

廣告物、出版品、廣播、電視、電子訊號、電腦網路或其他媒體業者違反第五十六條第五項規定者，**處新臺幣三萬元以上十五萬元以下罰鍰，並令其停止散布、播送或刊登；未停止散布、播送或刊登者，處新臺幣六萬元以上三十萬元以下罰鍰，並得按次連續處罰**。

第80條 有下列情形之一者，**處新臺幣三萬元以上十五萬元以下罰鍰，並得按次連續處罰**：

一、未依第五十九條第一項規定，陳報業務狀況。

二、未依第五十九條第二項規定，保存媒合業務資料或規避、妨礙或拒絕檢查。

三、違反第六十條第一項前段規定，對於受媒合雙方當事人所提供之個人資料，未善盡查證或保密義務。

四、違反第六十條第一項後段規定，未經受媒合當事人之書面同意，而提供個人資料或故意隱匿應提供之個人資料。

第81條 主管機關受理第六十二條之申訴，認定具有違反該條規定情事時，除其他法律另有規定者外，**應立即通知違規行為人限期改善；屆期未改善者，處新臺幣五千元以上三萬元以下罰鍰**。

第82條 違反第四十七條第二項規定，以航空器、船舶或其他運輸工具搭載未具入國許可證件之乘客者，每搭載一人，**處新臺幣二萬元以上十萬元以下罰鍰**。

幫助他人為前項之違反行為者，亦同。

第83條 機、船長或運輸業者，無正當理由違反第四十七條第一項或第四十八條至第五十條規定之一者，每件**處新臺幣二萬元以上十萬元以下罰鍰**。

第84條 違反第四條第一項規定，入出國未經查驗者，**處新臺幣一萬元以上五萬元以下罰鍰**。

第85條 有下列情形之一者，**處新臺幣二千元以上一萬元以下罰鍰**：

一、經合法檢查，拒絕出示護照、臺灣地區居留證、外僑居留證、外僑永久居留證、入國許可證件或其他身分證明文件。

二、未依第二十二條第二項或第二十六條規定之期限，申請外僑居留證。

三、未依第九條第七項或第三十一條第五項規定，辦理變更登記。

四、臺灣地區無戶籍國民或外國人，逾期停留或居留。

五、違反第六十六條第二項規定，拒絕到場接受詢問。

六、違反第六十七條第三項規定，規避、妨礙或拒絕查證。

七、違反第七十一條第二項規定，規避、妨礙或拒絕查察登記。

第86條 移民業務機構散布、播送或刊登經審閱確認之移民業務廣告，而未載明註冊登記證字號及移民廣告審閱確認字號或核定字號者，移民署**應予警告並限期改善；屆期仍不改善者，勒令歇業**。

第87條 移民業務機構有下列情形之一者，**應廢止其許可，註銷註冊登記證及公告之，並通知公司登記主管機關廢止其公司登記或部分登記事項**：

一、受託代辦移民業務時，協助當事人填寫、繳交不實證件，經司法機關判決確定。

二、受託代辦移民業務，詐騙當事人。

三、註冊登記證借與他人營業使用。

四、經勒令歇業。

五、因情事變更致不符第五十七條第一項各款所定設立許可要件，經通知限期補正，屆期未補正。

第十二章　附則

第88條 第九條第一項第八款、第十一條第一項第一款、第十八條第一項第十三款、第十五款、第二十四條第一項第一款、第二款及第二十五條第三項之情形，主管機關應聘請社會公正人士及邀集相關機關共同審核，經審核通過者，移民署應同意或許可其入國、出國、居留、變更居留原因、永久居留或定居。

第89條 移民署所屬辦理入出國及移民業務之薦任職或相當薦任職以上人員，於執行非法入出國及移民犯罪調查職務時，分別視同刑事訴訟法第二百二十九條、第二百三十條之司法警察官。其委任職或相當委任職人員，視同刑事訴訟法第二百三十一條之司法警察。

第90條 移民署人員於執行職務時，應著制服或出示證件表明身分；其服制及其他應遵行事項之辦法，由主管機關定之。

第91條 **外國人、臺灣地區無戶籍國民、大陸地區人民、香港及澳門居民於入出國（境）接受證照查驗或申請居留、永久居留時，移民署得運用生物特徵辨識科技，蒐集個人識別資料後錄存**。

前項規定，有下列情形之一者，**不適用之**：

一、未滿十四歲。

二、依第二十七條第一項規定免申請外僑居留證。

三、其他經移民署專案同意。

未依第一項規定接受生物特徵辨識者，移民署得不予許可其入國（境）、居留或永久居留。

有關個人生物特徵識別資料蒐集之對象、內容、方式、管理、運用及其他應遵行事項之辦法，由主管機關定之。

第92條 舉發違反本法規定之事實，經查證屬實者，得由移民署對舉發人獎勵之；其獎勵範圍、程序、金額、核給方式及其他應遵行事項之辦法，由主管機關定之。

第93條 本法關於外國人之規定，於國民取得外國國籍而持外國護照入國者及無國籍人民，準用之。

第94條 移民署與海岸巡防、警察、調查及其他相關機關應密切協調聯繫，並會同各該機關建立協調聯繫作業機制。

第95條 依本法規定核發之證件，應收取規費。但下列證件免收規費：

一、發給臺灣地區無戶籍國民，黏貼於我國護照之入國許可。

二、臨時停留許可證件。

三、僑務委員或僑務榮譽職人員因公返國申請之單次入國許可證件。

四、臺灣地區無戶籍國民每年自九月一日起至十月十日止，申請返國參加慶典之單次入國許可證件。

五、外國人重入國許可。

六、外國人入國後停留延期許可。

七、依第二十五條第三項規定許可之外僑永久居留證。

八、基於條約協定或經外交部認定有互惠原則之特定國家人民申請之外僑居留證或外僑永久居留證。

第96條 本法施行細則，由主管機關定之。

第97條 本法施行日期，由行政院定之。

二、入出國及移民法施行細則

（民國105年03月18日修正）

第一章 總則

第1條 本細則依入出國及移民法（以下簡稱本法）第96條規定訂定之。

第2條 本法所稱入出國，在國家統一前，指入出臺灣地區。

第3條 本法第3條第7款及第8款**所稱居住期間，指連續居住之期間**。

本法第3條第8款所定**在臺灣地區居住期間超過六個月，不包括依本法第8條第1項但書及其他特殊事故延長停留之期間在內**。

第4條 各權責機關通知內政部移民署（以下簡稱移民署）禁止入出國之案件，無繼續禁止之必要時，應即通知移民署。

第5條 移民署對於各權責機關通知禁止入出國案件，**應每年清理一次。但欠稅案件達五年以上，始予清理**。

第6條 已入國者，得以書面委託他人或移民業務機構代辦申請居留、變更居留原因、永久居留或定居事項。

前項申請案件，由法定代理人辦理者，免檢附書面委託文件。

第7條 申請居留、變更居留原因、永久居留或定居案件，其資料不符或欠缺者，應於移民署書面通知送達之翌日起十五日內補正。申請資料需至國外申請或國外申請案件，其補正期間為三個月。

未於前項規定時間內補正者，駁回其申請。

第8條 居留、永久居留或定居之數額，按月平均分配，並依申請審查合格順序編號，依序核配，有不予許可情形者，依次遞補之。

當月未用數額得於次月分配，次月數額不得預行分配。

第二章 臺灣地區無戶籍國民停留、居留及定居

第9條 本法第9條第1項第6款**所定一定金額，為新臺幣一千萬元**。

第10條 本法第9條第1項第9款**所稱具有特殊技術或專長**，指有下列情形之一者：

一、在新興工業、關鍵技術、關鍵零組件及產品有專業技能。

二、在光電、通訊技術、工業自動化、材料應用、高級感測、生物技術、資源開發或能源節約等著有成績，而所學確為臺灣地區所亟需或短期內不易培育。

三、在公路、高速鐵路、捷運系統、電信、飛航、航運、深水建設、氣象或地震等領域有特殊成就，而所學確為臺灣地區所亟需或短期內不易培育。

四、其他經中央目的事業主管機關專案核定。

第11條 未兼具外國國籍之臺灣地區無戶籍國民（以下簡稱無戶籍國民），依本法第9條第1項第11款或第15款規定，在臺灣地區從事就業服務法第46條第1項各款之工作，而申請居留者，由移民署準用就業服務法有關外國人聘僱許可之規定審核之，免檢附勞動部核發之工作許可。

第12條 移民署依本法第11條2項、第三項撤銷或廢止無戶籍國民居留或定居許可時，應通知各該中央目的事業主管機關。

第13條 居住臺灣地區設有戶籍國民（以下簡稱有戶籍國民）冒用身分或持用偽造、變造證件入國者，應於檢察機關偵查終結後，備具下列文件，向移民署申請補辦入國手續；其屬未經查驗入國者，於依本法第84條規定處分確定後，亦同：

一、申請書。

二、起訴書、不起訴處分書或相關證明文件。

三、原臺灣地區之國民身分證影本、戶口名簿影本。

前項有戶籍國民，由移民署發給入國證明文件；原戶籍經辦理遷出登記者，由移民署通知原戶籍地戶政事務所。

第三章 外國人入出國、停留、居留及永久居留

第14條 本法第25條第1項**所稱合法連續居留及合法居留，指持用外僑居留證之居住期間**。其申請永久居留者，本法施行前居留期間，得合併計算。

第15條 本法第25條第1項第3款**所定有相當之財產或技能，足以自立**，其規定如下：

一、以我國國民配偶之身分申請永久居留者，得檢具下列文件之一，由移民署認定之：

(一) 國內之收入、納稅、動產或不動產資料。

(二) 雇主開立之聘僱證明或申請人自行以書面敘明其工作內容及所得。

(三) 我國政府機關核發之專門職業及技術人員或技能檢定證明文件。

(四) 其他足資證明足以自立或生活保障無虞之資料。

二、以前款以外情形申請永久居留者，應具備下列情形之一：

(一) 最近一年於國內平均每月收入逾勞動部公告基本工資二倍。

(二) 國內之動產及不動產估價總值逾新臺幣五百萬元。

(三) 我國政府機關核發之專門職業及技術人員或技能檢定證明文件。

(四) 其他經移民署認定情形。

前項第1款第1目、第2目及第4目之文件，包含由申請人及其在臺灣地區設有戶籍，且未領取生活扶助之下列人員所檢附者：

一、配偶。

二、配偶之父母。

三、父母。

第1項第2款第1目、第2目所定金額之計算，包含申請人及其在臺灣地區設有戶籍之下列人員之收入或財產：
一、配偶。
二、配偶之父母。
三、父母。
第1項第1款第3目及第2款第3目所定專門職業及技術人員或技能檢定證明文件，包含申請人及其在臺灣地區設有戶籍之下列人員所檢附者：
一、配偶。
二、配偶之父母。
三、父母。
第1項第1款第3目及第2款第3目所定專門職業及技術人員或技能檢定證明文件，係由前項各款人員之一檢附者，該等人員並應出具足以保障申請人在臺灣地區生活無虞之擔保證明書。

第16條　外交部及駐外使領館、代表處或辦事處（以下簡稱駐外館處）應在依本法第25條第8項規定之配額內核發居留簽證。

第17條　本法第27條第1項第1款**所稱外交人員及其眷屬、隨從人員**，指經外交部發給外交官員證、使領館外籍隨從證之人員。
本法第27條第1項第2款**所稱外國機構、國際機構執行公務者及其眷屬、隨從人員**，指經外交部發給外國機構官員證、國際機構官員證、外國機構外籍隨從證、國際機構外籍隨從證之人員。

第18條　移民署依本法第31條第4項、第32條、第33條規定撤銷或廢止外國人居留或永久居留許可時，應通知各該中央目的事業主管機關。

第19條　外國人在我國停留、居留期間，從事簽證事由或入國登記表所填入國目的以外之觀光、探親、訪友及法令未禁止之一般生活上所需之活動者，不適用本法第36條第2項第4款規定。

第四章　驅逐出國及收容

第20條　當事人依本法第38條第2項第1款規定定期至移民署指定之專勤隊報告生活動態者，**應於每隔十五日以下之一定期間**內，向移民署指定之專勤隊報到。
當事人依本法第38條第2項第3款規定定期於指定處所接受訪視者，應於每隔十五日以下之一定期間內於指定之處所，接受移民署之訪視。

第21條　受收容人之暫予收容處分，依本法第38-2條第5項規定失其效力時，如其仍受強制驅逐出國處分，且有本法第38條第1項所定各款事由之一，移民署得審酌法院裁定釋放受收容人之理由後，依本法第38條第2項規定為收容替代處分，以保全強制驅逐出國之執行。

第22條　本法第38條第3項、第38-7條第2項及第38-8條第1項第1款**所稱違反收容替代處分**，指受處分人有下列情形之一者：
一、未經移民署同意，不依處分內容履行義務。
二、規避強制驅逐出國處分之執行。
三、經具保人以書面或言詞通報有失去聯繫之情事，查證屬實。

第23條　移民署依本法第38-6條規定聯繫受收容人原籍國駐華使領館、授權機構或通知其在臺指定之親友，得依當事人提供之資料，以書面、電話、傳真、電子郵件或其他科技設備等方式為之，並製作紀錄附卷。

第24條 外國人所受強制驅逐出國處分得及時執行，而無暫予收容或收容替代處分必要者，移民署應逕執行之。

第五章 運輸業者責任及移民輔導

第25條 本法第20條第2項**所定運輸業者應負擔之相關費用，包括住宿、生活、醫療及主管機關派員照護之費用**。

第26條 主管機關應蒐集、編印包括移居國或地區之地理環境、社會背景、政治、法律、經濟、文教、人力需求及移民資格條件等資訊，提供有意移民者參考。

主管機關得委託有關機構、學校或團體辦理移民之規劃、諮詢、講習或提供語文及技能訓練，以利有意移民者適應移居國或地區生活環境及順利就業。

第27條 主管機關應蒐集有關國外戰亂、瘟疫或排斥我國國民之國家或地區之訊息，並適時發布，提供有意移民者參考。

移民業務機構代辦國民計劃移居發生戰亂、瘟疫或排斥我國國民之國家或地區者，應事先勸告當事人。

第28條 本法第53條**所稱民間團體，指財團法人、移民團體或依本法核准設立之移民業務機構**。

民間團體辦理集體移民，應先與移居國進行協商，並由主管機關協調外交部代表政府與移居國政府簽署集體移民協定。

主管機關得會同外交部、財政部、經濟部、教育部、僑務委員會、行政院農業委員會、勞動部等有關機關，派員前往移居國或地區瞭解集體移民之可行性。

第29條 主管機關對於歡迎我國移民之國家或地區，基於雙方互惠原則，得以國際經濟合作投資、獎勵海外投資、農業技術合作或其他方式，簽署集體移民合作協定，或協調外交部代表政府與移居國政府為之。

集體移民之規劃、遴選、訓練及移居後之輔導、協助、照護等事宜，主管機關得委託有關機構或團體辦理。

第30條 本法第56條、第57條及第79條**所稱移民基金，指移居國針對以投資方式而取得該國之居留資格者所定之投資計畫、方案或基金**。

第31條 **本法第56條第4項所稱移民團體，指從事移民會務，並依商業團體法或人民團體法規定核准成立之團體**。

第32條 本法第58條第2項**所稱報酬，指因居間報告結婚機會或介紹婚姻對象之行為，而向受媒合當事人約定或請求給付之對價**。

第33條 本法第59條第2項所定媒合業務資料，包括下列表件：

一、職員名冊：應記載職員姓名、身分證明編號、性別、住址、電話、職稱及到職、離職日期。
二、各項收費之收據存根。
三、會計帳冊。
四、跨國（境）婚姻媒合狀況表。
五、書面契約。
六、其他經移民署公告，並刊登政府公報之應保存文件。

第六章 附則

第34條 移民署基於調查事實及證據之必要，得以通知書通知關係人陳述意見。

第35條 移民署基於調查事實及證據之必要，得要求當事人或第三人提供必要之文書、資料或物品。

第36條 移民署得選定適當之人、機關或機構為鑑定。

第37條 移民署為瞭解事實真相，得實施勘驗。

第38條 依本法或本細則規定發給之入國許可證件污損或遺失者，應備具下列文件，重新申請換發或補發，原證件作廢：

一、入國許可申請書。

二、污損之證件或遺失證件之具結書。

第39條 依本法規定發給之臺灣地區居留證、外僑居留證、外僑永久居留證或移民業務註冊登記證污損或遺失者，應備具下列文件，申請換發或補發，其效期不得超過原證所餘效期：

一、居留或移民業務註冊申請書。

二、符合申請資格之證明文件。

三、污損之證件或遺失證件之具結書。

第40條 本人、利害關係人或其法定代理人，得向移民署申請入出國相關證明文件。

第41條 依規定應檢附之文件係在國外製作者，應經駐外館處驗證；其在國內由外國駐華使領館或其授權代表機構製作者，應經外交部複驗。

前項文件為外文者，移民署得要求申請人檢附經駐外館處驗證或國內公證人認證之中文譯本；申請人未檢附，經通知限期補正，屆期未補正者，不予受理。

第一項文件為警察紀錄證明書者，得由核發國之駐華使領館或其授權代表機構驗證。

第42條 申請入出國及移民案件，需繳交之照片，依國民身分證之規格辦理。

第43條 本細則自發布日施行。

三、外國人停留居留及永久居留辦法

（民國111年6月13日修正）

第1條 本辦法依入出國及移民法（以下簡稱本法）第三十五條規定訂定之。

第2條 外國人持停留簽證或以免簽證許可入國者，停留期間自入國翌日起算，並應於停留期限屆滿以前出國。

第3條 外國人依本法第三十一條第一項規定申請延期停留時，應於停留期限屆滿前十五日內，檢具下列文件及照片一張，向內政部入出國及移民署（以下簡稱入出國及移民署）申請延期：

一、申請書。 二、護照。

三、停留簽證。 四、其他證明文件。

每次延期，不得逾原簽證許可停留之期間，其合計停留期間，並不得逾六個月。**但有下列情形之一並提出證明者，入出國及移民署得酌予再延長其停留期間**：

一、懷胎七個月以上或生產、流產後二個月未滿。

二、 罹患疾病住院或懷胎，搭機、船出國有生命危險之虞。
三、 在臺灣地區設有戶籍之配偶、直系血親、三親等內之旁系血親、二親等內之姻親，在臺灣地區患重病或受重傷住院需人照顧，或死亡需辦理喪葬事宜。
四、 遭遇天災或其他不可避免之事變。
五、 人身自由依法受拘束。

依前項第一款或第二款規定之延長停留期間，每次不得逾二個月；第三款規定之延長停留期間，自事由發生之日起不得逾二個月；第四款規定之延長停留期間，不得逾一個月；第五款規定之延長停留期間，依事實需要核給。

第4條 外國人以免簽證許可入國或抵我國時申請簽證入國，有外國護照簽證條例施行細則第四條各款情形之一，無法於停留期限屆滿前出國者，應向外交部領事事務局或其所屬分支機構申請停留簽證。

第5條 外國人持居留簽證入國後，應檢具下列文件及照片一張，向入出國及移民署申請居留，經許可者，發給外僑居留證：
一、 申請書。
二、 護照及居留簽證。
三、 其他證明文件。

依本法第二十六條第一款至第三款規定申請居留證者，免附前項第二款文件。

第6條 外國人有本法第二十三條第一項第一款至第五款情形之一者，得檢具下列文件及照片一張，向入出國及移民署申請居留，經許可者，發給外僑居留證：
一、 申請書。
二、 護照及停留簽證。
三、 其他證明文件。

依本法第二十三條第一項第一款情形之一申請者，得自停留期限屆滿前三十日；依本法第二十三條第一項第二款至第五款情形之一者，得自停留期限屆滿前十五日，辦理前項申請程序。

依前項規定申請之外僑居留證，其效期自核發日起算。

無國籍人民持停留簽證入國者，不得申請居留。但持停留期限在六十日以上，且未經簽證核發機關加註限制不准延期或其他限制之有效簽證入國，有特殊情形經主管機關會同相關機關專案審查許可者，不在此限。

在我國出生之外國人，由其父母、監護人或兒童及少年福利機構申請外僑居留證。

第7條 中華民國八十八年五月二十一日本法施行前已入國之泰國、緬甸或印尼地區無國籍人民未能強制其出國者，應檢具下列文件及照片一張，向入出國及移民署申請居留，經許可者，發給外僑居留證：
一、 申請書。
二、 健康檢查證明。
三、 起訴書或不起訴處分書。
四、 出生地證明。
五、 入國日期證明。
六、 其他證明文件。

前項無國籍人民在臺灣地區出生之子女，得隨同申請居留。

依本條規定申請之外僑居留證，其效期自核發日起算。

第8條 **修正前條文：**

外國人依本法第三十一條第一項規定申請延期居留時，應於居留期限屆滿前三十日內，檢具下列文件及照片一張，向入出國及移民署提出：
一、 申請書。

二、護照及外僑居留證。
三、其他證明文件。

外國人經許可在臺灣地區居留，年齡在二十歲以上，其父或母持有外僑居留證或外僑永久居留證，且有下列情形之一者，得申請延期居留：

一、曾在我國合法累計居留十年，每年居住超過二百七十日。
二、未滿十六歲入國，每年居住超過二百七十日。
三、在我國出生，曾在我國合法累計居留十年，每年居住超過一百八十三日。

前項外國人應於居留期限屆滿前三十日內，檢具下列文件及照片一張，向入出國及移民署提出：

一、申請書。
二、護照及外僑居留證。
三、親屬關係證明。
四、其他證明文件。

修正後條文：（民國112年1月1日施行）

外國人依本法第三十一條第一項規定申請延期居留時，應於居留期限屆滿前三十日內，檢具下列文件及照片一張，向移民署提出：

一、申請書。
二、護照及外僑居留證。
三、其他證明文件。

外國人經許可在臺灣地區居留，年齡在十八歲以上，其父或母持有外僑居留證或外僑永久居留證，且有下列情形之一者，得申請延期居留：

一、曾在我國合法累計居留十年，每年居住超過二百七十日。
二、未滿十四歲入國，每年居住超過二百七十日。
三、在我國出生，曾在我國合法累計居留十年，每年居住超過一百八十三日。

前項外國人應於居留期限屆滿前三十日內，檢具下列文件及照片一張，向移民署提出：

一、申請書。
二、護照及外僑居留證。
三、親屬關係證明。
四、其他證明文件。

第二項之外國人於本辦法中華民國一百十年七月九日修正發布，一百十二年一月一日施行前未滿十六歲入國者，得適用修正施行前之規定，不受該項第二款有關未滿十四歲入國之限制。

第**9**條 **下列外國人之外僑居留證，其效期最長不得逾一年**：

一、在教育主管機關立案之學校或大學附設之華語文中心就學之人員。
二、經教育或其他有關主管機關核准，在我國研習、受訓之人員。
三、外籍傳教及弘法人士。
四、與臺灣地區設有戶籍國民結婚，初次申請依親居留者。
五、其他有居留需要之人員。

前項第一款人員，係經中央政府及其所屬各機關（構）專案核列大學之獎助學金受獎者，得不受最長有效居留期間一年之限制。

前條第二項外國人申請延期居留經許可核發之外僑居留證，其效期自原居留期限屆滿之翌日起延期三年，必要時，得再申請延期一次，期間不得逾三年。

第**10**條 外國人**以依親為居留原因取得**之外僑居留證，**以其所依親屬之居留效期為居留效期**，其所依親屬為我國國民者，外僑居留證效期**最長不得逾三年**。

第**11**條 外國人申請永久居留，應檢具下列文件及照片一張，向入出國及移民署申請永久居留，經許可者，發給永久居留證：

一、申請書。

二、護照。

三、外僑居留證。

四、健康檢查合格證明。

五、足以自立之財產或特殊技能證明。

六、最近五年內之本國及我國警察刑事紀錄證明。

七、其他證明文件。

依本法第二十五條第三項及第四項規定申請者，應另檢附經中央目的事業主管機關或經認可機構核發之證明文件；免附前項第三款、第五款及第六款文件。

外國人申請永久居留，於合法連續居留五年期間，每次出國在三個月以內者，得免附第一項第四款文件及第六款之本國刑事紀錄證明。

第一項第四款所定健康檢查合格證明之檢查項目，依中央衛生主管機關訂定之健康檢查證明應檢查項目表辦理。

外國人經依本法第三十三條第四款規定註銷外僑永久居留證，仍具有居留資格者，得於註銷後三十日內申請居留。

第12條 外國人申請**在我國投資移民**，有下列情形之一者，入出國及移民署**得准予永久居留**：

一、投資金額新臺幣一千五百萬元以上之營利事業，並創造五人以上之本國人就業機會滿三年。

二、投資中央政府公債面額新臺幣三千萬元以上滿三年。

第13條 （刪除）

第14條 （刪除）

第15條 修正前條文：

外國人申請在我國投資移民獲准永久居留後，其配偶及**未成年子女**亦得申請永久居留。

修正後條文：（民國112年1月1日施行）

外國人申請在我國投資移民獲准永久居留後，其配偶及**未滿十八歲子女**亦得申請永久居留。

第16條 十四歲以上之外國人在我國境內應依本法第二十八條第一項規定，隨身攜帶護照、外僑居留證或外僑永久居留證。

無前項證件者，應攜帶經主管機關認定之其他身分證明文件。

第17條 居住臺灣地區設有戶籍國民，持外國護照入國者，申請停留延期、居留或居留延期，應先至戶政事務所辦理戶籍遷出登記，入出國及移民署始得受理其申請。

前項申請，尚未履行兵役義務之接近役齡男子或役齡男子，有下列情形之一者，入出國及移民署不受理其申請：

一、未持有役政用華僑身分證明書或僑居身分加簽之我國護照。

二、僑民役男居住臺灣地區屆滿一年。

三、依法應接受徵兵處理，並限制其出境。

第18條 外國人持停留簽證入國，而有本法第二十三條第一項各款情形之一，經核准居留後，因居留原因變更，應自事實發生日起三十日內逕向入出國及移民署申請變更，並重新核定居留期間。但變更之居留原因非屬本法第二十三條第一項各款情形之一者，應自事實發生後十五日內向外交部領事事務局或其所屬分支機構重新申請居留簽證後，向入出國及移民署申請居留。

第19條 本法第三十三條第四款規定每年居住未達一百八十三日，其年之計算自永久居留證發證後翌年起之一月一日開始計算。

本法第三十三條第四款但書所定出國，其期間每次最長以二年為限。

第20條 外國人於居留期間內，**有出國後再入國之必要者**，應依本法第三十四條規定，於出國前向入出國及移民署**申請核發重入國許可**。

前項重入國許可分為單次及多次使用二種，其效期，不得逾外僑居留證之效期。

申請外僑居留證，可同時申請多次重入國許可。但依就業服務法第四十六條第一項第八款至第十款來臺工作者，應申請單次重入國許可。

外僑居留證經註銷者，其重入國許可視同註銷。

經許可永久居留之外國人得持憑外僑永久居留證及有效護照重入國。

第21條 外國人停留、居留原因消失，經目的事業主管機關或相關機關查獲或知悉者，應通報入出國及移民署。

第22條 **修正前條文：**

外國人來臺投資，或依就業服務法第四十六條第一項第一款至第七款、第四十八條第一項第一款、第三款或外國專業人才延攬及僱用法第五條第一項但書、第六條第一項應聘來臺，或經外交部專案核准居留，於居留效期屆滿前，本人及其原經核准居留之配偶、**未成年子女及滿二十歲以上**，因身心障礙無法自理生活之子女，得以書面敘明理由，向移民署申請延期，經許可者，其外僑居留證之有效期間，自原居留效期屆滿之翌日起延期六個月；延期屆滿前，有必要者，得再申請延長一次，總延長居留期間最長為一年。

修正後條文：（民國112年1月1日施行）

外國人來臺投資，或依就業服務法第四十六條第一項第一款至第七款、第四十八條第一項第一款、第三款或外國專業人才延攬及僱用法第五條第一項但書、第六條第一項應聘來臺，或經外交部專案核准居留，於居留效期屆滿前，本人及其原經核准居留之配偶、**未滿十八歲子女及十八歲以上**，因身心障礙無法自理生活之子女，得以書面敘明理由，向移民署申請延期，經許可者，其外僑居留證之有效期間，自原居留效期屆滿之翌日起延期六個月；延期屆滿前，有必要者，得再申請延長一次，總延長居留期間最長為一年。

第22-1條 **來臺就學之外國人畢業後，於居留期限屆滿前，得向移民署申請延期。**

依前項規定申請居留延期經許可者，其外僑居留證之有效期間，自原居留期限屆滿之翌日起延期六個月；延期屆滿前，有必要者，得再申請延長一次，總延長居留期間最長為一年。

第23條 外國人在我國境內死亡，由其關係人或其本國駐華使領館或授權機構於十五日內，向入出國及移民署辦理登記或由入出國及移民署查明後逕為登記。

入出國及移民署辦理前項登記後，應即將登記事項通知其遺產稅中央政府所在地之主管稅捐稽徵機關。

第24條 外國人因原發照國家或其他國家拒絕接納其入國、罹患重大疾病或其他特殊原因而無法執行強制驅逐出國者，得在限定其住居所或附加其他條件後，核發臨時外僑登記證。

第25條 本辦法施行日期，由內政部定之。

Chapter 2 護照相關法規

四、護照條例

（民國110年1月20日修正）

第一章　總則

第1條　中華民國（以下簡稱我國）護照之申請、核發及管理，依本條例辦理。

第2條　本條例之**主管機關為外交部**。

第3條　護照由主管機關製定。

第4條　**修正前條文：（現行有效條文）**

本條例用詞，定義如下：

一、護照：指由主管機關或駐外使領館、代表處、辦事處（以下簡稱駐外館處）發給我國國民之國際旅行文件及國籍證明。

二、眷屬：指配偶、父母、未成年未婚子女、已成年而尚在就學或已成年而身心障礙且無謀生能力之未婚子女。

修正後條文：（施行日期：未定）

本條例用詞，定義如下：

一、護照：指由主管機關或駐外使領館、代表處、辦事處（以下簡稱駐外館處）發給我國國民之國際旅行文件及國籍證明。

二、眷屬：指配偶、父母、**未成年子女**、已成年而尚在就學或已成年而身心障礙且無謀生能力之未婚子女。

第5條　持照人應妥善保管及合法使用護照；不得變造護照、將護照出售他人，或為質借提供擔保、抵充債務或供他人冒名使用而將護照交付他人。

護照除持照人依指示於填寫欄填寫相關資料及簽名外，非權責機關不得擅自增刪塗改或加蓋圖戳。

第6條　護照之適用對象為具有我國國籍者。但具有大陸地區人民、香港居民、澳門居民身分者，在其身分轉換為臺灣地區人民前，非經主管機關許可，不適用之。

第7條　**護照分外交護照、公務護照及普通護照**。

第8條　**外交護照及公務護照，由主管機關核發；普通護照，由主管機關或駐外館處核發**。

第9條　**外交護照之適用對象**如下：

一、總統、副總統及其眷屬。

二、外交、領事人員與其眷屬及駐外館處、代表團館長之隨從。

三、中央政府派往國外負有外交性質任務之人員與其眷屬及經核准之隨從。

四、外交公文專差。 五、其他經主管機關核准者。

第10條　**公務護照之適用對象**如下：

一、各級政府機關因公派駐國外之人員及其眷屬。

二、各級政府機關因公出國之人員及其同行之配偶。

三、政府間國際組織之我國籍職員及其眷屬。

四、經主管機關核准，受政府委託辦理公務之法人、團體派駐國外人員及其眷屬；或受政府委託從事國際交流或活動之法人、團體派赴國外人員及其同行之配偶。

第11條 **外交護照及公務護照之效期以五年為限，普通護照以十年為限。但未滿十四歲者之普通護照以五年為限**。

前項護照效期，主管機關得於其限度內酌定之。

護照效期屆滿，不得延期。

第12條 尚未履行兵役義務男子之護照，其護照之效期、應加蓋之戳記、申請換發、補發及僑居身分加簽限制及其他應遵行事項之辦法，由主管機關會商相關機關定之。

第13條 內植晶片之護照，其晶片應存入資料頁記載事項及持照人影像。

第14條 外交護照及公務護照免費。普通護照除因公務需要經主管機關核准外，應徵收規費；但護照自核發之日起三個月內因護照號碼諧音或特殊情形經主管機關依第十九條第二項第三款同意換發者，得予減徵；其收費標準，由主管機關定之。

第二章 護照之申請、換發及補發

第15條 **護照之申請，得由本人親自或委任代理人辦理**。但有下列情形之一者，依其規定辦理：

一、在國內首次申請普通護照，應由本人親自至主管機關辦理，或親自至主管機關委辦之戶政事務所辦理人別確認後，再委任代理人辦理。

二、在大陸地區、香港或澳門申請、換發或補發普通護照，應由本人親自至行政院設立或指定之機構或委託之民間團體辦理。

前項但書所定情形，如有特殊原因無法由本人親自辦理者，得經主管機關同意後，委任代理人為之。

護照申請、換發、補發之條件、方式、程序、應備文件及其他應遵行事項之辦法，由主管機關定之。

第16條 **修正前條文：（現行有效條文）**

七歲以上之未成年人申請護照，應**經其法定代理人書面同意。但已結婚或十八歲以上者，不在此限**。

未滿七歲之未成年人或受監護宣告之人申請護照，應由其法定代理人申請。

前二項之法定代理人有二人以上者，得由其中一人為之。

修正後條文：（施行日期：未定）

七歲以上之未成年人申請護照，**應經其法定代理人書面同意**。

未滿七歲之未成年人或受監護宣告之人申請護照，**應由其法定代理人申請**。

前二項之法定代理人有二人以上者，得由其中一人為之。

第17條 護照記載事項除資料頁外，於必要時，得依規定申請加簽。

第18條 護照申請人不得與他人申請合領一本護照；非因特殊理由，並經主管機關核准，持照人不得同時持用超過一本之護照。

第19條 有下列情形之一者，**應申請換發護照**：

一、護照污損不堪使用。

二、持照人之相貌變更，與護照照片不符。

三、護照資料頁記載事項變更。
四、持照人取得國民身分證統一編號。
五、護照製作有瑕疵。
六、護照內植晶片無法讀取。
有下列情形之一者，**得申請換發護照**：
一、護照所餘效期不足一年。
二、所持護照非屬現行最新式樣。
三、持照人認有必要，並經主管機關同意。

第20條 **持照人護照遺失或滅失者，得申請補發，其效期為五年**。但有下列情形之一者，依其規定：
一、因天災、事變或其他特殊情形致護照滅失，經主管機關或駐外館處查明屬實者，其效期依第十一條第一項規定辦理。
二、護照申報遺失後於補發前尋獲，原護照所餘效期逾五年者，得依原效期補發。
三、符合第二十一條第三項規定。

第21條 主管機關或駐外館處受理護照申請，有下列情形之一者，**得通知申請人限期補正或到場說明**：
一、未依規定程序辦理或應備文件不全。
二、申請資料或照片與所繳身分證明文件或檔存護照資料有相當差異。
三、對重要事項提供不正確資料或為不完全陳述。
四、於護照增刪塗改或加蓋圖戳。
五、最近十年內以護照遺失、滅失為由申請護照，達二次以上。
六、污損或毀損護照。
七、將護照出售他人，或為質借提供擔保、抵充債務而交付他人。
有前項各款情形之一者，主管機關或駐外館處得就其法定處理期間延長至二個月；必要時，得延長至六個月。
有第一項第四款至第七款情形之一者，主管機關或駐外館處得縮短其護照效期為一年六個月以上三年以下。

第三章　護照之不予核發、扣留、撤銷及廢止

第22條 外交或公務護照之持照人於該護照效期內持用事由消滅後，除經主管機關核准得繼續持用者外，應依主管機關通知期限繳回護照。
前項護照持照人未依期限繳回者，主管機關應廢止原核發護照之處分，並註銷該護照。

第23條 護照申請人有下列情形之一者，主管機關或駐外館處**應不予核發護照**：
一、冒用身分、申請資料虛偽不實或以不法取得、偽造、變造之證件申請。
二、經司法或軍法機關通知主管機關。
三、經內政部移民署（以下簡稱移民署）依法律限制或禁止申請人出國並通知主管機關。
四、未依第二十一條第一項規定期限補正或到場說明。
司法或軍法機關、移民署依前項第二款、第三款規定通知主管機關時，應以書面或電腦連線傳輸方式敘明當事人之姓名、出生日期、國民身分證統一編號、依法律限制或禁止出國之事由；其為司法或軍法機關通知者，另應敘明管制期限。

第24條 **護照非依法律，不得扣留**。
持照人向主管機關或駐外館處出示護照時，有下列情形之一者，主管機關或駐外館處**應扣留其護照**：

一、護照係偽造或變造、冒用身分、申請資料虛偽不實或以不法取得、偽造、變造之證件申請。
二、持照人在外國、大陸地區、香港或澳門，經查有前條第一項第二款或第三款情形。

偽造護照，不問何人所有者，**均應予以沒入**。

第25條 持照人有前條第二項第一款情形者，除所持護照係偽造外，主管機關或駐外館處**應撤銷原核發其護照之處分，並註銷該護照**。

持照人有下列情形之一者，主管機關或駐外館處**應廢止原核發護照之處分，並註銷該護照**：

一、有前條第二項第二款規定情形。
二、於護照增刪塗改或加蓋圖戳。
三、依規定應繳交之護照有事實證據足認已無法繳交。
四、身分轉換為大陸地區人民。
五、喪失我國國籍。
六、護照已申報遺失或申請換發、補發。
七、護照自核發之日起三個月未經領取。

持照人死亡或受死亡宣告者，主管機關或駐外館處**應註銷其護照**。

第26條 已出國之在臺設有戶籍國民，有第二十三條第一項第二款或第三款規定情形，經駐外館處不予核發護照或扣留護照者，駐外館處得發給專供返國使用之一年以下效期護照或入國證明書。

已出國之在臺設有戶籍國民，其護照逾期、遺失或滅失而不及等候換發或補發者，駐外館處得發給入國證明書。

第27條 主管機關或駐外館處依第二十二條至第二十五條規定為處分時，除有第二十五條第二項第三款、第五款或第六款規定情形外，應以書面為之。

第28條 主管機關或駐外館處扣留、沒入、保管之護照，及因申請或由第三人送交主管機關或駐外館處之護照，其保管期限、註銷、銷毀方式及其他應遵行事項之辦法，由主管機關定之。

第四章 罰則

第29條 有下列情形之一，足以生損害於公眾或他人者，**處一年以上七年以下有期徒刑，得併科新臺幣七十萬元以下罰金**：

一、買賣護照。
二、以護照抵充債務或債權。
三、偽造或變造護照。
四、行使前款偽造或變造護照。

第30條 有下列情形之一者，**處七年以下有期徒刑，得併科新臺幣七十萬元以下罰金**：

一、意圖供冒用身分申請護照使用，偽造、變造或冒領國民身分證、戶籍謄本、戶口名簿、國籍證明書、華僑身分證明書、父母一方具有我國國籍證明、本人出生證明或其他我國國籍證明文件，足以生損害於公眾或他人。
二、行使前款偽造、變造或冒領之我國國籍證明文件而提出護照申請。
三、意圖供冒用身分申請護照使用，將第一款所定我國國籍證明文件交付他人或謊報遺失。
四、冒用身分而提出護照申請。

第31條 有下列情形之一者，**處五年以下有期徒刑、拘役或科或併科新臺幣五十萬元以下罰金**：

一、將護照交付他人或謊報遺失以供他人冒名使用。

二、冒名使用他人護照。

第32條 非法扣留他人護照、以護照作為債務或債權擔保，足以生損害於公眾或他人者，**處三年以下有期徒刑、拘役或科或併科新臺幣三十萬元以下罰金**。

第33條 在我國領域外犯第二十九條至前條之罪者，不問犯罪地之法律有無處罰規定，均依本條例處罰。

第五章　附則

第34條 行政院設立或指定之機構或委託之民間團體辦理護照業務，準用本條例之規定。

第35條 主管機關為辦理護照核發、補發、換發及管理作業，得向相關機關取得國籍變更、戶籍、兵役、入出國日期、依法律限制或禁止出國、通緝、保護管束及國軍人員等資料，各相關機關不得拒絕提供。

第35-1條 本條例中華民國一百零九年十二月二十九日修正之條文施行前結婚，修正施行後未滿十八歲者，於滿十八歲前仍適用修正施行前之規定。（本條施行日期未定）

第36條 本條例施行細則，由主管機關定之。

第37條 本條例施行日期，由行政院定之。

五、護照條例施行細則

（民國110年2月20日修訂）

第1條 本細則依護照條例（以下簡稱本條例）第三十六條規定訂定之。

第2條 本條例第三條**所定護照之製定，指護照之規劃、設計及印製**。

護照之頁數由主管機關定之，空白內頁不足時，得加頁使用。但以一次為限。

第3條 本條例第五條第二項**所定不得擅自增刪塗改或加蓋圖戳，指不得擅自在護照封面及內頁為影響護照原狀之行為**。

第4條 本條例第六條所稱具有我國國籍者，應檢附下列各款文件之一，以為證明：

一、戶籍資料。

二、國民身分證。

三、護照。

四、國籍證明書。

五、華僑登記證。

六、華僑身分證明書。但不包括檢附華裔證明文件向僑務委員會申請核發者。

七、父母一方具有我國國籍證明及本人出生證明。

八、歸化國籍許可證書。

九、其他經內政部認定之證明文件。

第5條 **外交護照包括本條例第九條所定人員派駐或前往無邦交國家或地區所持用具有外交性質之護照**。

第6條 依本條例第十四條但書規定換發之護照效期，依原護照所餘效期核發。

第7條 本條例第十六條第一項及第二項**所稱法定代理人**，指有權行使、負擔對於未成年子女權利、義務之父或母或監護人，及受監護宣告之人之監護人。

未滿十八歲之未成年人或受監護宣告之人申請護照，法定代理人之其中一人，應提示身分證明文件正本及影本各一份，並在該未成年人或受監護宣告之人之護照申請書上簽名。身分證明文件正本於驗畢後退還。

第8條 **護照應由本人親自簽名；無法簽名者，得按指印**。

第9條 **護照效期，自核發之日起算**。

第10條 **護照用照片應符合國際民航組織規範，不得使用合成照片**。照片之規格及標準由主管機關公告之。

第11條 護照資料頁記載事項如下：

一、護照號碼。

二、持照人中文姓名、外文姓名。

三、外文別名。

四、國籍。

五、有戶籍者之國民身分證統一編號。

六、性別。

七、出生日期。

八、出生地。

九、發照日期及效期截止日期。

十、發照機關。

十一、駐外館處核發之普通護照，增列發照地。

十二、其他經主管機關指定之事項。

前項第七款及第九款之日期，以公元年代及國曆月、日記載。

第12條 在臺設有戶籍國民申請護照，護照資料頁記載之中文姓名、國民身分證統一編號、性別、出生日期及出生地，應以戶籍資料為準。

無戶籍國民護照之中文姓名，應依我國民法及姓名條例相關規定取用及更改。

第13條 **護照中文姓名及外文姓名均以一個為限；中文姓名不得加列別名，外文別名除本細則另有規定外，以一個為限**。

第14條 **國民身分證載有外文姓名者，護照外文姓名應以國民身分證為準**。

國民身分證未記載外文姓名之在臺設有戶籍國民及無戶籍國民，護照外文姓名之記載方式如下：

一、護照外文姓名應以英文字母記載，非屬英文字母者，應翻譯為英文字母；該非英文字母之姓名，得加簽為外文別名。

二、申請人首次申請護照時，無外文姓名者，以中文姓名之國家語言讀音逐字音譯為英文字母。但臺灣原住民、其他少數民族及歸化我國國籍者，得以姓名並列之羅馬拼音作為外文姓名。

三、申請人首次申請護照時，已有英文字母拼寫之外文姓名，載於下列文件者，得優先採用：

(一) 我國或外國政府核發之外文身分證明或正式文件。

(二) 國內外醫院所核發之出生證明。

(三) 經教育主管機關正式立案之公、私立學校製發之證明文件。

四、申請換、補發護照時，應沿用原有外文姓名。但原外文姓名有下列情形之一者，得申請變更外文姓名：

(一) 音譯之外文姓名與中文姓名之國家語言讀音不符者。依此變更者，以一次為限。

(二)音譯之外文姓名與直系血親或兄弟姊妹姓氏之拼法不同者。

(三)已有第三款各目之習用外文姓名，並繳驗相關文件相符者。

五、申請換、補發護照時已依法更改中文姓名，其外文姓名應以該中文姓名之國家語言讀音逐字音譯。但已有第三款各目之習用外文姓名，並繳驗相關文件相符者，得優先採用。

六、外文姓名之排列方式，姓在前、名在後，且含字間在內，不得超過三十九個字母。

七、已婚者申請外文姓名加冠、改從配偶姓或回復本姓，或離婚、喪偶者申請外文姓名回復本姓，應檢附相關證明文件。

第14-1條 **護照外文別名之記載方式如下**：

一、外文別名應有姓氏，並應與外文姓名之姓氏一致，或依申請人對其中文姓氏之國家語言讀音音譯為英文字母。但已有前條第二項第三款各目之證明文件，不在此限。名則應符合一般使用之習慣。

二、依前條第二項第四款或第五款變更外文姓名者，原有外文姓名應列為外文別名，但得於下次換、補發護照時免列。原已有外文別名者，得以加簽第二外文別名方式辦理，其他情形均不得要求增列第二外文別名。

三、申請換、補發護照時，應沿用原有外文別名。但有下列情形之一者，不在此限：

(一)依第二款但書免列者。

(二)已有前條第二項第三款各目之證明文件，得申請變更外文別名，且原外文別名應予刪除，不得再另加簽為第二外文別名。

第15條 護照之出生地記載方式如下：

一、在國內出生者：依出生之省、直轄市或特別行政區層級記載。

二、在國外出生者：記載其出生國國名。

在臺設有戶籍國民其國民身分證或戶籍資料未載有出生地者，申請人應以書面具結出生地，並於其上簽名；在國外出生者，應附相關證明文件。

無戶籍國民應繳驗載有出生地之出生證明、外國護照、居留證件或當地公證人出具之證明書。

第16條 持照人依本條例十七條規定申請護照加簽者，應填具護照加簽申請書，並檢附相關證明文件，由主管機關或駐外館處查驗後辦理。

本條例第十七條**所定護照加簽項目**如下：

一、外文別名加簽。

二、僑居身分加簽。

三、其他經主管機關核准之加簽。

無內植晶片護照加簽或修正項目如下：

一、外文姓名、外文別名之加簽或修正。

二、僑居身分加簽。

三、出生地修正。

四、其他經主管機關核准之加簽或修正。

外交及公務護照之職稱，得依前項第四款辦理修正。

同一本護照以同一事項申請加簽或修正者，以一次為限。

護照加簽或修正之戳記，由主管機關製定。

第二項第二款及第三項第二款僑居身分之認定，依僑務委員會主管之法規辦理。

第17條 本條例第十九條第一項第五款**所稱瑕疵**，指下列情形之一：

一、機器可判讀護照資料閱讀區無法以機器判讀。

二、所載資料或影像有錯誤。

三、護照封皮、膠膜、內頁、縫線或印刷發生異常現象。

前項護照之瑕疵不可歸責於持照人者，依原護照所餘效期免費換發護照，主管機關並得將原護照註銷不予發還。

第18條 本條例第二十條**所稱護照遺失或滅失，指遺失或滅失未逾效期護照之情形**。

護照經申報遺失後尋獲者，該護照仍視為遺失。

第19條 申請人未依本條例第二十一條規定補正或到場說明者，除依規定不予核發護照外，所繳護照規費不予退還。

申請人所繳證件有偽造、變造嫌疑者，得暫不予退還。

第20條 駐外館處受理核、換、補發護照之申請，應將護照申請資料傳送至領事事務局代繕護照，並於完成發照日當日傳送該局建檔；就地製發無內植晶片護照資料，亦同。遺失護照資料應於當日傳送該局註銷。

駐外館處應將前項護照申請書正本送至領事事務局建檔。

領事事務局應將第一項護照之資料，連同該局核、換、補發及遺失護照之資料，逐日以電腦連線傳送內政部移民署。

第21條 本條例第二十四條第二項**所稱出示護照**，指受理領務案件申請人及其法定代理人所提具供查驗之護照。

第22條 本條例第二十五條第二項第二款**所定情形，指持照人擅自於護照增刪塗改或加蓋圖戳，並向主管機關、駐外館處或其他權責機關行使該護照，且有下列情形之一者**：

一、護照已無法回復原狀。

二、護照可回復原狀，惟經要求持照人回復原狀，持照人拒絕回復。

前項情形，主管機關或駐外館處認屬變造護照者，應依本條例第二十五條第一項規定辦理；其非屬變造護照者，應依同條第二項規定辦理。

第23條 駐外館處依本條例第二十六條第一項核發專供返國護照，除經主管機關同意者外，以核發一個月至三個月效期為限。

第24條 本條例第三十五條**所定向相關機關取得資料**，指領事事務局得經由電腦連截取得下列資料：

一、內政部之國籍變更、戶籍及國民身分證補、換發資料。

二、內政部役政署之兵役資料。

三、內政部移民署之入出國日期、依法律限制或禁止出國、通緝及保護管束資料。

第25條 依本細則及本條例授權訂定之辦法規定應繳附之文件為外文者，除英文外，須附中文譯本；其在國外製作，且非在當地國使用者，其外文本及中文譯本均應經駐外館處驗證；在當地國使用，駐外館處認有必要者，亦同。

前項文書，在香港、澳門製作者，主管機關、駐外館處或行政院在香港、澳門設立或指定機構或委託之民間團體辦理護照業務，準用前項規定。

第一項文書，在大陸地區製作者，主管機關、駐外館處或行政院在香港、澳門設立或指定機構或委託之民間團體辦理護照業務，應要求當事人送由行政院設立或指定之機構或委託之民間團體驗證。

第26條 本細則自發布日施行。

六、外國護照簽證條例

（民國92年1月22日修訂）

第1條 （立法目的）

為行使國家主權，維護國家利益，規範外國護照之簽證，特制定本條例。

第2條 （適用原則）

外國護照之簽證，除條約或協定另有規定外，依本條例辦理。本條例未規定者，適用其他法律之規定。

第3條 （外國護照）

本條例所稱**外國護照**，指由外國政府、政府間國際組織或自治政府核發，且為中華民國（以下簡稱我國）承認或接受之有效旅行身分證件。

第4條 （簽證）

本條例所稱**簽證**，指外交部或駐外使領館、代表處、辦事處、其他外交部授權機構（以下簡稱駐外館處）核發外國護照以憑前來我國之許可。

第5條 （主管機關）

本條例之**主管機關為外交部**。

外國護照簽證之核發，由外交部或駐外館處辦理。但駐外館處受理居留簽證之申請，非經主管機關核准，不得核發。

第6條 （簽證之法律效力）

持外國護照者，應持憑有效之簽證來我國。但外交部對特定國家國民，或因特殊需要，得給予免簽證待遇或准予抵我國時申請簽證。

前項免簽證及准予抵我國時申請簽證之適用對象、條件及其他相關事項，由外交部會商相關機關定之。

第7條 （簽證之種類）

外國護照之簽證，其種類如下：

一、外交簽證。 二、禮遇簽證。

三、停留簽證。 四、居留簽證。

前項各類簽證之效期、停留期限、入境次數、目的、申請條件、應備文件及其他相關事項，由外交部定之。

第8條 （外交簽證之適用對象）

外交簽證適用於持外交護照或元首通行狀之下列人士：

一、外國元首、副元首、總理、副總理、外交部長及其眷屬。

二、外國政府派駐我國之人員及其眷屬、隨從。

三、外國政府派遣來我國執行短期外交任務之官員及其眷屬。

四、政府間國際組織之外國籍行政首長、副首長等高級職員因公來我國者及其眷屬。

五、外國政府所派之外交信差。

第9條 （禮遇簽證之適用對象）

禮遇簽證適用於下列人士：

一、外國卸任元首、副元首、總理、副總理、外交部長及其眷屬。

二、外國政府派遣來我國執行公務之人員及其眷屬、隨從。

三、前條第四款所定高級職員以外之其他外國籍職員因公來我國者及其眷屬。

四、政府間國際組織之外國籍職員應我國政府邀請來訪者及其眷屬。

五、應我國政府邀請或對我國有貢獻之外國人士及其眷屬。

第10條 （停留簽證之適用對象）

停留簽證適用於持外國護照，而擬在我國境內**作短期停留**之人士。

第11條 （居留簽證之適用對象）

居留簽證適用於持外國護照，而擬在我國境內**作長期居留**之人士。

第12條 （拒發簽證之情形）

外交部及駐外館處受理簽證申請時，應衡酌國家利益、申請人個別情形及其國家與我國關係決定准駁；其有下列各款情形之一，外交部或駐外館處**得拒發簽證**：

一、在我國境內或境外有犯罪紀錄或曾遭拒絕入境、限令出境或驅逐出境者。

二、曾非法入境我國者。

三、患有足以妨害公共衛生或社會安寧之傳染病、精神病或其他疾病者。

四、對申請來我國之目的作虛偽之陳述或隱瞞者。

五、曾在我國境內逾期停留、逾期居留或非法工作者。

六、在我國境內無力維持生活，或有非法工作之虞者。

七、所持護照或其外國人身分不為我國承認或接受者。

八、所持外國護照逾期或遺失後，將無法獲得換發、延期或補發者。

九、所持外國護照係不法取得、偽造或經變造者。

十、有事實足認意圖規避法令，以達來我國目的者。

十一、有從事恐怖活動之虞者。

十二、其他有危害我國利益、公共安全、公共秩序或善良風俗之虞者。

依前項規定拒發簽證時，得不附理由。

第13條 （撤銷或廢止簽證之情形）

簽證持有人有下列各款情形之一，外交部或駐外館處**得撤銷或廢止其簽證**：

一、有前條第一項各款情形之一者。

二、在我國境內從事與簽證目的不符之活動者。

三、在我國境內或境外從事詐欺、販毒、顛覆、暴力或其他危害我國利益、公務執行、善良風俗或社會安寧等活動者。

四、原申請簽證原因消失者。

前項撤銷或廢止簽證，外交部得委託其他機關辦理。

第14條 （徵收費用）

外交簽證及禮遇簽證，免收費用。其他簽證，除條約、協定另有規定或依互惠原則或因公務需要經外交部核准減免者外，均應徵收費用；其收費基準，由外交部定之。

第15條 （施行細則）

本條例施行細則，由外交部定之。

第16條 （公布日）

本條例自公布日施行。

七、外國護照簽證條例施行細則

（民國93年6月2日修訂）

第1條 本細則依外國護照簽證條例（以下簡稱本條例）第十五條規定訂定之。

第2條 本條例第六條**所定對特定國家國民，得給予入境免簽證待遇或准予抵中華民國（以下簡稱我國）時申請簽證者**，應符合下列各款條件：

一、外國護照所餘效期於入境我國時，應在六個月以上。但條約或協定另有規定或經外交部同意者，不在此限。

二、已訂妥回程或次一目的地之機（船）票，其離開我國日期未逾擬核給之停留期限。

三、已辦妥次一目的地之有效簽證。但前往次一目的地無需申請簽證者，不在此限。

四、無本條例第十二條第一項各款或入出國及移民法第十七條第一項各款之情形。

前項免簽證及准予抵我國時申請簽證之適用對象，由外交部公告之。

第3條 本條例第六條**所定因特殊需要，外交部得准予抵我國時申請簽證者**，指特定國家國民以外之外國護照持照人具下列各款情形之一，並經外交部同意者：

一、應我國中央政府機關邀請來我國訪問。

二、應邀來我國參加由中央政府機關主辦、協辦或贊助之國際會議或活動。

三、因應我國重大事故或處理災難救助案件，須緊急來我國。

四、有其他重大事由。

第4條 持外國護照以免簽證或抵我國時申請簽證入境者，於停留期限屆滿時，應即出境。但**有下列各款情形之一**，並提出證明者，得於停留期限屆滿前，向外交部領事事務局或其分支機構**申請適當期限之停留簽證**：

一、罹患急性重病。但不包括足以妨害公共衛生或社會安寧之傳染病、精神病或其他疾病。

二、遭遇天災或其他不可抗力事故。

三、其他正當理由。

第5條 持外國護照申請簽證，應填具簽證申請書表，並檢具有效外國護照及最近六個月內之照片，送外交部或駐外使領館、代表處、辦事處或其他經外交部授權機構（以下簡稱駐外館處）核辦。

前項所定有效外國護照，其所餘效期應在六個月以上。但條約或協定另有規定者，不在此限。

外交部及駐外館處得要求申請人面談、提供旅行計畫、親屬關係證明、健康檢查合格證明、無犯罪紀錄證明、財力證明、來我國目的證明、在我國之關係人或保證人資料及其他審核所需之證明文件。

第6條 外交部及駐外館處應審酌申請人身分、申請目的、所持外國護照之種類、效期等條件，核發適當種類之簽證。

第7條 **本條例第七條第一項第一款所定外交簽證及第二款所定禮遇簽證，其效期**

最長不得超過五年，入境次數及停留期限，依申請人需要及來我國目的核定之。
未加註停留期限者，入境後停留期限不予限制，但不得逾其來我國執行任務所需之期限。

第**8**條 **本條例第七條第二項所稱簽證之效期，指自簽證核發之當日起算，持證人可有效持憑來我國之期限。**
本條例第七條第二項所稱簽證之停留期限，指自入境之翌日起算，得在我國境內停留之期限。
本條例第七條第二項所稱簽證之入境次數，指於簽證效期內，持證人可持憑來我國之次數。

第**9**條 本條例第十條**所稱短期停留，指擬在我國境內每次作不超過六個月之停留者。**
停留簽證之效期、入境次數及停留期限，依申請人國籍、來我國目的、所持護照種類及效期等核定之。
停留簽證之效期最長不得超過五年，入境次數分為單次及多次。

第**10**條 **申請停留簽證目的，包括過境、觀光、探親、訪問、考察、參加國際會議、商務、研習、聘僱、傳教弘法及其他經外交部核准之活動。**
以在我國境內從事須經許可、營利或勞務活動為目的，申請前項所定簽證者，應檢附中央目的事業主管機關或其授權機關核發之許可從事簽證目的活動之文件。

第**11**條 本條例第十一條**所稱長期居留，指擬在我國境內作超過六個月之居留者。**
駐外館處簽發之居留簽證一律為單次入境，其簽證效期不得超過六個月；持證人入境後，應依法申請外僑居留證。
在我國境內核發之居留簽證，僅供持憑申請外僑居留證，不得持憑入境。

第**12**條 對於駐我國之特定政府間國際組織、外國機構執行公務者及其眷屬、隨從人員，得核發效期不超過五年、單次或多次入境之居留簽證。
前項人員未持有外交部核發之政府間國際組織、外國機構、官員證、職員證或外籍隨從證者，應申請外僑居留證。

第**13**條 **申請居留簽證目的，包括依親、就學、應聘、受僱、投資、傳教弘法、執行公務、國際交流及經外交部核准或其他相關中央目的事業主管機關許可之活動。**
申請前項所定簽證，應檢附中央目的事業主管機關或其授權機關核發之許可從事簽證目的活動之文件。但不須經許可者，不在此限。

第**14**條 無國籍人士離開其所持外國護照之發照國，有喪失該國居留權之虞者，外交部或駐外館處得不受理其簽證之申請。

第**15**條 本細則自發布日施行。

Chapter 3

兩岸條例及其附屬法規

八、臺灣地區與大陸地區人民關係條例

（民國111年6月8日修正）

第一章　總則

第1條　（立法目的）

國家統一前，為確保臺灣地區安全與民眾福祉，規範臺灣地區與大陸地區人民之往來，並處理衍生之法律事件，特制定本條例。本條例未規定者，適用其他有關法令之規定。

第2條　（用詞定義）

本條例用詞，定義如下：

一、**臺灣地區**：指臺灣、澎湖、金門、馬祖及政府統治權所及之其他地區。

二、**大陸地區**：指臺灣地區以外之中華民國領土。

三、**臺灣地區人民**：指在臺灣地區設有戶籍之人民。

四、**大陸地區人民**：指在大陸地區設有戶籍之人民。

第3條　（旅居國外大陸地區人民之適用）

本條例關於大陸地區人民之規定，於大陸地區人民旅居國外者，適用之。

第3-1條（主管機關）

行政院大陸委員會統籌處理有關大陸事務，為本條例之主管機關。

第4條　（處理兩岸地區事務之機構）

行政院**得設立或指定機構**，處理臺灣地區與大陸地區人民往來有關之事務。

行政院大陸委員會處理臺灣地區與大陸地區人民往來有關事務，得委託前項之機構或符合下列要件之民間團體為之：

一、設立時，政府捐助財產總額逾二分之一。

二、設立目的為處理臺灣地區與大陸地區人民往來有關事務，並以行政院大陸委員會為中央主管機關或目的事業主管機關。

行政院大陸委員會或第四條之二第一項經行政院同意之各該主管機關，得依所處理事務之性質及需要，逐案委託前二項規定以外，具有公信力、專業能力及經驗之其他具公益性質之法人，協助處理臺灣地區與大陸地區人民往來有關之事務；必要時，並得委託其代為簽署協議。

第一項及第二項之機構或民間團體，經委託機關同意，得複委託前項之其他具公益性質之法人，協助處理臺灣地區與大陸地區人民往來有關之事務。

第4-1條（公務員轉任、回任、年資採計等相關權益保障事項）

公務員轉任前條之機構或民間團體者，其回任公職之權益應予保障，在該機構或團體服務之年資，於回任公職時，得予採計為公務員年資；本條例施行或修正前已轉任者，亦同。

公務員轉任前條之機構或民間團體未回任者，於該機構或民間團體辦理退休、資遣或撫卹時，其於公務員退撫新制施行前、後任公務員年資之退離給與，由行政院大陸委員會編列預算，比照其轉任前原適用之公務員退撫相關法令所定一次給與標準，予以給付。

公務員轉任前條之機構或民間團體回任公職，或於該機構或民間團體辦理退休、資遣或撫卹時，已依相關規定請領退離給與之年資，不得再予併計。

第一項之轉任方式、回任、年資採計方式、職等核敘及其他應遵行事項之辦法，由考試院會同行政院定之。

第二項之比照方式、計算標準及經費編列等事項之辦法，由行政院定之。

第4-2條（統籌辦理兩岸訂定協議事項機關及程序）

行政院大陸委員會統籌辦理臺灣地區與大陸地區訂定協議事項；協議內容具有專門性、技術性，以各該主管機關訂定為宜者，得經行政院同意，由其會同行政院大陸委員會辦理。

行政院大陸委員會或前項經行政院同意之各該主管機關，得委託第四條所定機構或民間團體，以受託人自己之名義，與大陸地區相關機關或經其授權之法人、團體或其他機構協商簽署協議。

本條例所稱協議，係指臺灣地區與大陸地區間就涉及行使公權力或政治議題事項所簽署之文書；協議之附加議定書、附加條款、簽字議定書、同意紀錄、附錄及其他附加文件，均屬構成協議之一部分。

第4-3條（受託法人應受委託機關或民間團體之指揮監督）

第四條第三項之其他具公益性質之法人，於受委託協助處理事務或簽署協議，應受委託機關、第四條第一項或第二項所定機構或民間團體之指揮監督。

第4-4條　（受託法人、機構或民間團體應遵守之規定）

依第四條第一項或第二項規定**受委託之機構或民間團體，應遵守下列規定**；第四條第三項其他具公益性質之法人於受託期間，亦同：

一、派員赴大陸地區或其他地區處理受託事務或相關重要業務，應報請委託機關、第四條第一項或第二項所定之機構或民間團體同意，及接受其指揮，並隨時報告處理情形；因其他事務須派員赴大陸地區者，應先通知委託機關、第四條第一項或第二項所定之機構或民間團體。

二、其代表人及處理受託事務之人員，負有與公務員相同之保密義務；離職後，亦同。

三、其代表人及處理受託事務之人員，於受託處理事務時，負有與公務員相同之利益迴避義務。

四、其代表人及處理受託事務之人員，未經委託機關同意，不得與大陸地區相關機關或經其授權之法人、團體或其他機構協商簽署協議。

第5條　（簽署協議之程序及協議生效要件）

依第四條第三項或第四條之二第二項，受委託簽署協議之機構、民間團體或其他具公益性質之法人，應將協議草案報經委託機關陳報行政院同意，始得簽署。

協議之內容涉及法律之修正或應以法律定之者，協議辦理機關應於協議簽署後三十日內**報請行政院核轉立法院審議**；其內容未涉及法律之修正或無須另以法律定之者，協議辦理機關應於協議簽署後三十日內報請行政院核定，並送立法院備查，其程序，必要時以機密方式處理。

第**5-1**條（簽署協議）

臺灣地區各級地方政府機關（構），非經行政院大陸委員會授權，不得與大陸地區人民、法人、團體或其他機關（構），以任何形式協商簽署協議。臺灣地區之公務人員、各級公職人員或各級地方民意代表機關，亦同。

臺灣地區人民、法人、團體或其他機構，除依本條例規定，經行政院大陸委員會或各該主管機關授權，不得與大陸地區人民、法人、團體或其他機關（構）簽署涉及臺灣地區公權力或政治議題之協議。

第**5-2**條（相關辦法之擬訂）

依第四條第三項、第四項或第四條之二第二項規定，委託、複委託處理事務或協商簽署協議，及監督受委託機構、民間團體或其他具公益性質之法人之相關辦法，由行政院大陸委員會擬訂，報請行政院核定之。

第**5-3**條（政治議題協商之監督機制）

涉及政治議題之協議，行政院應於協商開始九十日前，向立法院提出協議締結計畫及憲政或重大政治衝擊影響評估報告。締結計畫經全體立法委員四分之三之出席，及出席委員四分之三之同意，始得開啟簽署協議之協商。

前項涉及政治議題之協議，係指具憲政或重大政治影響性之協議。

負責協議之機關應依締結計畫進行談判協商，並適時向立法院報告；立法院或相關委員會亦得邀請負責協議之機關進行報告。

立法院依據前項報告判斷雙方談判協商已無法依照締結計畫進行時，得經全體立法委員二分之一以上之決議，要求負責協議之機關終止協商；行政院判斷雙方談判協商已無法依照締結計畫進行時，應終止協商，並向立法院報告。

負責協議之機關依締結計畫完成協議草案之談判後，應於十五日內經行政院院會決議報請總統核定。總統核定後十五日內，行政院應主動公開協議草案之完整內容，函送立法院審議，並向立法院報告協議過程及憲政或重大政治衝擊影響評估。

立法院全院委員會應於院會審查前，就協議草案內容及憲政或重大政治衝擊影響評估舉行聽證。

立法院院會審查協議草案經全體立法委員四分之三之出席，及出席委員四分之三之同意，再由行政院將協議草案，連同公民投票主文、理由書交由中央選舉委員會辦理全國性公民投票，其獲有效同意票超過投票權人總額之半數者，即為協議草案通過，經負責協議之機關簽署及換文後，呈請總統公布生效。

關於政治議題協議之公民投票，不適用公民投票法第九條至第十六條、第十七條第一項關於期間與同條項第三款、第十九條、第二十三條及第二十六條至第二十九條之規定。其餘公民投票事項，本條例未規定者，適用公民投票法之規定。

主權國家地位與自由民主憲政秩序之毀棄或變更，不得作為政治議題談判及協議之項目。

違反本條規定所為之政治議題協商或約定，無效。

第**6**條 （在臺設立分支機構）

為處理臺灣地區與大陸地區人民往來有關之事務，行政院得依對等原則，許可大陸地區之法人、團體或其他機構在臺灣地區設立分支機構。

前項設立許可事項，以法律定之。

第**7**條 （文書驗證）

在大陸地區製作之文書，經行政院設立或指定之機構或委託之民間團體驗證者，推定為真正。

第**8**條 （司法文書之送達與司法調查）

應於大陸地區送達司法文書或為必要之調查者，司法機關得囑託或委託第四條之機構或民間團體為之。

第二章 行政

第**9**條 （臺灣地區人民進入大陸地區之申請許可）

修正前條文：（現行有效條文）

臺灣地區人民進入大陸地區，應經一般出境查驗程序。

主管機關得要求航空公司或旅行相關業者辦理前項出境申報程序。

臺灣地區公務員，國家安全局、國防部、法務部調查局及其所屬各級機關未具公務員身分之人員，應向內政部申請許可，始得進入大陸地區。但簡任第十職等及警監四階以下未涉及國家安全、利益或機密之公務員及警察人員赴大陸地區，不在此限；其作業要點，於本法修正後三個月內，由內政部會同相關機關擬訂，報請行政院核定之。

臺灣地區人民具有下列身分者，進入大陸地區應經申請，並經內政部會同國家安全局、法務部及大陸委員會組成之審查會審查許可：

一、政務人員、直轄市長。

二、於國防、外交、科技、情報、大陸事務或其他相關機關從事涉及國家安全、利益或機密業務之人員。

三、受前款機關委託從事涉及國家安全、利益或機密公務之個人或民間團體、機構成員。

四、前三款退離職未滿三年之人員。

五、縣（市）長。

前二項所列人員，進入大陸地區返臺後，應向（原）服務機關或委託機關通報。但直轄市長應向行政院、縣（市）長應向內政部、其餘機關首長應向上一級機關通報。

第四項第二款至第四款所列人員，其涉及國家安全、利益或機密之認定，由（原）服務機關、委託機關或受託團體、機構依相關規定及業務性質辦理。

第四項第四款所定退離職人員退離職後，應經審查會審查許可，始得進入大陸地區之期間，原服務機關、委託機關或受託團體、機構得依其所涉及國家安全、利益、機密及業務性質增加之。

曾任第四項第二款人員從事涉及重要國家安全、利益或機密業務者，於前項應經審查會審查許可之期間屆滿後，（原）服務機關得限其在進入大陸地區前及返臺後，仍應向（原）服務機關申報。

遇有重大突發事件、影響臺灣地區重大利益或於兩岸互動有重大危害情形者，得經立法院議決由行政院公告於一定期間內，對臺灣地區人民進入大陸地區，採行禁止、限制或其他必要之處置，立法院如於會期內一個月未為決議，視為同意；但情況急迫者，得於事後追認之。

臺灣地區人民進入大陸地區者，不得從事妨害國家安全或利益之活動。

第二項申報程序、第三項、第四項許可辦法及第五項通報程序，由內政部擬訂，報請行政院核定之。

第八項申報對象、期間、程序及其他應遵行事項之辦法，由內政部定之。

修正後條文：（施行日期：未定）

臺灣地區人民進入大陸地區，應經一般出境查驗程序。

主管機關得要求航空公司或旅行相關業者辦理前項出境申報程序。

臺灣地區公務員，國家安全局、國防部、法務部調查局及其所屬各級機關未具公務員身分之人員，應向內政部申請許可，始得進入大陸地區。但簡任第十職等及警監四階以下未涉及國家安全、利益或機密之公務員及警察人員赴大陸地區，不在此限；其作業要點，於本法修正後三個月內，由內政部會同相關機關擬訂，報請行政院核定之。

臺灣地區人民具有下列身分者，進入大陸地區應經申請，並經內政部會同國家安全局、法務部、大陸委員會及相關機關組成之審查會審查許可：

一、政務人員、直轄市長。

二、於國防、外交、科技、情報、大陸事務或其他相關機關從事涉及國家安全、利益或機密業務之人員。

三、受前款機關委託從事涉及國家安全、利益或機密公務之個人**或法人、團體、其他機構之成員**。

四、前三款退離職或受委託終止未滿三年之人員。

五、縣（市）長。

六、受政府機關（構）委託、補助或出資達一定基準從事涉及國家核心關鍵技術業務之個人或法人、團體、其他機構之成員；受委託、補助、出資終止或離職未滿三年者，亦同。

前二項所列人員，進入大陸地區返臺後，應向（原）服務機關、委託、**補助或出資**機關（構）通報。但直轄市長應向行政院、縣（市）長應向內政部、其餘機關首長應向上一級機關通報。

第四項第二款至第四款及第六款所列人員，其涉及國家安全、利益、機密或**國家核心關鍵技術**之認定，由（原）服務機關、委託、補助、出資機關（構），或受委託、補助、出資之法人、團體、其他機構依相關規定及業務性質辦理。

第四項第四款所定退離職人員退離職或**受委託終止後**，應經審查會審查許可，始得進入大陸地區之期間，原服務機關、委託機關或受委託**法人、團體、其他機構**得依其所涉及國家安全、利益、機密及業務性質增加之。

曾任第四項第二款人員從事涉及重要國家安全、利益或機密業務者，於前項應經審查會審查許可之期間屆滿後，（原）服務機關得限其在進入大陸地區前及返臺後，仍應向（原）服務機關申報。

遇有重大突發事件、影響臺灣地區重大利益或於兩岸互動有重大危害情形者，得經立法院議決由行政院公告於一定期間內，對臺灣地區人民進入大陸地區，採行禁止、限制或其他必要之處置，立法院如於會期內一個月未為決議，視為同意；但情況急迫者，得於事後追認之。

臺灣地區人民進入大陸地區者，不得從事妨害國家安全或利益之活動。

本條例所稱國家核心關鍵技術，指國家安全法第三條第三項所定之國家核心關鍵技術。

第二項申報程序、第三項、第四項許可辦法及第五項通報程序，由內政部擬訂，報請行政院核定之。

第四項第六款所定受委託、補助或出資之一定基準及其他應遵行事項之辦法，由國家科學及技術委員會會商有關機關定之。

第八項申報對象、期間、程序及其他應遵行事項之辦法，由內政部定之。

第**9-1**條（臺灣地區人民不得在大陸地區設籍或領用其護照）

臺灣地區人民不得在大陸地區設有戶籍或領用大陸地區護照。

違反前項規定在大陸地區設有戶籍或領用大陸地區護照者，除經有關機關認有特殊考量必要外，**喪失臺灣地區人民身分及其在臺灣地區選舉、罷免、創制、複決、擔任軍職、公職及其他以在臺灣地區設有戶籍所衍生相關權利，並由戶政機關註銷其臺灣地區之戶籍登記**；但其因臺灣地區人民身分所負之責任及義務，不因而喪失或免除。

本條例修正施行前，臺灣地區人民已在大陸地區設籍或領用大陸地區護照者，其在本條例修正施行之日起六個月內，註銷大陸地區戶籍或放棄領用大陸地區護照並向內政部提出相關證明者，不喪失臺灣地區人民身分。

第**9-2**條（回復臺灣地區人民身分許可辦法之擬訂）

依前條規定喪失臺灣地區人民身分者，**嗣後註銷大陸地區戶籍或放棄持用大陸地區護照，得向內政部申請許可回復臺灣地區人民身分**，並返回臺灣地區定居。

前項許可條件、程序、方式、限制、撤銷或廢止許可及其他應遵行事項之辦法，由內政部擬訂，報請行政院核定之。

第**9-3**條（特定身分退離職人員參與大陸地區政治活動之限制）

曾任國防、外交、大陸事務或與國家安全相關機關之政務副首長或少將以上人員，或情報機關首長，**不得參與大陸地區黨務、軍事、行政或具政治性機關（構）、團體所舉辦之慶典或活動，而有妨害國家尊嚴之行為**。

前項**妨害國家尊嚴之行為，指向象徵大陸地區政權之旗、徽、歌等行禮、唱頌或其他類似之行為**。

第**10**條　（大陸地區人民進入臺灣地區之許可）

大陸地區人民非經主管機關許可，不得進入臺灣地區。

經許可進入臺灣地區之大陸地區人民，不得從事與許可目的不符之活動。

前二項許可辦法，由有關主管機關擬訂，報請行政院核定之。

第**10-1**條　（大陸地區人民進入臺灣地區團聚、居留或定居之申請）

大陸地區人民申請進入臺灣地區團聚、居留或定居者，應接受面談、按捺指紋並建檔管理之；未接受面談、按捺指紋者，不予許可其團聚、居留或定居之申請。其管理辦法，由主管機關定之。

第11條 (僱用大陸地區人民在臺工作之申請許可)

僱用大陸地區人民在臺灣地區工作,應向主管機關申請許可。

經許可受僱在臺灣地區工作之大陸地區人民,**其受僱期間不得逾一年,並不得轉換雇主及工作**。但因雇主關廠、歇業或其他特殊事故,致僱用關係無法繼續時,經主管機關許可者,得轉換雇主及工作。

大陸地區人民因前項但書情形轉換雇主及工作時,其轉換後之受僱期間,與原受僱期間併計。

雇主向行政院勞工委員會申請僱用大陸地區人民工作,應先以合理勞動條件在臺灣地區辦理公開招募,並向公立就業服務機構申請求才登記,無法滿足其需要時,始得就該不足人數提出申請。但應於招募時,將招募內容全文通知其事業單位之工會或勞工,並於大陸地區人民預定工作場所公告之。

僱用大陸地區人民工作時,其勞動契約應以定期契約為之。

第一項許可及其管理辦法,由行政院勞工委員會會同有關機關擬訂,報請行政院核定之。

依國際協定開放服務業項目所衍生僱用需求,及跨國企業、在臺營業達一定規模之臺灣地區企業,得經主管機關許可,僱用大陸地區人民,不受前六項及第九十五條相關規定之限制;其許可、管理、企業營業規模、僱用條件及其他應遵行事項之辦法,由行政院勞工委員會會同有關機關擬訂,報請行政院核定之。

第12條 (刪除)

第13條 (就業安定費)

僱用大陸地區人民者,應向行政院勞工委員會所設專戶繳納就業安定費。

前項收費標準及管理運用辦法,由行政院勞工委員會會同財政部擬訂,報請行政院核定之。

第14條 (限期離境與強制出境)

經許可受僱在臺灣地區工作之大陸地區人民,違反本條例或其他法令之規定者,主管機關得撤銷或廢止其許可。

前項經撤銷或廢止許可之大陸地區人民,應限期離境,逾期不離境者,依第十八條規定強制其出境。

前項規定,於中止或終止勞動契約時,適用之。

第15條 (禁止行為)

下列行為不得為之:

一、使大陸地區人民非法進入臺灣地區。

二、明知臺灣地區人民未經許可,而招攬使之進入大陸地區。

三、使大陸地區人民在臺灣地區從事未經許可或與許可目的不符之活動。

四、僱用或留用大陸地區人民在臺灣地區從事未經許可或與許可範圍不符之工作。

五、居間介紹他人為前款之行為。

第16條 (申請定居)

大陸地區人民得**申請來臺從事商務或觀光活動**,其辦法,由主管機關定之。

大陸地區人民有下列情形之一者,**得申請在臺灣地區定居**:

一、臺灣地區人民之直系血親及配偶,年齡在七十歲以上、十二歲以下者。

二、其臺灣地區之配偶死亡，須在臺灣地區照顧未成年之親生子女者。
三、民國三十四年後，因兵役關係滯留大陸地區之臺籍軍人及其配偶。
四、民國三十八年政府遷臺後，因作戰或執行特種任務被俘之前國軍官兵及其配偶。
五、民國三十八年政府遷臺前，以公費派赴大陸地區求學人員及其配偶。
六、民國七十六年十一月一日前，因船舶故障、海難或其他不可抗力之事由滯留大陸地區，且在臺灣地區原有戶籍之漁民或船員。

大陸地區人民依前項第一款規定，每年申請在臺灣地區定居之數額，得予限制。

依第二項第三款至第六款規定申請者，其大陸地區配偶得隨同本人申請在臺灣地區定居；未隨同申請者，得由本人在臺灣地區定居後代為申請。

第17條 （申請居留）

大陸地區人民為臺灣地區人民配偶，得依法令申請進入臺灣地區團聚，經許可入境後，得申請在臺灣地區依親居留。

前項以外之大陸地區人民，得依法令申請在臺灣地區停留；有下列情形之一者，**得申請在臺灣地區商務或工作居留，居留期間最長為三年，期滿得申請延期**：
一、符合第十一條受僱在臺灣地區工作之大陸地區人民。
二、符合第十條或第十六條第一項來臺從事商務相關活動之大陸地區人民。

經依第一項規定許可在臺灣地區依親居留滿四年，且每年在臺灣地區合法居留期間逾一百八十三日者，得申請長期居留。

內政部得基於政治、經濟、社會、教育、科技或文化之考量，專案許可大陸地區人民在臺灣地區長期居留，申請居留之類別及數額，得予限制；其類別及數額，由內政部擬訂，報請行政院核定後公告之。

經依前二項規定許可在臺灣地區長期居留者，居留期間無限制；**長期居留符合下列規定者，得申請在臺灣地區定居**：
一、在臺灣地區合法居留連續二年且每年居住逾一百八十三日。
二、品行端正，無犯罪紀錄。
三、提出喪失原籍證明。
四、符合國家利益。

內政部得訂定依親居留、長期居留及定居之數額及類別，報請行政院核定後公告之。

第一項人員經許可依親居留、長期居留或定居，有事實足認係通謀而為虛偽結婚者，撤銷其依親居留、長期居留、定居許可及戶籍登記，並強制出境。

大陸地區人民在臺灣地區逾期停留、居留或未經許可入境者，在臺灣地區停留、居留期間，不適用前條及第一項至第四項規定。

前條及第一項至第五項有關居留、長期居留、或定居條件、程序、方式、限制、撤銷或廢止許可及其他應遵行事項之辦法，由內政部會同有關機關擬訂，報請行政院核定之。

本條例中華民國九十八年六月九日修正之條文施行前，經許可在臺團聚者，其每年在臺合法團聚期間逾一百八十三日者，得轉換為依親居留期間；其已在臺依親居留或長期居留者，每年在臺合法團聚期間逾一百八十三日者，其團聚期間得分別轉換併計為依親居留或長期居留期間；經轉換併計後，在臺依親居留滿四年，符合第三項規定，得申請轉換為長期居留期間；經轉換併計後，在臺連續長期居留滿二年，並符合第五項規定，得申請定居。

第17-1條　（合法居留之工作權）

經依前條第一項、第三項或第四項規定許可在臺灣地區依親居留或長期居留者，**居留期間得在臺灣地區工作**。

第18條　（強制出境之事由）

進入臺灣地區之大陸地區人民，有下列情形之一者，內政部移民署得**逕行強制出境，或限令其於十日內出境，逾限令出境期限仍未出境，內政部移民署得強制出境**：

一、未經許可入境。

二、經許可入境，已逾停留、居留期限，或經撤銷、廢止停留、居留、定居許可。

三、從事與許可目的不符之活動或工作。

四、有事實足認為有犯罪行為。

五、有事實足認為有危害國家安全或社會安定之虞。

六、非經許可與臺灣地區之公務人員以任何形式進行涉及公權力或政治議題之協商。

內政部移民署於知悉前項大陸地區人民**涉有刑事案件已進入司法程序者，於強制出境十日前，應通知司法機關**。該等大陸地區人民除經依法羈押、拘提、管收或限制出境者外，內政部移民署得強制出境或限令出境。

內政部移民署於強制大陸地區人民出境前，**應給予陳述意見之機會**；強制已取得居留或定居許可之大陸地區人民出境前，**並應召開審查會**。但當事人有下列情形之一者，**得不經審查會審查，逕行強制出境**：

一、以書面聲明放棄陳述意見或自願出境。

二、依其他法律規定限令出境。

三、有危害國家利益、公共安全、公共秩序或從事恐怖活動之虞，且情況急迫應即時處分。

第一項所定強制出境之處理方式、程序、管理及其他應遵行事項之辦法，由內政部定之。

第三項審查會由內政部遴聘有關機關代表、社會公正人士及學者專家共同組成，其中單一性別不得少於三分之一，且社會公正人士及學者專家之人數不得少於二分之一。

第18-1條　（暫予收容之事由及期間）

前條第一項受強制出境處分者，有下列情形之一，且非予收容顯難強制出境，內政部移民署**得暫予收容**，期間自暫予收容時起**最長不得逾十五日**，且應於暫予收容處分作成前，**給予當事人陳述意見機會**：

一、無相關旅行證件，或其旅行證件仍待查核，不能依規定執行。

二、有事實足認有行方不明、逃逸或不願自行出境之虞。

三、於境外遭通緝。

暫予收容期間屆滿前，內政部移民署認**有續予收容之必要者**，應於期間屆滿五日前附具理由，**向法院聲請裁定續予收容**。續予收容之期間，自暫予收容期間屆滿時起，**最長不得逾四十五日**。

續予收容期間屆滿前，有第一項各款情形之一，內政部移民署認**有延長收容之必要者**，應於期間屆滿五日前附具理由，**向法院聲請裁定延長收容。延長收容之期間，自續予收容期間屆滿時起，最長不得逾四十日**。

前項收容期間屆滿前，有第一項各款情形之一，內政部移民署認有延長收容之必要者，應於期間屆滿五日前附具理由，再向**法院聲請延長收容一次**。延長收容之期間，自前次延長收容期間屆滿時起，**最長不得逾五十日**。

受收容人有得不暫予收容之情形、收容原因消滅，或無收容之必要，內政部移民署得依職權，視其情形分別為廢止暫予收容處分、停止收容，或為收容替代處分後，釋放受收容人。如於法院裁定准予續予收容或延長收容後，內政部移民署停止收容時，應即時通知原裁定法院。

受收容人涉及刑事案件已進入司法程序者，內政部移民署於知悉後執行強制出境十日前，應通知司法機關；如經司法機關認為有羈押或限制出境之必要，而移由其處理者，不得執行強制出境。

本條例中華民國一百零四年六月二日修正之條文施行前，大陸地區人民如經司法機關責付而收容，並經法院判決有罪確定者，其於修正施行前之收容日數，仍適用修正施行前折抵刑期或罰金數額之規定。

本條例中華民國一百零四年六月二日修正之條文施行前，已經收容之大陸地區人民，其於修正施行時收容期間未逾十五日者，內政部移民署應告知其得提出收容異議，十五日期間屆滿認有續予收容之必要，應於期間屆滿前附具理由，向法院聲請續予收容；已逾十五日至六十日或逾六十日者，內政部移民署如認有續予收容或延長收容之必要，應附具理由，於修正施行當日，向法院聲請續予收容或延長收容。

同一事件之收容期間應合併計算，且最長不得逾一百五十日；本條例中華民國一百零四年六月二日修正之條文施行前後收容之期間合併計算，最長不得逾一百五十日。

受收容人之收容替代處分、得不暫予收容之事由、異議程序、法定障礙事由、暫予收容處分、收容替代處分與強制出境處分之作成方式、廢（停）止收容之程序、再暫予收容之規定、遠距審理及其他應遵行事項，準用入出國及移民法第三十八條第二項、第三項、第三十八條之一至第三十八條之三、第三十八條之六、第三十八條之七第二項、第三十八條之八第一項及第三十八條之九規定辦理。

有關收容處理方式、程序、管理及其他應遵行事項之辦法，由內政部定之。

前條及前十一項規定，於本條例施行前進入臺灣地區之大陸地區人民，適用之。

第18-2條 （逾期居留未滿三十日，重新申請居留）

大陸地區人民逾期居留未滿三十日，原申請居留原因仍繼續存在者，經依第八十七條之一規定處罰後，得向內政部移民署重新申請居留，不適用第十七條第八項規定。

前項大陸地區人民申請長期居留或定居者，核算在臺灣地區居留期間，應扣除一年。

第19條 （強制出境之事由）

臺灣地區人民依規定保證大陸地區人民入境者，於被保證人屆期不離境時，應協助有關機關強制其出境，並負擔因強制出境所支出之費用。

前項費用，得由強制出境機關檢具單據影本及計算書，通知保證人限期繳納，屆期不繳納者，依法移送強制執行。

第20條 （強制出境之事由）

臺灣地區人民有下列情形之一者，應負擔強制出境所需之費用：

一、使大陸地區人民非法入境者。
二、非法僱用大陸地區人民工作者。
三、僱用之大陸地區人民依第十四條第二項或第三項規定強制出境者。

前項費用有數人應負擔者，應負連帶責任。

第一項費用，由強制出境機關檢具單據影本及計算書，通知應負擔人限期繳納；屆期不繳納者，依法移送強制執行。

第21條（公權之取得）

大陸地區人民經許可進入臺灣地區者，除法律另有規定外，非在臺灣地區設有戶籍滿十年，不得登記為公職候選人、擔任公教或公營事業機關（構）人員及組織政黨；非在臺灣地區設有戶籍滿二十年，不得擔任情報機關（構）人員，或國防機關（構）之下列人員：

一、志願役軍官、士官及士兵。

二、義務役軍官及士官。

三、文職、教職及國軍聘雇人員。

大陸地區人民經許可進入臺灣地區設有戶籍者，得依法令規定擔任大學教職、學術研究機構研究人員或社會教育機構專業人員，不受前項在臺灣地區設有戶籍滿十年之限制。

前項人員，不得擔任涉及國家安全或機密科技研究之職務。

第22條（學歷採認及考試）

在大陸地區接受教育之學歷，除屬醫療法所稱醫事人員相關之高等學校學歷外，得予採認；其適用對象、採認原則、認定程序及其他應遵行事項之辦法，由教育部擬訂，報請行政院核定之。

大陸地區人民非經許可在臺灣地區設有戶籍者，不得參加公務人員考試、專門職業及技術人員考試之資格。

大陸地區人民經許可得來臺就學，其適用對象、申請程序、許可條件、停留期間及其他應遵行事項之辦法，由教育部擬訂，報請行政院核定之。

第22-1條（刪除）

第23條（招生或居間介紹之許可）

臺灣地區、大陸地區及其他地區人民、法人、團體或其他機構，經許可得為大陸地區之教育機構在臺灣地區辦理招生事宜或從事居間介紹之行為。

其許可辦法由教育部擬訂，報請行政院核定之。

第24條（課徵所得稅）

臺灣地區人民、法人、團體或其他機構有大陸地區來源所得者，應併同臺灣地區來源所得課徵所得稅。但其在大陸地區已繳納之稅額，得自應納稅額中扣抵。

臺灣地區法人、團體或其他機構，依第三十五條規定經主管機關許可，經由其在第三地區投資設立之公司或事業在大陸地區從事投資者，於依所得稅法規定列報第三地區公司或事業之投資收益時，其屬源自轉投資大陸地區公司或事業分配之投資收益部分，視為大陸地區來源所得，依前項規定課徵所得稅。但該部分大陸地區投資收益在大陸地區及第三地區已繳納之所得稅，得自應納稅額中扣抵。

前二項扣抵數額之合計數，不得超過因加計其大陸地區來源所得，而依臺灣地區適用稅率計算增加之應納稅額。

第25條（課徵所得稅）

大陸地區人民、法人、團體或其他機構有臺灣地區來源所得者，應就其臺灣地區來源所得，課徵所得稅。

大陸地區人民於一課稅年度內在臺灣地區居留、停留合計滿一百八十三日者，應就其臺灣地區來源所得，準用臺灣地區人民適用之課稅規定，課徵綜合所得稅。

大陸地區法人、團體或其他機構在臺灣地區有固定營業場所或營業代理人者，應就其臺灣地區來源所得，準用臺灣地區營利事業適用之課稅規定，課徵營利事業所得稅；其在臺灣地區無固定營業場所而有營業代理人者，其應納之營利事業所得稅，應由營業代理人負責，向該管稽徵機關申報納稅。但大陸地區法人、團體或其他機構在臺灣地區因從事投資，所獲配之股利淨額或盈餘淨額，應由扣繳義務人於給付時，按規定之扣繳率扣繳，不計入營利事業所得額。

大陸地區人民於一課稅年度內在臺灣地區居留、停留合計未滿一百八十三日者，及大陸地區法人、團體或其他機構在臺灣地區無固定營業場所及營業代理人者，其臺灣地區來源所得之應納稅額，應由扣繳義務人於給付時，按規定之扣繳率扣繳，免辦理結算申報；如有非屬扣繳範圍之所得，應由納稅義務人依規定稅率申報納稅，其無法自行辦理申報者，應委託臺灣地區人民或在臺灣地區有固定營業場所之營利事業為代理人，負責代理申報納稅。

前二項之扣繳事項，適用所得稅法之相關規定。

大陸地區人民、法人、團體或其他機構取得臺灣地區來源所得應適用之扣繳率，其標準由財政部擬訂，報請行政院核定之。

第25-1條　（課徵所得稅）

大陸地區人民、法人、團體、其他機構或其於第三地區投資之公司，依第七十三條規定申請在臺灣地區投資經許可者，其取得臺灣地區之公司所分配股利或合夥人應分配盈餘應納之所得稅，由所得稅法規定之扣繳義務人於給付時，按給付額或應分配額扣繳百分之二十，不適用所得稅法結算申報之規定。但大陸地區人民於一課稅年度內在臺灣地區居留、停留合計滿一百八十三日者，應依前條第二項規定課徵綜合所得稅。

依第七十三條規定申請在臺灣地區投資經許可之法人、團體或其他機構，其董事、經理人及所派之技術人員，因辦理投資、建廠或從事市場調查等臨時性工作，於一課稅年度內在臺灣地區居留、停留期間合計不超過一百八十三日者，其由該法人、團體或其他機構非在臺灣地區給與之薪資所得，不視為臺灣地區來源所得。

第26條　（長期居住大陸地區者退休給與之領取）

支領各種月退休（職、伍）給與之退休（職、伍）軍公教及公營事業機關（構）人員擬赴大陸地區長期居住者，應向主管機關申請改領一次退休（職、伍）給與，並由主管機關就其原核定退休（職、伍）年資及其申領當月同職等或同官階之現職人員月俸額，計算其應領之一次退休（職、伍）給與為標準，扣除已領之月退休（職、伍）給與，一次發給其餘額；無餘額或餘額未達其應領之一次退休（職、伍）給與半數者，一律發給其應領一次退休（職、伍）給與之半數。

前項人員在臺灣地區有受其扶養之人者，申請前應經該受扶養人同意。

第一項人員未依規定申請辦理改領一次退休（職、伍）給與，而在大陸地區設有戶籍或領用大陸地區護照者，停止領受退休（職、伍）給與之權利，俟其經依第九條之二規定許可回復臺灣地區人民身分後恢復。

第一項人員如有以詐術或其他不正當方法領取一次退休（職、伍）給與，由原退休（職、伍）機關追回其所領金額，如涉及刑事責任者，移送司法機關辦理。

第一項改領及第三項停止領受及恢復退休（職、伍）給與相關事項之辦法，由各主管機關定之。

第26-1條　（保險死亡給付、一次撫卹、撫慰金、餘額退伍金之辦理申領）

軍公教及公營事業機關（構）人員，在任職（服役）期間死亡，或支領月退休（職、伍）給與人員，在支領期間死亡，而在臺灣地區無遺族或法定受益人者，其居住大陸地區之遺族或法定受益人，得於各該支領給付人死亡之日起五年內，經許可進入臺灣地區，以書面向主管機關申請領受公務人員或軍人保險死亡給付、一次撫卹金、餘額退伍金或一次撫慰金，不得請領年撫卹金或月撫慰金。逾期未申請領受者，喪失其權利。

前項保險死亡給付、一次撫卹金、餘額退伍金或一次撫慰金總額，**不得逾新臺幣二百萬元**。

本條例中華民國八十六年七月一日修正生效前，依法核定保留保險死亡給付、一次撫卹金、餘額退伍金或一次撫慰金者，其居住大陸地區之遺族或法定受益人，應於中華民國八十六年七月一日起五年內，依第一項規定辦理申領，逾期喪失其權利。

申請領受第一項或前項規定之給付者，有因受傷或疾病致行動困難或領受之給付與來臺旅費顯不相當等特殊情事，經主管機關核定者，得免進入臺灣地區。

民國三十八年以前在大陸地區依法令核定應發給之各項公法給付，其權利人尚未領受或領受中斷者，於國家統一前，不予處理。

第27條　（定居大陸地區榮民就養給付之發給）

國軍退除役官兵輔導委員會安置就養之榮民經核准赴大陸地區長期居住者，其原有之就養給付、身心障礙撫卹金，仍應發給；本條中華民國九十三年三月一日修正生效前經許可赴大陸地區定居者，亦同。

就養榮民未依前項規定經核准，而在大陸地區設有戶籍或領用大陸地區護照者，停止領受就養給付、身心障礙撫卹金之權利，俟其經依第九條之二規定許可回復臺灣地區人民身分後恢復。

前二項所定就養給付、身心障礙撫卹金之發給、停止領受及恢復給付相關事項之辦法，由國軍退除役官兵輔導委員會擬訂，報請行政院核定之。

第28條　（航行大陸地區之許可）

中華民國船舶、航空器及其他運輸工具，經主管機關許可，得航行至大陸地區。其許可及管理辦法，於本條例修正通過後十八個月內，由交通部會同有關機關擬訂，報請行政院核定之；於必要時，經向立法院報告備查後，得延長之。

第28-1條　（船舶、航空器及其他運輸工具不得私運大陸地區人民）

中華民國船舶、航空器及其他運輸工具，不得私行運送大陸地區人民前往臺灣地區及大陸地區以外之國家或地區。

臺灣地區人民不得利用非中華民國船舶、航空器或其他運輸工具，私行運送大陸地區人民前往臺灣地區及大陸地區以外之國家或地區。

第29條 （限制區域）

大陸船舶、民用航空器及其他運輸工具，非經主管機關許可，不得進入臺灣地區限制或禁止水域、臺北飛航情報區限制區域。

前項限制或禁止水域及限制區域，由國防部公告之。

第一項許可辦法，由交通部會同有關機關擬訂，報請行政院核定之。

第29-1條 （營業稅及所得稅之減免）

臺灣地區及大陸地區之海運、空運公司，參與兩岸船舶運輸及航空運輸，在對方取得之運輸收入，得依第四條之二規定訂定之臺灣地區與大陸地區協議事項，於互惠原則下，相互減免應納之營業稅及所得稅。

前項減免稅捐之範圍、方法、適用程序及其他相關事項之辦法，由財政部擬訂，報請行政院核定。

第30條 （外國運輸工具禁止直航）

外國船舶、民用航空器及其他運輸工具，不得直接航行於臺灣地區與大陸地區港口、機場間；亦不得利用外國船舶、民用航空器及其他運輸工具，經營經第三地區航行於包括臺灣地區與大陸地區港口、機場間之定期航線業務。

前項船舶、民用航空器及其他運輸工具為大陸地區人民、法人、團體或其他機構所租用、投資或經營者，交通部得限制或禁止其進入臺灣地區港口、機場。

第一項之禁止規定，交通部於必要時得報經行政院核定為全部或一部之解除。其解除後之管理、運輸作業及其他應遵行事項，準用現行航政法規辦理，並得視需要由交通部會商有關機關訂定管理辦法。

第31條 （防衛處置）

大陸民用航空器未經許可進入臺北飛航情報區限制進入之區域，執行空防任務機關得警告飛離或採必要之防衛處置。

第32條 （船舶物品之扣留及處分）

大陸船舶未經許可進入臺灣地區限制或禁止水域，主管機關得逕行驅離或扣留其船舶、物品，留置其人員或為必要之防衛處置。

前項扣留之船舶、物品，或留置之人員，主管機關應於三個月內為下列之處分：

一、扣留之船舶、物品未涉及違法情事，得發還；若違法情節重大者，得沒入。

二、留置之人員經調查後移送有關機關依本條例第十八條收容遣返或強制其出境。

本條例實施前，扣留之大陸船舶、物品及留置之人員，已由主管機關處理者，依其處理。

第33條 （任職之許可）

臺灣地區人民、法人、團體或其他機構，除法律另有規定外，得擔任大陸地區法人、團體或其他機構之職務或為其成員。

臺灣地區人民、法人、團體或其他機構，不得擔任經行政院大陸委員會會商各該主管機關公告禁止之大陸地區黨務、軍事、行政或具政治性機關（構）、團體之職務或為其成員。

臺灣地區人民、法人、團體或其他機構，擔任大陸地區之職務或為其成員，有下列情形之一者，應經許可：

一、所擔任大陸地區黨務、軍事、行政或具政治性機關（構）、團體之職務或為成員，未經依前項規定公告禁止者。

二、有影響國家安全、利益之虞或基於政策需要，經各該主管機關會商行政院大陸委員會公告者。

臺灣地區人民擔任大陸地區法人、團體或其他機構之職務或為其成員，不得從事妨害國家安全或利益之行為。

第二項及第三項職務或成員之認定，由各該主管機關為之；如有疑義，得由行政院大陸委員會會同相關機關及學者專家組成審議委員會審議決定。

第二項及第三項之公告事項、許可條件、申請程序、審查方式、管理及其他應遵行事項之辦法，由行政院大陸委員會會商各該主管機關擬訂，報請行政院核定之。

本條例修正施行前，已擔任大陸地區法人、團體或其他機構之職務或為其成員者，應自前項辦法施行之日起六個月內向主管機關申請許可；屆期未申請或申請未核准者，以未經許可論。

第33-1條　（臺灣地區人民、法人、團體機構禁止行為）

臺灣地區人民、法人、團體或其他機構，非經各該主管機關許可，不得為下列行為：

一、與大陸地區黨務、軍事、行政、具政治性機關（構）、團體或涉及對臺政治工作、影響國家安全或利益之機關（構）、團體為任何形式之合作行為。

二、與大陸地區人民、法人、團體或其他機構，為涉及政治性內容之合作行為。

三、與大陸地區人民、法人、團體或其他機構聯合設立政治性法人、團體或其他機構。

臺灣地區非營利法人、團體或其他機構，與大陸地區人民、法人、團體或其他機構之合作行為，不得違反法令規定或涉有政治性內容；如依其他法令規定，應將預算、決算報告報主管機關者，並應同時將其合作行為向主管機關申報。

本條例修正施行前，已從事第一項所定之行為，且於本條例修正施行後仍持續進行者，應自本條例修正施行之日起三個月內向主管機關申請許可；已從事第二項所定之行為者，應自本條例修正施行之日起一年內申報；屆期未申請許可、申報或申請未經許可者，以未經許可或申報論。

第33-2條　（締結聯盟之同意）

臺灣地區各級地方政府機關（構）或各級地方立法機關，非經內政部會商行政院大陸委員會報請行政院同意，不得與大陸地區地方機關締結聯盟。

本條例修正施行前，已從事前項之行為，且於本條例修正施行後仍持續進行者，應自本條例修正施行之日起三個月內報請行政院同意；屆期未報請同意或行政院不同意者，以未報請同意論。

第33-3條　（締結聯盟或書面約定合作之申報）

臺灣地區各級學校與大陸地區學校締結聯盟或為書面約定之合作行為，應先向教育部申報，於教育部受理其提出完整申報之日起三十日內，不得為該締結聯盟或書面約定之合作行為；教育部未於三十日內決定者，視為同意。

前項締結聯盟或書面約定之合作內容，不得違反法令規定或涉有政治性內容。

本條例修正施行前，已從事第一項之行為，且於本條例修正施行後仍持續進行者，應自本條例修正施行之日起三個月內向主管機關申報；屆期未申報或申報未經同意者，以未經申報論。

第34條 （大陸地區物品勞務在台廣告之許可及禁止行為）

依本條例許可之大陸地區物品、勞務、服務或其他事項，得在臺灣地區從事廣告之播映、刊登或其他促銷推廣活動。

前項廣告活動內容，不得有下列情形：

一、為中共從事具有任何政治性目的之宣傳。

二、違背現行大陸政策或政府法令。

三、妨害公共秩序或善良風俗。

第一項廣告活動及前項廣告活動內容，由各有關機關認定處理，如有疑義，得由行政院大陸委員會會同相關機關及學者專家組成審議委員會審議決定。

第一項廣告活動之管理，除依其他廣告相關法令規定辦理外，得由行政院大陸委員會會商有關機關擬訂管理辦法，報請行政院核定之。

第35條 （投資技術合作等之許可）

臺灣地區人民、法人、團體或其他機構，經經濟部許可，得在大陸地區從事投資或技術合作；其投資或技術合作之產品或經營項目，依據國家安全及產業發展之考慮，區分為禁止類及一般類，由經濟部會商有關機關訂定項目清單及個案審查原則，並公告之。但一定金額以下之投資，得以申報方式為之；其限額由經濟部以命令公告之。

臺灣地區人民、法人、團體或其他機構，得與大陸地區人民、法人、團體或其他機構從事商業行為。但由經濟部會商有關機關公告應經許可或禁止之項目，應依規定辦理。

臺灣地區人民、法人、團體或其他機構，經主管機關許可，得從事臺灣地區與大陸地區間貿易；其許可、輸出入物品項目與規定、開放條件與程序、停止輸出入之規定及其他輸出入管理應遵行事項之辦法，由有關主管機關擬訂，報請行政院核定之。

第一項及第二項之許可條件、程序、方式、限制及其他應遵行事項之辦法，由有關主管機關擬訂，報請行政院核定之。

本條例中華民國九十一年七月一日修正生效前，未經核准從事第一項之投資或技術合作者，應自中華民國九十一年七月一日起六個月內向經濟部申請許可；屆期未申請或申請未核准者，以未經許可論。

第36條 （金融保險業務往來之許可）

臺灣地區金融保險證券期貨機構及其在臺灣地區以外之國家或地區設立之分支機構，經財政部許可，得與大陸地區人民、法人、團體、其他機構或其在大陸地區以外國家或地區設立之分支機構有業務上之直接往來。

臺灣地區金融保險證券期貨機構在大陸地區設立分支機構，應報經財政部許可；其相關投資事項，應依前條規定辦理。

前二項之許可條件、業務範圍、程序、管理、限制及其他應遵行事項之辦法，由財政部擬訂，報請行政院核定之。

為維持金融市場穩定，必要時，財政部得報請行政院核定後，限制或禁止第一項所定業務之直接往來。

第36-1條 （大陸地區資金進出臺灣地區之管理及處罰）

大陸地區資金進出臺灣地區之管理及處罰，準用管理外匯條例第六條之一、第二十條、第二十二條、第二十四條及第二十六條規定；對於臺灣地區之金融市場或外匯市場有重大影響情事時，並得由中央銀行會同有關機關予以其他必要之限制或禁止。

第37條 （出版品電影片等進口發行製作播映之許可）

大陸地區出版品、電影片、錄影節目及廣播電視節目，經主管機關許可，得進入臺灣地區，或在臺灣地區發行、銷售、製作、播映、展覽或觀摩。

前項許可辦法，由行政院新聞局擬訂，報請行政院核定之。

第38條 （幣券攜帶之許可）

大陸地區發行之幣券，除其數額在行政院金融監督管理委員會所定限額以下外，不得進出入臺灣地區。但其數額逾所定限額部分，旅客應主動向海關申報，並由旅客自行封存於海關，出境時准予攜出。

行政院金融監督管理委員會得會同中央銀行訂定辦法，許可大陸地區發行之幣券，進出入臺灣地區。

大陸地區發行之幣券，於臺灣地區與大陸地區簽訂雙邊貨幣清算協定或建立雙邊貨幣清算機制後，其在臺灣地區之管理，準用管理外匯條例有關之規定。

前項雙邊貨幣清算協定簽訂或機制建立前，大陸地區發行之幣券，在臺灣地區之管理及貨幣清算，由中央銀行會同行政院金融監督管理委員會訂定辦法。

第一項限額，由行政院金融監督管理委員會以命令定之。

第39條 （中華古物及藝術品等陳列展覽之許可）

大陸地區之中華古物，經主管機關許可運入臺灣地區公開陳列、展覽者，得予運出。

前項以外之大陸地區文物、藝術品，違反法令、妨害公共秩序或善良風俗者，主管機關得限制或禁止其在臺灣地區公開陳列、展覽。

第一項許可辦法，由有關主管機關擬訂，報請行政院核定之。

第40條 （進出口物品之檢疫管理稅捐徵收）

輸入或攜帶進入臺灣地區之大陸地區物品，以進口論；其檢驗、檢疫、管理、關稅等稅捐之徵收及處理等，依輸入物品有關法令之規定辦理。

輸往或攜帶進入大陸地區之物品，以出口論；其檢驗、檢疫、管理、通關及處理，依輸出物品有關法令之規定辦理。

、

第40-1條 （大陸地區營利事業在臺從事業務活動之許可）

修正前條文：

大陸地區之營利事業，非經主管機關許可，並在臺灣地區設立分公司或辦事處，不得在臺從事業務活動；其分公司在臺營業，準用公司法第九條、第十條、第十二條至第二十五條、第二十八條之一、第三百八十八條、第三百九十一條至第三百九十三條、第三百九十七條、第四百三十八條及第四百四十八條規定。

前項業務活動範圍、許可條件、申請程序、申報事項、應備文件、撤回、撤銷或廢止許可及其他應遵行事項之辦法，由經濟部擬訂，報請行政院核定之。

修正後條文：（111年11月18日施行）

大陸地區之營利事業**或其於第三地區投資之營利事業**，非經主管機關許可，並在臺灣地區設立分公司或辦事處，不得在臺從事業務活動；其分公司在臺營業，準用公司法第十二條、**第十三條第一項、第**

十五條至第十八條、第二十條第一項至第四項、第二十一條第一項及第三項、第二十二條第一項、第二十三條至第二十六條之二、第二十八條之一、**第三百七十二條第一項及第五項、第三百七十八條至第三百八十二條**、第三百八十八條、第三百九十一條、第三百九十二條、第三百九十三條、第三百九十七條及第四百三十八條規定。

前項**大陸地區之營利事業與其於第三地區投資之營利事業之認定、基準**、許可條件、申請程序、申報事項、應備文件、撤回、撤銷或廢止許可、**業務活動或營業範圍**及其他應遵行事項之辦法，由經濟部擬訂，報請行政院核定之。

第**40-2**條 （大陸地區非營利法人、團體或機構，在臺從事業務活動之許可）

大陸地區之非營利法人、團體或其他機構，非經各該主管機關許可，不得在臺灣地區設立辦事處或分支機構，從事業務活動。

經許可在臺從事業務活動之大陸地區非營利法人、團體或其他機構，不得從事與許可範圍不符之活動。

第一項之許可範圍、許可條件、申請程序、申報事項、應備文件、審核方式、管理事項、限制及其他應遵行事項之辦法，由各該主管機關擬訂，報請行政院核定之。

第三章 民事

第**41**條 （民事事件適用法律）

臺灣地區人民與大陸地區人民間之民事事件，除本條例另有規定外，適用臺灣地區之法律。

大陸地區人民相互間及其與外國人間之民事事件，除本條例另有規定外，適用大陸地區之規定。

本章所稱行為地、訂約地、發生地、履行地、所在地、訴訟地或仲裁地，指在臺灣地區或大陸地區。

第**42**條 （各地方規定不同依當事人戶籍地）

依本條例規定應適用大陸地區之規定時，如該地區內各地方有不同規定者，依當事人戶籍地之規定。

第**43**條 （適用法律）

依本條例規定應適用大陸地區之規定時，如大陸地區就該法律關係無明文規定或依其規定應適用臺灣地區之法律者，適用臺灣地區之法律。

第**44**條 （適用法律）

依本條例規定應適用大陸地區之規定時，如其規定有背於臺灣地區之公共秩序或善良風俗者，適用臺灣地區之法律。

第**45**條 （行為地或事實發生地）

民事法律關係之行為地或事實發生地跨連臺灣地區與大陸地區者，以臺灣地區為行為地或事實發生地。

第**46**條 （行為能力之準據法）

大陸地區人民之行為能力，依該地區之規定。但未成年人已結婚者，就其在臺灣地區之法律行為，視為有行為能力。

大陸地區之法人、團體或其他機構，其權利能力及行為能力，依該地區之規定。

第**47**條 （法律行為方式之準據法）

法律行為之方式，依該行為所應適用之規定。但依行為地之規定所定之方式者，亦為有效。

物權之法律行為，其方式依物之所在地之規定。

行使或保全票據上權利之法律行為，其方式依行為地之規定。

第48條 （債之準據法）

債之契約依訂約地之規定。但當事人另有約定者，從其約定。

前項訂約地不明而當事人又無約定者，依履行地之規定，履行地不明者，依訴訟地或仲裁地之規定。

第49條 （因法律事實所生之債之準據法）

關於在大陸地區由無因管理、不當得利或其他法律事實而生之債，依大陸地區之規定。

第50條 （侵權行為之準據法）

侵權行為依損害發生地之規定。但臺灣地區之法律不認其為侵權行為者，不適用之。

第51條 （物權之準據法）

物權依物之所在地之規定。

關於以權利為標的之物權，依權利成立地之規定。

物之所在地如有變更，其物權之得喪，依其原因事實完成時之所在地之規定。

船舶之物權，依船籍登記地之規定；航空器之物權，依航空器登記地之規定。

第52條 （婚姻成立要件之準據法）

結婚或兩願離婚之方式及其他要件，依行為地之規定。

判決離婚之事由，依臺灣地區之法律。

第53條 （婚姻效力之準據法）

夫妻之一方為臺灣地區人民，一方為大陸地區人民者，其結婚或離婚之效力，依臺灣地區之法律。

第54條 （夫妻財產制之準據法）

臺灣地區人民與大陸地區人民在大陸地區結婚，其夫妻財產制，依該地區之規定。但在臺灣地區之財產，適用臺灣地區之法律。

第55條 （非婚生子女認領之準據法）

非婚生子女認領之成立要件，依各該認領人被認領人認領時設籍地區之規定。

認領之效力，依認領人設籍地區之規定。

第56條 （收養之準據法）

收養之成立及終止，依各該收養者被收養者設籍地區之規定。

收養之效力，依收養者設籍地區之規定。

第57條 （父母子女法律關係之準據法）

父母之一方為臺灣地區人民，一方為大陸地區人民者，其與子女間之法律關係，依子女設籍地區之規定。

第58條 （監護之準據法）

受監護人為大陸地區人民者，關於監護，依該地區之規定。但受監護人在臺灣地區有居所者，依臺灣地區之法律。

第59條 （扶養之準據法）

扶養之義務，依扶養義務人設籍地區之規定。

第60條 （繼承之準據法）

被繼承人為大陸地區人民者，關於繼承，依該地區之規定。但在臺灣地區之遺產，適用臺灣地區之法律。

第61條 （遺囑之準據法）

大陸地區人民之遺囑，其成立或撤回之要件及效力，依該地區之規定。但以遺囑就其在臺灣地區之財產為贈與者，適用臺灣地區之法律。

第62條 （捐助之準據法）

大陸地區人民之捐助行為，其成立或撤回之要件及效力，依該地區之規定。但捐助財產在臺灣地區者，適用臺灣地區之法律。

第63條 （大陸地區權利之行使或移轉）

本條例施行前，臺灣地區人民與大陸地區人民間、大陸地區人民相互間及其與外國人間，在大陸地區成立之民事法律關係及因此取得之權利、負擔之義務，以不違背臺灣地區公共秩序或善良風俗者為限，承認其效力。

前項規定，於本條例施行前已另有法令限制其權利之行使或移轉者，不適用之。

國家統一前，下列債務不予處理：

一、民國三十八年以前在大陸發行尚未清償之外幣債券及民國三十八年黃金短期公債。

二、國家行局及收受存款之金融機構在大陸撤退前所有各項債務。

第64條 （限制撤銷權及後婚之效）

夫妻因一方在臺灣地區，一方在大陸地區，不能同居，而一方於民國七十四年六月四日以前重婚者，利害關係人不得聲請撤銷；其於七十四年六月五日以後七十六年十一月一日以前重婚者，該後婚視為有效。

前項情形，如夫妻雙方均重婚者，於後婚者重婚之日起，原婚姻關係消滅。

第65條 （收養之方法）

臺灣地區人民收養大陸地區人民為養子女，除依民法第一千零七十九條第五項規定外，有下列情形之一者，法院亦應不予認可：

一、已有子女或養子女者。

二、同時收養二人以上為養子女者。

三、未經行政院設立或指定之機構或委託之民間團體驗證收養之事實者。

第66條 （繼承權之拋棄）

大陸地區人民繼承臺灣地區人民之遺產，應於繼承開始起三年內以書面向被繼承人住所地之法院為繼承之表示；逾期視為拋棄其繼承權。

大陸地區人民繼承本條例施行前已由主管機關處理，且在臺灣地區無繼承人之現役軍人或退除役官兵遺產者，前項繼承表示之期間為四年。

繼承在本條例施行前開始者，前二項期間自本條例施行之日起算。

第67條 （遺產繼承總額之規定及限制）

被繼承人在臺灣地區之遺產，由大陸地區人民依法繼承者，其所得財產總額，每人不得逾新臺幣二百萬元。超過部分，歸屬臺灣地區同為繼承之人；臺灣地區無同為繼承之人者，歸屬臺灣地區後順序之繼承人；臺灣地區無繼承人者，歸屬國庫。

前項遺產，在本條例施行前已依法歸屬國庫者，不適用本條例之規定。其依法令以保管款專戶暫為存儲者，仍依本條例之規定辦理。

遺囑人以其在臺灣地區之財產遺贈大陸地區人民、法人、團體或其他機構者，其總額不得逾新臺幣二百萬元。

第一項遺產中，有以不動產為標的者，應將大陸地區繼承人之繼承權利折算為價額。但其為臺灣地區繼承人賴以居住之不動產者，大陸地區繼承人不得繼承之，於定大陸地區繼承人應得部分時，其價額不計入遺產總額。

大陸地區人民為臺灣地區人民配偶，其繼承在臺灣地區之遺產或受遺贈者，依下列規定辦理：

一、不適用第一項及第三項總額不得逾新臺幣二百萬元之限制規定。

二、其經許可長期居留者，得繼承以不動產為標的之遺產，不適用前項有關繼承權利應折算為價額之規定。但不動產為臺灣地區繼承人賴以居住者，不得繼承之，於定大陸地區繼承人應得部分時，其價額不計入遺產總額。

三、前款繼承之不動產，如為土地法第十七條第一項各款所列土地，準用同條第二項但書規定辦理。

第67-1條　（遺產管理辦法）

前條第一項之遺產事件，其繼承人全部為大陸地區人民者，除應適用第六十八條之情形者外，由繼承人、利害關係人或檢察官聲請法院指定財政部國有財產局為遺產管理人，管理其遺產。

被繼承人之遺產依法應登記者，遺產管理人應向該管登記機關登記。

第一項遺產管理辦法，由財政部擬訂，報請行政院核定之。

第68條　（現役軍人或退除役官兵遺產之管理）

現役軍人或退除役官兵死亡而無繼承人、繼承人之有無不明或繼承人因故不能管理遺產者，由主管機關管理其遺產。

前項遺產事件，在本條例施行前，已由主管機關處理者，依其處理。

第一項遺產管理辦法，由國防部及行政院國軍退除役官兵輔導委員會分別擬訂，報請行政院核定之。

本條例中華民國八十五年九月十八日修正生效前，大陸地區人民未於第六十六條所定期限內完成繼承之第一項及第二項遺產，由主管機關逕行捐助設置財團法人榮民榮眷基金會，辦理下列業務，不受第六十七條第一項歸屬國庫規定之限制：

一、亡故現役軍人或退除役官兵在大陸地區繼承人申請遺產之核發事項。

二、榮民重大災害救助事項。

三、清寒榮民子女教育獎助學金及教育補助事項。

四、其他有關榮民、榮眷福利及服務事項。

依前項第一款申請遺產核發者，以其亡故現役軍人或退除役官兵遺產，已納入財團法人榮民榮眷基金會者為限。

財團法人榮民榮眷基金會章程，由行政院國軍退除役官兵輔導委員會擬訂，報請行政院核定之。

第69條　（不得取得、設定或移轉不動產物權與不得取得、設定或承租之土地）

大陸地區人民、法人、團體或其他機構，或其於第三地區投資之公司，非經主管機關許可，不得在臺灣地區取得、設定或移轉不動產物權。但土地法第十七條第一項所列各款土地，不得取得、設定負擔或承租。

前項申請人資格、許可條件及用途、申請程序、申報事項、應備文件、審核方式、未依許可用途使用之處理及其他應遵行事項之辦法，由主管機關擬訂，報請行政院核定之。

第70條　（刪除）

第71條　（為法律行為之連帶責任）

未經許可之大陸地區法人、團體或其他機構，以其名義在臺灣地區與他人為法律行為者，其行為人就該法律行為，應與該大陸地區法人、團體或其他機構，負連帶責任。

第72條 （大陸地區人民法人團體等在台任職之許可）

大陸地區人民、法人、團體或其他機構，非經主管機關許可，不得為臺灣地區法人、團體或其他機構之成員或擔任其任何職務。

前項許可辦法，由有關主管機關擬訂，報請行政院核定之。

第73條 （大陸地區人民法人團體等在台從事投資之許可）

大陸地區人民、法人、團體、其他機構或其於第三地區投資之公司，非經主管機關許可，不得在臺灣地區從事投資行為。

依前項規定投資之事業依公司法設立公司者，投資人不受同法第二百十六條第一項關於國內住所之限制。

第一項所定投資人之資格、許可條件、程序、投資之方式、業別項目與限額、投資比率、結匯、審定、轉投資、申報事項與程序、申請書格式及其他應遵行事項之辦法，由有關主管機關擬訂，報請行政院核定之。

依第一項規定投資之事業，應依前項所定辦法規定或主管機關命令申報財務報表、股東持股變化或其他指定之資料；主管機關得派員前往檢查，投資事業不得規避、妨礙或拒絕。

投資人轉讓其投資時，轉讓人及受讓人應會同向主管機關申請許可。

第74條 （法院裁定認可）

在大陸地區作成之民事確定裁判、民事仲裁判斷，不違背臺灣地區公共秩序或善良風俗者，得聲請法院裁定認可。

前項經法院裁定認可之裁判或判斷，以給付為內容者，得為執行名義。

前二項規定，以在臺灣地區作成之民事確定裁判、民事仲裁判斷，得聲請大陸地區法院裁定認可或為執行名義者，始適用之。

第四章 刑事

第75條 （大陸地區或船艦航空器內犯罪之處罰）

在大陸地區或在大陸船艦、航空器內犯罪，雖在大陸地區曾受處罰，仍得依法處斷。但得免其刑之全部或一部之執行。

第75-1條 （逕行判決）

大陸地區人民於犯罪後出境，致不能到庭者，法院得於其能到庭以前停止審判。但顯有應諭知無罪或免刑判決之情形者，得不待其到庭，逕行判決。

第76條 （重婚之追訴或處罰）

配偶之一方在臺灣地區，一方在大陸地區，而於民國七十六年十一月一日以前重為婚姻或與非配偶以共同生活為目的而同居者，免予追訴、處罰；其相婚或與同居者，亦同。

第77條 （據實申報不予追訴處罰）

大陸地區人民在臺灣地區以外之地區，犯內亂罪、外患罪，經許可進入臺灣地區，而於申請時據實申報者，免予追訴、處罰；其進入臺灣地區參加主管機關核准舉辦之會議或活動，經專案許可免予申報者，亦同。

第78條 （公平互惠之訴訟權）

大陸地區人民之著作權或其他權利在臺灣地區受侵害者，其告訴或自訴之權利，以臺灣地區人民得在大陸地區享有同等訴訟權利者為限。

第五章 罰則

第79條 （罰則）

違反第十五條第一款規定者，處一年以上七年以下有期徒刑，得併科新臺幣一百萬元以下罰金。

意圖營利而犯前項之罪者，處三年以上十年以下有期徒刑，得併科新臺幣五百萬元以下罰金。

前二項之首謀者，處五年以上有期徒刑，得併科新臺幣一千萬元以下罰金。

前三項之未遂犯罰之。

中華民國船舶、航空器或其他運輸工具所有人、營運人或船長、機長、其他運輸工具駕駛人違反第十五條第一款規定者，主管機關得處該中華民國船舶、航空器或其他運輸工具一定期間之停航，或廢止其有關證照，並得停止或廢止該船長、機長或駕駛人之職業證照或資格。

中華民國船舶、航空器或其他運輸工具所有人，有第一項至第四項之行為或因其故意、重大過失致使第三人以其船舶、航空器或其他運輸工具從事第一項至第四項之行為，且該行為係以運送大陸地區人民非法進入臺灣地區為主要目的者，主管機關得沒入該船舶、航空器或其他運輸工具。所有人明知該船舶、航空器或其他運輸工具得沒入，為規避沒入之裁處而取得所有權者，亦同。

前項情形，如該船舶、航空器或其他運輸工具無相關主管機關得予沒入時，得由查獲機關沒入之。

第79-1條 （罰則）

受託處理臺灣地區與大陸地區人民往來有關之事務或協商簽署協議，逾越委託範圍，致生損害於國家安全或利益者，處行為負責人五年以下有期徒刑、拘役或科或併科新臺幣五十萬元以下罰金。

前項情形，除處罰行為負責人外，對該法人、團體或其他機構，並科以前項所定之罰金。

第79-2條 （罰鍰）

違反第四條之四第一款規定，未經同意赴大陸地區者，處新臺幣三十萬元以上一百五十萬元以下罰鍰。

第79-3條 （罰則）

違反第四條之四第四款規定者，處新臺幣二十萬元以上二百萬元以下罰鍰。

違反第五條之一規定者，處新臺幣二十萬元以上二百萬元以下罰鍰；其情節嚴重或再為相同、類似之違反行為者，處五年以下有期徒刑、拘役或科或併科新臺幣五十萬元以下罰金。

前項情形，如行為人為法人、團體或其他機構，處罰其行為負責人；對該法人、團體或其他機構，並科以前項所定之罰金。

第80條 （罰則）

中華民國船舶、航空器或其他運輸工具所有人、營運人或船長、機長、其他運輸工具駕駛人違反第二十八條規定或違反第二十八條之一第一項規定或臺灣地區人民違反第二十八條之一第二項規定者，處三年以下有期徒刑、拘役或科或併科新臺幣一百萬元以上一千五百萬元以下罰金。但行為係出於中華民國船舶、航空器或其他運輸工具之船長或機長或駕駛人自行決定者，處罰船長或機長或駕駛人。

前項中華民國船舶、航空器或其他運輸工具之所有人或營運人為法人者，除處罰行為人外，對該法人並科以前項所定之罰金。但法人之代表人對於違反之發生，已盡力為防止之行為者，不在此限。

刑法第七條之規定，對於第一項臺灣地區人民在中華民國領域外私行運送大陸地區人民前往臺灣地區及大陸地區以外之國家或地區者，不適用之。

第一項情形，主管機關得處該中華民國船舶、航空器或其他運輸工具一定期間之停航，或廢止其有關證照，並得停止或廢止該船長、機長或駕駛人之執業證照或資格。

第80-1條 （罰則）

大陸船舶違反第三十二條第一項規定，經扣留者，得處該船舶所有人、營運人或船長、駕駛人新臺幣三十萬元以上一千萬元以下罰鍰。

前項所定之罰鍰，由海岸巡防機關訂定裁罰標準，並執行之。

第81條 （罰則）

違反第三十六條第一項或第二項規定者，處新臺幣二百萬元以上一千萬元以下罰鍰，並得限期命其停止或改正；屆期不停止或改正，或停止後再為相同違反行為者，處行為負責人三年以下有期徒刑、拘役或科或併科新臺幣一千五百萬元以下罰金。

臺灣地區金融保險證券期貨機構及其在臺灣地區以外之國家或地區設立之分支機構，違反財政部依第三十六條第四項規定報請行政院核定之限制或禁止命令者，處行為負責人三年以下有期徒刑、拘役或科或併科新臺幣一百萬元以上一千五百萬元以下罰金。

前二項情形，除處罰其行為負責人外，對該金融保險證券期貨機構，並科以前二項所定之罰金。

第一項及第二項之規定，於在中華民國領域外犯罪者，適用之。

第82條 （罰則）

違反第二十三條規定從事招生或居間介紹行為者，處一年以下有期徒刑、拘役或科或併科新臺幣一百萬元以下罰金。

第83條 （罰則）

違反第十五條第四款或第五款規定者，處二年以下有期徒刑、拘役或科或併科新臺幣三十萬元以下罰金。

意圖營利而違反第十五條第五款規定者，處三年以下有期徒刑、拘役或科或併科新臺幣六十萬元以下罰金。

法人之代表人、法人或自然人之代理人、受僱人或其他從業人員，因執行業務犯前二項之罪者，除處罰行為人外，對該法人或自然人並科以前二項所定之罰金。但法人之代表人或自然人對於違反之發生，已盡力為防止行為者，不在此限。

第84條 （罰則）

違反第十五條第二款規定者，處六月以下有期徒刑、拘役或科或併科新臺幣十萬元以下罰金。

法人之代表人、法人或自然人之代理人、受僱人或其他從業人員，因執行業務犯前項之罪者，除處罰行為人外，對該法人或自然人並科以前項所定之罰金。但法人之代表人或自然人對於違反之發生，已盡力為防止行為者，不在此限。

第85條 （罰則）

違反第三十條第一項規定者，處新臺幣三百萬元以上一千五百萬元以下罰鍰，並得禁止該船舶、民用航空器或其他運輸工具所有人、營運人之所屬船舶、民用航空器或其他運輸工具，於一定期間內進入臺灣地區港口、機場。

前項所有人或營運人，如在臺灣地區未設立分公司者，於處分確定後，主管機關得限制其所屬船舶、民用航空器或其他運輸工具駛離臺灣地區港口、機場，至繳清罰鍰為止。但提供與罰鍰同額擔保者，不在此限。

第85-1條 （罰則）

違反依第三十六條之一所發布之限制或禁止命令者，處新臺幣三百萬元以上一千五百萬元以下罰鍰。中央銀行指定辦理外匯業務銀行違反者，並得由中央銀行按其情節輕重，停止其一定期間經營全部或一部外匯之業務。

第86條 （罰則）

違反第三十五條第一項規定從事一般類項目之投資或技術合作者，處新臺幣五萬元以上二千五百萬元以下罰鍰，並得限期命其停止或改正；屆期不停止或改正者，得連續處罰。

違反第三十五條第一項規定從事禁止類項目之投資或技術合作者，處新臺幣五萬元以上二千五百萬元以下罰鍰，並得限期命其停止；屆期不停止，或停止後再為相同違反行為者，處行為人二年以下有期徒刑、拘役或科或併科新臺幣二千五百萬元以下罰金。

法人、團體或其他機構犯前項之罪者，處罰其行為負責人。

違反第三十五條第二項但書規定從事商業行為者，處新臺幣五萬元以上五百萬元以下罰鍰，並得限期命其停止或改正；屆期不停止或改正者，得連續處罰。

違反第三十五條第三項規定從事貿易行為者，除依其他法律規定處罰外，主管機關得停止其二個月以上一年以下輸出入貨品或廢止其出進口廠商登記。

第87條 （罰鍰）

違反第十五條第三款規定者，處新臺幣二十萬元以上一百萬元以下罰鍰。

第87-1條 （罰鍰）

大陸地區人民逾期停留或居留者，由內政部移民署處新臺幣二千元以上一萬元以下罰鍰。

第88條 （罰則）

違反第三十七條規定者，處新臺幣四萬元以上二十萬元以下罰鍰。

前項出版品、電影片、錄影節目或廣播電視節目，不問屬於何人所有，沒入之。

第89條 （罰則）

委託、受託或自行於臺灣地區從事第三十四條第一項以外大陸地區物品、勞務、服務或其他事項之廣告播映、刊登或其他促銷推廣活動者，或違反第三十四條第二項、或依第四項所定管理辦法之強制或禁止規定者，處新臺幣十萬元以上五十萬元以下罰鍰。

前項廣告，不問屬於何人所有或持有，得沒入之。

第90條 （罰則）

具有第九條第四項身分之臺灣地區人民，違反第三十三條第二項規定者，處三年以下有期徒刑、拘役或科或併科新臺幣五十萬元以下罰金；未經許可擔任其他職務者，處一年以下有期徒刑、拘役或科或併科新臺幣三十萬元以下罰金。

前項以外之現職及退離職未滿三年之公務員，違反第三十三條第二項規定者，處一年以下有期徒刑、拘役或科或併科新臺幣三十萬元以下罰金。

不具備前二項情形，違反第三十三條第二項或第三項規定者，處新臺幣十萬元以上五十萬元以下罰鍰。

違反第三十三條第四項規定者，處三年以下有期徒刑、拘役，得併科新臺幣五十萬元以下罰金。

第90-1條 （罰則）

具有第九條第四項第一款、第二款或第五款身分，退離職未滿三年之公務員，違反第三十三條第二項規定者，喪失領受退休（職、伍）金及相關給與之權利。

前項人員違反第三十三條第三項規定，其領取月退休（職、伍）金者，停止領受月退休（職、伍）金及相關給與之權利，至其原因消滅時恢復。

第九條第四項第一款、第二款或第五款身分以外退離職未滿三年之公務員，違反第三十三條第二項規定者，其領取月退休（職、伍）金者，停止領受月退休（職、伍）金及相關給與之權利，至其原因消滅時恢復。

臺灣地區公務員，違反第三十三條第四項規定者，喪失領受退休（職、伍）金及相關給與之權利。

第90-2條 （罰則）

違反第三十三條之一第一項或第三十三條之二第一項規定者，處新臺幣十萬元以上五十萬元以下罰鍰，並得按次連續處罰。

違反第三十三條之一第二項、第三十三條之三第一項或第二項規定者，處新臺幣一萬元以上五十萬元以下罰鍰，主管機關並得限期令其申報或改正；屆期未申報或改正者，並得按次連續處罰至申報或改正為止。

第91條 （罰鍰）

修正前條文：（現行有效條文）

違反第九條第二項規定者，處新臺幣一萬元以下罰鍰。

違反第九條第三項或第九項行政院公告之處置規定者，處新臺幣二萬元以上十萬元以下罰鍰。

違反第九條第四項規定者，處新臺幣二百萬元以上一千萬元以下罰鍰。

具有第九條第四項第四款身分之臺灣地區人民，違反第九條第五項規定者，（原）服務機關或委託機關得處新臺幣二萬元以上十萬元以下罰鍰。

違反第九條第八項規定，應申報而未申報者，（原）服務機關得處新臺幣一萬元以上五萬元以下罰鍰。

違反第九條之三規定者，得由（原）服務機關視情節，自其行為時起停止領受五年之月退休（職、伍）給與之百分之五十至百分之百，情節重大者，得剝奪其月退休（職、伍）給與；已支領者，並應追回之。其無月退休（職、伍）給與者，（原）服務機關得處新臺幣二百萬元以上一千萬元以下罰鍰。

前項處罰，應經（原）服務機關會同國家安全局、內政部、法務部、大陸委員會及相關機關組成之審查會審認。

違反第九條之三規定者，其領取之獎、勳(勛)章及其執照、證書，應予追繳註銷。但服務獎章、忠勤勳章及其證書，不在此限。

違反第九條之三規定者，如觸犯內亂罪、外患罪、洩密罪或其他犯罪行為，應依刑法、國家安全法、國家機密保護法及其他法律之規定處罰。

修正後條文：(施行日期：未定)

違反第九條第二項規定者，處新臺幣一萬元以下罰鍰。

違反第九條第三項或第九項行政院公告之處置規定者，處新臺幣二萬元以上十萬元以下罰鍰。

違反第九條第四項規定者，處新臺幣二百萬元以上一千萬元以下罰鍰。

具有第九條第四項**第三款、第四款或第六款**身分之臺灣地區人民，違反第九條第五項規定者，得由(原)服務機關、委託、補助或出資機關(構)處新臺幣二萬元以上十萬元以下罰鍰。

違反第九條第八項規定，應申報而未申報者，得由(原)服務機關處新臺幣一萬元以上五萬元以下罰鍰。

違反第九條之三規定者，得由(原)服務機關視情節，自其行為時起停止領受五年之月退休(職、伍)給與之百分之五十至百分之百，情節重大者，得剝奪其月退休(職、伍)給與；已支領者，並應追回之。其無月退休(職、伍)給與者，(原)服務機關得處新臺幣二百萬元以上一千萬元以下罰鍰。

前項處罰，應經(原)服務機關會同國家安全局、內政部、法務部、大陸委員會及相關機關組成之審查會審認。

違反第九條之三規定者，其領取之獎、勳(勛)章及其執照、證書，應予追繳註銷。但服務獎章、忠勤勳章及其證書，不在此限。

違反第九條之三規定者，如觸犯內亂罪、外患罪、洩密罪或其他犯罪行為，應依刑法、國家安全法、國家機密保護法及其他法律之規定處罰。

第92條 (罰則)

違反第三十八條第一項或第二項規定，未經許可或申報之幣券，由海關沒入之；申報不實者，其超過部分沒入之。

違反第三十八條第四項所定辦法而為兌換、買賣或其他交易者，其大陸地區發行之幣券及價金沒入之；臺灣地區金融機構及外幣收兌處違反者，得處或併處新臺幣三十萬元以上一百五十萬元以下罰鍰。

主管機關或海關執行前二項規定時，得洽警察機關協助。

第93條 (罰則)

違反依第三十九條第二項規定所發之限制或禁止命令者，其文物或藝術品，由主管機關沒入之。

第93-1條 (罰則)

修正前條文：

違反第七十三條第一項規定從事投資者，由主管機關處新臺幣十二萬元以上二千五百萬元以下罰鍰，並得限期命其停止、撤回投資或改正，必要時得停止其股東權利；屆期仍未停止、撤回投資或改正者，得按次處罰至其停止、撤回投資或改正為止；必要時得通知登記主管機關撤銷或廢止其認許或登記。

違反第七十三條第四項規定，應申報而未申報或申報不實或不完整，或規避、妨礙、拒絕檢查者，主管機關得處新臺幣六萬元以上二百五十萬元以下罰鍰，並限期命其申報、改正或接受檢查；屆期仍未申報、改正或接受檢查者，並得按次處罰至其申報、改正或接受檢查為止。

依第七十三條第一項規定經許可投資之事業，違反依第七十三條第三項所定辦法有關轉投資之規定者，主管機關得處新臺幣六萬元以上二百五十萬元以下罰鍰，並限期命其改正；屆期仍未改正者，並得按次處罰至其改正為止。

投資人或投資事業違反依第七十三條第三項所定辦法規定，應辦理審定、申報而未辦理或申報不實或不完整者，主管機關得處新臺幣六萬元以上二百五十萬元以下罰鍰，並得限期命其辦理審定、申報或改正；屆期仍未辦理審定、申報或改正者，並得按次處罰至其辦理審定、申報或改正為止。

投資人之代理人因故意或重大過失而申報不實者，主管機關得處新臺幣六萬元以上二百五十萬元以下罰鍰。

違反第一項至第四項規定，其情節輕微者，得依各該項規定先限期命其改善，已改善完成者，免予處罰。

主管機關依前六項規定對投資人為處分時，得向投資人之代理人或投資事業為送達；其為罰鍰之處分者，得向投資事業執行之；投資事業於執行後對該投資人有求償權，並得按市價收回其股份抵償，不受公司法第一百六十七條第一項規定之限制；其收回股份，應依公司法第一百六十七條第二項規定辦理。

修正後條文：（施行日期：111年11月18日）

有下列情形之一者，由主管機關處新臺幣十二萬元以上二千五百萬元以下罰鍰，並得限期命其停止、撤回投資或改正，必要時得停止其股東權利；屆期仍未停止、撤回投資或改正者，得按次處罰至其停止、撤回投資或改正為止；必要時得通知登記主管機關撤銷或廢止其認許或登記：

一、**違反第七十三條第一項規定從事投資**。

二、**將本人名義提供或容許前款之人使用而從事投資**。

違反第七十三條第四項規定，應申報而未申報或申報不實或不完整，或規避、妨礙、拒絕檢查者，主管機關得處新臺幣六萬元以上二百五十萬元以下罰鍰，並限期命其申報、改正或接受檢查；屆期仍未申報、改正或接受檢查者，並得按次處罰至其申報、改正或接受檢查為止。

依第七十三條第一項規定經許可投資之事業，違反依第七十三條第三項所定辦法有關轉投資之規定者，主管機關得處新臺幣六萬元以上二百五十萬元以下罰鍰，並限期命其改正；屆期仍未改正者，並得按次處罰至其改正為止。

投資人或投資事業違反依第七十三條第三項所定辦法規定，應辦理審定、申報而未辦理或申報不實或不完整者，主管機關得處新臺幣六萬元以上二百五十萬元以下罰鍰，並得限期命其辦理審定、申報或改正；屆期仍未辦理審定、申報或改正者，並得按次處罰至其辦理審定、申報或改正為止。

投資人之代理人因故意或重大過失而申報不實者，主管機關得處新臺幣六萬元以上二百五十萬元以下罰鍰。

違反第一項至第四項規定，其情節輕微者，得依各該項規定先限期命其改善，已改善完成者，免予處罰。

第**93-2**條　（罰則）

修正前條文：

違反第四十條之一第一項規定未經許可而為業務活動者，處行為人一年以下有期徒刑、拘役或科或併科新臺幣十五萬元以下罰金，並自負民事責任；行為人有二人以上者，連帶負民事責任，並由主管機關禁止其使用公司名稱。

違反依第四十條之一第二項所定辦法之強制或禁止規定者，處新臺幣二萬元以上十萬元以下罰鍰，並得限期命其停止或改正；屆期未停止或改正者，得連續處罰。

修正後條文：（施行日期：111年11月18日）

有下列情形之一者，處行為人三年以下有期徒刑、拘役或科或併科新臺幣一千五百萬元以下罰金，並自負民事責任；行為人有二人以上者，連帶負民事責任，並由主管機關禁止其使用公司名稱：

一、**違反第四十條之一第一項規定未經許可而為業務活動。**

二、**將本人名義提供或容許前款之人使用而為業務活動。**

前項情形，如行為人為法人、團體或其他機構，處罰其行為負責人；對該法人、團體或其他機構，並科以前項所定之罰金。

第四十條之一第一項所定營利事業在臺灣地區之負責人於分公司登記後，將事撥其營業所用之資金發還該營利事業，或任由該營利事業收回者，處五年以下有期徒刑、拘役或科或併科新臺幣五十萬元以上二百五十萬元以下罰金，並應與該營利事業連帶賠償第三人因此所受之損害。

違反依第四十條之一第二項所定辦法之強制或禁止規定者，處新臺幣二萬元以上二百五十萬元以下罰鍰，並得限期命其停止或改正；屆期未停止或改正者，得按次處罰。

第93-3條　（罰則）

違反第四十條之二第一項或第二項規定者，處新臺幣五十萬元以下罰鍰，並得限期命其停止；屆期不停止，或停止後再為相同違反行為者，處行為人二年以下有期徒刑、拘役或科或併科新臺幣五十萬元以下罰金。

第94條　（強制執行）

本條例所定之罰鍰，由主管機關處罰；依本條例所處之罰鍰，經限期繳納，屆期不繳納者，依法移送強制執行。

第六章　附則

第95條　（通商通航及工作應經立法院決議）

主管機關於實施臺灣地區與大陸地區直接通商、通航及大陸地區人民進入臺灣地區工作前，應經立法院決議；立法院如於會期內一個月未為決議，視為同意。

第95-1條　（與大陸直接通商通航試辦實施區域之規定）

主管機關實施臺灣地區與大陸地區直接通商、通航前，得先行試辦金門、馬祖、澎湖與大陸地區之通商、通航。

前項試辦與大陸地區直接通商、通航之實施區域、試辦期間，及其有關航運往來許可、人員入出許可、物品輸出入管理、金融往來、通關、檢驗、檢疫、查緝及其他往來相關事項，由行政院以實施辦法定之。

前項試辦實施區域與大陸地區通航之港口、機場或商埠，就通航事項，準用通商口岸規定。

輸入試辦實施區域之大陸地區物品，未經許可，不得運往其他臺灣地區；試辦實施區域以外之臺灣地區物品，未經許可，不得運往大陸地區。但少量自用之大陸地區物品，得以郵寄或旅客攜帶進入其他臺灣地區；其物品項目及數量限額，由行政院定之。

違反前項規定，未經許可者，依海關緝私條例第三十六條至第三十九條規定處罰；郵寄或旅客攜帶之大陸地區物品，其項目、數量超過前項限制範圍者，由海關依關稅法第七十七條規定處理。

本條試辦期間如有危害國家利益、安全之虞或其他重大事由時，得由行政院以命令終止一部或全部之實施。

第95-2條 （審查費、證照費之收費標準）

各主管機關依本條例規定受理申請許可、核發證照，得收取審查費、證照費；其收費標準，由各主管機關定之。

第95-3條 （除外規定）

依本條例處理臺灣地區與大陸地區人民往來有關之事務，不適用行政程序法之規定。

第95-4條 （施行細則）

本條例施行細則，由行政院定之。

第96條 （施行日期）

本條例施行日期，由行政院定之。

九、臺灣地區與大陸地區人民關係條例施行細則

（民國107年05月30日修正）

第1條 本細則依臺灣地區與大陸地區人民關係條例（以下簡稱本條例）第95-4條規定訂定之。

第2條 本條例第1條、第4條、第6條、第41條、第62條、第63條、第79-1條及第95-3條**所稱人民，指自然人、法人、團體及其他機構**。

本條例第78條**所稱人民，指自然人及法人**。

第3條 本條例第2條第2款之**施行區域，指中共控制之地區**。

第4條 本條例第2條第3款**所定臺灣地區人民**，包括下列人民：

一、曾在臺灣地區設有戶籍，中華民國90年2月19日以前轉換身分為大陸地區人民，依第6條規定回復臺灣地區人民身分者。

二、在臺灣地區出生，其父母均為臺灣地區人民，或一方為臺灣地區人民，一方為大陸地區人民者。

三、在大陸地區出生，其父母均為臺灣地區人民，未在大陸地區設有戶籍或領用大陸地區護照者。

四、在大陸地區出生，其父母一方為臺灣地區人民，一方為大陸地區人民，未在大陸地區設有戶籍或領用大陸地區護照，並於出生後一年內在臺灣地區設有戶籍者。

五、依本條例第9-2條第1項規定，經內政部許可回復臺灣地區人民身分，並返回臺灣地區定居者。

大陸地區人民經許可進入臺灣地區定居，並設有戶籍者，為臺灣地區人民。

第5條　本條例第2條第4款**所定大陸地區人民**，包括下列人民：

一、在大陸地區出生並繼續居住之人民，其父母雙方或一方為大陸地區人民者。

二、在大陸地區出生，其父母一方為臺灣地區人民，一方為大陸地區人民，在大陸地區設有戶籍、領用大陸地區護照或未依前條第1項第4款規定在臺灣地區設有戶籍者。

三、在臺灣地區設有戶籍，中華民國90年2月19日以前轉換身分為大陸地區人民，未依第6條規定回復臺灣地區人民身分者。

四、依本條例第9-1條第2項規定在大陸地區設有戶籍或領用大陸地區護照，而喪失臺灣地區人民身分者。

第6條　中華民國76年11月2日起迄中華民國90年2月19日間前往大陸地區繼續居住逾四年致轉換身分為大陸地區人民，其在臺灣地區原設有戶籍，且未在大陸地區設有戶籍或領用大陸地區護照者，得申請回復臺灣地區人民身分，並返臺定居。

前項申請回復臺灣地區人民身分有下列情形之一者，主管機關得不予許可其申請：

一、現（曾）擔任大陸地區黨務、軍事、行政或具政治性機關（構）、團體之職務或為其成員。

二、有事實足認有危害國家安全、社會安定之虞。

依第1項規定申請回復臺灣地區人民身分，並返臺定居之程序及審查基準，由主管機關另定之。

第7條　本條例第3條**所定大陸地區人民旅居國外者，包括在國外出生，領用大陸地區護照者**。但不含旅居國外四年以上之下列人民在內：

一、取得當地國籍者。

二、取得當地永久居留權並領有我國有效護照者。

前項所稱旅居國外四年之計算，指自抵達國外翌日起，四年間返回大陸地區之期間，每次未逾30日而言；其有逾30日者，當年不列入四年之計算。但返回大陸地區有下列情形之一者，不在此限：

一、懷胎七月以上或生產、流產，且自事由發生之日起未逾二個月。

二、罹患疾病而離開大陸地區有生命危險之虞，且自事由發生之日起未逾二個月。

三、大陸地區之二親等內之血親、繼父母、配偶之父母、配偶或子女之配偶在大陸地區死亡，且自事由發生之日起未逾二個月。

四、遇天災或其他不可避免之事變，且自事由發生之日起未逾一個月。

第8條　本條例第4條第1項所定機構或第2項所定受委託之民間團體，於驗證大陸地區製作之文書時，應比對正、副本或其製作名義人簽字及鈐印之真正，或為查證。

文書驗證之申請，有下列各款情形之一者，前項之機構或民間團體應不予受理。但其情形得補正者，應先定期令其補正：一、申請事項不屬文書驗證之範圍。二、申請目的或文書內容明顯違反法令、國家利益，或有背於公共秩序、善良風俗或有其他不當情形。三、提出之文書明顯為偽造或變造。四、提出之文書未經大陸地區公證。五、未提出大陸地區公證書正本。六、申請人與申請之文書無利害關係。七、未繳納費用、未提出身分證明文件或其他相關文件。八、文書內容明顯有矛盾、錯誤、不實或有足以影響同一性之瑕疵。九、申請不合程式或不備其他要件。

申請驗證之文書，經驗證屬實者，應驗發文件證明，並得於必要時為適當之註記；經驗證有不實者，應駁回其申請。

第9條　**依本條例第7條規定推定為真正之文書，其實質上證據力，由法院或有關主管機關認定**。

文書內容與待證事實有關，且屬可信者，有實質上證據力。

推定為真正之文書，有反證事實證明其為不實者，不適用推定。

第10條　本條例第9-1條第2項**所稱其他以在臺灣地區設有戶籍所衍生相關權利**，指經各有關機關認定依各相關法令所定以具有臺灣地區人民身分為要件所得行使或主張之權利。

第11條　本條例第9-1條第2項但書**所稱因臺灣地區人民身分所負之責任及義務**，指因臺灣地區人民身分所應負之兵役、納稅、為刑事被告、受科處罰金、拘役、有期徒刑以上刑之宣告尚未執行完畢、為民事被告、受強制執行未終結、受破產之宣告未復權、受課處罰鍰等法律責任、義務或司法制裁。

第12條　本條例第13條第1項**所稱僱用大陸地區人民者**，指依本條例第11條規定，經勞動部許可僱用大陸地區人民從事就業服務法第46條第1項第8款至第10款規定工作之雇主。

第13條　本條例第16條第2項第3款**所稱民國34年後，因兵役關係滯留大陸地區之臺籍軍人**，指臺灣地區直轄市、縣（市）政府出具名冊，層轉國防部核認之人員。

本條例第16條第2項第4款**所稱民國38年政府遷臺後，因作戰或執行特種任務被俘之前國軍官兵**，指隨政府遷臺後，復奉派赴大陸地區有案之人員。

前項所定人員，由其在臺親屬或原派遣單位提出來臺定居申請，經國防部核認者，其本人及配偶，得准予入境。

第14條　（刪除）

第15條　本條例第15條第1款**所定非法進入臺灣地區**，包括持偽造、變造、冒用或持冒用身分申請之護照、旅行證或其他相類之證書、有事實足認係通謀虛偽結婚、偷渡或以其他非法之方法入境在內。

本條例第18條第1項第1款**所定未經許可入境者**，包括持偽造、變造、冒用或持冒用身分申請之護照、旅行證或其他相類之證書、偷渡或以其他非法之方法入境者在內。

第16條　本條例第18條第1項第4款**所定有事實足認為有犯罪行為者**，指涉及刑事案件，經治安機關依下列事證之一查證屬實者：

一、檢舉書、自白書或鑑定書。

二、照片、錄音或錄影。

三、警察或治安人員職務上製作之筆錄或查證報告。

四、檢察官之起訴書、處分書或審判機關之裁判書。

五、其他具體事證。

第17條　本條例第18條第1項第5款**所定有事實足認為有危害國家安全或社會安定之虞**，指有下列情形之一者：一、曾參加或資助內亂、外患團體或其活動而隱瞞不報。二、曾參加或資助恐怖或暴力非法組織或其活動而隱瞞不報。三、在臺灣地區外涉嫌犯罪。四、在臺灣地區有其他危害國家安全或社會安定之行為，並經有關機關裁處。

第18條　（刪除）

第19條　本條例第20條第1項**所定應負擔強制出境所需之費用**，包括強制出境前於收容期間所支出之必要費用。

第20條　本條例第21條所定公教或公營事業機關（構）人員，不包括下列人員：

一、經中央目的事業主管機關核可受聘擔任學術研究機構、社會教育機構、專科以上學校及戲劇藝術學校之研究員、副研究員、助理研究員、博士後研究、研究講座、客座教授、客座副教授、客座助理教授、客座專家、客座教師。

二、經濟部及交通部所屬國營事業機關（構），不涉及國家安全或機密科技研究之約僱人員。

本條例第21條第1項**所稱情報機關（構）**，指國家安全局組織法第2條第1項所定之機關（構）；**所稱國防機關（構）**，指國防部及其所屬機關（構）、部隊。第1項人員，不得涉及國家安全或機密科技研究之職務。

第21條　依本條例第35條規定，於中華民國91年6月30日前經主管機關許可，經由在第三地區投資設立之公司或事業在大陸地區投資之臺灣地區法人、團體或其他機構，自中華民國91年7月1日起所獲配自第三地區公司或事業之投資收益，不論該第三地區公司或事業用以分配之盈餘之發生年度，均得適用本條例第24條第2項規定。

依本條例第35條規定，於中華民國91年7月1日以後經主管機關許可，經由在第三地區投資設立之公司或事業在大陸地區投資之臺灣地區法人、團體或其他機構，自許可之日起所獲配自第三地區公司或事業之投資收益，適用前項規定。

本條例第24條第2項有關應納稅額扣抵之規定及計算如下：

一、應依所得稅法規定申報課稅之第三地區公司或事業之投資收益，指第三地區公司或事業分配之投資收益金額，無須另行計算大陸地區來源所得合併課稅。

二、所稱在大陸地區及第三地區已繳納之所得稅，指：

(一) 第三地區公司或事業源自大陸地區之投資收益在大陸地區繳納之股利所得稅。

(二) 第三地區公司或事業源自大陸地區之投資收益在第三地區繳納之公司所得稅，計算如下：
第三地區公司或事業當年度已繳納之公司所得稅×當年度源自大陸地區之投資收益／當年度第三地區公司或事業之總所得。

(三) 第三地區公司或事業分配之投資收益在第三地區繳納之股利所得稅。

三、前款第1目規定在大陸地區繳納之股利所得稅及第2目規定源自大陸地區投資收益在第三地區所繳納之公司所得稅，經取具第4項及第5項規定之憑證，得不分稅額之繳納年度，在規定限額內扣抵。

臺灣地區法人、團體或其他機構，列報扣抵前項規定已繳納之所得稅時，除應依第5項規定提出納稅憑證外，並應提出下列證明文件：

一、足資證明源自大陸地區投資收益金額之財務報表或相關文件。

二、足資證明第三地區公司或事業之年度所得中源自大陸地區投資收益金額之相關文件，包括載有第三地區公司或事業全部收入、成本、費用金額等之財務報表或相關文件，並經第三地區或臺灣地區合格會計師之簽證。

三、足資證明第三地區公司或事業分配投資收益金額之財務報表或相關文件。

臺灣地區人民、法人、團體或其他機構，扣抵本條例第24條第1項及第2項規定之大陸地區及第三地區已繳納之所得稅時，應取得大陸地區及第三地區稅務機關發給之納稅憑證。其屬大陸地區納稅憑證者，應經本條例第7條規定之機構或民間團體驗證；其屬第三地區納稅憑證者，應經中華民國駐外使領館、代表處、辦事處或其他經外交部授權機構認證。

本條例第24條第3項所稱因加計其大陸地區來源所得，而依臺灣地區適用稅率計算增加之應納稅額，其計算如下：

一、有關營利事業所得稅部分：

（臺灣地區來源所得額＋本條例第24條第1項規定之大陸地區來源所得＋本條例第24條第2項規定之第三地區公司或事業之投資收益）×稅率＝營利事業國內所得額應納稅額。

臺灣地區來源所得額×稅率＝營利事業臺灣地區來源所得額應納稅額。

營利事業國內所得額應納稅額－營利事業臺灣地區來源所得額應納稅額＝因加計大陸地區來源所得及第三地區公司或事業之投資收益而增加之結算應納稅額。

二、有關綜合所得稅部分：

〔（臺灣地區來源所得額＋大陸地區來源所得額）－免稅額－扣除額〕×稅率－累進差額＝綜合所得額應納稅額。

（臺灣地區來源所得額－免稅額－扣除額）×稅率－累進差額
＝臺灣地區綜合所得額應納稅額。

綜合所得額應納稅額－臺灣地區綜合所得額應納稅額＝因加計大陸地區來源所得而增加之結算應納稅額。

第22條 依本條例第26條第1項規定申請改領一次退休（職、伍）給與人員，應於赴大陸地區長期居住之三個月前，檢具下列文件，向原退休（職、伍）機關或所隸管區提出申請：

一、申請書。

二、支領（或兼領）月退休（職、伍）給與證書。

三、申請人全戶戶籍謄本。

四、經許可或查驗赴大陸地區之證明文件。

五、決定在大陸地區長期居住之意願書。

六、在臺灣地區有受扶養人者，經公證之受扶養人同意書。

七、申請改領一次退休（職、伍）給與時之前三年內，赴大陸地區居、停留，合計逾一百八十三日之相關證明文件。

前項第4款所定查驗文件，無法事前繳驗者，原退休（職、伍）機關得於申請人出境後一個月內，以書面向內政部移民署查證，並將查證結果通知核定機關。

原退休（職、伍）機關或所隸管區受理第1項申請後，應詳細審核並轉報核發各該月退休（職、伍）給與之主管機關於二個月內核定。其經核准者，申請人應於赴大陸地區前一個月內，檢具入出境等有關證明文件，送請支給機關審定後辦理付款手續。

第23條 申請人依前條規定領取一次退休（職、伍）給與後，未於二個月內赴大陸地區長期居住者，由原退休（職、伍）機關通知支給機關追回其所領金額。

第24條 申請人有前條情形，未依規定繳回其所領金額者，不得以任何理由請求回復支領月退休（職、伍）給與。

第25條 兼領月退休（職）給與人員，依本條例第26條第1項規定申請其應領之一次退休（職）給與者，應按其兼領月退休（職）給與之比例計算。

第26條 本條例**所稱赴大陸地區長期居住**，指赴大陸地區居、停留，一年內合計逾一百八十三日。但有下列情形之一並提出證明者，得不計入期間之計算：

一、受拘禁或留置。
二、懷胎七月以上或生產、流產，且自事由發生之日起未逾二個月。
三、配偶、二親等內之血親、繼父母、配偶之父母、或子女之配偶在大陸地區死亡，且自事由發生之日起未逾二個月。
四、遇天災或其他不可避免之事變，且自事由發生之日起未逾一個月。
五、其他經主管機關審酌認定之特殊情事。

第27條 本條例第26條第2項**所稱受其扶養之人**，指依民法第1114條至第1118條所定應受其扶養之人。

前項受扶養人為無行為能力人者，其同意由申請人以外之法定代理人或監護人代為行使；其為限制行為能力人者，應經申請人以外之法定代理人或監護人之允許。

第28條 本條例第26條第3項**所稱停止領受退休（職、伍）給與之權利**，指支領各種月退休（職、伍）給與之退休（職、伍）軍公教及公營事業機關（構）人員，自其在大陸地區設有戶籍或領用大陸護照時起，停止領受退休（職、伍）給與；如有溢領金額，應予追回。

第29條 大陸地區人民依本條例第26-1條規定請領保險死亡給付、一次撫卹金、餘額退伍金或一次撫慰金者，應先以書面並檢附相關文件向死亡人員最後服務機關（構）、學校申請，經初核後函轉主管（辦）機關核定，再由死亡人員最後服務機關（構）、學校通知申請人，據以申請進入臺灣地區領受各該給付。但軍職人員由國防部核轉通知。

前項公教及公營事業機關（構）人員之各項給付，應依死亡當時適用之保險、退休（職）、撫卹法令規定辦理。各項給付之總額依本條例第26-1條第2項規定，不得逾新臺幣二百萬元。本條例第67條規定之遺產繼承總額不包括在內。

第1項之各項給付請領人以大陸地區自然人為限。

應受理申請之死亡人員最後服務機關（構）、學校已裁撤或合併者，應由其上級機關（構）或承受其業務或合併後之機關（構）、學校辦理。

死亡人員在臺灣地區無遺族或法定受益人之證明，應由死亡人員最後服務機關（構）、學校或國防部依據死亡人員在臺灣地區之全戶戶籍謄本、公務人員履歷表或軍職人員兵籍資料等相關資料出具。

其無法查明者，應由死亡人員最後服務機關（構）、學校或國防部登載公報或新聞紙後，經六個月無人承認，即可出具。

第30條 大陸地區法定受益人依本條例第26-1條第1項規定申請保險死亡給付者，應檢具下列文件：

一、給付請領書。

二、死亡人員之死亡證明書或其他合法之死亡證明文件。

三、死亡人員在臺灣地區無法定受益人證明。

四、經行政院設立或指定之機構或委託之民間團體驗證之法定受益人身分證明文件（大陸地區居民證或常住人口登記表）及親屬關係證明文件。

第31條 大陸地區遺族依本條例第26-1條第1項規定申請一次撫卹金者，應檢具下列文件：

一、撫卹事實表或一次撫卹金申請書。

二、死亡人員之死亡證明書或其他合法之死亡證明文件；因公死亡人員應另檢具因公死亡證明書及足資證明因公死亡之相關證明文件。

三、死亡人員在臺灣地區無遺族證明。

四、死亡人員最後服務機關（構）、學校查證屬實之歷任職務證明文件。

五、經行政院設立或指定之機構或委託之民間團體驗證之大陸地區遺族身分證明文件（大陸地區居民證或常住人口登記表）及撫卹遺族親屬關係證明文件。

前項依公務人員撫卹法或學校教職員撫卹條例核給之一次撫卹金之計算，按公務人員退休法或學校教職員退休條例一次退休金之標準辦理。

第32條 大陸地區遺族依本條例第26-1條第1項規定申請餘額退伍金或一次撫慰金者，應檢具下列文件：

一、餘額退伍金或一次撫慰金申請書。

二、死亡人員支（兼）領月退休金證書。

三、死亡人員之死亡證明書或其他合法之死亡證明文件。

四、死亡人員在臺灣地區無遺族或合法遺囑指定人證明。

五、經行政院設立或指定之機構或委託之民間團體驗證之大陸地區遺族或合法遺囑指定人身分證明文件（大陸地區居民證或常住人口登記表）及親屬關係證明文件。

六、遺囑指定人應繳交死亡人員之遺囑。

第33條 依本條例第26-1條規定得申請領受各項給付之申請人有數人時，應協議委託其中一人代表申請，受託人申請時應繳交委託書。

申請人無法取得死亡人員之死亡證明書或其他合法之死亡證明文件時，得函請死亡人員最後服務機關（構）、學校協助向主管機關查證或依主管權責出具。但軍職人員由國防部出具。

依本條例第26-1條第3項規定請領依法核定保留之各項給付，應依前四條規定辦理。但非請領公教及公營事業機關（構）人員之一次撫卹金者，得免檢附死亡證明書或其他合法之死亡證明文件。

第34條 死亡人員最後服務機關（構）、學校受理各項給付申請時，應查明得發給死亡人員遺族或法定受益人之給付項目。

各項給付由主管（辦）機關核定並通知支給機關核實簽發支票函送死亡人員最後服務機關（構）、學校，於遺族或法定受益人簽具領據及查驗遺族或法定受益人經許可進入臺灣地區之證明文件及遺族或法定受益人身分證明文件（大陸地區居民證或常住人口登記表）後轉發。

各項給付總額逾新臺幣二百萬元者，死亡人員最後服務機關（構）、學校應按各項給付金額所占給付總額之比例核實發給，並函知各該給付之支給機關備查。死亡人員最後服務機關（構）、學校應將遺族或法定受益人簽章具領之領據及餘額分別繳回各項給付之支給機關。

但軍職人員由國防部轉發及控管。

遺族或法定受益人有冒領或溢領情事，其本人及相關人員應負法律責任。

第35條 大陸地區遺族或法定受益人依本條例第26-1條第1項規定申請軍職人員之各項給付者，應依下列標準計算：

一、保險死亡給付：

(一)中華民國39年6月1日以後，中華民國59年2月13日以前死亡之軍職人員，依核定保留專戶儲存計息之金額發給。

(二)中華民國59年2月14日以後死亡之軍職人員，依申領當時標準發給。但依法保留保險給付者，均以中華民國86年7月1日之標準發給。

二、一次撫卹金：

(一)中華民國38年以後至中華民國56年5月13日以前死亡之軍職人員，依法保留撫卹權利者，均按中華民國56年5月14日之給與標準計算。

(二)中華民國56年5月14日以後死亡之軍職人員，依法保留撫卹權利者，依死亡當時之給與標準計算。

三、餘額退伍金或一次撫慰金：依死亡人員死亡當時之退除給與標準計算。

第36條 本條例第26-1條第4項**所稱特殊情事**，指有下列情形之一，經主管機關核定者：

一、因受傷或疾病，致行動困難無法來臺，並有大陸地區醫療機構出具之相關證明文件足以證明。

二、請領之保險死亡給付、一次撫卹金、餘額退伍金或一次撫慰金，單項給付金額為新臺幣十萬元以下。

三、其他經主管機關審酌認定之特殊情事。

第37條 依本條例第26-1條第4項規定，經主管機關核定，得免進入臺灣地區請領公法給付者，得以下列方式之一核發：

一、由大陸地區遺族或法定受益人出具委託書委託在臺親友，或本條例第4條第1項所定機構或第2項所定受委託之民間團體代為領取。

二、請領之保險死亡給付、一次撫卹金、餘額退伍金或一次撫慰金，單項給付金額為新臺幣十萬元以下者，得依臺灣地區金融機構辦理大陸地區匯款相關規定辦理匯款。

三、其他經主管機關認為適當之方式。

主管機關依前項各款規定方式，核發公法給付前，應請大陸地區遺族或法定受益人出具切結書；核發時，並應查驗遺族或法定受益人事先簽具之領據等相關文件。

但有正當理由者，得經主管機關同意，以其他文件代替。

第38條 在大陸地區製作之委託書、死亡證明書、死亡證明文件、遺囑、醫療機構證明文件、切結書及領據等相關文件，應經行政院設立或指定之機構或委託之民間團體驗證。

第39條 有關請領本條例第26-1條所定各項給付之申請書表格及作業規定，由銓敘部、教育部、國防部及其他主管機關另定之。

第40條 本條例第28條及第28-1條所稱中華民國船舶，指船舶法第5條第1項所定之船舶；所稱中華民國航空器，指依民用航空法規定在中華民國申請登記之航空器。

本條例第29條第1項所稱大陸船舶、民用航空器，指在大陸地區登記之船舶、航空器，但不包括軍用船舶、航空器；所稱臺北飛航情報區，指國際民航組織所劃定，由臺灣地區負責提供飛航情報服務及執行守助業務之空域。

非屬中華民國、外國、香港或澳門船舶，而由大陸地區人民所有、承租、管理、營運或擔任船長、駕駛之船舶，視同大陸船舶。

本條例第30條第1項所稱外國船舶、民用航空器，指於臺灣地區及大陸地區以外地區登記之船舶、航空器；所稱定期航線，指在一定港口或機場間經營經常性客貨運送之路線。

本條例第28條、第28-1條、第29條第1項及第30條第1項所稱其他運輸工具，指凡可利用為航空或航海之器物。

第41條 大陸民用航空器未經許可進入臺北飛航情報區限制區域者，執行空防任務機關依下列規定處置：

一、進入限制區域內，距臺灣、澎湖海岸線三十浬以外之區域，實施攔截及辨證後，驅離或引導降落。

二、進入限制區域內，距臺灣、澎湖海岸線未滿三十浬至十二浬以外之區域，實施攔截及辨證後，開槍示警、強制驅離或引導降落，並對該航空器嚴密監視戒備。

三、進入限制區域內，距臺灣、澎湖海岸線未滿十二浬之區域，實施攔截及辨證後，開槍示警、強制驅離或逼其降落或引導降落。

四、進入金門、馬祖、東引、烏坵等外島限制區域內，對該航空器實施辨證，並嚴密監視戒備。必要時，應予示警、強制驅離或逼其降落。

第42條 大陸船舶未經許可進入臺灣地區限制或禁止水域，主管機關依下列規定處置：

一、進入限制水域者，予以驅離；可疑者，命令停船，實施檢查。驅離無效或涉及走私者，扣留其船舶、物品及留置其人員。

二、進入禁止水域者，強制驅離；可疑者，命令停船，實施檢查。驅離無效、涉及走私或從事非法漁業行為者，扣留其船舶、物品及留置其人員。

三、進入限制、禁止水域有塗抹或隱蔽船名、無船名、拒絕停船受檢、從事漁撈或其他違法行為者，得扣留其船舶、物品及留置其人員。

四、前三款之大陸船舶有拒絕停船或抗拒扣留之行為者，得予警告射擊；經警告無效者，得直接射擊船體強制停航；有敵對之行為者，得予以擊燬。

前項第2款、第43條第1項第2款及第45條所稱非法漁業行為，指使用毒物、炸藥或其他爆裂物、電氣或其他麻醉物採捕水產動植物。

第43條 依前條規定扣留之船舶，由有關機關查證其船上人員有下列情形之一者，沒入之：

一、搶劫臺灣地區船舶之行為。

二、對臺灣地區有走私或從事非法漁業行為者。

三、搭載人員非法入境或出境之行為。

四、對執行檢查任務之船艦有敵對之行為。

扣留之船舶有塗抹或隱蔽船名、無船名、拒絕停船受檢、因從事漁撈、其他違法行為，或經主管機關查證該船有被扣留二次以上紀錄者，得沒入之。

扣留之船舶無前二項所定情形，且未涉及違法情事者，得予以發還。

第44條 本條例第32條第1項**所稱主管機關**，指實際在我水域執行安全維護、緝私及防衛任務之機關。

本條例第32條第2項**所稱主管機關**，指海岸巡防機關及其他執行緝私任務之機關。

第45條 前條所定主管機關依第42條規定扣留之物品，屬違禁、走私物品、用以從事非法漁業行為之漁具或漁獲物者，沒入之；扣留之物品係用以從事漁撈、其他違法行為，或有塗抹、隱蔽船名、無船名、拒絕停船受檢情形而扣留之漁具、漁獲物或其他物品，得沒入之；其餘未涉及違法情事者，得予以發還。但持有人涉嫌犯罪移送司法機關處理者，其相關證物應併同移送。

第46條 本條例第33條、第33-1條及第72條**所稱主管機關**，指中央主管機關。

前項中央主管機關，依所涉事項之性質定之。不能定其主管機關者，由行政院大陸委員會確定之。

不能依前項規定其主管機關者，由行政院大陸委員會確定之。

第47條 本條例第23條**所定大陸地區之教育機構**及第33-3條第1項**所定大陸地區學校**，不包括依私立學校法第86條規定經教育部備案之大陸地區臺商學校。

大陸地區臺商學校與大陸地區學校締結聯盟或為書面約定之合作行為，準用本條例第33-3條有關臺灣地區各級學校之規定。

第48條 本條例**所定大陸地區物品**，其認定標準，準用進口貨品原產地認定標準之規定。

第49條 本條例第35條第5項**所稱從事第1項之投資或技術合作**，指該行為於本條例修正施行時尚在繼續狀態中者。

第50條 本條例第36條**所稱臺灣地區金融保險證券期貨機構**，指依銀行法、保險法、證券交易法、期貨交易法或其他有關法令設立或監督之本國金融保險證券期貨機構及外國金融保險證券期貨機構經許可在臺灣地區營業之分支機構；所稱其在臺灣地區以外之國家或地區設立之分支機構，指本國金融保險證券期貨機構在臺灣地區以外之國家或地區設立之分支機構，包括分行、辦事處、分公司及持有已發行股份總數超過百分之五十之子公司。

第51條 本條例第36-1條**所稱大陸地區資金**，其範圍如下：

一、自大陸地區匯入、攜入或寄達臺灣地區之資金。
二、自臺灣地區匯往、攜往或寄往大陸地區之資金。
三、前二款以外進出臺灣地區之資金，依其進出資料顯已表明係屬大陸地區人民、法人、團體或其他機構者。

第52條 本條例第38條所稱幣券，指大陸地區發行之貨幣、票據及有價證券。

第53條 本條例第38條第1項但書規定之申報，應以書面向海關為之。

第54條 （刪除）

第55條 本條例第40條所稱有關法令，指商品檢驗法、動物傳染病防治條例、野生動物保育法、藥事法、關稅法、海關緝私條例、菸酒管理法、傳染病防治法、植物防疫檢疫法、食品安全衛生管理法、健康食品管理法及及其他相關法令。

第56條 本條例第三章所稱臺灣地區之法律，指中華民國法律。

第57條 本條例第42條所稱戶籍地，指當事人之戶籍所在地；第55條至第57條及第59條所稱設籍地區，指設有戶籍之臺灣地區或大陸地區。

第58條 本條例第57條所稱父或母，不包括繼父或繼母在內。

第59條 大陸地區人民依本條例第66條規定繼承臺灣地區人民之遺產者，應於繼承開始起三年內，檢具下列文件，向繼承開始時被繼承人住所地之法院為繼承之表示：

一、聲請書。
二、被繼承人死亡時之除戶戶籍謄本及繼承系統表。
三、符合繼承人身分之證明文件。

前項第1款聲請書，應載明下列各款事項，並經聲請人簽章：

一、聲請人之姓名、性別、年齡、籍貫、職業及住、居所；其在臺灣地區有送達代收人者，其姓名及住、居所。
二、為繼承表示之意旨及其原因、事實。
三、供證明或釋明之證據。
四、附屬文件及其件數。
五、地方法院。
六、年、月、日。

第1項第3款身分證明文件，應經行政院設立或指定之機構或委託之民間團體驗證；同順位之繼承人有多人時，每人均應增附繼承人完整親屬之相關資料。

依第1項規定聲請為繼承之表示經准許者，法院應即通知聲請人、其他繼承人及遺產管理人。但不能通知者，不在此限。

第60條 大陸地區人民依本條例第66條規定繼承臺灣地區人民之遺產者，應依遺產及贈與稅法規定辦理遺產稅申報；其有正當理由不能於遺產及贈與稅法第23條規定之期間內申報者，應於向被繼承人住所地之法院為繼承表示之日起二個月內，準用遺產及贈與稅法第26條規定申請延長申報期限。但該繼承案件有大陸地區以外之納稅義務人者，仍應由大陸地區以外之納稅義務人依遺產及贈與稅法規定辦理申報。

前項應申報遺產稅之財產，業由大陸地區以外之納稅義務人申報或經稽徵機關逕行核定者，免再辦理申報。

第61條 大陸地區人民依本條例第66條規定繼承臺灣地區人民之遺產，辦理遺產稅申報時，其扣除額適用遺產及贈與稅法第17條規定。

納稅義務人申請補列大陸地區繼承人扣除額並退還溢繳之稅款者，應依稅捐稽徵法第28條規定辦理。

第62條 大陸地區人民依本條例第67條第2項規定繼承以保管款專戶存儲之遺產者，除應依第59條規定向法院為繼承之表示外，並應通知開立專戶之被繼承人原服務機關或遺產管理人。

第63條 本條例第67條第4項規定之權利折算價額標準，依遺產及贈與稅法第10條及其施行細則第31條至第33條規定計算之。被繼承人在臺灣地區之遺產有變賣者，以實際售價計算之。

第64條 本條例第68條第2項所稱現役軍人及退除役官兵之遺產事件，在本條例施行前，已由主管機關處理者，指國防部聯合後勤司令部及行政院國軍退除役官兵輔導委員會依現役軍人死亡無人繼承遺產管理辦法及國軍退除役官兵死亡暨遺留財物處理辦法之規定處理之事件。

第65條 大陸地區人民死亡在臺灣地區遺有財產者，納稅義務人應依遺產及贈與稅法規定，向財政部臺北國稅局辦理遺產稅申報。大陸地區人民就其在臺灣地區之財產為贈與時，亦同。

前項應申報遺產稅之案件，其扣除額依遺產及贈與稅法第17條第1項第8款至第11款規定計算。但以在臺灣地區發生者為限。

第66條 繼承人全部為大陸地區人民者，其中一或數繼承人依本條例第66條規定申請繼承取得應登記或註冊之財產權時，應俟其他繼承人拋棄其繼承權或已視為拋棄其繼承權後，始得申請繼承登記。

第67條 本條例第72條第1項所定大陸地區人民、法人，不包括在臺公司大陸地區股東股權行使條例所定在臺公司大陸地區股東。

第68條 依本條例第74條規定聲請法院裁定認可之民事確定裁判、民事仲裁判斷，應經行政院設立或指定之機構或委託之民間團體驗證。

第69條 在臺灣地區以外之地區犯內亂罪、外患罪之大陸地區人民，經依本條例第77條規定據實申報或專案許可免予申報進入臺灣地區者，許可入境機關應即將申報書或專案許可免予申報書移送該管高等法院或其分院檢察署備查。

前項所定專案許可免予申報之事項，由行政院大陸委員會定之。

第70條 本條例第90-1條所定喪失或停止領受月退休（職、伍）金及相關給與之權利，均自違反各該規定行為時起，喪失或停止領受權利；其有溢領金額，應予追回。

第71條 本條例第94條所定之主管機關，於本條例第87條，指依本條例受理申請許可之機關或查獲機關。

第72條 基於維護國境安全及國家利益，對大陸地區人民所為之不予許可、撤銷或廢止入境許可，得不附理由。

第73條 本細則自發布日施行。

十、臺灣地區公務員及特定身分人員進入大陸地區許可辦法

（民國109年02月18日修正）

第1條　本辦法依臺灣地區與大陸地區人民關係條例（以下簡稱本條例）第九條第十一項規定訂定之。

第2條　本辦法之主管機關為內政部。

第3條　本辦法所稱公務員，指公務員服務法第二十四條規定之人員。

本辦法所稱簡任（或相當簡任）第十一職等以上公務員及警監三階以上警察人員，指所任職務之職務列等或職務等級跨列簡任（或相當簡任）第十一職等以上及警監三階以上者。

本辦法所稱特定身分人員，指下列各款人員：

一、本條例第九條第三項所定國家安全局、國防部、法務部調查局及其所屬各級機關未具公務員身分之人員。

二、本條例第九條第四項第二款所定未具公務員身分之人員。

三、本條例第九條第四項第三款及第四款所定人員。

本辦法所稱涉及國家安全、利益或機密人員，指本條例第九條第四項第二款及第三款所定人員。

第4條　未涉及國家安全、利益或機密之簡任（或相當簡任）第十一職等以上之公務員、警監三階以上之警察人員及前條第三項第一款人員，應經主管機關許可後，始得進入大陸地區。

本條例第九條第四項各款人員，申請進入大陸地區，應經主管機關會同國家安全局、法務部及大陸委員會組成之審查會共同審查許可；必要時，得徵詢申請人（原）服務機關（構）或委託機關意見。

第5條　各機關（構）、委託機關或受託團體、機構，應將本條例第九條第四項第一款至第三款及第五款人員，列冊函送內政部移民署（以下簡稱移民署），並副知當事人；人員異動時，亦同。

本條例第九條第四項第四款人員，原服務機關（構）、委託機關或受託團體、機構應於其退離職前，造具名冊送達移民署，並副知當事人。

第6條　擔任行政職務之政務人員、直轄市長、縣（市）長及涉及國家安全、利益或機密人員，符合下列各款情形之一者，始得申請進入大陸地區：

一、在大陸地區有設戶籍之配偶或四親等內之親屬。

二、配偶或四親等內親屬在大陸地區罹患傷病或有其他危害生命之虞等特殊情事需探視，或處理其死亡未滿一年之事宜。

三、進入大陸地區從事與業務相關之交流活動或會議。

四、經所屬機關（構）遴派或同意出席專案活動或會議。

五、轉乘經由大陸地區機場、港口之航空器、船舶或其他運輸工具至其他國家或地區。

前項涉及國家安全、利益或機密人員為中央各機關（構）所派駐外人員、任職國家安全局、國防部、法務部調查局與其所屬各級機關（構）人員及其他從事有關國防或機密科技研究者，不得以前項第一款事由申請進入大陸地區。

第7條 第三條第二項及第三項第一款未涉及國家安全、利益或機密人員申請進入大陸地區，應於預定進入大陸地區當日之二個工作日前，向主管機關申請。

本條例第九條第四項各款人員申請進入大陸地區，應於預定進入大陸地區當日之七個工作日前，向主管機關申請。

因辦理兩岸協商、執行特種勤務或處理緊急事故申請進入大陸地區，經主管機關同意者，不受前二項所定申請時間之限制。

第8條 依本辦法申請進入大陸地區之現職人員，應填具進入大陸地區申請表及檢附必要佐證資料，並詳閱公務員及特定身分人員進入大陸地區注意事項後簽章，由所屬中央機關（構）、直轄市、縣（市）政府、委託機關或其授權機關審核其事由，並附註意見後，以網際網路方式向主管機關申請。但申請文件機密等級屬機密以上者，應以紙本方式申請之。

前項申請人為直轄市長、縣（市）長以外機關首長者，應於主管機關許可前，報經所屬機關之上一級機關核准。

依本辦法申請進入大陸地區之退離職人員，應填具進入大陸地區申請表及檢附必要佐證資料，並詳閱公務員及特定身分人員進入大陸地區注意事項後簽章，由原服務機關（構）、委託機關審核其事由，並附註意見後，以網際網路方式，向主管機關申請；原服務機關（構）、委託機關經裁撤或改組者，應由承受其業務之機關（構）或其直接上級機關申請之。

第9條 依本辦法申請進入大陸地區檢附之相關文件不全得補正者，主管機關應通知申請人及前條第一項或第三項機關（構）限期補正；屆期不補正或補正不全者，駁回其申請；不能補正者，逕駁回其申請。

第10條 第八條第一項及第三項人員於返臺後七個工作日內，應填具赴陸人員返臺通報表，第八條第一項人員送交所屬機關（構），機關首長送交所屬機關之上一級機關，縣（市）長送交主管機關，直轄市長送交行政院，受委託人員送交委託機關；第八條第三項人員送交原服務機關（構）、委託機關備查。有具體情事涉及其他主管機關業務者，移請各相關主管機關處理。

各機關（構）發現通報內容未盡完整或有疑慮者，得要求前項人員於一定期間內補正；必要時，亦得請其說明。

各機關（構）應定期抽查依第一項規定送交之通報表，提供各機關（構）首長參處。

第11條 臺灣地區公務員及特定身分人員進入大陸地區，不得有下列情事：

一、從事妨害國家安全或利益之活動。

二、違反本條例第五條之一或第三十三條之一第一項規定，擅自與大陸地區人民、法人、團體或其他機關（構），簽署協議或為其他任何形式之合作行為。

三、洩漏或交付法令規定應保守秘密之文書、圖畫、消息、物品或資訊。

四、從事其他法令所禁止或應經業務主管機關許可而未經許可之事項。

前項人員在大陸地區受強暴、脅迫、利誘或其他手段，致有違反前項規定或相關法令之虞，應一併於前條第一項通報表載明；必要時，各機關（構）得請法務部調查局協助處理。

依本辦法申請進入大陸地區之現職人員，不得從事入學進修、選修學分、專題研究等各種型態之進修活動。

第12條 本辦法自發布日施行。

十一、大陸地區人民進入臺灣地區許可辦法

（民國110年7月27日修正）

第一章 總則

第1條 本辦法依臺灣地區與大陸地區人民關係條例（以下簡稱本條例）第十條第三項及第十六條第一項規定訂定之。

第2條 **本辦法之主管機關為內政部**。

主管機關審查相關申請事項，必要時得會同各目的事業主管機關及相關機關處理之，或由主管機關邀集國家安全局、大陸委員會及中央相關機關組成聯合審查會（以下簡稱聯審會）會商處理之。

前項申請事項或申請人身分涉及機敏、邀請單位資格有疑慮或有其他特殊情形者，應提送聯審會審查。

第3條 **大陸地區人民申請進入臺灣地區從事下列活動之一者，應依本辦法規定辦理**：

一、社會交流：

(一) 短期探親。

(二) 長期探親。

(三) 團聚。

(四) 隨行團聚。

(五) 奔喪或運回遺骸、骨灰。

(六) 探視或進行其他社會交流活動。

二、專業交流：

(一) 宗教教義研修。

(二) 教育講學。

(三) 投資經營管理。

(四) 科技研究。

(五) 藝文傳習。

(六) 協助體育國家代表隊培訓。

(七) 駐點服務。

(八) 研修生。

(九) 短期專業交流。

三、商務活動交流：

(一) 演講。

(二) 商務研習。

(三) 履約活動。

(四) 跨國企業內部調動服務。

(五) 短期商務活動交流。

四、醫療服務交流：

(一) 就醫。

(二) 同行照護。

(三) 健康檢查或美容醫學。

五、專案許可：

(一)一般專案許可。

(二)專案長期探親。

(三)企業內部調動專案許可。

第4條 大陸地區人民申請進入臺灣地區，依下列申請方式受理後，核轉內政部移民署（以下簡稱移民署）辦理。但本辦法另有規定或依規定以網際網路申請者，依其規定之申請方式辦理：

一、在大陸地區者，應向本條例第四條第一項所定機構或依第二項規定受委託之民間團體在大陸地區分支機構申請。未設立分支機構前，由其在臺灣地區親屬或邀請單位代向移民署申請。

二、在香港或澳門者，應向行政院於香港或澳門設立或指定之機構或委託之民間團體申請。

三、在國外地區者，應向我駐外使領館、代表處或辦事處（以下簡稱駐外機構）申請；其居住國無駐外機構者，得由在臺灣地區親屬或邀請單位代向移民署申請。

經許可進入臺灣地區之大陸地區人民，因申請延期或轉換身分者，得在臺灣地區逕向移民署提出申請。

依第一項第一款及第三款規定由其在臺灣地區親屬代申請者，以被探對象優先代理之。

依第一項規定申請經許可進入者，發給臺灣地區入出境許可證，送交申請人或由代申請人領取後轉交申請人。

第一項以網際網路申請之作業事項，由主管機關定之。

第5條 大陸地區人民申請進入臺灣地區，應備下列文件：

一、入出境許可證申請書。

二、六個月以上效期之大陸地區護（證）照、大陸地區居民身分證或足資證明其身分文件影本。

三、保證書。但符合第六條第四項規定者，免附。

四、申請人在國外地區或香港、澳門者，應另檢附國外地區再入境簽證、居留證、香港或澳門身分證影本。

五、符合申請進入臺灣地區事由或活動之相關證明文件。

六、經主管機關或目的事業主管機關指定之文件。

由在臺灣地區親屬或邀請單位代申請者，應附委託書。但申請書已載明由大陸地區申請人委託字樣並經其簽名者，免予檢附。

前項在臺灣地區親屬或邀請單位再委託綜合或甲種旅行業代其向移民署申辦相關業務者，應另檢附委託書。但大陸地區人民申請進入臺灣地區從事醫療服務交流者，再委託代申辦之旅行業，以經交通部觀光局依大陸地區人民來臺從事觀光活動許可辦法第十條規定核准，且未經該局廢止核准或停止辦理大陸地區人民來臺從事觀光活動業務者為限。

第一項第三款規定之保證書，應由符合資格之保證人親自簽名；保證人如係邀請單位，應加蓋印信。

第6條 大陸地區人民申請進入臺灣地區，除本辦法另有規定外，**應依下列順序尋覓一人為保證人**：

一、由本人申請或臺灣地區親屬代申請者，為下列臺灣地區人民：

(一) 臺灣地區配偶或直系血親。
(二) 有能力保證之臺灣地區三親等內親屬。
(三) 有正當職業之臺灣地區公民，其每年保證不得超過五人。

二、由邀請單位代申請者：
(一) 負責人或臺灣地區代理人。
(二) 業務主管。

前項第二款之邀請單位為法人者，法人應連帶擔任保證人。

符合下列情形之一且有正當理由，經主管機關同意，得變更保證人順序、改覓其他機關（構）、人員擔任保證：

一、無第一項規定之保證人。
二、第一項申請人有特殊情形，或不宜由前二項人員或法人擔任保證人。

大陸地區人民申請進入臺灣地區，符合下列情形之一者，得免覓保證人：

一、已取得臺灣地區不動產所有權，並以該事由申請進入臺灣地區。
二、以投資經營管理申請進入臺灣地區，且已實行投資。
三、為大陸地區之非營利法人、團體或其他機構，經各該主管機關許可，在臺灣地區設立辦事處或分支機構，其所派駐在臺灣地區從事業務活動之人員。

第7條 <u>**保證人之責任及其保證內容如下**</u>：

一、保證被保證人確係本人及與被保證人之關係屬實，無虛偽不實情事。
二、負責被保證人入境後之生活及其在臺行程告知，並確保其依限離境。
三、被保證人有依法須強制出境情事，應協助有關機關將其強制出境，並負擔交通及其他有關強制出境所需費用。

保證人因故有難以負擔前項所定保證責任之情事時，被保證人應於二個月內申請，並經主管機關同意後更換保證人；主管機關亦得限期於二個月內更換之。

保證人未能履行第一項所定之保證責任或為不實保證者，主管機關應視情節輕重，一年至三年內不予受理其代申請大陸地區人民進入臺灣地區、擔任保證人、被探親之人或為團聚之對象。但保證人為團聚之對象且有下列各款情形之一者，得代申請其現任大陸地區配偶進入臺灣地區並擔任保證人：

一、被保證之前任配偶有逾期或行方不明之情事，經保證人提供在臺所在地並經查（尋）獲。
二、保證人或其現任大陸地區配偶，於婚姻關係存續中已懷孕或所生子女在臺灣地區設有戶籍。
三、保證人與被保證之前任配偶，經法院判決離婚並已通報行方不明逾七年。

第8條 邀請單位及代申請人對於邀請進入臺灣地區之大陸地區人民背景應先予瞭解，提供資料、安排行程、活動、負責接待，於其已進入臺灣地區活動期間，負責安排與許可目的相符之活動。

大陸地區人民申請進入臺灣地區活動行程涉及觀光旅遊者，應由綜合或甲種旅行業接待。但申請進入臺灣地區從事社會交流，或由旅行業、旅行業同業公會擔任邀請單位者，不在此限。

綜合或甲種旅行業受託代申請或接待之責任，以涉及觀光旅遊事項為限，並依發展觀光條例及其相關法令處理。

第9條 大陸地區人民申請進入臺灣地區，主管機關或目的事業主管機關得公告限制人數或團數。

第10條 大陸地區人民申請進入臺灣地區檢附之文件不符或欠缺者，主管機關應通知申請人於二個月內補正；屆期不補正或補正不全者，駁回其申請；不能補正或不符申請程序者，逕駁回其申請。

申請人有正當事由未能於前項規定期限內補正者，得申請展延一次，以二個月為限。

第11條 大陸地區人民經許可進入臺灣地區者，**發給臺灣地區入出境許可證，其種類及效期如下**：

一、**單次入出境許可證**：有效期間自核發之翌日起算六個月；必要時，得予縮短效期。

二、**一年至三年逐次加簽入出境許可證**：在有效期間內辦理加簽後，即可入出境；其加簽效期，自加簽之翌日起算六個月。但不得逾逐次加簽入出境許可證之有效期間。

三、**一年至五年多次入出境許可證**：在有效期間內持憑入出境。

四、**臨時停留許可證**：依實際需要核給停留期間，供持憑入出境之用。

領有前項第一款證件之大陸地區人民在有效期間內未入境者，得於該效期屆滿前一個月內，填具延期申請書，並檢附入出境許可證，向移民署提出申請，經移民署核准後，得延期一次，並比照原許可效期。

第12條 大陸地區人民申請進入臺灣地區，有下列情形之一者，**得不予許可；已許可者，得撤銷或廢止其許可，並註銷其入出境許可證**：

一、現（曾）擔任大陸地區黨務、軍事、行政或具政治性機關（構）、團體之職務或為成員。

二、參加暴力或恐怖組織或其活動。

三、涉有內亂罪、外患罪重大嫌疑。

四、在臺灣地區外涉嫌重大犯罪或有犯罪習慣。

五、**曾有本條例第十八條第一項各款情形之一**。

六、申請人、邀請單位、旅行業或代申請人現（曾）於申請時，為虛偽之陳述、隱瞞重要事實，提供偽造、變造、無效或經撤銷之相片、文書資料。

七、有事實足認其現（曾）與臺灣地區人民通謀而為虛偽結婚。

八、曾在臺灣地區有行方不明紀錄二次或達二個月以上。

九、有違反善良風俗之行為。

十、患有重大傳染性疾病。

十一、原申請事由或目的消失，且無其他合法事由。

十二、未通過面談或無正當理由不接受面談或不按捺指紋。

十三、同行人員未與申請人同時入出臺灣地區，或隨行人員較申請人先行進入臺灣地區或於申請人出境後始出境。但同行人員因工作、其他特殊情形須先出境或罹患重病、受重傷須延後出境，或隨行人員有第十九條第一項各款情形之一須延後出境，經主管機關核准者，不在此限。

十四、經主管機關或中央目的事業主管機關認定，對臺灣地區政治、社會、經濟有不利影響。

十五、從事違背對等尊嚴原則之不當行為。

十六、違反第六條第三項或第七條第二項變更保證人順序或更換保證人、第三十二條或第三十八條未事先報請備查或第三十七條轉任、兼任職務之規定。

十七、有事實足認其無正當理由現（曾）未與臺灣地區配偶共同居住。

十八、邀請單位、旅行業或代申請人未配合遵守主管機關或中央目的事業主管機關依第十五條第一項要求之行為，或拒絕、規避、妨礙各該機關依規定進行訪視、隨團或查核。

十九、有事實足認進入臺灣地區有逾期停留之虞。

二十、分別以不同事由申請進入臺灣地區。

二一、已領有有效之入出境許可證，再申請進入臺灣地區。

二二、曾於入境時，拒不繳驗入出國查驗及資料蒐集利用辦法所定之有效證照文件。

二三、曾於入境時，被查獲攜帶違禁物。

二四、違反其他法令規定。

有前項第十款情形者，再次申請進入臺灣地區時，應檢附健康檢查合格證明。

有第一項第二十款或第二十一款情形者，移民署得定期命申請人說明，屆期未說明或無正當理由，得一部或全部不予許可。但第一項第二十一款情形，將有效之入出境許可證繳回移民署者，不在此限。

第13條　大陸地區人民經許可進入臺灣地區停留或活動者，入境時應備有效證照文件經查驗後入境。

大陸地區人民為臺灣地區人民之配偶，且須接受面談、按捺指紋者，應經由指定之機場、港口入境。

大陸地區人民經許可進入臺灣地區機場、港口之際，有下列情形之一者，**得禁止其入境，撤銷或廢止其許可，並註銷其入出境許可證**：

一、未備入出國查驗及資料蒐集利用辦法所定之有效證照文件或拒不繳驗。

二、持用不法取得、偽造、變造之證照。

三、冒用證照或持用冒領之證照。

四、申請資料不實或隱瞞重要事實。

五、攜帶違禁物。

六、患有足以妨害公共衛生之傳染病或其他疾病。

七、有違反公共秩序或善良風俗之言行。

八、有事證顯示進入臺灣地區，將有逾期停留或從事違反法令之虞。

九、同行人員未與申請人同時進入臺灣地區，或隨行人員較申請人先行進入臺灣地區。

於出境查驗時，有前項第一款至第三款情形之一者，得撤銷或廢止其許可，並註銷其入出境許可證。

第14條　大陸地區人民申請進入臺灣地區，有下列情形之一，已入境者，自出境之日起算，未入境者，自不予許可、撤銷、廢止許可之翌日起算，**得於一定期間內不予許可其申請進入臺灣地區停留**。但曾入境已出境者，自出境之日起算：

一、有本條例第十八條第一項第二款經許可入境，已逾停留、居留期限情形，逾期四日以上未滿一個月者，其不予許可期間為三個月；逾期一個月以上未滿三個月者，其不予許可期間為六個月；逾期三個月以上未滿一年者，其不予許可期間為一年至二年；逾期一年以上未滿三年者，其不予許可期間為三年至五年；逾期三年以上者，其不予許可期間為五年。

二、有第十二條第一項第十三款未依規定入出境情形者，其不予許可期間為一年。

三、有第十二條第一項第八款、第十四款至第十六款、第十八款或本條例第十八條第一項第三款、第四款情形者，其不予許可期間為一年至五年。

四、有第十二條第一項第六款或本條例第十八條第一項第一款情形者，其不予許可期間為二年至五年。

五、有第十二條第一項第九款、第十七款、第二十二款或第二十三款情形者，其不予許可期間為三年至五年。

六、有第十二條第一項第七款情形者，其不予許可期間為五年至十年。

有前項第一款情形之大陸地區人民為臺灣地區人民之配偶，其在臺灣地區未育有已設有戶籍之未成年親生子女者，不予許可期間得減為二分之一。

有第一項第一款情形之大陸地區人民符合下列情形之一者，不受第一項不予許可期間之限制：

一、為臺灣地區人民之配偶，且在臺灣地區育有已設有戶籍之未成年親生子女或離婚後仍行使、負擔對於該子女之權利義務、對其有扶養事實或會面交往。

二、依第二十六條規定申請進入臺灣地區，與依親對象在臺灣地區育有未成年親生子女。

三、未滿十八歲。

有第一項第一款情形，且符合第十九條第一項各款情形之一，未辦理延期，未逾停留期限十日者，不受第一項不予許可期間之限制。

大陸地區人民申請進入臺灣地區事由或目的消失，除另有規定外，應自消失之日起十日內離境；屆期未離境者，視為逾期停留。

大陸地區人民申請案符合下列情形之一者，主管機關得暫予解除第一項期間之限制，許可其進入臺灣地區；於其出境後，依原定管制期間繼續限制，管制期間不重新計算：

一、申請進入臺灣地區奔喪。

二、申請目的或活動符合人道關懷原則。

三、跨國（境）人口販運或其他刑事案件之被告、被害人、證人有進入臺灣地區協助偵查或審理之必要，經檢察官或法官認定其到庭或作證有助於案件之偵查或審理。

四、有第四十九條第一項所定情形者，經主管機關協調大陸委員會等相關機關專案許可。

第15條 主管機關或中央目的事業主管機關就大陸地區人民申請進入臺灣地區計畫內容及活動，或邀請單位、旅行業及代申請人代辦業務情形，得自行派員或會同相關機關組成聯合查核小組，進行訪視、隨團或其他查核行為，並得要求邀請單位、旅行業或代申請人配合遵守下列行為：

一、提供大陸地區人民在臺灣地區活動報告。

二、大陸地區人民在臺灣地區活動期間應團體行動。

三、提供相關資料文件。

邀請單位、旅行業或代申請人應遵守前項主管機關或中央目的事業主管機關之要求，並不得有拒絕、規避、妨礙該機關進行訪視、隨團或查核之行為。

第16條　邀請單位、旅行業或代申請人有下列情形之一，除本辦法另有規定外，得視其情節於一定期間內不予受理其代申請：

一、未依第三十二條或第三十八條規定報請備查。

二、未遵守主管機關或中央目的事業主管機關依前條第一項規定提出之要求。

三、經許可進入臺灣地區之大陸地區人民逾停留期限。

四、有拒絕、規避、妨礙主管機關或中央目的事業主管機關依前條規定進行訪視、隨團或查核之情事。

五、為虛偽之陳述、隱瞞重要事實，提供偽造、變造、無效或經撤銷之相片、文書資料，或有出租、出借、假冒、頂替邀請名義之情事。

六、經許可進入臺灣地區之大陸地區人民，涉及重大犯罪之嫌疑。

七、大陸地區人民，其在臺行為或活動有事實足認有重大危害國家安全或社會安定之虞。

前項一定期間內不予受理其代申請之規定如下：

一、有前項第一款或第二款規定情形，第一次予以警示，自第二次起，其不予受理期間為六個月至三年。

二、有前項第三款或第四款規定情形，其不予受理期間為六個月至三年。

三、有前項第五款至第七款規定情形之一，其不予受理期間為一年至五年。

第17條　臺灣地區入出境許可證遺失或毀損者，申請人或代申請人應備齊入出境許可證申請書、遺失説明書或毀損證件，向移民署提出申請，經核准後，重新補發或換發。

第18條　經許可進入之大陸地區人民為申請辦理延期，應依規定期限並備齊下列文件向移民署提出：

一、延期申請書。

二、臺灣地區入出境許可證。

三、大陸地區核發之有效證照影本。

四、延期計畫書及行程表或其他相關證明文件。

主管機關對於申請人依前項規定之延期申請，得徵詢相關目的事業主管機關意見；**有下列情形之一者，得不予許可延期，已許可者，得撤銷或廢止其許可，並註銷入出境許可證**：

一、有第十二條第一項各款情形之一。

二、所持用大陸地區證照尚餘有效效期不足一個月。

第19條　大陸地區人民在臺灣地區停留期間屆滿時，有下列情形之一者，**得申請延長在臺停留期間**：

一、懷胎七個月以上，或生產、流產後二個月未滿。

二、罹患疾病而強制其出境有生命危險之虞。

三、在臺灣地區設有戶籍之配偶、二親等內之血親、配偶之父母或子女之配偶在臺灣地區罹患重病或受重傷而住院或死亡。

四、遭遇天災或其他不可避免之事變。

五、跨國（境）人口販運之被害人，有繼續停留臺灣地區協助偵查或審理之必要，經檢察官或法官認定其作證有助於案件之偵查或審理。

六、人身自由依法受拘束。

前項各款延長停留期間如下：

一、第一款、第二款，每次不得逾二個月。

二、第三款所定之配偶、二親等內之血親、配偶之父母或子女之配偶罹患重病或受重傷而住院者，每次不得逾一個月，總停留期間不得逾六個月；死亡者，自事由發生之日起算不得逾一個月。

三、第四款，不得逾一個月。

四、第五款視案件偵辦或審理情形酌定之，最長不得逾六個月。

五、第六款依事實需要核給之。

依第一項規定申請延期，應備妥下列文件向移民署送件：

一、延期申請書。

二、臺灣地區入出境許可證。

三、大陸地區核發之有效證照影本。

四、其他證明文件。

第20條 前條第一項第二款、第三款、第二十一條附表一同行照料之配偶或十八歲以上二親等內血親及第二十八條第一項第二款罹患疾病、重病或重傷之認定，應檢具經中央衛生福利主管機關公告評鑑合格醫院開具之診斷書證明。

第21條 大陸地區人民經許可進入臺灣地區，其停留期間、核發許可證件類別、申請延期、不得延期條件、申請同行或隨行及不得申請同行或隨行條件，依附表一之規定。

第二章　社會交流

第22條 大陸地區人民申請進入臺灣地區從事社會交流，應由臺灣地區親屬或邀請單位代申請之。但在臺灣地區無親屬者，得由有正當職業之臺灣地區公民以友人身分代申請並擔任保證人，每年代申請以五人為限。

前項由在臺灣地區友人代申請者，應附委託書。但申請書已載明由大陸地區申請人委託字樣並經其簽名者，免予檢附。

前項在臺灣地區友人再委託綜合或甲種旅行業代其向移民署申辦相關業務者，應另檢附委託書。

第23條 大陸地區人民符合下列情形之一者，**得申請進入臺灣地區短期探親**：

一、為臺灣地區人民之三親等內血親或其配偶。

二、為經許可團聚並懷孕七個月以上或生產、流產後二個月未滿者之父母，或為經許可依親居留、長期居留者之二親等內血親或其配偶。

三、依本條例第十六條第二項規定得申請在臺灣地區定居。

四、為臺灣地區人民之大陸地區配偶之父母。

五、為經專案許可長期居留者之父母或子女。

六、其子女取得外國國籍或為香港澳門關係條例所定之香港、澳門居民，並不具大陸地區人民身分，且為臺灣地區人民之配偶，許可居留期間逾六個月。

七、其子女或子女之配偶取得外國國籍或為香港澳門關係條例所定之香港、澳門居民，並不具大陸地區人民身分，且受聘僱在臺灣地區從事就業服務法第四十六條第一項第一款至第六款、第四十八條第一項第一款、第三款、第四十九條工作、依外國專業人才延攬及僱用法第八條第一項取得就業金卡或從事該法第十條第一項工作，許可居留期間逾六個月；或依入出國及移民法第二十五條第三項第二款取得永久居留許可。

八、為依本辦法經許可在臺灣地區停留期間逾六個月者之配偶、父母、子女或配偶之父母。

九、為依大陸地區人民來臺就讀專科以上學校辦法經許可在臺停留者之配偶或二親等內血親。

十、其子女為依第三十三條附表三許可在臺灣地區停留之研修生。

前項第一款申請人如為臺灣地區人民之配偶，且本次婚姻有未通過面談或無正當理由不接受面談者，主管機關得不予許可其進入臺灣地區短期探親。

第24條 修正前條文：

大陸地區人民符合下列情形之一者，**得申請進入臺灣地區長期探親**：

一、為臺灣地區人民之未成年子女。

二、為經許可在臺灣地區依親居留、長期居留之大陸地區人民之未成年親生子女，**年齡在十六歲以下或曾在十六歲以前**申請進入臺灣地區長期探親。

依前項規定經許可進入臺灣地區長期探親，**停留至滿二十歲時**，仍在臺灣地區就讀五年制專科學校、一般大學或科技校院具有學籍者，於就學期間亦得申請進入臺灣地區長期探親。

修正後條文：（民國112年1月1日施行）

大陸地區人民符合下列情形之一者，**得申請進入臺灣地區長期探親**：

一、為臺灣地區人民之未成年子女。

二、為經許可在臺灣地區依親居留、長期居留之大陸地區人民之未成年親生子女，**年齡在十四歲以下或曾在十四歲以前**申請進入臺灣地區長期探親。

依前項規定經許可進入臺灣地區長期探親，**停留至滿十八歲時**，仍在臺灣地區就讀高級中等以下學校、五年制專科學校、一般大學或科技校院具有學籍者，於就學期間亦得申請進入臺灣地區長期探親。

第25條 **大陸地區人民為臺灣地區人民之配偶，申請進入臺灣地區團聚，主管機關審查後得核給一個月停留期間之許可；通過面談准予延期後，得再核給五個月停留期間之許可**。

前項通過面談之大陸地區人民申請再次入境或依第四條第二項規定申請轉換為臺灣地區人民之配偶身分並通過面談，經主管機關認為無婚姻異常之虞，且無依法不予許可之情形者，得核給團聚許可，其期間不得逾六個月。

第26條 大陸地區人民符合下列情形之一者，**得申請進入臺灣地區隨行團聚**：

一、為取得居留許可且在臺灣地區居住之無戶籍國民之配偶或未成年子女。

二、為取得永久居留許可且在臺灣地區居住之外國人之配偶、未成年子女或身心障礙且無法自理生活之已成年未婚子女。

三、為外國官方或半官方機構派駐在臺灣地區者之配偶、未成年子女或身心障礙且無法自理生活之已成年未婚子女。

四、為經行政院許可香港或澳門政府派駐在臺灣地區者之配偶、未成年子女或身心障礙且無法自理生活之已成年未婚子女。

五、為受聘僱在臺灣地區從事就業服務法第四十六條第一項第一款至第六款、第四十八條第一項第一款、第三款、第四十九條工作、依外國專業人才延攬及僱用法第八條第一項取得就業金卡或從事該法第十條第一項工作之外國人、香港或澳門居民之配偶、未成年子女或身心障礙且無法自理生活之已成年未婚子女。

前項第三款人員身分，得由外交部認定之；前項第四款人員身分，得由大陸委員會認定之。

第27條　大陸地區人民符合下列情形之一者，**得申請進入臺灣地區奔喪，並以一次為限**：

一、為死亡未滿六個月臺灣地區人民之配偶、配偶之父母、三親等內血親或其配偶。

二、與經許可進入臺灣地區且死亡未滿六個月之大陸地區人民、香港澳門居民或外國人，具有配偶或二親等內血親關係，並以二人為限。

大陸地區人民，其在臺灣地區之配偶、二親等內血親、配偶之父母或子女之配偶，於中華民國八十一年十二月三十一日以前死亡者，得申請進入臺灣地區運回遺骸、骨灰。但以一次為限。

第28條　大陸地區人民符合下列情形之一者，**得申請進入臺灣地區探視或進行其他社會交流活動**：

一、其親屬為大陸地區人民、香港澳門居民或外國人在臺灣地區經司法機關羈押或執行徒刑，而所犯為死刑、無期徒刑或最輕本刑為五年以上有期徒刑之罪。其申請案，每年一次並以二人為限。

二、其親屬為大陸地區人民、香港澳門居民或外國人在臺灣地區遭遇不可抗拒之重大災變致死亡或重傷，或因重大疾病住院。其申請案，每次以二人為限。

三、因刑事案件經司法機關傳喚，須進入臺灣地區進行訴訟。

四、因民事訴訟經司法機關通知，須進入臺灣地區進行訴訟。但經主管機關認定有從事與許可目的不符之虞者，得不予許可。

五、符合本條例第二十六條之一規定得領取公法給付。但同一申請事由之申請人有二人以上時，應協議委託其中一人代表申請進入臺灣地區，並以一次為限。

六、被繼承人在臺灣地區之遺產，依本條例第六十七條之一或第六十八條規定由機關管理中，且申請人符合該規定得領取遺產。但同一申請事由之申請人有二人以上時，應協議委託其中一人代表申請進入臺灣地區，並以一次為限。

七、已取得臺灣地區不動產所有權。

大陸地區相關機關（構）人員，為協助前項第一款及第二款之大陸地區人民進入臺灣地區處理相關事務，並符合平等互惠原則，得申請進入臺灣地區陪同探視。

大陸地區人民依第一項第一款或第二款規定申請進入臺灣地區，經主管機關同意，得不受每次二人或親屬關係之限制。

第29條 大陸地區人民申請許可進入臺灣地區從事社會交流，其應備文件及機關審查權責，依附表二之規定。

第三章　專業交流

第30條 大陸地區人民申請進入臺灣地區從事專業交流，應由經核准設立有案相關專業領域且領有組織及團體憑證或工商憑證之臺灣地區邀請單位代申請之。

本章所稱專業交流，指大陸地區人民進入臺灣地區從事涉及各目的事業主管機關之相關專業領域之活動。

第31條 大陸地區人民申請進入臺灣地區從事宗教教義研修、教育講學、投資經營管理、科技研究、藝文傳習、協助體育國家代表隊培訓、駐點服務、研修生等專業交流，應送請目的事業主管機關審查。從事參觀、訪問、考察、領獎、參與研討會、會議、參觀展覽及參加展覽之短期專業交流，免送目的事業主管機關審查；其他短期專業交流應送目的事業主管機關審查。

第32條 大陸地區人民經許可進入臺灣地區從事專業交流，其主要專業活動，不得變更；預定進入臺灣地區日期或行程有變更者，邀請單位於入境前或行程變更前，應檢具確認行程表及原核定行程表，送主管機關及相關目的事業主管機關備查。

第33條 大陸地區人民申請進入臺灣地區從事專業交流，其申請資格、應備文件、邀請單位資格及目的事業主管機關審查權責，依附表三之規定。

第四章　商務活動交流

第34條 大陸地區人民符合下列資格之一者，應由經核准設立有案且領有工商憑證之臺灣地區邀請單位代申請進入臺灣地區從事商務活動交流：

一、事業負責人或經理人。

二、事業專門性或技術性人員。

第35條 本章所稱之跨國企業內部調動服務，其跨國企業指在二個以上國家建立子公司或分公司，由母公司或本公司進行有效之控制及統籌決策，以從事跨越國界生產經營行為，其母公司或本公司設於外國、香港或澳門且在臺灣地區設有子公司或分公司，或其母公司或本公司設於臺灣地區，並符合下列各款要件之一之經濟實體：

一、申請前一年於全世界資產達二十億美元以上。

二、經經濟部核發營運總部認定函。

三、國內員工人數達一百人以上，且其中五十人以上具專科以上學校學歷。

四、國內年營業收入淨額達新臺幣十億元以上。

五、區域年營業收入淨額達新臺幣十五億元以上。

第36條 大陸地區人民申請進入臺灣地區從事演講、商務研習（含受訓）、履約活動及跨國企業內部調動服務，應送相關目的事業主管機關審查；商務訪問、會議、考察、參加展覽、參觀展覽及海空運服務等短期商務活動交流，免送目的事業主管機關審查。

跨國企業內部調動進入臺灣地區服務，其母公司或本公司設於香港或澳門且在臺灣地區設有子公司或分公司，或其母公司或本公司設於臺灣地區者，提送聯審會審查。

第37條 以跨國企業內部調動經許可進入臺灣地區服務之大陸地區人民，不得轉任或兼任該跨國企業以外之職務，其有轉任、兼任或離職者，應於十日內離境。

第38條 大陸地區人民經許可進入臺灣地區從事商務活動交流，其主要商務活動，不得變更；預定進入臺灣地區日期或行程有變更者，邀請單位於入境前或行程變更前，應檢具確認行程表及原核定行程表，送主管機關及相關目的事業主管機關備查。

第39條 大陸地區人民申請進入臺灣地區從事商務活動交流，其申請資格、應備文件、邀請單位資格及目的事業主管機關審查權責，依附表四之規定。

第五章　醫療服務交流

第40條 大陸地區人民患有經中央衛生福利主管機關公告得於臺灣地區接受醫療服務之疾病者，得申請進入臺灣地區就醫，並應於經中央衛生福利主管機關公告之醫療機構為之；必要時，並得申請大陸地區醫事人員二人同行照護。

前項同行照護人員之人數，主管機關得視具體情況審酌增減之。

第41條 **臺灣地區人民進入大陸地區患重病或受重傷，而有生命危險須返回臺灣地區者，得申請大陸地區必要之醫事人員同行照護**。

第42條 大陸地區人民年滿二十歲，且有相當新臺幣二十萬元以上存款或持有銀行核發金卡或年工資所得相當新臺幣五十萬元以上者，得申請進入臺灣地區，於經中央衛生福利主管機關公告之醫療機構接受健康檢查或美容醫學。

前項醫療機構每月可接受服務人數，由中央衛生福利主管機關公告之。

第43條 醫療機構依前條代為申請之大陸地區人民在臺有逾期停留者，應於該大陸地區人民逾期停留之日起算七日內協尋；屆協尋期仍未歸者，逾期停留之第一人予以警示，自第二人起，每逾期停留一人，由主管機關不予受理其代申請大陸地區人民進入臺灣地區接受健康檢查或美容醫學服務一個月。

第一次逾期停留如同時有二人以上者，自第二人起，每逾期停留一人，不予受理醫療機構代申請大陸地區人民進入臺灣地區接受健康檢查或美容醫學服務一個月；最近一年內累計逾期停留達十人以上，自第十一人起，每逾期停留一人，不予受理二個月。

醫療機構所代申請之大陸地區人民入境後未依規定前往該醫療機構接受健康檢查或美容醫學服務者，每違反規定一人，由主管機關不予受理其代申請大陸地區人民進入臺灣地區接受健康檢查或美容醫學服務一個月。

醫療機構為辦理代申請大陸地區人民進入臺灣地區接受健康檢查或美容醫學服務，

得向移民署繳納新臺幣一百萬元保證金。

醫療機構於所代申請之大陸地區人民違反第一項或第二項規定前，已依前項繳納保證金者，自大陸地區人民逾期停留第二人起或違反第二項規定，每一人扣繳保證金新臺幣十萬元；對於最近一年內累計逾期停留達十人以上之情形者，自第十一人起，每一人扣繳保證金新臺幣二十萬元，不適用第一項或第二項不予受理服務之規定。

醫療機構所代申請之大陸地區人民入境後從事與許可目的不符之活動，且情節重大者，主管機關得不予受理其代申請大陸地區人民進入臺灣地區接受健康檢查或美容醫學服務一年至三年。

第44條 依前條第四項扣繳之保證金，由移民署繳交國庫。

經扣繳保證金之醫療機構，如保證金餘額已不足前條第三項數額時，由移民署通知於一個月內補足之。

醫療機構所繳保證金經全數扣繳，或未依前項規定補足者，其所代申請之大陸地區人民入境後如有逾期停留或未依規定接受健康檢查或美容醫學服務之情形，主管機關應依前條第一項或第二項規定為不予受理服務之處分。

醫療機構經中央衛生福利主管機關公告停止其代申請大陸地區人民進入臺灣地區接受健康檢查或美容醫學服務者，其所繳保證金餘額，得於公告停止日二個月內申請移民署發還；屆滿未申請者，由移民署主動通知其申請發還。

第45條 大陸地區人民申請進入臺灣地區從事醫療服務交流，其應備文件及機關審查權責，依附表五之規定。

第六章　附則

第46條 大陸地區人民進入臺灣地區參加下列會議或活動者，得經中央目的事業主管機關依本條例第七十七條規定專案許可免予申報：

一、國際體育組織自行舉辦或委託我方舉辦，並經中央目的事業主管機關核准之會議或活動。

二、政府間或半官方之國際組織舉辦，並經中央目的事業主管機關核准之國際會議或活動。

三、中央目的事業主管機關舉辦之國際會議或活動。

四、中央目的事業主管機關舉辦之兩岸交流會議或活動。

五、本條例第四條第一項所定機構或依第二項規定受委託之民間團體舉辦，並經中央目的事業主管機關核准之兩岸會談。

大陸地區人民依前項規定申請進入臺灣地區，依本辦法規定之程序辦理。

但前項第一款至第三款與國際組織訂有協議，或第五款之機構或民間團體與大陸地區法人、團體或機構訂有協議者，依其協議辦理。

第47條 大陸地區人民經許可進入臺灣地區，而有本條例第七十七條所定情形者，移民署應檢附據實申報之進入臺灣地區入出境許可證申請書影本，函送該管高等檢察署或其檢察分署備查。

依前條規定專案許可免予申報者，移民署應檢附專案許可證明文件及有關資料影本，函送該管高等檢察署或其檢察分署備查。

第48條 大陸地區人民申請進入臺灣地區，所檢附大陸地區製作之文書，主管機關或中央目的事業主管機關得要求先送經本條例第四條第一項所定機構或依第二項規定受委託之民間團體查證、驗證。

依規定應檢附之文件係在外國或香港、澳門製作者，主管機關或中央目的事業主管機關得要求先送經駐外機構或行政院於香港、澳門設立或指定之機構驗證；其在臺灣地區由外國駐我國使領館或授權機構製作者，亦得要求先送經外交部複驗。

前項文件為外文者，主管機關或中央目的事業主管機關得要求申請人檢附經駐外機構、行政院於香港、澳門設立或指定之機構驗證或臺灣地區公證人認證之中文譯本。

第49條 遇有重大突發事件、影響臺灣地區重大利益情形或於兩岸互動有必要者，經主管機關協調大陸委員會等相關機關專案許可，大陸地區人民得申請進入臺灣地區從事與許可目的相符之活動，或專案許可延長停留期間。

大陸地區人民於中華民國一百零一年十二月三十日至一百零五年一月十五日期間曾經許可進入臺灣地區長期探親，且有下列情形者，為在臺灣地區繼續就讀五年制專科學校、一般大學或科技校院學士學位，得經主管機關會同教育部及大陸委員會專案許可其進入臺灣地區長期探親：

一、曾在臺灣地區就讀五年制專科學校、一般大學或科技校院學士學位者，且現仍具上開學制學籍。

二、現已申請專案居留排配中，且無大陸地區人民在臺灣地區依親居留長期居留或定居許可辦法第二十六條第一項、第二項及第二十七條第一項、第二項情形者。

三、被探對象仍存續。

四、於本辦法一百零一年十二月二十八日修正發布施行後，已滿二十歲出境。

為有助於政府推動全球佈局、企業營運總部政策，或提升臺灣地區產業或經濟利益，對非任職於第三十五條所定跨國企業或非屬第三十九條附表四所定之大陸地區人民，因企業內部調動而有進入臺灣地區之必要者，得經大陸委員會會同主管機關及相關目的事業主管機關專案許可進入臺灣地區。

第50條 大陸地區人民依前條規定經專案許可申請進入臺灣地區從事與許可目的相符之活動、專案長期探親或企業內部調動專案許可，其應備文件及機關審查權責，依附表六之規定。

第51條 經許可進入臺灣地區之大陸地區人民且符合下列所定情形之一者，得依第二項規定申請入學：

一、依第二十一條附表一規定從事跨國企業內部調動服務者之隨行未成年子女。

二、依第二十三條第三款規定，為臺灣地區人民之未成年子女。

三、依第二十四條規定之未成年子女。

四、依第二十一條附表一從事投資經營管理且已實行投資者之隨行未成年子女。

前項大陸地區人民得依下列規定申請入學：

一、申請就讀與其學歷相銜接之國民中、小學者，應向其在臺住所所在地學校之主管教育行政機關提出申請，由該主管教育行政機關分發至在臺住所學區或鄰近學區學校；其擬就讀私立學校者，應附學校同意入學證明。

二、申請就讀與其學歷相銜接之高級中等學校者，應檢附下列文件，向其擬就讀學校之主管教育行政機關提出申請，比照臺灣地區學生參加學校轉（入）學甄試，達錄取標準，經主管教育行政機關核定後，採增額方式錄取；其增加之名額，以各校各年級轉（入）學名額百分之一為限，計算遇小數點時，採無條件進位法取整數計算：

(一) 入學申請表。

(二) 中央衛生福利主管機關指定醫院所出具之健康檢查合格證明。

(三) 申請人之父或母臺灣地區入出境許可證影本。

(四) 經大陸地區公證處公證，並經本條例第四條第一項所定機構或依第二項規定受委託之民間團體查證、驗證之最高學歷證明文件及成績單。

(五) 臺灣地區入出境許可證影本。

(六) 其他相關證明文件。

三、申請就讀外國僑民學校者，準用外國僑民子女就學相關規定辦理。

第52條 修正前條文：

本辦法自發布日施行。

修正後條文：（民國112年1月1日施行）

本辦法自發布日施行。

本辦法中華民國一百十年七月二十七日修正發布條文，自一百十二年一月一日施行。

十二、香港澳門關係條例

（民國111年1月12日修正）

第一章　總則

第1條　為規範及促進與香港及澳門之經貿、文化及其他關係，特制定本條例。

本條例未規定者，適用其他有關法令之規定。但臺灣地區與大陸地區人民關係條例，除本條例有明文規定者外，不適用之。

第2條　本條例**所稱香港**，指原由英國治理之香港島、九龍半島、新界及其附屬部分。

本條例**所稱澳門**，指原由葡萄牙治理之澳門半島、氹仔島、路環島及其附屬部分。

第3條　本條例**所稱臺灣地區及臺灣地區人民**，依臺灣地區與大陸地區人民關係條例之規定。

第4條　本條例**所稱香港居民**，指具有香港永久居留資格，且未持有英國國民（海外）護照或香港護照以外之旅行證照者。

本條例**所稱澳門居民**，指具有澳門永久居留資格，且未持有澳門護照以外之旅行證照或雖持有葡萄牙護照但係於葡萄牙結束治理前於澳門取得者。

前二項香港或澳門居民，如於香港或澳門分別於英國及葡萄牙結束其治理前，取得華僑身分者及其符合中華民國國籍取得要件之配偶及子女，在本條例施行前之既有權益，應予以維護。

第5條　**本條例所稱主管機關為行政院大陸委員會**。

第二章　行政

第一節　交流機構

第6條　行政院得於香港或澳門設立或指定機構或委託民間團體，處理臺灣地區與香港或澳門往來有關事務。

主管機關應定期向立法院提出前項機構或民間團體之會務報告。

第1項受託民間團體之組織與監督，以法律定之。

第7條　依前條設立或指定之機構或受託之民間團體，非經主管機關授權，不得與香港或澳門政府或其授權之民間團體訂定任何形式之協議。

第8條　行政院得許可香港或澳門政府或其授權之民間團體在臺灣地區設立機構並派駐代表，處理臺灣地區與香港或澳門之交流事務。

前項機構之人員，須為香港或澳門居民。

第9條　在香港或澳門製作之文書，行政院得授權第6條所規定之機構或民間團體辦理驗證。

前項文書之實質內容有爭議時，由有關機關或法院認定。

第二節　入出境管理

第10條　**臺灣地區人民進入香港或澳門，依一般之出境規定辦理；其經由香港或澳門進入大陸地區者，適用臺灣地區與大陸地區人民關係條例相關之規定**。

第11條　**香港或澳門居民，經許可得進入臺灣地區**。

前項許可辦法，由內政部擬訂，報請行政院核定後發布之。

第12條　**香港或澳門居民得申請在臺灣地區居留或定居**；其辦法由內政部擬訂，報請行政院核定後發布之。

每年核准居留或定居，必要時得酌定配額。

第13條　**香港或澳門居民受聘僱在臺灣地區工作，準用就業服務法第五章至第七章有關外國人聘僱、管理及處罰之規定**。

第4條第3項之香港或澳門居民受聘僱在臺灣地區工作，得予特別規定；其辦法由勞動部會同有關機關擬訂，報請行政院核定後發布之。

第14條　進入臺灣地區之香港或澳門居民，有下列情形之一者，**內政部移民署得逕行強制出境，或限令其於十日內出境，逾限令出境期限仍未出境，內政部移民署得強制出境**：

一、未經許可入境。

二、經許可入境，已逾停留、居留期限，或經撤銷、廢止停留、居留、定居許可。

內政部移民署於知悉前項香港或澳門居民**涉有刑事案件已進入司法程序者，於強制出境十日前，應通知司法機關**。該等香港或澳門居民除經依法羈押、拘提、管收或限制出境者外，內政部移民署得強制出境或限令出境。

內政部移民署於強制香港或澳門居民出境前，**應給予陳述意見之機會**；強制已取得居留或定居許可之香港或澳門居民出境前，並**應召開審查會**。但當事人有下列情形之一者，**得不經審查會審查，逕行強制出境**：

一、以書面聲明放棄陳述意見或自願出境。

二、依其他法律規定限令出境。

三、有危害國家利益、公共安全、公共秩序或從事恐怖活動之虞，且情況急迫應即時處分。

第1項所定強制出境之處理方式、程序、管理及其他應遵行事項之辦法，由內政部定之。

第3項審查會由內政部遴聘有關機關代表、社會公正人士及學者專家共同組成，其中單一性別不得少於三分之一，且社會公正人士及學者專家之人數不得少於二分之一。

第14-1條 前條第1項受強制出境處分者，有下列情形之一，且非予收容顯難強制出境，內政部移民署**得暫予收容**，期間自暫予收容時起**最長不得逾十五日**，且應於暫予收容處分作成前，給予當事人**陳述意見機會**：

一、無相關旅行證件，不能依規定執行。

二、有事實足認有行方不明、逃逸或不願自行出境之虞。

三、於境外遭通緝。

暫予收容期間屆滿前，內政部移民署認有**續予收容之必要者**，應於期間屆滿五日前附具理由，**向法院聲請裁定續予收容**。續予收容之期間，自暫予收容期間屆滿時起，**最長不得逾四十五日**。

續予收容期間屆滿前，有第1項各款情形之一，內政部移民署認**有延長收容之必要者**，應於期間屆滿五日前附具理由，**向法院聲請裁定延長收容**。

延長收容之期間，自續予收容期間屆滿時起，**最長不得逾四十日**。

受收容人有得不暫予收容之情形、收容原因消滅，或無收容之必要，內政部移民署得依職權，視其情形分別為廢止暫予收容處分、停止收容，或為收容替代處分後，釋放受收容人。如於法院裁定准予續予收容或延長收容後，內政部移民署停止收容時，應即時通知原裁定法院。

受收容人涉及刑事案件已進入司法程序者，內政部移民署於知悉後執行強制出境十日前，應通知司法機關；如經司法機關認為有羈押或限制出境之必要，而移由其處理者，不得執行強制出境。

本條例中華民國104年6月2日修正之條文施行前，已經收容之香港或澳門居民，其於修正施行時收容期間未逾十五日者，內政部移民署應告知其得提出收容異議，十五日期間屆滿認有續予收容之必要，應於期間屆滿前附具理由，向法院聲請續予收容；已逾十五日至六十日或逾六十日者，內政部移民署如認有續予收容或延長收容之必要，並應附具理由，於修正施行當日，向法院聲請續予收容或延長收容。

同一事件之收容期間應合併計算，且最長不得逾一百日；本條例中華民國104年6月2日修正之條文施行前後收容之期間合併計算，最長不得逾一百日。

受收容人之收容替代處分、得不暫予收容之事由、異議程序、法定障礙事由、暫予收容處分、收容替代處分與強制出境處分之作成方式、廢（停）止收容之程序、再暫予收容之規定、遠距審理及其他應遵行事項，準用入出國及移民法第38條第2項、第3項、第38-1條至第38-3條、第38-6條、第38-7條第2項、第38-8條第1項及第38-9條規定辦理。

有關收容處理方式、程序、管理及其他應遵行事項之辦法，由內政部定之。

前條及前九項規定，於本條例施行前進入臺灣地區之香港或澳門居民，適用之。

第14-2條 **香港或澳門居民逾期居留未滿三十日，原申請居留原因仍繼續存在者，**經依第47-1條規定處罰後，**得向內政部移民署重新申請居留**；其申請定居者，核算在臺灣地區居留期間，應扣除一年。

第15條 臺灣地區人民有下列情形之一者，**應負擔強制出境及收容管理之費用**：

一、使香港或澳門居民非法進入臺灣地區者。

二、非法僱用香港或澳門居民工作者。

前項費用，有數人應負擔者，應負連帶責任。

第1項費用，由強制出境機關檢具單據及計算書，通知應負擔人限期繳納；逾期未繳納者，移送法院強制執行。

第16條 香港及澳門居民經許可進入臺灣地區者，**非在臺灣地區設有戶籍滿十年，不得登記為公職候選人、擔任軍職及組織政黨**。

第4條第3項之香港及澳門居民經許可進入臺灣地區者，**非在臺灣地區設有戶籍滿一年，不得登記為公職候選人、擔任軍職及組織政黨**。

第17條 駐香港或澳門機構在當地聘僱之人員，受聘僱達相當期間者，其入境、居留、就業之規定，均比照臺灣地區人民辦理；其父母、配偶、未成年子女與配偶之父母隨同申請來臺時，亦同。

前項機構、聘僱人員及聘僱期間之認定辦法，由主管機關擬訂，報請行政院核定後發布之。

第18條 **對於因政治因素而致安全及自由受有緊急危害之香港或澳門居民，得提供必要之援助**。

第三節　文教交流

第19條 香港或澳門居民來臺灣地區就學，其辦法由教育部擬訂，報請行政院核定後發布之。

第20條 香港或澳門學歷之檢覈及採認辦法，由教育部擬訂，報請行政院核定後發布之。

前項學歷，於英國及葡萄牙分別結束其治理前取得者，按本條例施行前之有關規定辦理。

第21條 香港或澳門居民得應專門職業及技術人員考試，其考試辦法準用外國人應專門職業及技術人員考試條例之規定。

第22條 香港或澳門專門職業及技術人員執業資格之檢覈及承認，準用外國政府專門職業及技術人員執業證書認可之相關規定辦理。

第23條 香港或澳門出版品、電影片、錄影節目及廣播電視節目經許可者，得進入臺灣地區或在臺灣地區發行、製作、播映；

其辦法由文化部擬訂，報請行政院核定後發布之。

第四節 交通運輸

第**24**條 **中華民國船舶得依法令規定航行至香港或澳門**。但有危害臺灣地區之安全、公共秩序或利益之虞者，交通部或有關機關得予以必要之限制或禁止。

香港或澳門船舶得依法令規定航行至台灣地區。但有下列情形之一者，交通部或有關機關得予以必要之限制或禁止：

一、有危害台灣地區之安全、公共秩序或利益之虞。

二、香港或澳門對中華民國船舶採取不利措施。

三、經查明船舶為非經中華民國政府准許航行於台港或台澳之大陸地區航運公司所有。

香港或澳門船舶入出臺灣地區港口及在港口停泊期間應予規範之相關事宜，得由交通部或有關機關另定之，不受商港法第25條規定之限制。

第**25**條 外國船舶得依法令規定航行於臺灣地區與香港或澳門間。但交通部於必要時得依航業法有關規定予以限制或禁止運送客貨。

第**26**條 在中華民國、香港或澳門登記之民用航空器，經交通部許可，得於臺灣地區與香港或澳門間飛航。但基於情勢變更，有危及臺灣地區安全之虞或其他重大原因，交通部得予以必要之限制或禁止。

在香港或澳門登記之民用航空器違反法令規定進入臺北飛航情報區限制進入之區域，執行空防任務機關得警告驅離、強制降落或採取其他必要措施。

第**27**條 在外國登記之民用航空器，得依交換航權並參照國際公約於臺灣地區與香港或澳門間飛航。

前項民用航空器違反法令規定進入臺北飛航情報區限制進入之區域，執行空防任務機關得警告驅離、強制降落或採取其他必要措施。

第五節 經貿交流

第**28**條 **臺灣地區人民有香港或澳門來源所得者，其香港或澳門來源所得，免納所得稅**。

臺灣地區法人、團體或其他機構有香港或澳門來源所得者，應併同臺灣地區來源所得課徵所得稅。但其在香港或澳門已繳納之稅額，得併同其國外所得依所得來源國稅法已繳納之所得稅額，自其全部應納稅額中扣抵。

前項扣抵之數額，不得超過因加計其香港或澳門所得及其國外所得，而依其適用稅率計算增加之應納稅額。

第**29**條 **香港或澳門居民有臺灣地區來源所得者，應就其臺灣地區來源所得，依所得稅法規定課徵所得稅**。

香港或澳門法人、團體或其他機構有臺灣地區來源所得者，應就其臺灣地區來源所得比照總機構在中華民國境外之營利事業，依所得稅法規定課徵所得稅。

第**29-1**條 臺灣地區海運、空運事業在香港或澳門取得之運輸收入或所得，及香港或澳門海運、空運事業在臺灣地區取得之運輸收入或所得，得於互惠原則下，相互減免應納之營業稅及所得稅。

前項減免稅捐之範圍、方法、適用程序及其他相關事項之辦法，由財政部依臺灣地區與香港或澳門協議事項擬訂，報請行政院核定。

第30條 臺灣地區人民、法人、團體或其他機構在香港或澳門從事投資或技術合作，應向經濟部或有關機關申請許可或備查；其辦法由經濟部會同有關機關擬訂，報請行政院核定後發布之。

第31條 香港或澳門居民、法人、團體或其他機構在臺灣地區之投資，準用外國人投資及結匯相關規定；第4條第3項之香港或澳門居民在臺灣地區之投資，準用華僑回國投資及結匯相關規定。

第32條 臺灣地區金融保險機構，經許可者，得在香港或澳門設立分支機構或子公司；其辦法由財政部擬訂，報請行政院核定後發布之。

第33條 香港或澳門發行幣券在臺灣地區之管理，得於其維持十足發行準備及自由兌換之條件下，準用管理外匯條例之有關規定。

香港或澳門幣券不符合前項條件，或有其他重大情事，足認對於臺灣地區之金融穩定或其他金融政策有重大影響之虞者，得由中央銀行會同財政部限制或禁止其進出臺灣地區及在臺灣地區買賣、兌換及其他交易行為。但於進入臺灣地區時自動向海關申報者，准予攜出。

第34條 香港或澳門資金之進出臺灣地區，於維持金融市場或外匯市場穩定之必要時，得訂定辦法管理、限制或禁止之；其辦法由中央銀行會同其他有關機關擬訂，報請行政院核定後發布之。

第35條 臺灣地區與香港或澳門貿易，得以直接方式為之。但因情勢變更致影響臺灣地區重大利益時，得由經濟部會同有關機關予以必要之限制。

輸入或攜帶進入臺灣地區之香港或澳門物品，以進口論；其檢驗、檢疫、管理、關稅等稅捐之徵收及處理等，依輸入物品有關法令之規定辦理。

輸往香港或澳門之物品，以出口論；依輸出物品有關法令之規定辦理。

第36條 香港或澳門居民或法人之著作，合於下列情形之一者，在臺灣地區得依著作權法享有著作權：

一、於臺灣地區首次發行，或於臺灣地區外首次發行後三十日內在臺灣地區發行者。但以香港或澳門對臺灣地區人民或法人之著作，在相同情形下，亦予保護且經查證屬實者為限。

二、依條約、協定、協議或香港、澳門之法令或慣例，臺灣地區人民或法人之著作得在香港或澳門享有著作權者。

第37條 香港或澳門居民、法人、團體或其他機構在臺灣地區申請專利、商標或其他工業財產權之註冊或相關程序時，有下列情形之一者，應予受理：

一、香港或澳門與臺灣地區共同參加保護專利、商標或其他工業財產權之國際條約或協定。

二、香港或澳門與臺灣地區簽訂雙邊相互保護專利、商標或其他工業財產權之協議或由團體、機構互訂經主管機關核准之保護專利、商標或其他工業財產權之協議。

三、香港或澳門對臺灣地區人民、法人、團體或其他機構申請專利、商標或其他工業財產權之註冊或相關程序予以受理時。

香港或澳門對臺灣地區人民、法人、團體或其他機構之專利、商標或其他工業財產權之註冊申請承認優先權時，香港或澳門居民、法人、團體或其他機構於香港或澳門為首次申請之翌日起十二個月內向經濟部申請者，得主張優先權。

前項所定期間，於新式樣專利案或商標註冊案為六個月。

第三章 民事

第38條 **民事事件，涉及香港或澳門者，類推適用涉外民事法律適用法。涉外民事法律適用法未規定者，適用與民事法律關係最重要牽連關係地法律**。

第39條 未經許可之香港或澳門法人、團體或其他機構，不得在臺灣地區為法律行為。

第40條 未經許可之香港或澳門法人、團體或其他機構以其名義在臺灣地區與他人為法律行為者，其行為人就該法律行為，應與該香港或澳門法人、團體或其他機構，負連帶責任。

第41條 香港或澳門之公司，**在臺灣地區營業，準用公司法有關外國公司之規定**。

第41-1條 大陸地區人民、法人、團體或其他機構於香港或澳門投資之公司，有臺灣地區與大陸地區人民關係條例第73條所定情形者，得適用同條例關於在臺投資及稅捐之相關規定。

第42條 在香港或澳門作成之民事確定裁判，其效力、管轄及得為強制執行之要件，準用民事訴訟法第402條及強制執行法第4-1條之規定。

在香港或澳門作成之民事仲裁判斷，其效力、聲請法院承認及停止執行，準用商務仲裁條例第30條至第34條之規定。

第四章 刑事

第43條 **在香港或澳門或在其船艦、航空器內，犯下列之罪者，適用刑法之規定**：

一、刑法第5條各款所列之罪。

二、臺灣地區公務員犯刑法第6條各款所列之罪者。

三、臺灣地區人民或對於臺灣地區人民，犯前二款以外之罪，而其最輕本刑為三年以上有期徒刑者。但依香港或澳門之法律不罰者，不在此限。

香港或澳門居民在外國地區犯刑法第5條各款所列之罪者；或對於臺灣地區人民犯前項第1款、第2款以外之罪，而其最輕本刑為三年以上有期徒刑，且非該外國地區法律所不罰者，亦同。

第44條 **同一行為在香港或澳門已經裁判確定者，仍得依法處斷。但在香港或澳門已受刑之全部或一部執行者，得免其刑之全部或一部之執行**。

第45條 香港或澳門居民在臺灣地區以外之地區，犯內亂罪、外患罪，經許可進入臺灣地區，而於申請時據實申報者，免予追訴、處罰；其進入臺灣地區參加中央機關核准舉辦之會議或活動，經主管機關專案許可免予申報者，亦同。

第46條 香港或澳門居民及經許可或認許之法人，其權利在臺灣地區受侵害者，享有告訴或自訴之權利。

未經許可或認許之香港或澳門法人，就前項權利之享有，以臺灣地區法人在香港或澳門享有同等權利者為限。

依臺灣地區法律關於未經認許之外國法人、團體或其他機構得為告訴或自訴之規定，於香港或澳門之法人、團體或其他機構準用之。

第五章　罰則

第47條　使香港或澳門居民非法進入臺灣地區者，處五年以下有期徒刑、拘役或科或併科新臺幣五十萬元以下罰金。

意圖營利而犯前項之罪者，處一年以上七年以下有期徒刑，得併科新臺幣一百萬元以下罰金。

前二項之未遂犯罰之。

第47-1條　香港或澳門居民逾期停留或居留者，由內政部移民署處新臺幣二千元以上一萬元以下罰鍰。

第48條　中華民國船舶之所有人、營運人或船長、駕駛人違反第24條第1項所為限制或禁止之命令者，處新臺幣一百萬元以上一千萬元以下罰鍰，並得處該船舶一定期間停航，或註銷、撤銷其有關證照，及停止或撤銷該船長或駕駛人之執業證照或資格。

香港或澳門船舶之所有人、營運人或船長、駕駛人違反第24條第2項所為限制或禁止之命令者，處新臺幣一百萬元以上一千萬元以下罰鍰。

外國船舶違反第25條所為限制或禁止之命令者，處新臺幣三萬元以上三十萬元以下罰鍰，並得定期禁止在中華民國各港口裝卸客貨或入出港。

第1項及第2項之船舶為漁船者，其罰鍰金額為新臺幣十萬元以上一百萬元以下。

第49條　在中華民國登記之民用航空器所有人、使用人或機長、駕駛員違反第26條第1項之許可或所為限制或禁止之命令者，處新臺幣一百萬元以上一千萬元以下罰鍰，並得處該民用航空器一定期間停航，或註銷、撤銷其有關證書，及停止或撤銷該機長或駕駛員之執業證書。

在香港或澳門登記之民用航空器所有人、使用人或機長、駕駛員違反第26條第1項之許可或所為限制或禁止之命令者，處新臺幣一百萬元以上一千萬元以下罰鍰。

第50條　違反第30條許可規定從事投資或技術合作者，處新臺幣十萬元以上五十萬元以下罰鍰，並得命其於一定期限內停止投資或技術合作；逾期不停止者，得連續處罰。

第51條　違反第32條規定者，處新臺幣三百萬元以上一千五百萬元以下罰鍰，並得命其於一定期限內停止設立行為；逾期不停止者，得連續處罰。

第52條　違反第33條第2項所為之限制或禁止進出臺灣地區之命令者，其未經申報之幣券由海關沒入。

違反第33條第2項所為之限制或禁止在臺灣地區買賣、兌換或其他交易行為之命令者，其幣券及價金沒入之。中央銀行指定辦理外匯業務之銀行或機構違反者，並得由中央銀行按其情節輕重，停止其一定期間經營全部或一部外匯之業務。

第53條　違反依第34條所定辦法發布之限制或禁止命令者，處新臺幣三百萬元以上一千五百萬元以下罰鍰。中央銀行指定辦理外匯業務之銀行違反者，並得由中央銀行按其情節輕重，停止其一定期間經營全部或一部外匯之業務。

第54條 違反第23條規定者，處新臺幣四萬元以上二十萬元以下罰鍰。
前項出版品、電影片、錄影節目或廣播電視節目、不問屬於何人所有，沒入之。

第55條 本條例所定罰鍰，由各有關機關處罰；經限期繳納逾期未繳納者，移送法院強制執行。

第六章 附則

第56條 **臺灣地區與香港或澳門司法之相互協助，得依互惠原則處理**。

第57條 **臺灣地區與大陸地區直接通信、通航或通商前，得視香港或澳門為第三地**。

第58條 香港或澳門居民，就入境及其他依法律規定應經許可事項，於本條例施行前已取得許可者，本條例施行後，除該許可所依據之法規或事實發生變更或其他依法應撤銷者外，許可機關不得撤銷其許可或變更許可內容。

第59條 各有關機關及第6條所規定之機構或民間團體，依本條例規定受理申請許可、核發證照時，得收取審查費、證照費；其收費標準由各有關機關定之。

第60條 本條例施行後，香港或澳門情況發生變化，致本條例之施行有危害臺灣地區安全之虞時，行政院得報請總統依憲法增修條文第2條第4項之規定，停止本條例一部或全部之適用，並應即將其決定附具理由於十日內送請立法院追認，如立法院二分之一不同意或不為審議時，該決定立即失效。恢復一部或全部適用時，亦同。
本條例停止適用之部分，如未另定法律規範，與香港或澳門之關係，適用臺灣地區與大陸地區人民關係條例相關規定。

第61條 本條例施行細則，由行政院定之。

第62條 本條例施行日期，由行政院定之。但行政院得分別情形定其一部或全部之施行日期。
本條例中華民國95年5月5日修正之條文，自中華民國95年7月1日施行。

十三、香港澳門關係條例施行細則

（民國105年1月11日修正）

第1條 本細則依香港澳門關係條例（以下簡稱本條例）第六十一條規定訂定之。

第2條 本條例**所稱大陸地區**，指臺灣地區以外，但不包括香港及澳門之中華民國領土；所稱大陸地區人民，依臺灣地區與大陸地區人民關係條例之規定。

第3條 本條例第四條第一項**所稱香港護照**，係指由香港政府或其他有權機構核發，供香港居民國際旅行使用，具有護照功能之旅行證照。

第4條 本條例第四條第二項**所稱澳門護照**，係指由澳門政府或其他有權機構核發，供澳門居民國際旅行使用，具有護照功能之旅行證照。

第5條 香港居民申請進入臺灣地區或在臺灣地區主張其為香港居民時，相關機關得令其陳明未持有英國國民（海外）護照或香港護照以外旅行證照之事實或出具證明。

第6條 澳門居民申請進入臺灣地區或在臺灣地區主張其為澳門居民時，相關機關得令其陳明未持有葡萄牙護照或澳門護照以外旅行證照之事實或出具證明。
前項葡萄牙護照，以葡萄牙結束其治理前，於澳門取得者為限。

第7條 本條例第四條第三項**所稱取得華僑身分者**，係指取得僑務委員會核發之華僑身分證明書者。
香港或澳門居民主張其已取得前項華僑身分者，應提出前項華僑身分證明書，必要時，相關機關得向僑務委員會查證。

第8條 （刪除）

第9條 依本條例第六條第一項在香港或澳門設立或指定之機構或委託之民間團體，處理臺灣地區與香港或澳門往來有關事務時，其涉及外國人民或政府者，主管機關應洽商外交部意見。

第10條 本條例第八條第二項**所稱人員**，係指該機構之派駐人員。

第11條 本條例第九條**所定驗證**，包括外交部及駐外館處文件證明條例所規定之各項文件證明事務。

第12條 本條例第九條之機構或民間團體辦理驗證，準用外交部及駐外館處文件證明條例之規定。

第13條 本條例第十條**所稱一般之出境規定**，係指規範臺灣地區人民前往大陸地區以外國家或地區之相關法令規定。

第14條 內政部依本條例第十二條第二項規定酌定配額時，應衡酌香港或澳門居民在臺灣地區居留及定居情形，會商主管機關就港澳政策加以考量，報請行政院核定後公告之。

第15條 本條例施行前，經許可在臺灣地區居留之香港或澳門居民，除來臺就學者外，得視同本條例第四條第三項之香港或澳門居民，受聘僱在臺灣地區工作。

第16條 本條例施行前，香港或澳門居民已在臺灣地區工作，無需許可，而依本條例第十三條，須經許可方得工作者，應於本條例施行之日起，六個月內依相關規定申請許可，逾期未辦理者，為未經許可。
相關機關處理前項申請許可，必要時，得會商主管機關提供意見。

第17條 （刪除）

第18條 本條例第十四條第一項第一款**所稱未經許可入境者**，包括持偽造、變造之護照、旅行證或其他相類似之書證入境或以虛偽陳述、隱瞞重要事實或其他非法之方法入境者在內。

第19條 （刪除）

第20條 本條例第十四條第三項第三款**所稱有危害國家利益、公共安全、公共秩序或從事恐怖活動之虞，指有下列情形之一者**：

一、曾參加或資助內亂、外患團體或其活動而隱瞞不報。
二、曾參加或資助恐怖或暴力非法組織或其活動而隱瞞不報。
三、有事實足認涉嫌重大犯罪或有犯罪習慣。
四、在臺灣地區有其他危害公共安全或公共秩序之行為，並經有關機關裁處。

第21條 （刪除）

第22條 香港或澳門居民於強制出境前死亡者，由指定之機構依規定取具死亡證明書等文件後，連同遺體或骨灰交由同機（船）或其他人員於強制出境時攜返。

第23條 本條例第十六條**所稱擔任軍職**，係指依陸海空軍軍官士官任官條例及陸海空軍軍官士官任職條例擔任軍職。但不包括服義務役者在內。

第24條 經主管機關依本條例第十七條認定，受聘僱達相當期間之駐香港或澳門機構在當地聘僱之人員，得申請來臺定居，其申請，由其聘僱機構核轉內政部移民署核發臺灣地區定居證。
前項人員之父母、配偶、未成年子女及其配偶之父母隨同申請者，亦同。
前二項人員入境後，應即依相關規定辦理戶籍登記。

第25條 主管機關於有本條例第十八條之情形時，除其他法令另有規定外，應報請行政院專案處理。

第26條 本條例第二十三條之香港或澳門出版品、電影片、錄影節目及廣播電視節目，文化部得授權香港或澳門之民間團體認定並出具證明。

第27條 本條例第二十四條**所稱中華民國船舶**，指船舶法第五條第一項所定之船舶；所稱香港或澳門船舶，指在香港或澳門登記並與其有真正連繫之船舶。
但不包括軍用或公務船舶。

第28條 本條例第二十六條第二項**所稱臺北飛航情報區**，係指國際民航組織所劃定，由臺灣地區負責提供飛航情報服務及執行守助業務之空域。

第29條 本條例第二十八條第三項**所稱因加計其香港或澳門所得及其國外所得，而依其適用稅率計算增加之應納稅額，其計算公式如下**：
（臺灣地區所得額＋大陸地區所得額＋香港或澳門所得額＋國外所得額）x稅率＝營利事業全部所得額應納稅額
（臺灣地區所得額＋大陸地區所得額）x稅率＝營利事業臺灣地區及大陸地區所得額應納稅額
營利事業全部所得額應納稅額－營利事業臺灣地區及大陸地區所得額應納稅額＝因加計香港或澳門所得及國外所得而增加之結算應納稅額

第30條 本條例第三十二條**所稱臺灣地區金融保險機構**，係指依銀行法、保險法、證券交易法、期貨交易法或其他有關法令設立或監督之本國金融、保險、證券及期貨機構。

第31條 金融監督管理委員會於許可臺灣地區金融保險機構在香港或澳門設立分支機構或子公司時，其許可應附有限制從事與政府大陸政策不符之業務或活動之條件。
違反前項許可設立之條件者，金融監督管理委員會得撤銷或廢止其許可。

第32條　本條例第三十三條**所稱幣券**，係指香港或澳門發行之貨幣、票據或有價證券。

第33條　本條例第三十三條第二項但書規定之申報，應以書面向海關為之，並由旅客自行封存於海關，於出境時准其將原幣券攜出。

第34條　本條例第三十四條**所稱香港或澳門資金係指**：

一、自香港、澳門匯入、攜入或寄達臺灣地區之資金。

二、自臺灣地區匯往、攜往或寄往香港、澳門之資金。

三、前二款以外進出臺灣地區之資金，依其進出資料顯已表明係屬香港、澳門居民、法人、團體或其他機構者。

第35條　本條例第四十二條第一項**所稱管轄**，係指強制執行法第四條之一請求許可執行之訴之管轄。

第36條　在臺灣地區以外之地區犯內亂罪、外患罪之香港或澳門居民，經依本條例第四十五條規定據實申報或專案許可免予申報進入臺灣地區時，許可入境機關應即將申報書或專案許可免予申報書移送該管高等法院或其分院檢察署備查。

前項專案許可免予申報事項，由主管機關定之。

第37條　本細則自本條例施行之日施行。但有本條例第六十二條第一項但書情形時，分別自本條例一部或全部施行之日施行。

本細則修正條文自發布日施行。

十四、香港澳門居民進入臺灣地區及居留定居許可辦法

（民國111年6月13日修正）

第一章　總則

第1條　本辦法依香港澳門關係條例（以下簡稱本條例）第十一條第二項及第十二條第一項規定定之。

第2條　**本辦法之主管機關為內政部**。

第3條　香港或澳門居民應持有效之入出境證件及有效期間三個月以上之香港護照、英國國民（海外）護照或澳門護照，經機場、港口查驗入出境。但持臺灣地區居留證、臺灣地區居留入出境證者，得以有效護照查驗入境。

香港或澳門居民依本辦法規定入境前，應填入境登記表，由機場、港口入境查驗單位於其入境查驗時收繳，送內政部移民署（以下簡稱移民署）處理。但持有中華民國居留證或其他經移民署認定公告者，免予填繳。

第4條　依本辦法規定發給之入出境證件污損或遺失者，應備下列文件向移民署申請補發：

一、入出境證件申請書。

二、污損之證件或遺失證件之具結書。

第5條 香港或澳門居民申請進入臺灣地區及在臺灣地區居留或定居案件，其資料不符或欠缺者，應於移民署書面通知送達之翌日起三個月內補正。

未於前項規定期間內補正或經補正仍不合規定者，駁回其申請。

第6條 香港或澳門居民申請進入臺灣地區及在臺灣地區居留或定居案件，申請人身分不符第十六條第一項、第二項、第二十九條第一項或本條例第四條第一項、第二項規定者，不予受理；已受理者，駁回其申請。

第二章 入出境

第7條 香港或澳門居民申請進入臺灣地區，應備下列文件：

一、入出境申請書。

二、有效期間三個月以上之香港或澳門護照或永久居留資格證件。

三、其他相關證明文件。

第8條 香港或澳門居民申請進入臺灣地區，向下列單位申請：

一、在香港或澳門者：應向行政院設立或指定機構或委託之民間團體申請，並核轉移民署辦理。但第二次以後申請者，得由移民署派駐之人員核發或逕向移民署申請。

二、在海外地區者：應向我駐外使領館、代表處、辦事處或其他外交部授權機構申請，並由移民署派駐之人員審查後，核轉移民署辦理。

第9條 香港或澳門居民申請進入臺灣地區，**有下列情形之一者，得不予許可；已許可進入者，得撤銷或廢止其許可，並註銷其入出境許可證**：

一、曾未經許可入境。

二、現（曾）經許可入境，已逾停留、居留期限。

三、現（曾）有從事與許可目的不符之活動。

四、現（曾）有事實足認為有犯罪行為。

五、現任職於大陸地區行政、軍事、黨務或其他公務機構或其於香港、澳門投資之機構或新聞媒體。

六、原為大陸地區人民，未在大陸地區以外之地區連續住滿四年。

七、現（曾）冒用身分或持用偽造、變造證件申請或入境。

八、現（曾）有依本辦法規定申請時，為虛偽之陳述或隱瞞重要事實。

九、現（曾）在臺灣地區有行方不明紀錄達二個月以上。

十、現（曾）有危害國家利益、公共安全、公共秩序、善良風俗或從事恐怖活動之虞。

十一、現（曾）依其他法令限制或禁止入境。

前項不予許可之期間如下。但有第十二條第一項各款情形之一，未**辦延期，逾停留期限十日以內者，不在此限**：

一、有第一款、第七款或第八款情形：二年至五年。

二、有第二款、第三款或第九款情形：一年至三年。

三、有第四款情形：一年至五年。

前項不予許可期間之計算，已入境者，自出境之日起算；未入境者，自不予許可、撤銷或廢止許可之翌日起算。

香港或澳門居民為跨國（境）人口販運之被害人，有進入臺灣地區協助偵查或審理之必要，經檢察官或法官認定其作證有助於案件之偵查或審理者，不受前二項期間之限制。

第一項第五款及第十款情形，移民署得會同國家安全局、大陸委員會及相關機關審查。

第**10**條　**香港或澳門居民申請進入臺灣地區經許可者，核發單次入出境許可，其有效期間，自核發之翌日起六個月；經常入出臺灣地區者，得核發逐次加簽許可或多次入出境許可，其有效期間，自核發之翌日起一年或三年**。

單次入出境許可在有效期間內，可入出境一次；因故未能於有效期間內入境者，得於有效期間屆滿前，填具延期申請書，檢附單次入出境許可，向移民署申請延期一次，其有效期間，自原期間屆滿之翌日起六個月。

逐次加簽許可在有效期間內辦理加簽後，即可入出境；其加簽效期，自加簽之翌日起六個月。但不得逾逐次加簽許可之有效期間。

多次入出境許可在有效期間內，可多次入出境。

香港或澳門居民在當地出生、曾進入臺灣地區或持有第一項入出境證件，申請臨時入境停留三十日內離境者，得持有效期間三個月以上之香港護照、英國國民（海外）護照或澳門護照及訂妥機（船）位之回程或離境機（船）票，於入境時向移民署申請發給臨時入境停留許可，持憑入出境；其持有之第一項入出境證件，不予註銷。

香港或澳門居民在當地出生、曾進入臺灣地區或持有第一項入出境證件，以網際網路申請前項規定之臨時入境停留許可者，其有效期間，自核發之翌日起三個月；在有效期間內，可入出境一次。

香港或澳門居民於臨時入境停留期間屆滿時，應即出境。但有第十二條第一項各款情形之一者，得於停留期限屆滿前，備具第七條規定文件，申請入出境許可。

第**11**條　**香港或澳門居民經許可進入臺灣地區者，停留期間自入境之翌日起，不得逾三個月，並得申請延期一次，期間不得逾三個月**。

依外國專業人才延攬及僱用法（以下簡稱外國人才專法）第二十四條準用同法第十一條規定，香港或澳門居民擬在臺灣地區從事專業工作，須長期尋職者，得申請核發三個月有效期限、停留期限六個月之多次入出境許可證，總停留期限最長為六個月。

依外國人才專法第二十四條準用同法第八條、第九條規定經許可居留之香港或澳門居民，其直系尊親屬得申請核發一年效期、停留期限六個月之多次入出境許可證，並得申請延期一次，期間不得逾六個月，每次總停留期間最長為一年。

依第二項規定取得入出境許可證者，自總停留期限屆滿之日起三年內，不得再依該項規定申請核發入出境許可證。

第**12**條　香港或澳門居民依前條規定在臺灣地區**延長停留期間屆滿時，有下列情形之一，得酌予再延長停留期間**：

一、懷胎七個月以上或生產、流產後二個月未滿者。

二、罹患疾病而強制其出境有生命危險之虞者。

三、在臺灣地區設有戶籍之配偶、直系血親、三親等內之旁系血親、二親等內之姻親在臺灣地區患重病或受重傷而住院或死亡者。

四、遭遇天災或其他不可避免之事變者。

五、跨國（境）人口販運之被害人，有繼續停留臺灣地區協助偵查或審理之必要，經檢察官或法官認定其作證有助於案件之偵查或審理者。

依前項第一款或第二款規定之延長停留期間，每次不得逾二個月；第三款規定之延長停留期間，自事由發生之日起不得逾二個月；第四款規定之延長停留期間，不得逾一個月；第五款規定之延期停留期間，視案件偵辦或審理情形為之，每次不得逾六個月。

第13條　香港或澳門居民依前二條規定申請延期停留者，應於停留期間屆滿前，備下列文件，向移民署申請：

一、延期申請書。

二、入出境許可。

三、回程機（船）票。

四、其他相關證明文件。

第九條第一項及第五項規定，於香港或澳門居民依前二條規定申請延期停留時，準用之。

第14條　香港或澳門居民因特殊事故附有證明文件，急須進入臺灣地區，應備具第七條文件，向第八條規定單位申請，由受理單位查核後，逕發給入境證明書。

香港或澳門居民持入境證明書進入臺灣地區，應於入境時向移民署補辦入出境手續後，再行查驗入境。

香港或澳門居民隨航空器或船舶過境臺灣地區，因疾病、災變或其他特殊事故不能隨原航空器、船舶離境，或因其他正當理由有入境必要者，得由航空公司或其代理人、輪船公司或船務代理業，向移民署申請發給許可先行入境通知單，持憑入境，並補辦入出境手續。

第15條　香港或澳門居民為飛航臺灣地區之民用航空器之機組員、空服人員，因飛航任務進入臺灣地區而未持有效之入出境許可者，得由其所屬航空公司或其代理人，向移民署申請發給臨時停留許可證，持憑入出境；停留期間，自入境之翌日起不得逾七日。

香港或澳門居民以船員身分隨船入境臨時停留或過境上船事由申請者，應由其所屬輪船公司或船務代理業出具保證書，向移民署申請發給臨時停留許可證，持憑入出境；停留期間，自入境之翌日起不得逾七日。

依前二項規定入境臨時停留，因疾病、災變或其他特殊事故不能依限離境者，應由其所屬航空公司或其代理人、輪船公司或船務代理業檢附相關證明文件，向移民署申請補辦入出境手續，停留期間依第十一條第一項規定計算。

第三章　居留

第16條　香港或澳門居民有下列情形之一者，**得申請在臺灣地區居留**：

一、其直系血親或配偶在臺灣地區設有戶籍。但其親屬關係因收養發生者，應存續二年以上。

二、香港或澳門分別於英國及葡萄牙結束其治理前，參加僑教或僑社工作有特殊貢獻，經教育部或大陸委員會會同有關機關審查通過。

三、在特殊領域之應用工程技術上有成就。

四、具有專業技術能力，並已取得香港或澳門政府之執業證書或在學術、科學、文化、新聞、金融、保險、證券、期貨、運輸、郵政、電信、氣象或觀光專業領域有特殊成就。

五、**在臺灣地區有新臺幣六百萬元以上之投資**，經中央目的事業主管機關審查通過；或在臺灣地區以創新創業事由經中央目的事業主管機關審查通過。

六、在國外執教、研究新興學術或具有特殊技術與經驗，經中央目的事業主管機關核准。

七、經中央目的事業主管機關核准來臺就學；或其畢業回香港或澳門服務滿二年。

八、經中央勞動主管機關或目的事業主管機關許可在臺灣地區從事就業服務法第四十六條第一項第一款至第七款或第十一款工作，或依取得華僑身分香港澳門居民聘僱及管理辦法規定許可工作，或依外國人才專法第二十四條準用同法第五條第一項至第四項、第六條、第七條第一項、第八條至第十條規定從事專業工作。

九、其他經政府機關或公私立大專校院任用或聘僱。

十、對政府推展港澳工作及達成港澳政策目標具有貢獻，經行政院設立或指定機構或委託之民間團體出具證明，並核轉大陸委員會會同有關機關審查通過。

十一、有本條例第十八條之情形，經大陸委員會會同有關機關審查通過。

十二、在臺灣地區合法停留五年以上，且每年居住超過二百七十日，並對國家社會或慈善事業具有特殊貢獻，經主管機關會商有關機關審查通過。

十三、經中央勞動主管機關許可在臺灣地區從事就業服務法第四十六條第一項第八款至第十款工作。

十四、為經核准居留臺灣地區無戶籍國民、經核准居留或永久居留外國人或經核准長期居留大陸地區人民之配偶或未成年子女，且非屬中央勞動主管機關許可在臺灣地區從事就業服務法第四十六條第一項第八款至第十款工作者，或經中央目的事業主管機關核准來臺就學者之配偶或未成年子女。

十五、來臺傳教弘法或研修宗教教義，經主管機關會商相關目的事業主管機關審查通過。

十六、經行政院許可香港或澳門政府在臺灣地區設立機構之派駐人員及其眷屬。

前項第一款至第六款、第七款後段、第八款至第十二款及第十五款規定，**申請人之配偶及未成年子女得隨同申請，未隨同本人申請者，得於本人入境居留後申請之**；前項第八款之香港或澳門居民依外國人才專法第二十四條準用同法第五條第一項至第四項、第六條、第七條第一項、第八條至第十條規定居留者，其因身心障礙無法自理生活之成年子女得隨同申請，未隨同本人申請者，得於本人入境居留後申請之；前項第十六款之眷屬名冊，由大陸委員會提供。

第一項第三款及第四款情形，應經中央目的事業主管機關審查通過；其審核表，由主管機關會商各中央目的事業主管機關定之。

第17條 香港或澳門居民申請在臺灣地區居留，應備下列文件，向移民署申請：

一、居留申請書。

二、香港或澳門永久居留資格證件。

三、保證書。但符合前條第一項第七款規定經中央目的事業主管機關核准來臺就學或第十六款規定者，免附之。

四、最近五年內警察紀錄證明書。但經移民署許可免附者，免附之。

五、健康檢查合格證明。

六、其他相關證明文件。

前項第五款健康檢查合格證明，其應包括項目，準用中央衛生主管機關訂定之健康檢查證明應檢查項目表。

第一項應備文件，依外國人才專法規定申請就業金卡者及其隨同申請者，免附第三款至第五款之文件。但依其他主管機關之規定應檢附者，從其規定。

第18條 香港或澳門居民申請在臺灣地區居留，應覓在臺灣地區設有戶籍之二親等內血親、配偶或有正當職業之公民保證，並由保證人出具保證書。但符合第十六條第一項第七款規定經中央目的事業主管機關核准來臺就學或第十六款規定者，不在此限。

前項有正當職業之公民，其保證對象每年不得超過五人。

第一項保證書，應由保證人親自簽名，並由移民署查核。

第19條 前條保證人之責任如下：

一、保證被保證人確係本人，無虛偽不實情事。

二、負責被保證人居留期間之生活。

三、被保證人有依法須強制出境情事，應協助有關機關將被保證人強制出境。

被保證人在辦妥居留手續後，其保證人因故無法負保證責任時，被保證人應於一個月內更換保證人。

保證人未能履行第一項所定之保證責任或為不實保證者，主管機關得視情節輕重，三年至五年內不予受理其擔任保證人。

第20條 香港或澳門居民申請在臺灣地區居留，向下列單位申請並驗證香港、澳門或海外地區製作之文書：

一、在香港或澳門者：應向行政院設立或指定機構或委託之民間團體申請，並核轉移民署辦理。第二次以後申請者，得由移民署派駐之人員核發或逕向移民署申請。

二、在海外地區者：應向我駐外使領館、代表處、辦事處或其他外交部授權機構申請，並由移民署派駐之人員審理後，核轉移民署辦理。

第21條 依第二章規定申請進入臺灣地區，停留期間符合第十六條規定條件者，得備第十七條第一項文件，逕向移民署申請在臺灣地區居留。

香港或澳門居民申請在臺灣地區居留經許可，居留期間符合其他居留事由者，得備下列文件，逕向移民署申請變更居留事由；其隨同申請之配偶、未成年子女及因身心障礙無法自理生活之成年子女，亦同：

一、居留申請書。

二、臺灣地區居留證或臺灣地區居留入出境證。
三、其他相關證明文件。

第22條　香港或澳門居民**申請在臺灣地區居留，有下列情形之一者，得不予許可**：
一、現（曾）有下列情形之一：
(一)未經許可入境。
(二)從事與許可目的不符之活動。
(三)有事實足認為有犯罪行為。
(四)有危害國家利益、公共安全、公共秩序或從事恐怖活動之虞。
(五)參加或資助內亂、外患團體或其活動而隱瞞不報。
(六)參加或資助恐怖或暴力非法組織或其活動而隱瞞不報。
(七)有事實足認涉嫌重大犯罪或有犯罪習慣。
二、有事實足認係通謀而為虛偽收養。
三、原為大陸地區人民。
四、現（曾）冒用身分或持用偽造、變造證件申請或入境。
五、現（曾）依本辦法規定申請時，為虛偽之陳述或隱瞞重要事實。
六、現（曾）在臺灣地區有行方不明紀錄達三個月以上。
七、與臺灣地區人民結婚，其婚姻無效或有事實足認係通謀而為虛偽結婚。
八、健康檢查不合格。
九、經許可入境，已逾停留、居留期限。但有本條例第十四條之二情形，或取得在臺灣地區設有戶籍之未成年親生子女權利義務之行使或負擔，不在此限。
十、現（曾）任職於大陸地區行政、軍事、黨務或其他公務機構、具政治性機關（構）、團體或其於香港、澳門投資之機構或新聞媒體。

前項不予許可之期間如下：
一、有第一款第一目、第四款及第五款情形：二年至五年。
二、有第一款第二目、第二款、第六款、第七款及第九款情形：一年至三年。

前項不予許可期間之計算，已入境者，自出境之日起算；未入境者，自不予許可、撤銷或廢止許可之翌日起算。

香港或澳門居民經許可入境，未逾停留期限三十日，其居留申請案有數額限制者，依規定核配時間每次延後一年許可。但有第十二條第一項各款情形之一，未辦延期者，不在此限。

第一項第一款第四目、第三款及第十款情形，移民署得會同國家安全局、大陸委員會及相關機關審查。

第23條　依第二十條規定程序申請在臺灣地區居留經許可者，由移民署發給入境證及臺灣地區居留證副本，送核轉單位轉發申請人。

前項申請人應自入境之日起十五日內，持憑臺灣地區居留證副本，向移民署換領臺灣地區居留證。

依第二十一條規定程序申請在臺灣地區居留經許可者，由移民署發給申請人臺灣地區居留證。

依第一項或前項規定申請在臺灣地區居留經許可者，得向移民署申請臺灣地區居留入出境證。

第24條　前條入境證及臺灣地區居留證副本之有效期間，自核發之翌日起為六個月，在有效期間內未入境者，得於有效期間屆滿前，填具延期申請書，檢附入境證及臺灣地區居留證副本，向移民署申請延期，自原證有效期間屆滿之翌日起，比照原核准效期，以延期一次為限。

第25條 臺灣地區居留證或臺灣地區居留入出境證為在臺灣地區居留期間之身分證明文件，其有效期間，自入境之翌日起算為一年至三年，依第十六條第一項第八款規定許可居留者，最長為五年；依第二十一條規定程序申請者，其有效期間，自臺灣地區居留證或臺灣地區居留入出境證核發之翌日起算。

依第十六條第一項第八款、第九款、第十三款及第十四款規定之申請人及其隨同申請者，經許可居留，核發之臺灣地區居留證或臺灣地區居留入出境證之有效期間，依前項之規定。但不得逾申請人、依親對象聘僱效期或居留效期。

第26條 臺灣地區居留證或臺灣地區居留入出境證有效期間屆滿，原申請居留原因仍繼續存在者，得申請延期，其隨同申請之配偶、未成年子女亦同，每次不得逾二年；依第十六條第一項第一款規定申請者，其直系血親或配偶死亡者，仍得申請延期。

前項情形，依外國人才專法第二十四條準用同法第八條規定申請延期者，每次最長為五年，其隨同申請之配偶、未成年子女及因身心障礙無法自理生活之成年子女亦同；依外國人才專法第二十四條準用同法第五條第一項至第四項、第六條、第七條第一項、第九條及第十條規定申請延期者，每次最長為三年，其隨同申請之配偶、未成年子女及因身心障礙無法自理生活之成年子女亦同。

依第十六條第一項第七款或第八款許可居留者及其隨同申請經許可居留之配偶、未成年子女及因身心障礙無法自理生活之成年子女，於居留期限屆滿前，有必要者，得以書面敘明理由，向移民署申請延期，經許可者，其臺灣地區居留證或臺灣地區居留入出境證之有效期間，自原居留期限屆滿之翌日起延期六個月；延期屆滿前，有必要者，得再申請延長一次，總延長居留期間最長為一年。

前三項申請，應於臺灣地區居留證或臺灣地區居留入出境證有效期間屆滿前三十日內，備下列文件，向移民署辦理：

一、延期申請書。
二、臺灣地區居留證或臺灣地區居留入出境證。
三、其他相關證明文件。

第二十二條之規定，於本條準用之。

第27條 香港或澳門居民經許可在臺灣地區居留，居留期間須入出境者，應備入出境申請書及臺灣地區居留證，向移民署申請入出境許可。但持用臺灣地區居留入出境證者，得憑該證入出境。

第28條 經許可在臺灣地區居留之香港或澳門居民，有下列情形之一者，**得撤銷或廢止其依第二十三條規定所為之居留許可，並註銷其臺灣地區居留證或臺灣地區居留入出境證**：

一、有第二十二條第一項各款情形之一。
二、所提供之文書無效。
三、所提供之文書經撤銷或廢止，或經司法機關認定係偽造、變造。
四、申請居留之原因消滅。但直系血親、配偶死亡或以其配偶在臺灣地區設有戶籍申請在臺灣地區居留，未辦妥定居手續前與其配偶離婚，已生產有未成年子女且離婚後任該子女權利義務之行使或負擔，不在此限。

五、在辦妥定居手續前，其保證人因故無法負保證責任時，未依規定更換保證人。

六、依第十六條第二項規定隨同本人申請居留，其本人居留許可經撤銷或廢止。

依前項規定撤銷或廢止居留許可，如係經有關機關審查通過、核准、任用或聘僱等情形者，移民署應通知該有關機關。

第四章　定居

第29條　香港或澳門居民有下列情形之一者，**得申請在臺灣地區定居**：

一、依第十六條第一項第一款至第六款、第七款後段、第九款至第十二款規定之申請人與其隨同申請之配偶及未成年子女，經許可居留，在臺灣地區居留一定期間，仍具備原申請在臺灣地區居留之條件。但依同條項第一款規定申請者，其直系血親或配偶死亡者，仍得申請定居。

二、未滿十二歲，持入出境許可入境，其父或母原在臺灣地區設有戶籍。

三、有本條例第十七條之情形。

四、經中央目的事業主管機關核准來臺就學者畢業後，依第十六條第一項第八款規定許可居留連續滿五年，每年在臺灣地區居住一百八十三日以上，且最近一年於臺灣地區平均每月收入逾中央勞動主管機關公告基本工資二倍。取得博士學位者及碩士學位者得各折抵二年及一年在臺連續居留期間；二者不得合併折抵。

前項第一款所稱一定期間，指自申請日往前推算連續居留滿一年，或連續居留滿二年且每年在臺灣地區居住二百七十日以上。但依第十六條第一項第五款後段規定許可居留者，指連續居留滿五年，且每年在臺灣地區居住一百八十三日以上。

依第一項第一款規定申請在臺灣地區定居，其親屬關係因結婚或收養發生者，應存續三年以上。但婚姻關係存續期間已生產子女者，不在此限。

第二項之連續居留期間，一年內得出境三十日；其出境次數不予限制，出境日數自出境之翌日起算，當日出入境者，以一日計算；其出境係經政府機關派遣或核准，附有證明文件者，不予累計出境期間，亦不予核算在臺灣地區居留期間。

依第二十一條第二項規定逕向移民署申請變更居留事由者，其在臺灣地區居留一定期間，自核准變更之翌日起算。

第30條　香港或澳門居民申請在臺灣地區定居，應備下列文件，向移民署申請：

一、定居申請書。

二、香港或澳門永久居留資格證件。

三、臺灣地區居留證或臺灣地區居留入出境證。

四、最近五年內警察紀錄證明書。但在臺灣地區居留期間，每次出境在三個月以內者，免附之。

五、健康檢查合格證明。但在臺灣地區居留期間，每次出境在三個月以內者，免附之。

六、其他相關證明文件。

前項第五款健康檢查合格證明，其應包括項目，準用中央衛生主管機關訂定之健康檢查證明應檢查項目表。

移民署受理定居案件,必要時得由主管機關邀請相關機關共同審查之。

第31條 香港或澳門居民申請在臺灣地區定居,**有第二十二條第一項各款情形之一者,得不予許可**。

第二十二條第二項及第三項規定,於本條準用之。

第32條 香港或澳門居民申請在臺灣地區定居經許可者,發給臺灣地區定居證,應自核發之翌日起算三十日內持憑至預定申報戶籍所在地戶政事務所辦理戶籍登記,並由移民署通知該戶政事務所,屆期未辦理者,得廢止其定居許可,並註銷其定居證。

前項申請人未在預定申報戶籍地居住時,應向現住地之戶政事務所辦理戶籍登記,該戶政事務所受理後,應通知預定申報戶籍所在地戶政事務所。

香港或澳門居民在臺灣地區辦理戶籍登記後,如須更正戶籍登記事項,應向戶政事務所申請辦理。如係更正姓名,除因戶籍人員過錄錯誤者外,戶政事務所應於更正後,將更正申請書副本及憑證影本函知移民署。

第33條 香港或澳門居民經許可在臺灣地區定居並辦妥戶籍登記後,須申請入出境者,依臺灣地區人民身分辦理。

第34條 經許可在臺灣地區定居之香港或澳門居民,有下列情形之一者,得撤銷或廢止其依第三十二條規定所為之定居許可,並註銷其臺灣地區定居證;已辦妥戶籍登記者,由移民署通知戶政機關(單位)撤銷或廢止其戶籍登記:

一、與臺灣地區人民結婚,其婚姻無效或有事實足認係通謀而為虛偽結婚。

二、所提供之文書無效。

三、所提供之文書經撤銷、廢止或經司法機關認定係偽造、變造。

第五章 附則

第35條 香港或澳門居民有下列情形之一者,**由移民署發給出境證持憑出境,並得限令其於十日內出境或逕行強制其出境**:

一、經依第九條第一項規定撤銷或廢止入出境許可。

二、經依第二十八條第一項規定撤銷或廢止居留許可。

三、經依前條規定撤銷或廢止定居許可。

前項出境證自核發之翌日起十日內有效。

第36條 依本辦法規定申請之案件,委託他人代理申請者,應附委託書。但由旅行社代送件,並於申請書上加蓋旅行社及負責人章者,以旅行社為代申請人,免附委託書。

代申請人有隱匿或填寫不實情形,一年內不得代理申請香港或澳門居民進入臺灣地區及在臺灣地區居留、定居。

第37條 香港或澳門居民經許可進入臺灣地區,如有本條例第四十五條情形者,移民署應檢附據實申報之入出境申請書影本或專案許可證明文件及有關資料影本,函送該管高等檢察署或其檢察分署備查。

第38條 申請進入臺灣地區及在臺灣地區居留或定居案件,經不予許可確定或駁回申請者,其所繳之證件費應予退還;依本辦法規定發給之入出境證件經註銷者,其所繳之證件費不予退還。

第39條 本辦法自發布日施行。

第五篇　近年試題及解析

109年 高考三級

一、請說明大陸地區人民得向主管機關申請在臺灣地區定居情形為何？何種申請不受配額限制，其理由為何？請依現行法規分別詳述之。

答 (一)臺灣地區與大陸地區人民關係條例第16條第2項規定：「大陸地區人民有下列情形之一者，得申請在臺灣地區定居：

一、臺灣地區人民之直系血親及配偶，年齡在70歲以上、12歲以下者。

二、其臺灣地區之配偶死亡，須在臺灣地區照顧未成年之親生子女者。

三、民國34年後，因兵役關係滯留大陸地區之臺籍軍人及其配偶。

四、民國38年政府遷臺後，因作戰或執行特種任務被俘之前國軍官兵及其配偶。

五、民國38年政府遷臺前，以公費派赴大陸地區求學人員及其配偶。

六、民國76年1月日前，因船舶故障、海難或其他不可抗力之事由滯留大陸地區，且在臺灣地區原有戶籍之漁民或船員。」

(二)

1. 同條例第16條第3項規定：「大陸地區人民依前項第一款規定，每年申請在臺灣地區定居之數額，得予限制。」
2. 因此，依上述規定，則臺灣地區與大陸地區人民關係條例第16條第2項第2款至第6款之規定，均屬申請配額不受限制之情況。
3. 同條例第16條第2項第1款之情況之所以有限額，係因臺灣人民之父母子女，年齡在70歲以上，12歲以下者，基於人道及倫理之考慮，自得申請來臺定居；至與臺灣人民結婚者，為顧及其婚姻生活，亦許其來臺定居。然為免有心人士藉由假造這些人道及倫理之理由而取得來臺之資格，故得予限制。

二、近年來因香港政治經濟動盪，香港居民申請來臺居留、定居案件數大幅增加。請依現行法規相關規定，說明外國人與香港居民以投資方式申請定居之申請人資格、條件與相關申請程序分別為何？並請評述投資移民對於我國政治、經濟與社會發展之利弊，以及現行投資移民相關法規是否有修正之必要。

答 (一)外國人部分：

1. 入出國及移民法第23條第1項第4款規定：「持停留期限在六十日以上，且未經簽證核發機關加註限制不准延期或其他限制之有效簽證入國之外國人，有下列情形之一者，得向移民署申請居留，經許可者，發給外僑居留證：……四、在我國有一定金額以上之投資，經中央目的事業主管機關核准或備查之投資人或外國法人投資人之代表人。」
2. 同法第25條第4項規定：「外國人得向移民署申請在我國投資移民，經審核許可且實行投資者，同意其永久居留。」
3. 外國人停留居留及永久居留辦法第12條規定：「外國人申請在我國投資移民，有下列情形之一者，入出國及移民署得准予永久居留：
   一、投資金額新臺幣一千五百萬元以上之營利事業，並創造五人以上之本國人就業機會滿三年。
   二、投資中央政府公債面額新臺幣三千萬元以上滿三年。」
   同法第15條規定：「外國人申請在我國投資移民獲准永久居留後，其配偶及未成年子女亦得申請永久居留。」

(二)香港居民部分：

1. 香港澳門居民進入臺灣地區及居留定居許可辦法第16條第1項第5款規定：「香港或澳門居民有下列情形之一者，得申請在臺灣地區居留：……五、在臺灣地區有新臺幣600萬元以上之投資，經中央目的事業主管機關審查通過；或在臺灣地區以創新創業事由經中央目的事業主管機關審查通過。」
2. 同辦法第29條第1項第1款、第2項、第3項及第4項規定：「香港或澳門居民有下列情形之一者，得申請在臺灣地區定居：

一、依第十六條第一項第一款至第六款、第七款後段、第九款至第十二款規定之申請人與其隨同申請之配偶及未成年子女，經許可居留，在臺灣地區居留一定期間，仍具備原申請在臺灣地區居留之條件。但依同條項第一款規定申請者，其直系血親或配偶死亡者，仍得申請定居。……

前項第一款所稱一定期間，指自申請日往前推算連續居留滿一年，或連續居留滿二年且每年在臺灣地區居住二百七十日以上。但依第十六條第一項第五款後段規定許可居留者，指連續居留滿五年，且每年在臺灣地區居住一百八十三日以上。

依第一項第一款規定申請在臺灣地區定居，其親屬關係因結婚或收養發生者，應存續三年以上。但婚姻關係存續期間已生產子女者，不在此限。

第二項之連續居留期間，一年內得出境三十日；其出境次數不予限制，出境日數自出境之翌日起算，當日出入境者，以一日計算；其出境係經政府機關派遣或核准，附有證明文件者，不予累計出境期間，亦不予核算在臺灣地區居留期間。」

(三) 利弊及評述：

1. 接受投資移民的好處包括：吸引外來資金及技術、改善人口及產業架構、活絡經濟市場等等。缺點則是移民容易在取得身分後撤資；另外移民亦可能因文化背景和本國有異，而造成衝突；再者，因為香港居民的特殊性，亦可能造成國安上的憂慮。

2. 就是否須修正現行投資移民法規部分：

(1) 整體而言，香港居民的投資移民門檻，與外國人相比，相對較低。隨著香港局勢的變遷，加上文化上的同源性，因此香港居民如有移民考量，多以臺灣為可能選項。

(2) 有關國安面向的顧慮部分，香港澳門居民進入臺灣地區及居留定居許可辦法第22條第1項規定：「香港或澳門居民申請在臺灣地區居留，有下列情形之一者，得不予許可：

一、現（曾）有下列情形之一：

(一)未經許可入境。

(二)從事與許可目的不符之活動。

(三)有事實足認為有犯罪行為。

(四)有危害國家利益、公共安全、公共秩序或從事恐怖活動之虞。
(五)參加或資助內亂、外患團體或其活動而隱瞞不報。
(六)參加或資助恐怖或暴力非法組織或其活動而隱瞞不報。
(七)有事實足認涉嫌重大犯罪或有犯罪習慣。

二、有事實足認係通謀而為虛偽收養。
三、原為大陸地區人民。
四、現(曾)冒用身分或持用偽造、變造證件申請或入境。
五、現(曾)依本辦法規定申請時,為虛偽之陳述或隱瞞重要事實。
六、現(曾)在臺灣地區有行方不明紀錄達三個月以上。
七、與臺灣地區人民結婚,其婚姻無效或有事實足認係通謀而為虛偽結婚。
八、健康檢查不合格。
九、經許可入境,已逾停留、居留期限。但有本條例第十四條之二情形,或取得在臺灣地區設有戶籍之未成年親生子女權利義務之行使或負擔,不在此限。
十、現(曾)任職於大陸地區行政、軍事、黨務或其他公務機構、具政治性機關(構)、團體或其於香港、澳門投資之機構或新聞媒體。」

同辦法第30條第3項規定:「移民署受理定居案件,必要時得由主管機關邀請相關機關共同審查之。」

上述規定,都是相關的補強措施。

(3)由於香港目前因特殊的政治狀況,就香港居民的定居申請,除應更審慎加以審查以避免國安疑慮外,似不宜於此時提高其他條件門檻,使其求助無門。

三、A男具有澳門永久居留資格並於2002年入籍葡萄牙,其與具香港永久居留資格之B女結婚後定居大陸地區廣州市。A、B婚後育有一名在美國出生之3歲男童C,並將其接至廣州一同生活。試問A、B、C一家人基於投資事業與照顧B在臺灣具我國國籍之母親等理由,決定全家至臺灣定居、就學。依據現行法相關規定,請分別分析就A、B、C三人所適用之法規為何,以及應如何辦理,其申請條件、限制及方式為何?

答 (一) 香港澳門關係條例第4條第1項、第2項規定：「本條例所稱香港居民，指具有香港永久居留資格，且未持有英國國民（海外）護照或香港護照以外之旅行證照者。

本條例所稱澳門居民，指具有澳門永久居留資格，且未持有澳門護照以外之旅行證照或雖持有葡萄牙護照但係於葡萄牙結束治理前於澳門取得者。」

本條之立法理由謂：「一、港澳地區有華人亦有非華人。非華人若已持有他國護照，其與臺灣地區來往，自可視為外國人，與一般外國人等同處理。……」

(二) 查，澳門係於1999年12月20日移交澳門政權。本題中，A雖具有澳門永久居留資格，但亦於2002年入籍葡萄牙。依上述香港澳門關係條例第4條第2項規定，A自非香港澳門關係條例所稱之「澳門居民」，其申請居留相關事宜，應回歸入出國及移民法及相關法規中有關外國人之規定。而B則符合香港澳門關係條例第4條第1項規定所稱之「香港居民」。

(三) 香港澳門關係條例第12條規定：「香港或澳門居民得申請在臺灣地區居留或定居；其辦法由內政部擬訂，報請行政院核定後發布之。每年核准居留或定居，必要時得酌定配額。」

香港澳門居民進入臺灣地區及居留定居許可辦法第1條規定：「本辦法依香港澳門關係條例（以下簡稱本條例）第十一條第二項及第十二條第一項規定定之。」

同辦法第16條第1項規定：「香港或澳門居民有下列情形之一者，得申請在臺灣地區居留：

一、其直系血親或配偶在臺灣地區設有戶籍。但其親屬關係因收養發生者，應存續二年以上。

……

五、在臺灣地區有新臺幣六百萬元以上之投資，經中央目的事業主管機關審查通過；或在臺灣地區以創新創業事由經中央目的事業主管機關審查通過。」

同辦法第16條第2項前段規定：「前項第一款至第六款、第七款後段、第八款至第十二款及第十五款規定，申請人之配偶及未成年子女得隨同申請，未隨同本人申請者，得於本人入境居留後申請之；……」

(四) 入出國及移民法第23條第1項第2款、第4款規定：「持停留期限在六十日以上，且未經簽證核發機關加註限制不准延期或其他限制之有效簽證入國之外國人，有下列情形之一者，得向入出國及移民署申請居留，經許可者，發給外僑居留證：……

二、未滿二十歲之外國人，其直系尊親屬為現在在臺灣地區設有戶籍或獲准居留之我國國民，或經核准居留或永久居留之外國人。其親屬關係因收養而發生者，被收養者應與收養者在臺灣地區共同居住。

……

四、在我國有一定金額以上之投資，經中央目的事業主管機關核准或備查之投資人或外國法人投資人之代表人。」

同法第25條第1項、第2項規定：「外國人在我國合法連續居留五年，每年居住超過一百八十三日，或居住臺灣地區設有戶籍國民，其外國籍之配偶、子女在我國合法居留十年以上，其中有五年每年居留超過一百八十三日，並符合下列要件者，得向入出國及移民署申請永久居留。但以就學或經中央勞工主管機關許可在我國從事就業服務法第四十六條第一項第八款至第十款工作之原因許可居留者及以其為依親對象許可居留者，在我國居留（住）之期間，不予計入：

一、二十歲以上。

二、品行端正。

三、有相當之財產或技能，足以自立。

四、符合我國國家利益。

中華民國九十一年五月三十一日前，外國人曾在我國合法居住二十年以上，其中有十年每年居住超過一百八十三日，並符合前項第一款至第三款及第五款要件者，得向入出國及移民署申請永久居留。」

同條第4項規定：「外國人得向入出國及移民署申請在我國投資移民，經審核許可且實行投資者，同意其永久居留。」

5. 綜上，本題中：

(1) 因B具香港澳門關係條例所稱「香港居民」之身分，得依上述第3點所列之規定，以依親（其母在臺設有戶籍）或投資名義申請在臺居留。

(2)因A不具香港澳門關係條例所稱「澳門居民」之身分，因此應依上述第4點所列入出國及移民法之相關規定申請在臺居留。A另外亦得以B之配偶身分，依香港澳門居民進入臺灣地區及居留定居許可辦法第16條第2項前段之規定隨同B申請居留。

(3)C出生在美國，雖本題未明言，但應具有美國籍。因其年幼，故得分別以A或B之未成年子女身份，以相應的規定隨同申請居留。

（應注意：110年1月27日修正、112年1月1日施行之入出國及移民法第23條第1項第2款規定為：「二、未滿十八歲之外國人，其直系尊親屬為現在在臺灣地區設有戶籍或獲准居留之我國國民，或經核准居留或永久居留之外國人。其親屬關係因收養而發生者，被收養者應與收養者在臺灣地區共同居住。」而第25條第1項、第2項規定為：「外國人在我國合法連續居留五年，每年居住超過一百八十三日，或居住臺灣地區設有戶籍國民，其外國籍之配偶、子女在我國合法居留十年以上，其中有五年每年居留超過一百八十三日，並符合下列要件者，得向移民署申請永久居留。但以就學或經中央勞動主管機關許可在我國從事就業服務法第四十六條第一項第八款至第十款工作之原因許可居留者及以其為依親對象許可居留者，在我國居留（住）之期間，不予計入：一、十八歲以上。二、品行端正。三、有相當之財產或技能，足以自立。四、符合我國國家利益。」、「中華民國九十一年五月三十一日前，外國人曾在我國合法居住二十年以上，其中有十年每年居住超過一百八十三日，並符合前項各款要件者，得向移民署申請永久居留。」）

四、A是大陸地區人民，B是外國人，兩人以交換生方式來臺灣某大學修習一學期課程（5個月）。A、B兩人相當喜歡臺灣的開放社會與社會氛圍，學期結束後相約環島旅行。兩人至某休閒農場旅遊時，由於旅費短缺，A、B為該農場工作賺取工資並換宿。由於內政部移民署接獲檢舉該休閒農場僱用違法移工，指派某區移民署專勤隊前往該農場突襲稽查，查獲A、B均已逾越許可停留臺灣期間，並有違法工作事實，兩人均移送法辦。請就現行法規相關規定分別闡述A、B兩人是否有逾期滯臺、違法工作情形？應由何機關處理？主管機關依法應如何處理？A與B是否可以申請延長停留期間？

答 (一) A的部分

1. 臺灣地區與大陸地區人民關係條例第10條第1項、第2項規定：「大陸地區人民非經主管機關許可，不得進入臺灣地區。

   經許可進入臺灣地區之大陸地區人民，不得從事與許可目的不符之活動。」

   同條例第18條第1項第2款、第3款規定：「進入臺灣地區之大陸地區人民，有下列情形之一者，內政部移民署得逕行強制出境，或限令其於十日內出境，逾限令出境期限仍未出境，內政部移民署得強制出境：……

   二、經許可入境，已逾停留、居留期限，或經撤銷、廢止停留、居留、定居許可。

   三、從事與許可目的不符之活動或工作。」

   同條例第87-1條規定：「大陸地區人民逾期停留或居留者，由內政部移民署處新臺幣二千元以上一萬元以下罰鍰。」

2. 大陸地區人民進入臺灣地區許可辦法第18條規定：「經許可進入之大陸地區人民為申請辦理延期，應依規定期限並備齊下列文件向移民署提出：……

   主管機關對於申請人依前項規定之延期申請，得徵詢相關目的事業主管機關意見；有下列情形之一者，得不予許可延期，已許可者，得撤銷或廢止其許可，並註銷入出境許可證：

   一、有第十二條第一項各款情形之一。

   二、所持用大陸地區證照尚餘有效效期不足一個月。」

   同辦法第12條第1項第5款規定：「大陸地區人民申請進入臺灣地區，有下列情形之一者，得不予許可；已許可者，得撤銷或廢止其許可，並註銷其入出境許可證：……五、曾有本條例第十八條第一項各款情形之一。」

   又臺灣地區與大陸地區人民關係條例第18-2條規定：「大陸地區人民逾期居留未滿三十日，原申請居留原因仍繼續存在者，經依第八十七條之一規定處罰後，得向內政部移民署重新申請居留，不適用第十七條第八項規定。

   前項大陸地區人民申請長期居留或定居者，核算在臺灣地區居留期間，應扣除一年。」

3. 綜上所述，本題A被查獲有逾期居留及違法工作之事實，則依臺灣地區與大陸地區人民關係條例第18條第1項第2款、第3款之規定，內政部移民署得逕行強制出境，或限令其於十日內出境，逾限令出境期限仍未出境，內政部移民署得強制出境。又依大陸地區人民進入臺灣地區許可辦法第18條第1項第1款之規定，A不得申請延期居留，然若逾期居留未滿三十日，原申請居留原因仍繼續存在者，經依第八十七條之一規定處罰後，得向內政部移民署重新申請居留。

(二) B之部分

1. 入出國及移民法第29條規定：「外國人在我國停留、居留期間，不得從事與許可停留、居留原因不符之活動或工作。但合法居留者，其請願及合法集會遊行，不在此限。」
   同法第31條第1項規定：「外國人停留或居留期限屆滿前，有繼續停留或居留之必要時，應向入出國及移民署申請延期。」
   同法第36條第2項第4款、第6款規定：「外國人有下列情形之一者，入出國及移民署得強制驅逐出國，或限令其於十日內出國，逾限令出國期限仍未出國，入出國及移民署得強制驅逐出國：……四、違反第二十九條規定，從事與許可停留、居留原因不符之活動或工作。
   ……
   六、違反第三十一條第一項規定，於停留或居留期限屆滿前，未申請停留、居留延期。但有第三十一條第三項情形者，不在此限。」
2. 同法第31條第3項規定：「外國人逾期居留未滿三十日，原申請居留原因仍繼續存在者，經依第八十五條第四款規定處罰後，得向入出國及移民署重新申請居留；其申請永久居留者，核算在臺灣地區居留期間，應扣除一年。」
3. 綜上所述，本題B被查獲有逾期居留及違法工作之事實，依入出國及移民法第36條第2項第4款、第6款規定，移民署得強制驅逐出國，或限令其於十日內出國，逾限令出國期限仍未出國，移民署得強制驅逐出國。如其逾期居留未滿30日，則得依同法第31條第3項經依第八十五條第四款規定處罰後，得向移民署重新申請居留。

109年 普考

( ) **1** 臺灣地區無戶籍國民向內政部移民署申請在臺灣地區停留者，其停留期間為3個月，必要時得延期一次，但有特定情形並提出證明者，得酌予再延長其停留期間及次數，下列何者非屬之？ (A)經法院裁定羈押者 (B)懷孕6個月者 (C)在臺灣地區設有戶籍之配偶的兄弟姊妹死亡者 (D)在臺灣地區設有戶籍之姪子女患重病者。

( ) **2** 下列為無戶籍國民者，何者得向內政部移民署申請在臺灣地區居留？ (A)經國立高級中等學校聘任為教師者 (B)曾在臺灣地區居留之僑生畢業後，返回僑居地服務滿1年者 (C)被收養者13歲，其養父母在臺灣地區設有戶籍者 (D)居住臺灣地區設有戶籍國民在國外出生之21歲子女。

( ) **3** 外國人受強制驅逐出國處分而暫予收容者，期間屆滿，內政部移民署認有續予收容之必要者，得向法院聲請裁定續予收容，惟續予收容及延長收容之期間，最長各不得逾幾日？ (A)40日、40日 (B)40日、45日 (C)45日、40日 (D)45日、45日。

( ) **4** 下列何者非屬得禁止外國人入國之情形？ (A)曾經被拒絕停留、居留或工作 (B)在外國有犯罪紀錄 (C)患有足以妨害社會安寧之精神疾病 (D)持停留簽證而無回程或次一目的地之機票、船票。

( ) **5** 涉及國家安全之人員，應先經其服務機關核准，始得出國。該等人員之範圍、核准條件、程序及其他應遵行事項之辦法，分別由相關機關定之。下列何者非屬之？ (A)大陸委員會 (B)內政部 (C)法務部 (D)海洋委員會海巡署。

( ) **6** 下列何者非屬得撤銷或廢止其永久居留許可之情形？ (A)因過失犯罪而經判處2年有期徒刑確定者 (B)申請資料虛偽不實者 (C)永久居留期間，每年居住未達183日者 (D)兼具我國國籍者。

( ) **7** 外國人受強制驅逐出國處分而暫予收容者，如受收容人或其配偶、直系親屬、法定代理人、兄弟姊妹等提出收容異議，經審查認無理由者，應於受理異議時起24小時內，將受收容人連同收容異議書或記錄等資料移送法院。下列何者，非屬得不予計入24小時之期間？ (A)因等候通譯到場致未予製作收容異議記錄達6小時 (B)因受收容人身體健康突發之事由，事實上不能詢問 (C)因交通障礙事由所生不得已之遲滯 (D)因等候受收容人之代理人到場致未予製作收容異議記錄達5小時。

( ) **8** 入出國及移民法所稱之跨國（境）人口販運，下列何者非屬其法定之目的類型？ (A)轉運人口 (B)性剝削 (C)摘取器官 (D)勞力剝削。

( ) **9** 臺灣地區無戶籍國民申請居留或定居者，如曾經從事與許可原因不符之活動或工作，得不予許可，其不予許可之期間，應自其出國之翌日起算至少幾年，並不得逾幾年？ (A)1年，2年 (B)1年，3年 (C)1年，5年 (D)1年，6年。

( ) **10** 臺灣地區與大陸地區訂定涉及政治議題之協議事項，依法應遵行相關規定。下列敘述何者錯誤？ (A)行政院應於協商開始90日前，向立法院提出協議締結計畫及憲政或重大政治衝擊影響評估報告 (B)締結計畫經全體委員四分之三之出席，及出席委員二分之一之同意，始得開啟簽署協議之協商 (C)立法院判斷雙方談判協商已無法依照締結計畫進行時，得經全體立法委員二分之一以上之決議，要求負責協議之機關終止協商 (D)負責協議之機關依締結計畫完成協議草案之談判後，應於15日內經行政院院會決議報請總統核定。

( ) **11** 下列有關僱用大陸地區人民在臺灣地區工作之敘述，何者錯誤？ (A)其受僱期間不得逾一年 (B)受僱期間內得轉換雇主及工作 (C)雇主申請僱用前，應先以合理勞動條件在臺灣地區辦理公開招募，並向公立就業服務機構申請求才登記 (D)雇主應向勞動部所設專戶繳納就業安定費。

(　　) **12** 關於實施臺灣地區與大陸地區直接通商、通航，下列敘述何者錯誤？　(A)實施前應經立法院決議　(B)立法院如於會期內1個月未為決議，視為不同意　(C)實施前得先行試辦金門、馬祖、澎湖與大陸地區之通商、通航　(D)試辦實施區域之大陸地區物品，未經許可而運往其他臺灣地區者，依海關緝私條例處罰。

(　　) **13** 曾任下列何種職務之人員，得參與大陸地區黨務、軍事、行政或具政治性機關（構）、團體所舉辦之慶典或活動？　(A)外交部政務次長　(B)大陸委員會副主任委員　(C)海軍上校艦長　(D)國家安全局少將處長。

(　　) **14** 臺灣地區人民在大陸地區設有戶籍者，縱未經有關機關認有特殊考量必要，仍得行使下列何者權利？　(A)地方自治條例立法原則之創制公民投票　(B)直轄市、縣（市）首長之罷免投票　(C)擔任縣市政府局處秘書　(D)申請就業許可。

(　　) **15** 香港或澳門居民逾期居留未滿30日，原申請居留原因仍繼續存在者，得經依相關規定受處罰後，向內政部移民署重新申請居留，其申請定居者，核算在臺灣地區居留期間，應扣除多久？
(A)6個月　(B)1年　(C)2年　(D)3年。

(　　) **16** 香港或澳門居民或法人之著作，於下列何種情形，在臺灣地區無法依著作權法享有著作權？　(A)於臺灣地區首次發行者　(B)於臺灣地區外首次發行後第45天在臺灣地區發行者　(C)依協定，臺灣地區人民或法人之著作得在香港或澳門享有著作權者　(D)依香港、澳門之慣例，臺灣地區人民或法人之著作得在香港或澳門享有著作權者。

(　　) **17** 在香港或澳門或在其船艦、航空器犯下列何罪，不適用刑法之規定？　(A)偽造貨幣罪　(B)公共危險罪　(C)臺灣地區公務員犯脫逃罪　(D)臺灣地區公務員犯詐欺罪。

(　　) **18** 護照自核發之日起幾個月未經領取者，主管機關或駐外館處應廢止原核發護照之處分，並註銷該護照？　(A)1個月　(B)2個月　(C)3個月　(D)6個月。

( ) **19** 護照之不予核發、扣留、撤銷及廢止，下列何者應以書面為之？ (A)依規定應繳交之護照有事實證據足認已無法繳交 (B)身分轉換為大陸地區人民 (C)護照已申報遺失 (D)喪失我國國籍。

( ) **20** 持照人護照遺失或滅失者，得申請補發。下列敘述何者錯誤？ (A)補發護照，其效期為5年 (B)因事變致護照滅失，經駐外館處查明屬實者，普通護照效期以10年為限 (C)護照申報遺失後於補發前尋獲，原護照所餘效期逾5年者，得依原效期補發 (D)對重要事項提供不正確資料者，主管機關得縮短其護照效期為1年6個月以上3年以下。

( ) **21** 下列人士何者不適用於外交簽證？ (A)新加坡副總理之眷屬 (B)國際奧林匹克委員會主席夫人 (C)來我國參加日本臺灣交流協會舉辦活動之日本總務省副大臣夫人 (D)史瓦帝尼王國大使之隨從。

( ) **22** 依入出國及移民法規定核發之證件，應收取規費。下列何者不在免收規費之列？ (A)臺灣地區無戶籍國民之停留許可 (B)臨時停留許可證件 (C)外國人重入國許可 (D)經許可之外僑永久居留證。

( ) **23** 依臺灣地區與大陸地區人民關係條例，有關受委託簽署協議之規定，下列敘述何者錯誤？ (A)簽署前應將協議草案報經委託機關陳報行政院同意 (B)協議內容如涉及法律之修正或應以法律定之者，協議辦理機關應於協議簽署後30日內報請行政院核轉立法院審議 (C)協議內容未涉及法律之修正或無須另以法律定之者，協議辦理機關應於協議簽署後30日內報請行政院核定，並送立法院備查 (D)臺灣地區各級地方民意代表機關，未經大陸委員會授權，亦得與大陸地區人民、法人、團體，以任何形式協商簽署協議。

( ) **24** 臺灣地區各級地方機關（構）或各級地方立法機關，非經何等程序，不得與大陸地區地方機關締結聯盟？ (A)法務部會商大陸委員會報請行政院同意 (B)大陸委員會會商國家安全局報請行政院同意 (C)內政部會商大陸委員會報請行政院同意 (D)大陸委員會報請行政院同意。

(　　) **25** 外國人曾為居住臺灣地區設有戶籍國民，年滿幾歲之翌年1月1日起至屆滿幾歲之年12月31日止，尚未履行兵役義務之接近役齡或役齡男子者，申請居留或變更居留原因，得不予許可？　(A)14歲、35歲　(B)14歲、36歲　(C)15歲、35歲　(D)15歲、36歲。

(　　) **26** 護照條例第19條，區分應、得申請換發護照之不同情形。下列何者為得申請換發護照？　(A)所持護照非屬現行最新樣式　(B)護照製作有瑕疵　(C)護照資料頁記載事項變更　(D)持照人取得國民身分證統一編號。

(　　) **27** 關於護照之申請，下列敘述何者正確？　(A)在國內首次申請普通護照，得由本人親自或委任代理人辦理　(B)在香港申請普通護照，應由本人親自至外交部設立或指定之機構辦理　(C)護照申請委任代理人者，應限為從事旅行業者　(D)在國內首次申請普通護照，若須人別確認，得至戶政事務所辦理。

(　　) **28** 已出國之在臺設有戶籍國民，於下列何種情形，駐外館處得發給入國證明書？　(A)護照逾期不及等候換發　(B)護照遭外國司法機關扣留　(C)持外交護照者　(D)於護照增刪塗改。

(　　) **29** 大陸地區人民申請進入臺灣地區，下列何種情形毋須接受面談？
(A)團聚　(B)停留　(C)居留　(D)定居。

(　　) **30** 大陸地區人民有下列何種情形，得申請在臺灣地區定居？
(A)與臺灣地區人民結婚　(B)其臺灣地區之配偶死亡，須在臺灣地區照顧未成年之子女者　(C)臺灣地區人民之直系血親及配偶，年齡在七十歲以上、十二歲以下者　(D)受跨國企業僱用者。

(　　) **31** 大陸地區人民因受強制出境處分而有暫予收容之必要者，應由下列何者決定之？　(A)內政部移民署　(B)地方法院行政訴訟庭　(C)地方法院刑事庭　(D)高等行政法院。

(　　) **32** 大陸地區人民經申請在臺灣地區投資許可者，其取得臺灣地區之公司所分配股利應繳納之所得稅，按給付額之扣繳稅率為多少？
(A)百分之五　(B)百分之十　(C)百分之二十　(D)百分之二十五。

( ) **33** 夫妻之一方為臺灣地區人民，一方為大陸地區人民者，其結婚之效力，依何地區之法律？ (A)依結婚地區之法律 (B)臺灣地區 (C)大陸地區 (D)依當事人之協議。

( ) **34** 夫妻之一方為臺灣地區人民，一方為大陸地區人民者，經法院判決離婚之方式，依何地區之法律？ (A)臺灣地區 (B)大陸地區 (C)依離婚行為地 (D)依當事人之協議。

( ) **35** 大陸地區人民經許可進入臺灣地區者，除法律另有規定外，在臺灣地區設有戶籍未滿二十年者，可擔任下列何種人員？ (A)國防大學教師 (B)義務役士兵 (C)國防部福利事業管理處基隆福利站聘雇人員 (D)國防部文職人員。

( ) **36** 有關跨國（境）人口販運被害人，下列敘述何者錯誤？ (A)得依證人保護法給予保護 (B)依證人保護法給予保護者，主管機關得視案件偵辦或審理情形，核發效期六個月以下之臨時停留許可 (C)依證人保護法給予保護者，中央勞工主管機關得核發聘僱許可 (D)其案件結束後，主管機關得專案給予居留許可。

( ) **37** 對於跨國（境）人口販運被害人，主管機關依入出國及移民法規定列舉應提供協助之事項，下列敘述何者錯誤？ (A)語文及法律諮詢 (B)適當之安置處所 (C)提供被害人人身安全保護 (D)受害人為兒童或少年，其案件於警訊、偵查、審判期間，指派其原籍國駐華使領館、授權機構人員在場，並得陳述意見。

( ) **38** 外國人受強制驅逐出國處分，而予以暫予收容期間屆滿前，內政部移民署認有續予收容之必要者，應向下列何種法院聲請裁定續予收容？ (A)地方法院行政訴訟庭 (B)地方法院刑事庭 (C)地方法院民事庭 (D)高等行政法院。

( ) **39** 下列何者並非臺灣地區無戶籍國民？ (A)未曾在臺灣地區設有戶籍之僑居國外國民 (B)取得我國國籍尚未在臺灣地區設有戶籍國民 (C)回復我國國籍尚未在臺灣地區設有戶籍國民 (D)喪失我國國籍而尚未取得外國國籍者。

( ) **40** 臺灣地區無戶籍國民經許可在臺灣地區居留後，有下列何種情形者，內政部移民署得廢止其居留許可？ (A)發現申請當時所提供之資料係虛偽不實者 (B)冒用身分或以不法取得、偽造、變造之證件申請 (C)有事實足認其係通謀而為虛偽之結婚，而作為申請在臺灣地區居留 (D)入國後有事實足認有妨害國家安全或社會安定之重大嫌疑。

( ) **41** 內政部移民署對於外國人於居留期間內，居留原因消失者，有下列何種情形者，得准予繼續居留？ (A)外國人與本國雇主發生勞資爭議，正在進行爭訟程序 (B)因遭受家庭暴力經法院判決離婚 (C)外國人於離婚後取得未成年親生子女監護權 (D)經外交部專案核發禮遇簽證者。

( ) **42** 下列何者非入出國及移民法所定移民業務機構得經營之移民業務？ (A)代辦居留、定居、永久居留或歸化業務 (B)與投資移民有關之移民基金諮詢、仲介業務，並以保護移民者權益所必須者為限 (C)代辦觀光旅遊之停留簽證業務 (D)其他與移民有關之諮詢業務。

( ) **43** 內政部移民署為調查當事人違反入出國及移民法之事實及證據，得以書面通知相關之人至指定處所接受詢問。通知書應記載不到場所生之效果，請問不到場所生之主要法律效果所指為何？ (A)將構成強制驅逐出國之事由 (B)將構成刑事責任 (C)得依本法處以罰鍰 (D)得依本法暫予收容。

( ) **44** 下列何者為香港澳門關係條例所稱之澳門居民？ (A)具有澳門永久居留資格，且未持有澳門護照以外之旅行證照 (B)具有澳門永久居留資格，且雖持有葡萄牙護照但係於葡萄牙結束治理後取得者 (C)具有澳門永久居留資格，且亦持有中華民國護照者 (D)具有澳門永久居留資格，亦具有香港永久居留資格者。

( ) **45** 於英國及葡萄牙結束其治理前，取得華僑身分之香港或澳門居民，在臺灣地區設有戶籍滿多久者，得組織政黨？ (A)1年 (B)3年 (C)5年 (D)10年。

( ) **46** 民事事件，涉及香港或澳門者，其法律適用，下列敘述何者正確？ (A)準用涉外民事法律適用法 (B)適用涉外民事法律適用法 (C)類推適用涉外民事法律適用法 (D)準用臺灣地區與大陸地區人民關係條例。

( ) **47** 香港澳門關係條例第18條規定，對於因政治因素而致安全及自由受有緊急危害之香港或澳門居民，得提供必要之援助。其中必要之援助若涉及在臺灣地區延長其停留或居留許可，應依下列何種法律？ (A)香港澳門關係條例 (B)臺灣地區與大陸地區人民關係條例 (C)難民法 (D)入出國及移民法。

( ) **48** 簽證持有人有下列何種情形，外交部或駐外館處得撤銷或廢止其簽證？ (A)因不熟悉交通規則而受到裁罰 (B)所持外國護照遺失，尚未申請補發者 (C)在境外有犯罪紀錄 (D)在境外曾從事政治活動者。

( ) **49** 外國人受強制驅逐出國處分，而有下列何種情形者，得不暫予收容？ (A)經其他機關通知限制出國 (B)經保證人申請具保責付者 (C)罹患疾病有診斷證明者 (D)經相對人聲明異議者。

( ) **50** 法院審理外國人收容異議者，係適用下列何種法律？ (A)刑事訴訟法 (B)行政訴訟法 (C)民事訴訟法 (D)提審法。

解答及解析

（答案標示為#者，表官方曾公告更正該題答案）

1 (B)。入出國及移民法第8條第1項規定：「臺灣地區無戶籍國民向移民署申請在臺灣地區停留者，其停留期間為三個月；必要時得延期一次，並自入國之翌日起，併計六個月為限。但有下列情形之一並提出證明者，移民署得酌予再延長其停留期間及次數：

一、懷胎七個月以上或生產、流產後二個月未滿。

二、罹患疾病住院或懷胎，出國有生命危險之虞。

三、在臺灣地區設有戶籍之配偶、直系血親、三親等內之旁系血親、二親等內之姻親在臺灣地區患重病或受重傷而住院或死亡。

四、遭遇天災或其他不可避免之事變。

五、人身自由依法受拘束。」

(B)不含在上列規定中，本題答案應選(B)。

2 (D)。入出國及移民法第9條第1項規定：「臺灣地區無戶籍國民有下列情形之一者，得向移民署申請在臺灣地區居留：

一、有直系血親、配偶、兄弟姊妹或配偶之父母現在在臺灣地區設有戶籍。其親屬關係因收養發生者，被收養者年齡應在十二歲以下，且與收養者在臺灣地區共同居住，並以二人為限。
二、現任僑選立法委員。
三、歸化取得我國國籍。
四、居住臺灣地區設有戶籍國民在國外出生之子女，年齡在二十歲以上。
五、持我國護照入國，在臺灣地區合法連續停留七年以上，且每年居住一百八十三日以上。
六、在臺灣地區有一定金額以上之投資，經中央目的事業主管機關核准或備查。
七、曾在臺灣地區居留之第十二款僑生畢業後，返回僑居地服務滿二年。
八、對國家、社會有特殊貢獻，或為臺灣地區所需之高級專業人才。
九、具有特殊技術或專長，經中央目的事業主管機關延聘回國。
十、前款以外，經政府機關或公私立大專校院任用或聘僱。
十一、經中央勞工主管機關或目的事業主管機關許可在臺灣地區從事就業服務法第四十六條第一項第一款至第七款或第十一款工作。
十二、經中央目的事業主管機關核准回國就學之僑生。
十三、經中央目的事業主管機關核准回國接受職業技術訓練之學員生。
十四、經中央目的事業主管機關核准回國從事研究實習之碩士、博士研究生。
十五、經中央勞工主管機關許可在臺灣地區從事就業服務法第四十六條第一項第八款至第十款工作。」

本題答案應選(D)。

（應注意：110年1月27日修正、112年1月1日施行之入出國及移民法第9條第1項第4款、第11款、第15款規定為：「四、居住臺灣地區設有戶籍國民在國外出生之成年子女。」、「十一、經中央勞動主管機關或目的事業主管機關許可在臺灣地區從事就業服務法第四十六條第一項第一款至第七款或第十一款工作。」、「十五、經中央勞動主管機關許可在臺灣地區從事就業服務法第四十六條第一項第八款至第十款工作。」）

3 (C)。入出國及移民法第38-4條規定：「暫予收容期間屆滿前，移民署認有續予收容之必要者，應於期間屆滿五日前附具理由，向法院聲請裁定續予收容。

續予收容期間屆滿前，因受收容人所持護照或旅行文件遺失或失效，尚未能換發、補發或延期，移民署認有繼續收容之必要者，應於期間屆滿五日前附具理由，向法院聲請裁定延長收容。

續予收容之期間，自暫予收容期間屆滿時起，最長不得逾四十五日；延長收容之期間，自續予收容期間屆滿時起，最長不得逾四十日。」

本題答案應選(C)。

4 (A)。入出國及移民法第18條第1項規定：「外國人有下列情形之一者，移民署得禁止其入國：

一、未帶護照或拒不繳驗。

二、持用不法取得、偽造、變造之護照或簽證。

三、冒用護照或持用冒領之護照。

四、護照失效、應經簽證而未簽證或簽證失效。

五、申請來我國之目的作虛偽之陳述或隱瞞重要事實。

六、攜帶違禁物。

七、在我國或外國有犯罪紀錄。

八、患有足以妨害公共衛生或社會安寧之傳染病、精神疾病或其他疾病。

九、有事實足認其在我國境內無力維持生活。但依親及已有擔保之情形，不在此限。

十、持停留簽證而無回程或次一目的地之機票、船票，或未辦妥次一目的地之入國簽證。

十一、曾經被拒絕入國、限令出國或驅逐出國。

十二、曾經逾期停留、居留或非法工作。

十三、有危害我國利益、公共安全或公共秩序之虞。

十四、有妨害善良風俗之行為。

十五、有從事恐怖活動之虞。」

(A)不含在上列規定中，本題答案應選(A)。

5 (A)。111年1月12日修正公布前之入出國及移民法第5條規定：「居住臺灣地區設有戶籍國民入出國，不須申請許可。但涉及國家安全之人員，應先經其服務機關核准，始得出國。

臺灣地區無戶籍國民入國，應向入出國及移民署申請許可。

第一項但書所定人員之範圍、核准條件、程序及其他應遵行事項之辦法，分別由國家安全局、內政部、國防部、法務部、行政院海岸巡防署定之。」

(A)不含在上列規定中，本題答案應選(A)。

（應注意：111年1月12日修正公布之入出國及移民法第5條規定為：「居住臺灣地區設有戶籍國民入出國，不須申請許可。但涉及國家安全之人員，應先經其服務機關核准，始得出國。

臺灣地區無戶籍國民入國，應向移民署申請許可。

第一項但書所定人員之範圍、核准條件、程序及其他應遵行事項之辦法，分別由國家安全局、內政部、國防部、法務部、海洋委員會定之。」）

6 **(A)**。入出國及移民法第33條規定：「移民署對有下列情形之一者，撤銷或廢止其永久居留許可，並註銷其外僑永久居留證：

一、申請資料虛偽或不實。
二、持用不法取得、偽造或變造之證件。
三、經判處一年有期徒刑以上之刑確定。但因過失犯罪者，不在此限。
四、永久居留期間，每年居住未達一百八十三日。但因出國就學、就醫或其他特殊原因經移民署同意者，不在此限。
五、回復我國國籍。
六、取得我國國籍。
七、兼具我國國籍。
八、受驅逐出國。」

(A)之敘述係指過失犯，為上開規定第3款之但書之例外情況，因此本題答案應選(A)。

7 **(D)**。入出國及移民法第38-2條第2項規定：「移民署收受收容異議後，應依職權進行審查，其認異議有理由者，得撤銷或廢止原暫予收容處分；其認異議無理由者，應於受理異議時起二十四小時內，將受收容人連同收容異議書或異議紀錄、移民署意見書及相關卷宗資料移送法院。但法院認得依行政訴訟法相關規定為遠距審理者，於法院收受卷宗資料時，視為移民署已將受收容人移送法院。」

同法第38-3條第1項規定：「前條第二項所定二十四小時，有下列情形之一者，其經過期間不予計入。但不得有不必要之遲延：

一、因交通障礙或其他不可抗力事由所生不得已之遲滯。
二、在途移送時間。
三、因受收容人身體健康突發之事由，事實上不能詢問。
四、依前條第一項提出異議之人不同意於夜間製作收容異議紀錄。
五、受收容人表示已委任代理人，因等候其代理人到場致未予製作收容異議紀錄。但等候時間不得逾四小時。其因智能障礙無法為完全之陳述，因等候經通知陪同在場之人到場，致未予製作前條第一項之收容異議紀錄，亦同。
六、受收容人須由通譯傳譯，因等候其通譯到場致未予製作前條第一項之收容異議紀錄。但等候時間不得逾六小時。
七、因刑事案件經司法機關提訊之期間。」

(D)不含在上列規定中，本題答案應選(D)。

8 **(A)**。入出國及移民法第3條第11款規定：「十一、跨國（境）人口販運：指以買賣或質押人口、性剝削、勞力剝削或摘取器官等為目的，而以強暴、脅迫、恐嚇、監控、藥劑、催眠術、詐術、不當債務約束或其他強制方法，組織、招募、運送、轉運、藏匿、媒介、收容外國人、臺灣地區無戶籍國民、大陸地區人民、香港或澳門居民進入臺灣地區或使之隱蔽之行為。」

其中(A)選項所述之「轉運入口」非屬其法定之目的，而係為其法定之手段，因此本題答案應選(A)。

9 (B)。入出國及移民法第11條第1項第9款及第5項規定：「臺灣地區無戶籍國民申請在臺灣地區居留或定居，有下列情形之一者，入出國及移民署得不予許可：……

九、曾經從事與許可原因不符之活動或工作。

……

第一項第九款及第十款之不予許可期間，自其出國之翌日起算至少為一年，並不得逾三年。」

本題答案應選(B)。

10 (B)。臺灣地區與大陸地區人民關係條例第5-3條第1項、第4項、第5項規定：「涉及政治議題之協議，行政院應於協商開始九十日前，向立法院提出協議締結計畫及憲政或重大政治衝擊影響評估報告。締結計畫經全體立法委員四分之三之出席，及出席委員四分之三之同意，始得開啟簽署協議之協商。

……

立法院依據前項報告判斷雙方談判協商已無法依照締結計畫進行時，得經全體立法委員二分之一以上之決議，要求負責協議之機關終止協商；行政院判斷雙方談判協商已無法依照締結計畫進行時，應終止協商，並向立法院報告。

負責協議之機關依締結計畫完成協議草案之談判後，應於十五日內經行政院院會決議報請總統核定。總統核定後十五日內，行政院應主動公開協議草案之完整內容，函送立法院審議，並向立法院報告協議過程及憲政或重大政治衝擊影響評估。」

(B)之敘述有誤，本題答案應選(B)。

11 (B)。臺灣地區與大陸地區人民關係條例（下同）第11條第2項規定：「經許可受僱在臺灣地區工作之大陸地區人民，其受僱期間不得逾一年，並不得轉換雇主及工作。但因雇主關廠、歇業或其他特殊事故，致僱用關係無法繼續時，經主管機關許可者，得轉換雇主及工作。」

第11條第4項規定：「雇主向行政院勞工委員會申請僱用大陸地區人民工作，應先以合理勞動條件在臺灣地區辦理公開招募，並向公立就業服務機構申請求才登記，無法滿足其需要時，始得就該不足人數提出申請。但應於招募時，將招募內容全文通知其事業單位之工會或勞工，並於大陸地區人民預定工作場所公告之。」

第13條規定：「僱用大陸地區人民者，應向行政院勞工委員會所設專戶繳納就業安定費。前項收費標準及管理運用辦法，由行政院勞工委員會會同財政部擬訂，報請行政院核定之。」

(B)之敘述有誤，本題答案應選(B)。

12 (B)。臺灣地區與大陸地區人民關係條例（下同）第95條規定：「主管機關於實施臺灣地區與大陸地區直接通商、通航及大陸地區人民進入臺灣地區工作前，應經立法院決議；立法院如於會期內一個月未為決議，視為同意。」

第95-1條規定：「主管機關實施臺灣地區與大陸地區直接通商、通航前，得先行試辦金門、馬祖、澎湖與大陸地區之通商、通航。

前項試辦與大陸地區直接通商、通航之實施區域、試辦期間，及其有關航運往來許可、人員入出許可、物品輸出入管理、金融往來、通關、檢驗、檢疫、查緝及其他往來相關事項，由行政院以實施辦法定之。

前項試辦實施區域與大陸地區通航之港口、機場或商埠，就通航事項，準用通商口岸規定。

輸入試辦實施區域之大陸地區物品，未經許可，不得運往其他臺灣地區；試辦實施區域以外之臺灣地區物品，未經許可，不得運往大陸地區。但少量自用之大陸地區物品，得以郵寄或旅客攜帶進入其他臺灣地區；其物品項目及數量限額，由行政院定之。

違反前項規定，未經許可者，依海關緝私條例第三十六條至第三十九條規定處罰；郵寄或旅客攜帶之大陸地區物品，其項目、數量超過前項限制範圍者，由海關依關稅法第七十七條規定處理。

本條試辦期間如有危害國家利益、安全之虞或其他重大事由時，得由行政院以命令終止一部或全部之實施。」

13 (C)。臺灣地區與大陸地區人民關係條例第9-3條規定：「曾任國防、外交、大陸事務或與國家安全相關機關之政務副首長或少將以上人員，或情報機關首長，不得參與大陸地區黨務、軍事、行政或具政治性機關（構）、團體所舉辦之慶典或活動，而有妨害國家尊嚴之行為。」

本題僅(C)不含在上列規定中，本題答案應選(C)。

14 (D)。臺灣地區與大陸地區人民關係條例第9-1條第1項、第2項規定：「臺灣地區人民不得在大陸地區設有戶籍或領用大陸地區護照。

違反前項規定在大陸地區設有戶籍或領用大陸地區護照者，除經有關機關認有特殊考量必要外，喪失臺灣地區人民身分及其在臺灣地區選舉、罷免、創制、複決、擔任軍職、公職及其他以在臺灣地區設有戶籍所衍生相關權利，並由戶政機關註銷其臺灣地區之戶籍登記；但其因臺灣地區人民身分所負之責任及義務，不因而喪失或免除。」

(D)不含在上列規定中，本題答案應選(D)。

15 (B)。香港澳門關係條例第14-2條規定：「香港或澳門居民逾期居留未滿三十日，原申請居留原因仍繼續存在者，經依第四十七條之一規定處罰後，得向內政部移民署重新申請居留；其申請定居者，核算在臺灣地區居留期間，應扣除一年。」

本題答案應選(B)。

16 (B)。香港澳門關係條例第36條規定：「香港或澳門居民或法人之著作，合於下列情形之一者，在臺灣地區得依著作權法享有著作權：

一、於臺灣地區首次發行，或於臺灣地區外首次發行後三十日內在臺灣地區發行者。但以香港或澳門對臺灣地區人民或法人之著作，在相同情形下，亦予保護且經查證屬實者為限。

二、依條約、協定、協議或香港、澳門之法令或慣例，臺灣地區人民或法人之著作得在香港或澳門享有著作權者。」

(B)不含在上列規定中，本題答案應選(B)。

17 (D)。香港澳門關係條例第43條規定：「在香港或澳門或在其船艦、航空器內，犯下列之罪者，適用刑法之規定：

一、刑法第五條各款所列之罪。

二、臺灣地區公務員犯刑法第六條各款所列之罪者。

三、臺灣地區人民或對於臺灣地區人民，犯前二款以外之罪，而其最輕本刑為三年以上有期徒刑者。但依香港或澳門之法律不罰者，不在此限。

香港或澳門居民在外國地區犯刑法第五條各款所列之罪者；或對於臺灣地區人民犯前項第一款、第二款以外之罪，而其最輕本刑為三年以上有期徒刑，且非該外國地區法律所不罰者，亦同。」

而刑法第5條規定：「本法於凡在中華民國領域外犯下列各罪者，適用之：

一、內亂罪。

二、外患罪。

三、第一百三十五條、第一百三十六條及第一百三十八條之妨害公務罪。

四、第一百八十五條之一及第一百八十五條之二之公共危險罪。

五、偽造貨幣罪。

六、第二百零一條至第二百零二條之偽造有價證券罪。

七、第二百十一條、第二百十四條、第二百十八條及第二百十六條行使第二百十一條、第二百十三條、第二百十四條文書之偽造文書罪。

八、毒品罪。但施用毒品及持有毒品、種子、施用毒品器具罪，不在此限。

九、第二百九十六條及第二百九十六條之一之妨害自由罪。
十、第三百三十三條及第三百三十四條之海盜罪。
十一、第三百三十九條之四之加重詐欺罪。」

另刑法第6條規定:「本法於中華民國公務員在中華民國領域外犯左列各罪者,適用之:
一、第一百二十一條至第一百二十三條、第一百二十五條、第一百二十六條、第一百二十九條、第一百三十一條、第一百三十二條及第一百三十四條之瀆職罪。
二、第一百六十三條之脫逃罪。
三、第二百十三條之偽造文書罪。
四、第三百三十六條第一項之侵占罪。」

(D)選項之敘述不在上述各規定中,因此本題答案應選(D)。

18 **(C)**。護照條例第25條第2項第7款規定:「持照人有下列情形之一者,主管機關或駐外館處應廢止原核發護照之處分,並註銷該護照:……七、護照自核發之日起三個月未經領取。」
本題答案應選(C)。

19 **(B)**。護照條例(下同)第27條規定:「主管機關或駐外館處依第二十二條至第二十五條規定為處分時,除有第二十五條第二項第三款、第五款或第六款規定情形外,應以書面為之。」
第25條第2項規定:「持照人有下列情形之一者,主管機關或駐外館處應廢止原核發護照之處分,並註銷該護照:
一、有前條第二項第二款規定情形。
二、於護照增刪塗改或加蓋圖戳。
三、依規定應繳交之護照有事實證據足認已無法繳交。
四、身分轉換為大陸地區人民。
五、喪失我國國籍。
六、護照已申報遺失或申請換發、補發。
七、護照自核發之日起三個月未經領取。」

本題4個選項依序分別為第25條第2項第3款、第4款、第6款及第5款之情況,因此選項(A)、(C)、(D)均為第27條之除外規定,僅選項(B)為第27條本文規定應以書面為之的情況,因此本題答案應選(B)。

20 **(D)**。護照條例(下同)第20條規定:「持照人護照遺失或滅失者,得申請補發,其效期為五年。但有下列情形之一者,依其規定:
一、因天災、事變或其他特殊情形致護照滅失,經主管機關或駐外館處查明屬實者,其效期依第十一條第一項規定辦理。
二、護照申報遺失後於補發前尋獲,原護照所餘效期逾五年者,得依原效期補發。
三、符合第二十一條第三項規定。」

第21條規定:「主管機關或駐外館處

受理護照申請，有下列情形之一者，得通知申請人限期補正或到場說明：
一、未依規定程序辦理或應備文件不全。
二、申請資料或照片與所繳身分證明文件或檔存護照資料有相當差異。
三、對重要事項提供不正確資料或為不完全陳述。
四、於護照增刪塗改或加蓋圖戳。
五、最近十年內以護照遺失、滅失為由申請護照，達二次以上。
六、污損或毀損護照。
七、將護照出售他人，或為質借提供擔保、抵充債務而交付他人。
有前項各款情形之一者，主管機關或駐外館處得就其法定處理期間延長至二個月；必要時，得延長至六個月。
有第一項第四款至第七款情形之一者，主管機關或駐外館處得縮短其護照效期為一年六個月以上三年以下。」
因此(D)之敘述有誤，本題答案應選(D)。

21 (B)。護照條例第9條規定：「外交護照之適用對象如下：
一、總統、副總統及其眷屬。
二、外交、領事人員與其眷屬及駐外館處、代表團館長之隨從。
三、中央政府派往國外負有外交性質任務之人員與其眷屬及經核准之隨從。
四、外交公文專差。
五、其他經主管機關核准者。」
(B)所述之身分不含在上列規定中，本題答案應選(B)。

22 (A)。入出國及移民法第95條規定：「依本法規定核發之證件，應收取規費。但下列證件免收規費：
一、發給臺灣地區無戶籍國民，黏貼於我國護照之入國許可。
二、臨時停留許可證件。
三、僑務委員或僑務榮譽職人員因公返國申請之單次入國許可證件。
四、臺灣地區無戶籍國民每年自九月一日起至十月十日止，申請返國參加慶典之單次入國許可證件。
五、外國人重入國許可。
六、外國人入國後停留延期許可。
七、依第二十五條第三項規定許可之外僑永久居留證。
八、基於條約協定或經外交部認定有互惠原則之特定國家人民申請之外僑居留證或外僑永久居留證。」
(A)不含在上列規定中，本題答案應選(A)。

23 (D)。
(A)臺灣地區與大陸地區人民關係條例（下同）第5條第1項規定：「依第四條第三項或第四條之二第二項，受委託簽署協議之機構、民間團體或其他具公益性質之法人，應將協議草案報經委託機關陳報行政院同意，始得簽署。」

(B)、(C)第5條第2項規定：「協議之內容涉及法律之修正或應以法律定之者，協議辦理機關應於協議簽署後三十日內報請行政院核轉立法院審議；其內容未涉及法律之修正或無須另以法律定之者，協議辦理機關應於協議簽署後三十日內報請行政院核定，並送立法院備查，其程序，必要時以機密方式處理。」

(D)第5-1條第1項規定：「臺灣地區各級地方政府機關（構），非經行政院大陸委員會授權，不得與大陸地區人民、法人、團體或其他機關（構），以任何形式協商簽署協議。臺灣地區之公務人員、各級公職人員或各級地方民意代表機關，亦同。」

(D)之敘述有誤，本題答案應選(D)。

24 (C)。臺灣地區與大陸地區人民關係條例第33-2條第1項規定：「臺灣地區各級地方政府機關（構）或各級地方立法機關，非經內政部會商行政院大陸委員會報請行政院同意，不得與大陸地區地方機關締結聯盟。」

本題答案應選(C)。

25 (D)。入出國及移民法第24條第1項第15款規定：「外國人依前條規定申請居留或變更居留原因，有下列情形之一者，移民署得不予許可：……十五、曾為居住臺灣地區設有戶籍國民其戶籍未辦妥遷出登記，或年滿十五歲之翌年一月一日起至屆滿三十六歲之年十二月三十一日止，尚未履行兵役義務之接近役齡男子或役齡男子。」

本題答案應選(D)。

26 (A)。護照條例第19條規定：「有下列情形之一者，應申請換發護照：

一、護照污損不堪使用。

二、持照人之相貌變更，與護照照片不符。

三、護照資料頁記載事項變更。

四、持照人取得國民身分證統一編號。

五、護照製作有瑕疵。

六、護照內植晶片無法讀取。

有下列情形之一者，得申請換發護照：

一、護照所餘效期不足一年。

二、所持護照非屬現行最新式樣。

三、持照人認有必要，並經主管機關同意。」

本題答案應選(A)。

27 (D)。護照條例第15條規定：「護照之申請，得由本人親自或委任代理人辦理。但有下列情形之一者，依其規定辦理：

一、在國內首次申請普通護照，應由本人親自至主管機關辦理，或親自至主管機關委辦之戶政事務所辦理人別確認後，再委任代理人辦理。

二、在大陸地區、香港或澳門申請、換發或補發普通護照，應由本人親自至行政院設立或指定之機構或委託之民間團體辦理。

前項但書所定情形，如有特殊原因無法由本人親自辦理者，得經主管機關同意後，委任代理人為之。護照申請、換發、補發之條件、方式、程序、應備文件及其他應遵行事項之辦法，由主管機關定之。」

本題答案應選(D)。

28 (A)。護照條例第26條規定：「已出國之在臺設有戶籍國民，有第二十三條第一項第二款或第三款規定情形，經駐外館處不予核發護照或扣留護照者，駐外館處得發給專供返國使用之一年以下效期護照或入國證明書。

已出國之在臺設有戶籍國民，其護照逾期、遺失或滅失而不及等候換發或補發者，駐外館處得發給入國證明書。」

本題答案應選(A)。

29 (B)。臺灣地區與大陸地區人民關係條例第10-1條規定：「大陸地區人民申請進入臺灣地區團聚、居留或定居者，應接受面談、按捺指紋並建檔管理之；未接受面談、按捺指紋者，不予許可其團聚、居留或定居之申請。其管理辦法，由主管機關定之。」

(B)不含在上列規定中，本題答案應選(B)。

30 (C)。臺灣地區與大陸地區人民關係條例第16條第2項規定：「大陸地區人民有下列情形之一者，得申請在臺灣地區定居：

一、臺灣地區人民之直系血親及配偶，年齡在七十歲以上、十二歲以下者。

二、其臺灣地區之配偶死亡，須在臺灣地區照顧未成年之親生子女者。

三、民國三十四年後，因兵役關係滯留大陸地區之臺籍軍人及其配偶。

四、民國三十八年政府遷臺後，因作戰或執行特種任務被俘之前國軍官兵及其配偶。

五、民國三十八年政府遷臺前，以公費派赴大陸地區求學人員及其配偶。

六、民國七十六年十一月一日前，因船舶故障、海難或其他不可抗力之事由滯留大陸地區，且在臺灣地區原有戶籍之漁民或船員。」

本題答案應選(C)。

31 (A)。臺灣地區與大陸地區人民關係條例第18-1條第1項本文規定前條第一項受強制出境處分者，有下列情形之一，且非予收容顯難強制出境，內政部移民署得暫予收容，期間自暫予收容時起最長不得逾十五日，且應於暫予收容處分作成前，給予當事人陳述意見機會：……」

本題答案應選(A)。

32 (C)。臺灣地區與大陸地區人民關係條例第25-1條第1項規定：「大陸地區人民、法人、團體、其他機構或其於第三地區投資之公司，依第七十三條規定申請在臺灣地區投資經許可者，其取得臺灣地區之公司所分配股利或合夥人應分配盈餘應納之所得稅，由所得稅法規定之扣繳義務人於給付時，按給付額或應分配額扣繳百分之二十，不適用所得稅法結算申報之規定。但大陸地區人民於一課稅年度內在臺灣地區居留、停留合計滿一百八十三日者，應依前條第二項規定課徵綜合所得稅。」
本題答案應選(C)。

33 (B)。臺灣地區與大陸地區人民關係條例第53條規定：「夫妻之一方為臺灣地區人民，一方為大陸地區人民者，其結婚或離婚之效力，依臺灣地區之法律。」
本題答案應選(B)。

34 (A)。臺灣地區與大陸地區人民關係條例第53條規定：「夫妻之一方為臺灣地區人民，一方為大陸地區人民者，其結婚或離婚之效力，依臺灣地區之法律。」
本題答案應選(A)。

35 (B)。臺灣地區與大陸地區人民關係條例第21條第1項規定：「大陸地區人民經許可進入臺灣地區者，除法律另有規定外，非在臺灣地區設有戶籍滿十年，不得登記為公職候選人、擔任公教或公營事業機關（構）人員及組織政黨；非在臺灣地區設有戶籍滿二十年，不得擔任情報機關（構）人員，或國防機關（構）之下列人員：
一、 志願役軍官、士官及士兵。
二、 義務役軍官及士官。
三、 文職、教職及國軍聘雇人員。」
本題答案應選(B)。

36 (D)。
(A)入出國及移民法（下同）第43條第1項規定：「檢察官偵查中或法院審理時到場作證，陳述自己見聞之犯罪事證，並依法接受對質及詰問之跨國（境）人口販運被害人，經檢察官或法官認定其作證有助於案件之偵查或審理者，得依證人保護法相關規定進行保護措施，不受該法第二條限制。」
(B)第44條第1項規定：「依證人保護法給予保護之跨國（境）人口販運被害人，主管機關得視案件偵辦或審理情形，核發效期六個月以下之臨時停留許可，必要時得延長之。」
(C)第44條第2項規定：「中央勞工主管機關對前項跨國（境）人口販運被害人，得核發聘僱許可，不受就業服務法之限制。」
(D)第44條第3項規定：「主管機關應於第一項跨國（境）人口販運被害人案件結束後，儘速將其安全送返其原籍國（地）。」
(D)之敘述有誤，本題答案應選(D)。

37 (D)。入出國及移民法第42條規定:「對於跨國(境)人口販運被害人,主管機關應提供下列協助:

一、提供必須之生理、心理醫療及安置之協助。

二、適當之安置處所。

三、語文及法律諮詢。

四、提供被害人人身安全保護。

五、受害人為兒童或少年,其案件於警訊、偵查、審判期間,指派社工人員在場,並得陳述意見。

六、其他方面之協助。」

(D)之敘述有誤,本題答案應選(D)。

38 (A)。行政訴訟法第237-11條第1項規定:「收容聲請事件,以地方法院行政訴訟庭為第一審管轄法院。」本題答案應選(A)。

(應注意:111年6月22日修正、112年8月15日施行之行政訴訟法第237-11條第1項規定:「收容聲請事件,以地方行政法院為第一審管轄法院。」)

39 (D)。入出國及移民法第3條第5款規定:「五、臺灣地區無戶籍國民:指未曾在臺灣地區設有戶籍之僑居國外國民及取得、回復我國國籍尚未在臺灣地區設有戶籍國民。」

(D)不含在上列規定中,本題答案應選(D)。

40 (D)。入出國及移民法第11條第1項第1款至第8款、第2項規定:「臺灣地區無戶籍國民申請在臺灣地區居留或定居,有下列情形之一者,移民署得不予許可:

一、有事實足認有妨害國家安全或社會安定之重大嫌疑。

二、曾受有期徒刑以上刑之宣告。

三、未經許可而入國。

四、冒用身分或以不法取得、偽造、變造之證件申請。

五、曾經協助他人非法入出國或身分證件提供他人持以非法入出國。

六、有事實足認其係通謀而為虛偽之結婚。

七、親屬關係因收養而發生,被收養者入國後與收養者無在臺灣地區共同居住之事實。

八、中央衛生主管機關指定健康檢查項目不合格。但申請人未滿二十歲,不在此限。……

經許可居留後,有前項第一款至第八款情形之一,或發現申請當時所提供之資料係虛偽不實者,移民署得撤銷或廢止其居留許可。」

本題答案應選(D)。

(應注意:110年1月27日修正、112年1月1日施行之入出國及移民法第11條第1項第8款規定為:「八、中央衛生主管機關指定健康檢查項目不合格。但申請人未成年,不在此限。」)

41 (A)。入出國及移民法第31條第4項規定:「移民署對於外國人於居留期間內,居留原因消失者,廢止其居留許可,並註銷其外僑居留證。但有下列各款情形之一者,得准予繼續居留:

一、因依親對象死亡。
二、外國人為臺灣地區設有戶籍國民之配偶，其本人遭受配偶身體或精神虐待，經法院核發保護令。
三、外國人於離婚後取得在臺灣地區已設有戶籍未成年親生子女監護權。
四、因遭受家庭暴力經法院判決離婚，且有在臺灣地區設有戶籍之未成年親生子女。
五、因居留許可被廢止而遭強制出國，對在臺灣地區已設有戶籍未成年親生子女造成重大且難以回復損害之虞。
六、外國人與本國雇主發生勞資爭議，正在進行爭訟程序。」

本題答案應選(A)。

42 (C)。入出國及移民法第56條第1項規定：「移民業務機構得經營下列各款移民業務：
一、代辦居留、定居、永久居留或歸化業務。
二、代辦非觀光旅遊之停留簽證業務。
三、與投資移民有關之移民基金諮詢、仲介業務，並以保護移民者權益所必須者為限。
四、其他與移民有關之諮詢業務。」

(C)之敘述有誤，本題答案應選(C)。

43 (C)。入出國及移民法（下同）第66條第1項、第2項規定：「移民署為調查當事人違反本法之事實及證據，得以書面通知相關之人至指定處所接受詢問。通知書應記載詢問目的、時間、地點、負責詢問之人員姓名、得否委託他人到場及不到場所生之效果。依前項規定受通知之人，無正當理由不得拒絕到場。」

第85條第5款規定：「有下列情形之一者，處新臺幣二千元以上一萬元以下罰鍰：……五、違反第六十六條第二項規定，拒絕到場接受詢問。」

本題答案應選(C)。

44 (A)。香港澳門關係條例第4條第2項規定：「本條例所稱澳門居民，指具有澳門永久居留資格，且未持有澳門護照以外之旅行證照或雖持有葡萄牙護照但係於葡萄牙結束治理前於澳門取得者。」

本題答案應選(A)。

45 (A)。香港澳門關係條例（下同）第4條第3項規定：「前二項香港或澳門居民，如於香港或澳門分別於英國及葡萄牙結束其治理前，取得華僑身分者及其符合中華民國國籍取得要件之配偶及子女，在本條例施行前之既有權益，應予以維護。」

第16條第2項規定：「第四條第三項之香港及澳門居民經許可進入臺灣地區者，非在臺灣地區設有戶籍滿一年，不得登記為公職候選人、擔任軍職及組織政黨。」

本題答案應選(A)。

46 (C)。香港澳門關係條例第38條規定：「民事事件，涉及香港或澳門者，類推適用涉外民事法律適用法。涉外民事法律適用法未規定者，適用與民事法律關係最重要牽連關係地法律。」
本題答案應選(C)。

47 (A)。香港澳門關係條例第12條規定：「香港或澳門居民得申請在臺灣地區居留或定居；其辦法由內政部擬訂，報請行政院核定後發布之。每年核准居留或定居，必要時得酌定配額。」
香港澳門居民進入臺灣地區及居留定居許可辦法第1條規定：「本辦法依香港澳門關係條例（以下簡稱本條例）第十一條第二項及第十二條第一項規定定之。」
因此有關香港或澳門居民有延長停留或居留許可之狀況，仍是依香港澳門關係條例處理。本題答案應選(A)。

48 (C)。外國護照簽證條例第13條第1項規定：「簽證持有人有下列各款情形之一，外交部或駐外館處得撤銷或廢止其簽證：
一、有前條第一項各款情形之一者。
二、在我國境內從事與簽證目的不符之活動者。
三、在我國境內或境外從事詐欺、販毒、顛覆、暴力或其他危害我國利益、公務執行、善良風俗或社會安寧等活動者。
四、原申請簽證原因消失者。」
第12條第1項第1款規定：「外交部及駐外館處受理簽證申請時，應衡酌國家利益、申請人個別情形及其國家與我國關係決定准駁；其有下列各款情形之一，外交部或駐外館處得拒發簽證：一、在我國境內或境外有犯罪紀錄或曾遭拒絕入境、限令出境或驅逐出境者。」
本題答案應選(C)。

49 (A)。入出國及移民法第38-1條第1項規定：「外國人有下列情形之一者，得不暫予收容：
一、精神障礙或罹患疾病，因收容將影響其治療或有危害生命之虞。
二、懷胎五個月以上或生產、流產未滿二個月。
三、未滿十二歲之兒童。
四、罹患傳染病防治法第三條所定傳染病。
五、衰老或身心障礙致不能自理生活。
六、經司法或其他機關通知限制出國。」
本題答案應選(A)。

50 (B)。入出國及移民法第38-2條第2項規定：「移民署收受收容異議後，應依職權進行審查，其認異議有理由者，得撤銷或廢止原暫予收容處分；其認異議無理由者，應於受理異議時起二十四小時內，將受收容人連同收容異議書或異議紀錄、移民署意見書及相關卷宗資料移送法院。但法院認得依行政訴訟法相關規定為遠距審理者，於法院收受卷宗資料時，視為移民署已將受收容人移送法院。」
本題答案應選(B)。

110年 高考三級

一、新冠肺炎（COVID-19）之全球肆虐，已造成全球大量人口死亡，同時因為含疫苗等在內之醫療資源的不足，亦使在各國之移民及其社群常處於被忽略或不公平的醫療照護之境地。為了適應不同國家和地方脈絡的互補設計，國際移民組織提出通過向移民、流離失所者和受影響的收容社區提供拯救生命的援助和保護之戰略來加以因應，請論述其內容？

答 (一) 國際移民組織（International Organization for Migration，簡稱IOM）最初係以歐洲移民臨時政府間委員會（PICMME），於1951年在二戰後為因應西歐的混亂和流離失所，用以幫助歐洲各國政府針對大約1100萬因戰爭而背井離鄉的人重新安置家園。目前已擴大業務範圍，成為與政府和民間社會合作以促進對移民問題的理解、鼓勵通過移民促進社會和經濟發展、維護人類尊嚴和福祉的領先國際機構。

(二) 自2020年1月以來，根據世衛組織的建議，國際移民組織的全球勞動力已在世界各地動員起來，以應對COVID-19大流行，借鑒了數十年的經驗，最近一次是應對埃博拉疫情，並與數十個政府合作，以應對隨著全球健康危機演變為有史以來最嚴重的流動性危機，計劃他們的應對措施並拯救生命。

(三) IOM針對COVID-19大流行策略準備和應對計劃

1. 在2020年策略準備和響應計劃的基礎上，國際移民組織在2021年採用了強有力的戰略響應和恢復計劃（SRRP），其中包括拯救生命的援助和對人道主義需求的響應，以及減輕COVID-19對移民和社會影響的舉措，以及支持整合長期可持續發展規劃的恢復和復原力。
2. IOM的2021年SRRP側重於四個策略目標：
   (1) 繼續為流離失所者、流動人口和收容社區提供基本服務，降低風險並保護他們。
   (2) 擴大基本公共衛生措施並促進對流動敏感的衛生系統。
   (3) 減輕COVID-19對社會經濟的長期影響，促進重新開始人員流動並賦予社會自力更生的能力。

(4) 藉由追蹤COVID-19對流動性和流動人員的影響，提供回應和復原工作之相關資訊，並透由數據資料加強基於證據的決策。

(四) 國際移民組織的戰略應對重點是幫助弱勢群體並建設運營能力，以應對此項流行病的流動性問題。這些行動包括：

1. 風險溝通和社區參與活動：透由利用社區網絡確保公共衛生資訊，來獲取和文化上適當的方式傳達給最弱勢群體，包括移民，無論其身份如何。這些已經在包括阿富汗、孟加拉國、希臘和業門在內的一些國家開展。
2. 跨境協調和能力建設：用以加強包括阿富汗與巴基斯坦和伊朗邊境在內的數十個國家出入境點（機場、海港和陸路過境點）的健康監測。
3. 危機協調來促進利益相關者之間的資訊交流：在一些歐洲國家，如希臘、馬耳他和挪威，國際移民組織與政府保持密切和定期聯繫，以協調下一步行動。
4. 為政府僱員提供培訓：IOM之前就已在幾內亞、剛果民主共和國和塞內加爾的埃博拉病毒應對背景下，在衛生緊急情況期間於入境點進行標準操作程序培訓。操作需要並以虛擬方式完成。
5. 與世衛組織合作，藉由將旅行限制、入境點狀態、航空公司和滯留移民狀態相關資訊分層管理，預測需求並確定優先措施的人口流動繪圖工作。
6. 加強入境點的監測和WASH服務：國際移民組織正在大規模增加供水和衛生措施，以最大限度地降低傳染風險。
7. 鑑於大流行對國際移民組織日常營運的影響，包括越來越多的旅行限制，正在進行全面評估，以確保該組織的工作人員、合作夥伴和所有受益人的持續安全。
8. 與聯合國難民署（UNHCR）協調，盡可能暫停IOM的重新安置計劃。
9. 縮減和/或暫停一些移民健康評估計劃、簽證申請計劃，以及減少家庭團聚和人道主義簽證計劃的運作。在繼續運作的情況下，國際移民組織採取了一些預防措施，包括制定具體的標準COVID-19操作程序、移民健康教育和諮詢以及加強登機前檢查。
10. 針對移民的虛擬諮詢和針對移民協會的虛擬培訓課程。在許多歐洲國家，國際移民組織建立了遠程溝通機制，以告知移民，特別是那些有興趣返回家園的移民，了解一般情況和目前的行動限制。
11. 儘管有這些計劃上的變化，國際移民組織仍在密切關注當地不斷變化的情況，並保持全部能力和準備在條件允許時盡快恢復運營。

二、請說明臺灣地區無戶籍國民得向內政部移民署申請在臺灣地區居留之情形為何？

答 依入出國及移民法第9條之規定，臺灣地區無戶籍國民有下列情形之一者，得向移民署申請在臺灣地區居留：

1. 有直系血親、配偶、兄弟姊妹或配偶之父母現在在臺灣地區設有戶籍。其親屬關係因收養發生者，被收養者年齡應在十二歲以下，且與收養者在臺灣地區共同居住，並以二人為限。
2. 現任僑選立法委員。
3. 歸化取得我國國籍。
4. 居住臺灣地區設有戶籍國民在國外出生之成年子女。
5. 持我國護照入國，在臺灣地區合法連續停留七年以上，且每年居住一百八十三日以上。
6. 在臺灣地區有一定金額以上之投資，經中央目的事業主管機關核准或備查。
7. 曾在臺灣地區居留之第十二款僑生畢業後，返回僑居地服務滿二年。
8. 對國家、社會有特殊貢獻，或為臺灣地區所需之高級專業人才。
9. 具有特殊技術或專長，經中央目的事業主管機關延聘回國。
10. 前款以外，經政府機關或公私立大專校院任用或聘僱。
11. 經中央勞動主管機關或目的事業主管機關許可在臺灣地區從事就業服務法第四十六條第一項第一款至第七款或第十一款工作。
12. 經中央目的事業主管機關核准回國就學之僑生。
13. 經中央目的事業主管機關核准回國接受職業技術訓練之學員生。
14. 經中央目的事業主管機關核准回國從事研究實習之碩士、博士研究生。
15. 經中央勞動主管機關許可在臺灣地區從事就業服務法第四十六條第一項第八款至第十款工作。

三、行政院大陸委員會得委託所定機構或民間團體，以受託人自己之名義，與大陸地區相關機關或經其授權之法人、團體或其他機構協商簽署協議。但若涉及政治議題之協議，則相關規範的處理要求為何？

答 (一) 未涉及憲政或重大政治影響性之協議之處理要求如下：

1. 臺灣地區與大陸地區人民關係條例（下同）第4-2條規定：「行政院大陸委員會統籌辦理臺灣地區與大陸地區訂定協議事項；協議內容具有專門性、技術性，以各該主管機關訂定為宜者，得經行政院同意，由其會同行政院大陸委員會辦理。

   行政院大陸委員會或前項經行政院同意之各該主管機關，得委託第四條所定機構或民間團體，以受託人自己之名義，與大陸地區相關機關或經其授權之法人、團體或其他機構協商簽署協議。

   本條例所稱協議，係指臺灣地區與大陸地區間就涉及行使公權力或政治議題事項所簽署之文書；協議之附加議定書、附加條款、簽字議定書、同意紀錄、附錄及其他附加文件，均屬構成協議之一部分。」

2. 第5-1條規定：「臺灣地區人民、法人、團體或其他機構，除依本條例規定，經行政院大陸委員會或各該主管機關授權，不得與大陸地區人民、法人、團體或其他機關（構）簽署涉及臺灣地區公權力或政治議題之協議。」

(二) 涉及憲政或重大政治影響性之協議之處理要求，依第5-3條之規定如下：

1. 涉及政治議題之協議，行政院應於協商開始九十日前，向立法院提出協議締結計畫及憲政或重大政治衝擊影響評估報告。
2. 締結計畫經全體立法委員四分之三之出席，及出席委員四分之三之同意，始得開啟簽署協議之協商。
3. 前項涉及政治議題之協議，係指具憲政或重大政治影響性之協議。
4. 負責協議之機關應依締結計畫進行談判協商，並適時向立法院報告；立法院或相關委員會亦得邀請負責協議之機關進行報告。立法院依據前項報告判斷雙方談判協商已無法依照締結計畫進行時，得經全體立法委員二分之一以上之決議，要求負責協議之機關終止協商；行政院判斷雙方談判協商已無法依照締結計畫進行時，應終止協商，並向立法院報告。
5. 負責協議之機關依締結計畫完成協議草案之談判後，應於十五日內經行政院院會決議報請總統核定。總統核定後十五日內，行政院應主動公開協議草案之完整內容，函送立法院審議，並向立法院報告協議過程及憲政或重大政治衝擊影響評估。

6. 立法院全院委員會應於院會審查前，就協議草案內容及憲政或重大政治衝擊影響評估舉行聽證。
7. 立法院院會審查協議草案經全體立法委員四分之三之出席，及出席委員四分之三之同意，再由行政院將協議草案，連同公民投票主文、理由書交由中央選舉委員會辦理全國性公民投票，其獲有效同意票超過投票權人總額之半數者，即為協議草案通過，經負責協議之機關簽署及換文後，呈請總統公布生效。
8. 關於政治議題協議之公民投票，不適用公民投票法第九條至第十六條、第十七條第一項關於期間與同條項第三款、第十九條、第二十三條及第二十六條至第二十九條之規定。
9. 其餘公民投票事項，本條例未規定者，適用公民投票法之規定。
10. 主權國家地位與自由民主憲政秩序之毀棄或變更，不得作為政治議題談判及協議之項目。違反本條規定所為之政治議題協商或約定，無效。

四、香港及澳門居民受強制出境處分者，內政部移民署得暫予收容之情形為何？

答 (一) 香港澳門關係條例（下同）第14條第1項規定：「進入臺灣地區之香港或澳門居民，有下列情形之一者，內政部移民署得逕行強制出境，或限令其於十日內出境，逾限令出境期限仍未出境，內政部移民署得強制出境：

一、未經許可入境。

二、經許可入境，已逾停留、居留期限，或經撤銷、廢止停留、居留、定居許可。」

(二) 而暫予收容之情形，依第14-1條第1項、第2項規定為：「前條第一項受強制出境處分者，有下列情形之一，且非予收容顯難強制出境，內政部移民署得暫予收容，期間自暫予收容時起最長不得逾十五日，且應於暫予收容處分作成前，給予當事人陳述意見機會：

一、無相關旅行證件，不能依規定執行。

二、有事實足認有行方不明、逃逸或不願自行出境之虞。

三、於境外遭通緝。

暫予收容期間屆滿前，內政部移民署認有續予收容之必要者，應於期間屆滿五日前附具理由，向法院聲請裁定續予收容。」

110年 普考

( ) **1** 依據入出國及移民法之規定，下列何者不屬於入出國及移民法之立法目的？ (A)統籌入出國管理 (B)維持社會秩序 (C)保障人民權利 (D)規範移民事務，落實移民輔導。

( ) **2** 有關規範入出國查驗及紀錄，下列敘述何者錯誤？ (A)入出國，未經內政部移民署查驗者，不得入出國 (B)入出國未經查驗者，處以行政秩序罰之罰鍰 (C)內政部移民署於查驗時，應以電腦或其他科技設備，蒐集及傳遞入出國者之入出國紀錄 (D)未經查驗入國者，內政部移民署應強制驅逐出國。

( ) **3** 涉及國家安全之人員，應先經其服務機關核准，始得出國。所定應經核准人員之範圍、核准條件、程序及其他應遵行事項之辦法，應分別由相關單位定之，下列何者並不屬於此相關單位之範圍？ (A)內政部 (B)法務部 (C)國防部 (D)經濟部。

( ) **4** 依入出國及移民法第25條規定，主管機關得衡酌國家利益，依不同國家或地區擬訂外國人每年申請在我國居留或永久居留之配額，報請下列何者核定後公告之？ (A)行政院 (B)內政部 (C)內政部移民署 (D)經濟部。

( ) **5** 航空器所搭載之乘客，因過境必須在我國過夜住宿者，得由機長或運輸業者向下列何者申請許可？ (A)內政部移民署 (B)內政部警政署航空警察局 (C)內政部警政署 (D)內政部。

( ) **6** 依入出國及移民法之規定，有關外國人取得居留資格，下列敘述何者錯誤？ (A)外國人持有效簽證入國之有效護照或旅行證件，經內政部移民署查驗許可入國後，取得停留、居留許可 (B)取得居留許可者，應於入國後15日內，向內政部移民署申請外僑居留證 (C)外僑居留證之有效期間，自許可之翌日起算，最長不得逾3年 (D)取得居留許可者，入國後未依期限申請外僑居留證者，處罰金，並強制驅逐出國。

( ) **7** 依入出國及移民法之規定，有關移民輔導，下列敘述何者錯誤？ (A)政府對於移民應予保護、照顧、協助、規劃、輔導 (B)主管機關得協調其他政府機關（構）或民間團體，對移民提供諮詢及講習、語言、技能訓練等服務 (C)政府對於計劃移居發生戰亂、瘟疫或排斥我國國民之國家或地區者，應禁止之 (D)主管機關得協調有關機關，依據移民實際需要及當地法令，協助設立僑民學校。

( ) **8** 內政部移民署執行職務人員於入出國查驗時，得依法暫時留置當事人，進行調查。下列敘述何者錯誤？ (A)得暫時將其留置於勤務處所，進行調查 (B)實施暫時留置時間，對國民不得逾3小時 (C)對外國人、大陸地區人民、香港或澳門居民不得逾6小時 (D)對當事人實施之暫時留置，應於目的達成或已無必要時，立即停止。

( ) **9** 內政部移民署執行職務人員有相當理由足認係非法入出國者，依法查證身分，得採行相關必要措施，下列何者不屬之？ (A)攔停交通工具 (B)令出示身分證明文件 (C)詢問姓名、出生年月日、國籍、入出國資料 (D)有事實足認受查證人攜帶足以傷害執行職務人員之物者，得搜索其身體及攜帶之物。

( ) **10** 有關個人生物特徵識別資料蒐集管理及運用辦法，下列敘述何者正確？ (A)屬於行政規則 (B)由行政院訂定 (C)非對於臺灣地區有戶籍國民為規範 (D)依入出國及移民法第91條第1項規定訂定。

( ) **11** 臺灣地區之政務人員、直轄市長，進入大陸地區應經申請，並經相關機關組成之審查會審查許可。下列何者係前述審查會的相關機關？ (A)內政部移民署 (B)法務部調查局 (C)國家安全局 (D)經濟部工業局。

( ) **12** 臺灣地區人民不得在大陸地區設籍或領用其護照。若違反此規定者，除經有關機關認有特殊考量必要外，將受到不利益處分。有關不利益處分，下列敘述何者錯誤？ (A)喪失臺灣地區人民身分及國籍 (B)喪失在臺灣地區擔任軍職或公職之權利 (C)喪失在臺灣地區選舉、罷免、創制、複決之權利 (D)喪失其他以在臺灣地區設有戶籍所衍生相關權利。

( ) **13** 針對臺灣地區公務員及特定身分人員進入大陸地區許可辦法，下列敘述何者正確？ (A)本辦法係行政規則 (B)本辦法係由法務部擬訂 (C)本辦法係依法應報請行政院核定 (D)本辦法係依據入出國及移民法訂定。

( ) **14** 大陸地區人民申請進入臺灣地區，未接受面談、按捺指紋者，不予許可其相關事項之申請，下列何者不屬於前述相關事項？
(A)停留 (B)團聚 (C)居留 (D)定居。

( ) **15** 僱用大陸地區人民在臺灣地區工作，應向主管機關申請許可。下列何者係其主管機關？ (A)行政院 (B)內政部 (C)外交部 (D)行政院大陸委員會。

( ) **16** 內政部移民署或其他依法令賦予權責之公務員，得於執行公務時，要求出示證件。其相關要件與程序，準用下列何項法律之規定？
(A)行政程序法 (B)刑事訴訟法 (C)警察職權行使法 (D)行政執行法。

( ) **17** 有關大陸地區人民進入臺灣地區許可辦法，下列敘述何者錯誤？
(A)本辦法係法規命令 (B)本辦法之主管機關為內政部 (C)單次入出境許可證：有效期間自核發之翌日起算1年 (D)大陸地區人民經許可進入臺灣地區者，發給臺灣地區入出境許可證。

( ) **18** 有關兩岸關係法規，下列何者屬於法規命令之性質？ (A)臺灣地區公務員及特定身分人員進入大陸地區許可辦法 (B)大陸地區人民申請進入金門馬祖澎湖不予許可期間處理原則 (C)旅行業接待大陸地區人民來臺觀光旅遊團品質注意事項 (D)臺灣地區公務員及特定身分人員進入大陸地區作業規定。

( ) **19** 有關香港澳門關係條例之規定，下列敘述何者錯誤？ (A)為規範及促進與香港及澳門之經貿、文化及其他關係，特制定香港澳門關係條例 (B)香港澳門關係條例所稱臺灣地區及臺灣地區人民，依中華民國憲法增修條文之規定 (C)臺灣地區與大陸地區人民關係條例，除香港澳門關係條例有明文規定者外，不適用之 (D)香港澳門關係條例未規定者，適用其他有關法令之規定。

( ) **20** 有關香港澳門關係條例之時效規定，下列敘述何者正確？ (A)香港及澳門居民經許可進入臺灣地區者，非在臺灣地區設有戶籍滿20年，不得登記為公職候選人 (B)於臺灣地區首次發行，或於臺灣地區外首次發行後60日內在臺灣地區發行者，享有著作權 (C)香港或澳門對臺灣地區人民之商標之註冊申請承認優先權時，香港或澳門居民於香港或澳門為首次申請之翌日起12個月內向經濟部申請者，得主張優先權 (D)香港或澳門居民，如於香港或澳門分別於英國及葡萄牙結束其治理前，取得華僑身分，而經許可進入臺灣地區者，非在臺灣地區設有戶籍滿10年，不得擔任軍職。

( ) **21** 護照條例對於未成年人申請護照之規定，下列敘述何者錯誤？ (A)7歲以上之未成年人申請護照，應經其法定代理人書面同意 (B)已結婚或18歲以上之未成年人申請護照，不需經其法定代理人書面同意 (C)未滿7歲之未成年人申請護照，應由其法定代理人申請 (D)未滿7歲之未成年人申請護照之法定代理人有2人以上者，得由其中1人為之。

( ) **22** 有關護照之敘述，下列何者錯誤？ (A)護照中文姓名1個為限；中文別名，以1個為限 (B)護照效期，自核發之日起算 (C)護照應由本人親自簽名；無法簽名者，得按指印 (D)護照用照片應符合國際民航組織規範。

( ) **23** 美國前副總統彭斯，倘若打算利用訪問日本、菲律賓期間短暫過境臺灣並與我國政要會談，應發給以下何種簽證？ (A)過境簽證 (B)外交簽證 (C)禮遇簽證 (D)工作簽證。

( ) **24** 依外國護照簽證條例之規定，有關停留簽證，下列敘述何者錯誤？ (A)停留簽證之效期最長不得超過5年 (B)停留簽證之入境次數分為單次及多次 (C)申請停留簽證目的，不包括過境 (D)停留簽證適用於持外國護照，而擬在我國境內作短期停留之人士。

( ) **25** 入出國及移民法第58條第2項規定：「跨國（境）婚姻媒合不得要求或期約報酬。」依據司法院釋字802號解釋之意旨，該規定並未涉及下列何種受憲法保障之基本權利？ (A)財產權 (B)契約自由 (C)工作權 (D)平等權。

( ) **26** 下列何者非屬入出國及移民法所管理之入出國的對象？ (A)已歸化中華民國國籍之無國籍人 (B)居住臺灣地區並設有戶籍之國民 (C)香港或澳門之人民 (D)於臺灣地區無戶籍且兼具有外國國籍之國民。

( ) **27** 關於得強制驅逐外國人出國之情形，下列敘述何者錯誤？ (A)從事與許可停留、居留原因不符之工作 (B)持用偽造之護照 (C)酒後駕車經刑事判決確定 (D)參與未經事前許可之偶發性集會、遊行。

( ) **28** 關於外國人之收容程序，下列敘述何者錯誤？ (A)於暫予收容處分作成前，應給予當事人陳述意見機會 (B)內政部移民署認有暫予收容之必要時，應向法院聲請暫予收容 (C)受收容人對暫予收容處分不服，得提出收容異議 (D)暫予收容期間，自暫予收容時起最長不得逾15日。

( ) **29** 關於外國人得不暫予收容之情形，下列敘述何者錯誤？ (A)與新冠肺炎（COVID-19）確診者有接觸史者 (B)未滿12歲之兒童 (C)懷胎5個月以上者 (D)衰老致不能自理生活者。

( ) **30** 關於外國人於受暫時收容時所得提出之救濟，下列敘述何者錯誤？ (A)受收容人於暫時收容期間內，得要求由法院審查決定是否予以收容 (B)受收容人於提請救濟後之24小時內，內政部移民署應將受收容人移送法院迅速裁定是否予以收容 (C)收容聲請事件，以地方法院行政訴訟庭為第一審管轄法院 (D)受收容人對於地方法院行政訴訟庭就其所提收容異議所為裁定，不得再為抗告。

( ) **31** 關於外國人之入出國查驗程序，下列敘述何者錯誤？ (A)外國人未經查驗程序入國者，應予驅逐出國 (B)冒用護照出國者，應禁止出國 (C)外國人進入本國，未接受生物特徵辨識者，得不予許可其入國（境） (D)內政部移民署得暫時將拒絕接受查驗之外國人留置於勤務處所，進行調查。

( ) **32** 關於從事跨國（境）婚姻媒合者所受限制，下列敘述何者錯誤？(A)不得以跨國（境）婚姻媒合為營業項目 (B)不得期約報酬 (C)不得散布、播送或刊登跨國（境）婚姻媒合廣告 (D)不得收受受媒合者於媒合成功後主動致贈之紅包。

( ) **33** 關於大陸地區人民申請進入臺灣地區居留，下列敘述何者錯誤？(A)申請者若於大陸地區設有戶籍，應先行註銷並取得喪失原籍證明後，方得提出申請 (B)應接受面談 (C)必須按捺指紋，並建檔管理 (D)經許可進入臺灣地區之大陸地區人民，不得從事與許可目的不符之活動。

( ) **34** 關於經營移民業務者，下列敘述何者正確？ (A)以公司組織經營者，應先向主管機關申請設立許可，並依法辦理公司登記，並向主管機關領取登記證，始得營業 (B)外國移民業務機構在我國設立分公司者，得持其母公司之設立許可向主管機關備查後，即得營業 (C)屬於律師法所稱之外國法事務律師，不受公司組織形式之限制，亦無須申請許可，即得經營移民業務 (D)移民業務機構就其經營之業務，不得散布、播送或刊登廣告。

( ) **35** 針對香港澳門居民進入臺灣地區及居留定居許可辦法，係由下列何者擬訂，報請行政院核定後發布之？ (A)行政院大陸委員會 (B)內政部 (C)法務部 (D)外交部。

( ) **36** 關於大陸地區人民之收容期間，下列敘述何者錯誤？ (A)內政部移民署暫予收容之期間，自收容時起最長不得逾15日 (B)暫予收容期間屆滿，而續予收容之期間，自暫予收容期間屆滿時起，最長不得逾45日 (C)續予收容期間屆滿，而延長收容之期間，自續予收容期間屆滿時起，至多得延長2次，每次最長不得逾50日 (D)同一事件之收容期間合併計算，最長不得逾150日。

( ) **37** 有關大陸地區人民強制出境及收容之程序，下列敘述何者正確？(A)是否符合暫予收容之要件，由主管機關，即行政院大陸委員會決定之 (B)於強制出境前，主管機關皆應召開審查會審查之，並於審查會中應給予陳述意見之機會 (C)若對於強制出境之處分不服，得於收受處分後，向地方法院行政訴訟庭提出異議 (D)臺灣地區人民作為大陸地區人民入境之保證人者，於被保證人屆期不離境時，應負擔因強制出境所支付之費用。

( ) **38** 依據入出國及移民法，有關禁止國民出國之規定，下列敘述何者錯誤？ (A)涉及內亂罪、外患罪重大嫌疑應禁止其出國 (B)船員服務手冊係不法取得者，應禁止其出國 (C)依其他法律限制或禁止出國，由內政部移民署通知當事人 (D)有事實足認有國家安全之重大嫌疑，禁止出國之期間自通知時起算，不得逾24小時。

( ) **39** 關於外國人之收容，下列敘述何者錯誤？ (A)收容雖與刑事羈押或處罰之性質不同，然亦屬剝奪人身自由之一種態樣 (B)暫予收容期間屆滿前，內政部移民署得向法院聲請裁定續予收容 (C)續予收容之期間，自暫予收容期間屆滿時起，最長不得逾45日 (D)延長收容之期間，自續予收容期間屆滿時起，最長不得逾50日。

( ) **40** 臺灣地區無戶籍國民向內政部移民署申請在臺停留，於延長時間屆滿後有特殊事由提出證明者，得酌予再延長其停留期間，下列事由何者不屬之？ (A)該無戶籍國民之妹夫死亡 (B)該無戶籍國民因案被羈押 (C)該無戶籍國民懷孕6個月 (D)罹患疾病住院，出國有生命危險之虞。

( ) **41** 有關大陸地區人民在臺灣地區工作，下列敘述何者錯誤？
(A)其受僱期間不得逾1年，並不得轉換雇主及工作 (B)得申請在臺灣地區專案居留 (C)僱用大陸地區人民在臺灣地區工作，應向主管機關申請許可 (D)其勞動契約應為定期契約。

( ) **42** 某甲為大陸地區短跑運動員並兼任教練，欲申請臺灣地區長期居留，應提出下列何種資格的證明？ (A)擔任大陸代表隊教練，其訓練之選手獲得亞運百公尺短跑第三名 (B)亞運百公尺短跑第三名 (C)擔任大陸代表隊教練，其訓練之選手獲得奧運百公尺短跑第六名 (D)世界田徑錦標賽百公尺短跑第一名。

( ) **43** 主管機關基於經濟之考量，得予大陸地區人民長期居留專案許可。若其在特定領域有所成就，且確為臺灣地區所亟需或短期內不易培育，下列何者屬於該特定領域？ (A)企業管理 (B)車輛工程 (C)農業科技 (D)健康食品。

( ) **44** 進入臺灣地區之香港居民，倘若因故被命令出境，下列敘述何者正確？ (A)未經許可入境，得強制出境 (B)經許可入境，已逾停留期間，得命令於3日內出境 (C)被命令強制出境者，必要時得暫予收容，期間自暫予收容時起最長不得逾10日 (D)暫予收容期間屆滿前，內政部移民署認有續予收容之必要者，得延長收容1次，但最長不得逾30日。

( ) **45** 倘若香港居民來臺居留並打算參與公務人員考試或參選擔任公職人員，下列敘述何者正確？ (A)香港居民必須在臺灣設戶籍滿20年始能參選縣議員 (B)香港居民永遠無法參加國家安全局國家安全情報人員考試 (C)倘若曾經在1997年前取得華僑身分者，設籍滿3年後得參選縣議員 (D)香港居民必須在臺灣設戶籍滿10年始能參加高普考。

( ) **46** 某甲為留學生，因護照遺失，向我國駐該國之代表處申請補發護照，但該代表處發現，某甲最近10年內以護照遺失、滅失為由，申請護照多達4次。代表處採取相關措施，下列敘述何者錯誤？
(A)得通知某甲到場說明 (B)延長法定處理期間2個月 (C)發給效期6個月之臨時護照並要求某甲返國重新申請護照 (D)縮短護照效期至3年以下。

( ) **47** 內政部移民署對於外國人於居留期間內，居留原因消失者，廢止其居留許可，並註銷其外僑居留證。但具有特殊事由之一者，得准予繼續居留，下列何者不屬於此種特殊事由？ (A)外國人不服我國行政機關之行政處分，正進行救濟 (B)因依親對象死亡 (C)外國人為臺灣地區設有戶籍國民之配偶，其本人遭受配偶虐待，經法院核發保護令 (D)因居留許可被廢止而遭強制出國，對在臺灣地區已設有戶籍未成年親生子女造成重大且難以回復損害之虞。

( ) **48** 依入出國及移民法之規定：外國人、臺灣地區無戶籍國民、大陸地區人民、香港及澳門居民於入出國（境）接受證照查驗或申請居留、永久居留時，入出國及移民署得運用生物特徵辨識科技，蒐集個人識別資料後錄存。但下列何種情況，不得作為排除蒐集之原因？ (A)經當事人明確拒絕，並提供其他替代之證明文件足資確認其身分者 (B)未滿14歲之兒童 (C)持外交簽證入出國（境）者 (D)經專案核發禮遇簽證者。

( ) **49** 外國人受強制驅逐出國處分並被暫予收容者，若其配偶不服，得向內政部移民署提出收容異議，認異議無理由者，應於受理異議時起24小時內，將受收容人連同收容異議書或異議紀錄等資料移送法院。其中，法定24小時必須扣除等候受收容人之委任代理人到場致未予製作收容異議紀錄之時間。等候時間最長為多久？
(A)3小時 (B)4小時 (C)5小時 (D)6小時。

( ) **50** 關於移民業務的經營，下列敘述何者錯誤？ (A)我國國民經營移民業務，必須設立公司 (B)經營移民業務之公司應先向內政部移民署與外交部申請設立許可 (C)外國移民業務機構在我國設立分公司應取得內政部移民署之許可 (D)經營者必須要依法辦理公司登記後，再向內政部移民署領取註冊登記證，始得營業

解答及解析

（答案標示為#者，表官方曾公告更正該題答案）

1 (B)。入出國及移民法第1條規定：「為統籌入出國管理，確保國家安全、保障人權；規範移民事務，落實移民輔導，特制定本法。」
(B)之敘述不屬之，本題答案應選擇(B)。

2 (C)。入出國及移民法第4條規定：「入出國者，應經內政部移民署（以下簡稱移民署）查驗；未經查驗者，不得入出國。
移民署於查驗時，得以電腦或其他科技設備，蒐集及利用入出國者之入出國紀錄。
前二項查驗時，受查驗者應備文件、查驗程序、資料蒐集與利用應遵行事項之辦法，由主管機關定之。」
(C)之敘述錯誤，本題答案應選擇(C)。

3 (D)。入出國及移民法第5條規定：「居住臺灣地區設有戶籍國民入出

國，不須申請許可。但涉及國家安全之人員，應先經其服務機關核准，始得出國。

臺灣地區無戶籍國民入國，應向移民署申請許可。

第一項但書所定人員之範圍、核准條件、程序及其他應遵行事項之辦法，分別由國家安全局、內政部、國防部、法務部、海洋委員會定之。」

(D)之敘述不屬之，本題答案應選擇(D)。

4 **(A)**。 現行入出國及移民法第25條第8項規定：「主管機關得衡酌國家利益，依不同國家或地區擬訂外國人每年申請在我國居留或永久居留之配額，報請行政院核定後公告之。但因投資、受聘僱工作、就學或為臺灣地區設有戶籍國民之配偶及未成年子女而依親居留者，不在此限。」

110年1月27日修正、112年1月1日施行之同項規定為：「主管機關得衡酌國家利益，依不同國家或地區擬訂外國人每年申請在我國居留或永久居留之配額，報請行政院核定後公告之。但因投資、受聘僱工作、就學或為臺灣地區設有戶籍國民之配偶及未滿十八歲子女而依親居留者，不在此限。」

本題答案應選擇(A)。

5 **(A)**。 入出國及移民法第20條規定：「航空器、船舶或其他運輸工具所搭載之乘客，因過境必須在我國過夜住宿者，得由機、船長或運輸業者向移民署申請許可。

前項乘客不得擅離過夜住宿之處所；其過夜住宿之申請程序、應備文件、住宿地點、管理及其他應遵行事項之辦法，由主管機關定之。」

過境乘客過夜住宿辦法第1條規定：「本辦法依入出國及移民法（以下簡稱本法）第二十條第二項規定訂定之。」

同辦法第2條第1項前段規定：「航空器、船舶或其他運輸工具（以下簡稱運輸工具）所搭載之乘客，有下列情形之一，因過境必須在我國過夜住宿者，得由機、船長或運輸業者（以下簡稱運輸業者）向內政部移民署（以下簡稱移民署）申請許可：……」等語。

本題答案應選擇(A)。

6 **(D)**。 入出國及移民法第22條規定：「外國人持有效簽證或適用以免簽證方式入國之有效護照或旅行證件，經移民署查驗許可入國後，取得停留、居留許可。

依前項規定取得居留許可者，應於入國後十五日內，向移民署申請外僑居留證。

外僑居留證之有效期間，自許可之翌日起算，最長不得逾三年。」

同條例第85條第2款規定：「有下列情形之一者，處新臺幣二千元以上一萬元以下罰鍰：……二、未依第二十二條第二項或第二十六條規定之期限，申請外僑居留證。」

(D)之敘述錯誤，本題答案應選擇(D)。

7 (C)。入出國及移民法（下同）第51條規定：「政府對於移民應予保護、照顧、協助、規劃、輔導。

主管機關得協調其他政府機關（構）或民間團體，對移民提供諮詢及講習、語言、技能訓練等服務。」

第52條規定：「政府對於計劃移居發生戰亂、瘟疫或排斥我國國民之國家或地區者，得勸阻之。」

第54條規定：「主管機關得協調有關機關，依據移民之實際需要及當地法令，協助設立僑民學校或鼓勵本國銀行設立海外分支機構。」

(C)之敘述錯誤，本題答案應選擇(C)。

8 (B)。入出國及移民法第64條第1項、第2項規定：「移民署執行職務人員於入出國查驗時，有事實足認當事人有下列情形之一者，得暫時將其留置於勤務處所，進行調查：

一、所持護照或其他入出國證件顯係無效、偽造或變造。

二、拒絕接受查驗或嚴重妨礙查驗秩序。

三、有第七十三條或第七十四條所定行為之虞。

四、符合本法所定得禁止入出國之情形。

五、因案經司法或軍法機關通知留置。

六、其他依法得暫時留置。

依前項規定對當事人實施之暫時留置，應於目的達成或已無必要時，立即停止。實施暫時留置時間，對國民不得逾二小時，對外國人、大陸地區人民、香港或澳門居民不得逾六小時。」

(B)之敘述錯誤，本題答案應選擇(B)。

9 (D)。入出國及移民法（下同）第67條第1項第4款規定：「移民署執行職務人員於執行查察職務時，得進入相關之營業處所、交通工具或公共場所，並得對下列各款之人查證其身分：……四、有相當理由足認係非法入出國。」

第68條規定：「移民署執行職務人員依前條規定查證身分，得採行下列必要措施：

一、攔停人、車、船或其他交通工具。

二、詢問姓名、出生年月日、國籍、入出國資料、住（居）所、在臺灣地區停留或居留期限及相關身分證件編號。

三、令出示身分證明文件。

四、有事實足認受查證人攜帶足以傷害執行職務人員或受查證人生命、身體之物者，得檢查其身體及攜帶之物；必要時，並得將所攜帶之物扣留之。」

(D)之敘述不屬之，本題答案應選擇(D)。

10 (C)。入出國及移民法第91條第4項規定：「有關個人生物特徵識別資料蒐集之對象、內容、方式、管理、運用及其他應遵行事項之辦法，由主管機關定之。」

個人生物特徵識別資料蒐集管理及運用辦法第1條規定：「本辦法依入出國及移民法（以下簡稱本法）第九十一條第四項規定訂定之。」

同辦法第3條規定：「外國人、臺灣地區無戶籍國民、大陸地區人民、香港及澳門居民於入國（境）時，除有本法第九十一條第二項各款情形之一者外，應於入國（境）查驗時接受內政部入出國及移民署（以下簡稱入出國及移民署）錄存及辨識其個人生物特徵識別資料；已接受個人生物特徵識別資料錄存者，於每次入出國（境）查驗時，仍應接受個人生物特徵識別資料之辨識。」

本題答案應選擇(C)。

11 **(C)**。臺灣地區與大陸地區人民關係條例第9條第4項第1款規定：「臺灣地區人民具有下列身分者，進入大陸地區應經申請，並經內政部會同國家安全局、法務部、大陸委員會及相關機關組成之審查會審查許可：一、政務人員、直轄市長。」

本題答案應選擇(C)。

12 **(A)**。臺灣地區與大陸地區人民關係條例第9-1條規定：「臺灣地區人民不得在大陸地區設有戶籍或領用大陸地區護照。

違反前項規定在大陸地區設有戶籍或領用大陸地區護照者，除經有關機關認有特殊考量必要外，喪失臺灣地區人民身分及其在臺灣地區選舉、罷免、創制、複決、擔任軍職、公職及其他以在臺灣地區設有戶籍所衍生相關權利，並由戶政機關註銷其臺灣地區之戶籍登記；但其因臺灣地區人民身分所負之責任及義務，不因而喪失或免除。

本條例修正施行前，臺灣地區人民已在大陸地區設籍或領用大陸地區護照者，其在本條例修正施行之日起六個月內，註銷大陸地區戶籍或放棄領用大陸地區護照並向內政部提出相關證明者，不喪失臺灣地區人民身分。」

(A)之敘述錯誤，本題答案應選擇(A)。

13 **(C)**。現行臺灣地區與大陸地區人民關係條例第9條第4項前段、第5項、第11項規定：「臺灣地區人民具有下列身分者，進入大陸地區應經申請，並經內政部會同國家安全局、法務部及大陸委員會組成之審查會審查許可：……」、「前二項所列人員，進入大陸地區返臺後，應向（原）服務機關或委託機關通報。但直轄市長應向行政院、縣（市）長應向內政部、其餘機關首長應向上一級機關通報。」、「第二項申報程序、第三項、第四項許可辦法及第五項通報程序，由內政部擬訂，報請行政院核定之。」

臺灣地區公務員及特定身分人員進入大陸地區許可辦法第1條規定：「本辦法依臺灣地區與大陸地區人民關係條例（以下簡稱本條例）第九條第十一項規定訂定之。」

本題答案應選擇(C)。

14 (A)。臺灣地區與大陸地區人民關係條例第10-1條規定：「大陸地區人民申請進入臺灣地區團聚、居留或定居者，應接受面談、按捺指紋並建檔管理之；未接受面談、按捺指紋者，不予許可其團聚、居留或定居之申請。其管理辦法，由主管機關定之。」

(A)之敘述不屬之，本題答案應選擇(A)。

15 (D)。臺灣地區與大陸地區人民關係條例（下同）第11條第1項規定：「僱用大陸地區人民在臺灣地區工作，應向主管機關申請許可。」

第3-1條規定：「行政院大陸委員會統籌處理有關大陸事務，為本條例之主管機關。」

本題答案應選擇(D)。

16 (C)。入出國及移民法（下同）第17條第2項、第28條第2項均規定：「移民署或其他依法令賦予權責之公務員，得於執行公務時，要求出示前項證件。其相關要件與程序，準用警察職權行使法第二章之規定。」

本題答案應選擇(C)。

17 (C)。

(A)大陸地區人民進入臺灣地區許可辦法（下同）第1條規定：「本辦法依臺灣地區與大陸地區人民關係條例（以下簡稱本條例）第十條第三項及第十六條第一項規定訂定之。」

(B)第2條第1項規定：「本辦法之主管機關為內政部。」

(C)、(D)第11條第1項第款規定：「大陸地區人民經許可進入臺灣地區者，發給臺灣地區入出境許可證，其種類及效期如下：一、單次入出境許可證：有效期間自核發之翌日起算六個月；必要時，得予縮短效期。」

(C)之敘述錯誤，本題答案應選擇(C)。

18 (A)。

(A)臺灣地區公務員及特定身分人員進入大陸地區許可辦法第1條規定：「本辦法依臺灣地區與大陸地區人民關係條例（以下簡稱本條例）第九條第十一項規定訂定之。」

(B)大陸地區人民申請進入金門馬祖澎湖不予許可期間處理原則第一點規定：「一、內政部移民署為執行試辦金門馬祖澎湖與大陸地區通航實施辦法（以下簡稱本辦法）第十七條第二項規定，統一認定基準，特訂定本處理原則。」

(C)旅行業接待大陸地區人民來臺觀光旅遊團品質注意事項第一點規定：「一、本注意事項依大陸地區人民來臺從事觀光活動許可辦法（以下簡稱本辦法）第二十三條規定訂定之。」

(D)臺灣地區公務員及特定身分人員進入大陸地區作業規定第一

點規定：「一、為執行臺灣地區與大陸地區人民關係條例（以下簡稱本條例）第九條第三項、第四項及臺灣地區公務員及特定身分人員進入大陸地區許可辦法（以下簡稱本辦法）之規定，特訂定本作業規定。」

本題答案應選擇(A)。

19 (B)。

(A)香港澳門關係條例（下同）第1條第1項規定：「為規範及促進與香港及澳門之經貿、文化及其他關係，特制定本條例。」

(B)第3條規定：「本條例所稱臺灣地區及臺灣地區人民，依臺灣地區與大陸地區人民關係條例之規定。」

(C)、(D)第1條第2項規定：「本條例未規定者，適用其他有關法令之規定。但臺灣地區與大陸地區人民關係條例，除本條例有明文規定者外，不適用之。」

(B)之敘述錯誤，本題答案應選擇(B)。

20 (C)。

(A)香港澳門關係條例（下同）第16條第1項規定：「香港及澳門居民經許可進入臺灣地區者，非在臺灣地區設有戶籍滿十年，不得登記為公職候選人、擔任軍職及組織政黨。」

(B)第36條第1款規定：「香港或澳門居民或法人之著作，合於下列情形之一者，在臺灣地區得依著作權法享有著作權：一、於臺灣地區首次發行，或於臺灣地區外首次發行後三十日內在臺灣地區發行者。但以香港或澳門對臺灣地區人民或法人之著作，在相同情形下，亦予保護且經查證屬實者為限。」

(C)第37條第2項規定：「香港或澳門對臺灣地區人民、法人、團體或其他機構之專利、商標或其他工業財產權之註冊申請承認優先權時，香港或澳門居民、法人、團體或其他機構於香港或澳門為首次申請之翌日起十二個月內向經濟部申請者，得主張優先權。」

(D)第4條第3項規定：「前二項香港或澳門居民，如於香港或澳門分別於英國及葡萄牙結束其治理前，取得華僑身分者及其符合中華民國國籍取得要件之配偶及子女，在本條例施行前之既有權益，應予以維護。」

第16條第2項規定：「第四條第三項之香港及澳門居民經許可進入臺灣地區者，非在臺灣地區設有戶籍滿一年，不得登記為公職候選人、擔任軍職及組織政黨。」

本題答案應選擇(C)。

21 (#)。 現行護照條例第16條規定：「七歲以上之未成年人申請護照，應經其法定代理人書面同意。但已結婚或十八歲以上者，不在此限。
未滿七歲之未成年人或受監護宣告之人申請護照，應由其法定代理人申請。
前二項之法定代理人有二人以上者，得由其中一人為之。」
然110年1月20日修正、施行日期未訂之同條規定：「七歲以上之未成年人申請護照，應經其法定代理人書面同意。
未滿七歲之未成年人或受監護宣告之人申請護照，應由其法定代理人申請。
前二項之法定代理人有二人以上者，得由其中一人為之。」
因此本題考選部一律給分。

22 (A)。
(A)護照條例施行細則（下同）第13條規定：「護照中文姓名及外文姓名均以一個為限；中文姓名不得加列別名，外文別名除本細則另有規定外，以一個為限。」
(B)第9條規定：「護照效期，自核發之日起算。」
(C)第8條規定：「護照應由本人親自簽名；無法簽名者，得按指印。」
(D)第10條規定：「護照用照片應符合國際民航組織規範，不得使用合成照片。照片之規格及標準由主管機關公告之。」
(A)之敘述錯誤，本題答案應選擇(A)。

23 (C)。外國護照簽證條例第9條第1款規定：「禮遇簽證適用於下列人士：一、外國卸任元首、副元首、總理、副總理、外交部長及其眷屬。」
本題答案應選擇(C)。

24 (C)。外國護照簽證條例第10條規定：「停留簽證適用於持外國護照，而擬在我國境內作短期停留之人士。」
外國護照簽證條例施行細則第9條規定：「本條例第十條所稱短期停留，指擬在我國境內每次作不超過六個月之停留者。
停留簽證之效期、入境次數及停留期限，依申請人國籍、來我國目的、所持護照種類及效期等核定之。
停留簽證之效期最長不得超過五年，入境次數分為單次及多次。」
同細則第10條第1項規定：「申請停留簽證目的，包括過境、觀光、探親、訪問、考察、參加國際會議、商務、研習、聘僱、傳教弘法及其他經外交部核准之活動。」
(C)之敘述錯誤，本題答案應選擇(C)。

25 (A)。司法院釋字第802號解釋文謂：「入出國及移民法第58條第2項規定：『跨國（境）婚姻媒合不得要求或期約報酬。』與憲法第15條保障人民工作權、第22條契約自由及第7條平等權之意旨尚無違背。
入出國及移民法第76條第2款規定：『有下列情形之一者，處新臺幣20萬元以上100萬元以下罰鍰，並得按次連續處罰：……二、從事跨國（境）婚姻媒合而要求或期約報酬。』與憲法第15條保障人民財產權之意旨尚無違背。」

(A)之敘述不屬之，本題答案應選擇(A)。

26 (C)。香港澳門關係條例第11條規定：「香港或澳門居民，經許可得進入臺灣地區。

前項許可辦法，由內政部擬訂，報請行政院核定後發布之。」

香港澳門居民進入臺灣地區及居留定居許可辦法第1條規定：「本辦法依香港澳門關係條例（以下簡稱本條例）第十一條第二項及第十二條第一項規定定之。」

本題答案應選擇(C)。

27 (D)。入出國及移民法（下同）第36條第1項、第2項規定：「外國人有下列情形之一者，移民署應強制驅逐出國：

一、違反第四條第一項規定，未經查驗入國。

二、違反第十九條第一項規定，未經許可臨時入國。

外國人有下列情形之一者，移民署得強制驅逐出國，或限令其於十日內出國，逾限令出國期限仍未出國，移民署得強制驅逐出國：

一、入國後，發現有第十八條第一項及第二項禁止入國情形之一。

二、違反依第十九條第二項所定辦法中有關應備文件、證件、停留期間、地區之管理規定。

三、違反第二十條第二項規定，擅離過夜住宿之處所。

四、違反第二十九條規定，從事與許可停留、居留原因不符之活動或工作。

五、違反移民署依第三十條所定限制住居所、活動或課以應行遵守之事項。

六、違反第三十一條第一項規定，於停留或居留期限屆滿前，未申請停留、居留延期。但有第三十一條第三項情形者，不在此限。

七、有第三十一條第四項規定情形，居留原因消失，經廢止居留許可，並註銷外僑居留證。

八、有第三十二條第一款至第三款規定情形，經撤銷或廢止居留許可，並註銷外僑居留證。

九、有第三十三條第一款至第三款規定情形，經撤銷或廢止永久居留許可，並註銷外僑永久居留證。」

(A)符合上開第36條第2項第4款之規定。

(B)有第18條第1項第2款規定：「外國人有下列情形之一者，移民署得禁止其入國：……二、持用不法取得、偽造、變造之護照或簽證。」之情形，符合上開第36條第2項第1款之規定。

(C)有第32條第3款規定：「移民署對有下列情形之一者，撤銷或廢止其居留許可，並註銷其外僑居留證：……三、經判處一年有期徒刑以上之刑確定。但因過失犯罪者，不在此限。」之情形，符合上開第36條第2項第8款之規定。

(D)第29條規定：「外國人在我國停留、居留期間，不得從事與許可停留、居留原因不符之活動或工作。但合法居留者，其請願及合法集會遊行，不在此限。」

(D)之敘述錯誤，本題答案應選擇(D)。

28 (B)。入出國及移民法（下同）第38條第1項前段規定：「外國人受強制驅逐出國處分，有下列情形之一，且非予收容顯難強制驅逐出國者，移民署得暫予收容，期間自暫予收容時起最長不得逾十五日，且應於暫予收容處分作成前，給予當事人陳述意見機會：……」

第38-2條第1項規定：「受收容人或其配偶、直系親屬、法定代理人、兄弟姊妹，對第三十八條第一項暫予收容處分不服者，得於受收容人收受收容處分書後暫予收容期間內，以言詞或書面敘明理由，向移民署提出收容異議；其以言詞提出者，應由移民署作成書面紀錄。」

(B)之敘述錯誤，本題答案應選擇(B)。

29 (A)。入出國及移民法第38-1條第1項規定：「外國人有下列情形之一者，得不暫予收容：

一、精神障礙或罹患疾病，因收容將影響其治療或有危害生命之虞。

二、懷胎五個月以上或生產、流產未滿二個月。

三、未滿十二歲之兒童。

四、罹患傳染病防治法第三條所定傳染病。

五、衰老或身心障礙致不能自理生活。

六、經司法或其他機關通知限制出國。」

(A)之敘述不屬之，本題答案應選擇(A)。

30 (#)。

(A)入出國及移民法第38-2條第2項規定：「移民署收受收容異議後，應依職權進行審查，其認異議有理由者，得撤銷或廢止原暫予收容處分；其認異議無理由者，應於受理異議時起二十四小時內，將受收容人連同收容異議書或異議紀錄、移民署意見書及相關卷宗資料移送法院。但法院認得依行政訴訟法相關規定為遠距審理者，於法院收受卷宗資料時，視為移民署已將受收容人移送法院。」

(C)現行行政訴訟法第237-11條第1項規定：「收容聲請事件，以地方法院行政訴訟庭為第一審管轄法院。」（應注意：111年6月22日修正、112年8月15日施行之同項規定為：「收容聲請事件，以地方行政法院為第一審管轄法院。」)

(D)第237-16條第1項規定:「聲請人、受裁定人或移民署對地方行政法院所為收容聲請事件之裁定不服者,應於裁定送達後五日內抗告於管轄之高等行政法院。對於抗告法院之裁定,不得再為抗告。」

選項(B)中,應係「應於受理異議時起二十四小時內,將受收容人連同收容異議書或異議紀錄、移民署意見書及相關卷宗資料移送法院。」,非「受收容人於提請救濟之24小時內」。因此本題考選部答(B)或(D)者均給分。

31 (B)。

(A)入出國及移民法(下同)第4條第1項規定:「入出國者,應經內政部移民署(以下簡稱移民署)查驗;未經查驗者,不得入出國。」

(B)第18條第1項第3款規定:「外國人有下列情形之一者,移民署得禁止其入國:……三、冒用護照或持用冒領之護照。」

(C)第91條第1項、第3項規定:「外國人、臺灣地區無戶籍國民、大陸地區人民、香港及澳門居民於入出國(境)接受證照查驗或申請居留、永久居留時,移民署得運用生物特徵辨識科技,蒐集個人識別資料後錄存。……未依第一項規定接受生物特徵辨識者,移民署得不予許可其入國(境)、居留或永久居留。」

(D)第64條第1項前段規定:「移民署執行職務人員於入出國查驗時,有事實足認當事人有下列情形之一者,得暫時將其留置於勤務處所,進行調查:……」

(B)之敘述錯誤,本題答案應選擇(B)。

32 (D)。入出國及移民法第58條規定:「跨國(境)婚姻媒合不得為營業項目。

跨國(境)婚姻媒合不得要求或期約報酬。

任何人不得於廣告物、出版品、廣播、電視、電子訊號、電腦網路或以其他使公眾得知之方法,散布、播送或刊登跨國(境)婚姻媒合廣告。」

(D)之敘述錯誤,本題答案應選擇(D)。

33 (A)。臺灣地區與大陸地區人民關係條例(下同)第10條第2項規定:「經許可進入臺灣地區之大陸地區人民,不得從事與許可目的不符之活動。」

第10-1條規定:「大陸地區人民申請進入臺灣地區團聚、居留或定居者,應接受面談、按捺指紋並建檔管理之;未接受面談、按捺指紋者,不予許可其團聚、居留或定居之申請。其管理辦法,由主管機關定之。」

(A)之敘述錯誤,本題答案應選擇(A)。

34 (A)。入出國及移民法第55條第1項、第2項規定:「經營移民業務者,以公司組織為限,應先向移民署申請設立許可,並依法辦理公司登記後,再向移民署領取註冊登記證,始得營業。但依律師法第四十七條之七規定者,得不以公司為限,其他條件準用我國移民業務機構公司之規定。

外國移民業務機構在我國設立分公司,應先向移民署申請設立許可,並依公司法辦理認許後,再向移民署領取註冊登記證,始得營業。」

本題答案應選擇(A)。

35 (B)。香港澳門關係條例第12條第1項規定:「香港或澳門居民得申請在臺灣地區居留或定居;其辦法由內政部擬訂,報請行政院核定後發布之。」

本題答案應選擇(B)。

36 (C)。臺灣地區與大陸地區人民關係條例第18-1條第1項前段、第2項、第3項及第9項規定:「前條第一項受強制出境處分者,有下列情形之一,且非予收容顯難強制出境,內政部移民署得暫予收容,期間自暫予收容時起最長不得逾十五日,且應於暫予收容處分作成前,給予當事人陳述意見機會:…

暫予收容期間屆滿前,內政部移民署認有續予收容之必要者,應於期間屆滿五日前附具理由,向法院聲請裁定續予收容。續予收容之期間,自暫予收容期間屆滿時起,最長不得逾四十五日。

續予收容期間屆滿前,有第一項各款情形之一,內政部移民署認有延長收容之必要者,應於期間屆滿五日前附具理由,向法院聲請裁定延長收容。延長收容之期間,自續予收容期間屆滿時起,最長不得逾四十日。

……

同一事件之收容期間應合併計算,且最長不得逾一百五十日;本條例中華民國一百零四年六月二日修正之條文施行前後收容之期間合併計算,最長不得逾一百五十日。」

(C)之敘述錯誤,本題答案應選擇(C)。

37 (D)。臺灣地區與大陸地區人民關係條例第19條第1項規定:「臺灣地區人民依規定保證大陸地區人民入境者,於被保證人屆期不離境時,應協助有關機關強制其出境,並負擔因強制出境所支出之費用。」

本題答案應選擇(D)。

38 (C)。入出國及移民法第6條第1項、第6項規定:「國民有下列情形之一者,移民署應禁止其出國:

一、經判處有期徒刑以上之刑確定,尚未執行或執行未畢。但經宣告六月以下有期徒刑或緩刑者,不在此限。

二、通緝中。

三、因案經司法或軍法機關限制出國。
四、有事實足認有妨害國家安全或社會安定之重大嫌疑。
五、涉及內亂罪、外患罪重大嫌疑。
六、涉及重大經濟犯罪或重大刑事案件嫌疑。
七、役男或尚未完成兵役義務者。但依法令得准其出國者，不在此限。
八、護照、航員證、船員服務手冊或入國許可證件係不法取得、偽造、變造或冒用。
九、護照、航員證、船員服務手冊或入國許可證件未依第四條規定查驗。
十、依其他法律限制或禁止出國。」

「除依第一項第二款或第八款規定禁止出國者，無須通知當事人外，依第一款、第三款規定禁止出國者，移民署經各權責機關通知後，應以書面敘明理由通知當事人；依第十款規定限制或禁止出國者，由各權責機關通知當事人；依第七款、第九款、第十款及前項規定禁止出國者，移民署於查驗時，當場以書面敘明理由交付當事人，並禁止其出國。」

(C)之敘述錯誤，本題答案應選擇(C)。

39 (D)。

(A)司法院釋字第708號解釋理由書謂：「……系爭規定所稱之『收容』，雖與刑事羈押或處罰之性質不同，但仍係於一定期間拘束受收容外國人於一定處所，使其與外界隔離（入出國及移民法第三十八條第二項及『外國人收容管理規則』參照），亦屬剝奪人身自由之一種態樣，係嚴重干預人民身體自由之強制處分（本院釋字第三九二號解釋參照），依憲法第八條第一項規定意旨，自須踐行必要之司法程序或其他正當法律程序。……」

(B)入出國及移民法（下同）第38-4條第1項規定：「暫予收容期間屆滿前，移民署認有續予收容之必要者，應於期間屆滿五日前附具理由，向法院聲請裁定續予收容。」

(C)、(D)第38-4條第3項規定：「續予收容之期間，自暫予收容期間屆滿時起，最長不得逾四十五日；延長收容之期間，自續予收容期間屆滿時起，最長不得逾四十日。

(D)之敘述錯誤，本題答案應選擇(D)。

40 (C)。入出國及移民法第8條第1項規定：「臺灣地區無戶籍國民向移民署申請在臺灣地區停留者，其停留期間為三個月；必要時得延期一次，並自入國之翌日起，併計六個月為限。但有下列情形之一並提出證明者，移民署得酌予再延長其停留期間及次數：

一、懷胎七個月以上或生產、流產後二個月未滿。

二、罹患疾病住院或懷胎，出國有生命危險之虞。

三、在臺灣地區設有戶籍之配偶、直系血親、三親等內之旁系血親、二親等內之姻親在臺灣地區患重病或受重傷而住院或死亡。

四、遭遇天災或其他不可避免之事變。

五、人身自由依法受拘束。」

(C)之敘述不屬之，本題答案應選擇(C)。

41 (B)。

(A)臺灣地區與大陸地區人民關係條例（下同）第11條第2項規定：「經許可受僱在臺灣地區工作之大陸地區人民，其受僱期間不得逾一年，並不得轉換雇主及工作。但因雇主關廠、歇業或其他特殊事故，致僱用關係無法繼續時，經主管機關許可者，得轉換雇主及工作。

(B)第17條第3項規定：「內政部得基於政治、經濟、社會、教育、科技或文化之考量，專案許可大陸地區人民在臺灣地區長期居留，申請居留之類別及數額，得予限制；其類別及數額，由內政部擬訂，報請行政院核定後公告之。」

(C)第11條第1項規定：「僱用大陸地區人民在臺灣地區工作，應向主管機關申請許可。」

(D)第11條第5項規定：「僱用大陸地區人民工作時，其勞動契約應以定期契約為之。」

(B)之敘述錯誤，本題答案應選擇(B)。

42 (A)。臺灣地區與大陸地區人民關係條例第17條第4項規定：「內政部得基於政治、經濟、社會、教育、科技或文化之考量，專案許可大陸地區人民在臺灣地區長期居留，申請居留之類別及數額，得予限制；其類別及數額，由內政部擬訂，報請行政院核定後公告之。」

大陸地區人民在臺灣地區依親居留長期居留或定居許可辦法第20條第5款、第6款規定：「依本條例第十七條第四項規定，大陸地區人民有下列情形之一，申請長期居留者，主管機關基於教育之考量，得予專案許可：……

五、曾獲得奧林匹克運動會前三名或亞洲運動會第一名成績，且來臺灣地區居留後有助於提昇我國家運動代表隊實力。

六、曾擔任大陸代表隊教練，經其訓練之選手獲得奧林匹克運動會前五名或亞洲運動會前三名成績，並經中央目的事業主管機關核定受聘擔任我國家運動代表隊之培訓教練。」

本題答案應選擇(A)。

43 (D)。大陸地區人民在臺灣地區依親居留長期居留或定居許可辦法第19條規定：「依本條例第十七條第四項規定，大陸地區人民有下列情形之一，申請長期居留者，主管機關基於經濟之考量，得予專案許可：

一、在產業技術上有傑出成就，且其研究開發之產業技術，能實際促進臺灣地區產業升級。

二、在金融專業技術或實務操作上有傑出成就，並能促進臺灣地區金融發展。

三、在新興工業、關鍵技術、關鍵零組件及產品有專業技能，且確為臺灣地區所亟需或短期內不易培育。

四、在數位內容、影像顯示、光電、半導體、電子、資訊、通訊、工業自動化、材料應用、高級感測、生物技術、奈米科技、製藥、醫療器材、特用化學品、健康食品、資源開發與利用、能源節約等著有成績，且確為臺灣地區所亟需或短期內不易培育。」

本題答案應選擇(D)。

44 (A)。香港澳門關係條例第14條第1項規定：「進入臺灣地區之香港或澳門居民，有下列情形之一者，內政部移民署得逕行強制出境，或限令其於十日內出境，逾限令出境期限仍未出境，內政部移民署得強制出境：

一、未經許可入境。

二、經許可入境，已逾停留、居留期限，或經撤銷、廢止停留、居留、定居許可。」

本題答案應選擇(A)。

45 (C)。香港澳門關係條例（下同）第16條規定：「香港及澳門居民經許可進入臺灣地區者，非在臺灣地區設有戶籍滿十年，不得登記為公職候選人、擔任軍職及組織政黨。

第四條第三項之香港及澳門居民經許可進入臺灣地區者，非在臺灣地區設有戶籍滿一年，不得登記為公職候選人、擔任軍職及組織政黨。」

第4條第3項規定：「前二項香港或澳門居民，如於香港或澳門分別於英國及葡萄牙結束其治理前，取得華僑身分者及其符合中華民國國籍取得要件之配偶及子女，在本條例施行前之既有權益，應予以維護。」

本題答案應選擇(C)。

46 (C)。護照條例（下同）第20條本文規定：「持照人護照遺失或滅失者，得申請補發，其效期為五年。但有下列情形之一者，依其規定：……」

第21條規定：「主管機關或駐外館處受理護照申請，有下列情形之一者，得通知申請人限期補正或到場說明：

一、未依規定程序辦理或應備文件不全。
二、申請資料或照片與所繳身分證明文件或檔存護照資料有相當差異。
三、對重要事項提供不正確資料或為不完全陳述。
四、於護照增刪塗改或加蓋圖戳。
五、最近十年內以護照遺失、滅失為由申請護照，達二次以上。
六、污損或毀損護照。
七、將護照出售他人，或為質借提供擔保、抵充債務而交付他人。

有前項各款情形之一者，主管機關或駐外館處得就其法定處理期間延長至二個月；必要時，得延長至六個月。

有第一項第四款至第七款情形之一者，主管機關或駐外館處得縮短其護照效期為一年六個月以上三年以下。」

(C)之敘述錯誤，本題答案應選擇(C)。

47 (A)。入出國及移民法第31條第4項規定：「移民署對於外國人於居留期間內，居留原因消失者，廢止其居留許可，並註銷其外僑居留證。但有下列各款情形之一者，得准予繼續居留：

一、因依親對象死亡。
二、外國人為臺灣地區設有戶籍國民之配偶，其本人遭受配偶身體或精神虐待，經法院核發保護令。
三、外國人於離婚後取得在臺灣地區已設有戶籍未成年親生子女監護權。
四、因遭受家庭暴力經法院判決離婚，且有在臺灣地區設有戶籍之未成年親生子女。
五、因居留許可被廢止而遭強制出國，對在臺灣地區已設有戶籍未成年親生子女造成重大且難以回復損害之虞。
六、外國人與本國雇主發生勞資爭議，正在進行爭訟程序。」

(A)之敘述不屬之，本題答案應選擇(A)。

48 (A)。入出國及移民法（下同）第91條第1項、第2項規定：「外國人、臺灣地區無戶籍國民、大陸地區人民、香港及澳門居民於入出國（境）接受證照查驗或申請居留、永久居留時，移民署得運用生物特徵辨識科技，蒐集個人識別資料後錄存。

前項規定，有下列情形之一者，不適用之：

一、未滿十四歲。
二、依第二十七條第一項規定免申請外僑居留證。
三、其他經移民署專案同意。」

第27條第1項規定：「下列外國人得在我國居留，免申請外僑居留證：

一、駐我國之外交人員及其眷屬、隨從人員。

二、 駐我國之外國機構、國際機構執行公務者及其眷屬、隨從人員。

三、 其他經外交部專案核發禮遇簽證者。」

本題答案應選擇(A)。

49 (B)。入出國及移民法第38-3條第1項第5款規定：「前條第二項所定二十四小時，有下列情形之一者，其經過期間不予計入。但不得有不必要之遲延：……五、受收容人表示已委任代理人，因等候其代理人到場致未予製作收容異議紀錄。但等候時間不得逾四小時。其因智能障礙無法為完全之陳述，因等候經通知陪同在場之人到場，致未予製作前條第一項之收容異議紀錄，亦同。」

本題答案應選擇(B)。

50 (B)。入出國及移民法第55條第1項、第2項規定：「經營移民業務者，以公司組織為限，應先向移民署申請設立許可，並依法辦理公司登記後，再向移民署領取註冊登記證，始得營業。但依律師法第四十七條之七規定者，得不以公司為限，其他條件準用我國移民業務機構公司之規定。

外國移民業務機構在我國設立分公司，應先向移民署申請設立許可，並依公司法辦理認許後，再向移民署領取註冊登記證，始得營業。」

(B)之敘述錯誤，本題答案應選擇(B)。

Note

110年 地方特考三等

一、試問具何種身分之人，於入境接受護照查驗或申請居留、永久居留時，內政部移民署得運用生物特徵辨識科技蒐集錄存個人識別資料？具有前揭身分者是否有例外不適用情形？若拒絕配合個人生物特徵辨識資料採集時，法律效果為何？請依入出國及移民法相關規定分別闡述之。

答 依入出國及移民法第91條規定如下：

(一)第1項規定：「外國人、臺灣地區無戶籍國民、大陸地區人民、香港及澳門居民於入出國（境）接受證照查驗或申請居留、永久居留時，移民署得運用生物特徵辨識科技，蒐集個人識別資料後錄存。」

(二)有關例外不適用之情形，第2項規定：「前項規定，有下列情形之一者，不適用之：

一、未滿十四歲。

二、依第二十七條第一項規定免申請外僑居留證。

三、其他經移民署專案同意。」

同法第27條第1項之規定係為：「下列外國人得在我國居留，免申請外僑居留證：

一、駐我國之外交人員及其眷屬、隨從人員。

二、駐我國之外國機構、國際機構執行公務者及其眷屬、隨從人員。

三、其他經外交部專案核發禮遇簽證者。」

(三)拒絕配合之法律效果，則於同條第3項規定：「未依第一項規定接受生物特徵辨識者，移民署得不予許可其入國（境）、居留或永久居留。」

二、臺灣地區設有戶籍的A男，長年在大陸地區居住經商，並擔任某省兩岸經貿促進委員會主任委員，自103年起在大陸地區設有戶籍迄今。由於大陸地區爆發新冠肺炎（COVID-19）疫情，A男希望返臺定居。請就現行法相關規定，闡述A男在大陸地區設有戶籍，其在臺灣地區的權利義務會受何影響？A男希望返臺定居應如何辦理？A男申請返臺定居是否受有限制？請依現行法相關規定闡述之。

答 (一) A男在大陸地區設有戶籍，其在臺灣地區之權利義務所受之影響如下：

依臺灣地區與大陸地區人民關係條例第9-1條第1項、第2項規定：「臺灣地區人民不得在大陸地區設有戶籍或領用大陸地區護照。

違反前項規定在大陸地區設有戶籍或領用大陸地區護照者，除經有關機關認有特殊考量必要外，喪失臺灣地區人民身分及其在臺灣地區選舉、罷免、創制、複決、擔任軍職、公職及其他以在臺灣地區設有戶籍所衍生相關權利，並由戶政機關註銷其臺灣地區之戶籍登記；但其因臺灣地區人民身分所負之責任及義務，不因而喪失或免除。本條例修正施行前，臺灣地區人民已在大陸地區設籍或領用大陸地區護照者，其在本條例修正施行之日起六個月內，註銷大陸地區戶籍或放棄領用大陸地區護照並向內政部提出相關證明者，不喪失臺灣地區人民身分。」

(二) A男如希望返臺定居，應依下列規定之方式辦理：

1. 依臺灣地區與大陸地區人民關係條例第9-2條第1項規定：「依前條規定喪失臺灣地區人民身分者，嗣後註銷大陸地區戶籍或放棄持用大陸地區護照，得向內政部申請許可回復臺灣地區人民身分，並返回臺灣地區定居。」
2. 在臺原有戶籍大陸地區人民申請回復臺灣地區人民身分許可辦法第3條規定：「申請回復臺灣地區人民身分者，應依下列程序辦理：

一、申請人在臺灣地區者：經許可進入臺灣地區合法停留者，或經廢止臺灣地區戶籍尚未離境者，親自向內政部入出國及移民署（以下簡稱入出國及移民署）提出申請。

二、申請人在大陸地區者：應向本條例第四條第一項規定之機構或依第二項規定委託之民間團體（以下簡稱權責機構）在大陸地區分支機構申請。未設立分支機構前，由其在臺灣地區配偶或三親等內血親，向入出國及移民署申請；其在臺灣地區無配偶或三親等內血親者，得委託他人或以掛號郵寄向入出國及移民署申請。

三、申請人在香港或澳門者：應向行政院於香港或澳門設立或指定之機構或委託之民間團體申請，由入出國及移民署派駐之人員審查後核轉入出國及移民署辦理。

四、申請人在海外地區者：應向我國駐外使領館、代表處、辦事處或其他外交部授權機構（以下簡稱駐外館處）申請。駐外館處有入出國及移民署派駐審理人員者，由其審查；未派駐審理人員者，由駐外館處指派人員審查後，均由駐外館處核轉入出國及移民署辦理。」

3. 同辦法第4條規定：「依前條規定申請回復臺灣地區人民身分者，應填具申請書，並備具下列證明文件：

一、經權責機構驗證之註銷大陸地區戶籍或放棄持用大陸地區護照之相關證明文件。

二、曾在臺灣地區設有戶籍之證明文件。

三、其他經中央主管機關指定之相關證明文件。

申請人依前條第一款規定申請者，應另備具臺灣地區之入出境證件。

申請人依前條第二款規定委託他人申請者，受委託人應檢附經權責機構驗證之委託書。」

(三) A男申請返臺定居受有之限制：

同辦法第5條規定：「申請回復臺灣地區人民身分，有下列情形之一者，得不予許可；已許可者，得撤銷或廢止之：

一、於中華民國七十六年十一月一日以前在大陸地區設有戶籍或領用大陸地區護照。

二、持用偽造、變造、無效或經撤銷之文書、相片申請。

三、現（曾）擔任大陸地區黨務、軍事、行政或具政治性機關（構）、團體之職務或為其成員。

四、現（曾）參加或資助內亂、外患團體或其活動。

五、現（曾）參加或資助恐怖或暴力非法組織或其活動。

六、在臺灣地區外涉嫌重大犯罪。

七、有事實足認有危害國家安全或社會安定之虞。

八、違反其他法律或法規命令，情節重大。」

三、A女具有香港永久居留資格，經申請進入臺灣地區某大學就讀，並取得於臺灣地區居留資格。A女於大四就讀期間居留許可逾期28日，A女驚覺居留許可逾期希望重新申請居留，內政部移民署依法應如何處置？另A女相當熱衷政治活動，有意與志同道合好友共同發起組織政黨，依現行法規定是否可行？請闡述之。

答 (一) A女逾期居留逾28日，內政部移民署應為之處置依下列規定：

香港澳門關係條例第14-2條規定：「香港或澳門居民逾期居留未滿三十日，原申請居留原因仍繼續存在者，經依第四十七條之一規定處罰後，得向內政部移民署重新申請居留；其申請定居者，核算在臺灣地區居留期間，應扣除一年。」

(二) A女依下列規定，不得在臺組織政黨：

香港澳門關係條例第16條第1項規定：「香港及澳門居民經許可進入臺灣地區者，非在臺灣地區設有戶籍滿十年，不得登記為公職候選人、擔任軍職及組織政黨。」

四、外國人持停留簽證且停留期限在60日以上，有何種情形得申請居留？何種情形下，內政部移民署得不予許可由停留簽證改為居留？請依現行法規定分別闡述之。

答 (一) 得申請居留之情形如下：

入出國及移民法（下同）第23條第1項規定：「持停留期限在六十日以上，且未經簽證核發機關加註限制不准延期或其他限制之有效簽證入國之外國人，有下列情形之一者，得向移民署申請居留，經許可者，發給外僑居留證：

一、配偶為現在在臺灣地區居住且設有戶籍或獲准居留之我國國民，或經核准居留或永久居留之外國人。但該核准居留之外國籍配偶係經中央勞動主管機關許可在我國從事就業服務法第四十六條第一項第八款至第十款工作者，不得申請。

二、未滿十八歲之外國人，其直系尊親屬為現在在臺灣地區設有戶籍或獲准居留之我國國民，或經核准居留或永久居留之外國人。其親屬關係因收養而發生者，被收養者應與收養者在臺灣地區共同居住。

三、經中央勞動主管機關或目的事業主管機關許可在我國從事就業服務法第四十六條第一項第一款至第七款或第十一款工作。
四、在我國有一定金額以上之投資，經中央目的事業主管機關核准或備查之投資人或外國法人投資人之代表人。
五、外國公司在我國境內之負責人。
六、基於外交考量，經外交部專案核准在我國改換居留簽證。」

(二) 內政部移民署得不予許可由停留簽證改為居留之情形如下規定：
第24條第1項規定：「外國人依前條規定申請居留或變更居留原因，有下列情形之一者，移民署得不予許可：
一、有危害我國利益、公共安全、公共秩序之虞。
二、有從事恐怖活動之虞。
三、曾有犯罪紀錄或曾遭拒絕入國、限令出國或驅逐出國。
四、曾非法入國。
五、冒用身分或以不法取得、偽造、變造之證件申請。
六、曾經協助他人非法入出國或提供身分證件予他人持以非法入出國。
七、有事實足認其係通謀而為虛偽之結婚或收養。
八、中央衛生主管機關指定健康檢查項目不合格。
九、所持護照失效或其外國人身分不為我國承認或接受。
十、曾經逾期停留、逾期居留。
十一、曾經在我國從事與許可原因不符之活動或工作。
十二、妨害善良風俗之行為。
十三、經合法通知，無正當理由拒絕到場面談。
十四、無正當理由規避、妨礙或拒絕接受第七十條之查察。
十五、曾為居住臺灣地區設有戶籍國民其戶籍未辦妥遷出登記，或年滿十五歲之翌年一月一日起至屆滿三十六歲之年十二月三十一日止，尚未履行兵役義務之接近役齡男子或役齡男子。
十六、其他經主管機關認定公告者。」

110年 地方特考四等

( ) 1 針對從事跨國（境）婚姻媒合而要求或期約報酬之行為，入出國及移民法對此種違法之行為，處罰的額度為何？
(A)新臺幣二十萬元以上一百萬元以下罰鍰，並得按次連續處罰
(B)新臺幣十五萬元以上一百萬元以下罰鍰，並得按次連續處罰
(C)新臺幣十萬元以上一百萬元以下罰鍰，並得按次連續處罰
(D)新臺幣五萬元以上一百萬元以下罰鍰，並得按次連續處罰。

( ) 2 內政部移民署為暫予收容處分、收容替代處分及強制驅逐出國處分時，應聯繫當事人原籍國駐華使領館、授權機構或通知其在臺指定之親友，至遲不得逾多久時間？ (A)24小時 (B)48小時 (C)3日 (D)7日。

( ) 3 根據入出國及移民法之定義，所謂的居留，指在臺灣地區居住多久的時程？ (A)未逾6個月 (B)超過1個月 (C)超過3個月 (D)超過6個月。

( ) 4 外國人在我國之行為，符合一定的情況與要件時，內政部移民署可對其撤銷或廢止其居留許可，並註銷其外僑居留證，但不包括下列的何種情形？ (A)申請資料虛偽或不實 (B)持用不法取得、偽造或變造之證件 (C)因過失犯罪，經判處一年有期徒刑以下之刑確定 (D)兼具我國國籍，以國民身分入出國、居留或定居。

( ) 5 下列何者並非入出國及移民法第一條之立法目的？ (A)打擊人口販運 (B)保障人權 (C)確保國家安全 (D)統籌入出國管理。

( ) 6 下列有關「不予許可或禁止臺灣地區無戶籍國民入國及限制再入國期間處理原則」的規定，何者正確？ (A)無戶籍國民未經許可入國者，限制再入國二年 (B)無戶籍國民經許可入國已逾停留或限令出國之期限者，逾期未滿一年者，不予限制再入國 (C)無戶籍國民經許可入國已逾停留或限令出國之期限者，逾期六個月以上，未滿一年六個月，限制再入國期間自出國之翌日起算二年 (D)無戶籍

國民經許可入國已逾停留或限令出國之期限者，逾期一年六個月以上，未滿二年六個月，限制再入國期間自出國之翌日起算三年。

( ) **7** 涉及臺灣地區無戶籍國民擬向內政部移民署申請在臺灣地區居留之相關規定，下列敘述，何者正確？ (A)現任或曾任僑選立法委員 (B)持我國護照入國，在臺灣地區合法連續停留五年以上，且每年居住一百八十三日以上 (C)有直系血親、配偶、兄弟姊妹或配偶之父母現在在臺灣地區設有戶籍。其親屬關係因收養發生者，被收養者年齡應在十二歲以下，且與收養者在臺灣地區共同居住，並以二人為限 (D)經許可者，內政部移民署應發給臺灣地區居留證，其有效期間自入國之當日起算，最長不得逾一年。

( ) **8** 在司法院釋字第802號解釋「跨國（境）婚姻媒合不得要求或期約報酬案」之中，下列何者並非本號解釋文之核心重點？ (A)人民工作權 (B)契約自由權 (C)婚姻權 (D)平等權。

( ) **9** 依據臺灣地區與大陸地區人民關係條例之規定，涉及兩岸政治議題之協議，下列何者正確？ (A)行政院應於協商開始6個月前，向立法院提出協議締結計畫及憲政或重大政治衝擊影響評估報告 (B)兩岸政治議題之協議締結計畫經全體立法委員四分之三之出席，及出席委員二分之一之同意，始得開啟簽署協議之協商 (C)所謂涉及政治議題之協議，係指具憲政或政經影響性之協議 (D)負責協議之機關依締結計畫完成協議草案之談判後，應於十五日內經行政院院會決議報請總統核定。總統核定後十五日內，行政院應主動公開協議草案之完整內容，函送立法院審議，並向立法院報告協議過程及憲政或重大政治衝擊影響評估。

( ) **10** 下列大陸地區人民，何者得申請在臺灣地區定居？ (A)其臺灣地區之配偶死亡，須在臺灣地區照顧父母或未成年之子女者 (B)臺灣地區人民之直系血親及配偶，年齡在七十歲以上、十二歲以下者 (C)民國三十四年前，因兵役關係滯留大陸地區之臺籍軍人及其配偶 (D)民國三十八年政府遷臺前，因作戰或執行公務被俘之前國軍官兵及其配偶。

(　　) **11** 內政部移民署於強制大陸地區人民出境前，應給予陳述意見之機會；強制已取得居留或定居許可之大陸地區人民出境前，並應召開審查會。但當事人有下列何種之情形者，得不經審查會審查，逕行強制出境？　(A)以書面聲明放棄陳述意見或自願出境　(B)以書面或口頭聲明放棄陳述意見或自願出境　(C)有危害國家利益、公共安全、公共秩序或從事恐怖活動之虞　(D)有從事恐怖活動或資助恐怖主義組織之虞。

(　　) **12** 臺灣地區無戶籍國民有下列何種情形之一者，內政部移民署應不予許可或禁止入國？　(A)參加暴力或恐怖組織或其活動　(B)有事實足認參加暴力或恐怖組織或其活動之虞　(C)涉及內亂罪、外患罪嫌疑　(D)涉嫌犯罪或有犯罪習慣。

(　　) **13** 臺灣地區無戶籍國民向內政部移民署申請在臺灣地區停留者，其停留之期間，原則上如何計算之？　(A)其停留期間為2個月　(B)其停留期間為3個月　(C)必要時得延期2次　(D)必要時得延期3次。

(　　) **14** 臺灣地區無戶籍國民有下列何種情形者，得向內政部移民署申請在臺灣地區定居？　(A)居住臺灣地區設有戶籍國民在國外出生之未成年子女，年齡應在十二歲以下，並以一人為限　(B)居住臺灣地區設有戶籍國民在國外出生之未成年子女，年齡應在十二歲以下，並以二人為限　(C)居住臺灣地區設有戶籍國民在國外出生之未成年子女，年齡應在十二歲以下　(D)居住臺灣地區設有戶籍國民在國外出生之未成年子女。

(　　) **15** 持停留期限在六十日以上，且未經簽證核發機關加註限制不准延期或其他限制之有效簽證入國之外國人，有下列何種情形者，得向內政部移民署申請居留，經許可者，發給外僑居留證？　(A)未滿二十歲之外國人，其直系尊親屬為現在在臺灣地區設有戶籍或獲准居留之我國國民，或經核准居留或永久居留之外國人　(B)配偶為現在在臺灣地區居住且設有戶籍或獲准居留之我國國民，或經核准居留或永久居留之外國人。但該核准居留之外國籍配偶係經中央勞動主管機關許可在我國從事就業服務法第四十六條第一項第八款至第十款工作者，不得申請 (C)基於外交、政治、經濟或其他重大事由之考量，經外交部專案核准在我國改換居留簽證 (D)外國公司在我國境內之成員。

( ) **16** 外國人得向內政部移民署申請永久居留之資格，下列相關資格要件或申請期限之敘述，何者正確？ (A)外國人在我國合法連續居留三年，每年居住超過一百八十三日，或居住臺灣地區設有戶籍國民，其外國籍之配偶、子女在我國合法居留五年以上，其中有三年每年居留超過一百八十三日 (B)外國人在我國合法連續居留五年，每年居住超過一百八十三日，或居住臺灣地區設有戶籍國民，其外國籍之配偶、子女在我國合法居留十年以上，其中有五年每年居留超過一百八十三日 (C)申請永久居留者，應於居留及居住期間屆滿後一年內申請之 (D)申請永久居留者，應於居留及居住期間屆滿後三年內申請之。

( ) **17** 外國人逾期居留未滿三十日，原申請居留原因仍繼續存在者，經依入出國及移民法之相關規定處罰後，得向內政部移民署重新申請居留；其申請永久居留者，核算在臺灣地區居留期間，應扣除多久期間？ (A)一個月 (B)三個月 (C)六個月 (D)一年。

( ) **18** 內政部移民署對於外國人於居留期間內，居留原因消失者，廢止其居留許可，並註銷其外僑居留證。但有下列何種之情形者，得准予繼續居留？ (A)外國人與本國雇主發生勞資爭議，正在進行爭訟程序 (B)外國人為臺灣地區設有戶籍國民或永久居留者之配偶，其本人遭受配偶身體或精神虐待，經法院核發保護令 (C)外國人於離婚後取得在臺灣地區已設有戶籍未成年子女監護權 (D)因遭受家庭暴力經法院判決離婚，且有在臺灣地區設有戶籍之未成年子女。

( ) **19** 下列何者為香港澳門關係條例所稱之主管機關？ (A)行政院 (B)大陸委員會 (C)內政部 (D)內政部移民署。

( ) **20** 有關駐臺各國使領館之外交官員，下列敘述，何者錯誤？ (A)外交人員應申請外僑居留證 (B)由外交部發給外交官員外交簽證 (C)外交簽證免收費用 (D)由外交部發給外交官員之眷屬外交簽證。

(　　) **21** 臺灣地區法人、團體或其他機構有香港或澳門來源所得者，應如何繳納所得稅？　(A)應併同臺灣地區來源所得課徵所得稅。但其在香港或澳門已繳納之稅額，得併同其國外所得依所得來源國稅法已繳納之所得稅額，自其全部應納稅額中扣抵70%　(B)應併同臺灣地區來源所得課徵所得稅。但其在香港或澳門已繳納之稅額，得併同其國外所得依所得來源國稅法已繳納之所得稅額，自其全部應納稅額中扣抵80%　(C)應併同臺灣地區來源所得課徵所得稅。但其在香港或澳門已繳納之稅額，得併同其國外所得依所得來源國稅法已繳納之所得稅額，自其全部應納稅額中扣抵90%　(D)應併同臺灣地區來源所得課徵所得稅。但其在香港或澳門已繳納之稅額，得併同其國外所得依所得來源國稅法已繳納之所得稅額，自其全部應納稅額中扣抵。

(　　) **22** 有關護照條例之相關條文規定，下列何者正確？　(A)護照：指由行政院、主管機關或駐外使領館、代表處、辦事處發給我國國民之國際旅行文件及國籍證明　(B)本條例之主管機關為外交部　(C)眷屬：指配偶、父母、未成年子女、已成年而身心障礙之未婚子女　(D)護照之適用對象為具有我國國籍者。但具有大陸地區人民、香港居民、澳門居民身分者，在其身分轉換為臺灣地區人民前，非經主管機關報請行政院許可，不適用之。

(　　) **23** 臺灣地區人民有香港或澳門來源所得者，其香港或澳門來源所得，所得稅部分，如何繳納之？　(A)免納所得稅　(B)免納三分之一之所得稅　(C)免納二分之一之所得稅　(D)經主管機關同意者，得於來源所得之三年內，每年免納二分之一之所得稅。

(　　) **24** 買賣護照，足以生損害於公眾或他人者，處一年以上七年以下有期徒刑，得併科新臺幣多少萬元以下罰金？　(A)70　(B)80　(C)100　(D)150。

(　　) **25** 辦理禮遇簽證所需之行政規費，需新臺幣多少元之費用？
(A)3000　(B)2000　(C)1000　(D)0。

( ) **26** 簽證之停留期限，其定義為下列何者？ (A)簽證效期內，持證人可持憑來我國之入境期限 (B)外交部核發外國護照以憑前來我國之許可 (C)自入境之翌日起算，得在我國境內停留之期限 (D)簽證核發之當日起算，持證人可有效持憑來我國之期限。

( ) **27** 有關我國護照上之姓名規範，下列何者正確？ (A)中文姓名得加列別名，以資辨別 (B)護照中文姓名及外文姓名均以一個為限 (C)國民身分證未記載外文姓名之國民，其護照外文姓名之字母含字間在內不得超過三十個字母 (D)外文姓名得列別名，其增刪變更不受限制。

( ) **28** 臺灣地區人民具有政務人員、直轄市市長身分者，進入大陸地區應經申請，並經內政部會同相關機關組成之審查會審查許可。組成此審查會之相關機關不包含下列何者？ (A)國家安全局 (B)國防部 (C)大陸委員會 (D)法務部。

( ) **29** 香港居民經許可進入臺灣地區設有戶籍者，依法令規定擔任下列何種職務，不受必須在臺灣地區設有戶籍滿十年之限制？ (A)義務役軍職 (B)立法委員 (C)縣（市）議員 (D)村（里）長。

( ) **30** 依據護照相關法令規定，護照用照片應符合下列那一國際組織之規範？ (A)聯合國 (B)世界旅遊組織 (C)國際民航組織 (D)國際航空運輸協會。

( ) **31** 下列何者非屬申請居留簽證之目的？ (A)就學 (B)尋職 (C)投資 (D)傳教弘法。

( ) **32** 依據護照條例規定，非有特殊情況並經主管機關核准，持照人不得同時持用超過一本之護照。對於有特殊情況之國人，外交部依法有許可持照人得加持另一本護照之權限。有關我國國民加持另一本護照，下列敘述何者正確？ (A)經核准加持之第二本普通護照效期為一年六個月 (B)凡具有中華民國國籍者均可申請 (C)加持之護照遺失，得申請補發 (D)申請加持之普通護照免徵收規費。

( ) **33** 下列何種情況，得申請補發護照？ (A)護照製作有瑕疵 (B)護照遺失 (C)護照污損不堪使用 (D)所持護照非屬現行最新式樣。

( ) **34** 下列何者為公務護照之適用對象？ (A)外國政府派遣來我國執行公務之人員及其眷屬 (B)外國政府派駐我國之人員及其眷屬、隨從 (C)政府間國際組織之我國籍職員及其眷屬 (D)政府間國際組織之外國籍職員應我國政府邀請來訪者及其眷屬。

( ) **35** 外國人有下列何種情形者，內政部移民署應禁止其出國？
(A)經財稅機關通知限制出國 (B)經國安機關通知限制出國
(C)經外交機關通知限制出國 (D)經地方政府機關通知限制出國。

( ) **36** 針對外國人在我國停留、居留期間所從事之活動的限制規定，下列何者錯誤？ (A)不得從事與許可停留、居留原因不符之活動或工作 (B)合法居留者，得進行請願 (C)合法居留者不得舉辦或參與集會遊行 (D)合法居留者享有言論與信仰自由。

( ) **37** 依據大陸地區人民及香港澳門居民收容管理辦法規定，下列有關收容處所之規範，何者正確？ (A)對有喧嘩、爭吵、鬥毆等行為之受收容人，應先予以制止，並得處以延長收容之處分 (B)受收容人請求攜帶未滿三歲之子女者，得准許之 (C)收容處所應事先報經內政部核准後，始得安排參觀、訪問 (D)受收容人於收容期間所支出之必要費用，若受收容人無力支付時，得以勞動服務抵充收容期間所支出之必要費用。

( ) **38** 依據臺灣地區與大陸地區人民關係條例規定，有關民事事件之處理，下列敘述何者錯誤？ (A)大陸地區人民相互間及其與外國人間之民事事件，原則上適用大陸地區之規定 (B)大陸地區人民若為未成年人已結婚者，就其在臺灣地區之法律行為，視為有行為能力 (C)大陸地區之法人、團體或其他機構，其權利能力及行為能力，應依臺灣地區之規定 (D)物權之法律行為，其方式依物之所在地之規定。

( ) **39** 大陸船舶未經許可進入臺灣地區限制或禁止水域，經扣留者，得處該船舶所有人、營運人或船長、駕駛人罰鍰。該罰鍰由那一機關訂定裁罰標準，並執行之？ (A)財政部關務署 (B)國防部海軍司令部 (C)內政部移民署 (D)海岸巡防機關。

( ) **40** 有關簽證之核發，下列敘述，何者正確？ (A)駐外館處簽發之居留簽證可分為單次入境與多次入境 (B)停留簽證之效期最長不得超過五年，入境次數僅限單次 (C)駐外館處受理居留簽證之申請，非經主管機關核准，不得核發 (D)簽證之效期，係指自簽證核發之當日起算，持證人可居留或停留我國境內之期限。

( ) **41** 有關香港或澳門地區居民入出境臺灣地區，下列敘述，何者正確？(A)應持有效之入出境證件及有效期間六個月以上之香港或澳門護照查驗入境 (B)若持有臺灣地區居留證者，得以有效護照查驗入境 (C)入境前，應填入境登記表，由機場、港口入境查驗單位於其入境查驗時收繳，送大陸委員會處理 (D)持有中華民國居留證者，仍應填繳入境登記表，經查驗後入境。

( ) **42** 依據護照條例施行細則之規定，下列何者不能作為具有我國國籍之證明文件？ (A)歸化國籍許可證書 (B)全民健康保險卡 (C)護照 (D)華僑登記證。

( ) **43** 臺灣地區人民不得在大陸地區設有戶籍或領用大陸地區護照，若有違反者，其法律效果為何？ (A)喪失因臺灣地區人民身分所衍生之權利與義務 (B)僅喪失在臺灣地區之被選舉權，選舉權不因此而喪失 (C)嗣後註銷大陸地區戶籍或放棄持用大陸地區護照，得向大陸委員會申請許可回復臺灣地區人民身分 (D)就養榮民未依規定經核准，而在大陸地區設有戶籍或領用大陸地區護照者，停止領受就養給付、身心障礙撫卹金之權利。

( ) **44** 具有大陸地區人民或港澳地區居民身分，經許可在臺灣地區居留且符合相關條件者，得申請並經許可後持有我國護照，持用普通護照。此類護照必須在護照註記頁加蓋何種戳章？ (A)具有大陸地區人民身分者，護照註記頁併加蓋新字戳記 (B)具港澳居民身分者，護照註記頁併加蓋新字戳記 (C)具港澳居民身分者，護照註記頁併加蓋港字戳記 (D)具有大陸地區人民身分者，護照註記頁併加蓋特字戳記。

( ) **45** 內政部移民署對有下列何種情形者，撤銷或廢止其居留許可，並註銷其外僑居留證？ (A)因過失犯罪，經判處一年有期徒刑以上之刑確定 (B)已取得外僑永久居留證 (C)兼具我國國籍，但以外國人身分入出國、居留或定居 (D)申請資料欠缺或不符。

( ) **46** 香港地區居民在臺灣逾期居留未滿幾日，若原申請居留原因仍繼續存在者，可依相關規定繳納罰鍰後，得向內政部移民署重新申請居留？ (A)三十日 (B)四十五日 (C)二個月 (D)一年。

( ) **47** 對內政部移民署暫予收容處分不服者，得於受收容人收受收容處分書後暫予收容期間內，以言詞或書面敘明理由，向內政部移民署提出收容異議。此規定中收容異議之有權提出者不包含下列何者？ (A)受收容人之兄弟姊妹 (B)受收容人直系親屬 (C)受收容人法定代理人 (D)受收容人其本國駐華使領館、辦事處或授權機構之人員。

( ) **48** 大陸地區人民為臺灣地區人民配偶，得以何種資格目的申請進入臺灣地區，經許可入境後，得申請在臺灣地區依親居留？
(A)觀光 (B)團聚 (C)就業 (D)結婚。

( ) **49** 香港或澳門居民有下列何種情形者，得申請在臺灣地區定居？
(A)未滿十二歲，持入出境許可入境，其父或母原在臺灣地區設有戶籍 (B)在臺灣地區有新臺幣六百萬元以上之投資，經中央目的事業主管機關審查通過 (C)經中央目的事業主管機關核准來臺就學 (D)在國外執教、研究新興學術或具有特殊技術與經驗。

( ) **50** 有關移民業務管理之規定，下列敘述何者正確？ (A)經營移民業務者，以財團法人為限，於辦理人民團體登記後，向內政部移民署領取註冊登記證 (B)經營移民業務之業者，得依法將跨國（境）婚姻媒合列為營業項目 (C)跨國（境）婚姻媒合得在合理範圍內要求報酬 (D)財團法人從事跨國（境）婚姻媒合者，應經內政部移民署許可，並定期陳報媒合業務狀況。

解答及解析 （答案標示為#者，表官方曾公告更正該題答案）

1 (A)。入出國及移民法第76條規定：「有下列情形之一者，處新臺幣二十萬元以上一百萬元以下罰鍰，並得按次連續處罰：
一、公司或商號從事跨國（境）婚姻媒合。
二、從事跨國（境）婚姻媒合而要求或期約報酬。」
本題答案應選擇(A)。

2 (A)。入出國及移民法第38-6條規定：「移民署為暫予收容處分、收容替代處分及強制驅逐出國處分時，應以受處分人理解之語文作成書面通知，附記處分理由及不服處分提起救濟之方法、期間、受理機關等相關規定；並應聯繫當事人原籍國駐華使領館、授權機構或通知其在臺指定之親友，至遲不得逾二十四小時。」
本題答案應選擇(A)。

3 (D)。入出國及移民法第3條第8款規定：「八、居留：指在臺灣地區居住期間超過六個月。」
本題答案應選擇(D)。

4 (C)。入出國及移民法第32條規定：「移民署對有下列情形之一者，撤銷或廢止其居留許可，並註銷其外僑居留證：
一、申請資料虛偽或不實。
二、持用不法取得、偽造或變造之證件。
三、經判處一年有期徒刑以上之刑確定。但因過失犯罪者，不在此限。
四、回復我國國籍。
五、取得我國國籍。
六、兼具我國國籍，以國民身分入出國、居留或定居。
七、已取得外僑永久居留證。
八、受驅逐出國。」
(C)之敘述不屬之，本題答案應選擇(C)。

5 (A)。入出國及移民法第1條規定：「為統籌入出國管理，確保國家安全、保障人權；規範移民事務，落實移民輔導，特制定本法。」
(A)之敘述不屬之，本題答案應選擇(A)。

6 (A)。不予許可或禁止臺灣地區無戶籍國民入國及限制再入國期間處理原則第三點規定：「無戶籍國民未經許可入國者，限制再入國二年。」另同原則第四點規定：「四、無戶籍國民經許可入國已逾停留或限令出國之期限者，其限制再入國期間如下：
(一)逾期未滿六個月，不予限制再入國。
(二)逾期六個月以上，未滿一年六個月，限制再入國期間自出國之翌日起算一年。
(三)逾期一年六個月以上，未滿二年六個月，限制再入國期間自出國之翌日起算二年。

(四)逾期二年六個月以上，限制再入國期間自出國之翌日起算三年。」
本題答案應選擇(A)。

7 (C)。入出國及移民法第9條第1項第1、2、5款規定：「臺灣地區無戶籍國民有下列情形之一者，得向移民署申請在臺灣地區居留：

一、有直系血親、配偶、兄弟姊妹或配偶之父母現在在臺灣地區設有戶籍。其親屬關係因收養發生者，被收養者年齡應在十二歲以下，且與收養者在臺灣地區共同居住，並以二人為限。

二、現任僑選立法委員。……

五、持我國護照入國，在臺灣地區合法連續停留七年以上，且每年居住一百八十三日以上。」

同條第3項規定：「依第一項規定申請居留經許可者，移民署應發給臺灣地區居留證，其有效期間自入國之翌日起算，最長不得逾三年。」
本題答案應選擇(C)。

8 (C)。司法院釋字第802號解釋文謂：「入出國及移民法第58條第2項規定：『跨國（境）婚姻媒合不得要求或期約報酬。』與憲法第15條保障人民工作權、第22條契約自由及第7條平等權之意旨尚無違背。

入出國及移民法第76條第2款規定：『有下列情形之一者，處新臺幣20萬元以上100萬元以下罰鍰，並得按次連續處罰：……二、從事跨國（境）婚姻媒合而要求或期約報酬。』與憲法第15條保障人民財產權之意旨尚無違背。」

(C)之敘述不屬之，本題答案應選擇(C)。

9 (D)。臺灣地區與大陸地區人民關係條例第5-3條第1、2、5項規定：「涉及政治議題之協議，行政院應於協商開始九十日前，向立法院提出協議締結計畫及憲政或重大政治衝擊影響評估報告。締結計畫經全體立法委員四分之三之出席，及出席委員四分之三之同意，始得開啟簽署協議之協商。」、「前項涉及政治議題之協議，係指具憲政或重大政治影響性之協議。」、「負責協議之機關依締結計畫完成協議草案之談判後，應於十五日內經行政院院會決議報請總統核定。總統核定後十五日內，行政院應主動公開協議草案之完整內容，函送立法院審議，並向立法院報告協議過程及憲政或重大政治衝擊影響評估。」
本題答案應選擇(D)。

10 (B)。臺灣地區與大陸地區人民關係條例第16條第2項規定：「大陸地區人民有下列情形之一者，得申請在臺灣地區定居：

一、臺灣地區人民之直系血親及配偶，年齡在七十歲以上、十二歲以下者。

二、其臺灣地區之配偶死亡，須在臺灣地區照顧未成年之親生子女者。

三、民國三十四年後，因兵役關係滯留大陸地區之臺籍軍人及其配偶。

四、民國三十八年政府遷臺後，因作戰或執行特種任務被俘之前國軍官兵及其配偶。

五、民國三十八年政府遷臺前，以公費派赴大陸地區求學人員及其配偶。

六、民國七十六年十一月一日前，因船舶故障、海難或其他不可抗力之事由滯留大陸地區，且在臺灣地區原有戶籍之漁民或船員。」

本題答案應選擇(B)。

11 (A)。臺灣地區與大陸地區人民關係條例第18條第3項規定：「內政部移民署於強制大陸地區人民出境前，應給予陳述意見之機會；強制已取得居留或定居許可之大陸地區人民出境前，並應召開審查會。但當事人有下列情形之一者，得不經審查會審查，逕行強制出境：

一、以書面聲明放棄陳述意見或自願出境。

二、依其他法律規定限令出境。

三、有危害國家利益、公共安全、公共秩序或從事恐怖活動之虞，且情況急迫應即時處分。」

本題答案應選擇(A)。

12 (A)。入出國及移民法第7條第1項規定：「臺灣地區無戶籍國民有下列情形之一者，移民署應不予許可或禁止入國：

一、參加暴力或恐怖組織或其活動。

二、涉及內亂罪、外患罪重大嫌疑。

三、涉嫌重大犯罪或有犯罪習慣。

四、護照或入國許可證件係不法取得、偽造、變造或冒用。」

本題答案應選擇(A)。

13 (B)。入出國及移民法第8條第1項前段規定：「臺灣地區無戶籍國民向移民署申請在臺灣地區停留者，其停留期間為三個月；必要時得延期一次，並自入國之翌日起，併計六個月為限。」

本題答案應選擇(B)。

14 (D)。入出國及移民法第10條第1項規定：「臺灣地區無戶籍國民有下列情形之一者，得向移民署申請在臺灣地區定居：

一、前條第一項第一款至第十一款之申請人及其隨同申請之配偶及未成年子女，經依前條規定許可居留者，在臺灣地區連續居留或居留滿一定期間，仍具備原居留條件。但依前條第一項第二款或第八款規定許可居留者，不受連續居留或居留滿一定期間之限制。

二、居住臺灣地區設有戶籍國民在國外出生之未成年子女。」

同法第9條第1項第1款至第11款規定：「臺灣地區無戶籍國民有下列

情形之一者，得向移民署申請在臺灣地區居留：

一、有直系血親、配偶、兄弟姊妹或配偶之父母現在在臺灣地區設有戶籍。其親屬關係因收養發生者，被收養者年齡應在十二歲以下，且與收養者在臺灣地區共同居住，並以二人為限。

二、現任僑選立法委員。

三、歸化取得我國國籍。

四、居住臺灣地區設有戶籍國民在國外出生之成年子女。

五、持我國護照入國，在臺灣地區合法連續停留七年以上，且每年居住一百八十三日以上。

六、在臺灣地區有一定金額以上之投資，經中央目的事業主管機關核准或備查。

七、曾在臺灣地區居留之第十二款僑生畢業後，返回僑居地服務滿二年。

八、對國家、社會有特殊貢獻，或為臺灣地區所需之高級專業人才。

九、具有特殊技術或專長，經中央目的事業主管機關延聘回國。

十、前款以外，經政府機關或公私立大專校院任用或聘僱。

十一、經中央勞動主管機關或目的事業主管機關許可在臺灣地區從事就業服務法第四十六條第一項第一款至第七款或第十一款工作。」

15 (#)。 現行入出國及移民法第23條第1項規定：「持停留期限在六十日以上，且未經簽證核發機關加註限制不准延期或其他限制之有效簽證入國之外國人，有下列情形之一者，得向入出國及移民署申請居留，經許可者，發給外僑居留證：

一、配偶為現在在臺灣地區居住且設有戶籍或獲准居留之我國國民，或經核准居留或永久居留之外國人。但該核准居留之外國籍配偶係經中央勞工主管機關許可在我國從事就業服務法第四十六條第一項第八款至第十款工作者，不得申請。

二、未滿二十歲之外國人，其直系尊親屬為現在在臺灣地區設有戶籍或獲准居留之我國國民，或經核准居留或永久居留之外國人。其親屬關係因收養而發生者，被收養者應與收養者在臺灣地區共同居住。

三、經中央勞工主管機關或目的事業主管機關許可在我國從事就業服務法第四十六條第一項第一款至第七款或第十一款工作。

四、在我國有一定金額以上之投資，經中央目的事業主管機關核准或備查之投資人或外國法人投資人之代表人。

五、經依公司法認許之外國公司在我國境內之負責人。

六、基於外交考量，經外交部專案核准在我國改換居留簽證。」

而110年1月27日修正、112年1月1日施行之入出國及移民法第23條第1項規定，將第1項之序文及同項第2款修正為：「持停留期限在六十日以上，且未經簽證核發機關加註限制不准延期或其他限制之有效簽證入國之外國人，有下列情形之一者，得向移民署申請居留，經許可者，發給外僑居留證：……二、未滿十八歲之外國人，其直系尊親屬為現在在臺灣地區設有戶籍或獲准居留之我國國民，或經核准居留或永久居留之外國人。其親屬關係因收養而發生者，被收養者應與收養者在臺灣地區共同居住。」

因此本題考選部公告答(A)或(B)者均給分。

16 (B)。現行入出國及移民法第25條第1項規定：「外國人在我國合法連續居留五年，每年居住超過一百八十三日，或居住臺灣地區設有戶籍國民，其外國籍之配偶、子女在我國合法居留十年以上，其中有五年每年居留超過一百八十三日，並符合下列要件者，得向入出國及移民署申請永久居留。但以就學或經中央勞工主管機關許可在我國從事就業服務法第四十六條第一項第八款至第十款工作之原因許可居留者及以其為依親對象許可居留者，在我國居留（住）之期間，不予計入：

一、二十歲以上。

二、品行端正。

三、有相當之財產或技能，足以自立。

四、符合我國國家利益。」

另應注意：110年1月27日修正、112年1月1日施行之入出國及移民法第25條第1項規定：「外國人在我國合法連續居留五年，每年居住超過一百八十三日，或居住臺灣地區設有戶籍國民，其外國籍之配偶、子女在我國合法居留十年以上，其中有五年每年居留超過一百八十三日，並符合下列要件者，得向移民署申請永久居留。但以就學或經中央勞動主管機關許可在我國從事就業服務法第四十六條第一項第八款至第十款工作之原因許可居留者及以其為依親對象許可居留者，在我國居留（住）之期間，不予計入：

一、十八歲以上。

二、品行端正。

三、有相當之財產或技能，足以自立。

四、符合我國國家利益。」

本題答案應選擇(B)。

17 (D)。入出國及移民法第31條第3項規定：「外國人逾期居留未滿三十日，原申請居留原因仍繼續存在者，經依第八十五條第四款規定處罰後，得向移民署重新申請居留；其申請永久居留者，核算在臺灣地區居留期間，應扣除一年。」

本題答案應選擇(D)。

18 (A)。入出國及移民法第31條第4項規定：「移民署對於外國人於居留期間內，居留原因消失者，廢止其居留許可，並註銷其外僑居留證。但有下列各款情形之一者，得准予繼續居留：

一、因依親對象死亡。

二、外國人為臺灣地區設有戶籍國民之配偶，其本人遭受配偶身體或精神虐待，經法院核發保護令。

三、外國人於離婚後取得在臺灣地區已設有戶籍未成年親生子女監護權。

四、因遭受家庭暴力經法院判決離婚，且有在臺灣地區設有戶籍之未成年親生子女。

五、因居留許可被廢止而遭強制出國，對在臺灣地區已設有戶籍未成年親生子女造成重大且難以回復損害之虞。

六、外國人與本國雇主發生勞資爭議，正在進行爭訟程序。」

本題答案應選擇(A)。

19 (B)。香港澳門關係條例第5條規定：「本條例所稱主管機關為行政院大陸委員會。」

本題答案應選擇(B)。

20 (A)。外國護照簽證條例第8條規定：「外交簽證適用於持外交護照或元首通行狀之下列人士：一、外國元首、副元首、總理、副總理、外交部長及其眷屬。二、外國政府派駐我國之人員及其眷屬、隨從。三、外國政府派遣來我國執行短期外交任務之官員及其眷屬。四、政府間國際組織之外國籍行政首長、副首長等高級職員因公來我國者及其眷屬。五、外國政府所派之外交信差。」

同條例第14條規定：「外交簽證及禮遇簽證，免收費用。其他簽證，除條約、協定另有規定或依互惠原則或因公務需要經外交部核准減免者外，均應徵收費用；其收費基準，由外交部定之。」

(A)之敘述錯誤，本題答案應選擇(A)。

21 (D)。香港澳門關係條例第28條第2項規定：「臺灣地區法人、團體或其他機構有香港或澳門來源所得者，應併同臺灣地區來源所得課徵所得稅。但其在香港或澳門已繳納之稅額，得併同其國外所得依所得來源國稅法已繳納之所得稅額，自其全部應納稅額中扣抵。」

本題答案應選擇(D)。

22 (B)。現行護照條例第4條規定：「本條例用詞，定義如下：

一、護照：指由主管機關或駐外使領館、代表處、辦事處（以下簡稱駐外館處）發給我國國民之國際旅行文件及國籍證明。

二、眷屬：指配偶、父母、未成年未婚子女、已成年而尚在就學或已成年而身心障礙且無謀生能力之未婚子女。」

同條例第2條規定:「本條例之主管機關為外交部。」
同條例第6條規定:「護照之適用對象為具有我國國籍者。但具有大陸地區人民、香港居民、澳門居民身分者,在其身分轉換為臺灣地區人民前,非經主管機關許可,不適用之。」
本題答案應選擇(B)。
(110年1月20日修正、施行日期未定之護照條例第4條規定:「本條例用詞,定義如下:
一、護照:指由主管機關或駐外使領館、代表處、辦事處(以下簡稱駐外館處)發給我國國民之國際旅行文件及國籍證明。
二、眷屬:指配偶、父母、未成年子女、已成年而尚在就學或已成年而身心障礙且無謀生能力之未婚子女。」)

23 (A)。香港澳門關係條例第28條第1項規定:「臺灣地區人民有香港或澳門來源所得者,其香港或澳門來源所得,免納所得稅。」
本題答案應選擇(A)。

24 (A)。護照條例第29條第1款規定:「有下列情形之一,足以生損害於公眾或他人者,處一年以上七年以下有期徒刑,得併科新臺幣七十萬元以下罰金:一、買賣護照。」

25 (D)。外國護照簽證條例第14條規定:「外交簽證及禮遇簽證,免收費用。其他簽證,除條約、協定另有規定或依互惠原則或因公務需要經外交部核准減免者外,均應徵收費用;其收費基準,由外交部定之。」
本題答案應選擇(D)。

26 (C)。外國護照簽證條例施行細則第8條第2項規定:「本條例第七條第二項所稱簽證之停留期限,指自入境之翌日起算,得在我國境內停留之期限。」
本題答案應選擇(C)。

27 (B)。護照條例施行細則第13條規定:「護照中文姓名及外文姓名均以一個為限;中文姓名不得加列別名,外文別名除本細則另有規定外,以一個為限。」
本題答案應選擇(B)。

28 (B)。臺灣地區與大陸地區人民關係條例第9條第4項規定:「臺灣地區人民具有下列身分者,進入大陸地區應經申請,並經內政部會同國家安全局、法務部、大陸委員會及相關機關組成之審查會審查許可:
一、政務人員、直轄市長。
二、於國防、外交、科技、情報、大陸事務或其他相關機關從事涉及國家安全、利益或機密業務之人員。
三、受前款機關委託從事涉及國家安全、利益或機密公務之個人或法人、團體、其他機構之成員。
四、前三款退離職或受委託終止未滿三年之人員。

五、縣(市)長。

六、受政府機關(構)委託、補助或出資達一定基準從事涉及國家核心關鍵技術業務之個人或法人、團體、其他機構之成員;受委託、補助、出資終止或離職未滿三年者,亦同。」

(B)之敘述不屬之,本題答案應選擇(B)。

29 (A)。香港澳門關係條例第16條第1項規定:「香港及澳門居民經許可進入臺灣地區者,非在臺灣地區設有戶籍滿十年,不得登記為公職候選人、擔任軍職及組織政黨。」

同條例施行細則第23條規定:「本條例第十六條所稱擔任軍職,係指依陸海空軍軍官士官任官條例及陸海空軍軍官士官任職條例擔任軍職。但不包括服義務役者在內。」

本題答案應選擇(A)。

30 (C)。護照條例第10條規定:「護照用照片應符合國際民航組織規範,不得使用合成照片。照片之規格及標準由主管機關公告之。」

本題答案應選擇(C)。

31 (B)。外國護照簽證條例施行細則第13條第1項規定:「申請居留簽證目的,包括依親、就學、應聘、受僱、投資、傳教弘法、執行公務、國際交流及經外交部核准或其他相關中央目的事業主管機關許可之活動。」

(B)之敘述不屬之,本題答案應選擇(B)。

32 (A)。護照條例第18條規定:「護照申請人不得與他人申請合領一本護照;非因特殊理由,並經主管機關核准,持照人不得同時持用超過一本之護照。」

(A)申請加持第二本普通護照送件須知(下同)第五點第(一)小點規定:「五、護照效期、規費及核發天數:(一)經核准加持之普通護照效期以一年六個月為限。」

(B)第二點規定:「二、適用對象:符合下列情形之一之在臺設有戶籍國民:(一)商務需要:因商務需要同時趕辦多個國家簽證,或在申辦簽證期間另需護照緊急出國處理商務。(二)國際政治因素:1.現持護照內頁有特定國家之簽證或入出境章戳,致申請擬赴國家之簽證或入境該國可能遭拒絕情形。2.擬赴國家因敵對因素,致先赴其中一國再赴另一國可能遭拒絕入境情形。(三)因緊急事由或其他不可抗力原因,經外交部認定確有加持必要。」

(C)第六點第(三)小點規定:「六、使用加持護照注意事項:……(三)加持之護照效期屆滿或遺失,不得換發或補發。倘有需要再加持,應重新申請。」

(D)第五點第(二)小點規定:「五、護照效期、規費及核發天數:……(二)加持之普通護照應徵收之規費及速件處理費均依一般普通護照相關規定辦理。」

本題答案應選擇(A)。

※然應注意:【申請加持第二本普通護照送件須知】業已於110年3月31日經外交部外授領一字第1106601250號令發布廢止;並自即日生效。

33 (B)。護照條例第20條規定:「持照人護照遺失或滅失者,得申請補發,其效期為五年。但有下列情形之一者,依其規定:

一、因天災、事變或其他特殊情形致護照滅失,經主管機關或駐外館處查明屬實者,其效期依第十一條第一項規定辦理。

二、護照申報遺失後於補發前尋獲,原護照所餘效期逾五年者,得依原效期補發。

三、符合第二十一條第三項規定。」

本題答案應選擇(B)。

34 (C)。護照條例第10條規定:「公務護照之適用對象如下:

一、各級政府機關因公派駐國外之人員及其眷屬。

二、各級政府機關因公出國之人員及其同行之配偶。

三、政府間國際組織之我國籍職員及其眷屬。

四、經主管機關核准,受政府委託辦理公務之法人、團體派駐國外人員及其眷屬;或受政府委託從事國際交流或活動之法人、團體派赴國外人員及其同行之配偶。」

本題答案應選擇(C)。

35 (A)。入出國及移民法第21條第1項規定:「外國人有下列情形之一者,移民署應禁止其出國:

一、經司法機關通知限制出國。

二、經財稅機關通知限制出國。」

本題答案應選擇(A)。

36 (C)。入出國及移民法第29條規定:「外國人在我國停留、居留期間,不得從事與許可停留、居留原因不符之活動或工作。但合法居留者,其請願及合法集會遊行,不在此限。」

(C)之敘述錯誤,本題答案應選擇(C)。

37 (B)。

(A)大陸地區人民及香港澳門居民收容管理辦法(下同)第5條第1項第2款規定:「收容處所於受收容人入所時,應告知受收容人遵守下列事項:……二、不得有喧嘩、爭吵、鬥毆、攻擊管理人員或脫逃之行為。」

(B)第7條規定:「受收容人請求攜帶未滿三歲之子女者,得准許之。」

(C)第11條規定:「收容處所應事先報經移民署核准後,始得安排參觀、訪問。」

(D)第9條規定:「受收容人於收容期間所支出之必要費用,除由受收容人支付外,應由其保證人支付;受收容人無力支付,無保證人或保證人無力支付時,由移民署支付。」

本題答案應選擇(B)。

38 (C)。

(A)臺灣地區與大陸地區人民關係條例(下同)第41條第2項規定:「大陸地區人民相互間及其與外國人間之民事事件,除本條例另有規定外,適用大陸地區之規定。」

(B)第46條第1項規定:「大陸地區人民之行為能力,依該地區之規定。但未成年人已結婚者,就其在臺灣地區之法律行為,視為有行為能力。」

(C)第46條第2項規定:「大陸地區之法人、團體或其他機構,其權利能力及行為能力,依該地區之規定。」

(D)第47條第2項規定:「物權之法律行為,其方式依物之所在地之規定。」

(C)之敘述錯誤,本題答案應選擇(C)。

39 (D)。臺灣地區與大陸地區人民關係條例第32條第1項規定:「大陸船舶未經許可進入臺灣地區限制或禁止水域,主管機關得逕行驅離或扣留其船舶、物品,留置其人員或為必要之防衛處置。」

同條例第80-1條規定:「大陸船舶違反第三十二條第一項規定,經扣留者,得處該船舶所有人、營運人或船長、駕駛人新臺幣三十萬元以上一千萬元以下罰鍰。

前項所定之罰鍰,由海岸巡防機關訂定裁罰標準,並執行之。」

本題答案應選擇(D)。

40 (C)。外國護照簽證條例第5條第2項規定:「外國護照簽證之核發,由外交部或駐外館處辦理。但駐外館處受理居留簽證之申請,非經主管機關核准,不得核發。」

本題答案應選擇(C)。

41 (B)。香港澳門居民進入臺灣地區及居留定居許可辦法第3條第1項規定:「香港或澳門居民應持有效之入出境證件及有效期間三個月以上之香港護照、英國國民(海外)護照或澳門護照,經機場、港口查驗入出境。但持臺灣地區居留證、臺灣地區居留入出境證者,得以有效護照查驗入境。」

本題答案應選擇(B)。

42 (B)。護照條例施行細則第4條規定:「本條例第六條所稱具有我國國籍者,應檢附下列各款文件之一,以為證明:

一、戶籍資料。

二、國民身分證。

三、護照。

四、國籍證明書。

五、華僑登記證。

六、華僑身分證明書。但不包括檢附華裔證明文件向僑務委員會申請核發者。

七、父母一方具有我國國籍證明及本人出生證明。

八、 歸化國籍許可證書。
九、 其他經內政部認定之證明文件。」

(B)之敘述不屬之，本題答案應選擇(B)。

43 (D)。臺灣地區與大陸地區人民關係條例第9-1條第1項、第2項規定：「臺灣地區人民不得在大陸地區設有戶籍或領用大陸地區護照。

違反前項規定在大陸地區設有戶籍或領用大陸地區護照者，除經有關機關認有特殊考量必要外，喪失臺灣地區人民身分及其在臺灣地區選舉、罷免、創制、複決、擔任軍職、公職及其他以在臺灣地區設有戶籍所衍生相關權利，並由戶政機關註銷其臺灣地區之戶籍登記；但其因臺灣地區人民身分所負之責任及義務，不因而喪失或免除。」

同條例第9-2條第1項規定：「依前條規定喪失臺灣地區人民身分者，嗣後註銷大陸地區戶籍或放棄持用大陸地區護照，得向內政部申請許可回復臺灣地區人民身分，並返回臺灣地區定居。」

同條例第27條第2項規定：「就養榮民未依前項規定經核准，而在大陸地區設有戶籍或領用大陸地區護照者，停止領受就養給付、身心障礙撫卹金之權利，俟其經依第九條之二規定許可回復臺灣地區人民身分後恢復。」

本題答案應選擇(D)。

44 (A)。護照申請及核發辦法第23條第1項前段、第4項規定：「具有大陸地區人民、香港居民、澳門居民身分，經許可在臺灣地區居留且符合下列情形之一者，得檢附中央相關主管機關核准函或申請書及相關證明文件，經主管機關依本條例第六條但書規定許可後，持用普通護照：……

申請人具有大陸地區人民身分者，護照註記頁併加蓋新字戳記；具香港居民或澳門居民身分者，護照註記頁併加蓋特字戳記。」

本題答案應選擇(A)。

45 (B)。入出國及移民法第32條規定：「移民署對有下列情形之一者，撤銷或廢止其居留許可，並註銷其外僑居留證：

一、 申請資料虛偽或不實。
二、 持用不法取得、偽造或變造之證件。
三、 經判處一年有期徒刑以上之刑確定。但因過失犯罪者，不在此限。
四、 回復我國國籍。
五、 取得我國國籍。
六、 兼具我國國籍，以國民身分入出國、居留或定居。
七、 已取得外僑永久居留證。
八、 受驅逐出國。」

本題答案應選擇(B)。

46 (A)。香港澳門關係條例第14-2條規定：「香港或澳門居民逾期居留未滿三十日，原申請居留原因仍繼續存在者，經依第四十七條之一規定處罰後，得向內政部移民署重新申請居留；其申請定居者，核算在臺灣地區居留期間，應扣除一年。」

本題答案應選擇(A)。

47 (D)。入出國及移民法第38-2條第1項規定：「受收容人或其配偶、直系親屬、法定代理人、兄弟姊妹，對第三十八條第一項暫予收容處分不服者，得於受收容人收受收容處分書後暫予收容期間內，以言詞或書面敘明理由，向移民署提出收容異議；其以言詞提出者，應由移民署作成書面紀錄。」

48 (B)。臺灣地區與大陸地區人民關係條例第17條第1項規定：「大陸地區人民為臺灣地區人民配偶，得依法令申請進入臺灣地區團聚，經許可入境後，得申請在臺灣地區依親居留。」

本題答案應選擇(B)。

49 (A)。香港澳門居民進入臺灣地區及居留定居許可辦法第29條第1項規定：「香港或澳門居民有下列情形之一者，得申請在臺灣地區定居：

一、依第十六條第一項第一款至第六款、第七款後段、第九款至第十二款規定之申請人與其隨同申請之配偶及未成年子女，經許可居留，在臺灣地區居留一定期間，仍具備原申請在臺灣地區居留之條件。但依同條項第一款規定申請者，其直系血親或配偶死亡者，仍得申請定居。

二、未滿十二歲，持入出境許可入境，其父或母原在臺灣地區設有戶籍。

三、有本條例第十七條之情形。

四、經中央目的事業主管機關核准來臺就學者畢業後，依第十六條第一項第八款規定許可居留連續滿五年，每年在臺灣地區居住一百八十三日以上，且最近一年於臺灣地區平均每月收入逾中央勞動主管機關公告基本工資二倍。取得博士學位者及碩士學位者得各折抵二年及一年在臺連續居留期間；二者不得合併折抵。」

本題答案應選擇(A)。

50 (D)。入出國及移民法第59條第1項規定：「財團法人及非以營利為目的之社團法人從事跨國（境）婚姻媒合者，應經移民署許可，並定期陳報媒合業務狀況。」

本題答案應選擇(D)。

111年 高考三級

一、外國人申請居留或變更居留原因，在何種情形下主管機關得不予許可？請依現行法相關規定闡述之。

答 (一)有關外國人申請居留或變更居留之原因，入出國及移民法第23條第1項規定：「持停留期限在六十日以上，且未經簽證核發機關加註限制不准延期或其他限制之有效簽證入國之外國人，有下列情形之一者，得向移民署申請居留，經許可者，發給外僑居留證：

一、配偶為現在在臺灣地區居住且設有戶籍或獲准居留之我國國民，或經核准居留或永久居留之外國人。但該核准居留之外國籍配偶係經中央勞動主管機關許可在我國從事就業服務法第四十六條第一項第八款至第十款工作者，不得申請。

二、未滿十八歲之外國人，其直系尊親屬為現在在臺灣地區設有戶籍或獲准居留之我國國民，或經核准居留或永久居留之外國人。其親屬關係因收養而發生者，被收養者應與收養者在臺灣地區共同居住。

三、經中央勞動主管機關或目的事業主管機關許可在我國從事就業服務法第四十六條第一項第一款至第七款或第十一款工作。

四、在我國有一定金額以上之投資，經中央目的事業主管機關核准或備查之投資人或外國法人投資人之代表人。

五、外國公司在我國境內之負責人。

六、基於外交考量，經外交部專案核准在我國改換居留簽證。」

(二)至於在何種情況下，主管機關得不予許可，則規定在同法第24條第1項：「外國人依前條規定申請居留或變更居留原因，有下列情形之一者，移民署得不予許可：

一、有危害我國利益、公共安全、公共秩序之虞。

二、有從事恐怖活動之虞。

三、曾有犯罪紀錄或曾遭拒絕入國、限令出國或驅逐出國。

四、曾非法入國。

五、冒用身分或以不法取得、偽造、變造之證件申請。

六、曾經協助他人非法入出國或提供身分證件予他人持以非法入出國。

七、有事實足認其係通謀而為虛偽之結婚或收養。

八、中央衛生主管機關指定健康檢查項目不合格。

九、所持護照失效或其外國人身分不為我國承認或接受。

十、曾經逾期停留、逾期居留。

十一、曾經在我國從事與許可原因不符之活動或工作。

十二、妨害善良風俗之行為。

十三、經合法通知，無正當理由拒絕到場面談。

十四、無正當理由規避、妨礙或拒絕接受第七十條之查察。

十五、曾為居住臺灣地區設有戶籍國民其戶籍未辦妥遷出登記，或年滿十五歲之翌年一月一日起至屆滿三十六歲之年十二月三十一日止，尚未履行兵役義務之接近役齡男子或役齡男子。

十六、其他經主管機關認定公告者。」

二、大陸漁船甲未經許可闖入臺灣地區限制水域從事漁撈作業，臺灣地區人民A並利用甲漁船，將大陸地區人民運送至臺灣地區漁港。主管機關依法對於甲漁船及A分別得作何種處置，請依現行法相關規定闡述之。

答 (一)就臺灣地區人民A之行為：

1. 依臺灣地區與大陸地區人民關係條例（下同）第15條第1款規定：「下列行為不得為之：一、使大陸地區人民非法進入臺灣地區。」因此本題中臺灣地區人民A（下稱人民A）之行為，即違反上開規定，合先敘明。

2. 就人民A違反上開規定之行為，應依第79條第1項到第4項之規定論處：「違反第十五條第一款規定者，處一年以上七年以下有期徒刑，得併科新臺幣一百萬元以下罰金。

   意圖營利而犯前項之罪者，處三年以上十年以下有期徒刑，得併科新臺幣五百萬元以下罰金。

   前二項之首謀者，處五年以上有期徒刑，得併科新臺幣一千萬元以下罰金。

   前三項之未遂犯罰之。」

(二)就大陸漁船甲之行為，應依下列規定論處：

1. 第32條第1項、第2項規定：「大陸船舶未經許可進入臺灣地區限制或禁止水域，主管機關得逕行驅離或扣留其船舶、物品，留置其人員或為必要之防衛處置。

   前項扣留之船舶、物品，或留置之人員，主管機關應於三個月內為下列之處分：

   一、扣留之船舶、物品未涉及違法情事，得發還；若違法情節重大者，得沒入。

   二、留置之人員經調查後移送有關機關依本條例第十八條收容遣返或強制其出境。」

2. 又臺灣地區與大陸地區人民關係條例施行細則第42條規定：「大陸船舶未經許可進入臺灣地區限制或禁止水域，主管機關依下列規定處置：

   一、進入限制水域者，予以驅離；可疑者，命令停船，實施檢查。驅離無效或涉及走私者，扣留其船舶、物品及留置其人員。

   二、進入禁止水域者，強制驅離；可疑者，命令停船，實施檢查。驅離無效、涉及走私或從事非法漁業行為者，扣留其船舶、物品及留置其人員。

   三、進入限制、禁止水域有塗抹或隱蔽船名、無船名、拒絕停船受檢、從事漁撈或其他違法行為者，得扣留其船舶、物品及留置其人員。

   四、前三款之大陸船舶有拒絕停船或抗拒扣留之行為者，得予警告射擊；經警告無效者，得直接射擊船體強制停航；有敵對之行為者，得予以擊燬。

   前項第二款、第四十三條第一項第二款及第四十五條所稱非法漁業行為，指使用毒物、炸藥或其他爆裂物、電氣或其他麻醉物採捕水產動植物。」

3. 上開細則第43條規定：「依前條規定扣留之船舶，由有關機關查證其船上人員有下列情形之一者，沒入之：

   一、搶劫臺灣地區船舶之行為。

   二、對臺灣地區有走私或從事非法漁業行為。

   三、搭載人員非法入境或出境之行為。

四、對執行檢查任務之船艦有敵對之行為。

扣留之船舶有塗抹或隱蔽船名、無船名、拒絕停船受檢、從事漁撈、其他違法行為，或經主管機關查證該船有被扣留二次以上紀錄者，得沒入之。

扣留之船舶無前二項所定情形，且未涉及違法情事者，得予以發還。」

三、甲公司計畫僱用大陸地區人民A在臺灣地區工作，請問應如何辦理？就其僱用期間、勞動契約性質、契約終止後主管機關應如何處置。就現行法相關規定分別闡述之。

答 (一) 依臺灣地區與大陸地區人民關係條例第95條規定:「主管機關於實施臺灣地區與大陸地區直接通商、通航及大陸地區人民進入臺灣地區工作前,應經立法院決議;立法院如於會期內一個月未為決議,視為同意。」

同條例第11條第1項、第4項及第7項規定：「僱用大陸地區人民在臺灣地區工作，應向主管機關申請許可。」、「雇主向行政院勞工委員會申請僱用大陸地區人民工作，應先以合理勞動條件在臺灣地區辦理公開招募，並向公立就業服務機構申請求才登記，無法滿足其需要時，始得就該不足人數提出申請。但應於招募時，將招募內容全文通知其事業單位之工會或勞工，並於大陸地區人民預定工作場所公告之。」、「依國際協定開放服務業項目所衍生僱用需求，及跨國企業、在臺營業達一定規模之臺灣地區企業，得經主管機關許可，僱用大陸地區人民，不受前六項及第九十五條相關規定之限制；其許可、管理、企業營業規模、僱用條件及其他應遵行事項之辦法，由行政院勞工委員會會同有關機關擬訂，報請行政院核定之。」

因此：

1. 甲公司計畫僱用大陸地區人民A在臺灣地區工作之工作性質，應係已先經立法院決議同意者，然後由甲公司向主管機關申請許可。
2. 在申請許可前，甲公司應依上述第11條第4項規定，先以合理勞動條件在臺灣地區辦理公開招募，並向公立就業服務機構申請求才登記，無法滿足其需要時，始得就該不足人數提出申請。
3. 如甲公司符合上述第11條第7項規定之資格，則依第11條第7項規定辦理。

(二) 僱用期間之規定：

同條例第11條第2項、第3項規定：「經許可受僱在臺灣地區工作之大陸地區人民，其受僱期間不得逾一年，並不得轉換雇主及工作。但因雇主關廠、歇業或其他特殊事故，致僱用關係無法繼續時，經主管機關許可者，得轉換雇主及工作。

大陸地區人民因前項但書情形轉換雇主及工作時，其轉換後之受僱期間，與原受僱期間併計。」

(三) 勞動契約之性質：

1. 同條例第11條第5項規定：「僱用大陸地區人民工作時，其勞動契約應以定期契約為之。」
2. 同條例第13條規定：「僱用大陸地區人民者，應向行政院勞工委員會所設專戶繳納就業安定費。

   前項收費標準及管理運用辦法，由行政院勞工委員會會同財政部擬訂，報請行政院核定之。」
3. 又同條例施行細則第12條規定：「本條例第十三條第一項所稱僱用大陸地區人民者，指依本條例第十一條規定，經勞動部許可僱用大陸地區人民從事就業服務法第四十六條第一項第八款至第十款規定工作之雇主。」
4. 就業服務法第80條規定：「大陸地區人民受聘僱於臺灣地區從事工作，其聘僱及管理，除法律另有規定外，準用第五章相關之規定。」

(四) 契約終止後主管機關之處置：

同條例第14條規定：「經許可受僱在臺灣地區工作之大陸地區人民，違反本條例或其他法令之規定者，主管機關得撤銷或廢止其許可。

前項經撤銷或廢止許可之大陸地區人民，應限期離境，逾期不離境者，依第十八條規定強制其出境。

前項規定，於中止或終止勞動契約時，適用之。」

四、護照之適用對象、效期為何？護照申請人有何種情形時，主管機關或駐外館處應不予核發護照？請依現行法相關規定闡述之。

答 (一)護照之種類與核發機關：

1. 護照條例(下同)第7條規定：「護照分外交護照、公務護照及普通護照。」
2. 第8條規定：「外交護照及公務護照，由主管機關核發；普通護照，由主管機關或駐外館處核發。」

(二)護照之適用對象：

1. 第6條規定：「護照之適用對象為具有我國國籍者。但具有大陸地區人民、香港居民、澳門居民身分者，在其身分轉換為臺灣地區人民前，非經主管機關許可，不適用之。」
2. 第9條規定：「外交護照之適用對象如下：
   一、總統、副總統及其眷屬。
   二、外交、領事人員與其眷屬及駐外館處、代表團館長之隨從。
   三、中央政府派往國外負有外交性質任務之人員與其眷屬及經核准之隨從。
   四、外交公文專差。
   五、其他經主管機關核准者。」
3. 第10條規定：「公務護照之適用對象如下：
   一、各級政府機關因公派駐國外之人員及其眷屬。
   二、各級政府機關因公出國之人員及其同行之配偶。
   三、政府間國際組織之我國籍職員及其眷屬。
   四、經主管機關核准，受政府委託辦理公務之法人、團體派駐國外人員及其眷屬；或受政府委託從事國際交流或活動之法人、團體派赴國外人員及其同行之配偶。」

(三)主管機關或駐外館處應不予核發護照之情形：

第23條第1項規定：「護照申請人有下列情形之一者，主管機關或駐外館處應不予核發護照：

一、冒用身分、申請資料虛偽不實或以不法取得、偽造、變造之證件申請。

二、經司法或軍法機關通知主管機關。

三、經內政部移民署（以下簡稱移民署）依法律限制或禁止申請人出國並通知主管機關。

四、未依第二十一條第一項規定期限補正或到場說明。」

第21條第1項之規定：「主管機關或駐外館處受理護照申請，有下列情形之一者，得通知申請人限期補正或到場說明：

一、未依規定程序辦理或應備文件不全。

二、申請資料或照片與所繳身分證明文件或檔存護照資料有相當差異。

三、對重要事項提供不正確資料或為不完全陳述。

四、於護照增刪塗改或加蓋圖戳。

五、最近十年內以護照遺失、滅失為由申請護照，達二次以上。

六、污損或毀損護照。

七、將護照出售他人，或為質借提供擔保、抵充債務而交付他人。」

Note

111年 普考

( ) 1 外國人因其他案件依法查證中，有關機關請求內政部移民署（下稱移民署）限制出國，移民署對該外國人有何執行之權限？
(A)應禁止其出國 (B)予以收容 (C)處以怠金 (D)得禁止其出國。

( ) 2 航空器所搭載之乘客，因過境必須在我國過夜住宿，其過夜住宿之申請程序、應備文件、住宿地點、管理及其他應遵行事項辦法，由下列何者定之？ (A)交通部 (B)內政部 (C)內政部移民署 (D)立法院。

( ) 3 被收容人對於暫予收容處分不服，應依下列何方式提出救濟？ (A)收容異議程序 (B)收容訴願程序 (C)收容抗告程序 (D)收容申訴程序。

( ) 4 有關居住遷徙自由之限制，下列敘述何者錯誤？ (A)對外國人入出境權利之限制不可較本國人嚴格 (B)無戶籍國民申請在我國依親居留，以具備我國國籍為前提要件 (C)為防止妨礙他人自由、避免緊急危難、維持社會秩序或增進公共利益必要，得以法律限制人民居住遷徙之自由 (D)人民有居住遷徙之自由，為憲法第10條所保障。

( ) 5 下列何者非屬於內政部移民署依法得暫予收容之原因？ (A)有事實足認有危害社會秩序之虞 (B)受外國政府通緝 (C)有事實足認有行方不明、逃逸或不願自行出國之虞 (D)無相關旅行證件，不能依規定執行。

( ) 6 內政部移民署對於符合得暫予收容之人，認以不暫予收容為宜，得命其覓尋居住臺灣地區之人或團體、機構等為具保。得為具保者，不包括下列何者？ (A)慈善團體 (B)外籍仲介人員 (C)其本國辦事處之人員 (D)設有戶籍國民。

( ) **7** 內政部移民署移送受收容人至法院及採遠距審理方式、程序及其他應遵行事項之辦法，由下列何者訂定？ (A)行政院定之 (B)司法院定之 (C)內政部定之 (D)行政院會同司法院定之。

( ) **8** 航空器、船舶或其他運輸工具，其機、船長或運輸業者，對內政部移民署相關人員依據入出國及移民法及相關法令執行職務時，應予協助之性質為下列何者？ (A)職務協助 (B)行政協助 (C)協力義務 (D)委託協助。

( ) **9** 內政部移民署執行職務人員，依規定對當事人實施之暫時留置，應於目的達成或已無必要時，立即停止，屬下列何種法律原則？ (A)平等原則 (B)誠信原則 (C)比例原則 (D)明確性原則。

( ) **10** 臺灣地區與大陸地區人民關係條例之主要立法目的，不包括下列何者？ (A)規範臺灣地區與大陸地區人民之往來 (B)大陸地區人民在臺灣地區就業之規範 (C)處理臺灣地區與大陸地區人民往來衍生之法律事件 (D)為確保臺灣地區安全與民眾福祉。

( ) **11** 配偶之一方在臺灣地區，一方在大陸地區，而於何時以前重為婚姻或與非配偶以共同生活為目的而同居者，免予追訴、處罰？ (A)民國七十六年八月一日以前 (B)民國七十六年九月一日以前 (C)民國七十六年十月一日以前 (D)民國七十六年十一月一日以前。

( ) **12** 臺灣地區之政務人員、直轄市長，進入大陸地區應經申請及審查會審查許可；該審查會由內政部會同國家安全局、大陸委員會及下列何者組成之？ (A)交通部 (B)法務部調查局 (C)內政部警政署 (D)法務部。

( ) **13** 大陸地區人民為臺灣地區人民配偶，得依法令申請進入臺灣地區團聚，經許可入境後，得申請下列何種居留？ (A)永久居留 (B)依親居留 (C)長期居留 (D)依親定居。

( ) **14** 香港居民經許可進入臺灣地區，如欲登記為公職候選人，須符合下列何種條件？ (A)在臺灣地區設有戶籍滿三年 (B)在臺灣地區設有戶籍滿十年 (C)在臺灣地區居留滿三年 (D)在臺灣地區居留滿十年。

( ) **15** 香港澳門居民進入臺灣地區及居留定居許可辦法之主管機關為下列何者？ (A)大陸委員會 (B)外交部 (C)內政部 (D)內政部移民署。

( ) **16** 香港居民申請在臺灣地區居留，依規定應覓在臺灣地區設有戶籍之保證人，下列何者不具該保證人之資格？ (A)有正當職業之公民 (B)其三親等姻親 (C)其配偶 (D)其二親等內血親。

( ) **17** 我國駐外使領館、代表處、發給我國國民之國際旅行文件為下列何者？ (A)居留證 (B)入境證 (C)簽證 (D)護照。

( ) **18** 有關我國護照效期之敘述，下列何者錯誤？ (A)公務護照之效期以三年為限 (B)護照效期屆滿，不得延期 (C)一般普通護照以十年為限 (D)外交護照之效期以五年為限。

( ) **19** 依規定應申請換發護照之情形，不包括下列何者？ (A)護照資料頁記載事項變更 (B)護照所餘效期不足一年 (C)持照人之相貌變更，與護照照片不符 (D)護照污損不堪使用。

( ) **20** 護照應由本人親自簽名；無法簽名者，得由何方式代替之？ (A)按指印 (B)蓋章 (C)劃十字 (D)授權他人代簽。

( ) **21** 護照用照片不得使用合成照片，並應符合下列何者之規定？ (A)國際觀光運輸規範 (B)國際民航組織規範 (C)國際防制組織犯罪規範 (D)國際人權規範。

( ) **22** 外交部受理簽證申請時，應衡酌申請人個別情形及其國家與我國關係，及下列何種因素決定之？ (A)國際人流控管 (B)防制犯罪 (C)國際發展趨勢 (D)國家利益。

( ) **23** 外國護照簽證條例規定之立法目的，不包括下列何者？ (A)維護國家利益 (B)規範外國護照之簽證 (C)增進國際交流 (D)行使國家主權。

( ) **24** 外國護照之簽證種類，不包括下列何者？ (A)定居簽證 (B)居留簽證 (C)禮遇簽證 (D)外交簽證。

(　) **25** 應我國政府邀請或對我國有貢獻之外國人士及其眷屬其來我國，應適用下列何種簽證？ (A)外交簽證 (B)居留簽證 (C)公務簽證 (D)禮遇簽證。

(　) **26** 有關人民入出國之敘述，下列何者錯誤？ (A)居住臺灣地區設有戶籍國民入出國，須申請許可 (B)涉及國家安全之人員，應先經其服務機關核准，始得出國 (C)內政部移民署於查驗時，得以電腦或其他科技設備，蒐集及利用入出國者之入出國紀錄 (D)入出國者，應經內政部移民署查驗；未經查驗者，不得入出國。

(　) **27** 內政部移民署應不予許可或禁止臺灣地區無戶籍國民入國之情形，不包括下列何者？ (A)涉嫌重大犯罪 (B)有違反社會秩序維護法之虞 (C)涉及外患罪重大嫌疑 (D)參加暴力組織或其活動。

(　) **28** 臺灣地區無戶籍國民停留之許可經撤銷者，內政部移民署對該無戶籍國民，應為下列何種處置？ (A)處行政刑罰 (B)逕予以收容 (C)強制其出國 (D)限令其出國。

(　) **29** 依臺灣地區與大陸地區人民關係條例之規定，關於海峽兩岸人民之結婚或兩願離婚之方式及其他要件，下列敘述何者正確？
(A)依臺灣地區之規定 (B)依大陸地區之規定 (C)依與雙方關係最密切地區之規定 (D)依行為地之規定。

(　) **30** 父母之一方為臺灣地區人民，一方為大陸地區人民者，其與子女間之法律關係，如何處理之？ (A)依臺灣地區之規定 (B)依大陸地區之規定 (C)依子女設籍地區之規定 (D)依母設籍地區之規定。

(　) **31** 大陸地區人民繼承臺灣地區人民之遺產，應於繼承開始起三年內以書面向被繼承人住所地之法院為繼承之表示；逾期視為拋棄其繼承權。被繼承人在臺灣地區之遺產，由大陸地區人民依法繼承者，其所得財產總額，每人不得逾新臺幣多少元？
(A)二百萬元 (B)三百萬元 (C)五百萬元 (D)六百萬元。

(　　) **32** 依照臺灣地區與大陸地區人民關係條例第87條之1規定，大陸地區人民逾期停留或居留者，關於處罰額度之規定，下列何者正確？(A)新臺幣二千元以上五萬元以下　(B)新臺幣三千元以上三萬元以下　(C)新臺幣五千元以上二萬元以下　(D)新臺幣二千元以上一萬元以下。

(　　) **33** 依臺灣地區與大陸地區人民關係條例第95條之3規定，處理臺灣地區與大陸地區人民往來有關之事務，其是否適用行政程序法之規定，下列敘述何者正確？　(A)不適用行政程序法之規定　(B)如完全不適用，似無法保障兩岸民眾之權益，故理論上，仍適用行政程序法之規定　(C)臺灣地區與大陸地區人民關係條例未有明文規定，但主管機關業已於民國110年10月1日，提出修法之草案，並經行政院院會同意，根據本條例處理臺灣地區與大陸地區人民往來有關之事務，得適用行政程序法之規定，俾利保障兩岸民眾之權益　(D)有關於是否適用行政程序法之規定，須視臺灣地區與大陸地區人民關係條例之相關條文之詳細規定，原則上，部分章節適用，部分章節不適用，無法一概而論。

(　　) **34** 大陸地區人民於犯罪後出境，致不能到庭者，有關法院之審判，下列敘述何者正確？　(A)法院應於其能到庭以前停止審判，以保障其聽審權利　(B)但顯有應諭知無罪之情形者，得不待其到庭，逕行判決　(C)但顯有應諭知免刑判決之情形者，應不待其到庭，逕行判決　(D)但顯有正當理由，且當事人能提供相關佐證，證明其無法來臺出庭之情形者，不待其親自到庭，可透由視訊方式，逕行判決。

(　　) **35** 進入臺灣地區之大陸地區人民，如有事實足認為有危害國家安全或社會安定之虞，內政部移民署得逕行強制出境，或限令其於十日內出境，逾限令出境期限仍未出境，內政部移民署得強制出境。下列選項，何者不符合「有事實足認為有危害國家安全或社會安定之虞」之定義？　(A)曾參加或資助內亂、外患團體或其活動而隱瞞不報　(B)曾參加或資助恐怖或暴力非法組織或其活動而隱瞞不報　(C)在臺灣地區外涉嫌犯罪　(D)在臺灣地區有其他危害國家安全或社會安定之行為。

( ) **36** 內政部移民署對於各權責機關通知禁止入出國案件，應如何清理之？ (A)應每年清理一次。但欠稅案件達五年以上，始予清理 (B)應每年清理一次。但欠稅案件達一年以上，始予清理 (C)應每半年清理一次。但欠稅案件達五年以上，始予清理 (D)應每半年清理一次。但欠稅案件達一年以上，始予清理。

( ) **37** 內政部移民署（下稱移民署）受理民眾之申請居留、變更居留原因、永久居留或定居案件，如其資料不符或欠缺者，申請人應如何進行補正之？ (A)應於移民署書面通知送達之翌日起三十日內補正。申請資料需至國外申請或國外申請案件，其補正期間為三個月 (B)應於移民署書面通知送達之翌日起三十日內補正。申請資料需至國外申請或國外申請案件，其補正期間為一個月 (C)應於移民署書面通知送達之翌日起十五日內補正。申請資料需至國外申請或國外申請案件，其補正期間為一個月 (D)應於移民署書面通知送達之翌日起十五日內補正。申請資料需至國外申請或國外申請案件，其補正期間為三個月。

( ) **38** 臺灣地區無戶籍國民在臺灣地區有一定金額以上之投資，經中央目的事業主管機關核准或備查者，得向內政部移民署申請在臺灣地區居留。有關於「一定金額」，係指新臺幣多少金額？
(A)600萬 (B)1000萬 (C)1500萬 (D)3000萬。

( ) **39** 外國人在我國合法連續居留五年，每年居住超過一百八十三日，並以「非我國國民配偶」之身分，申請永久居留者，下列何者，並非其應具備之情形？ (A)國內之動產及不動產估價總值逾新臺幣六百萬元 (B)我國政府機關核發之專門職業及技術人員或技能檢定證明文件 (C)最近一年於國內平均每月收入逾勞動部公告基本工資二倍 (D)其他經內政部移民署認定情形。

( ) **40** 年齡達到幾歲以上之外國人，入國停留、居留或永久居留，應隨身攜帶護照、外僑居留證或外僑永久居留證？ (A)12 (B)14 (C)16 (D)18。

( ) **41** 外國人受強制驅逐出國處分，內政部移民署（下稱移民署）認有以不暫予收容為宜，得命其覓尋居住臺灣地區設有戶籍國民、慈善團體、非政府組織或其本國駐華使領館、辦事處或授權機構之人員具保或指定繳納相當金額之保證金，並遵守收容替代處分之相關條件與要求，定期至移民署指定之專勤隊報告生活動態，以保全強制驅逐出國之執行。所謂之「定期」，該外國人應於每隔多少日以下之一定期間內，向移民署指定之專勤隊報告其生活動態？

(A)7 (B)10 (C)15 (D)30。

( ) **42** 關於海峽兩岸政府涉及政治議題之協議之法令規定，依照臺灣地區與大陸地區人民關係條例第5條之3規定，下列敘述何者正確？

(A)行政院應於協商開始九十日前，向立法院提出協議締結計畫及憲政或重大政治衝擊影響評估報告。締結計畫經全體立法委員四分之三之出席，及出席委員二分之一之同意，始得開啟簽署協議之協商 (B)涉及政治議題之協議，係指具憲政或政治影響性之協議。主權國家地位與自由民主憲政秩序之毀棄或變更，不得作為政治議題談判及協議之項目 (C)立法院依據負責協議機關之報告，判斷雙方談判協商已無法依照締結計畫進行時，得經全體立法委員二分之一以上之決議，要求負責協議之機關終止協商；行政院判斷雙方談判協商已無法依照締結計畫進行時，應終止協商，並向立法院報告 (D)負責協議之機關依締結計畫完成協議草案之談判後，應於三十日內經行政院院會決議報請總統核定。

( ) **43** 行政院得設立或指定機構，處理臺灣地區與大陸地區人民往來有關之事務。大陸委員會處理臺灣地區與大陸地區人民往來有關事務，得委託前述相關之機構，或其設立目的為處理臺灣地區與大陸地區人民往來有關事務，並以大陸委員會為中央主管機關或目的事業主管機關，且符合下列要件之民間團體為之。有關於此，下列選項何者正確？ (A)設立時，政府捐助財產總額逾四分之一 (B)設立時，政府捐助財產總額逾三分之二 (C)設立時，政府捐助財產總額逾二分之一 (D)設立時，政府捐助財產總額逾三分之一。

( ) **44** 關於使香港或澳門居民非法進入臺灣地區者之處罰，下列敘述何者正確？ (A)處五年以下有期徒刑、拘役或科或併科新臺幣五十萬元以下罰金 (B)處五年以下有期徒刑、拘役或科或併科新臺幣一百萬元以下罰金 (C)處三年以下有期徒刑、拘役或科或併科新臺幣五十萬元以下罰金 (D)處三年以下有期徒刑、拘役或科或併科新臺幣一百萬元以下罰金。

( ) **45** 臺灣地區各級學校與大陸地區學校締結聯盟或為書面約定之合作行為，下列敘述何者錯誤？ (A)應先向教育部申報，於教育部受理其提出完整申報之日起三十日內，不得為該締結聯盟或書面約定之合作行為 (B)應先向教育部申報，教育部未於三十日內決定者，視為同意 (C)應先向教育部申報，並於三十日之內，再向大陸委員會報備，屆期未報備者，以未經申報論 (D)臺灣地區與大陸地區人民關係條例修正施行前，臺灣地區各級學校業已與大陸地區學校進行締結聯盟或為書面約定之合作行為，且於臺灣地區與大陸地區人民關係條例修正施行後仍持續進行者，應自臺灣地區與大陸地區人民關係條例修正施行之日起三個月內向主管機關申報；屆期未申報或申報未經同意者，以未經申報論。

( ) **46** 大陸地區人民經許可進入臺灣地區者，除法律另有規定外，非在臺灣地區設有戶籍滿多少年，不得擔任國防機關（構）之「志願役士兵」？ (A)5 (B)10 (C)15 (D)20。

( ) **47** 有關香港或澳門居民申請進入臺灣地區之資格（條件），得不予許可之情形，下列何者錯誤？ (A)曾未經許可入境 (B)現（曾）冒用身分或持用偽造、變造證件申請或入境 (C)現（曾）在臺灣地區有行方不明紀錄達三個月以上 (D)現（曾）有危害國家利益、公共安全、公共秩序、善良風俗或從事恐怖活動之虞。

( ) **48** 關於香港或澳門居民如經許可進入臺灣地區者，其停留期間之計算，下列敘述何者正確？ (A)停留期間自入境之翌日起，不得逾三個月 (B)停留期間自入境之當日起，不得逾三個月 (C)得申請延期一次，期間不得逾二個月 (D)得申請延期二次，期間不得逾六個月。

(　　) **49** 關於香港或澳門居民符合一定之情形者，得申請在臺灣地區居留之資格（要件），下列敘述何者錯誤？　(A)其直系血親或配偶在臺灣地區設有戶籍。但其親屬關係因收養發生者，應存續一年以上　(B)香港或澳門分別於英國及葡萄牙結束其治理前，參加僑教或僑社工作有特殊貢獻，經教育部或大陸委員會會同有關機關審查通過　(C)在特殊領域之應用工程技術上有成就　(D)具有專業技術能力，並已取得香港或澳門政府之執業證書或在學術、科學、文化、新聞、金融、保險、證券、期貨、運輸、郵政、電信、氣象或觀光專業領域有特殊成就。

(　　) **50** 護照之頁數由主管機關定之，空白內頁不足時，得加頁使用，關於加頁之次數，下列敘述何者正確？　(A)1　(B)2　(C)3　(D)得加頁使用，係主管機關之權限，由其行使行政裁量權，以符合當事人最佳利益原則。

解答及解析

（答案標示為#者，表官方曾公告更正該題答案）

1 **(D)**。入出國及移民法第21條第2項規定：「外國人因其他案件在依法查證中，經有關機關請求限制出國者，移民署得禁止其出國。」
本題答案應選擇(D)。

2 **(B)**。入出國及移民法第20條規定：「航空器、船舶或其他運輸工具所搭載之乘客，因過境必須在我國過夜住宿者，得由機、船長或運輸業者向移民署申請許可。
前項乘客不得擅離過夜住宿之處所；其過夜住宿之申請程序、應備文件、住宿地點、管理及其他應遵行事項之辦法，由主管機關定之。」
同法第2條規定：「本法之主管機關為內政部。」
本題答案應選擇(B)。

3 **(A)**。入出國及移民法第38-2條第1項規定：「受收容人或其配偶、直系親屬、法定代理人、兄弟姊妹，對第三十八條第一項暫予收容處分不服者，得於受收容人收受收容處分書後暫予收容期間內，以言詞或書面敘明理由，向移民署提出收容異議；其以言詞提出者，應由移民署作成書面紀錄。」
本題答案應選擇(A)。

4 **(A)**。
(B) 入出國及移民法第9條第1項第1款規定：「臺灣地區無戶籍國民有下列情形之一者，得向移民署申請在臺灣地區居留：一、有直系血親、配偶、兄弟姊妹或配偶之父母現在在臺灣地區設有戶籍。」

(C)憲法第23條規定:「以上各條列舉之自由權利,除為防止妨礙他人自由、避免緊急危難、維持社會秩序,或增進公共利益所必要者外,不得以法律限制之。」

(D)憲法第10條規定:「人民有居住及遷徙之自由。」

(A)之敘述錯誤,本題答案應選擇(A)。

5 **(A)**。入出國及移民法第38條第1項規定:「外國人受強制驅逐出國處分,有下列情形之一,且非予收容顯難強制驅逐出國者,移民署得暫予收容,期間自暫予收容時起最長不得逾十五日,且應於暫予收容處分作成前,給予當事人陳述意見機會:

一、無相關旅行證件,不能依規定執行。

二、有事實足認有行方不明、逃逸或不願自行出國之虞。

三、受外國政府通緝。」

(A)之敘述不屬之,本題答案應選擇(A)。

6 **(B)**。入出國及移民法第38條第2項前段規定:「移民署經依前項規定給予當事人陳述意見機會後,認有前項各款情形之一,而以不暫予收容為宜,得命其覓尋居住臺灣地區設有戶籍國民、慈善團體、非政府組織或其本國駐華使領館、辦事處或授權機構之人員具保或指定繳納相當金額之保證金,並遵守下列事項之一部或全部等收容替代處分,以保全強制驅逐出國之執行:……」等語。

(B)之敘述不屬之,本題答案應選擇(B)。

7 **(D)**。入出國及移民法第38-9條第2項規定:「移民署移送受收容人至法院及前項遠距審理之方式、程序及其他應遵行事項之辦法,由行政院會同司法院定之。」

本題答案應選擇(D)。

8 **(C)**。協力義務係指為促進行政程序之順利及有效進行,並兼顧人民利益,以法律或其他公法行為對行政程序之當事人、利害關係人或第三人科以一定之作為或不作為義務。

本題答案應選擇(C)。

9 **(C)**。行政程序法第7條規定:「行政行為,應依下列原則為之:

一、採取之方法應有助於目的之達成。

二、有多種同樣能達成目的之方法時,應選擇對人民權益損害最少者。

三、採取之方法所造成之損害不得與欲達成目的之利益顯失均衡。」此即行政法上比例原則的概念。

本題答案應選擇(C)。

10 **(B)**。臺灣地區與大陸地區人民關係條例第1條規定:「國家統一前,為確保臺灣地區安全與民眾福祉,規範臺灣地區與大陸地區人民之往來，並處理衍生之法律事件，特制定本條例。本條例未規定者，適用其他有關法令之規定。」
(B)之敘述不屬之，本題答案應選擇(B)。

11 (D)。臺灣地區與大陸地區人民關係條例第76條規定：「配偶之一方在臺灣地區，一方在大陸地區，而於民國七十六年十一月一日以前重為婚姻或與非配偶以共同生活為目的而同居者，免予追訴、處罰；其相婚或與同居者，亦同。」
本題答案應選擇(D)。

12 (D)。臺灣地區與大陸地區人民關係條例第9條第4項第1款規定：「臺灣地區人民具有下列身分者，進入大陸地區應經申請，並經內政部會同國家安全局、法務部、大陸委員會及相關機關組成之審查會審查許可：一、政務人員、直轄市長。」
本題答案應選擇(D)。

13 (B)。臺灣地區與大陸地區人民關係條例第17條第1項規定：「大陸地區人民為臺灣地區人民配偶，得依法令申請進入臺灣地區團聚，經許可入境後，得申請在臺灣地區依親居留。」
本題答案應選擇(B)。

14 (B)。香港澳門關係條例第16條第1項規定：「香港及澳門居民經許可進入臺灣地區者，非在臺灣地區設有戶籍滿十年，不得登記為公職候選人、擔任軍職及組織政黨。」
本題答案應選擇(B)。

15 (C)。香港澳門居民進入臺灣地區及居留定居許可辦法第2條規定：「本辦法之主管機關為內政部。」

16 (B)。香港澳門居民進入臺灣地區及居留定居許可辦法第18條第1項規定：「香港或澳門居民申請在臺灣地區居留，應覓在臺灣地區設有戶籍之二親等內血親、配偶或有正當職業之公民保證，並由保證人出具保證書。但符合第十六條第一項第七款規定經中央目的事業主管機關核准來臺就學或第十六款規定者，不在此限。」
(B)之敘述不屬之，本題答案應選擇(B)。

17 (D)。護照條例第4條第1款規定：「本條例用詞，定義如下：一、護照：指由主管機關或駐外使領館、代表處、辦事處（以下簡稱駐外館處）發給我國國民之國際旅行文件及國籍證明。」
本題答案應選擇(D)。

18 (A)。護照條例第11條第1項規定：「外交護照及公務護照之效期以五年為限，普通護照以十年為限。但未滿十四歲者之普通護照以五年為限。」
(A)之敘述錯誤，本題答案應選擇(A)。

19 (B)。護照條例第19條第1項規定：「有下列情形之一者，應申請換發護照：

一、護照污損不堪使用。

二、持照人之相貌變更，與護照照片不符。

三、護照資料頁記載事項變更。

四、持照人取得國民身分證統一編號。

五、護照製作有瑕疵。

六、護照內植晶片無法讀取。」

(B)之敘述不屬之，本題答案應選擇(B)。

20 (A)。護照條例施行細則第8條規定：「護照應由本人親自簽名；無法簽名者，得按指印。」

本題答案應選擇(A)。

21 (B)。護照條例施行細則第10條規定：「護照用照片應符合國際民航組織規範，不得使用合成照片。照片之規格及標準由主管機關公告之。」

本題答案應選擇(B)。

22 (D)。外國護照簽證條例第12條第1項主文規定：「外交部及駐外館處受理簽證申請時，應衡酌國家利益、申請人個別情形及其國家與我國關係決定准駁；其有下列各款情形之一，外交部或駐外館處得拒發簽證：……」等語。

本題答案應選擇(D)。

23 (C)。外國護照簽證條例第1條規定：「為行使國家主權，維護國家利益，規範外國護照之簽證，特制定本條例。」

(C)之敘述不屬之，本題答案應選擇(C)。

24 (A)。外國護照簽證條例第7條第1項規定：「外國護照之簽證，其種類如下：一、外交簽證。二、禮遇簽證。三、停留簽證。四、居留簽證。」

(A)之敘述不屬之，本題答案應選擇(A)。

25 (D)。外國護照簽證條例第9條規定：「禮遇簽證適用於下列人士：

一、外國卸任元首、副元首、總理、副總理、外交部長及其眷屬。

二、外國政府派遣來我國執行公務之人員及其眷屬、隨從。

三、前條第四款所定高級職員以外之其他外國籍職員因公來我國者及其眷屬。

四、政府間國際組織之外國籍職員應我國政府邀請來訪者及其眷屬。

五、應我國政府邀請或對我國有貢獻之外國人士及其眷屬。」

本題答案應選擇(D)。

26 (A)。(A)、(B)入出國及移民法（下同）第5條第1項規定：「居住臺灣地區設有戶籍國民入出國，不須申請許可。但涉及國家安全之人員，應先經其服務機關核准，始得出國。」

(C) 第4條第2項規定：「移民署於查驗時，得以電腦或其他科技設備，蒐集及利用入出國者之入出國紀錄。」

(D)第4條第1項規定：「入出國者，應經內政部移民署（以下簡稱移民署）查驗；未經查驗者，不得入出國。」

(A)之敘述錯誤，本題答案應選擇(A)。

27 (B)。入出國及移民法第7條第1項規定：「臺灣地區無戶籍國民有下列情形之一者，移民署應不予許可或禁止入國：一、參加暴力或恐怖組織或其活動。二、涉及內亂罪、外患罪重大嫌疑。三、涉嫌重大犯罪或有犯罪習慣。四、護照或入國許可證件係不法取得、偽造、變造或冒用。」

(B)之敘述不屬之，本題答案應選擇(B)。

28 (D)。入出國及移民法第14條第1項規定：「臺灣地區無戶籍國民停留、居留、定居之許可經撤銷或廢止者，移民署應限令其出國。」

本題答案應選擇(D)。

29 (D)。臺灣地區與大陸地區人民關係條例第52條第1項規定：「結婚或兩願離婚之方式及其他要件，依行為地之規定。」

本題答案應選擇(D)。

30 (C)。臺灣地區與大陸地區人民關係條例第57條規定：「父母之一方為臺灣地區人民，一方為大陸地區人民者，其與子女間之法律關係，依子女設籍地區之規定。」

本題答案應選擇(C)。

31 (A)。臺灣地區與大陸地區人民關係條例第67條第1項規定：「被繼承人在臺灣地區之遺產，由大陸地區人民依法繼承者，其所得財產總額，每人不得逾新臺幣二百萬元。超過部分，歸屬臺灣地區同為繼承之人；臺灣地區無同為繼承之人者，歸屬臺灣地區後順序之繼承人；臺灣地區無繼承人者，歸屬國庫。」

本題答案應選擇(A)。

32 (D)。臺灣地區與大陸地區人民關係條例第87-1條規定：「大陸地區人民逾期停留或居留者，由內政部移民署處新臺幣二千元以上一萬元以下罰鍰。」

本題答案應選擇(D)。

33 (A)。臺灣地區與大陸地區人民關係條例第95-3條規定：「依本條例處理臺灣地區與大陸地區人民往來有關之事務，不適用行政程序法之規定。」

本題答案應選擇(A)。

34 (B)。臺灣地區與大陸地區人民關係條例第75-1條規定：「大陸地區人民於犯罪後出境，致不能到庭者，法院得於其能到庭以前停止審判。但顯有應諭知無罪或免刑判決之情形者，得不待其到庭，逕行判決。」

本題答案應選擇(B)。

35 (D)。臺灣地區與大陸地區人民關係條例第18條第1項第5款規定：「進入臺灣地區之大陸地區人民，有下列情形之一者，內政部移民署得逕行強制出境，或限令其於十日內出境，逾限令出境期限仍未出境，內政部移民署得強制出境：……五、有事實足認為有危害國家安全或社會安定之虞。」

臺灣地區與大陸地區人民關係條例施行細則第17條規定：「本條例第十八條第一項第五款所定有事實足認為有危害國家安全或社會安定之虞，指有下列情形之一者：

一、曾參加或資助內亂、外患團體或其活動而隱瞞不報。

二、曾參加或資助恐怖或暴力非法組織或其活動而隱瞞不報。

三、在臺灣地區外涉嫌犯罪。

四、在臺灣地區有其他危害國家安全或社會安定之行為，並經有關機關裁處。」

(D)之敘述不屬之，本題答案應選擇(D)。

36 (A)。入出國及移民法施行細則第5條規定：「移民署對於各權責機關通知禁止入出國案件，應每年清理一次。但欠稅案件達五年以上，始予清理。」

本題答案應選擇(A)。

37 (D)。入出國及移民法施行細則第7條第1項規定：「申請居留、變更居留原因、永久居留或定居案件，其資料不符或欠缺者，應於移民署書面通知送達之翌日起十五日內補正。申請資料需至國外申請或國外申請案件，其補正期間為三個月。」

本題答案應選擇(D)。

38 (B)。入出國及移民法第9條第1項第6款規定：「臺灣地區無戶籍國民有下列情形之一者，得向移民署申請在臺灣地區居留：……六、在臺灣地區有一定金額以上之投資，經中央目的事業主管機關核准或備查。」

入出國及移民法施行細則第9條規定：「本法第九條第一項第六款所定一定金額，為新臺幣一千萬元。」

本題答案應選擇(B)。

39 (A)。現行入出國及移民法第25條第1項規定：「外國人在我國合法連續居留五年，每年居住超過一百八十三日，或居住臺灣地區設有戶籍國民，其外國籍之配偶、子女在我國合法居留十年以上，其中有五年每年居留超過一百八十三日，並符合下列要件者，得向入出國及移民署申請永久居留。但以就學或經中央勞工主管機關許可在我國從事就業服務法第四十六條第一項第八款至第十款工作之原因許可居留者及以其為依親對象許可居留者，在我國居留（住）之期間，不予計入：

一、二十歲以上。

二、品行端正。

三、有相當之財產或技能，足以自立。

四、符合我國國家利益。」

入出國及移民法施行細則第15條第1項第2款規定：「本法第二十五條第一項第三款所定有相當之財產或技能，足以自立，其規定如下：……二、以前款以外情形申請永久居留者，應具備下列情形之一：(一)最近一年於國內平均每月收入逾勞動部公告基本工資二倍。(二)國內之動產及不動產估價總值逾新臺幣五百萬元。(三)我國政府機關核發之專門職業及技術人員或技能檢定證明文件。(四)其他經移民署認定情形。」(A)之敘述不屬之，本題答案應選擇(A)。

（應注意：110年1月27日修正、112年1月1日施行之入出國及移民法第25條第1項規定為：「外國人在我國合法連續居留五年，每年居住超過一百八十三日，或居住臺灣地區設有戶籍國民，其外國籍之配偶、子女在我國合法居留十年以上，其中有五年每年居留超過一百八十三日，並符合下列要件者，得向移民署申請永久居留。但以就學或經中央勞動主管機關許可在我國從事就業服務法第四十六條第一項第八款至第十款工作之原因許可居留者及以其為依親對象許可居留者，在我國居留（住）之期間，不予計入：

一、十八歲以上。

二、品行端正。

三、有相當之財產或技能，足以自立。

四、符合我國國家利益。」）

40 (B)。入出國及移民法第28條第1項規定：「十四歲以上之外國人，入國停留、居留或永久居留，應隨身攜帶護照、外僑居留證或外僑永久居留證。」

本題答案應選擇(B)。

41 (C)。入出國及移民法第38條第2項第1款規定：「移民署經依前項規定給予當事人陳述意見機會後，認有前項各款情形之一，而以不暫予收容為宜，得命其覓尋居住臺灣地區設有戶籍國民、慈善團體、非政府組織或其本國駐華使領館、辦事處或授權機構之人員具保或指定繳納相當金額之保證金，並遵守下列事項之一部或全部等收容替代處分，以保全強制驅逐出國之執行：一、定期至移民署指定之專勤隊報告生活動態。」

入出國及移民法施行細則第20條第1項規定：「當事人依本法第三十八條第二項第一款規定定期至移民署指定之專勤隊報告生活動態者，應於每隔十五日以下之一定期間內，向移民署指定之專勤隊報到。」

本題答案應選擇(C)。

42 (C)。臺灣地區與大陸地區人民關係條例第5-3條規定：「涉及政治議題之協議，行政院應於協商開始九十日前，向立法院提出協議締結計畫及憲政或重大政治衝擊影響評估報告。締結計畫經全體立法委員四分之三之出席，及出席委員四分之三之同意，始得開啟簽署協議之協商。

前項涉及政治議題之協議，係指具憲政或重大政治影響性之協議。

負責協議之機關應依締結計畫進行談判協商，並適時向立法院報告；立法院或相關委員會亦得邀請負責協議之機關進行報告。

立法院依據前項報告判斷雙方談判協商已無法依照締結計畫進行時，得經全體立法委員二分之一以上之決議，要求負責協議之機關終止協商；行政院判斷雙方談判協商已無法依照締結計畫進行時，應終止協商，並向立法院報告。

負責協議之機關依締結計畫完成協議草案之談判後，應於十五日內經行政院院會決議報請總統核定。總統核定後十五日內，行政院應主動公開協議草案之完整內容，函送立法院審議，並向立法院報告協議過程及憲政或重大政治衝擊影響評估。

立法院全院委員會應於院會審查前，就協議草案內容及憲政或重大政治衝擊影響評估舉行聽證。

立法院院會審查協議草案經全體立法委員四分之三之出席，及出席委員四分之三之同意，再由行政院將協議草案，連同公民投票主文、理由書交由中央選舉委員會辦理全國性公民投票，其獲有效同意票超過投票權人總額之半數者，即為協議草案通過，經負責協議之機關簽署及換文後，呈請總統公布生效。

關於政治議題協議之公民投票，不適用公民投票法第九條至第十六條、第十七條第一項關於期間與同條項第三款、第十九條、第二十三條及第二十六條至第二十九條之規定。其餘公民投票事項，本條例未規定者，適用公民投票法之規定。

主權國家地位與自由民主憲政秩序之毀棄或變更，不得作為政治議題談判及協議之項目。

違反本條規定所為之政治議題協商或約定，無效。」

本題答案應選擇(C)。

43 (C)。臺灣地區與大陸地區人民關係條例第4條第2項規定：「行政院大陸委員會處理臺灣地區與大陸地區人民往來有關事務，得委託前項之機構或符合下列要件之民間團體為之：

一、 設立時，政府捐助財產總額逾二分之一。

二、 設立目的為處理臺灣地區與大陸地區人民往來有關事務，並以行政院大陸委員會為中央主管機關或目的事業主管機關。」

本題答案應選擇(C)。

44 (A)。香港澳門關係條例第47條第1項規定：「使香港或澳門居民非法進入臺灣地區者，處五年以下有期徒刑、拘役或科或併科新臺幣五十萬元以下罰金。」

本題答案應選擇(A)。

45 (C)。臺灣地區與大陸地區人民關係條例第33-3條規定:「臺灣地區各級學校與大陸地區學校締結聯盟或為書面約定之合作行為,應先向教育部申報,於教育部受理其提出完整申報之日起三十日內,不得為該締結聯盟或書面約定之合作行為;教育部未於三十日內決定者,視為同意。

前項締結聯盟或書面約定之合作內容,不得違反法令規定或涉有政治性內容。

本條例修正施行前,已從事第一項之行為,且於本條例修正施行後仍持續進行者,應自本條例修正施行之日起三個月內向主管機關申報;屆期未申報或申報未經同意者,以未經申報論。」

(C)之敘述錯誤,本題答案應選擇(C)。

46 (D)。臺灣地區與大陸地區人民關係條例第21條第1項規定:「大陸地區人民經許可進入臺灣地區者,除法律另有規定外,非在臺灣地區設有戶籍滿十年,不得登記為公職候選人、擔任公教或公營事業機關(構)人員及組織政黨;非在臺灣地區設有戶籍滿二十年,不得擔任情報機關(構)人員,或國防機關(構)之下列人員:

一、志願役軍官、士官及士兵。

二、義務役軍官及士官。

三、文職、教職及國軍聘雇人員。」

本題答案應選擇(D)。

47 (#)。香港澳門居民進入臺灣地區及居留定居許可辦法第9條第1項規定:「香港或澳門居民申請進入臺灣地區,有下列情形之一者,得不予許可;已許可進入者,得撤銷或廢止其許可,並註銷其入出境許可證:

一、曾未經許可入境。

二、現(曾)經許可入境,已逾停留、居留期限。

三、現(曾)有從事與許可目的不符之活動。

四、現(曾)有事實足認為有犯罪行為。

五、現任職於大陸地區行政、軍事、黨務或其他公務機構或其於香港、澳門投資之機構或新聞媒體。

六、原為大陸地區人民,未在大陸地區以外之地區連續住滿四年。

七、現(曾)冒用身分或持用偽造、變造證件申請或入境。

八、現(曾)有依本辦法規定申請時,為虛偽之陳述或隱瞞重要事實。

九、現(曾)在臺灣地區有行方不明紀錄達二個月以上。

十、現(曾)有危害國家利益、公共安全、公共秩序、善良風俗或從事恐怖活動之虞。

十一、現(曾)依其他法令限制或禁止入境。」

本題一律給分。

48 (A)。香港澳門居民進入臺灣地區及居留定居許可辦法第11條第1項規定：「香港或澳門居民經許可進入臺灣地區者，停留期間自入境之翌日起，不得逾三個月，並得申請延期一次，期間不得逾三個月。」
本題答案應選擇(A)。

49 (A)。香港澳門居民進入臺灣地區及居留定居許可辦法第16條第1項第1款到第4款規定：「香港或澳門居民有下列情形之一者，得申請在臺灣地區居留：

一、其直系血親或配偶在臺灣地區設有戶籍。但其親屬關係因收養發生者，應存續二年以上。

二、香港或澳門分別於英國及葡萄牙結束其治理前，參加僑教或僑社工作有特殊貢獻，經教育部或大陸委員會會同有關機關審查通過。

三、在特殊領域之應用工程技術上有成就。

四、具有專業技術能力，並已取得香港或澳門政府之執業證書或在學術、科學、文化、新聞、金融、保險、證券、期貨、運輸、郵政、電信、氣象或觀光專業領域有特殊成就。」

(A)之敘述錯誤，本題答案應選擇(A)。

50 (A)。護照條例施行細則第2條第2項規定：「護照之頁數由主管機關定之，空白內頁不足時，得加頁使用。但以一次為限。」
本題答案應選擇(A)。

Note

Note

國家圖書館出版品預行編目(CIP)資料

(高普考)移民政策與法規 / 張瀚騰編著. -- 第十三版. --
新北市 : 千華數位文化股份有限公司, 2023.01
面 ; 公分
ISBN 978-626-337-530-7 (平裝)

1.CST: 移民 2.CST: 公共政策 3.CST: 移民法

577.61 111021814

[高普考]　**移民政策與法規**

編 著 者：張　瀚　騰

發 行 人：廖　雪　鳳
登 記 證：行政院新聞局局版台業字第 3388 號
出 版 者：千華數位文化股份有限公司
地址／新北市中和區中山路三段 136 巷 10 弄 17 號
電話／ (02)2228-9070　傳真／ (02)2228-9076
郵撥／第 19924628 號　千華數位文化公司帳戶
千華公職資訊網 : http://www.chienhua.com.tw
千華網路書店 : http://www.chienhua.com.tw/bookstore
網路客服信箱 : chienhua@chienhua.com.tw

法律顧問：永然聯合法律事務所
編輯經理：甯開遠
主　　編：甯開遠
執行編輯：陳資穎
校　　對：千華資深編輯群
排版主任：陳春花
排　　版：丁美瑜

出版日期：2023 年 1 月 15 日　　第十三版／第一刷

本書如有勘誤或其他補充資料，
將刊於千華公職資訊網　http://www.chienhua.com.tw
歡迎上網下載。